人事选拔心理学

The Blackwell Handbook of Personnel Selection

[荷兰] 阿尔内·埃弗斯，尼尔·安德森，奥尔加·沃斯奎吉尔 主编

李英武 译

世界图书出版公司

北京·广州·上海·西安

图书在版编目（CIP）数据

人事选拔心理学／（荷）埃弗斯（Evers，A.），（荷）安德森（Anderson，N.），（荷）沃斯奎吉尔（Voskuijil，O.）编；李英武译. —北京：世界图书出版公司北京公司，2016.2
书名原文：The Blackwell Handbook of Personnel Selection
ISBN 978-7-5192-0748-9

Ⅰ.①人… Ⅱ.①埃…②安…③沃…④李… Ⅲ.①人事心理学 Ⅳ.①D035.2

中国版本图书馆CIP数据核字（2016）第 032086 号

人事选拔心理学

编　　者：（荷兰）阿尔内·埃弗斯，尼尔·安德森，奥尔加·沃斯奎吉尔
译　　者：李英武
策划编辑：邢雨竹
责任编辑：邢雨竹　于　彬
装帧设计：蔡　彬

出版发行：世界图书出版公司北京公司
地　　址：北京市东城区朝内大街137号
邮　　编：100010
电　　话：010-64038355（发行）、64015580（客服）、64033507（总编室）
网　　址：http://www.wpcbj.com.cn
销　　售：新华书店
印　　刷：北京楠萍印刷有限公司
开　　本：787 mm × 1092 mm　1/16
印　　张：30.5
字　　数：650千
版　　次：2016年2月第1版　2016年2月第1次印刷
版权登记：01-2013-2010

ISBN 978-7-5192-0748-9　　　　　　　　　　　　　　　定价：108.00元

中译版序

本书自问世以来，受到广大读者的欢迎，并被很多院校的应用心理学、管理学、人力资源学、公共管理等专业的本科生及研究生选为参考教材。为了反映国外人事选拔研究的最新进展，世界图书出版公司引进了该书版权，嘱我对该书进行翻译。

前不久，美国管理学研究会前任会长，中国管理研究国际学会创会会长徐淑英教授在《管理学报》上撰文指出："管理研究的学术严谨性与实践相关性问题，是管理学者最大的挑战之一。"中国管理学的研究不仅要关注中国情境，而且应该更加关注企业实践，解决企业的实践难题。这个观点与本书主编Anderson教授不谋而合。Anderson教授在本书开宗明义，提出当前既是人事选拔研究的"好时代"，研究条件和机会比早前要好得多。但是当前也是人事选拔研究的"坏时代"，人事选拔研究者与实践者渐行渐远，迷失了"先贤"人事选拔以实践问题为核心进行实证科研的基本原则。本书是人事选拔研究领域的知名学者Anderson和Herriot 1997年主编的《选拔与测评国际手册》（*International Handbook of Selection and Assessment*）最新版，新书共22个章节，由来自8个国家（美国、荷兰、英国、比利时、加拿大、西班牙、新加坡和瑞士）的36位国际级大牛通力合作而成。全书梳理回顾了人事选拔领域近百年的研究成果，堪称人事选拔科研与实践领域的"红宝书"。

随着我国加入WTO，很多国内企业走出国门，与此同时大量跨国企业抢滩中国。经济的快速发展，就涉及人力资源的储备和开发。相应的，企业中人事招聘和选拔领域的需求也越来越多，需要回答的问题也越来越复杂。为了回答上述问题，作者在全书中采用"理论—方法—案例—原理—未来方向"相结合，收集了大量文献，阐明了很多在人事测评和选拔过程中的经典难题。全书充分体现了"学以致用"的思想，将严谨的理论具象化，将复杂的原理外显化，这是本书的特色。本书的翻译也与原书一样，是集体智慧的结晶。我的研究生于宙、韩笑、彭坤霞丽以及我课题组中其他应用心理学专业学生吴文祥、叶丹、宋元雄、向利鑫先进行初译。之后我对全书进行了复译和审校。在翻译过程中，译者力求"信、达、雅"，但时间匆忙，加上译者水平有限，难以避免翻译不当和疏漏之处，敬请读者批评指正。

李英武

2015年7月6日于海淀西颐北馆

贡献者

Natalie J. Allen

Department of Psychology, The University of Western Ontario, London, Ontario, CANADA N6A 5C2,

E-mail: nallen@uwo.ca

Neil Anderson

Department of Work and Organizational Psychology, University of Amsterdam, Roetersstraat 15, 1018 WB

Amsterdam, THE NETHERLANDS

E-mail: N.R.Anderson@uva.nl

Dave Bartram

SHL Group plc, The Pavilion, 1 Atwell Place, Thames Ditton, Surrey KT7 0NE, UNITED KINGDOM

E-mail: dave.Bartram@shlgroup.com

Walter C. Borman

Personnel Decisions Research Institutes, Inc., 100 South Ashley Drive, Suite 375, Tampa FL 33602, USA

E-mail: wally.borman@pdri.com

Marise Ph. Born

Erasmus Universiteit Rotterdam, FSW, Instituut Psychologie, Postbus 1738 (kamer W J505), 3000 DR

Rotterdam, THE NETHERLANDS

E-mail: born@fsw.eur.nl

Paula M. Caligiuri

Human Resource Management Department, Rutgers University, 94 Rockafeller Road, 200B Levin Building, Piscataway, New Jersey 08854, USA

Email: caligiuri@smlr.rutgers.edu

David Chan

Department of Social Work and Psychology, National University of Singapore, 10 Kent Ridge Crescent, Singapore 119260, REPUBLIC OF SINGAPORE

E-mail: davidchan@nus.edu.sg

Nicole Cunningham–Snell

Shell Centre, PSSL-LD, York Road, London SE1 7NA, UNITED KINGDOM

E-mail: N.Cunningham-Snell@shell-com

Filip de Fruyt

Ghent University, Henri Dunantlaan 2, Gent 9000, BELGIUM

E-mail: filip.defruyt@rug.ac.be

Irene E. de Pater

Department of Work and Organizational Psychology, University of Amsterdam, Roetersstraat 15, 1018 WB

Amsterdam, THE NETHERLANDS

E-mail: I.E.dePater@uva.nl

Stephan Dilchert

University of Minnesota, Department of Psychology, 75 E River Road, Minneapolis MN 55455-0344, USA

E-mail: Dilc0002@umn.edu

Robert L. Dipboye

Rice University, PO Box 1892, Houston TX 77251-1892, USA

E-mail: dipboye@rice.edu

Arne Evers

Department of Work and Organizational Psychology, University of Amsterdam,

Roetersstraat 15, 1018 WB

Amsterdam, THE NETHERLANDS

E-mail: a.v.a.m.evers@uva.nl

Sacha Geerlings

Department of Work and Organizational Psychology, University of Amsterdam, Roetersstraat 15, 1018 WB

Amsterdam, THE NETHERLANDS

E-mail: sacha.geerlings@xs4all.nl

Anna L. Imus

Department of Psychology, 340C Psychology Building, Michigan State University, East Lansing MI 48824-

1116, USA

E-mail: schne248@msu.edu

Ute–Christine Klehe

Psychologisches Institut, Arbeits- und Organisationspsychologie, Universität Zürich, Rämistrasse 62, CH-8001

Zürich, SWITZERLAND

E-mail: u.klehe@psychologie.unizh.ch

Filip Lievens

Department of Personnel Management and Work and Organizational Psychology, Ghent University, Henri

Dunantlaan 2, 9000 Ghent, BELGIUM

E-mail: filip.lievens@ugent.be

Deniz S. Ones

University of Minnesota, N218 Elliott Hall, 75 E River Road, Minneapolis MN 55455-0344, USA

E-mail: Deniz.S.Ones-1@tc.umn.edu

Lisa M. Penney

Department of Psychology, 126 Heyne Building, University of Houston, Houston TX

77204-5022, USA

    E-mail: lisa.penney@mail.uh.edu

Robert E. Ployhart

Department of Management, Moore School of Business, University of South Carolina, Columbia SC 29208, USA

    E-mail: ployhart@moore.sc.edu

Robert A. Roe

Universiteit Maastricht, PO Box 616, 6200 MD Maastricht, THE NETHERLANDS

E-mail: r.roe@os.unimaas.nl

Ann Marie Ryan

Department of Psychology, 333 Psychology Building, Michigan State University, East Lansing MI 48824-1116, USA

    E-mail: ryanan@msu.edu

Alan M. Saks

Division of Management, Joseph L. Rotman School of Management, and Centre for Industrial Relations, University of Toronto, 105 St. George Street, Toronto, Ontario, CANADA M5S 3E6

    E-mail: saks@utsc.utoronto.ca

Jesús F. Salgado

Departamento de Psicología Social, Universidad de Santiago de Compostela, 15782 Santiago de Compostela, SPAIN

    E-mail: psjesal@usc.es

Neal Schmitt

Department of Psychology, Michigan State University, East Lansing MI 48824-1116, USA

E-mail: schmitt@msu.edu

Benjamin Schneider

Department of Psychology, University of Maryland, College Park MD 20742, USA

E-mail: ben@psyc.umd.edu

Dora Scholarios

Dept. of Human Resource Management, University of Strathclyde, 50 Richmond St. Glasgow G1 1XU, UNITED KINGDOM

E-mail: d.scholarios@strath.ac.uk

Jan te Nijenhuis

Open Universiteit, Postbus 2960, 6401 DL Heerlen, THE NETHERLANDS

E-mail: Jan.teNijenhuis@ou.nl

George C. Thornton III

Colorado State University, Department of Psychology, Fort Collins, Collorado 80523-52323, USA

E-mail: thornton@lamar.colostate.edu

Henk van der Flier

Vrije Universiteit, Van der Boechorststraat 1, 1081 BT Amsterdam, THE NETHERLANDS

E-mail: h.van.der.flier@psy.vu.nl

Annelies E. M. van Vianen

Department of Work and Organizational Psychology, University of Amsterdam, Roetersstraat 15, 1018 WB

Amsterdam, THE NETHERLANDS

E-mail: A.E.M.vanVianen@uva.nl

Chockalingam Viswesvaran

Dep. of Psychology, Florida International University, University Park, Miami FL 33199, USA

E-mail: Vish@fiu.edu

Olga F. Voskuijl

Department of Work and Organizational Psychology, University of Amsterdam, Roetersstraat 15, 1018 WB

Amsterdam, THE NETHERLANDS

E-mail: Ovoskuijl@fmg.uva.nl

Michael A. West

University of Aston, Birmingham B4 7ET, UNITED KINGDOM

E-mail: m.a.west@aston.ac.uk

David Wigfield

Shell Centre, PSSL-LD, York Road, London SE1 7NA, UNITED KINGDOM

E-mail: David.wigfield@shell.com

Charles Woodruffe

19 Dunraven Street, London W1Y 4JR, UNITED KINGDOM

E-mail: charles.woodruffe@humanassets.co.uk

主编简介

Arne Evers是阿姆斯特丹大学工业与组织心理学教授。他的研究兴趣包括人事选拔、选拔中的歧视问题、测验及量表编制，组织诊断及工作压力。他已经在 *Journal of Organizational Behavior*，*International Journal of Testing*，*European Journal of Psychological Assessment*，*Journal of Occupational and Organizational Psychology*，*Educational Psychology*，以及*Handbook of Work and Organizational Psychology* (Psychology Press，UK)等期刊上发表了大量文章。Arne是荷兰心理学家协会测验委员会（*Committee on Testing of the Dutch Association of Psychologist*，COTAN）以及欧洲心理学家协会联合会测验和测量专业委员会（*The standing Committee on Tests and Testing of the European Federation of Psychological Associations*）的常务委员。

Neil Anderson是阿姆斯特丹大学组织心理学教授。他的研究兴趣包括招聘与选拔，组织与工作群体社会化、工作创新以及组织氛围。Neil目前独立承担或参与的研究项目主要关于面试中考官与应聘者的决策、大五人格测试的结构与特性，以及工作与组织心理学中从业者与研究者的分歧。他出版了大量专著，包括*Handbook of Industrial，Work and Organizational Psychology* (Sage，UK) 以及*International Handbook of Selection* (Wiley，UK)，他的研究成果发表在*Journal of Applied Psychology*，*Human Relations*，*Journal of Organizational Behavior*，*Journal of Occupational and Organizational Psychology* 及*International Journal of Selection and Assessment*等学术期刊上。Neil曾任明尼苏达大学（美国）和阿姆斯特丹大学（荷兰）的客座教授。Neil是英国心理学会和工业与组织心理学会的会士。

Olga Voskuijl是阿姆斯特丹大学工作与组织心理学助理教授。她的研究兴趣集中在人事选拔、工作绩效的建模和测量、工作分析、能力与人格的测量和分析，以及职业发展。她的相关研究发表在*International Journal of Selection and Assessment*，*International Journal of Human Resource Management*以及*European Journal of Psychological Assessment*等期刊上。

作者简介

Natalie J. Allen是加拿大西安大略大学心理学系的教授。她的研究主要关注员工组织承诺的概念及其测量方法，员工承诺的发展与行为后果。她与John Meyer的专著《工作场所中组织承诺：理论、研究及其应用》(*Commitment in the Workplace：Theory，Research and Application*) (Sage，1997)还获了奖，Allen近期的研究主要集中在团队相关问题。

Allen博士的研究成果在很多期刊均有发表，包括*Journal of Applied Psychology*，*Journal of Organizational Behavior*，*Journal of Occupational and Organizational Psychology*，*Group Dynamics*，*Human Resource Management Review*，*Journal of Vocational Behavior*，以及*Academy of Management Journal*。Allen博士是加拿大心理学会会士，*Journal of Occupational and Organizational Psychology*副主编，并在荷兰、澳大利亚及英国等地多所大学做过访问学者。

Dave Bartram是SHL集团的科研总监。在1998年加入SHL之前，他先后担任赫尔大学科学与环境学院系主任和心理学系教授。目前他是英国心理学会特许职业心理学家、会士，人因工程学会会士。他是国际测验委员会委员和前任主席，英国心理学会测验标准指导委员会（*British Psychological Society's SteeringCommittee on Test Standards*）和欧洲心理学家协会联合会测验和测量专业委员会（*the European Federation of Psychologists Association'sStanding Committee on Tests and Testing*）的常务委员。同时他还是国际应用心理学会测量与评估分会候任主席。Dave在职业评估特别是计算机辅助测验领域发表了数百篇期刊论文、会议论文和专著。

Walter C. Borman是人事决策研究所（*Personnel Decisions Research Institutes*，PDRI）的首席执行官，南佛罗里达大学工业与组织心理学教授。他是工业与组织心理学会会士，并于1994—1995年间任该机构主席。Borman已发表了300余部/篇专著、章节、期刊和会议论文。近来，他与人合著了《心理学手册》I/O卷(Borman，Ilgen，& Klimoski，2003)，并与两名PDRI的同事合编了《心理学年鉴》（1997）的"人事选拔"一章。他是工业与组织心理学会2003年杰出科学贡献奖的获得者。Dr. Borman的主要研究兴趣包括绩效测量、人事选拔、工作分析和评价中心。

Marise Ph. Born是荷兰鹿特丹伊拉斯姆斯大学心理学系工业与组织心理学副教

授。Marise的研究兴趣是人事选拔、求职和职业选择、人格及个体差异、跨文化研究以及测验开发。她目前是两本重要人事选拔期刊——*International Journal of Selection* 和 *Assessment*和*European Journal of Personality*的编委。同时她还是国际测验委员会理事、荷兰心理学家协会测验委员会成员。

Paula M. Caligiuri是人力资源战略中心（*the Center for Human Resource Strategy*，CHRS）主任，罗格斯大学管理与劳动关系学院人力资源管理副教授。Paula同时也是意大利博科尼大学商学院的客座教授。她的研究领域包括三个方面：跨国组织的战略人力资源管理，全球领导力开发，全球驻外人员管理。她的研究成果发表在*International Journal of Human Resource Management*，*Journal of World Business*，*Journal of Applied Psychology*，*Personnel Psychology*和*International Journal of Intercultural Relations*等学术期刊上。她的专著（与Allan Bird和Mark Mendenhall合编）《人力资源管理的全球维度：管理全球劳动力》于2005年出版发行。她是多本期刊的编委，以及*Human Resource Management Journal*的副主编。

David Chan是新加坡国立大学副教授，新加坡测验与评价中心科学顾问。他的研究领域包括人事选拔、纵向建模以及工作中对变革的适应性。在人事选拔领域，他发表过大量期刊论文，编写了几部手册的部分章节，并与人合著了一本教材。他获得过的学术奖励包括工业与组织心理学会早期职业生涯杰出贡献奖，Edwin Ghiselli创新研究设计奖，美国心理学会论文研究奖和密歇根州立大学社会科学学院奖。他目前是六本期刊的编委，并为十余本期刊审稿。他目前担任新加坡总理公署、社会发展及体育部、新加坡警察部队和新加坡监狱属的顾问。

Nicole Cunningham-Snell是壳牌国际领导力开发团队位于伦敦的高级顾问。她作为职业心理学家在壳牌工作了七年，目前她负责壳牌领导力评估和开发项目在全球的设计与推广。Nicole的工作也涉及胜任力特征、考核系统、多测度反馈系统、选拔方法、评估者培训、团队建设，同时她致力于促进全球范围的学习活动。她于1999年获伦敦大学金史密斯学院博士学位，目前是英国心理学会会员。

Filip de Fruyt是生物医学科学硕士和心理学博士。目前他是比利时根特大学差异心理学和人格评估学教授。他的研究领域十分广泛，包括适应性和适应不良个体差异，两种差异的结构和发展，以及应用人格心理学。他已经担任欧洲人格心理协会会员和执行理事会秘书六年，目前是*European Journal of Personality*副主编，*International Journal of Selection and Assessment*顾问编辑。

Irene E. de Pater是荷兰阿姆斯特丹大学工作与组织心理学在读博士。她目前的研究兴趣包括职业发展、管理发展、人格以及性别与工作。她与Tim Judge，Erin Johnson和Annelies van Vianen合作发表过文章。

Stephan Dilchert是明尼苏达大学工业与组织心理学在读博士。他的研究兴趣是认知能力和人格在人事选拔中的预测作用。他发表了大量关于在人事选拔中采用认知能力测验的组织后果、团队人格差异及其对负面影响的意义的文章。同时，他也为《智力测评年鉴》(Mental Measurements Yearbook)审阅测验。他目前正在研究一种新提出的智力结构在人事选拔中的价值。他最近刚完成一篇关于实践智力的元分析文章，比较了实践智力与一般心理能力及其他认知能力的效用。

Robert L. Dipboye是中佛罗里达大学心理学系主任。在此之前他是莱斯大学Herbert S. Autrey教授。他的研究成果涉及人事选拔的各个领域。他是美国心理学会、工业与组织心理学会会士，和组织行为协会会员。他曾任Academy of Management Review，Journal of Organizational Behavior和SIOP Frontier Series审稿人，以及Journal of Applied Psychology副主编。

Sacha Geerlings是阿姆斯特丹大学工作与组织心理学研究生。她的硕士论文研究的是选拔心理学家对于伦理问题的态度。同时，她对单个欧洲国家的伦理准则与欧洲的元准则进行了比较。她的研究兴趣包括选拔中的公平和伦理问题。

Anna L. Imus是密歇根州立大学工业与组织心理学研究生。她在乔治梅森大学获学士学位，并被授予优秀本科科研奖。她目前的研究兴趣包括与择优选拔相关的幸福感研究、应聘者对招聘程序的感知以及其他选拔相关的课题。

Ute-Christine Klehe是瑞士苏黎世大学工作与组织心理学研究所助理教授。2000年在德国马尔堡大学获得了心理学硕士学位后，她于2003年在加拿大多伦多大学Rotman管理学院获博士学位，导师是Gary Latham，之后在阿姆斯特丹大学从事博士后研究，导师是Neil Anderson。她的主要研究兴趣包括典型绩效与最佳绩效，以及人事选拔中的部分领域，如结构化面试、组织选拔程序的应用。目前为止，她的研究成果已被推选为工业与组织心理学会Flanagan奖，并发表在International Journal of Selection and Assessment上。

Filip Lievens是比利时根特大学人事管理和工作与组织心理学系副教授。他目前的研究主要关注不同的选拔方法（如，评价中心、情境判断测验、网络测评）和组织吸引力上。他在Journal of Applied Psychology，Personnel Psychology，Journal of Organizational Behavior，Journal of Occupational and Organizational Psychology，Applied Psychology: An international Review和International Journal of Selection and Assessment等杂志上发表过30余篇文章。

Deniz S. Ones是明尼苏达大学工业心理学Hellervik教授。她的研究主要关注人事选拔，以及人格、诚信、认知能力评估对决策的影响。有鉴于其在该领域内杰出科研成果，她先后获得过诸多荣誉：工业与组织心理学会1994年Wallace最佳学位论文奖、1998年McCormick早期职业生涯杰出贡献奖、多元实验心理学协会2003年Cattell早期职业生涯奖。她是美国心理学会第5分会（评估、测量和统计）和第14分会（工业与组织心理）的会士。她担任（过）六本期刊的编委。目前她是International Journal of Selection and Assessment的主编。在2001和2002年，她与人合著了Handbook of Industrial，Work *and Organizational Psychology*的两卷，*Human Performance*专刊上关于认知能力测验的一篇文章，以及*International Journal of Selection and Assessment*上关于反生产工作行为的一篇文章。

Lisa M. Penney 2003年在南佛罗里达大学获得工业与组织心理学博士学位。她目前是人事决策研究所（*Personnel Decisions Research Institutes*，Inc）助理研究员。Penney博士的研究成果在很多学术期刊和学术会议均有发表。此外，她关于工作场所不文明行为和反生产工作行为的研究已经成为包括*Newsweek Japan*、*Orlando Sentinel*以及*Arizona Republic*等诸多媒体报道的主题。Penney博士的主要研究兴趣是反生产工作行为、工作压力和领导力。

Robert E. Ployhart是乔治梅森大学副教授。他主要的研究领域关注的是现代人力资源情境下的人员配置问题（如开发多水平员工配置模型，如何提高员工招聘和配置的有效性和适应性，识别文化和小群体对人员配置的影响以及开发新的人事测评技术）。他的另一个研究兴趣是应用统计/测量模型以及研究方法，如结构方程模型、多水平模型和线性模型。他发表过40余篇相关主题的文章，是工业与组织心理学会和美国管理学会的活跃成员，并获得过两个学会的奖励。Rob是多本期刊的编委，同时还为多个私人和公共部门提供管理咨询服务。

Robert A. Roe是马斯特里赫特大学组织理论与组织行为学教授。此前，他先后执教于阿姆斯特丹大学、代尔夫特大学、蒂尔堡大学和内梅亨大学。Robert曾任荷兰航空医学研究所主任，并担任许多公司和公共组织的顾问。他是工作与组织研究中心（蒂尔堡）的创始主任，欧洲工作与组织心理协会的创会主席。他因为发起了一年两次的欧洲工作与组织心理学大会和促进了欧洲在该领域的一体化而获得过特别表彰。Robert曾任多本期刊的编委。他发表过300余篇/部学术论文、专著章节及专著，涵盖人事选拔和评估、绩效、动机、胜任力特征、组织评估等课题。Robert对概念和方法问题有着强烈的兴趣，包括设计方法的应用。

Ann Marie Ryan是密歇根州立大学工业与组织心理学教授。她的主要研究领域是人事选拔，特别是公平和选拔过程、应聘者知觉和招聘、组织中的多样性。她与人合著了许多文章和专著章节。她目前是工业与组织心理学会主席，*Personnel Psychology*编辑。

Alan M. Saks是多伦多大学组织行为与人力资源管理学教授，他同时任教于该校Joseph L. Rotman管理学院管理学部和产业关系中心。他的主要研究兴趣是招聘、求职、培训迁移和新员工的社会化。他编著了*Research□Measurement, and Evaluation of Human Resources*一书，并与人合著了*Organizational Behaviour: Understanding and Managing Life at Work*以及*Managing Performance through Training & Development*。他目前是*Academy of Management Journal*，*Journal of Organizational Behavior*和*Journal of Vocational Behavior*的编委。

Jesús F. Salgado是西班牙圣地亚哥·德·孔波斯特拉大学工作与组织心理学及人

力资源教授。他曾任伦敦大学金史密斯学院访问学者（1999，2000）。他已在顶尖心理学和管理学期刊上发表过70余篇文章，这些期刊包括*Academy of Management Journal*，*Journal of Applied Psychology*，*Personnel Psychology*，*Journal of Occupational and Organizational Psychology*，*Human Performance*，*International Journal of Selection and Assessment*，*Applied Psychology: An International Journal*，*Journal of Organizational Behavior*，*European Journal of Personality*，和*European Journal of Work and Organizational Psychology*。他的研究主要关注人事选拔程序的效标效度和国际效度概化。目前，他是*International Journal of Selection and Assessment*的联合编辑，以及6部期刊的编委。Jesús是工业与组织心理学会会士。

Neal Schmitt是密歇根州立大学心理学与管理学杰出教授。他于1988—1994年间任*Journal of Applied Psychology*主编，并担任过10本期刊的编委。他曾是麻省理工学院福布莱特学者。他获得过工业与组织心理学会杰出科学贡献奖（1999）和杰出贡献奖（1998）。他于1989—1990年间任该学会主席。他与人合著过3部教材，分别是*Staffing Organizations*（与Ben Schneider）、*Research Methods in Human Resource Management*（与Richard Klimoski）、*Personnel Selection*（与David Chan），此外，与Walter Borman合著了*Personnel Selection in Organizations*，与Fritz Drasgow合著了*Measurement and Data Analysis*，并发表了近300篇文章。他目前的研究主要关注组织中人事选拔程序的效用和产出、亚群体招聘、应聘者反应和行为等问题。

Benjamin Schneider是马里兰大学心理学教授，人事研究公司（*Personnel Research Associates*，Inc）高级研究员。除了马里兰大学，他还曾任教于密歇根州立大学和耶鲁大学，并在达特茅斯学院（塔克商学院）、巴伊兰大学（以色列，福布莱特项目）、艾克斯-马赛大学（法国）和北京大学（中国）进行过短期教学。他发表了超过125篇的学术论文和专著章节，并出版了8部专著。Ben的研究兴趣涉及服务质量、组织氛围和文化、人员配置问题以及组织生活中人格的作用。Ben被工业与组织心理学会授予2000年杰出科学贡献奖。除了学术工作，多年来Ben还为许多公司担当顾问，包括Citicorp、AT&T、Allstate、Sotheby's、the Metropolitan Opera、Prudential、GEICO、IBM、American Express、Giant Eagle和MeadWestvaco。

Dora Scholarios是位于苏格兰格拉斯哥的斯凯莱德大学人力资源管理学系组织行为学副教授。她于1990年在乔治·华盛顿大学获工业与组织心理学博士学位。Dora的研究兴趣包括人事选拔和分类、选拔的社会过程视角，以及新兴工作形式对于职业模式和员工幸福感的影响。她参与了由美国陆军行为与社会科学研究所、英国经济与社会研究理事会以及欧盟资助的一些大型研究项目。

Jan te Nijenhuis目前就职于荷兰开放大学。在此之前，他在阿姆斯特丹大学和莱顿大学任助理教授和博士后。他曾凭借其关于测验培训的硕士论文获得优秀青年研究者奖励。他在自由大学工作与组织心理学系从事的关于移民评估的博士课题受到荷兰铁路

（Dutch Railways）的资助，并赢得了应用心理学最佳学位论文奖。Jan的研究兴趣是关于人格和个体差异的应用及基础研究，重点关注人事心理学。他发表过大量专业期刊论文，撰写了很多专著章节。Jan是工业与组织心理学会及智力研究国际学会的会员。

George C. Thornton III是科罗拉多州立大学心理学系工业与组织心理学教授。他目前的研究兴趣包括发展评价中心对管理者和学生的有效性、工业心理学在劳动歧视诉讼中的作用，以及工作成就动机的跨文化研究。他发表了关于评价中心技术的3部专著，几篇专著章节，以及大量期刊论文和会议报告。他帮助公共和私人组织开发评价中心，并在欧洲和亚洲的许多国家作过关于评价中心技术的演讲。

Henk van der Flier是荷兰阿姆斯特丹自由大学工作与组织心理学系教授与系主任。他曾任荷兰铁路（*Dutch Railways*）工业心理部的主管至1990年，任*Arbo Management Group*的产品开发与质量经理至1998年。他的研究兴趣包括工作条件、安全、人事选拔、心理测量和跨文化心理学。

Annelies E. M. van Vianen是荷兰阿姆斯特丹大学工作与组织心理学系副教授。她的研究兴趣包括个体与环境匹配、驻外、组织文化、职业发展、人事选拔和性别与工作。她发表过50篇荷兰期刊和30篇国际期刊，如*Academy of Management Journal*、*International Journal of Human Resource Management*、*Personnel Psychology*和*International Journal of Selection and Assessment*。她曾当过荷兰学术期刊*Gedrag en Organisatie* [*Behavior and Organization*]的编辑。她还为10余本I/O领域的顶级期刊审稿。

Chockalingam (Vish) Viswesvaran是佛罗里达国际大学心理学副教授。他发表了100余篇关于人事选拔和绩效的期刊论文、专著章节。他是3家期刊的编委，同时是*International Journal of Selection and Assessment*的副主编。他曾获工业与组织心理学会所颁发的最佳学位论文奖和早期职业生涯杰出贡献奖。他是工业与组织心理学会会士，也是美国心理学会第14分会（工业与组织心理）和第5分会（评估、测量和统计）会士。近来，他与人合编了*Handbook of Industrial*，*Work and Organizational Psychology*，*International Journal of Selection and Assessment*关于技术对人员配置作用的特刊，以及*Human Performance*关于认知能力测验的特刊。

Michael A. West是阿斯顿商学院组织心理学教授和研究主任。自1991年以来，他同时还是伦敦政治经济学院经济表现中心的成员。获得博士学位后，他在南威尔士的煤矿工作了一年，然后才开始学术工作生涯。他编写、主编或合编了14部专著，包括*Effective Teamwork* (2004，Blackwell)，该书的第一版被翻译为12种语言，*The Secrets of Successful Team Management* (2003，Duncan Baird)，*Developing Team Based Organisations* (2004，Blackwell)，*The International Handbook of Organizational Teamwork and Cooperative Working* (2003，Wiley)，*Effective Top Management Teams* (2001，Blackhall)，*Developing Creativity in Organizations* (1997，BPS)和*Handbook of Workgroup Psychology* (1996，Wiley)。

　　David Wigfield是位于伦敦的壳牌国际领导力开发团队的高级顾问。David的研究兴趣包括领导力、人事选拔、跨文化心理学以及警察文化。他发表过数篇论文。他曾作为职业心理学家在公共和私人组织中工作，开发和实施了一系列人力资源干预措施，包括领导力开发、胜任力特征、评价中心、360度反馈系统。David是英国心理学会的副会士。

　　Charles Woodruffe作为一名商业心理学家工作了近20年。在此之前，他在大学当过人格与社会心理学讲师。他位于伦敦的公司——*Human Assets Limited*——专注于为客户设计和实施甄选、开发和留任人才的系统，并帮助其实现远期商业战略。他的工作涉及人力资源战略的应用——从评价中心设计到高管教练。Charles和同事为各种私人和公共组织提供咨询服务。当前和过去的客户包括壳牌、安永、埃克森美孚、英国航空、苏格兰皇家银行、野村国际、优利、汇丰、英国宪法事业部、英格兰银行和英国国家安全局。Charles发表了大量其专注领域的相关作品，包括他的专著*Development and Assessment Centres*和*Winning the Talent War*。他是CIPD会士和认证职业心理学家。

目 录
Contents

导论 当前人事选拔实践与研究关系：各行其道

Neal Aderson

近年来，人事选拔科研与实践日益脱节的问题引起了各国工业—工作—组织心理学（Industrial, Work, and Organizational psychology, IWO Psychology, 以下简称IWO）研究者的广泛关注。虽然许多人早就心知肚明，选拔心理学本就是一门立足于科研的专业实践活动，但现实情况却不容乐观。数据显示，在过去的十年中实践领域和专业研究已经渐行渐远（如，Anderson, Herriot & Hodgkinson, 2001; Dunnette, 1990; Hodgkinson, Herriot, & Anderson, 2001; Sackett, 1994）。事实上，"实践与研究背向而行"将对工业与组织心理学特别是选拔心理学的专业化产生不利影响（Anderson et al., 2001）。在本章中将从四个方面对此进行论述：

1. 打造人事选拔科研与实践的互动平台，以科研与实践互动为主题，深入探索两者间的互动机制；

2. 人事选拔科研与实践间应保持一定的"自然距离"，但同时研究者也应放下身段，凭借充分而适宜的沟通将二者联系起来；

3. 阐述在选拔心理学科研领域四类研究的模型；

4. 通过回顾人事选拔领域四个有历史意义的案例，描绘研究和实践互动可能出现的四种情景。

在本章中，我们从人事选拔历史中精心选取几则案例，既包括研究与实践相互促进的正面案例，也包括相互脱节的负面案例，对招聘选拔心理学问题以及研究和实践良性互动的可能性进行阐述，为人事选拔领域的研究者与实践者之间构建良性互动关系以及进一步优化实践与研究交互机制提供指导。我们认为，扎实的人事选拔研究将会促进专业实践的快速发展。同时，专业实践上的变化也能激发新的研究方向。也就是说，人事选拔心理学受益于研究和实践之间的双向互动。因此，研究和实践应该保持足够密切的联系，避免孤立和分离（Levy-Leboyer, 1988; see also, Rynes, Brown, & Colbert, 2002）。虽然这种观点是显而易见的，但是在本章中，我认为最易产生争议的大概是在选拔心理学中研究和实践之间应保持一种"自然距离"。"自然距离"不仅有利于学科联合，而且对于当今复杂的组织科学来说也是必需的。此外，我们认为不仅应该关注人事选拔实践与科研领域的距离和分离，而且应该进一步探索实践者和研究者的双向知识传递机制和联系。因为，两个群体间保持一定的"自然距离"，有利于在知识双向传递中起到互补作用。下面，首先由我来介绍将机能专业化作为选拔心理学发展的必由之路的案例。

更分化还是更专业化：选拔心理学的未来发展

正是因为人事选拔有着坚实的科研基础，所以人事选拔心理学一直被誉为工业与组织心理学领域成功的典型。但是，近年来无论是在研究领域或是实践领域，很少有理论模型解释和说明研究与实践的关系（Salgado，Viswesvaran，& Ones，2001；Viswesvaran，Sinangil，Ones，& Anderson，2001），这一点不免令人遗憾。诸如，科研与实践利益集团之间的联系问题、如何增强实践研究交互的机制问题、研究者和实践者如何开展良性竞争问题、重要研究成果如何转换为组织实践等重要问题，依旧没有得到充分研究。多年以来，很多人可能都理所当然地认为，研究和实践的关系越紧密越好，这个假设虽然普遍被接受，但却相当幼稚，而且也没有经过实证验证（Anderson et al.，2001）。事实可能如此，也可能不是。事实上，我认为研究和实践之间应该保持一定的"自然距离"，这对各自独立蓬勃发展和彼此依赖是必须的，类似于医学中研究和实践的关系（Rice，1997）。毋庸置疑，选拔心理学中存在着专业分工，进入行业的最初几年决定了很多学者未来职业是从事科研（博士、博士后、教授）还是偏向组织实践（见习顾问、初级顾问、高级顾问）。鉴于目前研究方法和统计技术已经越来越复杂，学者到了职业生涯中段再改变职业规划已经越来越困难，所以年轻研究者越来越专业，他们的研究兴趣至多是一个或两个子领域（参见 Hyatt et al.，1997）。

专业化是一件坏事吗？综合现有证据可见——由于选拔心理学越来越复杂，一定程度的专业化是积极的，并且确实是必要的。首先，可以设想一下与之类似的医学。人们不可能期望医学院的学生既能作为一个普通外科医生成功地实施手术，又能致力于有意义的科学研究。的确，一方面由于医学研究的复杂性，另一方面由于执业医师精确诊断病人症状的需要，医生的职业轨迹必须专业化。为什么选拔心理学应该不同于此呢？事实上，现代工业与组织心理学研究的复杂性也使其必须专业化，此外，由于本领域快速发展，仅仅是为了跟上一个具体的研究领域的发展变化，研究主题和兴趣也必须专业化（Viswesvaran et al.，2001）。第二，从更宏观的角度来看，所有现代职业都或多或少地出现了研究与实践分离的情况。在管理学（Hodgkinson et al.，2001）、法律、医学和健康科学、精算科学和商业保险、工业经济，以及最有针对性的临床与咨询心理学（Rice，1997）中，都出现了这种趋势。选拔心理学为什么要不一样呢？相反地，适度的专业化加上整合科研者与实践者的有效机制，可以防范二者之间出现不可弥补的鸿沟。第三，人事选拔中，研究应该在一定程度上独立于商业利益，并且这种程度的独立性是完全合适的（例如，Dunnette，1990）。一个过分务实的目标，或仅仅由商业利益决定，可能会干扰研究，甚至阻碍工业与组织心理学研究问题的提出，并限制研究的范围和类型。此外，所提出的研究问题从未被涉猎且超越了商业实践领域可理解的程度，也可能引起争议，这就使得研究者被禁锢于基于当前商业利益和既有的研究趋势去确定研究目标。第四，在某种程度上，实践者也不应局限于为某些领域提供科研咨询，这些成熟的领域是科学研究已经开垦过的，已有现成的方法和途径进行了验证。裹足不前，故步自封，势必限制实践者探索新技术和方法的能力、其面对还未公布验证证据的新兴市场需求的能力，以及其应对先于长期战略研究的快速发展的组织实践的能力（Levy-Leboyer，1988）。所以，实践和研究间确实存在自然距离，并且自然距离的存在有利于选拔心理学的实践与研究。第五，也是最后一点，研究者既不能仅仅关注眼前的短期的研究主题，亦不要期盼很快就能将成果转为商业成果，而应该致力于系统性的整体的研究主题，一步一个脚印，必定从中获益颇多。例如，早期对人格维度的研究和因素分析技术的发展就是很好的例子，早期扎实的理论科研为后来（几十年后）商业实践带来了难以估量的经济回报。

即使是今天，人事研究者想要开展一个历时多年的项目，例如从字典或其他词源中筛选出数千个有关个体人格特质的词，然后用统计方法将它们进行分析，这些做法都是极具争议性和不成熟的，科研申请书也不会得到太高的评价[1]。另外，"自然距离"允许研究者进行违背当前潮流或暂时商业利益的研究（例如，情商的研究），但是，这可能在将来产生颠覆当前主流思想的结果（如，元分析发现非结构化面试也有合适的效度）。此外，至关重要的问题是"距离"的远近和研究与实践知识的传递与整合机制的长期存在，而不是幼稚的假设科学与实践必须在完全相同的领域中共存并在日常中互相依赖。

人事选拔中科研与实践的关系模型

选拔心理学作为一门基于研究的学科，对其研究与实践脱节的争论，容易回到二者关系的模型问题上。尽管Dunnette（1990）开创性地号召在工业与组织心理学领域对这个问题进行更广泛深入的讨论，但是很显然并未获得多少学者的关注，也少有文献论

---

[1] 译者注：本文此处引用了在人格心理学中的经典研究案例——卡特尔16PF。卡特尔（1905—1998），美国心理学家，最早应用因素分析法研究人格。他对心理测验的研究，对个体差异的测量，以及对应用心理学的倡导，有力地推进了美国心理学的机能主义运动。他编制的"16种人格因素测验"应用十分广泛。卡特尔最突出的贡献在于将因素分析的统计方法应用于人格心理学的研究。卡特尔一共找到了16种根源特质，并编制出《卡特尔16种人格因素问卷》（sixteen personality factor questionaire，简称16PF）。这份问卷也可以称是世界公认的最具权威的人格测验方法，在临床医学中被广泛应用于心理障碍、行为障碍、心身疾病的个性特征的研究，对人才选拔和培养也很有参考价值。

述研究与实践关系模型，更不用说通过实证研究和现场研究进一步论证了。Anderson等（2001）首先提出了一个模型，按照研究方法严谨性（高和低）和与实践意义（高和低）两个维度，以2×2表格将现有人事选拔研究进行了划分。四个小方格各代表一种研究类型——大众型研究，实用型研究、学究型研究、幼稚型研究。Anderson，Lievens，van Dam和Ryan（出版中）等人按照上述四种研究类型划分，从现有的人事选拔中列举了方法严谨程度高/低与实践意义高/低的一些科研实例，见图a.1。

第一类是方法不严谨，但与实践结合非常紧密的大众型研究。该类型研究的主题可能的确较为热门并且能够迎合一般的公众心理，但是这种研究通常缺乏严谨的科学方法。如，这类研究通常是急于发表，以期在选拔心理学领域解决一个"热门课题"，或者受到既得利益组织的影响"证明"当前流行的心理测量工具非常实用。尽管在人事选拔领域同样重视专家独立审稿。但很显然，并非所有出版物都属于严谨的学术期刊，这就使得投合公众所好的研究成果得以进入公众视野。考虑不周或操作失误的研究也属于这一类，这应该是目前人事选拔科研领域最大的缺陷。

组织实践中根据不可靠的研究结果进行员工选拔，会极大地危害人事选拔科研的信誉。毫无疑问，读者都遇到过持有这种观念的人事经理和部门经理，他们往往对未验证的可疑方法有绝对的信心。因此，本领域需要强有力的研究为人事选拔和评估的应用性实践奠定基础。同时，我们应该对流行的技术和方法进行重新验证，即使这些方法能带来丰厚的顾问费或产品收入。

第二类是方法严谨和实践意义高的实用型研究。与IWO心理学的其他领域一样，这类研究也应该在选拔研究中占主导地位，并且在任何可行的情况下都应该作为专业实践的基础。图1.1列举了实用型研究的几个典型例子，但是仅仅说明了本领域的研究基础广泛。例如，我们在本章稍后会讨论的，相当多的研究支持在选拔中广泛地应用认知能力测验和一般心理能力测验（GMA），并且在不同的工作、家庭、组织甚至是国家都有证据支持（Schmidt & Hunter，1998；Salgado & Anderson，2002，2003）。这仅是选拔心理学可以名正言顺地宣称自己是基于研究的实践的例子之一，其他例子在本章后面会提到。这里要表达的中心观点是，这类研究是四类中唯一一种有利于选拔心理学长期健康发展的，因为它的科学性、实践性和科学实践相互依存性。按照这个逻辑，选拔心理学需要考虑：（1）怎么依据这类研究的投入和产出来最大化这个象限；（2）如何优化研究和实践的关系，确保重要研究成果转化成组织实践；（3）我们怎样确保研究者得到实践者的反馈，以保证研究者研究的是顾客和组织所关心的有意义的、热门的和优先考虑的国际性课题？

第三类是方法严谨，但是实践意义小的研究，被称为学究型研究。本类研究或者是基于一个华而不实的设计，或者在分析中过分关注细节。但是，很不幸，它没能解决组织选拔实践中关注的热门问题。这类研究的例子包括：长期研究当今组织实践外围或边

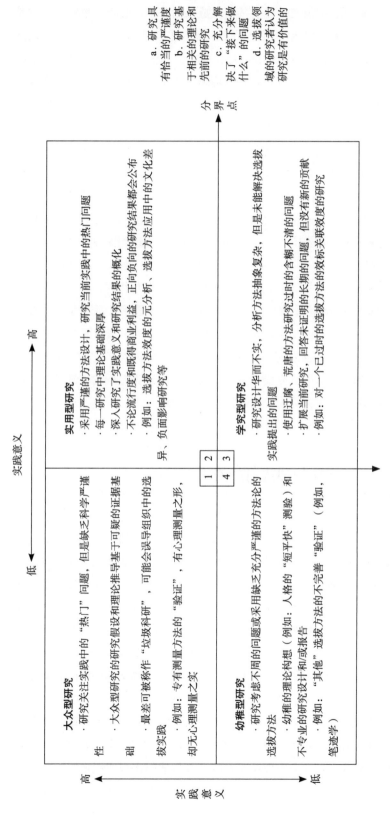

图a.1　选拔心理学中的研究类型

a. 研究提高了实践意义
b. 研究的主题是人力资源选拔实践中提出的问题
c. 充分解决了"所以，接下来"问题
d. 选拔实践者认为研究是有价值的

缘的问题，或者扩展当前研究，但没有给已有的研究成果增添新的东西。事实上，这是一类"避风港"式的研究，少数研究者应用过时的、传统的、组织实践研究方法，长期关注个人感兴趣的主题（参见 Herriot & Anderson，1997）。此外，审核过程是筛选学究型研究的关键，特别是考虑到尽管应用选拔实践的环境和员工选拔的趋势变了，选拔心理学中这类象牙塔式研究的机会成本丝毫没有减弱。

随着时间的推移，学究型研究过多的危害渐渐凸显：作为组织选拔实践的基础，研究失去了与专业实践的关联，并且脱离了实践的需要，呈现出了孤立化的特点。

第四类是最糟糕的研究类型，是建立在不可接受的方法和设计基础上产生的令人怀疑的实践意义。我们把这类研究称作幼稚型研究。很显然，我们应该尽量减少这类研究，因为这类研究的存在既没有科研价值也没有实践意义。然而很不幸，这类研究也是存在的。例如，用不健全的方法和研究设计"验证"不健全的心理测评技术（例如，笔迹学的效标关联效度的验证）。

正如图a.1，在我们最初的模型中，我们认为四类研究的比例是相同的。事实上，实用型研究在选拔评估领域占主导地位，相比之下，大众型研究和学究型研究虽然很少，但是，仍旧对本领域具有影响。我们（Anderson et al.，2001）根据几类证据指出，由于选拔心理学领域的研究者和从业者面临着不正常的奖励压力，这两类研究越来越多。毫无疑问，我们要提防这种趋势，因为大众型研究可能导致没有理论基础的、缺乏效用的实践。同时，如前所述，学究型研究可能导致研究与实践分离。

研究与实践的关系：
工业与组织心理学中一个新的研究领域

在本章一开始，我指出本章主旨之一是使人事选拔领域的"科研—实践"互动成为一个值得独立研究的话题。当前国际上的研究者持续关注选拔的"内容域"（例如，效标关联效度、负面影响、应聘者反应等），然而，另一方面，实践者继续使用商业上流行的途径、方法和决策工具。研究者顾虑的一个主要问题是研究成果可能不能影响实践（Dunnette，1990；Rynes et al.，2002；Viswesvaran et al.，2001）。或许我们可以把这个课题作为组织发展微观层面研究的一个挑战——研究的新"流程域"。换句话说，研究结果可以作为组织选拔方案的基础，组织中应用这些选拔方法的人力资源管理专家和选拔实践者可能不是合格的心理学家，并且这类研究的整体目标是明确这些选拔方法的功效。正如我接下来在本章主张的，严格的科学和理性经济逻辑可能不是将研究成果转化为日常实践的最好方法。在此之前，应该说服选拔心理学研究者，使之认同应该根据这类课题的自身优势将其作为一项研究事业认真对待。怎样才能说服他们呢？

首先，研究者也应该意识到，实践者接受研究结果、受到研究结果的影响以及最终采用研究结果的心理因素，也是本领域应该涉猎的研究问题。Sackett（1994）就提出过一个"研究者—实践者"模型，鼓励研究者扩大科研成果的影响程度。第二，对于研究者而言，如果不将研究与实践的关系开发为一个新的研究领域，心理和经济成本显然过高（Rynes，Bartunek，& Daft，2001；Rynes et al.，2002）。当前的国际研究现状充其量是员工选拔领域研究和实践的不完美整合。研究不影响实践，实践不影响研究，如此孤立地持续循环。关键问题是"为什么强有力的研究没有影响实践（当然，反之亦然）？"选拔心理学的任何领域的知识都是琐碎的不完整的——我们主要关注"内容"，极少关注为什么研究没有影响实践的"过程"。当然，把研究成果应用到组织中的日常实践不是研究者的责任，但是，我认为，验证研究成果的影响是研究者的责任。毕竟，这是组织心理学研究的命脉。第三，直截了当地说，这种关系本身是很有趣的。为什么组织没有采用信效度最好的选拔方法呢？为什么人力资源从业者显然不为提高选拔程序的效标关联效度带来的巨大效用收益所动呢？员工选拔的心理测量如何才能更好地基于心理学的理论和实证研究发展？为什么组织中的选拔实践被认为是不科学、不可靠的这一趋势被研究者忽视？所有这些都是重要的问题，可以刺激进一步的应用研究，同时将会有助于更好地理解知识与实践之间转换不完善的原因，从而建立"研究—实践"的桥梁。将来对"过程"的研究中，我们能够从过去的经验教训中受益匪浅。接下来，我将会通过选拔心理学领域历史上的四个科研与实践关系的例子来精确的阐明这些。

研究与实践的整合：选拔心理学中四种情景

正如本章标题所示，选拔心理学中研究与实践的关系最糟糕的地方在于研究与实践没有互相关注，甚至故意互相忽视对方在做什么（正如谚语所言"各自为政，各行其道"）。请注意，这里我区分了没有意识到当前发展和有意忽视或不考虑这种发展，尽管事后很难精确区分这两种状况。二者中，更严重的问题是研究和实践没有互相关注对方的发展。因为正是这种没有关注指明了在研究者和实践者之间的信息交流和转换上存在结构性的缺陷，以至于一只"手"不知道另一只"手"在做什么（Dunnette，1990；Hyatt et al.，1997）。

尽管选拔心理学研究与实践之间信息传递不完善，但是，得益于无处不在的期刊和时事通讯，研究者与实践者通过研讨会和专业学术会议保持密切联系，这些被广泛接受的信息交流渠道确实促进了选拔心理学的发展。此外，一些国家（美国、英国、荷兰、澳大利亚）的研究资助机构越来越强调将实用性作为是否给予研究计划资助的一个评判标准。同时，近年来国际上选拔心理学的资金越来越向应用实践性倾斜。这些机制和资助压力至少可以增强研究者和实践者间的知识转换，同时利益相关者也迫使研究者考虑研究的实践意义和应用性研究（如，实用型研究），从而改善研究者与实践者的联系。

纵观选拔心理学的历史，研究和实践的关系主要有四种，前三种是有用且有益的，第四种则不利于学科健康发展。它们是：

1. 强有力的研究影响了专业实践；
2. 不可靠的研究没有影响专业实践；
3. 实践趋势激发了新研究方向；
4. 强有力的研究没有影响专业实践。

本节依次阐述每种情景，并且举例说明在不同国家，研究怎样影响或没有影响专业实践，反之亦然（参阅Highhouse，2002的历史展望）。不可避免地，研究是否恰当地影响了实践的例子和解释有赖于当代学者的判断，但是本概述在阐明以上提到的不同场景时还是有意义的。

情景一：强有力的研究影响了专业实践

工业与组织心理学家，特别是选拔心理学家对于研究与实践关系的预设立场是：强有力的研究恰当地影响了专业实践。在这种情境中，实用型研究往往成为咨询干预的基础，我们坚持科学家—实践者模式（Sackett，1994），并且认为所有的研究结果都会自动转化为专业实践，没有延迟，或研究与现实的需求完全一致。诚然，这是一个理想化的情景。更现实的情况是，选拔实践会受到一些主要研究结果的影响，从研究成果发表到应用于专业实践之间有延迟。并且，在本领域的纯应用研究成果和选拔实践者进行人事选拔程序的日常需求之间会有必要的折中（Rynes et al.，2001，2002）。

本情景的一个典型例子是认知能力测验，或一般心理能力测验（GMA）在不同国家的应用。这个例子也很好地说明了不同科学研究方法之间存在明显的不一致。比如，使用元分析技术确定一般效标关联效度的日益普遍，和人事工作从业者确定具体组织和选拔情景下的特定效度的日常需求。现有大量证据表明，在美国（例如，Hunter & Hunter，1984；Schmitt，Gooding，Noe，& Kirsh，1984；Schmidt & Hunter，1998）和欧洲（例如，Salgado & Anderson，2002，2003；Salgado，Anderson，Moscoso，Bertua，& De Fruyt，2003a；Salgado et al.，2003b），GMA是工作绩效和培训绩效的最佳"单一预测因子"。Schmidt和Hunter在对美国85年来的选拔方法预测效度的综述中指出，GMA在预测工作绩效上的平均效度是0.44，在预测培训绩效上的效度是0.58。Salgado和Anderson（2002，2003）发现GMA测验在欧洲的效度略高于美国。他们对欧盟十一个国家的元分析表明，校正后GMA预测工作绩效的效度是0.62，预测培训绩效的效度是0.54。国家文化对效度的调节作用不显著。但是，在早期美国的元分析中，效度明显地受到工作复杂性的调节，工作越复杂，效度越高。作者还总结了在欧洲不同国家GMA普及的证据。他们提出，GMA在欧洲的应用比在美国更广泛，表明其在欧洲的应用没有受到组织对可能出现的就业歧视的状况关注的限制，这是由于欧洲的反歧视立法不如美国严格。在Rynes等人（2002）对美国人力资源管理者的调查中发现，他们普遍认为GMA测验的实际效度比研究表明的效度要低，这或许也导致其在美国不如在欧洲普及。有趣的是，多个对欧洲企业中GMA应用情况的调查发现，随着时间的推移，GMA的应用越来越普及（参阅 Robertson & Smith，2001）。由此可见，扎实的、具有信服力的研究成果从根本上推动了GMA的普及。当然，还有其他因素影响企业招聘者选用哪种方法，包括成本效益、培训需求、商业效用、不良影响，等等，但是这些令人信服的效标关联效度证据，让人很难质疑或阻止认知能力测验在专业实践中的普及。事实上，这个例子可以作为本领域中一个实用型研究影响专业实践的典型。如研究者应用元分析技术总结了不同组织和不同工作类型的效标关联效度，与选拔实践者偏好特定条件下GMA的高效度和信度的直接具体证据之间有不一致之处（Chan，1998；Goldstein，Zedeck，& Goldstein，2002；Murphy，1996）。

　　不论这些不一致之处，跨国组织越来越广泛的应用GMA，至少可以部分地归因于大量证据支持在选拔中使用GMA。正如Salgado和Anderson（2003）总结道："效度研究表明，GMA可能是所有职业人事选拔中最好的单一预测变量。"

　　其他相对负面的研究结果也影响专业实践，但是其抑制了"其他"选拔方法的应用。没有研究结果支持笔迹学等方法的效标关联效度，对这一结果的参考和证明在某种程度上已经限制了这种方法的应用，至少是限制了实践者对该方法的倚重（Robertson & Smith，2001）。另一个强有力的研究影响专业实践的例子是对性别和少数种族差异以及选拔方法的潜在负面影响的研究（Arvey，1979a；Borman，Hansen，& Hedge，1997）。特别是在美国，组织已经广泛接受了这类研究结果，以确保选拔中无歧视。并且，有证据表明，英国的组织也仿效美国的做法，以说明他们的选拔程序没有负面影响（例如，Ones & Anderson，2002；Robertson & Smith，op. cit.）。最近另一个热点研究问题是应聘者的反应和决策力（Ryan & Ployhart，2000）。虽然研究刚刚起步，但是将来很可能成为实用型研究影响组织实践的例子。总之，在人事选拔的不同研究领域，关键研究成果从根本上影响了专业实践。尽管从研究成果发表到转化成组织实践之间有延迟，研究者与人事实践者的兴趣也不完全一致，但是，专业选拔确是基于研究的实践的最佳代表（Dunnette，1990；Tenopyr，2002）。

　　总之，第一种情景在某种程度上代表了研究与实践关系的理想状态。幸运的是，人事选拔领域中这类例子比比皆是。在这里，笔者选择用一些严谨的研究有益于员工选拔实践的例子来说明这一点。这表明，本领域中有一个相当幼稚且过分绝对的假设——这种情景会自动成为研究与实践的默认关系（该内容请参阅 Dipboye所著的第六章和 Lievens & Thornton所著的第十一章）。然而，并不能保证本情景是默认的选项，甚至事实完全相反。这种情景使选拔心理学家认为研究与实践都有必要，确保选拔心理学中研究与实践是双向共生的关系；我们不能认为这种关系是理所当然。为了进一步强调这一点，其他三种情景也可能成为研究与实践的典型关系，下面对此有生动的说明。

情景二：不可靠的研究没有影响专业实践

第二种情景，是不可靠的研究没有影响组织的专业选拔实践。从历史的角度看，这种情景是特别有益的（例如，Salgado，2001）。由于其自身的科学性，近来越来越多的研究开始质疑和证伪基于不严格研究和不严谨分析技术的早期研究成果（Kuhn，1970；Pfeffer，1993）。在选择"不可靠"这个词时，应该强调的是，"不可靠"是随着研究方法和分析技术的持续进步凸显出来的。研究者进行最初研究时，可能使用的是当时最先进的方法，这是所有研究领域内在的进步（Kuhn，1970）。事实上，证伪先前实证研究结果和提出的理论模型是科学研究的核心宗旨，工业与组织心理学正是如此获得发展（Anderson，1998）。因此，如果早期的研究成果被质疑，甚至被随后应用更强有力的设计和分析方法的研究所改进，我们不应该感到吃惊。一个有趣的结论是，选拔实践并不总是对研究成果亦步亦趋。最引人关注的例子是各类面试，甚至是完全非结构化面试的持续使用，尽管早期描述性综述质疑其效度不高（按时间先后：Wagner，1949；Mayfield，1964；Ulrich & Trumbo，1965；Wright，1969；Arvey，1979b；Arvey & Campion，1982）。直到20世纪80年代，面试预测效度的一系列元分析结果的公布，开始改变实践者认为面试是不可靠和无效的固有观念（例如，McDaniel，Whetzel，Schmidt，& Maurer，1994；Huffcutt，Roth，& McDaniel，1996；Salgado & Moscoso，2002）。比如，在Salgado和Moscoso（2002）的元分析中提出，非结构化面试的平均校正效度是0.20，结构化面试为0.56（接近上文提到的GMA的效度）。McDaniel等人（1994）提出，面试的平均效度是0.37，结构化面试的效度是0.44，非结构化面试的效度是0.33。一系列元分析的结果基本上恢复了面试作为评估手段的可信度，甚至是非结构化面试都可以为组织选拔程序带来增量效度（例如，Herriot，1989）。就这类研究与实践的关系而言，显然，在元分析结果公布之前，面试的普及度并没有下降。面试依然几乎是各类工作选拔中最普遍的方法，尽管实践者知道其信效度不够（Dipboye，1997）。这是一个研究没有影响实践的典型例子，虽然招聘人员很显然地知道这些不利的关键研究成果。尽管一些重要元分析成果已经被发表，但是人力资源管理者的这些信念仍然保持到最近几年（Eder & Harris，1999）。也就是说，一部分实践者似乎仍然坚信各类面试都具有固有的缺陷。这里，最近的研究结果似乎没有像预期的那样在人力资源管理者之间广泛传播，以对专业实践产生积极影响。

另一个不可靠的研究没有影响实践的例子发生在人格测验领域，但是有一点不同，人格测验研究在欧洲产生了巨大影响，而在美国却没有。

在对长期的人格研究和用于选拔的人格测验的回顾性综述中，Barrick，Mount，和

Judge（2001）暗示了这种不同的影响。引用Guion和Gottier（1965）有影响力的综述，作者得出结论："没有普遍性证据表明人格测验是选拔员工的良好或实用性的工具。"这个毁灭性的结论对美国人格测验的普及产生了巨大影响，并且正如Barrick等人提出的，这个后来被证明是错误的结论，在大约25年里没有受到过质疑。然而，在欧盟，Guion和Gottier的观点没有产生类似于在美国的影响（见Salgado & de Fruyt所著的本卷第八章）。实际上，欧洲与美国的情况截然相反（参阅，Herriot & Anderson，1997）。在一项为期25年的对人格测验普及度的连续追踪调查中，有明确证据表明越来越多的组织将人格测验应用于员工选拔（例如，Bartram，Lindley，Marshall，& Foster，1995；Hodgkinson & Payne，1998；Robertson & Makin，1986；Shackleton & Newell，1994）。为什么欧洲和美国的差异如此显著？一种解释是Guion和Gottier（1965）的综述及结论在当时没有传达到当时欧洲的研究人员。大约40年前，期刊的国际化程度远没有今天通过电子途径获取的效率高，并且如今不同国家的研究者之间联系更加密切。所以，很简单，一个合理的解释是欧洲研究者没有注意到Guion和Gottier的观点，或者至少没受到它的影响。当然，当时欧洲关于人格测验价值的综述没有认同这一结论，甚至当时英国人力资源核心教科书没有引用他们建议暂停将人格测验应用于人事选拔的文章（例如，Barber，1973；Torrington & Chapman，1979）。另一个可能的解释是，这一评论略早于欧洲人事选拔咨询公司的大发展时期，特别是整个20世纪80年代的繁荣期，很多公司把人格测验作为产品组合和咨询服务的一部分。无论是哪种解释，这一时期欧洲用于招聘的人格测验的普及度持续提高，与美国形成了鲜明的对比（Barrick et al.，2001）。具有讽刺意味的是，这是一个很明确的右手（欧洲）不知道左手（美国）在做什么的例子。然而，这种忽略带来了不可预见的益处。当然，此后一系列针对人格测验预测效度的元分析已经证明，发展完善的人格测验在美国（例如，Barrick & Mount，1991）和欧洲（Salgado，1997）都是强有力的预测变量。

我们从第二种情景，即不可靠的研究没有影响专业实践的例子中可以得出什么结论？第一，无疑是要承认，组织中员工选拔实践的各方面都基于研究并不是万无一失的灵丹妙药。研究持续发展，早期研究结果和结论有时会被推翻（尽管比预期的要少），并且它的研究方法和分析方法持续完善。我们不应该忘记，人事心理学是一门相对年轻的学科，特别是元分析技术的出现和普及，已经在过去二十年里促进了我们对它的理解（Schmidt & Hunter，1998）。第二，作为研究者，我们应该感到欣慰的是，选拔实践者总是以一种适当怀疑的态度接受我们的研究结果。就其本质而言，研究只专注于广阔图景中的一个方面，而对科学证据了解不完善、且面对大量不同需求特征的人力资源管理者决定选拔方法的普及程度（Latham & Whyte，1994）。第三，这一情景支持了我们早期的主张——选拔心理学的研究与实践间应该存在"自然距离"。亦步亦趋地追随每个发表了的研究成果，甚至尝试跟上即将发表的研究成果，会导致组织选拔程序的混乱。相反地，实践者需要经过一段时间的反思，对主要成果进行批判性研究，并将研究观点平衡地转换成专业实践，使其更符合实际、更具吸引力。最后，这第二种情景强调了研究应对专业实践的发展开放并受其影响的重要性。为什么这些研究成果没有改变实践，这是一个有趣的问题，并且，在过去研究者极少关注这个问题。

情景三：实践趋势影响研究方向

认为选拔中研究与实践只存在单向的关系，这显然是错误的。可以举出几个例子，如组织选拔实践的新趋势激发了应用研究、元分析和理论构建的新方向（例如，Lievens，van Dam，& Anderson，2002）。胜任力特征建模、360°绩效考核、情商、计算机测验、诚信度测验、药物酒精测验、网络招聘、电话面试和计算机自适应测验（CAT）等研究，都是很好的例子。在所有的领域中，最近备受关注的是网络招聘和评估。组织采用网络招聘的方式和选拔程序直接导致了研究的变化（例如，Anderson，2003）。特别是在美国，大量组织开始应用网络进行招聘和筛选。Lievens和Harris（2003）引用了一组数据：在美国，有88%的全球500强企业现在使用网络招聘程序。这一增长是激发近期该领域研究的主要原因。可以说，这是一个明确的实践影响研究的例子。

不可避免地，组织选拔实践的变化和接下来引发的研究之间有延迟。当然，在基于网络的条件下，组织采用新技术的速度非常快。研究应该处于被动反应的境地，还是我们应该更为积极地促进更多的先于实践发展的思辨性理论建设和实证研究？笔者会在后面进行说明。

在这个例子中可以预见，一些组织是由于网络的成本效益高、即时回应和方便应聘者等优点而采用基于网络的选拔程序。这种基于网络的新技术的普及度难以预见。这导致了这种情况：相对于组织中实践应用的大幅增长，基于网络的招聘和评估的研究较为缺乏（Lievens & Harris，2003）。现在这方面的研究越来越多。但是，更大的问题仍然在于，将来我们怎样进行更多的先于实践发展的理论研究。选拔研究者可能确实在方法上变得更保守，并且我们需要更有远见的思考先于实践变化的理论。

未来，选拔研究引领实践的发展显然是有利的。也就是，采取一个更加积极主动的立场，而不是传统的被动反应立场。做到这一切的前提条件是，从实践到研究存在有效的反馈联系和信息渠道，以便选拔研究者不断受到实用主义者的挑战。现在也许是时候由人事选拔领域的顶级期刊委托一个关于研究—实践和实践—研究交互作用的特刊，类似于2001年Rynes，Bartunek和Daft任编辑的AMJ（美国管理学报，*Academy of Management Journal*），我们可能会推动建立一些包括实践者和研究者的纯理论研讨会，预见远景与发展趋势，激发远见和前沿观点。（如果这个建议听起来很荒谬，这本身就说明本领域缺乏远见！）总之，尽管存在实践影响研究的趋势的例子，本领域仍然会持续从更好的实践驱动研究中获益。

情景四：强有力的研究没有影响专业实践

第四种也是最后一种情景是强有力的研究没有影响选拔实践，它是选拔心理学最大的潜在麻烦。在这种情景中，我们付出了实用型研究需要付出的所有，但是却没有从实践应用中得到任何好处。正如上面提到的第二种情景，第四种情景远不如第一种情景常见（强有力的研究影响了专业实践）。然而，确也存在研究几乎没有对组织的选拔实践产生影响的例子（例如，见 Rynes et al.，2001，2002）。我们特别关注两个例子——人格五因素模型（FFM）与职业性向测验的发展，和效用分析对人力资源管理者选择选拔方法的影响。

在过去的二十年中，已有大量证据支持FFM或"大五"维度结构作为人格和个体差异的潜在模型（Digman，1990）。令人印象最深刻的是，一系列研究指出（Costa & McCrae，1988；Ferguson，Payne，& Anderson，1994），相对于大量原始的人格测验，FFM适用于很多不同国家（McCrae & Costa，1997）和语言文化背景（Yang & Bond，1990）的人群。然而，关于FFM与选拔的关系，近期研究最重要的结果是认为基于FFM的人格测验比基于其他人格模型的人格测验的效标关联效度更高。但若是研究样本主要取自欧洲而非美国，将会导致人们认为由商业测评出版商开发的FFM人格测验适用于欧洲（Salgado，1997）。

不仅这种预期没有变为现实，并且正如Hough（2001）观察到的："工业与组织心理学家并不密切关注变量的分类结果，部分原因可能是过度的经验主义，还有部分原因可能是出于实用主义关注即时的应用性目标。"

尽管最近在欧洲公布了基于FFM的测验优势的证据，但是这一开创性的结果美国已经提出了好多年（例如，Barrick & Mount，1991；Costa & McCrae，1992）。现在该领域期待测量职业性向的商用人格测验出现，将这些研究成果吸收到测验的设计和潜在结构模型中。然而，这一切都没有发生。一些专有测验宣称与FFM相关，但是，很少有测验一开始编制就是基于FFM的，一个例外是Costa和McCrae在1992年编制的NEO人格问卷（参阅Anderson & Ones，2003）。关于FFM是否是最综合细致的普通成人人格类型的争论从未间断，这或许表明商用测验出版商对这种方法仍持谨慎观望态度（Hough，2001；Schmitt，私人书信）。同时，在研究成果转化为商业实践间有段不可避免的延迟，这就使得FFM可能在今后成为商用人格量表的分类框架。无论何种原因，尽管国际上大量证据证明了FFM的结构效度和效标关联效度，但是FFM仍旧没有对商用测验产生应有的影响（Hogan & Roberts，2001）。一些专有测验的二阶因素确实可以通过主要维度的原始分数相加来计算，并且这些二阶因素类似于FFM（如Hogan人格测验、16PF5、不同版本的OPQ测验），但是，很多测验没有提到与FFM的关系（Anderson & Ones，2003）。而且，更细分的人格测验似乎吸引了人力资源管理者，也就是说，测验难度多于FFM的五个维度（De Fruyt & Salgado，2003）。尽管研究与实践可能存在不协调，或可能正是因为这些不协调，FFM显然没有对当前用于人事选拔的专有测验所依赖的人格结构模型产生应有影响。

第二个例子是人事选拔中的效用分析，其强有力的研究结果似乎没有对专业实践产生足够的影响。事实上，效用分析模型能够成为这个例子，是由于人力资源管理者选定哪种选拔方法更多地依赖于理性经济人准则（Boudreau，Sturman，& Judge，1997）。

这些假设是研究应该在支持测量增量价值的客观理性证据的基础上影响实践者行为的缩影（Anderson et al.，in press；Latham & Whyte，1994）。在Latham和Whyte（1994）的研究中，143位经验丰富的人力资源管理者和一线经理比较不同选拔方法的效用分析产出（成本节省）与更一般性的描述性信息的说服性。与效用分析的一些核心假设相反，节省成本的信息对经理产生了相反的影响，作者总结道：“采用效用分析的人，尽管可能成功，却不是因为应用这项技术。”效用分析在说服选拔实践者采用效度更高的预测方法，以期产生更高的经济利益上徒劳无功。因为实践者不认可计算出的巨大成本节省（Cascio，1993）。本章中更大的问题是，在沟通利益最大化中，是否给实践者呈现研究证据是最有说服力的话语。相反，实践者可能为当前组织的权力关系和政治所左右，人力资源管理者往往没有在组织等级结构中占据较高位置。当然，效用分析并没有对对等测验在组织层面进行比较分析，因此，实践者可以质疑研究者所宣称的巨大经济回报。那么，选拔中理性经济，证据说服力的假设是错误的吗？如果是的话，我们能够期待研究证据（基于理性经济标准）对实践产生应有的巨大影响吗？这些是选拔心理学中打击研究实践关系核心的关键问题和挑战。正如Anderson等人总结道：

> 我们过度强调选拔实践是技术措施，因此往往没有对组织产生影响……（相反）选拔研究者认为他们的测量是组织的测量，因此受到和其他组织创新一样的压力（参阅Johns，1993）。

总之，第四种情景是对选拔心理学家来说最棘手也最富有挑战性的情景。它毫无疑问地破坏了我们科学家—实践者（Sackett，1994）的自我认同，但是更引人关注的是，大量研究成果没有影响实践，成为本领域中研究者与实践者分离的明确证据。虽然很多人理想化地认为情景一是工业与组织心理学中研究实践的典型关系，上面列举的例子没有打消他们们说服自己实践是基于研究的实践这一自我迷惑。最麻烦的是，理性科学逻辑没有激起实践者对研究结果的兴趣。相反地，我们需要考虑组织中政治现实和实践者的心态去探索关键的研究成果的转化方式。长期以来，少数研究者可能已经坚持这种心态——实践者应该听取多方面的信息，不论信息的媒介是什么（Rynes et al.，2001）。

研究与实践关系的未来研究方向

在上文中，我们已经详细介绍了目前国际人事选拔领域研究与实践关系的四种情景。

在本章最后一部分，我们将围绕工业与组织心理学中研究与实践的关系，思考几个有前景的未来的研究方向。在四种情景中，根据影响和结果来看，前三种是积极的，而第四种是消极的，并且大量研究没有影响组织选拔实践这一事实带来了巨大的潜在消极作用。以下问题很重要：

1. 作为一门专业，我们如何确保情景一和情景二在研究与实践关系中占主导地位，同时减少甚至完全消除情景四？

2. 为什么有时候强有力的研究没有影响实践？然而，又为什么有时候选拔实践者轻易地忽视了证明某些选拔方法是低效度的研究证据？

3. 我们怎样构建一种情况——不仅实践与研究间存在"自然距离"，而且强有力的研究结果在"转换"成实用主义术语后仍然影响实践（如，情景一）？

4. 通过这种结构化特征和渠道的沟通（期刊、时事通讯、会议、兴趣小组等），我们怎样确保研究者与实践者之间的联系持续存在？

5. 在国际层面上，我们怎样确保人事选拔在跨文化和跨国家情境下，进行良好的信息和实践经验共享？

这五个问题是选拔中实践与研究关系的"过程领域"研究发展的核心。在本章的最后一节，我提出了两个主要的未来研究方向。然而，颇为矛盾的是，即使是文献中有助于这重要主题发展的粗略述评，也显示出关于研究与实践关系的研究是非常稀少的。除了少数特例（例如，Anderson et al.，2001；Dunnette，1990；Rynes et al.，2001，2002；Sackett，1994），研究者普遍忽视了这个重要问题，或许宁可继续坚持他们自己的研究计划，而不是停下来去反思他们的研究结果是否对专业实践产生了应有的影响。这不利于选拔心理学的发展，乃至广义的工业与组织心理学（Viswesvaran et al.，2001）。我们的研究结果对实践的影响和研究内容本身一样重要，然而，最近几年选拔心理学已经忽视了"影响"问题。研究者可能认为实践者对他们的研究结果充耳不闻，然而另一方面，他们经常在国际会议上听到实践者痛苦的抱怨，说研究结果晦涩难懂，极度无聊，或嘲笑研究者用复杂的设计研究显而易见的事（如学究型研究，见图a.1）。

因此，是时候号召大家更加关注选拔心理学中研究与实践的关系。本章尝试强调这个问题的重要性。在现阶段，未来研究的两个方向和探索的主线似乎尤为重要——对实践者的信念和说服策略的研究，并且对国际工业与组织心理学中可持续专业进修（Continuing Professional Development，CPD）训练干预的有效性进行验证性研究。

相比于研究人员集中致力于研究选拔的"内容领域"问题（如，预测效度、结构效度、信度、负面影响等），很少有研究是针对以下问题：第一，实践者对关键研究结果的信念；第二，改变实践者信念和日常实践的手段。在我们对于科研如何影响实践的理解上有一个严重的缺陷：相对于当前对组织中使用的选拔方法的大量研究（例如，

Bartram et al.，1995；Robertson & Makin，1986；Shackleton & Newell，1994），我们对于实践者关于选拔方法的信效度和负面影响的信念只有最基本的了解（参阅Robertson & Smith，2001）。事实上，实践者关于选拔方法和过程的信念是一个几乎没有研究涉足的庞大领域（Johns，1993；Ryan，personal correspondence）。目前，这一领域仅仅在效用分析的影响的相关研究上，特别是促使实践者采用更有效的预测方法上有初步突破。然而，根本问题依旧没有得到解决（Boudreau et al.，1997；Latham & Whyte，1994），包括人力资源管理者认为哪些方法更有效？在真实的选拔情景中，实践者为什么、怎样从应聘者的不同预测因子和资料来源中进行选择？为了促使研究者选用更高信效度、更公平的预测技术，我们如何最好地"建构"关键研究结果？最近几十年的研究集中在选拔过程中每个阶段招聘决策的制定上。相比之下，几乎没有研究关注根据不同预测技术所做的选拔决策。

第二，未来研究应该进一步关注不同的实践者培训方法的效度验证问题。实践者培训是专业CPD项目的一部分，在很多国家（例如，美国、英国和澳大利亚），强制性的CPD是持有相关国际职业心理机构（APA、BPS、APS）颁发的营业执照或特许证不可或缺的一部分。此外，在一些没有强制性持续专业发展培训（CPD）的国家，也有一些项目用于更新实践者的观念和教育未来的实践心理学家。考虑到专家鉴定领域的一个课题是培训效果评估（例如，Goldstein，1997），所以评估其有效性及CPD项目向实践转换是合理的，特别是在选拔和评估领域。CPD代表了一种主流渠道，通过这个渠道可以直接影响实践者的信念和行为，因此，很多研究关注评估其他培训措施的有效性。在大多数国家，强制性CPD是一个相对新的起点。在将来，工业与组织心理学家是否会更多地来验证这些干预措施的有效性——尤其是对于员工选拔实践的CPD培训项目？许多这样的项目宣称其具有实用性，通常围绕的主题是使实践者了解最新的研究成果，以及这些成果怎样应用于实践。

由心理学家将这些要点转换成接下来的实践存在一个明显的问题：CPD项目能否导致实践的真正变化？还是学员参与这些项目，礼貌的听取这些信息，仅仅为了获得CPD的学分？很显然，由于被试群体是工业与组织心理学家本身，这类项目提供了一个评估研究与实践关系的重要案例。如果这类项目没有说服同道的工业与组织心理学家去发展和更新他们的专业实践，那么，当人力资源管理者和部门经理依旧顽固的不受我们团队研究努力和关键成果传播的影响时，我们不会对此感到吃惊。

总结

本章中，我提出了四个要点和问题。第一，在选拔心理学的研究和实践间存在一个"自然距离"。这一点的一个基本推论是，研究与实践间双向影响的网络机制、信息流和沟通渠道，以及结构手段应该是强有力的、健康的。第二，选拔心理学中存在四类研究（大众型研究、实用型研究、学究型研究、幼稚型研究），并且，与我们最初提出的四类型模型一致，研究与实践关系理论的未来发展只能依靠实用型研究（Anderson et al., 2001）。第三，明确了选拔心理学历史上关于研究与实践关系的四类情景：情景一是强有力的研究适当地影响了实践；情景二是不可靠的研究没有影响实践；情景三是实践的发展激发了研究的新方向；情景四是强有力的研究竟然没有影响实践。本章还举出了支持三类情景存在的例子，但总的来说，随着时间推移，情景一是本领域中最具代表性的。我进一步提出，旨在阐明研究与实践和实践与研究关系的"过程"研究应该支持"内容"研究。最后一点，我提出了未来人事心理学研究的两个主要方向：实践者的信念和说服实践者以研究证据为本的策略，和当今国际上流行的CPD项目的验证研究。

注：感谢David Chan, Gerard Hodgkinson, Filip Lievens, Rob Ployhart, Ann Marie Ryan, Sonja Schinkel, Neal Schmitt, 以及其他编者对本章此前版本提出的宝贵意见和建议。

第一部分　人事选拔准备阶段

第一章　工作分析的现状及未来发展方向

Olga F.Voskuijl

毋庸置疑，工作的性质变化非常迅速。在过去十年中，许多学者（例如，Cascio，1995；Herriot & Anderson，1997；Lawler，1994）描述了信息技术、全球经济、经济竞争的发展，以及这些改变对组织和工作性质的影响。这会导致工作职责和任务的不稳定性。据此，是否还有必要进行详细的工作分析遭到质疑。Schmidt（1993）在十多年前就说过，某些工作分析方法只适用于即将消失的稳定的官僚化的组织。有些学者也认为，工作分析是老旧的、不灵活的，应该被胜任力特征模型（Competency Modeling）的概念和实践取而代之（例如，Schippmann，1999）。然而，也有学者（例如，Sanchez & Levine，2001）认为，只要与时俱进，对传统工作分析技术关注的焦点和原则进行适当调整，并扩大工作分析的应用范围，就能使工作分析重新焕发出活力，继续在组织实践中发挥作用。

本章主要从"传统的"工作或职务分析的地位、现状及未来入手，进一步探讨工作分析和胜任力特征模型的区别。第一节介绍了工作分析的特点；第二节对常见的工作分析工具和方法进行了介绍；第三节讨论未来导向的工作分析，并将工作分析和胜任力特征模型进行了对比；第四节总结过去职务分析工作的发展成果，提出未来研究的方向。

工作分析

工作分析曾被定义为"针对某种目的，通过某种手段来搜集和分析与工作相关的各种信息的过程（Ash，1988）"，Cascio（1991）所作定义就更为具体，他认为："工作分析的目的是确定每种工作所必须表现出的行为。工作分析有两个必备要件：工作描述和职务规范。"工作描述明确工作的任务要求，包括工作流程、工作方法和绩效考核标准。职务规范指的是对人的要求，即工作要求员工具备的行为、知识、能力、技术以及完成工作所需的其他个人特征。这一定义主要是源自McCormick及其同事的研究（例如，McCormick，Jenneret，& Mecham，1972），它反映了工作相关行为中一般性的工作行为以及工作所需的员工特质之间的差别。目前，大多数工作分析均将定义的重点集中于工作相关的信息类型（或工作描述），此类信息只是应用工作分析时可选择的一个方面。McCormick（1976）提出还应该考虑其他几方面信息，如工作分析信息收集方法和信息的来源。接下来，我们对这三方面进行详细阐述。

工作相关信息的类型

McCormick（1976）将工作相关信息区分为以下类型：工作活动，工作绩效（如，工作所需时间和误差分析），工作环境（如，社会环境和物理工作条件），机器、工具、设备和工作辅助设施，工作相关的有形资产和无形资产（如，待处理的原材料和提供的服务），以及人员要求。工作活动和人员要求尤其是研究的主题。工作活动可以区分为工作导向的活动和员工导向的活动：工作导向的活动通常是指工作中要完成什么内容；员工导向的活动是指工作中的行为表现（例如，决策制定）等。人员要求包括知识、技术、能力和工作所需其他个人特征，也被称为KSAO。然而，必须注意到，Harvey（1991）和Harvey、Wilson（2000）不认可《美国员工选拔程序统一指南》（1978）中所要求的员工特质和能力。在他们看来，工作分析方法应该独立于完成工作的员工特质，描述可观察的工作行为，并且工作分析数据应该是可证实、可再现的。所需的个人特质不符合这些特点。但是Raymark，Schmit和Guion（1997）对此提出了反驳，他们认为人格就是一种员工个体特质，大量的研究证实人格在人事选拔中是有效的，因此在工作分析中，有必要将工作所需的员工特征纳入工作分析信息收集范畴。近年来，美国国家职业信息网（O*NET；Peterson，Mumford，Borman，Jeanneret，& Fleishman，1999）在收集工作分析信息时，也将工作所需的个人特质纳入其中。这些特质包括能力、工作风格、职业价值观以及兴趣。O*NET是美国劳工部的新职业信息工具，取代了"旧的"《职位分类大典》（DOT；Mumford & Peterson，1999）。

工作信息收集方法

收集工作信息的方法有：问卷，对在职者（或在职者小组）进行访谈，对在职者直接进行观察，在职者的日记、教学材料和维修记录等文件，工作活动记录（如，录像带，电子记录）。也可以综合应用几种方法，多方法组合应用可以描绘更完整的工作剖面图（Morgeson & Champion，1997）。

工作信息来源

传统上，在职者、主管和工作分析专家是最重要的工作信息提供方。随着工作界限越来越模糊，工作分析需要更广泛的信息提供者。例如，消费者或培训专家。除了人，设备也可以成为工作信息的来源。录像带和其他电子信息也是收集信息的方法：摄像机和计算机就是信息来源。Sanchez 和 Levine（2001）认为电子仪器设备记录的工作行为（例如，呼叫中心设备记录的呼叫数）是一种可靠的工作信息来源。每种来源都有其优缺点。例如，在职者最了解工作的内容，但是工作分析专家最熟悉工作分析的方法。

近期，在职者提供的工作分析数据被质疑（Sanchez & Levine，2000；Sanchez，2000）。Sanchez（2000）指出，工作分析专家更偏爱在职者提供的信息，是因为这些评估有很高的表面效度。他认为采用在职者工作分析数据存在如下不足：（1）占用了在职者大量的宝贵时间；（2）在职者评估自己工作的积极性不高；（3）在职者未能准确理解工作分析评级说明和相关调查表；（4）没有实证证据表明在职者足以确保工作信息的效度（Sanchez & Levine，2000；Sanchez，2000）。Sanchez，Zamora 和 Visweswaran（1997）发现复杂工作的在职者和低工作满意度的在职者对工作特征的评级比非在职者更高。但是，可能是在职者之间以及在职者与其他人之间的不同反映了真实的差异。例如，从事复杂工作的员工拥有更多的自主权，去发展独特的工作活动模式和工作行为方法。因此，他们高估工作信息当然也是"正确的"（Landy & Vasey，1991）。总的来说，没有完全"正确"的工作分析评级。Voskuijl 和 Van Sliedregt（2002），以及 Dierdorff 和 Wilson（2003）的元分析结果表明不同的评定者确实会影响信度系数，但是也存在其他重要的调节变量。这展现了工作分析工具的心理测量特性。

工作分析数据的信效度

工作分析的结果通常依赖于个体的主观评价和判断，因此主观误差会影响其准确性。Morgeson 和 Campion（1997）指出有两类因素会影响结果的准确性：社会因素和认知因素。社会因素又可以分为社会影响（例如，从众压力）和自我提升过程（例如，社会赞许性）；认知因素可分为信息处理系统中的认知局限（例如，信息过载）和认知偏差（例如，额外信息）。

Morgeson 和 Campion 指出可能影响工作分析数据的六种因素：评分者内信度、评分者间信度、工作间的可区分度、因子结构维度、评估均值以及工作信息的完整性。这些因素都会影响工作分析的效度，或 Morgeson 和 Campion（1997，2000）所说的准确性。但这些影响到底处于何种程度，目前只是假设，还没有成为研究的主题。信度是工作分析工具的准确性的最好证明。

信度　几乎每个对于工作分析的研究都有一些对评分者间信度和评分者内信度的测量。评分者间信度是指不同评分者间的一致性，往往用组内相关和两两相关的平均数表示。Rosenthal 和 Rosnov（1991）指出，这些测量是可互换的。评分者内信度指的是重复测量的一种形式。我们很难对前文提到的Voskuijl和Van Sliedregt（2002）、Dierdorff和Wilson（2003）的元分析结果进行比较，因为数据来源于不同的数据库，对工作分析数据的分类和处理也不相同。例如，Voskuijl和Van Sliedregt的元分析数据中包括人的特性，但是，Dierdorff和Wilson则与Harvey一样，在工作分析数据中将人的特性排除。此外，Dierdorff和Wilson的数据库更领先一步，包括了更多数据，特别是关于任务的数据，而Voskuijl和Van Sliedregt的研究恰好缺少任务数据。Dierdorff和Wilson的研究表明任务一般比广义上的员工活动的评分者间信度更高。然而，任务的评分者内信度更低。在所有研究中，工作分析专家比其他来源（例如，在职者、主管、培训学员）的评分者间信度更高。

在Voskuijl和Van Sliedregt的元分析中，仅是评分策略就会使评分者间信度产生变化。尽管关于判断任务中信息处理的文献（例如，Fiske & Neuberg，1990；Harvey & Wilson，2000）指出分解策略（判断工作的要素）比整体策略（评估者基于工作是一个不可分割的整体来判断，而不是工作的要素或任务；Cornelius & Lyness，1980）结果更可靠。元分析表明整体策略和分解策略一样好，甚至更好。因为分解策略往往是耗时且沉闷无趣的，所以可能导致信息过载，或随意评分。另一个可能的解释是工作类型与评分策略的交互作用；分解策略用于复杂工作时不如整体策略有效（Sanchez & Levine，1994）。

效度　Sanchez和Levine（2000）质疑研究中基于信度的工作分析数据的准确性（效度）。他们认为评分者内信度或评分者间信度的测量忽略了工作分析结果对人事决策的影响。他们也主张采用结果效标。工作分析得出的员工特性和工作属性是绩效评估和组织程序（如选拔和培训）的基础。作者提出工作分析对不同人事决策的影响是沿着Thorndike（1949）提出的即时效标和最终效标之间的连续体变化的。"最终效标包含最终工作成功的一切"（Sanchez & Levine，2000）。鉴于最终效标在实际工作中不易获取，因此从长远来看工作分析数据的结果也不得而知。所以，Sanchez和Levine关注用于"实际"工作评分精确性效标的缺失，并提出用估计的结果效度作为替代品。然而，必须承认，工作分析即时可得的结果并不能说明整体工作分析结果的价值。这一观点同样适用于信度。这两类信息都是效度的相关指标。

对Sanchez和Levine（2000）支持结果效度的一类反应是，Harvey和Wilson（2000）强调了Harvey（1991）早期对工作说明书和职务规范的区分的重要性。他们指出Sanchez和Levine的观点是对职务规范（如，对员工特性的需求）的正确"思辨"推论。然而，由于工作说明书实际上是或者应该是基于可观察、可证实的行为，他们认为结果效度"与评估工作分析的适当性无关"。在他们看来，可以也必须对工作描述数据的精确性进行直接评估。对Sanchez和Levine观点的另一类反应是，Morgeson和Campion（2000）提出结果效度反映了有效性，这不同于精确性。此外，结果效度在评估和判断工作分析数据方面存在同样的问题。总之，Sanchez和Levine的观点的反对者也承认结果效度对特定目的是有意义的（例如，开始意识到工作分析数据对人事决策的影响）。然而，结果效度的概念不能代替效度的其他方面。

工作分析的相关问题

正如上面提到的，"传统的"工作分析并不总是与变化着的工作保持一致（例如，Schuler，1989）。传统工作分析是在职者所要做的事的任务列表或详细说明。这些详细的方法存在许多不足，例如，它们是过时的、强调现状的，且忽视人际交往过程（Schmidt，1993；Sanchez & Levine，2001）。它们包括做什么，怎样做并且指明实现具体目标的最佳方式（Offermann & Gowing，1993）。此外，工作分析假定或制造了工作界限，阻碍了对不断变化的环境的创新和灵活反应（Sanchez，1994）。

另一个可用来反对详细工作分析的论据，与在人事选拔中效标和人格测验关系的"特殊——一般困境"有关。也就是说，这是关于评估细小的人格变量还是评估广义的人格变量更必要的问题。Ones和Visweswaran（1996）提出一般的和复杂的效标测量，例如整体工作绩效需要复杂的广义的预测变量（如，大五人格）。然而，一些学者提出了不同的论据反对这种观点（例如，Ashton，1998；Hogan & Roberts，1996；Paunonen，Rothstein，& Jackson，1999；Tett，Guterman，Bleier，& Murphy，2000）。Tett等（2000）总结了关于在工作绩效预测中是采用具体测量还是广义测量这一争论的主要问题。他们提到，作为支持基于狭义人格特质预测的论据，有证据表明狭义人格特质能够解释隐藏在更广义测量中的效标变化。此外，他们强调预测变量和效标变量内容匹配的重要性。在进行工作分析的相关讨论时，一个特别重要的问题是，他们关于"狭义、广义特质测量之间的时间权衡并非显而易见"的争论。在他们看来，工作分析可以确定相关的具体概念，因此通过剔除包含在广义测量中的无关内容而节省时间。Tett等人总结道："具体测量不仅更好地利用了测验时间，也可以使得系统工作说明书更有效"。狭义人格特质的使用比广义人格变量更倚重具体工作分析。

总之，反对工作分析的证据并没有强大到可以让人舍弃这一最古老的人力资源管理工具。下一节阐述的几种方法和工具，表明工作分析并不仅仅是确定任务列表。当然，相对于常见的人为划定工作界限这一方法，进行更深入研究是明智的。因此Sanchez和Levine（1999）提出，工作分析的应用表明其不仅限于确定一组固定的任务。将大多数工作分析工具应用到更广泛的工作中是很容易的。此外，通常很难避免或多或少地基于工作"部分"进行描述或思考。即便是一个不断变化的变形虫也有边界，就工作来说，工作或职务分析有助于确定边界和内容。

收集工作相关信息的方法和问卷

Harvey（1991）基于两个维度对工作分析方法进行了分类：（1）工作分析信息的特殊性；（2）评估项目中采用共同指标的程度。信息的特殊性指的是工作描述行为和技术的详细程度。工作取向活动和员工取向活动的早期描述分别是高度和中度特殊的。特殊性影响了比较不同工作的可能性。基于高特殊性（如，任务描述）的工作分析数据，很难在不同工作间进行比较，甚至是不可能比较的。

Harvey的分类法中的另一个影响不同工作之间比较的可能性的指标是，评定项目中采用共同指标的程度。在这个维度上，Harvey区分了相对跨工作、相对工作内部以及定性评估。相对跨工作意味着相对于其他工作进行评定。相对工作内部意味着相对于其他项目进行评定。例如，在相对时间耗费量表或相对重要性量表中，其他的项目是评定标准。在定性评估中，通常完全没有标准。Harvey反对应用不能进行不同工作间比较的工作分析工具，因为这些工具的应用受到工作种类、职业规划安置和其他人事活动的限制。

每个维度有三个水平，共有九种分类。大多数标准化问卷都是中等行为的特殊性和相对工作内部量表的结合。广泛应用的《职位分析问卷》（*Position Analysis Questionnaire*，PAQ）是这一分类的一个例子（McCormicket al.，1972）。尽管PAQ手册一般不作要求，但是这一员工导向的问卷的具体用法指导要求进行相对工作内部评定（Harvey，1991）。一些工具包含若干个部分，并且涉及到该分类法中的两类甚至更多，例如《职能工作分析》（*Functional Job Analysis*，FJA；Fine & Wiley，1971）。接下来，本文将探讨一些最知名的工具和方法。Gael（1988）的手册中对此有一个详尽的综述。

职位分析问卷（PAQ）　McCormick和同事们开发的PAQ（1972，1976，1979）以员工导向的方法为基础。这意味着其是包含一般员工行为和中等水平特殊行为的工具。PAQ的187个条目描述了工作活动所涉及的行为的工作要素（例如，建议）。McCormick等（1972）这样描述工作要素："一类广义的工作相关行为……""广义"一词揭示了一个事实：为了可以比较不同工作，工作要素与具体工作不是一个概念。PAQ的条目可以分为以下部分：信息投入、脑力过程、工作产出、人际关系、工作环境以及其他职位特征（如，工作需求）。大部分条目用五点重要性量表评定（对工作的重要性：1=非常不重要；5=非常重要）。心理学家在工作要素与76个属性之间建立了联系。用11点量表评估（衡量）每一属性与每一要素的相关性。有许多方法可以用不同工作要素扼要描述不同的工作，例如，增加每一工作要素属性权重的附加法（Sparrow，Patrick，Spurgeon，& Barwell，1982；Sparrow，1989）。PAQ被认为是最完善的和最深入研究的标准化工作分析问卷（Cunningham，1996）。当然，也有些批评的声音。例如，Cornelius，DeNisi和Blencoe（1984）指出相比于管理类和专业类的工作，PAQ可能更适用于蓝领工作，而McCormick则认为PAQ适用于一系列工作。

职能工作分析方法（FJA）　职能工作分析方法源自于《美国职业目录词典》（DOT）（美国劳工部，1965），它描述了美国几乎所有工作的特点、方法、工作要求和行为要求。职能工作分析的目的是产生任务说明并且确定每一任务中员工做什么（行为），为什么做和怎样做，以及员工的工作需要实现什么目的（Fine，1988）。此外，工作分析用数据、人员、事物描述了每一任务的取向和员工参与程度，即所谓的员工职能。再者，必需培训时间是用由《一般教育水平量表》（*General Educational Development*，GED）和《特定职业准备量表》（*Specific Vocational Preparation*，SVP）测得的推理、数学和语言水平来表示的。该方法是一种员工导向方法（如，员工职能）、工作导向方法（任务量表）和定性方法（特定工作任务的说明）的结合。

员工导向量表可以用来比较不同工作，但是特定工作任务说明不可以。职位信息网络（O*NET）——DOT新的替代品（Peterson et al.，1999），特别关注跨工作描述。本章的最后将对O*NET进行介绍。

关键事件法（*Critical Incidents Technique*，CIT）　正如名称所示，CIT不是问卷而是方法（Flanagan，1954）。这种方法由在职者或其他有相关工作经验的人观察工作中的关键行为。工作专家通过描述轶事或事件来阐明有效和无效的（有时也是平均的）工作绩效。每个事件的描述包括：（1）事件的原因；（2）个体的行为；（3）行为的结果；（4）结果是否可控。事件按绩效维度进行分类。该方法特别适用于行为锚定评价量表（量表的锚是事件）的开发，以及情景面试的开发。例如，Huffcutt，Weekley，Wiesner，Groot和Jones（2001）应用这一方法开发面试问题，以说明情景面试和行为描述面试不同的有效性。然而，应用CIT开发工具是高耗时的，并且根据Harvey的分类，其适用性是有限的。该方法具有高行为特殊性，用于比较不同工作的可能性很小。

能力需求量表（*Ability Requirements Scales*，ARS）　该量表是Fleishman和几个同事提出的（例如，Fleishman & Mumford，1988，1991；Theologus，Romashko，& Fleishman，1973）。能力需求量表可以用于明确现职人员的特征。能力的定义是"可以广泛影响任务绩效的相对持久的个人特质"（Fleishman & Mumford，1988）。例如，语言理解能力、归纳推理能力、数学推理能力和知识。这类工作分析的结果为指导选拔或开发选拔程序提供了信息。ARS是根据因素分析研究得到的工作活动的能力分类开发出的。ARS由37个分量表组成，其中大部分包括认知（如，语言理解能力）或生理（如，静力强度）特征，不包括人格变量。本量表采用七点行为锚定评价法。因为信息不直接与多变的任务相关联，而是与相对稳定的个体特征相关联，这种方法提供了一个在变化的环境中稳定的分类系统。这种量表可以适用于不同工作和不同的环境，所以可以比较不同的工作。尽管研究者是通过行为确定的量表锚，但是行为特殊性很低。

门槛特质分析（***Threshold Trait Analysis*，**TTA**）　TTA的目标是明确某项工作成功所需的重要特质（Lopez，1988）。它基于特质取向的方法，把33种个人特质分为五类：生理的、心理的、习得的、动机的和社交的。生理的、心理的和习得的特质被称作能力或"可以做"因素。动机的和社交的特质被称作态度或"愿意做"因素。后者在工作分析工具中很少见，是对ARS涵盖能力的扩展。职位专家（Subject matter experts，SME），例如主管或在职者，评估这33种特质与合格的工作绩效的相关性、水平和实用性。为了确保足够的信度，建议最少采用五位SME。这种方法适用于比较不同的工作。因为对每种特质的必需水平描述得非常详细，所以这种方法的行为特征很高。例如，对强度特质的第二类水平描述如下："员工可以：很容易地提、推、拉等超过50磅的物体"（Lopez，1988）。

任务清单问卷分析（***Task Inventory Analysis*，**TIA**）　任务清单方法起源于为特定工作开发问卷或清单而进行的任务鉴定。任务可以被描述为以特定工作目标为导向的活动或相关活动序列（Levine，1983）。任务是由多位SME访谈或SME小组讨论产生的。任务清单包括活动清单或任务说明。一般来说，一份说明至少是对员工行为、行为目的、使用的方法及工具的描述。简言之：员工做什么、怎样做以及为什么这么做？每个任务有一个或多个评估标准：相对耗费的时间（相对于其他任务）、重要性、难度和关键程度。当每个任务使用多个标准时，可以计算一个任务的重要性程度，例如可以将不同评估标准得出值进行相加或/并相乘。任务清单的行为特殊性高，所以不能比较不同工作。

工作要素法（***Job Element Method*，**JEM**）　Primoff和Dittrich Eyde（1988）把工作要素法的目的描述为"识别在成就中显示出的，对工作成功至关重要的行为及其证据"。所以，要素指的是行为及其证据，或众所周知的知识、技术、能力和其他特质（KSAO）及其证据。主题问题专家确定并评估工作相关的要素。专家应用四个尺度评估这些要素："几乎难以接受的员工要素""优秀员工要素""如果忽视，可能产生的麻烦的要素""实用的要素"。"几乎难以接受的员工要素"指的是不可接受甚至勉强接受的员工具有的能力（或技术，等）水平。"优秀员工要素"指的是该要素对鉴别一个优秀员工是否至关重要。"如果忽视，可能产生的麻烦要素"指的是当选拔员工时，如果忽视了该要素，可能带来的麻烦的程度（如司机工作的安全驾驶）。"实用的要素"指的是如果该要素是必需的，员工填补组织空缺职位的可能性。大部分要素是针对特定工作的KSAO；因为某些工作特殊性可以被认为是工作取向的（例如，警察工作的一个要素是"执法能力"）。要素显示了行为特殊性是中等或低水平的。在SME小组讨论中，每一工作的要素是以一种相当非结构化的方式聚集起来的，因此，不太可能用于比较不同工作。

人格相关的职位需求表格（***Personality-Related Position Requirements Form*，

PPRF）　Raymark等（1997）认为，现行的方法无法甄别人格相关的职位需求中的某些要素，从而验证选拔假设。

他们提出，如果人格特质与工作绩效有关，但是因为工作分析工具没有包含这些变量，导致这些特质没有被甄别并测量，那么在选拔中它们将被忽视。作者开发了一个用于实现人格变量设想的工具：人格相关的职位需求表格（PPRF）。PPRF是对其他包含工作相关信息的工作分析工具的补充。该工具的基础是"大五"（Barrick & Mount，1991），并包含12个与之相关的子维度。一般领导力、谈判的兴趣以及追求成就是外倾性的子维度；宜人性包括：性格友善、考虑他人利益以及合作或协作工作倾向；守信、遵守职业道德和专注于细节是尽责性的组成部分；情绪稳定性包括情绪稳定、创造力以及深入思考问题的倾向。各条目是对职位需求的阐述。要求受访者指出哪些特质对高绩效是必需的（"本职位的高绩效需要人们去……"；0=不需要，1=有所裨益，2=必需的）。该工具的行为特殊性低，可以用来比较不同的工作。

组合方法　没有一种工具或方法是最好的。在特定环境下某种方法（或方法组合）是否合适取决于分析的目的。然而，只有两个研究对特定目的下的不同工作分析方法进行了比较（Levine，Ash，& Bennett，1980；Levine，Ash，Hall，& Sistrunk，1983）。Levine等（1983）比较了上面列出的方法（除了PPRF，该方法在他们研究时尚未存在）。他们将要研究的任务清单与整合性的职位数据分析程序（Comprehensive Occupational Data Analysis Program，CODAP）相配对。他们要求经验丰富的工作分析专家用五点量表（1分意味着这种方法综合全面性低并且质量低；3分意味着中等程度上表达了目的并提供了涵盖一半工作特征的信息）评估了用于11种目标的7类工具的有效性（质量和全面性）。表2.1列出了工作分析方法的可能组合，以及它们可用于的目的。在Levine等人的研究中，标有星号的工具评分平均高于3.5。

表1.1　各种工作分析方法及其使用目的

目的	方法
选拔/安置 (Levine等：** 人员要求/规范)	TTA*，ARS*，PPRF，PAQ，FJA*
评价中心技术的开发	PAQ，CIT，任务清单分析，FJA
工作设计和重组	TI/CODAP*，FJA*
工作评估	PAQ*，FJA*
绩效评估	CIT*，FJA*
培训	TI/CODAP*，CIT*
效度概化 (Levine等：** 工作分类)	TTA，PAQ*，TI/CODAP*，FJA*

*在Levine等（1983）的研究中平均数> 3.5。

** Levine等人的术语。

除了目的以外，时间和成本也影响特定工作分析方法的选用。一些方法是非常耗时并且成本高昂的，例如：CIT、任务清单、FJA和JEM。这些方法的另一个特点是工作特殊性高。这使得这些方法不太适用于确定工作之间的相似性，或者甚至在工作已经发生变化以后，发现工作仍有更抽象稳定的需求。对于后一种目的，重点是特质和能力的方法（例如，ARS、TTA、PPRF）更适用。然而，正如此前提到的，Harvey（1991）反对这些类型的工具，因为他认为员工特质和特性过多依赖于执行工作的员工的个人特征，而且，它们是不可见、不可证实且不可再现的。不同方法的组合或许可以解决针对特定工具的问题。在Levine等人的研究中，93名受访者中86%的人更倾向于选用工作分析方法的组合。现如今，为了全面涵盖工作内容，乃至超出"传统"工作界限的工作，不同方法的组合更适用。

未来导向的工作分析和胜任力特征模型

为了应对工作日益增长的不稳定性和工作分析并不能完全涵盖工作变化的状况，在过去的十年间，几个"新"方法被开发出来，这些方法能够把握现已存在但是不断变化的工作，并且可以预测尚未创建的工作：战略性工作分析、战略性工作模型、未来导向的工作模型、胜任力特征模型。这些方法是真的新方法还是现有方法的调整或修改尚不明确。Schneider和Konz（1989）将战略性工作模型定义为"明确未来工作所需技术的过程"。这一方法以传统工作分析程序的组合（"多重方法工作分析"）为基础。关于将来工作和所必需的KSAs的信息"仅仅"是通过询问主题问题专家（例如，工作在职者和主管）和工作分析专家对未来的预期得到的。这一方法类似于Levine（1983）提出的整合性工作分析法（*Combined Job Analysis Method*，C-JAM）。然而，在C-JAM中的任务描述、重要性评级和KSAO的确定，都与现有的工作相关，在战略性工作分析中，它们指的是未来工作中的预期内容。Landis，Fogli和Goldberg（1998）应用了一种类似的但是扩展了的方法。他们应用未来导向的工作分析程序（FOJA）以了解三个新兴职业的入门级职位。该程序以传统工作分析方法（任务清单，任务–KSA连接问卷）和新工具的结合为基础，包含7个发展性的步骤。这一程序的独特之处是《任务分类问卷》（*Task Sort Questionnaire*，TSQ）的开发和应用。TSQ包含三个工作的459项任务陈述，这是用前面的步骤收集起来的信息。SME被要求指出每一项任务可能在这三个未来职位中的哪一个被执行。正确分类（也就是说：任务属于哪个工作）的百分比是精确性的指标，并且用于进一步讨论对于工作内容的分歧和误解。因为Landis等仅收集了未来导向的信息，所以这一程序可以在六周内完成。然而，如果实践者听取了Schneider和Konz的建议，也分析现有的工作，这一程序将会非常耗时。

Schippmann（1999）用战略性工作模型阐述了一类工作分析方法，其重点是"当今组织的战略性和未来导向需求……"。该模型强调了工作分析的创造性和发展性特征。这一方法被认为是员工取向的方法：胜任力特征是战略性工作模型的基石之一。

胜任力特征模型似乎是工作分析最合适的"替代物"。这一方法的一个问题是胜任力特征这一概念的定义不是单一的，有时甚至是矛盾的。McClelland（1973）将其描述为工作绩效的预测因子，因为他怀疑认知能力测验的预测效度。他提出用胜任力特征测验取代智力测验。尽管他没有定义胜任力特征，但是他明确指出这一概念不包括智力。现在，我们知道一般心理能力测验是工作绩效的最佳预测因子（Schmidt & Hunter，1998），并且，尚未有关于效度的实证研究支持胜任力特征测验可以替代智力测验（例如，Barrett & Depinet，1991）。这并不意味着胜任力特征这一概念是毫无价值的。毋庸置疑，认知能力并不是唯一的预测因子。问题是怎样明确和测量一个人除了智力以外所需的其他特质。答案是"大五"吗？或者我们需要一些其他的概念，例如胜任力特征？Boyatzis（1982）对胜任力特征的定义是基于McClelland的数据并参考了有关的KAS、动机和与工作绩效的特质。其他学者认为胜任力特征是一种行为。例如，Tett等人（2000）将胜任力特征描述为："由于个体对组织产生积极或消极预期而产生的工作行为。"他们总结道："总之，胜任力特征是未来评估的工作行为。"所以，对胜任力特征的定义包括从抽象的心理结构到可直接观察的行为。因为定义缺乏清晰性，并且实践中由胜任力特征驱动应用的快速增长，工作分析和胜任力特征模型工作组（Job Analysis and Competency Modeling Task Force，JACMTF；Schippmann et al.，2000）研究了胜任力特征模型的原型。JACMTF的成员比较了胜任力特征模型和工作分析的相同点和不同点。他们查阅了文献，并访谈了37位主题问题专家，例如，人力资源顾问、工业与组织心理学会的前主席、胜任力特征模型领域的带头人、代表传统工作分析视角的工业与组织心理学家。专家们或支持或反对工作分析与胜任力特征模型。特别小组也请专家来定义胜任力特征，并描述工作分析与胜任力特征模型的不同之处。他们的研究再次揭示了胜任力特征的多种定义。Schippmann等推断之所以缺乏共识，是因为这一术语被提出和被应用的领域不同。通过工作分析和胜任力特征模型的比较得出，工作分析整体上更好：工作分析的心理测量学基础更完善。基于对专家的访谈，特别小组成员们用十项评估标准评定了两种方法，例如：调研方法、开发描述内容的程序、描述内容的细节。表1.2总结了这些不同。

表1.2 工作分析与胜任力特征模型的差异

工作分析	胜任力特征模型
重点关注：	重点关注：
a. 工作和任务	a. 员工
b. 技术技能	b. 个人价值观，人格
c. 工作之间的差异	c. 通用的核心胜任力特征
d. 短期人职匹配	d. 长期组织匹配
优点：符合心理测量学的标准	优点：与商业目标和战略相联系

资料来源：Schippmann等（2000）.

除了"与商业目标和战略相联系"这一评估变量，工作分析表现出中/高严格参照标准。相反地，胜任力特征模型与商业目标和战略有很强的联系，但是与另一标准相比，却表现出了低/中到中等的严谨性。与商业目标和战略的联系也反映在专家对这两种方法其他特点的观念：胜任力特征模型的重点更多的是几项工作共有的核心胜任力特征（或甚至是整个组织），以及与长期组织匹配相关的因素；工作分析的重点是工作之间的差异与短期工作匹配。此外，工作分析的重点更多的是工作中的技术技能，然而胜任力特征模型倾向于强调个人价值观和人格。Schippmann等人的研究得出胜任力特征模型不可以代替工作分析。在Sparrow和Bognano（1993）看来，工作分析对明确胜任力特征是必要的。Sanchez和Levine（2001）指出这两种方法的差异是模糊的。他们也指出，开发胜任力特征模型的方法不如传统的工作分析方法严谨。然而，如Schippmann等人一样，他们认为传统的工作分析没有反映组织的战略、目标以及未来需求。

变化环境中的工作分析

考虑到不断变化的工作内容，"工作分析"可能比"职业分析"这个概念更被人接受。然而，一些工作情境中，对工作任务和职责进行详尽描述是无法避免的。例如，高安全风险的领域（例如，石油加工），安全规则详细规定了员工的行为。在这类产业中，创新和灵活可能导致灾难性的后果。在医药产业也存在着类似的例子，设想一下在手术中探索工作界限的外科护士。

在分等级的工作条件和有时间压力的工作条件下，如果没有详细规定任务和职责，可以预见到，这会导致灾难性较低但是仍旧令人尴尬的后果。一个例子是在餐馆的厨房，职业说明书规定了厨师和学徒各自的职责范围。Arnold（2001）和Weick（1996）指出，那些有清晰的方针和规则说明怎样做的"强"情境，在高权力距离和集体主义文化中相当普遍。然而，很多未来工作情境相当模糊，工作分析的重点也需要调整。接下来探讨可能的调整。

一些学者强调必须由任务导向的分析转变为对有利于实现组织目标的通用工作活动和员工特征（例如，Dye & Silver，1999；Sanchez，1994）的识别（Hough & Oswald，2000；Lawler，1994；Schippmann，1999）。这些活动和特征应该适用于不同的工作、情境，甚至是不同部门。

Smith（1994）区分了在不同工作情境中与工作绩效密切相关的三类个体特质：共性、职业性和关系。共性是与几乎所有工作都相关的特征，例如认知能力和活力。职业性是指与特定工作或职业相关的特征，例如具体知识和人格的特定方面。关系是指与个体和工作情境的关系相关的特征，例如对工作的解释（"一些任务和相关技术中的共同意义，"）和价值观（"推崇的理念……"）。

为了明确共性和职业性，工作分析应侧重于不同工作（同类工作、职业等）的相似性和潜在的共同性。Fleishmann和Mumford（1988，1991）提出，在不同工作中顺利完成大量任务所需要的能力是有限的。在他们的研究中，任务和任务绩效是明确所需能力的基础。他们声称，对已完善的能力维度的应用产生了一个在变化的环境中相对稳定的分类系统。所以，尽管具体任务和行为变化了，但是成功执行某一工作所需的能力可能是相同的。然而，我们不应该局限于分析已确定的能力。Sanchez（1994）认为工作分析可能产生有助于商业计划过程的新的KSAO（例如，对创新的开放性）。

为了明确关系和特定的职业性，需要一个比能力要求法更详细的工作分析方法。例如，就关系而言，需要研究两个维度：关系的方向和内容，比如，评估与谁沟通（例如，同事、主管、下属、客户）和其沟通的内容（Smith，1994）。必须强调的是，对于团队合作而言，关系是至关重要的。团队合作中的员工高度互相依存，因此需要团队成员间的合作与互动。传统的工作分析没有包括这些方面。

工作本质变化导致的团队及人与环境匹配（人员—职位，人员—团队，或人员—组织）等方面的其他后果将在本书的其他章节进行讨论（见本书Van Vianen 著的第18章；Allen和 West 著的第21章）。Sanchez（1994）指出越重视分析任务的互依性和工作流程，团队合作就越好。

任务间的互依性和工作流程与工作描述中的另一个趋势有关：关注的重点是对广泛角色（Altink，Visser，& Castelijns，1997；Snow & Snell，1993）或工作过程（Cascio，1995）的描述。角色描述应该反映组织的战略和目标，并且超出传统工作任务的范畴。Cascio注意到，组织从关注各种任务的集合，转变到关注将任务组织起来的流程。但是他对基于流程的分析结构是否需要更关注工作的环境、情景和社会维度等问题还存在疑问。

最后，为了能够适应工作和员工信息的不断变化，应该开发或优化自动工作分析系统和数据库（例如，Cunningham，1996；Sanchez，2000），也可以对一个系统内不同类别信息之间的关系进行探索，例如，工作特征和员工特征（Hanson，Borman，Kubisiak，& Sager，1999）。正如Dunnette在1976年提出的，这可能是弥合工作和员工之间鸿沟的重要步骤。

总结与建议

本文介绍了在选用工作描述和工作分析方法上的新的发展成果，以及结果数据的应用。总的来说，不同作者提出的建议是：

◆ 实现从基于任务的详细的工作分析方法转变为对以下内容的明确：

——组织、业务部门、团队等的战略和未来导向的需要及目标，以及满足需要和实现目标的战略；

——与组织目标和需要相关的人格和价值观变量，特别是"共性"（如智力）、"新"员工特征（如，创新的开放性），以及与团队合作相关的特征（如，人际交往能力）；

——员工致力于实现组织目标的角色和工作流程；

——一般员工活动；

——使不同工作的转换和比较成为可能的工作之间的相似性。

◆ 使用不同类型的工作描述（如：一般工作活动、知识和技能），包括情景和环境维度，以便尽可能涵盖广泛的工作，以及把握持续的变化。

◆ 开发和应用工作分析的电子系统。

O*NET是大多数综述中提到的良好例子。这是应用不同的描述和方法的产物。O*NET是一个取代职位分类大典（DOT）的自动工作分类系统。

早在20世纪80年代，基于任务的DOT就被认为不能反映工作本质和环境的变化（Dye & Silver，1999）。O*NET建立在包含五类工作描述的内容模型的基础上：

（1）对员工的要求（如，基本技能、跨职能技术）；

（2）员工特质（如，能力、价值观）；

（3）经验要求（如，培训）；

（4）职位要求（如，一般工作活动、工作内容）；

（5）特定职业要求（如，任务、职责）。

第六类职业特征（如，劳动力市场信息、职业前景）不包括在这个系统中，但是可以从相关数据库中获得（Mumford & Peterson，1999）。

以上对现行工作分析方法的描述表明这些方法（或部分）的组合能够适用于工作的变化。根据分析的目的，可以选用或广义抽象或具体详细的方法进行工作分析。例如，安排培训计划需要详细的信息，开发管理进步潜能的预测因子需要广义抽象的信息。此外，还可以基于纵贯工作的变量以描述工作。

工作分析仍然是人事决策的基础，它重点解答以下问题问题，例如：选拔什么？薪酬是什么？评估什么？正如Sanchez（2000）提出的："在快速变化的世界中，工作分析仍然是重要的管理工具。当前工作活动和工作组织的信息是创新和改善它们的起点。"

未来研究方向

尽管现有工作分析方法的扩展足以适用于最近和将来工作的发展，但是，仍然存在几个问题。下面列出了一些例子：

◆ 怎样将组织或是部门和团队的战略、未来导向的需要和目标转换到个体层面？

◆ 怎样将团队工作转换成团队成员的工作？也就是说，个体的任务和要求与团队工作安排是怎样的关系？以及团队内不同工作之间的关系如何？

◆ 哪些KSAO被不同工作所需要，哪些是在具体工作中需要学习的？工作经验的作用是什么？

◆ 怎样以一种激励学习和改变行为导向的方式设计工作？

◆ 比传统工作分析更抽象的工作分析（例如超越传统工作的职业集和/或任务集）能够区分不同人在做的事情吗？

大多数问题是基于工作内容快速变化的假设。但是，对变化速度和方向的系统实证研究发现，特定任务是极少的甚至不存在的。对各类工作的纵向研究揭示了什么发生了变化，以及变化的速度。研究可能会显示，（所需要的）工作内容的变化速度从非常缓慢甚至极少发生变化的（如，卡车司机），到变化非常迅速和深远的（如，与信息技术相关的工作）；所需的KSAO也各不相同。这类研究结果将来可能会指明哪种工作条件需要开发新的工作分析程序。

注：感谢其他编者对本章此前版本提出的宝贵意见和建议。

第二章　与实践脱离的招聘研究

Alan M.Saks

　　早在20世纪90年代就有学者大声疾呼，市场即将面临技术工人和专业工人的短缺（Jackson & Schuler，1990；Offermann & Gowing，1990）。与此同时，越来越显而易见的是，人力资本和员工管理是促进组织成功和提高竞争能力的关键因素（Pfeffer，1994）。正是因为人力资本的重要性日渐提高，加之对劳动力短缺的持续关注，使得招聘较以往任何时候都更为重要。

　　果不其然，21世纪（西方很多国家和地区）出现了技术性劳动力短缺。很多组织苦于招聘不到合格的员工。据估计，25到44岁的劳动力有30%的缺口。统计数据显示，到2020年，加拿大技术工人的缺口可达100万。目前，在科学技术和高新产业部门以及高层管理岗位、通讯和市场营销职位均出现了专业人才的缺口。问题严重到有近四分之三的首席执行官（CEO）说，他们招不到足够的合格员工。很多加拿大高层CEO声称，近期他们的首要任务已经变成了留住员工，吸引新员工成为第四项高层管理优先关注的任务，仅次于财务业绩和利润率（McLaren，2002）。

　　在美国，问题同样严重，80%的雇主说他们没有行之有效的方法可以吸引和留住具有关键技能的员工。有些组织甚至在招聘非关键技术性员工时也遇到困难（McLaren，2002）。根据美国劳工统计局的数据，1998年到2008年间，工人短缺1000万（Cascio，2003）。年轻劳动力数量下降，加之婴儿潮一代的退休，都会加剧组织补充空缺职位的困难（Collins & Stevens，2002）。

　　人力资本对组织成功和组织竞争力越来越重要，更不用说对组织生存的意义，加上招聘和留住熟练工人的难度越来越大，招聘已成为很多组织的首要任务。此外，由于招聘活动可能影响求职群体的特征和素质，也会影响其他所有的人力资源实践（Turban & Cable，2003）。例如，从大量应聘者中招聘合格的员工，也正是组织选拔系统效用的体现（Boudreau & Rynes，1985；Murphy，1986）。

　　因此，正如Taylor和Collins（2000）所指出的，"对于组织的生存和成功，招聘已成为最关键的人力资源职能"。现在是招聘研究和实践的关键时期（Taylor & Collins，2000）。事实上，很多组织已经提高了招聘预算（Turban，2001）。

　　招聘研究比以往任何时候都重要。过去的六年里，学术界已经有一些优秀的关于招聘研究的综述和评论（Barber，1998；Breaugh & Starke，2000；Rynes & Cable，2003；Taylor & Collins，2000）发表。本章中，我对招聘研究进行了一个简短总结，并特别强调其实践意义。接下来，文章将探讨如何弥合招聘研究和实践之间的鸿沟。本章不会过多关注招聘研究的设计和方法，以及干预过程变量。因为其他综述已经深入探讨了这些主题（例如，Breaugh & Starke，2000，Rynes & Cable，2003）。

什么是招聘？

关于招聘的定义很多。例如，Breaugh（1992）在其所著的关于招聘的书中作了如下定义："员工招聘包含以下组织活动：一是影响申请某一职位应聘者的数量和类型的活动；二是影响应聘者是否接受一份工作的活动。"Barber（1998）则认为，"招聘包括组织以确定和吸引潜在员工为首要目的的活动"。Breaugh和Starke（2000）采用了Barber（1998）的定义，而Taylor和Collins（2000）则对这一定义稍作了修改："招聘包括组织以选择预期的应聘者、吸引他们进入员工队伍并且至少在短时间内留住他们为首要目的所进行的一系列活动。"

绝大部分定义都认为招聘是为达到特定目的而进行的特定活动和实践。由于战略人力资源管理日益受到重视，招聘的定义也应该强调组织战略目标的实现。这样，留住员工可能是也可能不是组织战略的组成部分。因此，基于本章的宗旨且更实际地讲，本文将招聘定义如下：

招聘包括组织为识别和吸引有能力帮助组织实现其战略目标的个体而采取的行为和活动。特别是，这类活动应该吸引一群预期的应聘者，增强他们对组织的兴趣，提高组织作为雇主的吸引力并且增加他们接受这一工作的可能性。

该定义包括一些重要特征。第一，其指明了招聘包括为实现特定目标所实施的具体行动和活动。第二，其指明了这些行动和活动的目标是产生一群预期的应聘者，增强他们对工作和组织的兴趣，并且增加他们接受这一工作的可能性。这些目标是基于Barber（1998）对招聘的三个阶段的描述（产生应聘者、保留应聘者和工作选择）提出的。第三，这个定义指出被组织吸引的应聘者可能具有组织所需的能力，从而明确地将招聘与选拔功能区分开。选拔的目的是确定应聘者是否具备所需的能力。第四，该定义没有具体说明任何特定的雇用后标准或结果（如，留任），因为招聘从根本上来说是旨在影响申请工作和接受工作邀请的应聘者的数量和类型的活动（Rynes & Barber，1990）。此外，组织所期望的雇用后结果将取决于其战略和目标。第五，该定义将招聘与战略相联系，这样，招聘就能够并且应该非常有助于组织实现其战略目标。因此，该定义旨在明确招聘的战略重要性，以及招聘的功能（Taylor & Collins，2000）。

招聘模型

最近几年，研究者们提出了几个招聘过程模型。Rynes（1991）在《工业与组织心理学手册》第二版（*Handbook of Industrial & Organizational Psychology*）（Dunnette & Hough，1991）她所著的章节中提出了一个未来招聘研究的模型。她的模型包括五项招聘活动：招聘专员、招聘来源、空缺职位的特点、选拔标准以及管理程序（真实工作预览、时间、支出）。这些活动与招聘过程（自我选择、时间相关过程、信息相关过程、雇用后判断过程以及个体差异）相联系，反过来又影响了雇用前（知觉、意图和行为）和雇用后（态度、行为、对组织内人员影响）结果。此外，该模型还包括三个环境变量（外部环境、组织特征、制度规范），这些变量可以影响招聘活动和决策、招聘过程以及招聘结果。

Rynes和Barber（1990）认为以往对招聘的研究更多是从应聘者角度出发，缺乏组织角度的考量。为此，他们从组织视角提出了吸引过程模型。该模型包括三个吸引应聘者的策略（即：招聘实践、调整雇用动机、重点关注非传统的应聘者），可以预期其会影响雇用前和雇用后结果（即：素质、数量、人员外流）。他们的招聘策略包括：组织的代表、组织的信息、应聘者的来源和时间规划。该模型显示了吸引策略怎样与其他人力资源实践相互作用，同时包含了可以影响该策略的选择和效果的意外变量（即：劳动力市场条件、空缺职位的特征、组织特征、吸引过程的阶段和法律考虑）。

在Breaugh和Starke（2000）提出的组织招聘过程模型中，招聘目标（例如，保留率）影响了招聘策略（例如，招聘谁）；招聘策略影响了招聘活动（例如，招聘来源）；招聘活动影响了过程变量（例如，应聘者的注意），这反过来又会影响招聘结果（例如，更高的保留率）。策略阶段决定组织想要招聘哪类个体（例如，知识、技能和能力）。这与前面提出的将组织目标考虑在内的招聘定义一致。Breaugh和Starke（2000）指出，这是一个根本性的问题，因为招聘目标会影响组织在哪儿和怎样招聘，以及其他战略相关问题。所以，招聘过程的第一阶段是确立目标。

组织的招聘战略决定招聘活动要达到的目标。招聘活动包括招聘来源、招聘专员和招聘信息（即：现实性、完整性和时效性）。这些活动影响大量过程变量，例如，应聘者的兴趣（工作和组织的吸引力）可以影响招聘结果。

总之，现行的招聘过程模型阐述了招聘实践、过程与结果之间的联系。尽管该模型有助于明确不同的招聘实践和结果，但是，它们仍未明确招聘活动所处的阶段。此外，它们往往站在应聘者或组织各自的立场。因此，招聘过程模型应该包括招聘的阶段，以及各阶段中应聘者和组织双方的观点。

图2.1呈现了一个双阶段招聘模型。该模型以Barber's（1998）提出的招聘过程的三个阶段（产生应聘者、保留应聘者、影响工作选择决策）为基础，包括三个类似阶段：申请阶段、互动阶段和工作邀请阶段。此外，该模型同时强调应聘者和组织的视角，以

及二者的相关结果。例如，在第一阶段，组织必须确定职位的潜在应聘者，应聘者也必须决定他们是否申请工作。第二阶段，组织和应聘者进行互动，双方必须互相了解，使自己更有吸引力，并且评估自己和对方是否匹配。第三阶段，组织希望增加应聘者接受工作邀请的可能性，而应聘者希望收到工作邀请，然后决定接受或拒绝该邀请。每一阶段连接应聘者和组织的箭头表明双方在整个招聘过程中的互动。

招聘研究和实践

尽管招聘工作高度优先的地位和招聘研究的复苏非常令人兴奋，但是仍有一个非常重要的问题有待回答：研究组织的招聘有什么实践意义？为了回答这个问题，本章接下来会对招聘研究的主要课题与主要研究结果的实践意义进行一个简短的综述。

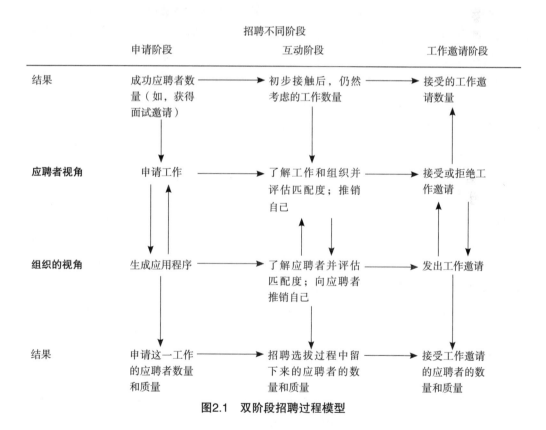

图2.1　双阶段招聘过程模型

一直到最近，招聘研究主要关注三个课题，也被称作"3 *R*'s"——真实工作预览、招聘来源和招聘专员的行为。大多数关于招聘问题的研究都将重点放在这三个课题上。此外，每一课题都与其他课题相互独立，这导致了招聘研究中研究方法的分散和分裂（Barber，1998；Breaugh & Starke，2000；Rynes，1991）。

招聘研究的 "3 *R*'s"

真实工作预览（Realistic job previews，RJP）　30年前，Wanous（1973）发表了关于真实工作预览影响的第一个实验研究。RJP研究的基本前提是如果你告诉应聘者工作的积极特征和消极特征，而不是仅有积极特征（传统的工作预览），应聘者流失的可能性会降低。尽管Wanous（1973）没有发现RJP显著影响离职率，但是在研究中，看了RJP短片的电话接线员对工作预期更低，工作满意度更高。

过去二十年里，关于RJP的研究很多，包括四个元分析（McEvoy & Cascio，1985；Meglino，Ravlin，& DeNisi，2000；Phillips，1998；Premack & Wanous，1985），还有大量综述（Breaugh，1983）。大量RJP研究也关注对RJP构成影响的心理特点和机制，例如，更低的预期和自我选择，以及RJP的传播方式（文字与视频）。三项元分析研究和大量综述性文章认为，RJP对降低离职率有适度的影响。此外，最近一项元分析发现RJP有利于提高工作绩效和降低招聘过程中的损耗，并且能够降低应聘者对工作的预期（Phillips，1998）。对于RJP作用机制的研究在一定程度上支持了满足预期和自我选拔假设。也有证据表明，在某些条件下，RJP能降低工作的录取率（Bretz & Judge，1998；Meglino et al.，2000；Saks，Wiesner，& Summers，1994，1996）。然而，从实践的角度来看，RJP研究的实际意义显而易见：

> 应该为应聘者提供工作和组织的真实、准确图景，包括积极特征和消极特征。

招聘来源　对招聘来源的研究主要关注不同招聘来源对雇用后结果的影响，例如工作满意度、工作绩效和离职率。并且，大多数研究针对的是新员工，而不是应聘者（Breaugh & Starke，2000）。过去三十年，研究发现通过非正式渠道（即：员工推荐和直接任命）招聘的员工比通过正式渠道（即：报纸广告和职业介绍所）招聘的员工工作满意度更高，离职率更低（Breaugh & Starke，2000）。此外，也有大量研究关注招聘来源产生影响的心理过程，特别是个体差异假设和现实信息假设。尽管文献中也提出了大量其他假设，但是它们很少被研究（Zottoli & Wanous，2000）。只有两个研究调查了应聘者的素质，发现非正式来源的应聘者素质更高（Kirnan，Farley，& Geisinger，1989；Williams，Labig，& Stone，1993）。只有一个研究调查了雇前成果，发现来自非正式渠道的应聘者对工作邀请的接受率更高（Kirnan et al.，1989）。

最后，该领域一个有趣的新发展是将公司网页和网络招聘作为一种招聘来源。据估计，通过互联网申请工作的人数超过100万（Cascio，2003）。

在一项研究中，Williamson，Lepak和King（2003）发现网站的导向会影响组织的吸引力。招聘导向的公司网站往往比浏览导向的网站更受喜爱，部分原因可能是招聘导向的网站包含更多有用的信息。网站操作的难易程度也会影响组织的吸引力。在另一项研究中，Dineen，Ash和Noe（2002）发现将应聘者与组织潜在的匹配情况反馈给应聘者的网络招聘更具吸引力。

总之，关于招聘来源的研究的主要结论是非正式来源对雇用后结果的影响更为积极。由于少有研究关注不同来源的应聘者的特质和雇用前结果，并且关于网络招聘的研究仍然处于起步阶段，因此，对于这些影响尚不能得出肯定性的结论。综上所述，关于招聘来源的研究的主要实际意义如下：

> 采用非正式来源进行招聘，例如员工推荐、直接任命，以及对在职员工的再招聘，而不是正式来源（即：报纸广告和职业介绍所）。

招聘专员的行为　关于招聘专员行为对应聘者反应的影响的研究已经有三十多年的历史了。在最早期的研究中，Alderfer和McCord（1970）发现，当招聘专员对应聘者表现出兴趣，并提供关于工作的信息时，应聘者更可能期待工作邀请并接受工作邀请。

过去的三十年里，学者们对招聘专员的影响力这一问题进行了大量研究。尽管本领域的研究内容已经很复杂，方法也日趋合理（Breaugh & Starke，2000），但大部分研究都得到了这样一个结论：当招聘专员风度翩翩并提供大量信息时，应聘者对工作和组织的评价更积极，并且更希望收到并接受工作邀请。也有研究者对招聘专员个人特征的影响力进行了探讨，然而，结果是不理想的（Barber，1998）。此外，招聘专员的影响是适中的，当与工作特性或职位特性的影响相比时，甚至可以说是不显著的（Rynes，1991；Rynes & Barber，1990），并且招聘专员的影响力在招聘的早期阶段最强，在后期会逐渐减弱（Taylor & Bergmann，1987）。

关于招聘专员对应聘者反应和意向的影响，研究者有着不同的解释。其中一种较为流行的观点认为，招聘人员是组织未知特征的象征。一些证据支持了这种信号理论（Rynes，Bretz，& Gerhart，1991）。例如，Turban，Forret和Hendrickson（1998）发现尽管招聘专员的行为没有直接影响组织对应聘者的吸引力，但是通过影响应聘者对工作和组织属性的感知产生了间接作用。

友好的、平易近人的、提供大量信息的招聘专员对应聘者具有积极的影响，由此可以得出一个相当明显的实际意义：

> 招聘专员应该了解空缺职位和组织，并且在与应聘者见面和交谈时应该是平易近人和友好的。

小结

几乎所有完全专注于 "3 *R*'s" 的招聘研究不仅遗留下很多重要问题没有回答，而且对招聘专员和组织几乎没有产生实质性的实践意义。此外，即使大量研究探讨了RJP、招聘来源和招聘专员行为发挥作用的心理机制和理论，我们仍然对于它们为什么产生了"中等"影响知之甚少。更糟糕的是，大家对于"3 R's"研究的现实意义已经知晓了几十年，并且大多数实践者认为这些现实意义是显而易见的。

招聘研究的新发展

近年来，招聘研究出现了一些令人兴奋的新气象。事实上，自从Barber（1998）出版了关于招聘文献的全面综述和研究日程的书以来，招聘研究出现了戏剧性的复苏，不仅是研究数量比先前更多，而且研究主题更为多样化。本节将简要介绍每一主题及其实践意义。

雇用激励　在Rynes和Barber（1990）的吸引力过程模型中，两人将雇用激励纳入增强对应聘者吸引力的战略中。尽管工作特性和空缺职位特征两个术语往往可以互换，但是他们应用"雇用激励"这一概念"来传递一种倾向：为了增强工作对潜在应聘者的吸引力而有意调整工作特征"。他们提出，雇主可以通过提高起薪点、改善福利、提供弹性工作时间、照顾老人和儿童、内部职业发展路径、改善工作条件来增强组织的吸引力。

对空缺职位特征的研究发现，工作和组织的特征都与对应聘者的吸引力有关，并且被认为是招聘吸引过程中最重要的因素（Rynes，1991；Turban et al.，1998）。如前所述，相比于招聘专员行为，工作特征可以更好地预测职位对应聘者的吸引力，特别是在招聘专员作用不显著的招聘后期（Rynes & Barber，1990；Powell，1984；Taylor & Bergmann，1987）。

在各种雇用激励中，高薪对应聘者的吸引力最强。相关研究发现薪酬水平与应聘者数量以及工作接受率呈正相关关系（Williams & Dreher，1992）。同时，至少一项研究表明应聘者更喜欢基于个人而不是基于团队的薪酬，并且更喜欢固定的薪酬而不是浮动薪酬（Cable & Judge，1994）。Rynes和Barber（1990）提出："可用金钱衡量的吸引力可能是驱使应聘者申请工作和接受工作邀请的最有效的动机。"

尽管一些研究发现应聘者对空缺职位特征的偏好存在个体差异（例如，Cable & Judge，1994；Trank，Rynes，& Bretz，2002），但是，在大多数情况下，关于雇用激励的研究的现实意义是相当明确的：

　　　应该向潜在的应聘者提供各种雇用激励（例如：弹性工作安排、培训机会、福利等），特别是高薪酬。

招聘活动　在近年兴起的最重要的一个研究领域是关于招聘活动的影响。如何提升应聘者申请职位的可能性、组织的吸引力以及应聘者接受工作邀请的可能性的招聘研究，对招聘专员和组织具有真正的实用价值。

　　Turban（2001）以一个大型石化公司的应聘者（例如，工程专业的学生）为样本，研究了招聘活动（校园活动、招聘材料、招聘过程）和公司吸引力的关系。他发现招聘活动与感知到的组织特征呈正相关，并且组织特征对招聘活动和公司吸引力的关系具有完全中介作用。Turban（2001）也发现应聘者对公司的熟悉度与其感知到的公司的吸引力呈正相关，并提出可利用招聘活动来提高应聘者对公司的熟悉度，从而提高公司的吸引力。

　　Collins和Stevens（2002）应用品牌价值方法研究了四个早期招聘活动（例如：宣传、赞助、口头代言、广告）和应聘者意向及决策的关系。研究表明，早期的招聘活动通过雇主的品牌形象（例如，对公司的一般态度和对工作特征的看法）间接影响应聘者的意向与决策。雇主品牌形象对招聘活动和应聘者意向与决策的关系具有中介作用。此外，当宣传与其他招聘活动联合使用时，雇主品牌形象最强，这表明"当早期招聘实践活动组合使用时，其效果最好"（Collins & Stevens，2002）。

　　在一项对应聘者接受工作邀请决策的影响因素的研究中，Turban，Campion和Eyring（1995）发现对现场参观的评估与接受工作邀请决策呈正相关。此外，对现场参观的喜好也与接受工作邀请决策呈正相关。该研究强调现场参观有利于应聘者接受工作邀请，也是为数不多的探讨招聘活动和接受工作邀请决策关系的研究之一。

　　招聘活动的日程安排也是整个招聘过程中的一个重要因素。其基本假设是招聘阶段间的延迟可能会使应聘者流失。一些研究发现，招聘过程中的延迟可能对应聘者产生大量负面影响。例如，Rynes等（1991）发现当两个阶段之间出现延迟时，应聘者更可能退出招聘选拔过程。

　　总之，从实用的观点看，招聘活动研究拥有巨大的前景，因为它关注在招聘过程的不同阶段、不同的招聘活动对招聘结果的影响。然而，正如Turban（2001）指出的，招聘研究并没有充分证明哪些招聘活动能够最有效地吸引应聘者。但是，这类研究的确产生了巨大的实际意义：

　　　　应该采用多种招聘活动（例如：校园活动、招聘材料、招聘过程、赞助活动、口碑代言、广告）以增加应聘者对组织的熟悉度，提高组织吸引力，提升品牌形象，影响应聘者意向和决策。

　　　　现场参观活动应经过精心策划，并且以专业的态度实施，精心准备与应聘者交流的内容、对待应聘者的方式、与应聘者见面的人以及现场参观的主持人。

　　　　避免招聘过程中的延误，并且在整个过程中与应聘者保持联系。

　　招聘广告　近年来，大量研究关注了招聘广告对应聘者反应和工作选择倾向的影响。一般而言，招聘广告对应聘者对工作和组织的态度具有积极影响，特别是当其包括具体信息时（Breaugh & Starke，2000）。

　　在早期的研究中，Belt和Paolillo（1982）发现当餐厅广告展现其良好形象时，应聘者对广告的反应更积极。Gatewood，Gowan和Lautenschlager（1993）发现，组织的形象与广告中信息的数量高度相关。Yuce和Highhouse（1998）则发现包含大量工作具体特征的广告提高了空缺职位的吸引力。

对招聘广告的研究也关注如何利用广告吸引特定类型的应聘者。例如，Highhouse，Stierwalt等（1999）研究了招聘广告的特点如何影响少数族裔应聘者对组织的兴趣。两组非裔美国人样本（非裔美国工程师协会的学生会员和在职工程师）参与了一个虚拟的工程顾问的招聘广告研究。两份广告在人事政策（不问身份/同等就业机会vs.识别身份/平权行动）、工作结构（基于个体vs.基于团队）和奖励机制（基于个体绩效vs.基于团队绩效）方面不同。结果表明，相比于忽视平等就业机会的人事政策，两组样本都更喜欢有意识的、积极行动的人事政策，并且相比于基于团队绩效的奖励机制，更喜欢基于个体绩效的奖励机制。同时，学生样本更喜欢基于团队的工作结构，而非基于个体的工作结构。

对招聘广告的研究也探究了不同信息对吸引少数族裔应聘者的效果。有证据表明，应聘者与招聘广告中人物的种族相似性提高了组织的吸引力（Avery，2003）。Avery（2003）发现体现种族多样性的招聘广告确实对黑人应聘者具有更高的吸引力，但前提是广告中的黑人不仅担任初级职位，也担任了高层管理者。Kim和Gelfand（2003）发现当招聘手册倡导多样化时，族群认同更高的应聘者对组织的反应更积极，并且求职意向更强。这些研究的结果表明，如果组织将少数族裔的应聘者作为招聘目标，那么招聘手册应该提倡种族多样化，并且招聘广告中也应该含有少数族裔员工。

招聘广告研究的一个问题在于它将空缺职位的特征和广告的特征混淆了。在一定程度上，除了描述工作和组织特征的方法是广告以外，该类研究与对空缺职位特征的研究毫无差别。实际上，这类研究没有提供关于招聘广告的任何信息。未来研究应该关注当工作和组织特征不变时，各类型广告的影响（例如，报纸和有针对性的杂志）或特定广告特征的影响（例如，设计、色彩、图片等）。

Allen，Van Scotter和Otondo（2004）最近进行的一项研究是最早开始思考这类问题的研究之一。他们研究了招聘传播媒体对雇用前招聘结果的影响。研究发现，不同媒介（面对面、音频、视频、文本）造成了媒体特征（信息量、双向沟通、个人关注、社会临场感、象征手法）上的差异。媒体特征与宣传结果（公信力和满意度）正相关，而宣传结果与应聘者对组织的看法正相关。对组织的正面看法与加入组织的积极态度相关，而加入组织的积极态度与追求就业的意向相关，追求就业的意向反过来又与加入组织的行为相关。总之，该研究的结果表明，招聘宣传媒介可以影响应聘者的态度、意向和行为。

招聘广告研究的另一个问题是难以将广告与组织实践及政策分离开来。例如，比起招聘广告，组织是采用"不问身份"的人事政策还是"识别身份"的人事政策，与组织的价值观、目标和人力资源政策的关系更密切。招聘广告的含义仅包括招聘广告和材料中的信息。如果一个特定的人事政策能更有效地吸引更多的或特定的应聘者，那么，应该先改变人事政策，随后才是招聘信息。招聘信息显然依赖于组织政策和实践。

因此，招聘广告研究与雇用激励研究的基本结果类似：包含关于组织和工作的更具体和更正面信息的招聘广告，能够使应聘者的反应更积极。其实际意义如下：

招聘广告和材料应该提供关于组织和工作的具体的、正面的信息，并包含关于员工多样性的信息。

组织特征　大量研究探讨了组织特点与招聘实践的关系。例如，Rynes，Orlitzky和Bretz（1997）研究了招聘有经验员工以及应届大学毕业生的预测因素。他们发现，招聘经验丰富员工与组织的发展、短期人事战略、劳动力老化以及更少变动的商业环境有关。Barber，Wesson，Roberson和Taylor（1999）研究了公司规模和招聘实践的关系，发现大公司比小公司的招聘实践更正式也更官僚化。由于本领域的研究很少，并且大多是描述性研究，没有对组织招聘产生任何实际意义。

战略人力资源管理（SHRM）　20世纪90年代，战略人力资源管理开始受到研究者的关注。大多数研究探讨的是人力资源实践对组织层面结果的影响。在一个早期研究中，Huselid（1995）发现高绩效的人力资源实践与低离职率、高生产率以及公司整体财务业绩相关。然而，衡量招聘成果的唯一标准是选拔率（例如，公司最常招聘的五个职位，平均每一职位有多少合格的应聘者？），这更多的是结果变量而不是招聘实践。

尽管一些其他研究提出了类似结果，证明了创新的、高绩效的人力资源管理（HRM）实践及系统的益处，但是，在SHRM文献中相对较少关注招聘的作用。这在一定程度上是因为一直强调人力资源实践的捆绑、互补性以及HRM系统，因此很难确定任何特定人力资源实践的影响。此外，大部分研究甚至没有将招聘包含在战略人力资源实践中，只是将其作为选拔或人员配置维度的一部分。例如，Ichniowski，Shaw和Prennushi（1997）研究了HRM实践对钢铁加工厂生产率的影响。作为七大HRM实践之一的"广泛招聘和选拔"，衡量了在新员工招聘中筛选过程的广泛性。

另一个问题是，对于招聘的评价往往只关注结果，如选拔率，而不是实际的招聘实践。例如，Harel和Tzafrir（1999）在一项研究中，用一个组织中去年几大工种每一空缺职位的应聘者数量来衡量招聘。然而，这种衡量与组织结构或市场绩效无关。

综上所述，尽管SHRM的研究包含组织层面的分析，但是并没有对招聘领域中研究或实践的进步发挥太大作用。招聘的衡量往往与选拔指标联系起来，而这些指标往往不衡量实际招聘实践或活动。此外，诸如公司和市场绩效之类的组织层面成果与招聘程序距离很远，很难确定招聘对这些结果的影响。因此，现在得出招聘实践影响组织绩效的结论还为时尚早。

最后，SHRM研究中没有包括招聘活动，因此，没有任何明确的实践意义。

组织的形象声誉和象征属性　组织的形象、声誉和象征属性对应聘者意愿的影响，成为近年来招聘研究的主题之一。研究发现，这些主观因素与应聘者的反应和组织的吸引力有关（Cable & Graham，2000）。

如前所述，Belt和Paolillo（1982）发现应聘者更容易受到形象良好的快餐店的吸引。在Gatewood等（1993）关于企业及招聘形象的研究中，发现组织的整体形象及招聘形象和潜在应聘者寻求与组织接触的可能性呈正相关。此外，他们还发现招聘形象与公司广告提供的信息量高度正相关，这表明信息量大有助于提升企业形象，并且企业形象与应聘者就业意愿呈正相关。因为大部分广告的内容是积极的，这一发现本质上表明，提供更多正面信息将会提高应聘者的兴趣。

有趣的是，这一成果的实际意义（即，提供给应聘者大量关于组织的正面信息）与RJP文献和现实主义假设在某种程度上并不一致。但是，Gatewood等（1993）得出以下结论："在许多方面，这些成果普遍支持了传统招聘广告的假设，即呈现正面信息将会对潜在应聘者产生积极影响。"

如前所述，Collins和Stevens（2002）研究了早期招聘实践对工程专业学生对雇主品牌形象（应聘者对公司的一般态度和感知到的特性）看法以及应聘者意愿和决策的影响。宣传、口碑代言及招聘广告与雇主品牌形象显著相关，特别是当它们一起使用时。宣传与其他招聘实践同时应用时效果更为显著。此外，研究发现雇主品牌形象对招聘实践和应聘者意愿及决策的关系具有中介作用。

为了更充分了解影响应聘者对组织雇主形象的印象的因素，Highhouse，Zickar，Thorsteinson，Stierwalt和Slaughter（1999）在快餐行业进行了一项关于公司雇主形象（CEI）维度的研究。研究采用青少年和退休人员作为样本，结果发现声誉、产品形象、口碑和氛围是CEI最强的预测因子，也就是说在快餐行业中，这些是吸引应聘者的最关键因素。此外，大多数预测CEI的维度在青少年和退休人员中同样适用。

几个研究还探讨了公司声誉在招聘过程中的影响。例如，Turban等（1998）发现公司声誉与应聘者对工作和组织属性的看法及招聘专员的行为正相关，但是与对应聘者的吸引力负相关。

Cable和Graham（2000）进行了一系列研究，以阐明应聘者对组织声誉的看法是关于组织运营、个人发展机遇和组织文化的函数。Turban和Cable（2003）发表的两项研究，探讨了公司声誉对应聘者数量和素质的影响。研究采用大四学生和MBA学生为样本，结果表明有良好声誉的公司不仅吸引了更多的应聘者，而且这些应聘者的成绩平均积点、外语技能和综合评价都更好。总体而言，这些结果支持了"公司声誉会影响被组织吸引并申请工作的应聘者的数量和素质"这一观点。

Lievens和Highhouse（2003）应用市场营销文献中的功能与象征性框架研究了功能性工作/组织属性（例如，薪酬、福利、位置）和象征性属性对雇主吸引力的影响。尽管功能属性类似于研究中常涉及的空缺职位特征，包括客观的、具体的、真实的属性，但是象征属性涉及更主观的和无形的属性，例如，印象和应聘者对组织特质（例如：声望、创新性）的推断。

研究要求学生和银行职员评估银行的功能与象征属性，并指出银行作为雇主的吸引力。结果表明，功能属性显著预测了银行作为雇主的吸引力，同时象征属性解释了预测雇主吸引力时显著的增量变异。他们也发现，至少在特定行业内部，应聘者基于象征或特质推论比基于有形的、具体的工作和组织属性能够更好地区分组织。

总之，本节提出吸引应聘者的是工作和组织的主观属性，而不是更客观的空缺职位特征。显然，这是一个重要发现。然而，这一发现究竟有何实践意义尚不清楚。或许是这样：如果一个组织想把自己与其他竞争对手区分开，关键在于更主观、更无形的属性。但是，怎样树立更积极的声誉，并使应聘者认为组织是创新的、有能力的或真诚的？如何改变组织在应聘者心中的"象征意义"？主观属性似乎会随着时间变化，并且受到组织历史和文化的影响。此外，改变它们不仅限于改变招聘及战略决策。同时，一些预示组织声誉的因素不容易改变或完全不能改变（例如：行业、利润率、文化）。

更直接的意义似乎是应该强调区分组织与竞争对手的现有主观属性。尽管特定形象可能特别容易吸引应聘者（创新性、激动人心、声望），但是，RJP文献提出招聘材料应该只说明现实的、确有的事物。在此，我们似乎必须区分市场营销和招聘的含义。很明显，为了卖出一件产品，无论是软饮料还是衣服，你可以创设任何形象以捕捉消费者的想象力和注意（参见烟草公司过去几十年的广告）。但是，你不能因为不实信息可以吸引应聘者而创设一个华美的形象以推销工作或组织。因此，本研究的实际意义如下：

> 宣传组织的主观属性，特别是那些有别于竞争对手的主观属性，并且在招聘宣传材料中呈现关于组织形象和声誉的正面而真实的信息。

小结

表2.1总结了招聘研究各领域的现实意义。尽管过去五年里，招聘研究已经初现复兴，但是，招聘研究对招聘专员和组织的现实意义是有限的，甚至是无用的。

总之，最有意义的现实价值来自于对招聘活动和组织形象、声誉及象征属性的研究。应用大量招聘活动，能增加应聘者数量、改善应聘者对工作属性及其吸引力的看法，并增强应聘者的求职意愿。同时，包含更多象征信息的应聘材料也能够使组织受益。这不仅提高了组织对应聘者的吸引力以及应聘者接受工作邀请的可能性，也使得组织能够更好地将自身与竞争对手区分开来。未来研究的一个重要领域是招聘实践对象征属性、形象及声誉的影响。Collins和Stevens（2002）的研究是这类研究的一个良好的例子。

最后，值得一提的是，招聘研究主要关注招聘过程的申请阶段，较少关注互动和工作选择阶段。此外，招聘研究没有关注招聘过程中应聘者的活动，只有一个例外

（Taylor & Bergmann，1987）。这就使得我们无法了解一个阶段的实践怎样影响下一阶段的结果，或各招聘阶段多种实践的联合影响。

为什么招聘研究是不切实际的？

如前所述，一些人（Barber，1998；Rynes，1991；Taylor & Collins，2000）认为，招聘研究没有对实践产生很大助益。考虑到招聘的实用性本质（毕竟，每个组织必须持续招聘并雇用新员工），特别是与工业与组织心理学的其他领域（例如，培训）比较时，这是相当奇怪的。Salas和Cannon-Bowers（2001）发表在《心理学年鉴》（*Annual Review of Psychology*）上的综述指出，在过去十年间，培训研究的数量和质量迅速提高。他们总结道，"培训研究的应用阶段已经开始"并且"已经进入培训的新纪元——培训研究和实践的真正互惠关系将得以实现"。很显然，招聘研究不是如此。

为什么招聘研究如此不切实际？很多因素可以帮助我们理解这个问题，并让我们开始考虑应该怎样弥合招聘研究与实践的鸿沟。

表2.1　招聘研究的实践意义

招聘研究主题	实践意义
真实工作预览 招聘阶段：互动	应该为应聘者提供工作和组织的真实、准确图景，包括积极特征和消极特征。
招聘来源 招聘阶段：申请	应该采用非正式来源进行招聘，例如员工推荐、直接任命，以及对在职员工的再招聘，而不是正式来源（即：报纸广告和职业介绍所）。
招聘专员行为 招聘阶段：互动	招聘专员应该详细了解空缺职位的信息，并且在与应聘者见面和交流时，他们应该是平易近人的、友好的。
雇用激励 招聘阶段：申请和工作邀请	应该向潜在应聘者提供各种雇用激励（例如：弹性的工作安排、培训机会、福利等），特别是高薪。
招聘活动 招聘阶段：申请、互动和工作邀请	采用多种招聘活动（例如：校园活动、招聘材料、招聘过程、赞助活动、口碑代言、广告）以增加应聘者对组织的熟悉度，提高组织吸引力，提升品牌形象，影响应聘者意向和决策。 精心计划现场参观活动，并用专业的态度实施。特别关注与应聘者交流的内容、对待应聘者的方式、与应聘者见面的人以及现场参观的主持人。 避免招聘过程中的延误，并且在整个过程中与应聘者保持联系。
招聘广告 招聘阶段：申请	招聘广告和材料应该提供关于组织和工作的具体的、正面的信息，并包含关于员工多样性的信息。
组织特征 招聘阶段：申请	无
战略人力资源管理 招聘阶段：申请	无
组织形象，声誉，象征属性 招聘阶段：申请	宣传组织的主观属性，特别是那些有别于竞争对手的。并且，在宣传材料中呈现关于组织形象和声誉的积极而真实的信息。

首先，如前所述，绝大多数研究集中在招聘研究的"3 *R*'s"。最近才有研究者开始探索新的招聘领域。今天我们知道的关于招聘的研究大多数是基于"3 *R*'s"。

此外，还有一些原因也导致了研究没有产生实用信息，没有为招聘专员提供指导：（1）招聘研究历来被认为是选拔的一部分；（2）其重点往往是边缘的或雇用后的结果，而不是相对中心的雇用前结果；（3）分析层面往往是个人而不是组织；（4）直到最近，招聘仍旧不是组织面临的主要问题；（5）招聘和人力资源职能缺乏战略重点。由于后两个问题已经讨论过了，本节的重点是前三个。

招聘与选拔

几个近期的综述表明关于招聘的研究越来越多，《工业与组织心理学手册》（*Handbook of Industrial and Organizational Psychology*）的第一版（Dunnette，1976）中，关于招聘的内容占了不到一页，而到第二版出版的时候，整整一章内容是关于招聘的（Breaugh & Starke，2000；Rynes & Cable，2003）。

尽管这强调了招聘研究的复苏，也阐明了为何历来招聘被划归为更广义的选拔的一部分。Guion（1976）在手册第一版关于选拔的文章中，将招聘视作其中的一"小"部分。只需比较一下选拔教科书与招聘教科书的数量，就能知道在工业与组织心理学领域中，研究者历来是怎样对待招聘的。大多数学院和大学开设了关于人事或选拔的课程，但是没有开设关于招聘的课程。这些学校使用的关于人事的教科书中，通常只有一章甚至更少是关于招聘的。过去的十年间，只有两本教科书是关于招聘的（Barber，1998；Breaugh，1992）。

此外，即使是最近关于战略人力资源管理的研究，也不是很重视招聘的作用。正如前面提到的，一些研究甚至没有包括对招聘的测量，即使包括了，也往往被视作选拔的一部分。因此，招聘充其量被认为是选拔的子学科，甚至被认为没有关注的必要。

雇用前与雇用后结果

招聘研究中最令人吃惊的一个问题是强调雇用后结果和感知到的雇用前结果。尽管一些研究测量了雇用前结果，但是它们大多研究测量的是应聘者反应、感知到的职业/组织吸引力以及求职和接受工作的意愿（Rynes，1991；Rynes & Barber，1990；Turban & Cable，2003）。事实上，大多数招聘研究测量的是公司的吸引力，以及应聘者接受工作的意愿，而不是实际接受工作的决策（Turban et al.，1995）。

此外，RJP和招聘文献的重点是留住员工和降低离职率。从研究的角度来看，毫无疑问，收集应聘者进入组织整个过程的纵向数据是很有必要的。然而，从实践的角度来看，这些研究没有达到招聘的主要目标——确定和吸引个体到组织中。此外，雇用后结果，例如工作满意度和离职率，受到很多工作中的其他因素的影响，并且这些因素能够更好地预测雇用后结果。同时，组织也能采取一些其他更有效的措施来留住员工，降低离职率。此外，在招聘中，雇主不是很关心雇用后结果。相反，他们关注的是雇用前结果，例如申请职位的应聘者的素质，以及接受工作邀请的数量（Breaugh & Starke，2000；Williams et al., 1993）。因此，那些几乎完全集中于雇用后结果（例如离职率）的研究，对于招聘实践没有实际意义。

个体与组织层面的分析

招聘研究的一个主要不足是其分析几乎完全集中于个体层面 （Rynes & Cable，2003），或如Rynes和Barber （1990）所说，是从应聘者的角度分析，而不是从组织的角度分析。这是很奇怪的，因为招聘是一个组织层面的现象。也就是说，是组织在招聘，而不是应聘者在招聘。应聘者寻找工作、他们的求职努力和经验在关于求职的研究中得到了充分的研究。然而，招聘研究的首要重点是应聘者的反应、意向、工作选择和雇用后态度及行为。正如Taylor和Collins （2000）指出的，几乎没有研究进行宏观或组织层面的分析。

为了理解招聘研究几乎只是个体层面的分析这一问题，让我们来看一下对招聘来源影响力的研究。正如前面提到的，该类研究的主要结论是：通过在职员工推荐的方式招聘的新员工离职率更低。然而，因为很多研究是从个体而不是组织中收集数据，我们无法知道组织实际在招聘来源应用上的差异，以及这一差异是否影响了组织招聘的成功。此外，从个体而不是从组织中收集数据也使得我们很难解释招聘来源研究的结果。例如，尽管员工推荐被认为是最有效的招聘来源，但是，员工推荐实际上更多表达了提供数据的应聘者的观点，而不是组织的观点。也就是说，员工推荐可能更有效，因为通过这种方式找工作的个体可能是更高效能的应聘者。如果是这样的话，员工推荐的效率可能更多与应聘者或应聘者的特征及行为有关，而不是组织的招聘工作。事实上，通过个体层面的分析，一个研究可能会发现员工推荐是最有效的招聘来源，即使这个组织根本没有员工推荐程序。这是因为应聘者通过人脉和口碑找工作，而这与组织怎样招聘完全无关。

因此，仅有个体层面上的分析，很难了解组织怎样才能提高招聘活动的成功率。招聘研究几乎完全是个体层面的分析，所以，对组织的实际意义不大。

关于招聘，组织需要了解什么？

由于组织面对吸引和招聘高素质应聘者的持续挑战，未来研究怎样促进招聘实践？未来大量的研究可能比先前的研究具有更多的实践意义。

首先，组织可以受益于对当前和创新招聘程序的效果的研究。有充分的证据表明，很多组织进行了创新的招聘实践。例如，Taylor和Collins（2000）介绍了一些雇主应用的几个策略，包括针对更广泛的应聘者创设一个更广的网络（例如，吸引更广地理范围上的应聘者）、应用科技手段（例如，基于互联网的工作搜索服务）、提供财务激励（例如，签约奖金、更高的薪金），以及增强组织的吸引力（例如，事业发展机会、工作与生活平衡计划）。Cascio（2003）介绍了思科、家得宝、通用电气医疗集团和万事达卡采用的创造性招聘策略。在加拿大，安大略省警察（OPP）最近举办了一场为期五天的招聘营，从近3000名对警察工作感兴趣的应聘者中选出了100名女性。在为期五天的招聘营中，这些女性应聘者体验了安大略省警察的典型活动，例如，手枪射击、早上6点健身训练以及应对模拟犯罪。83名女性将会继续完成第一阶段的测验，如果成功了，她们将会进入漫长的申请和选拔过程（Harding，2003）。

尽管这仅仅是当今组织用于招聘的一些新战略和新策略的例子，但是，几乎没有关于这类创新招聘实践的研究。研究者可以研究这些新的招聘策略的有效性，从而促进组织发展。这似乎是一个实践遥遥领先于研究的领域。

组织也可以受益于那些开发和测验新招聘实践和战略的研究。例如，培训研究已经提出了新战略和干预措施，以改善培训的迁移效果（Machin，2002）。组织现在可以参阅培训文献，以学习怎样诊断迁移问题，并提出和实施改善迁移问题的干预措施（Holton，2003）。从这点来看，过去十年的培训研究可以作为未来招聘研究和实践的模型。下一节是关于招聘研究—实践的模型和计划。

招聘研究—实践的研究模型和计划

本章的最后一节将介绍未来招聘研究的模型和计划。为了解决先前研究的局限性并弥合研究与实践的鸿沟，未来研究的重点应该是以下几个方面。

创新招聘实践 未来研究的一个重要方向是停止对三个传统主题的持续过度研究，并且开始关注可能产生实际意义的创新招聘实践和过程。如前所述，组织在应用创新的招聘战略方面遥遥领先于研究。因此，未来研究可以确定组织正在应用的新的未经研究的战略，并检验其有效性。研究人员也可以提出新的招聘方法，就像培训研究开发出需求分析、评估及培训干预迁移的新方法那样（Salas & Cannon-Bowers，2001）。

客观的雇用前结果 第二个相关问题是需要将招聘研究的重点转移到雇用前结果。这一重点不仅与招聘的定义和含义一致，而且也解决了组织的主要顾虑——如何吸引并激励组织需要的应聘者[例如，知识、技能和能力（knowldege，Skill，ability，

KSAs），人格、经验、人口统计学因素等]申请工作并接受工作邀请。正如Rynes和Barber（1990）提到的，对组织来说，最重要的招聘目标是填补空缺职位。类似地，Turban和Cable（2003）最近提出，招聘的最主要目标和招聘是否成功的最主要衡量标准是应聘者的数量和素质。因此，未来研究应该衡量雇用前结果，例如申请空缺职位的应聘者数量、应聘者的素质、接受工作邀请的应聘者数量、接受工作邀请的应聘者的素质以及依然空缺的职位数。

总之，未来研究应该衡量应聘者和工作接受者的数量和素质，以及更客观的应聘者的行为结果（例如，工作选择决策）（Rynes & Barber，1990）。

组织层面和多层面分析　第三个问题是更强调组织层面的分析。正如Taylor和Collins（2000）指出的，招聘研究迫切需要关注组织层面的分析。尽管个体层面的分析很重要，特别是对了解招聘过程而言（例如，应聘者自我选择、个体组织匹配）（Breaugh & Starke，2000；Rynes & Cable，2003），但是，组织层面的分析对招聘研究促进招聘实践是必需的。同时，也需要从应聘者和组织中收集信息的多层面分析。

招聘、个体及组织结果间的联系　如前所述，大多数招聘研究的重点是雇用后结果，并且没有检验招聘实践和各类各层面结果之间的联系。

因此，需要研究招聘实践与招聘结果、个体结果及组织结果之间的关系。尽管有些证据表明，招聘实践可能影响组织绩效（Taylor & Collins，2000），但是还缺乏直接证据。我们充其量可以得出结论：招聘及其他人力资源实践与组织绩效有关。我们还需要研究来说明招聘的实践和成果是怎样影响个体与组织的。

图2.2呈现了招聘过程的多层面模型，以指导未来的招聘研究。该模型结合了图2.1中招聘的三个阶段，并且显示了每一阶段的招聘实践如何影响应聘者结果（例如：反应、看法和意向），应聘者结果反过来影响了招聘结果，并且可能对招聘实践和招聘结果的关系具有中介作用。该模型也显示了招聘结果和个体层面结果的联系，以及个体层面结果与组织层面结果的联系。该模型要求未来招聘研究是多层面的、纵向的，并且同时包含应聘者数据和组织数据。

总之，未来的招聘研究需要重点关注以下问题：

◆ 具体招聘实践和活动对应聘者结果（例如，反应、看法和意向）和招聘结果（例如：对应聘者的吸引力，招聘过程中应聘者的兴趣和动机，以及应聘者工作接受率或应聘者的数量和素质）的影响是什么？

◆ 对于吸引应聘者、提高应聘者在招聘过程中的兴趣和动机、提高应聘者接受工作邀请的可能性，哪类招聘实践和活动是最有效的？此外，环境因素（例如，公司规模、声誉、行业、劳动力市场等）是调节招聘实践对某些成果的有效性的因素吗？

◆ 招聘实践和结果对个体层面结果（例如，工作态度、工作绩效和离职率）的影响

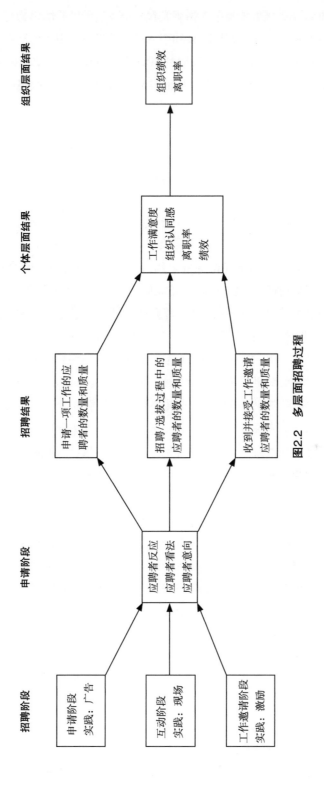

图2.2　多层面招聘过程

是什么？应聘者和/或招聘结果能够中介招聘实践对个体层面结果的影响吗？

◆ 招聘实践、应聘者结果、招聘结果和个体层面结果对组织层面结果（例如：离职率、公司绩效）的影响是什么？应聘者结果、招聘结果和/或个体层面结果是招聘实践对组织层面结果影响的中介变量吗？个体层面结果是招聘结果对组织层面结果影响的中介变量吗？

结论

最近，一些招聘研究的综述指出，招聘研究的设计和方法存在大量问题（Barber，1998；Breaugh & Starke，2000）。

对于招聘研究的实际意义也可以得出类似的结论。也就是说，即使过去的三十年里进行了大量关于招聘的研究（Breaugh & Starke，2000），公平地说：（1）对招聘专员和组织几乎没有实际意义；（2）从招聘研究中得出的实际意义，我们已了解多年；（3）主要的实际意义充其量是显而易见的，甚至是微不足道的。

因此，先前的招聘研究（Breaugh & Starke，2000）及其实际意义是不够的。尽管，有些综述的重点是改善招聘研究的设计和方法（例如，Breaugh & Starke，2000；Rynes & Cable，2003），但是将招聘研究的重点转变到对组织有针对性和实用性的问题上来也很重要。据此，招聘的多层面模型被提了出来，以指导未来研究。未来研究特别需要关注创造性和创新性实践对应聘者、招聘结果以及这些结果与入职后个体层面和组织层面结果之间关系的影响。若非如此，很难坚称"招聘是最重要的人力资源系统之一，并且能够保持组织的竞争优势"的说法（Taylor & Collins，2000）。

目前而言，建议那些希望学习创造性的、创新性的和有效性的招聘实践的组织，最好了解一下其他公司正在做什么，并且向从业者咨询，而不是查阅研究文献。因此，尽管培训研究为实践做好了准备，但是，在开始考虑如何将招聘研究的成果转化为实践之前，招聘研究仍然有很长的路要走。值得高兴的是，过去五年里，招聘研究的数量和质量显著提高，还不包括三篇文献综述和Barber（1998）的书。如果继续按照这个速度发展，在这个十年结束时，招聘的研究和实践将会取得长足进步。如果把过去的十年定为培训研究应用的阶段，那么，接下来的十年应该是招聘研究的应用阶段。

第三章　人事选拔系统的设计：背景、原则及相关问题

Robert A. Roe

本章将探讨人事选拔系统的设计问题。良好的人事选拔系统可以促进组织建立和保留合格的、积极进取的员工队伍。尽管应用选拔系统是人力资源专家和人力资源管理者的职责，但是，选拔系统的设计却是心理学家的任务。人们希望心理学家开发出的选拔系统可以提供有效的绩效预测和招聘决策。大多数关于选拔的文献，将系统设计描述为包括工作分析、选择测量工具、管理测量工具、进行验证研究和设计成套测验的线性步骤（例如，Guion，1998；Schmitt & Chan，1998；Smith & Robertson，1989；Thorndike，1949）。由于这些出版物强调预测工具和统计预测技术，所以被贴上了"心理测量范式"的标签（McCourt，1999）。尽管这一观点有很多优点，但是仍有局限性。首先，它忽略了选拔的背景，特别是忽略了组织中存在不同的利益相关者这一事实。第二，它忽略了一个事实，即在设计选拔系统时，要满足不同的需要，并且对解决方案的研究是一个反复的过程，而不是线性步骤。第三，忽视了除可能对系统的效率产生极大影响的预测工具以外的其他方面。本章提出的选拔系统设计克服了这些缺点。它描述了选拔程序的背景，包括利益相关者的角色，提出了一个满足反复过程中多元需求的方法，并且阐述了除预测工具以外的其他重要方面。

人事选拔的背景

选拔对于组织中的人往往很重要。也就是说，他们认为谁被选拔承担某项特定工作、谁来参与选拔决策、根据什么标准来招聘或拒绝应聘者等问题是很重要的。高级别职位的选拔尤其如此，因为这些职位权力很大，或者很受其他人或组织的倚重。

这类关键职位的选拔远不可能是中立的，各派系都想方设法去影响职位说明、工作要求、选拔程序以及实际上的决策。心理学家设计选拔系统，并且自己也卷入了政治舞台，在此"理性"被视作追求特定利益，所以真正的中立是很难实现的。

尽管权力和政治不适合"心理测量范式"，但是，它们也是组织生活中必存的一

部分。组织是各类利益相关者划定势力范围、进行权力游戏的场所（Clegg，1975；Mintzberg，1983）。显然，选拔领域并没有被排除在权力游戏以外，选拔系统设计也没有发生在政治真空中。因此，当一个经理提出要设计一个新的选拔系统（这往往意味着对现有系统的重新设计），这一"政治举措"可能会引起激烈的支持和反对。同样地，也可以从政治角度来理解关于任用专家（心理学家）和分配项目资源的决策，并做出相应的回应。这类政治回应对选拔系统的设计和应用产生极大的影响。所有这些都表明，必须肯定利益相关者的存在，并且在设计选拔系统时必须考虑他们的意见。

此外，选拔系统的设计方式必须与组织的结构和运作方式兼容。因此，在一个等级森严的机械的组织中，设计过程必须从上至下，并高度程序化。然而，在扁平化的有机的组织中，设计程序可能不那么正式。此外，选拔系统必须符合组织文化，并与其他的人力资源系统相兼容，可以被生产人员、职员、雇员、客户等接受。与现有的资源的匹配也很重要。也就是说，系统的大小和范围必须与现有的资源（人员、时间和预算）相符。我们将证明大多数这些问题可以通过让利益相关者参与系统设计来解决。

选拔系统及其发展

在人事选拔中，我们倾向于将选拔系统定义为：基于为特定职位选拔候选人的目的，以能够达到最佳预定标准的方式创设的工具、程序和人员的组合。因此，选拔系统使得组织能够与应聘者进行互动，并确定最可能符合未来绩效标准的应聘者。选拔系统有三个基本成分——硬件、软件和人力资源，换句话说就是：（1）工具，例如测验和工作样本；（2）管理工具和处理信息的程序；（3）应用工具和程序的人员。

尽管关于选拔工具的文献很多，并且选用高信效度的测验也一直被认为是设计者的关键任务之一，但是在我们看来，这并不是一个成功设计的最关键因素。严格来说，工具本身并不能预测，而是通过按照特定程序处理测量工具获得的信息进行预测。当应用恰当并且组合良好时，好的工具会提高整体效度，但是，不恰当的应用和组合，会使效度降低。为什么良好的预测变量不能产生良好的结果？原因有以下几点。例如：在测验组合中有太多的冗余、权重不恰当、录取分数设置的太高或随时间变化、预测效标类型不当、测验的组合或管理方式与候选人的预期不符并导致了候选人的不必要流失、用户可能怀疑选拔程序的恰当性并据此否定其结果，等等。有人可能会说，精心挑选的过程可以为工具增加价值，并且设计的艺术就是最大化增量价值。选拔系统的人力部分也不应该被忽视。不合格或态度不当的人即使应用良好的选拔工具，也不会产生良好的结果。知识丰富的、能干的职员的存在的确可以增加选拔的有效性。表3.1列举了选拔系统的三个组成部分，并且列出了设计过程中需要特别考虑的因素。

开发选拔系统是一个包含多重阶段，并需要大量时间和资源的过程。我们着重关注该过程的最关键部分——系统的设计，并且不会深思其实际的构建和实施过程。

表3.1 选拔系统的组成部分

选拔系统的组成部分
工具（硬件）
纸笔测验
计算机测验
其他仪器测验
模拟装置
测验用房间、办公间
基础设施（如，网络接入）
程序（软件）
测验和其他工具的规则（得分，基准）
预测模型
决策模型
报告生成程序
与应聘者联系的规则
与招聘委员联系的规则
内部规范（及时间表）
人员（人力）
测验管理者
选拔实施者（包括心理学家）
技术人员和秘书

设计方法

人事选拔系统的设计方法在其他文献中已经有所阐述（Roe，1989，1998），本章对此不再赘述。我们仅限于简要说明设计过程和探讨设计工具。

设计流程

"设计流程"是一个起源于技术科学设计方法中的概念（Eekels，1983；Roozenburg & Eekels，1991）。基本的设计流程如图3.1所示，由以下六个步骤组成。

1. **定义**：第一步是明确选拔系统的目标和功能。目标指的是应用选拔系统达到的效果，而功能指的是产生效果的方式。在明确目标和功能时，需要对利益相关者的观点进行研究。应聘者达到特定的绩效水平、充分满足职位需求、有限的损耗等是利益相关者最期望实现的目标。功能则包括有效预测绩效、提供有助于个体职业生涯决策的信息等。

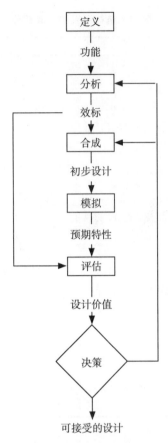

图3.1　基本设计模型
（参考 Roozenburg & Eekels, 1991; Roe, 1998）

2. 分析：接下来是根据对选拔系统的需求和可预见的约束条件分析选拔系统的目标和功能。需求涉及系统的功能性（用途；如，预测效度），而约束条件指的是应该考虑到的限制（如，时间和成本）。了解需求和约束条件非常重要，因为它们指导下一步设计并为随后的评估提供效标。在探讨"需求计划（Program of Requirements，POR）"时将会厘清这两个概念。

3. 合成：第三步是设计过程的创新核心。它为设计中关于需求和约束条件的问题，归纳提出可能的解决方法。尽管设计者可能很熟悉现有的解决方法和工具，但是往往仍需要"发明"与每一事件的具体条件（应聘者数、培训和工作内容、组织环境等）最优匹配的新方法。"合成"一词用于表示将分散的或已知的部分整合以形成新的整体。此步骤会产生一个临时的选拔系统（或一部分）设计。

4. 模拟：第四步的本质是演绎，包括明确初步设计的操作性、预测性和经济特性。这些特性包括持续时间、选拔群体的大小、效度、绩效水平、决策误差、信度，等等。

模拟的方式则包括推理、实验性试运行、进行验证研究或应用模型。

5. **评估**：在选拔系统的预期特性明确后，应用"需求程序"的效标对其进行评估。本步骤可以判断系统是否满足利益相关者的要求。本步骤应该回答该系统是否令人满意这一问题。

6. **决策制定**：最后一步是决定是否接受这一选拔系统。如果拒绝，应该返回到第三步，并努力调整和改善先前的解决方法。如果"需求计划"存在问题，应该返回到第二步，并重新阐述需求和约束条件。当选拔系统最终被接受时，设计周期结束。

这一模型只阐述了设计过程的一般逻辑。事实上，可以同时或连续地设计系统的几个部分，并且该周期可以运行多次。当然，在合成与模拟密切交织或应用其他捷径时，实际过程可能偏离这一周期。设计周期模型的主要优点是有助于理解设计中也存在还原和演绎的时刻，并且在寻求合适的解决方法时，或多或少的反复是必需的。这个模型也有助于明确预先确立设计效标并随后用其进行评估的重要性。

设计工具

就像其他用到设计的领域（例如，建筑和产品开发）一样，在人事选拔领域，有一些设计者们惯用的工具。表3.2中列出了一些工具。下文会简要介绍表中每一个条目。在随后的章节中，当我们讲到分析和合成的具体问题时，会具体探讨这些工具。关于预测变量、效标及预测变量与效标关系的信息，请参考本书的其他章节。

1. **设计过程工具**：除了常见的项目管理工具，例如项目计划和项目结构，有一个工具专门用于设计过程的构建和控制，即"需求计划"（PoR）。PoR从根本上说就是设计的选拔系统应该满足的需要的列表。这些需要来自于利益相关者预期的目标和功能。选拔文献往往做出这样的错误假设：选拔系统的主要目标是选拔表现优异的应聘者以补充有限的职位，其主要功能是做出有效的预测。与利益相关者进行讨论，往往会产生许多不一样的目标和功能。例如，Wise（1994）在军队人事选拔与安置的章节中提出：填补职位空缺，提升培训成功率，降低组织损耗，增强工作熟练度，提升工作绩效，提供合格的短期服务，增强整体职业绩效，提升绩效效用值、军队职位类别（militaryoccupational specialty，MOS）、群体绩效，规避社会利益/问题，适应招聘偏好。我们实施的设计程序中，以上内容通常是PoR的一部分。一些其他方面包括：与雇主整体人力资源政策的兼容、与培训系统的整合、避免歧视、平等对待应聘者、处理应聘者投诉、为招聘委员和应聘者提供信息、法律问题、应用的灵活性、时间要求、成

表3.2   设计工具和清单

	设计工具
设计过程工具	需求计划
分析工具	轨迹分析
	工作和任务分析
	胜任力特征分析
合成工具	预测建模工具
	决策建模工具（分割式和非分割式）
	复合预测—决策模型
模拟工具	流程模型
	选拔效应模型
	效度模拟（包括合成验证）
原型设计工具	测验的可视化
	报告格式

本，等等。我们应用的PoR通常包括几十个项目，依据它们属于目标和功能还是需要考虑的条件，分为需求和约束条件。每个项目有一个代码和易于识别的标签，其内容也会有相应的简短描述。表3.3列出了几个例子。

表 3.3   "需求计划"的项目举例

需求
R1. 空缺的补充
选拔系统必须产生足够数量的合格候选人以补充每年的职位空缺。
R5. 成功培训
系统必须最大化初次培训的成功率；成功率不应该低于80%。
R12. 多语言测验
系统必须允许使用非英语测验。

约束条件
C2. 对待应聘者
必须正确对待并且适当关注应聘者
C7. 运行可靠性
系统及其软件必须减小出现故障的可能性。一旦出现故障，24小时内必须可以恢复系统。
C13. 成本效益
考虑到直接成本、设备损耗、运行费用和人员，系统必须具有较好的成本效益。

基于利益相关者的评定来设置权重是很有帮助的。我们使用三点量表（3="绝对必要"，2="可取的"，1="不需要"）进行评分，并根据评分均值和达成共识的程度来确定权重。这有助于区分重要和不重要的方面，并且可以明确和协调利益相关者的不同观点。

PoR有时也包含一些"规范"的项目，而不是需求或约束条件。规范实际上部分解决了设计问题，因为其指出了系统必须包括的特定属性。规范包括：特定测验（如，NEO-PR）、评定量表（如，C-scale）、录用分数线（如，6分）等。应尽量减少PoR中的规范，避免不必要地过多限制设计者的自由。

PoR具有双重功能。如图3.1所示，它有助于从开始起指导设计过程（前瞻），并且可以被用于评估和改善设计结果（反馈）。

2. 分析工具：在PoR确定后，设计者会进行一些分析，以确定选拔系统的预期特性。这个阶段会用到三类分析工具：轨迹分析、工作和任务分析、胜任力特征分析。轨迹分析指的是确定应聘者从求职开始直到职业生涯的"终点"间任职的岗位、这些职位之间的过渡、过渡的持续期及其数量。我们建议对当前的招聘、选拔、培训、分配、升职系统以及包括选拔系统的新系统进行轨迹分析。分析能够为设计者提供有用信息：（1）缺额和选拔率；（2）选拔系统首要针对的职位。很多人事选拔的文献假设只有一个重要职位（或工作）需要招聘，并且只有一个或一套效标需要预测。尽管有时可能确实如此，但是更普遍的情况是，应聘者被相继视为新手、实习生、承担岗位A（初级）、承担工作B（高级）或类似的轨迹。图3.4展示了一个典型的轨迹。在这种情况下，选拔系统不仅能改善工作绩效，而且能提高职位过渡的成功性，从而降低失业率。

确定职位是一个关键步骤，必须先进行工作分析并设定效标。特别是要明确不同职位的不同需求和可能存在的冲突。培训成功和职业成功的要求往往有差异。例如，对于学生和实习生，语言、数字能力、成就动机以及服从等特征可能是重点，然而，当结束培训并入职后，沟通技巧、技术能力及独立性会更加重要。

工作和任务分析的方法可以作为明确培训和工作效标的工具，同样，应聘者特征也可作为预测变量。胜任力特征分析可以视作工作和任务分析的扩展。其重点是选拔时需要考虑的应聘者特征。工作和任务分析的方法我们参考Fine和Cronshaw（1999）、Landau和Rohmert（1989），以及Voskuijl的著作。我们认为必要的（Roe，2002）胜任力特征分析，并没有广泛的文献支持。稍后，我们会对此进行简要介绍。

3. 合成工具：选拔系统设计的一个关键问题是应用哪些预测变量来预测合适的效标，以及怎样选出足够的合格应聘者。设计者的任务是探索和比较合成选拔组合及建立决策规则的不同方法，并考虑到分析结果和可用技术。

两类工具特别实用。第一，预测建模工具通过将应聘者预测变量上的得分转换成未来效标的预估，有助于创设"预测模型"（Roe，1983）。一些学者提出绩效建模和绩效模型（Campbell，1990，1994；Greuter，1988）。预测建模工具实际上是以数字、图形或表格（电子表格）为形式的预测模型通用版本。由于现行的预测模型是数字式的，因此主要的建模工具是多元线性回归函数（或密度函数）。实际预测模型是通过明确效标和预测变量的数量、量表的种类、预测变量的补偿或非补偿组合、权重的类型等方式建立的。我们参考的选拔手册（例如，Guion，1998；Schmitt & Chan，1998；Roe，1983）也提供了图形工具和表格工具的例子，分别是双变量散点图和期望图表。

第二，决策建模工具有助于创设"决策模型"，以阐明效标变量的预测值是怎样与选项相联系的。一个很好的例子是通用的多属性效用模型，它可以通过明确选项、效用函数等方式专门解决即将出现的选拔问题（Cabrera & Raju，2001）。在建立明确的决策模型时，设计者也可以应用制表工具来具体说明根据不同预测效标（或效标组合）得分或预测变量得分做出的决策。当涉及决策模型的重要部分——决定最终录取分数时，有几种方法可以应用（见Roe，1983）。

预测和决策模型可以被完全指定，但是不必如此。部分预测过程和/或部分决策制定可以判断人们是否履行了"选拔者"的义务。换句话说，选拔系统可以以统计和临床选拔方法的结合为基础。例如，Roe（1998）的半临床选拔法（semi-clinical selection method）。

对设计者来说，一个重要的问题是预测模型和决策模型的联系。先前关于选拔的出版物是基于"效用是预测变量的线性函数"这一假设，往往选用简单的解决方法（Cronbach & Gleser，1965）。因此，当同时使用多个测验时，有一些标准方法来为预测变量组合设定录取分数。随着包括几个连续模块的复杂选拔系统的增加，设计者需要考虑更多的选项，并需要一个复合建模工具来建立一个复合预测—决策模型，以有效预测和适当调节应聘人流。我们会在本章的稍后部分给出一些例子。

4. 模拟工具：我们区分了模拟系统特性的三类工具：流程模型、选拔效应模型、效度模拟模型。流程模型是一个电子表格工具，标明了选拔对应聘者流的影响。当选拔分为多个阶段时，该方法最为有效。通过估计每一阶段参与选拔的应聘者数量和选拔率，该模型标明了每一阶段选出的应聘者数量。这些信息随后可以被用于评估成本和容量需求。当然，该工具也用于比较不同的选拔情境，这些选拔情境或具有不同的录取分数组合，或具有不同数量的自愿参与/退出选拔的应聘者。

选拔效应模型指的是建立选拔中预测变量和/或效标变量效应的表格和图形工具。图3.2是一个简单的图形格式的例子。类似的图形被用于阐明"全距限制"（Roe，1983；Rydberg，1962）的现象，但是它们也有助于将绩效增量可视化，也就是说，（预期的）效标分数分布的向上位移。表格效应模型也被称为"预期表格"，信息量更大，更容易比较效应。显然，选拔效应模型是基于预测变量和效标得分的二元（或多元）分布的特定假设。最著名的预期表是Curtis和Alf（1969）以及Taylor和Russell（1939）提出的，展现了选拔对不同录取分数/选拔率的效标变量和预测效度的影响。

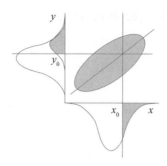

图3.2　简单选拔效应模型的例子（图形形式）

所有包含预期效标分数水平的模拟都需要对预测效度有所了解。由于实验验证只能在完成设计并应用系统后进行，所以，设计者有时需要依据预测效度进行估计。除了简单地假设一个特定组合的效度是某一水平，设计者也可以用已发表的相关数据进行推算，例如元分析或效度概化。然而，这些方法的应用往往是不充分的，因为还必须了解交互相关数据。除非关于交互相关的数据可以从应聘者样本中获得，否则应用只能基于假设。而根据假设进行应用时，我们利用"效度模拟"的方法来估计效度。"效度模拟"包括基于假设的相关矩阵及合成验证的多元回归分析。

应当注意的是，模拟效度和选拔效应的方法不仅适用于估计设计者考虑的选拔系统的特定变量，而且也适用于进行变量的比较。设计者可以进行敏感性分析，以判断改善设计是否会产生不一样的选拔结果。

5. 原型设计工具： 大部分设计是以概念框架和选拔系统的内容为导向的，但是也应该关注该系统的外观和应聘者及应用者对其的"感受"。既然很多选拔测验是通过计算机进行的，那么利用计算机技术开发早期原型也应该是可行的。构建原型有助于使测验格式、报告格式、管理者的控制台等实现可视化，并且以这种方式支持系统的界面设计。

胜任力特征分析

每个选拔系统的设计者都会面临一个重要的问题——怎样实现由工作内容到绩效效标和应聘者特征的理性跨越。选拔教科书（例如，Guion，1998）建议采用能够提供特征评估的工作分析方法，依据过去做出此类评估的来源（O*Net），或直接进行评估。没有一种方法是完全令人满意的，因为它们没有回答成功的和不成功的员工在哪些方面上存在绩效差异，并且没有给出关于所选择的应聘者特征的明确原理。尽管工作分析仍然是设计过程中必不可少的第一步，但是胜任力特征分析可以对其进行补充，并有助于确定效标和预测变量。在这种背景下，胜任力特征被定义为"执行一项任务、承担一种角色或完成使命所需的能力"（Roe，2002）。胜任力特征的概念与个体、团队或组织中更大的实体为完成组织使命而承接的活动紧密相关。胜任力特征是由组织的"技术"语言（销售、领导等），而不是行为科学的语言（感知、演绎、操纵等）建构的。其与具体行为相关，而不是抽象的心理学概念。无论在实际工作还是模拟环境中，胜任力特征习得是一个真实工作环境边学边做的过程，这个环境包括设备、客户、同事等元素。

学习过程的一个显著特点是综合性。也就是说，个体将早期习得的相关知识、技能和态度进行整合，同时建立一个最适合于完成手头工作的行为模式。例如，医学知识、写作技巧和谨慎态度，与其他知识、技能、态度一起构成了医生开处方的胜任力特征。我们与Boyatzis（1982）或Spencer和Spencer（1993）的概念明显不同，他们把胜任力特征定义为"个体在工作中与效标参照有效性和/或优秀绩效呈因果关系的潜在特质"，这个定义将胜任力特征视作一个"容器"，包括了人的各类特性。我们不能仅将胜任力特征与知识、技能和态度相区分，而且要将胜任力特征与能力、性格特征及其他特点（包括价值观、兴趣和传记性特征）相区分。参照教育和工作心理学，我们认为后面这些主要关于性格的特质，是建立知识、技能、态度和胜任力特征的学习过程的促进或限制因素（Roe，2002）。尽管性格直接影响日常工作绩效，但是我们认为该影响在一定程度上是间接的，即通过胜任力特征（还有知识、技能和态度）起作用。

根据这种观点，胜任力特征与绩效在概念上很接近。胜任力特征可以被看作绩效的前因变量，个体在具有足够的动机和资源的情况下，通过履行职责将其表现出来。图3.3阐明了我们关于胜任力特征结构的观点，列出了我们提到的七类概念[①]。

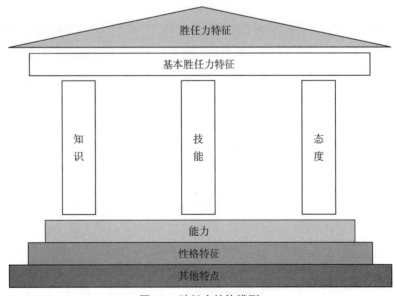

图3.3 胜任力结构模型

---

　　① Roe（2002）也区分了低复杂程度的基本（或部分）胜任力特征。基本胜任力特征被视作一些高阶胜任力特征的构建模块。

　　基于以上观点的胜任力特征分析在寻找特质问题上采用了异于传统的方法。这提出了一系列的问题：第一点是对掌握关键职责（胜任力特征）非常必要的在职学习经验；第二点是在学习过程中必要的知识、技能和态度；最后是获得了关键胜任力特征后，可能影响学习过程和/或影响绩效的能力和人格。因此，人格特质研究的重点是在工作相关的学习过程中，才能与训练的交互作用（Snow，1989），而不是直接针对绩效本身。正如其他学者所说，胜任力特征分析为明确KSAO提供了一个基本思想（例如，Guion，1998；Schmitt & Chan，1998）。此外，胜任力特征分析强调，习得的特质（知识、技能、态度）和（基本）胜任力特征能够起到预测变量的作用，只要应聘者具备相关学习和工作经验。

　　胜任力特征分析也能用于确定选拔标准，因为胜任力特征能够有效预测绩效。下一节，我们会探讨胜任力特征作为选拔标准的用途。本节的重点是所有应聘者还未具备，但是在录用和在职培训后可以获得的胜任力特征[②]。

　　当然，只有当必要的知识、技能和态度，以及才能与训练的交互作用得到证实时，胜任力特征分析的逻辑才能阐明自身的价值。到目前为止，这类证据是稀少而分散的，并且除了工作相关教育领域的职位专家的报告，其他证据几乎没有什么用处。但是，当可以获得这类信息时，就能够补充或支持通过传统方法获得的关于应聘者特质的推断。

结构设计

　　关于工作分析、选择测验、运行测验和进行验证研究等设计的描述，为创设一个简单的选拔系统提供了相当良好的说明。然而，当应聘者数量庞大，并存在缺乏能力、摩擦、离职、故障或安全性方面的高风险时，以上描述无法起作用。这种情况存在于大型企业、政府、军队、航空和其他特殊行业，这使设计者的任务更加复杂。此时就需要灵活而又系统的方法，以助于建立匹配主要需求而非细节的体系结构。本节中，我们将会列出大量的有助于构建合适体系结构的步骤。尽管这些步骤是被依次分别描述的，但是它们之间的依赖关系是很重要的。体系结构设计的本质是考虑设计选项和对于整个系统而言最佳选项组合之间的关系。步骤一到步骤四是关于选拔系统的

---

　　② 胜任力特征的概念揭示了所谓的"动态效标"（Steele Johnson，Osburn，& Pieper，2000）。由于充分掌握胜任力特征需要一些时间，胜任力特征的重复测量（例如，开始、过程中、在职培训结束后）能够显示不同应聘者的进步的差异。胜任力特征框架有助于理解职业轨迹中不同岗位提出的不同需求，特别是那些位于学员或实习生与正式员工之间的职位。最初阶段强调获取知识和技能，此时，学习所需的特质能够发挥更大作用。后一阶段，知识和技能的差异变成了预测变量，此时则需要能够满足工作场所学习、承担具体工作角色要求的特质。

结构层面（系统是如何组成的？），步骤五到步骤七是关于操作层面（系统怎样起作用？）。步骤八是关于结构和操作层面的整合（系统是什么样子？）。我们的讨论将会涉及上文提到的工具。

步骤一：轨迹和职位

第一步是决定选拔是针对一个还是多个轨迹，是考虑一个还是多个重要职位。我们不应该默认只有一个职位。第一，对于重要职位，往往有一个需要满足的前期职位（例如实习生）和/或一个成功的应聘者预期调任的后续职位。将这两类职位也考虑在内可能会提高整体效果。第二，应该考虑是否有第二个备选职位，可以吸收那些不适合在主轨迹中承担重要职位，但却适合于其他职位的应聘者。这种备选职位特别适用于那些对应聘者有较高要求的工作，例如，战斗机飞行员和空中交通管制员。在此后的选拔阶段中，极低的选拔率会使得一些高素质的应聘者被拒绝，从而产生高额的沉没成本。因此，设立备选职位，可以极大地增加人力资源系统整体的选拔效用。图3.4列举了一个虚构公司中的职业生涯轨迹。

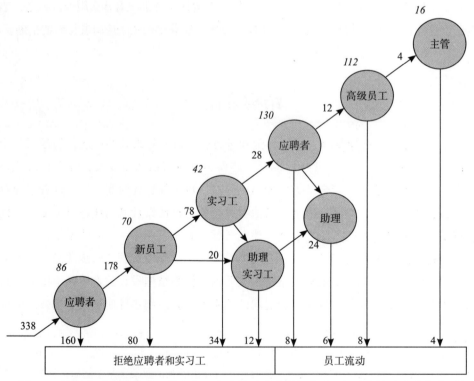

图3.4　职位和过渡的轨迹。数字表示平均战胜率（罗马）和6个月内的过渡（意大利）

步骤二：效标

第二步是决定效标的数量。与其考虑是选择单一效标还是多重效标，我们更建议重点考虑胜任力特征，并问自己两个问题：第一，哪些胜任力特征的不足会导致不可容忍的花费、损失或风险？第二，没有应用选拔系统的情况下，哪些胜任力特征是已经充分掌握的？很显然，非关键的胜任力特征，以及所有应聘者都具备或可以在合理的时间内掌握的胜任力特征，是不应该被包括在选拔系统中的。选拔系统的重点应该是那些不经特别关注就无法获得的关键胜任力特征。应该根据这类胜任力特征的数量来确定选拔效标的数量。通常情况下，模型中不止一项效标[③]。

当然，在这个阶段设计者应该注意效标的性质，特别是要看其是否是动态的。动态效标测量的是学习中的绩效（胜任力特征的获得），而静态效标测量的是学习结束后的绩效（已获得的胜任力特征）[④]。效标的其他方面和测量效标的方法可以在后面的设计过程中得到处理。

步骤三：预测变量

第三步，设计者寻求潜在的预测变量，并根据基本的预测原则（Wernimont & Campbell，1968）和内容，决定选用哪类预测变量。相关问题是：（1）效标是否需要应用符号工具、样本工具，或二者兼有？（2）哪类特质在效标预测中最有效？胜任力特征分析可能有助于回答这些问题，并指明能力和人格（以及其他稳定特质）能够起的作用，以及工作成功在何种程度上依赖于胜任力特征的获得。前者可采用符号预测，而后者可采用样本预测（参见评估实践、工作样本或情境模拟）。对设计者来说，了解系统需要收集的预测信息的类型就足够了，变量及工具的说明和规范则可以放在后续阶段。

步骤四：选拔阶段和批次

在第四步中，设计者需要划分选拔系统的阶段和批次。阶段是指系统中与选拔过程相对应的部分，批次是指应聘者接受选拔时所属的组别。对于阶段，最重要的问题是：（1）应聘者的所有信息能够被"立刻"收集起来吗，例如，在一到两天内？（2）用整

---

③　由于实际原因，设计者可能将效标的数量控制在四到五个。效标数量的增加可能会极大地增加系统的复杂性，并且降低其整体透明度和有效性。

④　这里使用的"动态效标"的概念是指与绩效变化相关的效标结构。它应从预测变量和效标变量随时间变化的关系中区分开来，后者也被视作"动态效标"（Steele Johnson et al.，2000）。

个系统评估所有应聘者合算吗？或减少部分系统评估的应聘者数量能够节省大量开支吗？无论选拔程序的具体内容如何，思考系统的范围并判断对所有应聘者进行全面评估是否实用和经济合算，是非常重要的。如果答案是肯定的，那么只包含一组测验的相对简单的架构就足够了。但是，如果答案是否定的，那么设计者必须分割程序，将其拆分成模块，并设计整体预测和决策模型的相应部分。

对于批次，则存在以下问题：（3）所有的应聘者都可以在一段时间（如一个月）内招聘到吗？（4）可以在同一地点（测评现场、网络）对应聘者进行评估吗？尽管这些问题看起来都属于后勤组织工作，但是，它们能够显著影响系统的有效性。例如，如果应聘者数量巨大，并且集中在很短的时间内（例如，学年末）求职，设计者可选用能够迅速减少其数量至可控规模的系统。另一方面，如果一年内应聘者数量相对稳定，则可以采用一个统一的程序进行测评。第一种方法可能会因为大量的漏报而降低效益，第二种方法则可能由于没有最优应用系统资源（例如，人员、测评设备）而提高成本。在第二种情况下，最好的选择是集中一批候选人进行统一测评。

步骤五：补偿

除了选拔系统的结构特点，设计者也应该关注操作层面。第五步是决定如何进行补偿。补偿可以从两个角度看：预测和决策。对于预测而言，通常会用到补偿。在预测分数的不同组合能够得到同样的（预测）效标绩效的情况下，可以采用补偿预测模型。然而，在特殊情况下，设计者也可以选用联合或析取预测模型（见Guion，1998），其中（预测）效标水平由最低或最高的预测变量得分决定。一般说来，决策遵循预测。因此，在第一类情况下，决策基于由预测变量得分加权总和而成的单一录取分数，而第二类情况下，决策基于多个录取分数。

多重效标下的补偿问题则是另外一种情况。此时，重点是决策而不是预测（同时，多重效标的广泛应用意味着单一首要效标的缺失）。决策中，一些实践者认为补偿是不合适的，并且往往更青睐多重录取分数。例如，空中交通管制员不应该为了提高效率而降低安全性。他们必须满足不同效标各自的独立标准。

尽管从业者有时会怀疑补偿的作用，并偏爱多重录取分数，但是设计者应该慎重考虑。在没有合适理由的情况下，应避免使用多重录取分数。因为多重录取分数很容易导致高漏报率，也就是说，容易不适当地拒绝应聘者，从而造成人力资源的浪费。

步骤六：权重

第六步主要是选择用于预测的参数。尽管设计者有时选用非线性的预测模型（例如，Roe，1983），但是线性预测模型系统适用于大多数情况⑤。关于参数，需要解答两个问题：（1）有理由选用不等加权而不是等量加权吗？（2）如果有，应选用实证权重而不是合理权重吗？鉴于线性模型的特性和中小样本的统计限制，一般默认应用等量加权。由于现实原因，即不同工具得分的可比性，等量加权适用于标准分而不是原始分。当预测变量的区分效度可能很大（例如，0.10及以上）时，设计者最好选用不等加权。一个经验法则是，权重大致与预期的效度成正比。不过，权重可以四舍五入到整数，且不会过多降低整体预测效度（Wherry，1975）。这些经验与之前大多数的文献背道而驰，那些文献建议应该通过多重回归分析的实证方式确定权重。由于在设计阶段，除了估计或模拟效度没有实证数据，设计者除了以合理权重（即，自设）作为起点别无选择，但是可以在收集恰当的实证信息后，在稍后的阶段中引入实证数据。这通常是在选拔系统投入使用后。

步骤七：录取分数

第七步是关于决策参数——录取分数。在这一步，设计者的问题是决定选拔应该基于绝对的录取分数（固定的）、相对的录取分数（变化的），还是二者折中的半绝对的录取分数。绝对的录取分数提供稳定的结果，并且对应聘者来说看似"公平"，但是应聘者的数量可能过多或过少。在效标证据缺失的情况下，录取分数可能设定得太高或太低。相对录取分数（基于选拔率）选拔了合适数量的应聘者，但是也可能设定的太高或太低。当应用于不同批次时，相对录取分数可能会有差异，并被应聘者认为不公。在这类情况下，可以"冻结"某一批次得出的录取分数，并将其应用于其他批次。半绝对的录取分数则更像是一种"预期产量"的方法（Guion，1998）。从实际应用的角度来看，最好的方法是在有限的时间段内设定相对的录取分数，并且在可能的时候，用半绝对或绝对录取分数取代相对录取分数。

步骤八：合成

前面的步骤是通过大量相互依赖的选择，并且在关于选拔系统的结构和操作特点的决策上提供一些支持，以指导设计者。前文中的列表没有讲清楚所有需要考虑的问题。例如，设计中包括的预测变量、预测和决策模型的精确结构等，仍有待决定。但是，设计者应该能够开发出一个整体的系统并整合上面提到的各要素。因此，设计文档应该包括职位描述、效标、预测变量、阶段、限额的选择、选拔率、录取分数等。

---

⑤ 某些人格变量可以通过量表转换成分数，从而被作为线性预测变量。例如，当过高或过低的外倾性都不合需要时，可以用量表的中点减去离散度来创设一个新变量。

描述的形式可以是文本的，也可以是抽象的或符号的。例如，组成部分可以被称为效标A，B，C……；阶段I，II，III……；预测变量1，2，3……，在此不进一步详述。设计文档也应该包含突出设计的特定部分的图表或流程图。一份概述系统结构的文档，应该鼓励设计团队在进行进一步设计前对其进行批判性探讨，以助于设计团队制定合理的决策。

设计中的典型问题

本节中，我们主要探讨设计者在设计选拔系统时可能遇到的三类问题。分别是顺序选拔、分批选拔和补偿。我们将特别关注一些特定设计选项可能具有的非凡意义，以及设计者在搜寻解决方案时应用的推论。

顺序选拔

许多先进的选拔系统包含一系列模块，它们为应聘者提供连续障碍。每个模块都会淘汰一些应聘者，剩余应聘者进入下一模块。因此，应聘者的数量一直在减少，直到通过最后障碍。模块可以由各类测验、评价中心技术、工作情境模拟以及培训课程组成。例如，未来军事飞行员的选拔包括几个测验模块：一组评估测验、驾驶模拟机（分等级），甚至驾驶真正的飞机。所有这些模块都在进行地面教育之前，而地面教育是飞行员职业培训轨迹的第一阶段。

如此分割一个选拔过程意义重大，设计者应该慎重考虑。第一个问题是预测模型的本质。测验模块必须预测驾驶模拟机的成功和第一次驾驶真正飞机时的成功吗？图3.5是顺序选拔中的一些预测模型。理论上有几种建立预测模型的方法。一方面图3.5中（a组），可以应用模块I中的信息预测模块II的绩效，应用模块II的绩效预测模块III的绩效，以此类推。另一方面图3.5中（b组），通过应用各模块的信息，建立一个不断增长的组合，以预测通过最后模块后在关键职位上的绩效。这两种方法也可以组合使用。

必须指出，第二种模式比第一种模式更有效，因为每个新步骤进一步提高了预测效度。第一种方法的预测效度等于它的最后一个模块的预测效度。尽管有时那些期望上一步骤的同事"不要向我们输送不合格人员"的从业者会支持第一种方法，但是该方法浪费了预测力，从而限制了整体的选拔效果。

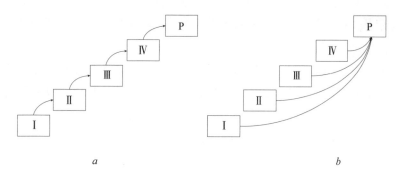

图3.5　顺序选拔的交替预测模型（*a*=效标是下一模块的绩效，*b*=效标是入职后的工作绩效）

　　顺序选拔中的第二个问题是录取分数。从业者往往期望高录取分数能够带来最好的结果，比如最终选出的候选人的高绩效，以及接下来的模块中更少的人员需求和更低成本。当这些预期没有得到满足时，从业者通常的反应是提高录取分数，并进行更严格的选拔。理论上，这种想法是有缺陷的，因为它忽略了一个事实，即后面的选拔步骤只能选拔那些通过了前面选拔步骤的应聘者，并且早先选拔步骤的错误（特别是漏报）不能得到改正。事实上，存在一个"选拔悖论"，即较低的初始录取分数相比于较高的初始录取分数，为选拔高绩效的应聘者提供了更大的空间。悖论表现在两个方面：（1）严格选拔的应聘者的效标得分甚至更低；（2）录用的应聘者人数下降。后者不利于组织发展——组织竭尽全力招聘和选拔高素质人员，但一直缺额。当进一步提高选拔标准，特别是在早期阶段，会令结果与其目标背道而驰，加剧缺额。

　　对此，设计者能做什么？首先，可以着眼于预测模块的顺序，并对其进行优化。第二，可以为预测效度的预期增长定制一系列的录取分数。早期模块的录取分数会降低到适中水平；只有后面模块的录取分数会保持高水平。

　　第三个问题是模块的顺序。尽管实践者可能认为这不重要，但是设计者最好对其密切关注，因为其可能会对系统的有效性产生极大的影响。同时，必须考虑以下方面：第一，通过模块的应聘者数量，可以通过选拔率相乘进行模拟。在每一阶段，累积选拔率是前面每一阶段选拔率的产物；第二，运行每一模块的成本。成本会计核算应该基于由流量模型计算得出的预期应聘者数量，包括固定成本和可变成本。当应聘者数量巨大时，应该把低成本的模块放在前面，高成本的模块放在后面；第三，逻辑顺序。随时都可以进行的大容量模块（例如，网络测验）应该先于团体测验。以小团体或个体形式运行的模块通常放在最后；第四，预测效度。在其他情况都相同时，应该把高效度的测验放在前面。但是考虑到这四个方面的收益关系，设计者不得不调换各类选项，以寻求最合适的解决方法。还有一些其他方面也应该考虑到，例如隐私侵犯问题（见Roe，1989）。

分批选拔

选拔通常是分批次进行。也就是说，某一特定工作的所有应聘者是分几次进行展示，而不是同时进行。因此，选拔过程会有反复，每次选出一些应聘者。因为分批选拔反映了劳动力市场的内在动力，所以很难避免，但是它提出了一个设计者需要考虑的问题。原因是组织批次的不同方法会影响系统选拔效率。

分批选拔的潜在影响可以通过基于相对录取分数（也就是说，选拔最好的*p*%的应聘者）的选拔来阐明。分批录取怎样与应聘者同时申请且固定比例的应聘者被选出这一情况进行比较呢？Roe（见Roe，1983）进行的模拟研究回答了这个问题。在研究中，基于二元正态分布产生了随机分数。研究基于2000人的样本，子样本的规模是2到10人。

表3.4显示了选拔结果，内容包括应聘者在X（预测变量）和Y（效标变量）上的平均数和标准差。在效度$r = 0.30$和$r = 0.60$两个水平上对Y的结果进行了比较。该表表明分批选拔不如同时选拔有效。如果将分批选出的应聘者汇聚到一起，会发现他们在效标上的平均分很低，但是标准差很高。当然，预测变量的效果更为显著。批次的样本大小也很重要。该研究关注的是非常小的批次，但是较大的批次往往比小批次的结果更好。

表3.4 分批选拔的模拟选拔效应

选拔方法				r_{xy}=.30		r_{xy}=.60	
		M_x	sd_x	M_y	sd_y	M_y	sd_y
固定录取人数		.7978	.6029	.2400	.9427	.4787	.8780
相对录取人数	批次数量						
1000/2000	1	.7899	.5846	.2483	.9484	.5017	.8698
5/10	200	.7309	.6573	.2284	.9465	.4746	.8555
4/8	250	.7162	.6758	.2197	.9594	.4508	.8704
3/6	333	.6948	.6940	.2239	.9674	.4320	.8591
2/4	500	.6601	.7305	.2061	.9755	.4236	.8836
1/2	1000	.5636	.8046	.2038	.9663	.3595	.8815

注：不同批次的应聘者在预测变量（X）和效标变量（Y）上的平均数和标准差，以及效度的两个水平；选拔率=0.50（见Roe，1983）

选拔人员可以控制批量的大小。这需要分析随时间推移而产生的职位空缺额、选拔的产出、批次大小所带来的成本和后勤问题，以及批次大小对选拔效果的影响。提高批次规模的一个方法是积累应聘者。也就是说，要求保留应聘者，直到应聘者足够多，以便进行有效测评。或者，也可以立即进行测评，但是保留分数，直到应聘者的数量足以做出有效的决策。

相对录取分数似乎使得分批选拔更为复杂。这种观点只能说是部分正确的。当然，如果应用固定录取分数，选拔的效果应该会更稳定。但是在小规模批次中应用固定录取分数，可能会选不出足够的合格应聘者以填补空缺职位。这个问题前面已经讨论过，但是在分批选拔中尤其难以解决。

补偿

参与选拔实践的许多人似乎很偏爱多重录取分数。例如，选拔飞行员首先应该基于测验分数，接下来基于评价中心分数，然后基于模拟测验分数，等等，而不考虑连续阶段分数之间的关系，也不适用补偿规则。对早期选拔阶段的得分进行补偿是否有用取决于潜在预测模型。当预测模型如图3.5a所示，每一模块用于预测下一阶段的绩效，显然不需要补偿，并且可以使用独立的录取分数。然而，当模块结合在一个累积预测模型中，如图3.5b所示，最好选择补偿。前面已经指出，第二个模型比第一个模型更好，因为其预测效度更高。当论及决策制定，第二个模型也更好，因为其漏报率更低。

那么，在第二类模型中，补偿又是如何起作用的？举一个三个模块的例子，每一模块产生一个综合得分X_i，这样就得到：X_I，X_{II}和X_{III}。在阶段I，应用预测模型$Y' = W_{0I} + W_I \cdot X_I$和设定的录取分数选出最好的$q\%$的应聘者。阶段II，应用预测模型$Y' = W_{0II} + W_I \cdot X_I + W_{II} \cdot X_{II}$并以同样方式设定一个录取分数。在阶段III，预测模型扩大到$Y' = W_{0III} + W_I \cdot X_I + W_{II} \cdot X_{II} + W_{III} \cdot X_{III}$，并设定一个录取分数。以此类推。

如果X_{II}和X_{III}的得分足够高，补偿方法将会补偿X_I的低分。尽管这种"完全"补偿并不总是可取的。测验中得分过低的应聘者可能确实不够优秀，在后续选拔中也未必会成功。因此，设计者可以对每一模块的综合得分设定最低分数线，作为门槛。（半）绝对录取分数可以与补偿录取分数一同应用。这种综合方法在顺序选拔中可以最大化每一模块的贡献，并降低漏报率。表3.5列出了一个例子。这里的选拔是基于相对录取分数或选拔率。在每一阶段，首先选出在具体模块上得分最高的$pi\%$的应聘者，接下来选出累积综合得分最高的$qi\%$的应聘者。例如，在第三阶段将会基于X_{III}选出75%，并基于$Y' = W_{0III} + W_I \cdot X_I + W_{II} \cdot X_{II} + W_{III} \cdot X_{III}$选出80%。那么第三阶段的总体选拔率是$0.75 \times 0.80 = 0.60$。表格的最后三列是顺序选拔中即使应用相对适中的录取分数仍出现的极端情况。

表3.5　顺序选拔中双录取分数的例子

阶段	模块得分	预测模型	p	q	$p×q$	累积选拔率	参与选拔的应聘者数	选出的应聘者数
I	X_I	$W_I·X_I$	.90	–	–	.900	1,000	900
II	X_{II}	$W_I·X_I+W_{II}·X_{II}$	.85	.8	.68	.612	900	612
III	X_{III}	$W_I·X_I+W_{II}·X_{II}+W_{III}·X_{III}$	.75	.8	.60	.367	612	367
IV	X_{IV}	$W_I·X_I+W_{II}·X_{II}+W_{III}·X_{III}+W_{IV}·X_{IV}$	.70	.6	.42	.154	367	154
V	X_V	$W_I·X_I+W_{II}·X_{II}+W_{III}·X_{III}+W_{IV}·X_{IV}+W_V·X_V$	.60	.7	.42	.065	154	65
VI	X_{VI}	$W_I·X_I+W_{II}·X_{II}+W_{III}·X_{III}+W_{IV}·X_{IV}+W_V·X_V+W_{VI}·X_{VI}$	.50	.5	.25	.016	65	16

每一模块的选拔率是p，累积预测模型的综合得分的选拔率是q。选拔流用累积选拔率和每一阶段流入/流出的应聘者数表示。

结论

　　人们几乎普遍认为，组织中职位的招聘是基于人们表现出的胜任力特征或预期绩效。责任越重大，越可能对人身财产造成损害的职位，越要求精心选拔应聘者。本章所要传达的意思就是，有效的选拔需要认真准备。几十年的研究和发展产生了大量可用于人事选拔的知识和工具。但是所有这一切，不外乎是做出恰当的选择，以及创设一个足以区分表现良好与表现不好的应聘者的选拔系统。本章的重点是建立有效选拔程序的过程。我们探讨了选拔的背景、利益相关者的作用、设计的本质和过程、几个设计工具和一些典型的设计问题。尽管这非常有限，不能让读者全面了解选拔系统发展的全景，但是，希望我们的介绍能够为读者指出以往研究文献中的不足，指明未来的发展方向。

　　在我看来，投入到设计中的时间和资源可以被视作对有效选拔系统的投资。把设计看作以开放和实验的方式预测未来，这是尤为正确的。阐明选拔的目的和环境需要透彻的分析，但是这一步却没有得到足够的重视。这类基于利益相关者观点的分析是得出良好结果的重要一步。而研究选项并将它们进行模拟和比较，是设计过程的另一个重要部分。研究选项时显然会应用到文献中的工具和数据，但是也需要一定的创造性，以找到能够满足系统所必需的技术需求和实践条件的解决方案。

　　验证研究通常不会被包含在设计过程中，或只存在于设计过程的后期阶段。本章中，我们介绍的设计过程偏离了选拔文献中的普遍观点。尽管我们强调验证研究，将其作为证实选拔系统的预测价值的方法，但是我们认为即便没有验证研究也能设计出有效的选拔系统，并且系统的设计条件往往不允许进行先验研究。我们认为，充分的研究证据和足够好的设计工具将验证研究推迟到系统实施后。我们不妨与建造桥梁或制造飞机进行比较。正如这些人工产品，选拔系统的发展建立在现有的知识和模拟的基础上。我们想补充的是，应该更加注重测验平台的开发，从统计模型和模拟工具的意义上说，这将有利于选拔系统的构建，提高系统输出结果的质量。

第四章　人事选拔中的伦理问题

Olga F.Voskuiji，Arne Evers，Sacha Geerlings

　　美国大多数人事选拔教科书，或者广义的人力资源管理教科书中，都会涉及伦理和法律问题（例如，Cascio，1998；Guion，1998）。伦理问题往往与法律规范相联系，特别是《隐私权法》和《平等就业机会法》。例如，美国《民权法案》（*Civil Rights Act*）（1964）的第七章，规定了若干不合法的雇用行为。而在英国，则有《性别歧视法》（*Sex Discrimination Act*）（1975）和《种族关系法》（*Race Relations Act*）（1976）。在美国，违反该法律的组织或个人会被处以高额的经济罚款。尽管一些欧洲国家和欧盟有类似的法律或规定（如，1976年的《平等待遇指令》*The Equal Treatment Directive*），但是，制裁的力度不够，效果也不好。这或许能够解释欧美教科书对伦理法律问题的重视程度的差异。

　　伦理准则和法律条例明确规定了具体情境中行为的对错。二者都基于相对松散的组织（例如，一个专业的协会或一群具有相同意识形态的人）或国家的价值体系。法律和伦理规范的宗旨都是引导正当行为，减少不当行为。两个"系统"之间的差异似乎是一个程度问题。首先，法律的强制力更强，后果也更极端，而伦理准则更类似于参考指南。第二，伦理准则适用的人群更少。什么行为是合乎伦理的是由旁观者评价的，受到群体成员、群体规范和共同利益等因素的影响。而不合乎伦理的行为发生的可能性取决于群体其他成员观点（如，其他群体成员坚决反对）以及行为后果（伤害了应聘者或失去了出资方）等因素。另一方面，伦理的范围更广。不合法的行为几乎都是违反伦理的，但是，不合伦理的行为并不总是违法的。既不合伦理又违反法律的行为则例如，侵犯测验的版权和直接歧视等。然而，正如直接歧视案例所揭示的，合乎伦理与不合乎伦理的行为之间的界限是模糊的。

　　尽管这似乎是一个明显不合伦理的行为，但是，从经济性的观点看，人事选拔中的直接歧视却是合理的（理性歧视假设，Riach & Rich，2002）。根据这一观点，直接歧视可以归为（极少）不合法但是合乎伦理的例子。在选拔中很多行为或程序是合法的，但却是不合伦理的：多数群体的成员通常认为吸引少数族裔成员的正面差别待遇是不合伦理的，但是，少数族裔成员和追求多样化的组织却认为其是公平的。另一个例子是非结构化面试的应用，众所周知，它的预测效度很低；尽管这是完全合法的，但是从最优实践的观点来看，选拔心理学家应该最大化选拔程序的效度。因此，应摒弃非结构化面试。因为伦理和价值观的原则是不固定的，并且它们往往是冲突的和复杂的，所以，职业心理学家协会认为必须制定几套准则，以保护客户和支持心理学家。虽然伦理标准往往是显而易见的，但是在很多情况下，对于具体行为是否道德的评定存在分歧。

本章的重点是一般伦理标准，以及人事选拔中心理学家所面临的伦理困境。由于我们的重点是心理学，法律问题不在本章讨论的范围之内。Reese和Fremouw（1984）区分了两类伦理："一般的"（描述性的）和"规范的"（规定性的）。他们提出，心理学家的伦理准则是一系列规范性规则。这些规则描述了心理学家应该（或者不应该）做什么。心理学家的一般伦理指的是他们实际上在做什么，即可观察到的行为。我们回顾了欧洲和美国的规范性伦理（的发展）。此外，我们用电子邮件调查了欧洲心理学家协会联合会（EFPA）成员所持伦理准则的相同和不同之处。基于一项对荷兰选拔心理学家的调查，本章指出了选拔心理学所面临的困境，以及专业实践中的"一般"伦理问题。在这项调查中，受访者被要求指出对于关键事件行为的可接受程度。

心理学家的伦理准则

除了"伦理准则"，还有几个术语被用来描述职业行为伦理的规则或建议，例如"伦理标准""伦理规章""职业行为规范"。这些术语可能在内容的强制性上有所不同。行为规范更有约束性，而伦理准则更多的是规劝和建议（Lindsay & Colley，1995）。然而，我认为它们是可以互换的。心理学家的伦理准则一般由心理学家协会提出，并且协会成员应该遵守这些准则。

这些准则有几个目的，例如："为心理学家设置对待客户、同事和公众的一般行为标准"（Francis，1999）。Lindsay（1996）则提出更具体的目的："（1）规劝不当行为；（2）促进最优行为。"第二个目的意味着寻求最佳行为，而不仅仅是可接受行为（叫作"最佳实践"）。有人可能会提出，什么是合适的行为对专业人士来说是不言自明的，但是，即便如此，在规范（什么是合适的）行为和一般（做什么）行为之间仍有差异，正如下面列举的例子所示。

并不是所有心理学家都认为伦理标准是有利的。1969年，Golann发现从业者的需求和最早的《美国心理学家伦理标准》（*Ethical Ethical Standards for Psychologists*，APA，1953）之间有不可逾越的鸿沟。特别是临床心理学家觉得这一标准干涉了他们的专业活动。1985年，Schuler提出了当时的职业伦理规章可能产生的一些消极结果：（1）束缚心理学家，并且限制研究与实践的发展；（2）助长公众对心理学和心理学家的质疑；（3）为客户对心理学家的抱怨提供了标准。在工业与组织心理学领域，一个近期的例子显示，心理学家可能觉得遵守伦理规范不利于他们的工作：在1997至1998几个月的时间内，荷兰心理学会（NIP，Nederlands Instituut van Psychologen）的四位成员请辞，因为他们自认为不能与那些不遵守伦理准则的非学会成员进行竞争。这说明在某些国家（例如，荷兰、比利时、丹麦、斯洛文尼亚）伦理准则的范围有限，并且对协会成员并不是强制性的。另一方面，这也说明，从业者往往低估伦理准则对心理学家的益处，例如，在复杂条件下知道该如何做，用道德准则作为质量标记，或者用于防护同事的不当行为。再或者，如Schuler（1985）提出的，伦理准则可促进学生和年轻成员的社会化，澄清不同派系和其他职业及协会之间的关系。

除了对客户的保障，荷兰于1952年提出了本国第一部伦理准则，旨在保护心理学家（Veldkamp & Van Drunen，1988）。当今心理学家"偷"其他人的客户、学生和测验的现象相当普遍；实践者和研究者之间的竞争并不总是"公正透明"的。因此，早期伦理准则的条款之一是不允许抹黑同事的名声。幸运的是，现今心理学家之间的关系更加文明，至少是更加中立。

美国心理协会制订了第一部伦理准则（APA，1953），现今被称作《心理学家的伦理准则与行为规范》（*Ethical Principles of Psychologists and Code of Conduct*）（APA，2002）。这些准则基于APA成员提出的关键事件，包含六项主要原则（胜任力、诚信、专业的与科学的责任、尊重人的权利与尊严、关心他人福祉、社会责任）和八条标准，被分为89条子标准[①]。一般原则是"激励心理学家奋进的目标"（APA，2002）。这些标准是心理学家必须强制执行的规则，适用于心理学的具体领域（例如，心理治疗和司法活动），并且涵盖了各种主题，如隐私和保密、人事关系、测评。尽管这些规则没有被定性为强制性规则，但是心理学家在"完成伦理行为"的过程中，仍然要考虑这些规则。

Schuler（1985）是第一个对欧洲一般领域中的伦理准则做出综述的人。为了比较欧洲11部伦理准则与美国心理协会标准之间的异同，他划分了五类标准：基本价值观、责任心、胜任力、诚信、保密性。他强调这只是初步分类，因为大多数国家的伦理准则仍在修订中。Lindsay（1992）在更近的一项研究中发现，欧洲心理学会与APA的伦理准则的主要内容类似，尽管它们在特殊性、长度和涵盖的具体主题等方面有所不同。Leach和Harbin（1997）将24个国家的19部伦理准则与APA的准则进行了比较。他们的研究遍布全球。他们计算了美国的原则标准被其他国家伦理准则涵盖的百分比。四个国家的原则（澳大利亚、加拿大、以色列和南非）完全涵盖了APA原则。不同国家的原则对APA原则的平均涵盖率是70.2%。标准越具体，涵盖率越低（$M = 34.4\%$）。隐私和保密（APA标准五）在不同国家之间相同的百分比最高（34.3%）。司法活动（标准七）的相似比例最低（$M = 7.8\%$）。总的来说，不同国家标准的相同程度差别很大。信息披露和保密（标准：隐私和保密）（几乎）是通用标准，相似率分别是100%和95%。

1981年，12个欧洲心理学协会的代表成立了欧洲心理学家协会联合会（EFPA）。

---

① 2002年以来的新准则包括5项一般原则、10条标准和102条子标准。

现今有31个成员国。EFPA的目标之一是建立共同的欧洲伦理标准。这显然是一个过于宏伟的目标。然而，成员国达成了一致的元准则，经1995年EFPA全体大会核准。"它针对的是协会，指出了每个下属协会的准则必须包含的内容，而不是每个个体成员必须做什么。"（Lindsay，1996）EFPA的元准则提出了四个基本伦理准则：（1）尊重人的权利和尊严；（2）胜任力特征（心理学家提出并且在工作中坚持的高标准）；（3）责任心（对他们的客户、团体及他们工作和生活的社会）；（4）诚信（在心理学的科研、教学和实践中）。元准则更多是价值导向的，而不是基于规则的（Koene，1997）。Schuler的分类与元准则一致，或包含在元准则中。例如，保密包含在尊重人的权利与尊严这一原则中。这些原则共分为21个子维度。例如，尊重人的权利和尊严这一原则包括以下子维度：一般尊重、隐私和保密、知情同意和同意自由、自我决定。元准则不如APA准则具体，因为它旨在指导团体而不是个人。

近期，我们将EFPA下属协会的伦理准则与元准则进行了比较。我们通过电子邮件调查了31个下属协会，要求其回答一个关于协会的简短问卷（例如：会员数、成立年限、是否设有伦理委员会）。并索要一份协会的英文版伦理准则。在无回复的情况下（如，邮件地址无效），或通过传真/信件，或者通过个人交往联系协会成员[2]，例如，在EFPA常务委员会的会议上。最终，有15个下属协会回复了问卷，同时还收集了19个国家的伦理准则。三个协会的伦理准则是直接从网上找到的。另外有六个是从意大利心理学会的网站上检索到的（在表4.5中标记了星号）。第三作者对这些国家的伦理准则进行了分析。每个国家的伦理准则和子原则都被与元准则及其子原则进行对比，以确定其与元准则的一致性。表4.1中的X表示与子原则一致。元准则的具体子原则的缺失用破折号表示。如有疑问，则通过（第一和第三作者）讨论决定。对比基于主题内容，措辞不需要完全一致。表4.1表明所有成员国的伦理准则都涵盖了元准则中的四个主要原则。子原则的平均涵盖率也很高（85%）。必须指出的是子原则的评分相对宽松。例如，只包括元准则子原则的一部分，或某原则只针对特定活动（如，研究），都被认为其与元准则一致。此外，子原则1.1、2.1和3.1是相应主原则的总结概述；因此，所有国家的伦理准则都包括它们。由于马耳他的伦理准则只包括四项主要原则，所以只有三项"总结性子原则"与其一致。

在分析国家伦理准则与元准则的关系时发现了一些子原则的定义中模糊不清的地方，这使得某些子原则相对较多。例如，元准则的一些子原则有重复的内容（例如，4.1、4.2、4.3）。因此，某些国家伦理准则可以归于不止一类子原则。在这种情况下，通过讨论决定划归于哪一子原则。国家伦理准则中某一个原则的缺失，并不意味着我们不关注这一子原则。这可能是因为陈述中有模糊不清或重叠的部分。

一些国家的准则与元准则十分类似，例如，比利时、北欧国家、荷兰和斯洛文尼

---

②　特别感谢EFPA伦理常务委员会成员Casper Koene。

亚。其他国家在具体主题上表现出了完全不同的结构、重点和特殊性。例如，德国更多关注研究和教育，而较少关注执业心理学家。英国的伦理准则更关注工作场所的性骚扰和动物被试；元准则没有明确包含这些主题。虽然存在着这些差异，但是，"欧洲心理学会各成员国伦理准则的相似性很高……"（Lindsay，1996），并且，元准则可能促进了欧洲各国准则的一致性。

伦理困境

心理学家觉得他们面对的伦理困境是什么？在Pope和Vetter（1992）的研究中，要求APA成员描述他们遇到伦理困扰的情景（或关键事件）。困扰事件按比例分为：（1）保密（18%）；（2）模糊的、双重或冲突的关系（17%）；（3）支付来源、计划、环境和方法（14%）。对于司法活动，这一比例下降至5%。其他事项，例如，监督、出版和种族则只占到1-3%。另一项对英国心理学会会员的类似研究发现，"保密"在伦理困境中所占的比例与本研究大致相同，为17%。在APA成员中比例高，而在英国样本中比例低得多的类别是：双重关系，3%；经费问题，3%；司法活动，2%。该样本中，伦理困境事件的分布较为均匀：研究，10%（APA: 4%）；可疑干预，8%（APA: 3%）；同事行为，7%（APA: 4%）；学校心理学，7%（APA: 2%）；性问题，6%（APA: 4%）；心理评估，6%（APA: 4%）；组织心理学，5%（APA: 1%）；其余则低于4%。Lindsay和Colley提出必须区分两类困境。第一类是传统困境，重点是客户的利益；主要涉及保密问题。第二类的重点是作为员工的心理学家，主要包括心理学家认为正确的专业行为与雇主期望之间的冲突。

测验的开发与应用

在调查中，评估问题和心理测验或其他工具（如，评价中心技术）的开发与应用似乎没有特别困扰心理学家。尽管APA心理学家的伦理标准中包括测验开发与应用的伦理标准（London & Bray，1980），但是Koene（1997）指出，欧洲大多数国家没有专门关于评估或测验应用的伦理准则。不过除了伦理准则，一些协会有各自关于心理测验的开发和施测，及评价中心技术应用的规定或准则。

《心理测验和诊断技术的技术建议》（*Technical recommendations for psychological tests and diagnostic techniques*）（APA，AERA，NCME，1954）和几个修订版——《教育与心理测验标准》（*Standards for educational and psychological testing*）（1999年出版了最新版本：AERA，APA，NCME，1999），对其他国家的标准产生了极大影响。例

表4.1　欧洲心理学家道德准则与EFPA元准则的比较

国家	子原则																				%主原则[1]	%子原则[2]
	1.1	1.2	1.3	1.4	2.1	2.2	2.3	2.4	2.5	3.1	3.2	3.3	3.4	3.5	3.6	4.1	4.2	4.3	4.4	4.5		
比利时	X	X	X	X	X	X	X	X	X	X	X	X	X	X	X	X	X	X	X	X	100	100
克罗地亚*	X	X	X	–	X	X	X	X	X	X	X	X	X	X	X	X	X	X	X	X	100	95
德国	X	X	X	X	X	X	X	X	–	X	X	X	–	X	–	–	X	–	X	X	100	75
意大利	X	X	X	X	X	X	X	X	X	X	–	X	X	X	–	–	X	–	X	–	100	75
拉脱维亚*	X	X	X	X	X	X	X	X	X	X	X	X	–	X	–	X	X	X	X	X	100	90
立陶宛*	X	X	–	–	X	X	X	X	–	X	–	X	–	X	–	X	X	X	X	X	100	70
马耳他*	X	–	–	–	X	–	–	–	–	X	–	–	–	–	–	–	–	–	–	–	100	15
荷兰	X	X	X	X	X	X	X	X	X	X	X	X	X	X	X	X	X	X	X	X	100	100
北欧国家	X	X	X	X	X	X	X	X	X	X	X	X	X	X	X	X	X	X	X	X	100	100
波兰	X	X	X	X	X	X	X	X	X	X	X	X	–	X	–	X	X	–	X	X	100	85
斯洛文尼亚	X	X	X	X	X	X	X	X	X	X	X	X	X	X	X	X	X	–	X	X	100	95
瑞士	X	X	X	–	X	X	X	X	–	X	–	X	–	–	–	–	X	–	X	–	100	55
英国	X	X	X	X	X	X	X	X	X	X	X	X	X	X	–	–	X	–	X	X	100	85
%	100	94	94	82	100	94	88	94	88	100	71	94	65	82	59	65	94	59	94	71	M=100	M=85

备注: *从 http://www.psy.it/normativa_ue （June 2004）网站获取的资料。[2]修订中; X=在国家道德准则中, —=没有包括在国家道德准则中。[1]主原则: 尊重、胜任、责任、诚信; [2]子原则: 1.1=一般尊重; 1.2=隐私/保密; 1.3=知情同意; 1.4=同意自由; 2.1=自我决定; 2.2=不能胜任; 2.3=程序限制; 2.4=持续发展; 2.5=无能; 3.1=一般责任心; 3.2=提高标准; 3.3=延伸责任; 3.4=持续性关怀; 3.5=解决困境; 3.6=延伸责任; 4.1=承认专业局限; 4.2=正直/精准; 4.3=坦率开放; 4.4=利益冲突剥削; 4.5=同事行为。

如，澳大利亚（Kendall，Jenkinson，De Lemos，& Clancy，1997）、比利时（Belgische Federatie van Psychologen，Commissie Psychodiagnostiek，1993）、加拿大（加拿大心理学协会，1987）和荷兰（Evers et al.，1988）的心理协会也出版了类似的标准。某些标准是基于或改编自APA的标准，并且都包括对测验开发和/或测验广泛应用的详细规定。在APA标准的1985年版和1999年版中关于选拔测验的章节，以及英国制定的职业心理测验标准（Bartram，1995）中可以找到针对人事选拔的准则。针对评价中心技术的使用，国际评价中心指南工作组（*International Task Force on Assessment Center Guidelines*）制定了相应的标准（2000）。

国际测验委员会制定的《测验使用的国际指南》（*International Guidelines for Test Use*）（Bartram，2001；ITC，2000）在一定程度上是以上文提到的一些出版物为基础的。该指南提出了测验使用者所需的胜任力特征，并用具体的可评估的绩效效标表示出来，包括以下主题：测验中的专业标准和伦理标准，测评对象及测验中其他各方的权利，公平性，安全和保密性，备用测验的选用与评估，测验的实施、计分与解释，以及报告的书写与反馈。ITC指南的目的是："作为大范围进行现行地方标准之间的国际比较的基准"（ITC，2000）。迄今为止，ITC指南已经被翻译成了13种语言，可以适用于心理学的全部领域，也与人事选拔领域高度相关。

近年来，独立的基于计算机的测验快速增多（本内容见Bartram所著的18章）。这一发展趋势提出了大量关于测验的实施、测验和测验结果的安全性、测验过程的控制以及心理测验的质量（例如，与以前纸笔版本的等价性）等方面的问题，所以，《计算机和网络测验的国际指南》（*International Guidelines on Computer-Based and Internet Delivered Testing*）（ITC，2004）被编制出来，作为《测验使用的国际指南》的补充。尽管这个文件还是一个草案，尚未得到ITC委员会的批准，但是它已经近乎完善并接近最终版本。CBT/IBT指南包括针对测验开发者、测验出版者和测验应用者的不同准则。指南平等阐述了各应用领域，但是当涉及计算机或网络测验时，其与人事选拔领域高度相关。

测验开发与应用的具体准则往往与伦理准则和隐私权法的内容相重叠，例如，两者都提到个体具有知道其测评结果的权利。Bartram和Coyne（1998b）指出在一个涉及29个国家（欧洲和非欧洲）的样本中，大约有55%的被试说该国存在保护个体参加测验的权利的法律。这一结果基于EFPA测验与测验工作组（Task Force on Tests and Testing of the EFPA）的研究结果（Bartram & Coyne，1998a）。在研究中，工作组针对Eyde等（1993）提出的导致测验误用的七个潜在因素，向不同国家的测验应用专家（例如，专业协会和出版商的代表）了解他们对于这七个因素的重要性和问题的看法。19个欧洲国家、17个非欧洲国家的70名被试完成了调查。问卷包括两部分：（1）测验的信息、测验以及测验应用的信息；（2）缺乏对测验的应用能力的指标。调查分别分析了四个测验领域的数据：教育、临床心理学、法律和工作。问卷的第一部分包括6个主题：

（1）测验使用者是心理学家的比例；（2）测验使用者的培训；（3）测验改编和翻译的效度；（4）测验质量信息的获取；（5）法律管控（例如，立法）；（6）非法律管控（例如，心理协会的认证）。作者根据对这些问题的回答汇总了数据。数据太过复杂，以至于本书不能具体呈现每一主题、每一领域的汇总内容。然而，一个重要的结论是"这些汇总没有显示出国家在地理位置上的接近性，也没有凸显文化或语言的特点"（Bartram & Coyne，1998b）。缺乏对测验的应用能力的指标（第二部分）则是以平均数和标准差的形式表现出来。被试被要求评估86个测验应用中的问题（摘自Eyde等的研究结果，1993），例如："没有考虑测验得分的测量误差"（Bartram & Coyne，1998a）。

被试被要求指出问卷所描述的（消极）行为的普遍性（5点量表，从罕见到常见）和严重性（5点量表，从不严重到严重）；这些事件与Eyde定义的七个因素相联系。最常见的是关于"心理测量知识"的问题（$M = 3.25$；$SD = 0.95$）。最不常见的是关于"得分精确性"的问题（$M = 2.22$；$SD = 0.65$）。个体感知到的误用程度的平均值大约是量表的中点（大约是3）。关于问题严重性的平均值大约是4，最高值是关于测验恰当应用的问题（$M = 4.19$；$SD = 0.62$），最低值是与得分精确性相关的问题（$M = 3.92$；$SD = 0.87$）。Bartram和Coyne总结道，在这些国家的被试样本中，所有与潜在测验误用相关的因素被认为是同等严重的，尽管各国在排列上有差异，但是这些差异是抽样误差的结果。

人事选拔与测评中的伦理考量

尽管大多数心理学家都认同伦理准则在某种程度上具有价值，但是仍存在着一些原因诱使个体违反这些准则，例如：商业利益、无知、声望和财富（研究经费，研究奖励的增加）、麻烦或懒惰。Francis（1999）提出，不同领域中的伦理困境显然是不同的，但是在不同领域中违反伦理准则的原因是类似的。早在1979年，Mirvis和Seashore就呼吁为组织研究制定伦理准则，因为，特别是在这一领域，研究者会卷入多重规则的网络和源自这一网络的相互冲突的预期。Jeanneret（1998）强调伦理准则的重要性，特别是心理学家基于个体评估结果为组织提供咨询时。他指出，测评心理学家和评估对象及出资方是双重客户关系，评估对象和出资方都是心理学家的客户。这使得人事选拔中卷入了大量的、多样化的利益相关者，进而可能导致利益冲突：（1）寻求新员工的出资方（企业/组织）；（2）应聘者；（3）实施测评的心理学家；（4）心理学家的雇主；（5）开发测验的出版商。

所有各方都有利益受到影响，但是，Jeanneret注意到，特别是第一类，出资方（为测评付款的人）可能导致其他心理学分支所没有的伦理困境。这也许不像英语谚语说的那么糟糕："谁出钱谁做主"，但是，由于其中涉及一定的商业利益，至少需要特别关注伦理问题。组织往往是最强势的一方（特别是在失业期）：它可以为求职者提供至少一个岗位，并且还会提供工作给"可能"评估应聘者的心理学家。心理学家往往面对忠诚于出资方还是忠诚于评估对象的两难选择（后者与大多数伦理准则一致）（Carroll，Schneider，& Wesley，1985）。此外，组织可能需要应聘者某一特定特征的信息，例如情商（相关内容见Woodruffe所著的第9章），这是心理学家不能或不愿提供的，因为测量这些特征的工具的效度并不明确。在这种情况下，组织的要求与专业团体的要求相冲突。

第二类利益相关者——应聘者（不出资的客户），与其他心理学分支的客户不同。应聘者往往是最弱势的一方，特别是在失业期。心理学家的服务是强加给他们的。显然，如果他们需要或至少想得到这份工作，就不得不参与评估过程。尽管可以为选拔程序做准备，例如准备测验书籍和网上测验，但是这些程序往往是有压力的。即使部分选拔程序被认为是不公平的、不专业的或负面的，应聘者为了不降低他/她得到这份工作的可能性，也不会抱怨。

选拔过程中第三类利益相关者是评估心理学家，他们处于冲突的责任中。如今，通过心理评估选拔应聘者是一个被动接受的过程。早在20世纪60年代和70年代初，荷兰的组织心理学家处于出资方"说了算"的地位。美国十年前开始了"反测验运动"（例如，Packard，1964）。应聘者的利益被认为是从属于组织利益的。1971年，报纸上的批评意见和工会的批评引发了荷兰众议院的质疑，并使众议院采纳了认为心理选拔是对个人隐私不必要的窥探的提议。此外，该提议指出，心理测验的结果和结论往往没有被告知应聘者，并且不能保证不合格或无权势的人的测验结果得到了恰当的保护。为了响应这项提案，社会事务部长设立了一个特别工作组去研究是否有必要采取措施保护应聘者的个人利益。特别工作组提交了一份报告，叫作"应聘者也是人"（Commissie Selectieprocedure，1977），其中包括一套针对雇主和为雇主招聘员工的顾问的伦理准则。不出所料，这些准则没有获得像《美国员工选拔程序统一指南》（*American Uniform Guidelines on Employee Selection Procedures*）一样的法律地位。不过自荷兰伦理准则的1976年修订版开始，便包括了报告中提出的主题，例如：测评对象有了解程序和测验相关信息的权利、保密的权利、检查报告的权利以及获得评估结果反馈的权利。不幸的是，评估心理学家的双重客户关系引发的严重困境，导致了专业心理协会会员的辞职。如果会员认为非会员可以通过更多更快的交付结果而吸引大量客户，那么我们确实该思考这个问题了。Jeanneret（1998）认为评估心理学家和组织都应该认同与个体评估相联系的类似伦理考量。

第四类，评估心理学家的雇主，要么与第一类相同，是提供资金的组织，要么就是专门从事选拔和职业发展评估的咨询机构。当心理学家是出资方的员工时，他/她可能是人力资源部门的成员。此时，心理学家根据组织的期望和利益行动。即使出资方不是雇主，为了不失去这一客户，心理学家也会尊重组织的利益。在这两种情况下，对组织的承诺可能会导致伦理困境。例如，对很多心理学家来说，测评对象在出资方获得结果前检查报告的权利是一个麻烦（Mulder，1999）。他们觉得这不是以服务为导向的，并且他们害怕评估对象可能阻止出资方获得信息，进而导致心理学家没有成果可以交付。心理学家和雇主之间可能存在的利益冲突的另一个例子是使用次优测验：出于商业或个人利益，雇主迫使心理学家采用不具有最高效度的测验（甚至是不可接受的低效度的测验）。为了解决冲突，心理学家可以要求雇主采用高效度的测验，但是费用高昂。另一个选择是忽略效度，这经常发生。

人事选拔中的第五类也是最后一类利益相关者——测验开发者与出版商，往往应用他们自己的工具。大量招聘和人事选拔的顾问机构开发了他们自己的工具，并且在某些情况下，他们同时会作为出版商。在实证研究证明某工具是有效的、可靠的之前，以下原因可以诱使其投入使用：开发成本高昂，并且越快投入使用，投资回报越高。

London和Bray（1980）总结了不同利益相关者面对的伦理困境，即在忠于雇主（也包括出资方）、忠于专业以及忠于被评估者之间的平衡，但是遵守伦理标准是最重要的。

大多数伦理准则中包括一些原则，以应对工业与组织心理学家可能面对的关系和角色冲突。其中一些针对心理学这一领域，采用附加或单独的准则，来强调这一问题的重要性，例如，美国的《工业与组织心理学服务标准》（*Standards for Providers of Industrial and Organizational Psychological Services*）（APA，1979）。针对工业与组织心理学家的这些标准包括的主题有，预测和解决由双重用户关系（例如，个体和组织）引起的利益冲突、建立保护记录隐私性的系统（London & Bray，1980）等。荷兰有一套类似的原则附在一般伦理准则后，但是这一附录在1998年研究者对准则进行最后一次修订时删除了，迄今为止再也没有补充上。另一个人事选拔标准的例子是《人事选拔程序的验证和使用原则》（*Principles for the Validation and Use of Personnel Selection Procedures*）（Society for Industrial and Organization Psychology，2003）。这些标准主要关注效度和心理测量的"公平性"。如前所述，关于人事选拔中的歧视和负面影响的规定往往包含在法律或由法律延伸出的准则中（例如，1978年由平等就业机会委员会制定的《美国员工选拔程序统一指南》的第七条）。然而，这些法律和规定并不仅仅适用于心理学家，也适用于组织中所有的人事专家，他们都要遵守关于平等就业机会的联邦法规（London & Bray，1980）。

可能由于大量非心理学家采用评价中心技术，从业者认为需要为评价中心技术的使用者设立标准或指南（相关内容见Lievens & Thornton所著的第11章）。1975年，国际评价中心指南工作组提交了《评价中心操作的准则与伦理思考》（*Guidelines and Ethical Considerations for Assessment Center Operations*）（International Task Force on Assessment Center Guidelines，2000）。几次修订后，2000年核准了这一准则的最终修订版。工作组的主要成员是北美的从业者。Lievens和Thornton注意到，欧洲从业者讨论该准则在欧洲适用性的会议，并没有产生该准则的改编版或完全不同的版本。该指南的目的是为设计和实施评价中心技术的专家提供指导，为管理者做出是否采用评价中心技术的决策提供信息，并为评估技术的应用提供指南。可以看出，该准则的受众非常广泛，从工业与组织心理学家到出资方的经理。该准则描述了评价中心技术的基本要素，例如，工作分析的作用、分类维度、技术开发和评估人培训。美国《信息自由法案》（*American Freedom of Information Act*）和《隐私权法》（*Privacy Act*）（1974）规定了测评对象的权利。

表4.2列举了本章提到的伦理规范、准则和标准。区分了一般准则与行为规范、测验使用标准，以及人事心理学家的准则和标准。

表4.2　本章提到的伦理规范、准则和标准

一般伦理准则和行为规范		
1953–2002	APA–USA	心理学家的伦理准则与行为规范
1995	EFPA –Europe	元准则
测验使用的一般标准		
1954-1999	APA-USA	教育与心理测验标准
	几个国家	翻译或改编
2000	ITC	测验使用的国际指南
2004	ITC	计算机和网络测验的国际指南（开发中）
人事选拔专家的准则和标准		
1975	APA–USA	员工选拔程序的验证和应用原则
1978	EEOC–USA	员工选拔程序统一指南
1979	APA–USA	工业与组织心理学服务标准
1995	BPS–UK	职业心理测验的应用标准

对荷兰选拔心理学伦理准则的研究

在荷兰，对心理学家的正式投诉中，针对人事选拔心理学家的占相当大比例。从1993年到2002年，平均每年对心理学家的投诉有41宗，其中32%是针对工业与组织心理学家的。在1993年到1999年间，对工业与组织心理学的子学科分别进行了记录。数据显示该领域中29%的投诉是针对人事选拔的。因为大量投诉显示伦理准则可能过于松散，最近我们进行了一项针对荷兰选拔心理学家对选拔程序中伦理问题态度的研究。下面是本研究的介绍。

　　程序：采用关键事件技术设计了调查表。为了收集关键事件，对17名人事选拔中的个体进行了半结构化访谈，其中包括：（1）组织客户（例如，人力资源部门的成员）；（2）顾问机构的学徒（工业与组织心理学的研究生）；（3）心理学学生和之前的测评对象；（4）顾问机构的员工。访谈的结构基于选拔过程的各个阶段：（1）履历筛选；（2）面试；（3）评估工具的应用（测验、评估活动）；（4）反馈；（5）撰写报告；（6）与应聘者交流。要求参与者描述个体表现的特别好、一般好或可接受的事件。报告的事件包括，例如，应用低信度测验，应用非结构化面试，或对应聘者的即时反馈与撰写报告之间的差异。根据访谈结果编制了包含75项选拔中可观察到的行为或会表现出的行为的问卷。例如："基于第一印象做出选拔决策""使用问卷的目的与问卷本身的目的不符"。所有的行为都是（较）不道德行为的例子，尽管某些项目的意思有点模糊。要求受访者指出每一行为的可接受程度（五点量表：1=完全不可接受，5=完全可接受）。

　　样本：总计约[③]450份问卷被邮寄给受雇于招聘咨询公司或大公司人力资源管理部门的心理学家。共收到143位心理学家的回复，回收率约32%。先前关于伦理困境研究的回收率在28%（Lindsay & Colley，1995）到51%（Pope & Vetter，1992）之间。大部分受访者（93%）是荷兰心理学家协会的成员。正如此前提到的，并不强制荷兰心理学家协会的成员参与这一研究。协会成员如此高的回收率，是因为很容易通过协会的注册信息追踪协会成员。我们希望可以间接地接触到（见备注）人力资源部门的非协会成员。不幸的是，非成员的回收率很低（样本的13.6%）；这些潜在的受访者回应称太忙，没时间参与研究。荷兰工业与组织心理学家中会员和非会员的比例是不明确的。

表4.3　平均数、标准差和各类伦理的内部一致性

	项目数	α	M	SD
工具的心理测量属性	8	.80	2.36	.60
评估程序和评估结果的质量	10	.76	2.20	.54
（不）知情同意	5	.77	1.19	.33
报告撰写	5	.66	2.03	.58
责任心	4	.68	3.05	.82
客观性	4	.72	2.64	.83
歧视	5	.83	1.92	.77
隐私性	3	.78	2.37	1.02

备注：N=143

――――――――――――
　　③　许多问卷是通过组织间接发放的。显然，不是所有问卷都发放出去了，并且有些受访者收到了两次。此外，一些收件人不是选拔心理学家（例如：学生、职业顾问）。所以，最终确切发放给选拔心理学家的问卷数并不明确。

回应人群的其他特点：56位男性（39.2%）和87位女性（60.8%）；平均年龄：40.3岁（$SD = 10.2$）；担任选拔心理学家的平均工作年限为9.6年（$SD = 7.6$）。所属心理学分支：工业与组织心理学家和/或工作及健康心理学家106位（74.6%）；临床心理学家15位（10.5%）；其他领域22位（15.4%）。

结果：基于陈述的内容和样本回应的一致性（克伦巴赫系数），提出了八个量表：（1）工具的心理测量属性（例如，信效度）；（2）评估程序和评估结果的质量（例如，基于第一印象做出选拔决策）；（3）（不）知情同意（例如，在告知应聘者以前告知组织）；（4）报告撰写（例如，使用模糊语言）；（5）责任心（例如，将书面报告传真给组织）；（6）客观性（例如，考虑影响选拔决策的应聘者的无关特征）；（7）歧视（例如，拒绝少数种族应聘者，不论其是否适合工作）；（8）隐私性（例如，面试中询问关于孩子及配偶的问题）。表4.3列出了结果。所有量表的内部一致性都良好。所有条目都描述的是以道德角度来看欠佳的行为，平均数低于3表明受访者不赞同描述的行为。

唯一似乎没有太困扰受访者的类别是责任心。此类别指的是疏忽大意的行为，例如，结束一天工作后，将保密文件放在了办公桌上（因此，清洁工可以读取这些文件）。大概大多数受访者没有意识到这些行为可能造成的后果，因此并没有不赞同它们。受访者对其他类别的态度则变化较大，从强烈反对（不知情同意）到一般反对（客观性）都有。从伦理的角度来讲，很高兴看到大多数受访者都强烈反对在没有明确告知评估对象结果前告知出资方（即使这一事件是个特例，如时间紧迫）。受访者对歧视事件和关于报告内容（例如，使用模糊语言）的观点虽然没有那么极端，但仍是消极的。关于应聘者隐私的观点一致性最低。尽管平均数低于中点（3），但是标准差很大。特别是受访者倾向于将询问应聘者有无配偶的问题评估为中性的（$M=2.84$）。

表4.4　受访者的性别差异

尺度	F	P	男性		女性	
			M	SD	M	SD
工具的心理测量属性	5.44	.02	2.50	.56	2.26	.61
评估程序和评估结果的质量	8.23	.01	2.36	.56	2.10	.50
（不）知情同意	.78	.38	1.22	.35	1.17	.32
报告撰写	3.08	.08	2.13	.60	1.96	.56
责任心	13.76	.00	3.35	.75	2.85	.81
客观性	.64	.43	2.71	.94	2.60	.76
歧视	.57	.45	1.98	.90	1.88	.69
隐私性	6.62	.01	2.64	1.13	2.20	.91

备注：$N_{男性}=56$；$N_{女性}=87$。

进一步分析显示性别差异显著。性别的多元效应显著[$F_{(8, 134)} = 2.60$, $p = .01$]，在很多量表上都存在差异，如：工具的心理测量属性、评估程序和评估结果的质量、责任心和隐私性（见表4.4）。女性的平均评分低于男性的平均评分，表明女性比男性更倾向于把问卷描述的（不道德）行为评定为不可接受。男女性之间的差异与Franke，Crown和Spake（1997）的研究结果一致。他们的结论是女性比男性更不赞同特定的商业惯例。

用人事选拔的从业年限表示的经验，也出现了明显的多元效应[$F_{(24, 383)} = 1.62$, $p = .04$]，这是由在责任心（$F = 4.31$, $p = .01$）和客观性（$F = 3.56$, $p = .02$）尺度上的差异造成的。然而，不同经验年限间（≤4年，5—9年，10—14年，≥15年）的差异并没有一致的模式。例如，在客观性这一量表上，5—9年从业经验的被试平均评分最高（2.93），10—14年从业经验的被试平均分最低（2.35）。

讨论：总体而言，本次调查的结果是积极的。受访者将欠道德的行为评估为不可接受的，女性更是强烈不接受。然而，本研究也存在不足之处。首先，样本几乎全是荷兰心理学家协会的成员。前面已经说过，在荷兰，非协会成员也可以参与心理学实践。仅是收取会费就阻止了大量心理学家成为协会成员。相比于非协会成员，协会成员可能更关注伦理问题，因为他们被要求按照协会制定的伦理准则行事。第二，调查中问卷的措辞存在不足。所有的条目旨在描述一类（较）不道德行为。显然，为了不太过明显地描述不道德行为，一些项目有些模糊。正如Hofstee（1976）指出的，为了不太过明显地描述不道德行为，项目不可避免地存在一定程度的模棱两可的情况。由于话题的敏感性，特别是在语义模糊的情况下，受访者更可能选择一个合乎伦理的答案。本研究的结果很难与对美国心理学会成员（Pope & Vetter, 1992）以及对英国心理学会成员（Lindsay & Colley, 1995）的研究结果进行比较。因为这些调查要求受访者描述他们感到伦理困惑的情景，而本研究要求受访者评价具体事件。此外，在不同研究中，伦理困境的类别不一致。因此，有趣的是，本研究发现最不合伦理的类别是"不知情同意"，在其他类似研究中最不合伦理的类别是"保密性"。

结论

Jeanneret（1998）总结道："心理学家为组织提供的全部评估服务是持续的道德实践。"这些思考与研究的结果将我们引向何方？道德行为是显而易见的吗？还是需要正式的规则来引导心理学家，特别是选拔心理学家？事故发生，然后收到投诉（Koene，1997），表明违反伦理准则的事情确实会发生，甚至是受到职业伦理准则约束的心理学家的作为。有人可能会问，这些违反伦理的行为是否是因为伦理准则不清晰而导致准则被忽视，或心理学家是否故意无视了伦理准则，例如，因为他们并不认同其内容和结果（如，竞争的弊端）。在后面一种情况中，伦理准则是显而易见的，但是是"不方便"的。当然，伦理准则并不能确保道德行为。如前文所述，不遵守伦理准则有很多原因。London和Bray（1980）强调需要研究滋生不道德行为的条件，"特别是在行业颁布了伦理准则，但是没有立法支持的时候，如何实施伦理准则"。

营销领域的伦理研究很有意思。Akaah和Lund（1994）提出，市场营销被确定为最常发生不道德行为的商业分支。因此，大量商业伦理研究的重点是营销人员的道德行为。Akaah和Lund研究了个人和组织的价值观对市场营销专业人士行为的影响。他们的研究结果表明，个人和组织的价值观解释了营销人员的道德行为变化。他们发现组织价值观和道德行为之间存在着虽然低但显著的相关关系。然而，个体价值观与道德行为的相关不显著。他们总结道，个体和组织的价值观是道德行为的前因，但是这一点需要进一步研究。这些结果同样适用于心理学家。至于组织整体的价值观是否该包含伦理价值观，美国管理协会的研究结果（2002）是鼓舞人心的：76%的受访者认为职业道德和诚信是企业的核心价值观。因此，推动心理学家就职的组织的核心价值观与心理协会的伦理准则保持一致，是心理学家道德行为的促进因素之一。

我们可以得出结论：伦理准则是必需的。一些作者（Jeanneret，1998；Lindsay，1996；London & Bray，1980）强调伦理准则的要求与专业实践现状之间关系的重要性。Reese和Fremouw（1984）的研究指出：规范性伦理不应偏离一般伦理太多；相对于已明确制定的最低标准，在"应该怎样"和"事实上怎样"之间存在一个平衡。Lindsay（1996）提出"良好实践"指南以促进模范实践，模范实践可能引起一般规范性行为，甚至是最优行为。

伦理准则应该遵循心理学和社会的发展规律，因为关于什么是合乎伦理的观念可能随着法律和专业需求的变化而变化，准则必须定期修订。例如，社会发展带来的影响之一是，在员工的信息自由和个人隐私的观念变化中，工会所起的作用（London & Bray，1980）。早期伦理准则没有包含这些原则；现今，这些原则在世界范围内的伦理准则中占据了相当大的一部分。此外，心理学研究的结果可能影响对具体行为或程序的道德性的评价。例如，很多伦理准则都规定，应聘者有权被告知评估结果。在这些情形下，提供详细的个人反馈被认为是道德行为。然而，Schinkel，Van Dierendonck和Anderson（2004）以及Ployhart，Ryan和Bennett（1999）的实验结果表明不合格的反馈可能会损害被拒绝个体的自我认知。既然伤害别人是不道德的，那么可以给予被拒绝个体不太详细的个人信息。由此，道德的行为可能变成了不道德的行为。所以Schinkel等总结道："在选拔测验后，应该重新考虑绩效测量的标准条款。"对标准条款的修订应该能够持续反映伦理准则的发展，并与之适应。

另一个值得关注的问题是伦理准则的执行方式。世界范围内的违规处分程序鲜为人知（Koene，1997）。Lindsay（1996）强调需要开发新的违规处分程序，或改善现有程序。在一些国家，专业协会的违规处分程序的效力是有限的。例如，在荷兰，协会成员并不是被强制加入的。非协会成员不会受到协会的违规处分措施的约束。然而，法律涵盖了一些伦理准则，如民法和隐私权法（包括保密性）。例如，荷兰的民法包括关于个体提供服务的义务的章节。在心理学家提供服务时，如果客户感到受到其行为的伤害，可以到法院起诉。根据法律规定，专业从业者有责任表现出认真的态度以及胜任工作的能力。当然，如果伦理准则可以防止客户感到他们应该起诉就更好了。

对不同国家伦理准则的比较研究表明，不同国家的主要伦理准则是相似的，子原则是多种多样的。这是可以被理解和接受的，因为国家和文化的差异，使得选拔实践具有多样性（Ryan，McFarland，Baron，& Page，1999）；对伦理关注的重点不同也是可以预见的。然而，对于"保密"的重要性的理解，则存在着惊人的一致性；保护个人信息可以说是一种共识，也就是说，个人的信息应该被细心地管理和维护，防止被不恰当地泄露给第三方。

"看似显而易见的问题真的是明确的吗？"答案是"是的"或"差不多"。4到6个主要原则是公认的。但是具体到特定条件下的特定行为，"正确的事"并不总是显而易见或方便实践的，在这种情况下，伦理准则和强制性规则或许能够有所帮助。

第二部分 人事选拔预测因子的应用

第五章　选拔或招聘面试：核心过程及相关背景

Robert L. Dipboye

鉴于面试在人事选拔中应用广泛，工业与组织心理学家花大量精力去评估面试的信效度以及潜在的动态。特别是近几年，发表了大量面试方面研究文献的描述性综述（Jelf，1999；Judge，Higgins，& Cable，2000；Posthuma，Morgeson，& Campion，2002）。这些综述内容详细，信息丰富，研究者和面试实践者都需要阅读。但是，上述大部分综述理论性不强，它们认为面试由一系列低相关的事件组成。特别是，将社会背景看作是一种线索来源，并从信息处理视角来解释社会背景对面试产生的影响。很少有综述关注认知能力、社会过程与面试结果之间的内部关系。因此，在过去的一个世纪里，关于面试的研究的主要发现——结构化面试比非结构化面试有更好的评估效果，很大程度上并没有得到解释。

本章节回顾了关于面试过程中的独立评估以及认知与社会因素的研究（Dipboye，1992，1994；Dipboye & Gaugler，1993），在原有理论基础上构建出这些因素的内部关系。图5.1呈现的模型是在先前的方法基础上拓展而来，把面试的核心过程描述为一个嵌入到相关背景中的动力系统。从部分方面来看，这就意味着当面试官与面试者存在双重

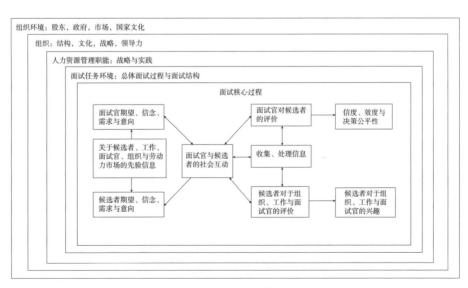

图5.1　面试核心过程与相关背景

互动时，过程与结果就会互利相关。同时也意味着面试环节就错综复杂了，涉及到组织本身、组织的环境氛围、人力资源管理职能以及面试内容。在接下来的综述中，我会首先讨论核心面试过程中的独立因素，然后再涉及面试过程的相关背景。

面试核心过程

正如图5.1所描述的那样，每一个面试官与面试者本身都会带有自己的期望、信念、需求和意向，这些都可能会影响接下来的互动与信息处理的过程的。面试之前、期间以及之后，面试官与面试者都忙于信息处理、判断与决策，这样的状态持续到面试官做出最终的决策，并且经过了效度、信度、准确度与公平度的评估。同时，面试者对本次就业机会进行评估，包括对本次面试经历、面试官与职位的看法。

面试之前的期望、信念、需求与意向

不仅面试官与应聘者本身所具有的期望、信念、需求与意向会影响接下来的面试，反之面试过程也会影响这些内容。从面试过程角度而言，我会介绍面试官基于先前信息对于特定候选人形成的期望，以及面试官基于对于候选者整体的了解、先前经验与其他信息来源而形成的总体期望。面试官对于面试环节的执行度可能受其个人需求的影响，因为内向型的面试官更倾向于最小限度的互动，而外向型的面试官更喜欢双向的、宽范围的交流。最后，面试官关于理想的应聘者应该如何、自己对候选者做出评测的能力的信心、可以做出最精确测评的选拔过程、在面试背景下多种适宜的行为都有自己的内隐理论。从面试者角度而言，也会有各种期望，比如面试环节里可能会发生的事情、是否会得到这份工作，同时还有面试者的需求与意向。有着强烈欲望想要得到工作或者倾向于接受工作邀请的面试者相对于那些没有打算接受工作邀请的面试者，处理信息的方式和行为是不同的。并且，对于面试中什么是合适的行为表现以及自己所适合的职位，面试者也有自己的信念。

也许，对于面试官本身所具有的信念会带入面试环节这一现象，人们已经投入了大量的关注（Rowe，1984）。面试官会依据自己的隐性理论以及工作要求的标准来选拔应聘者（Anderson & Shackleton，1990；Hakel & Schuh，1971）。人们也许会期望认知结构由组织内部雇用的面试官的经历塑造而成。但是，Adkins，Russell和Werbel（1994）发现，面试官所认为的理想化的候选者模型几乎不受组织影响。有经验的面试官确实与缺乏经验的面试官有所不同（例如，Parton，Siltanen，Hosman，& Langenderfer，2002），且在一些情况下，在评价候选者时优于缺乏经验的面试官（Maurer，2002）。但是，研究结果还并不明确，并且显然，经验也是一把双刃剑，带来益处的同时也会带来问题（Dipboye & Jackson，1999）。

目前没有太多研究探索候选者的需求、信念、意向与期望对面试的影响。对于面试官与面试者在这些因素上的一致性是怎样影响面试在招聘与选拔过程中的有效性的研究就更少了。有一个尚未被验证的假设是：面试官与面试者如果在这些因素上有冲突，从两者任一角度来说，面试都不如两者统一时有效性高。

面试官与面试者的社会互动

目前的研究更多关注面试官与面试者所呈现出的言语、非言语以及副语言行为。Jablin，Miller和Sias（1999）的研究发现，一般面试官都会以封闭式问题开始，以开放式问题结束面试。通常，面试官在相应环节中发言居多，因为对话形式基本由面试官提出问题，面试者回答问题，而面试者通常不问面试官问题。与不太受面试官欢迎或者没有收到职位邀请的面试者相比，较受欢迎的面试者通常能对面试官做出迅速的回应，与面试官进行的对话较多，而不仅仅只是回答问题，并且犹豫较少，不轻易打断别人，非言语行为多积极向上。

面试者通常会有一些刻意的举动来塑造自己在面试中留给面试官的印象（Ellis，West，Ryan，& DeShon，2002；Kacmar & Carlson，1999）。根据对实际面试过程的研究发现，在面试印象管理措施中，过分自信的言语表达使用频率高于防御性行为表现，同时在过分自信的策略中，自我提升的出现频率又高于逢迎讨好（Ellis et al.，2002；Stevens & Kristof，1995）。McFarland，Ryan和Kriska（2002）研究发现，"软性印象调节措施"（比如，迎合讨好、理性的说服）比"硬性印象调节措施"（比如，施压、联合）用得要更多。对于过去事件的利己性解释是另一种策略。相对于积极事件，应聘者会更倾向于把消极事件归因于稳定的、内在的、个人的、可控的来源（Silvester，1997）。

行为是在个体层面上的。相互作用是基于面试官与面试者双方的水平上的，这些互相作用包括接下去的行为表现及其特点，而这些行为表现因双方的互动与每方表现出的关系控制力而不同。Tullar（1989）研究发现，当互动处于互补水平时，一方明显的优势易使之达到积极的结果（比如面试官具有支配性的言语表达与面试者温顺的回应匹配，面试官温顺的言语性表达与面试者稍具支配统治性的回应相匹配）。Engler-Parish和Millar（1989）进一步研究发现，最令人满意的面试在面试官拼命获取信息与面试者努力使面试官偏离询问转向提供工作、组织信息这两者之间取得了很好的平衡。

社会过程的第三类就是面试系统或者面试结构的制定实行，在这样的系统或者结构中，面试官与面试者不仅自我表现、互相影响，并且也能够理解自己与对方的行为表现。制定的内容包括认知与行为两个方面，因为面试官与面试者互相影响行为表现与构造模式，以及用来解释、呈现这种相互影响的注解、形式与规则。Ramsay，Gallois和Callan（1997）发现了面试官用来判断应聘者社会行为（比如说展示自己的信心，在面试中积极表现，表明精心准备过面试的问题）的隐性规则之下制定结构而产生的结果。在时间如此之短的雇用面试过程里，面试官与面试者之间几乎不可能产生亲密的关系，但是，就算在短短的面试环节里，面试官与面试者还是在某种程度上发展了和睦、信任、坦诚、可靠等以及其他关乎高质量关系的因素。

信息的处理、判断与决策

面试官参与到信息的处理、判断以及决定应聘者是否合格的过程中。同时，面试者参与了对于工作与组织的信息处理、判断其吸引力程度以及是否接受这份工作的过程。面试官与面试者都会受到无关信息的干扰，偏离理想的状态，但是大量的研究与理论已经关注了面试官信息处理加工过程的影响问题。

Fiske和Neuberg（1990）提出的用来描述面试中的信息处理、判断与决策双流程实验十分有效。根据这个模型，面试官首先在潜意识里对面试者进行分类，然后进入到特征描绘的阶段，即通过应聘者对问题的回答与其他的行为表现分析而来。而当信息与最初的分类相悖时，面试官就进入到"纠正"的阶段，改变对应聘者的印象，结合形成新的信息。好多看似与工作不相关的因素却关乎到分类、特征描述与纠正这三个阶段。

非言语的、言语的、附属言语线索   很多研究结果是有相同之处的，其中包括"好的"非言语与附属言语行为，与消极的非言语与附属言语行为相比较而言，会使面试官给应聘者更多积极的评价（Burnett & Motowidlo，1998；DeGroot & Motowidlo，1999；Howard & Ferris，1996；Motowidlo & Burnett，1995；Wright & Multon，1995）。并且，强有力的讲话风格会更容易被认为具有较强的胜任能力和受聘价值（Parton et al.，2002）。一些研究表明，面试官对于应聘者的总体印象，会对非言语性与附属言语性行为对评估应聘者以及雇用决策造成的影响起到一定的调节作用（DeGroot & Motowidlo，1999；Wade & Kinicki，1997；Young & Kacmar，1998）。

种族、性别、年龄与残疾   除非在极其罕见的情况下，种族与法律方面的限制用于判断应聘者是否具有工作资格是不合理的。尽管有很多研究（例如，Bragger，Kutcher，Morgan，& Firth，2002；Frazer & Wiersma，2001；Miceli，Harvey，& Buckley，2001；Prewett-Livingston，Field，Veres，& Lewis，1996）基于这些因素提出了异议，但是目前还没有统一的定论。Sacco，Scheu，Ryan和Schmitt（2003）总结得出，"已经认真使用高度结构化面试的组织，无须再过多的关注面试官与面试者之间性别与种族的不对称性造成的偏差"。

我怀疑目前还没有足够的研究能够论证这个结论。考虑到面试官承受着需要尽量表现出公平公正无歧视的巨大压力、这类研究的本质以及组织内部并不愿意主动允许这类研究进行，目前针对偏见的研究并没有太多令人信服的证据结论。与其说所有的面试官都能在面试中做出公平公正的判断，不如说，一种更有效的理解面试中歧视问题的方法是更加关注社会心理学中微妙而隐蔽的歧视（Dipboye & Halverson，2004）。尽管人们在抑制，偏见却还是存在的，这会影响面试活动，而且在面试中产生的歧视往往会被合理化，同时归因到非偏见的因素中的。比如，Monin和Miller（2001）发现，在模拟面试中，如果在面试之前面试官要做出公平的判断的话，面试官会容易对女性与少数种族的人表现出偏见。但是如果先使得面试官不同意性别歧视者或者种族歧视者的一些话，面试官们就会表现得没有偏见，同时也为接下来的可能的歧视提供了盾牌。

吸引力　目前已发现的最为一致的会对面试官判断造成影响的因素之一就是身体的吸引力。面试官较容易被总体吸引力影响，往往会基于他们自己对于个体与组织匹配的观点进行评价。最近的一份元分析表明，与有吸引力的应聘者相比较而言，不管是在实验室还是在真实面试中的雇用决策、升职判断或者表现评价，缺乏吸引力的应聘者都更不受面试官欢迎（Hosada，Stone-Romero，& Coats，2003）。

印象管理的影响　印象管理的有利条件取决于印象管理策略对于情形的适宜性（Kacmar & Carlson，1999），并且是否适合于组织或工作是评价的中心（Kristof-Brown，Barrick，& Franke，2002）。当然，在很多面试中依旧有一些看起来很受欢迎的策略。面试官会根据面试者的自我提升与非言语性动作（比如微笑与适当的眼神接触）、对于自我适合组织的相关描述（比如自身对于该组织或者工作的兴趣）（Stevens & Kristof，1995）以及与硬措施截然相反的软措施而产生积极的印象（McFarland et al.，2002）。如果面试者在描述过去失败的事件时，能承担一些责任，而不是完全和自己撇清关系，就会更受面试官的欢迎（Silvester，1997；Silvester，Anderson-Gough，Anderson，& Mohamed，2002）。

核心面试过程各成分的联系

图5.1所呈现出的核心面试过程的多种成分之间是相互联系的。面试的动力本质是先前印象、面试内的社会过程与信息处理的过程之间的内在关系。

初始化印象与社会过程和认知过程的联系　很多研究表明，面试官在面试前对于应聘者的评估与面试后对于应聘者的评价（Macan & Dipboye，1990）和最终的决定

（Thoms，McMasters，Roberts，& Dombkowski，1999）之间存在一种固定的联系。Cable 和 Gilovich（1998）研究发现，相对于未进入面试环节的应聘者而言，雇用者更喜欢经过筛选进入面试环节的应聘者。这种效应与应聘者的资格能力无关，也与面试前对于应聘者与职位是否合适的评价准确度无关。

在一些情景下，当面试官对于应聘者的行为能否印证那些印象存在偏见时，"自证预言"就产生了（Biesanz，Neuberg，Judice，& Smith，1999；Dougherty，Turban，& Callender，1994；Judice & Neuberg，1998；Reich，2001；Ridge & Reber，2002）。尽管目前大多数研究关注了面试官的期待效应，也还是有一些迹象表明应聘者的预期也是自我实现的（Stevens，1997）。当面试官没有意识到某种偏见时（Reich，2001），或者有一个确定的取向时（Biesanz et al.，1999；Judice & Neuberg，1998），或者更多的依赖自身记忆而不是文字笔记时（Biesanz et al.，1999），该偏见现象出现的概率就会更高。

有研究表明，面试官的印象会对面试过程与面试者的行为产生偏见，但是这种影响并不如一些模型所表示的那么简单。在某些条件下，先前印象会引发一些不确定的过程；在某些情况下，又会引发诊断性的过程（Dipboye，1992）。并且，明确的偏见可以表现在行为上而不影响信息处理的过程，或者也可以不影响行为而影响信息处理的过程（Biesanz et al.，1999；Reich，2001）。

社会过程与认知过程之间的联系　社会过程与认知过程不可能以一种连续的方式呈现，相反，他们更可能以平行的形式出现，而非先后的形式。因此，面试官与面试者互动中的影响是互相的。社会过程与认知过程之间的一个很重要的联系点就是面试官与面试者之间的社会过程产生的心理负荷。当面试官与面试者因为分心或者心理负荷过多而"认知繁忙"时，纠正原始性特征认知的可能性就会降低（Nordstrom，Hall，& Bartels，1998）。另一个未被验证的猜想关注的是互动/双重互动对于后续事件信息处理的准确性的影响性。目前，我们有理由相信，如果面试过程只有提问与回答，而很少伴有面试官的随访、追问，那么与双向、开放式交谈的面试过程相比，容易导致更简单更不准确的个性判断（Powell & O'Neal，1976）。与这些研究相一致的是，单方向审讯式的结构化面试与非结构化面试相比较而言，也更容易导致不精确、不可靠的对个性品质的判断（Blackman，2002a；Blackman & Funder，2002）。

或许比社会过程一系列的事情更为重要的是源于互动的关系以及互动之前的关系。与缺乏信任或冲突较多的关系相比，一个人会更期望一段高质量的关系来确保更准确的看法、评价。并且，在部分程度上，还能带来更多更好的信息交流（如，面试官提出一个比较好的问题，面试者诚实且坦然地回答）。同时，在某种程度上也能反映出一种可能性，即一段由信任与坦然主导的关系使得面试官与面试者的认知需求减少。Kolk，Born 和 vander Flier（2003）从可能支持论点的论据中发现当面试的目的公开给面试者而非故意隐藏时，面试的结构效度会大大提高。但是这些研究中的大部分都还只是推测，有待将来研究进一步探索。

核心过程的结果

面试官与面试者的判断与决策是核心面试过程结果的一部分。心理学家与人力资源管理方面的研究者有很多用来评估这些结构的准则：（1）面试官判断的质量——效度、信度、准确度；（2）成功雇用到期望中的应聘者；（3）面试者对于工作与组织的判断质量；（4）选拔结果的公平性。选拔一部分人必然要舍弃另一部分人，在这方面，这些核心准则又产生了矛盾。

谈到面试官判断的质量时，有一个较为常见的假设，即除了知识、技能与能力之外，还有信息会使面试官的评价产生偏差，降低评估质量。但是，已有很多研究结果表明，这些所谓不相关的因素会因为其与工作绩效相关而影响效度与信度。Sears和Rowe（2003）的研究证明了"类己效应"是如何影响面试官判断的。Motowidlo与他的同事的模拟面试研究表明，非言语性的行为对工作绩效有一定的预测性（Burnett & Motowidlo，1998；DeGroot & Motowidlo，1999；Motowidlo & Burnett，1995）。Langlois等人（2000）在元分析的基础上总结出，有吸引力的成年人在事业方面更成功、自尊更强、社会技能更丰富，甚至比欠缺魅力的成年人稍微聪明一点。印象管理策略能反映出与工作绩效相关的应聘者特质，比如沟通焦虑（Ayres，Keereetaweep，Chen，& Edwards，1998）、外倾型与宜人性（Kristof-Brown et al.，2002），以及自我监控与控制点（Delery & Kacmar，1998）。并且，面试官对于应聘者的偏向性印象与影响应聘者工作绩效的特质正相关，比如外倾性（Caldwell & Burger，1998；Cook，Vance，& Spector，2000；Osborn，Field，& Veres，1998；van Dam，2003）、开放性（Caldwell & Burger，1998；van Dam，2003）、尽责性（Caldwell & Burger，1998；van Dam，2003）、情商（Fox & Spector，2000）以及情绪稳定性、控制点与低程度的焦虑特质（van Dam，2003）。

所谓的不相关因素并不一定会降低判断的效度与准确度，但是对法律与伦理的关注却会推翻心理测量的质量所关注的内容。例如，如果一个面试官歧视少数种族，那么此时要尝试剔除偏见是合情合理的，以避免法律纠纷，确保道德水准。

面试背景

面试过程一直以来被认为是一个封闭的系统，不受背景因素的影响。这一假设并不是完全不合理的。为了探索其中的因果联系，评价某些干预措施使面试看起来是独立的，这样看起来是合乎实际的。如果唯一的关注点是面试在多大程度上确保着选拔的准确度、信度、效度和公平度以及对于应聘者的吸引力程度，这是非常恰当的。

但是，面试过程实际上并不是封闭的，而是嵌入在很多背景当中的。想要充分理解面试核心过程对结果的影响，则需要考虑面试背景的因素。这些背景包括会对核心过程造成影响的面试任务、人力资源的整体职能、整个组织以及组织的环境。

任务背景：强加的任务结构的因素

面试官与应聘者之间社会互动和信息处理所形成的面试即时背景是面试任务。有很多对面试官和应聘者造成很大影响的特质会决定面试中所发生的事情。我将会逐一介绍每个因素，并考虑他们与整体面试结构的潜在关联。

1. **工作相关度**　面试任务中最重要的一个方面就是该面试在多大程度上聚焦于该工作所需的知识、技能、能力和其他的一些特质。与那些工作相关度较低的面试相比而言，基于工作分析基础之上的面试具有更高的预测效度（McDaniel，Schmidt，& Hunter，1988；Wiesner & Cronshaw，1988）。

2. **问题聚焦度**　有证据表明，基于经验的问题，即面试官问面试者关于过去所作所为的问题，比基于未来的问题（如情境性问题，给予一个假设性的情景，问面试者可能的做法）要更有效（Campion，Campion，& Hudson，1994；Pulakos & Schmitt，1995；Taylor & Small，2002）。一种可能的解释是基于经验性的问题会唤起面试者的印象管理模式，而这可能会误导面试官或者分散其注意力。例如，相比于面试者对于情景性问题的回答，他们对于行为基础（即经验基础）的问题会表现出更少的迎合，而进行更多的自我提升（Ellis et al.，2002）。

3. **基于行为的量表**　在结构化面试中使用基于行为的量表时，是根据多个基于关键事件分析的表现维度来评价应聘者。这些量表用于评价应聘者的回答的标准是以一个维度上应聘者表现的每个水平上的代表性行为来锚定的。在结构化行为面试中，一般认为这种行为锚定量表优于量表法（Vance，Kuhnert，& Farr，1978）。

4. **限制追问**　面试任务的另一方面是面试官提问措辞、追问和探查的限制范围（Huffcutt & Arthur，1994）。在高度结构化的面试中，面试官严格按照同样的顺序问同样的问题，并且不能追问或探查。当面试官被限制问题内容并被禁止追问时，评分者内部一致性较高，这支持了结构的原理（Schwab & Heneman，1969）。

5.独立媒体的使用 目前的研究都有其局限性，但是相对依赖媒介的（如电话、网络视频面试）产量评估与面对面的面试有所不同。相对于面对面的面试而言，电话面试更易受面试者魅力程度（Straus，Miles，& Levesque，2001）和个人归因（Silvester & Anderson，2003）的影响，并且会更加严格（Silvester，Anderson，Haddleton，Cunningham-Snell，& Gibb，2000）。电话面试中，个人因果归因形式的"印象管理"成分会更多，这是面试者为这种简单的媒介所做的补偿（Silvester & Anderson，2003）。另一方面，在视频面试中，"印象管理"的程度会低于面对面的面试，但这种影响正随着人们对于电脑的熟悉度的增加而降低（Dwight & Feigelson，2000）。这一趋势说明电脑对于面试者的威胁程度在下降，并且更愿意管理印象。

这些对于独立媒介的评估质量的真实影响还不是很清晰。相对于面对面的面试而言，电话面试因缺乏非言语性的线索，可能会降低面试官对性格特质的判断准确度（Blackman，2002b）。并且，面对面的面试在传达言语性和非言语性的线索、即时反馈、自然性的语言方面都优于电话会议式的面试。因而，在视频面试中面试者往往处于劣势（Chapman & Webster，2001）。

6. 聘用多位面试官 以往的元分析总结出，使用多位面试官使得面试结果的效度与单独面试官的效度相同（Marchese & Muchinsky，1993；Wiesner & Cronshaw，1988），甚至更低（Huffcutt & Woehr，1999；McDaniel，Whetzel，Schmitt，& Maurer，1994）。但是，以往的研究并没有能够区分出面试官组的形式或者做决定时的方式（如简单的平均化、统一的决定、名义上的群组策略）。这还依旧是面试任务尚未被探索研究的方面。

7. 问责制 Brtek和Motowidlo（2002）研究了面试官的效度问题，关于面试官要对做出面试结果判断的过程（过程可问责性）或最终的结果的准确度（结果可问责性）负责。研究结果发现，过程可问责性会提高面试官判断的效度，而结果可问责性会降低判断效度。参与者的注意力在过程可问责性与面试效度间起到完全中介作用。

8.笔记记录 完全结构化的面试不仅需要记录笔记，对于笔记的框架格式也有统一的要求。尽管有元分析得出非结论性结果（Huffcutt & Woehr，1999），但是近期的很多研究结果证明了笔记的益处（Biesanz et al.，1999；Burnett，Fan，Motowidlo，& DeGroot，1998；Middendorf & Macan，2002）。

9.评分数据整合形成判断 在非结构化面试中，面试官依照常规形成大致的结果判断，而在更为结构化的行为性面试中，面试官对于每个维度的评分要提供其数据。根据单独的维度评分结果，把这些数据结合起来评价面试者（如，平均分或者把每个维度的分数相加）。先前的研究也有一致性的结果，即通过数据整合形成最终判断，这样得到的结果比客观整合数据得到的结果更加精确，效度更高（Grove，Zald，Lebow，Snitz，& Nelson，2000）。

10.对于附属材料的限制　在最为结构化的面试中，当面试官正在评价面试者，做结果判断时，通常不允许面试官看到面试者的个人传记资料、考试成绩、参考资料或者其他形式的附属材料，而在典型的非结构化面试中，面试官有机会看到面试者的个人履历和考试成绩，并且可以随意翻阅参考。以往的元分析结果表明，当面试官不能接触面试者个人传记资料或者其他附属材料时，面试结果的效度会较高（McDaniel et al.，1994）。

11.决策模型的统一使用　一旦面试官基于知识、技能、能力或者其他该工作需要的特质评价面试者的时候，就需要决定应该录用谁，拒绝谁，是否需要进一步的面试。结构化的方式运用一种外显性的方法决定面试过的参与者的命运（Heneman，Judge，& Heneman，2000）。

12.训练和指令　面试的另一方面任务就是为面试官和应聘者提供培训。从面试者角度而言，培训和准备使得其运用与面试表现相关的策略（Maurer，Solamon，Andrews，& Troxtel，2001）。同时，培训对于面试官这一方也是有益处的，不论是结构化还是非结构化的面试（Huffcutt & Woehr，1999；Stevens，1998）。

面试结构对于面试核心过程结果的影响

面试过程中的多个任务因素是为了提高面试结果的价值，通常的假设是结构的一个维度会强化这些多个任务因素（Campion，Palmer，& Campion，1997；Dipboye & Gaugler，1993）。未来研究的一个有趣的并且可能很重要的方向，就是判定一维结构模型是否可以有效地概括多个任务。尽管先前对于结构多采取一维模型的方式，Dipboye，Wooten和Halverson（2003）提倡一种基于面试过程的三维模型以及与贯彻执行（如，培训）密切相关的一些因素。未来研究的另一问题就是结构对于其他核心结果的影响，包括雇用效率、公平以及对于面试者的评估质量。目前研究表明，结构虽然强化了面试官判断决策的质量，但它并不是对所有的面试过程结果都有益。

评估的质量：效度和信度　根据最近的一些元分析整合得出一个很重要的结论——结构化面试比非结构化面试的效度、信度更高（Conway，Jako，& Goodman，1995；Huffcutt & Arthur，1994；McDaniel et al.，1994；Wiesner & Cronshaw，1988）。这些结果激动人心的同时，元分析中的效度评价的准确性受到了近期一些综述的质疑（Jelf，1999；Judge et al.，2000）。

评估的质量：结构效度　近期的数份元分析都提出了一个问题：面试官的评估反映出了哪些特性？传统的结构化面试与行为结构化面试在构建方面是不一样的，但是还没有研究彻底探索过具体的特征差异（Moscoso，2000）。我则认为关于由结构化面试测评的特定特质的研究被误导了，因为没有区分开结构化面试中的工作相关度和过程标准化。为了允许与工作相关的或者不相关的评估出现，可以将面试中的询问和评估过程标准化。因此，面试结构的标准化维度是独立于面试构造过程的。具体来说，结构化面试通常是不评估价值的，但Parsons，Cable和Wilkerson（1999）描述了一种可以准确评估与在组织中的成功相关的结构化面试。

评估的质量：结构化与非结构化面试的准确度　有研究证据表明，结构化可以提高面试的准确度。Maurer 与 Lee（2000）发现，在针对警佐和副职官员选拔的情境性面试中，对工作候选人评估的准确度更高。同时，Blackman 和 Funder（2002）推测，Blackman（2002a）提供了支持性的证据证明，评估个人品质时非结构化面试的准确度要高于结构化面试。

雇用结果　评估的质量固然重要，但是只有最优秀的应聘者被吸引加入该组织才有可能谈到给应聘者安排到最合适的职位上去。评估质量更高的结构化面试对于招聘而言并不是最完美的，因为它过于客观冷淡、不灵活，使得应聘者对于局面完全没有控制力（Latham & Finnegan，1993；Schuler，1993）。例如，已有研究表明，与情境性或行为性的问题比较而言，应聘者更喜欢概述的面试问题（Conway & Peneno，1999）。甚至有研究表明，应聘者喜欢低工作相关度、低标准化、高热情的面试（Kohn & Dipboye，1998）。Moscoso（2000）基于已有研究结果总结出，与传统的结构化面试相比，行为性结构化面试更易使面试者产生消极的反应。也许是同样的原因，与视频面试（Chapman，Uggerslev，& Webster，2003；Straus et al.，2001）和电话面试（Chapman et al.，2003）相比，面试者更喜欢面对面的面试。如果视频面试更加结构化则会受到更多欢迎，而面对面的面试恰好相反，更低水平的结构化则会更受欢迎（Chapman & Rowe，2002）。

公平性　提到公平性时，涉及选拔过程的负面影响以及对于选拔过程公平性的看法。针对数份关于面试研究的元分析结果表明，进行认知能力测验时，存在少数种族歧视的结构化面试可以达到更高的效度（Huffcutt & Arthur，1994；Huffcutt & Roth，1998；McDaniel et al.，1994；Moscoso，2000；Wiesner & Cronshaw，1988）。Van

Iddekinge，Huffcutt，Eidson和Bobko（2002），Bobko，Roth和Potosky（1999）的研究都质疑了这个问题，并且提供了研究的实证，面试官判断的影响要远高于所估计的水平，尤其是当使用多种常用的测评方法以及面试作为最初的人事筛查工具时。

无论选拔过程的影响有多不利，面试者、面试官以及其他旁观者都可能会或者不会认为这个过程是公共的。结构化面试应该更为统一、工作相关度更高、对于不恰当的询问更敏感，而非结构化面试则双向沟通更多、互动的质量更高、面试者表现的机会更多。而且，非结构化面试反而被认为更公平，因为它允许决策者灵活地运用适合不同场景的规则（如，公平、公正、需求）。未来研究的一个方向就是针对面试结构不同方面的看法和调配的公平性的影响。

面试者决策的质量　从面试者角度而言，十分重要的一点即是否可以有效地搜集到有关工作和组织的信息，有助于最终的决策判断。至少有两方面的理由支持非结构化面试过程可以使应聘者在组织之间、工作之间做出更好的选择，因为这可以降低面试官判断的质量。在非结构化面试过程中，面试官可以提供现实的工作相关的回顾，面试者可以询问是否有适合自己能力、兴趣、目标、价值和需求的职位。此外，面试官和应聘者还可以更好地协商达成双向的心灵契约。与此相反的是，高度结构化的面试使得应聘者几乎没有机会收集信息。但是，是否非结构化的面试可以确实使得应聘者做出更好的决定有待进一步实证研究。

人力资源管理实践和策略

面试过程和设计最重要的驱动力之一就是人力资源管理职能。不得不纳入考虑的因素之一就是在组织内与个人单位有关的人力资源管理的权力。也许有人会认为，集中化、专业化的人力资源管理可以更好地管理组织结构化程序中的亚组织。另一方面，根据人力资源管理功能职能的分散程度，其权力相对减弱，人们又会更欢迎允许部门内部决定选拔措施的非结构化面试。在这种情况下，对维持和提升权力的关注程度已经超过了选拔有知识、有技能、有能力以及其他特质的合适人选。

组织的人力资源策略在决策核心面试的设计、实施以及评价过程中起到十分重要的作用。为了拥有绝对的优势，可以采取大量适合于组织整体战略的人力资源措施（Baron & Kreps，1999）。选取结构化还是非结构化面试不仅取决于与其他大量人力资源措施的一致性，也取决于其自身的准确性和效度。而且，根据人力资源策略结构程序的一致性，实施结构化面试更为容易，相反，倘若人力资源策略与这些过程的不一致程度越高，则实施结构化面试就会愈发困难。根据公司的"资源基础理论"，来自人力资源管理的绝对性优势不仅能创造价值，而且它是很罕见的，不易被模仿的（Barney，2002），该理论甚至会提倡选择新奇甚至奇特的程序以达到绝对的优势。Wright，

McMahan和McWilliams（1994）的这套资源基础理论还推测非结构化过程虽没有达到最佳的信效度，但是已经足够提高价值，因为其自身是罕见的、不易被模仿的、不可替代的。

人力资源管理功能中，面试核心过程对整体的选拔和雇用程序具有影响。社会化过程、信息处理和判断都与面试选拔过程中的其他方法以及模块紧密联系在一起。在一些面试场景中，面试官的判断是贯穿整个选拔过程的透视镜，影响雇用或者拒绝的决定。在这样的情况下，面试就是整体选拔过程中的人为成分。因为很难把面试过程中获取的信息和从其他来源获得的信息（如申请表、考试以及推荐信等）区分开来。除了其他一些测评工具在面试中的使用频率之外，很少有研究者关注面试判断和选拔方式的结合影响（Chuang，2001；Dalessio & Silverhart，1994；Harland，Rauzi，& Biasotto，1995）。有研究结果考虑到了整体选拔过程的重要性，结果表明，面试的不利影响与其是否涉及其他选拔过程有关（Roth et al.，2002；Bobko et al.，1999）。

组织背景：文化、结构、战略、领导力和权利

正式与非正式的结构、组织文化、领导力和战略是组织层面上最重要的因素。从文化与亚文化层面而言，有组织的核心价值观，以及维持这些核心价值的传说、礼制、文物和仪式。新成员和组织的早先接触对其社会化以及尽快适应组织起到重要的作用（Miller & Jablin，1991）。作为组织最初与新成员的接触，面试通常都是最先的措施，和潜在的新成员"熔炼"，淡化他们之前的态度、价值观和准则，并使其适应新的文化。在较强文化的组织中，面试往往是潜在的沟通文化、增强自身文化的一种方式。

环境背景：国家文化、股东、机构和经济

组织在环境背景中运作，环境背景包括国家文化、股东、其他机构和其所处的经济环境。组织所采取的面试措施可以折射出该组织努力争取达到合理合法性的愿望以及该组织在股东们心中的应有地位。根据制度理论（Meyer & Rowan，1977），高地位的机构被用作例子维护组织在其环境中的名誉和地位。杰出的企业中十分盛行的面试过程通常被普遍采用。经济压力是另一种需要考虑的环境因素。最重要却最常被忽视的因素之一就是劳动力市场。当岗位数多于应聘者时，重点在于雇用；反之，当应聘者多于岗位数时，重点则转移到甄选。人们也希望面试过程与国家文化的价值观和标准相一致。已有推测和证据支持这种在不同文化背景中结构化和行为化面试的兼容性不同的主张：在阳性的集体主义文化中要高于阴性的个人主义文化（Spence & Petrick，2000），在普世的文化中要高于特定的文化（Nyfield & Baron，2000），在高阻断不确定性的文化中要

高于低阻断不确定性的文化（Ryan，McFarland，Baron，& Page，1999）。关于国家文化和面试不协调冲突的方面，Lee（1998）研究了韩国选拔面试过程与传统儒家文化相矛盾时的情况，儒家文化影响中的yon-go指一种建立于家庭纽带（hyul-yon）、学校纽带（hakyon）和出生地（ii-yon）的特殊社会关系。

目前有限的研究已表明，国家文化会影响组织是否采用结构化面试，但是它是否会影响面试效度还有待进一步研究。近期针对认知能力研究的元分析总结发现，测验的效度在欧洲文化内部差异不显著（Salgado et al.，2003），但是还尚未有针对面试效度在不同文化中的一致性的检验的研究。

背景对面试措施实行的影响

基于这些已有的研究结果，也许会有人认为结构化面试的一致性源于面试操作者的态度、知识和信仰。但是，目前我所回顾的面试背景已表明，面试过程也为面试背景中的其他功能服务。因此，效度、信度和准确度都不是很理想的非结构化面试可能会更受欢迎，因为它能够更好地实现系统的功能。

结论

目前所回顾的研究虽还未体现出面试研究的缺憾，但是弥合了大量研究中的差异。大多数研究关注面试官处理信息的过程以及面试任务内容对于评估质量的影响，也有大量研究关注面试环节中的社会过程。目前研究存在的缺憾在于与面试核心过程结果相关的领域，如面试者的评价或者成功雇用人才付出的努力。还处于一片空白的领域还有背景（如人力资源管理、组织或者环境因素）对面试过程和结果的影响。

本综述的一个论点就是未来的研究定会受益于将选拔雇用面试清晰地概念化，而不仅仅是狭隘地分为目前研究的热点：核心过程和结果。面试的核心过程被嵌在一定的背景当中，同时这个背景又嵌在另一些背景当中。由观察发现所发生的内容不仅折射出了核心过程内部因素的相互作用，也反映了面试任务内容、人力资源功能、组织以及组织环境的相互作用。值得一提的是，在概念化的基础上，总结评价面试不仅要基于评估的质量，还要考虑到其在自身的环境背景中所发挥的作用。虽然这有激进的嫌疑，但依旧是选拔面试中值得严肃对待的一个问题。

注：此章为作者在休斯敦莱斯大学工作时完成的。

第六章 认知能力在人事选拔决策中的作用

Deniz S. Ones，Chockalingam Viswesvaran，Stephan Dilchert

认知能力（CA）或者智力测验被尊奉为"心理学为人类做出的最实际的贡献（例如，Cronbach，1960）"（Roberts，Markham，Matthews & Zeidner，in press）。100年前Spearman的论文对"一般智商"进行了客观的定义和测量，这是使研究者把目光转至CA的构建上的最早转折点。Carroll 与 Roberts等人（1993）对CA测验进行了详尽的回顾。

百年里，大量的研究表明CA对很多重要的个体行为事件以及生活有着惊人的预测作用，如科研成就、健康相关的行为、道德过失、社会经济地位、种族偏见、离婚、事故倾向、职业地位甚至死亡（见Brand，1987；Gottfredson，1997b；Jensen，1998；Lubinski，2000；Ree & Carretta，2002；Schmidt，2002，对与CA相关变量的回顾）。CA被看作区别工作绩效的最重要的个体差异（Viswesvaran & Ones，2002）。因此，CA广泛的社会价值是不可否认的。在人事选拔研究史上，CA作为预测因子已有近百年之久。但CA可谓命运多舛，起起伏伏，也曾有大量研究认为，CA测验对人事选拔实践用处不大，CA测验中的构想不够稳定且作用有限。

本章的主要目标就是回顾大量对选拔中应用的CA测验的研究。先介绍CA测验在选拔中的独特地位，然后讨论其心理测量学和心理学的意义。之后，我们回顾了关于世界范围内人事选拔领域流行CA测验的信息、能力测验的可接受度和应聘者的反应。接下来会通过总结元分析的结论来回顾CA在选拔中的作用，因为元分析检验了CA测验在不同国界里的选拔原则性效度问题。很多文献认为CA测验在不同工作以及文化中对工作绩效都有一定的预测作用。鉴于此结论，我们试图探索CA影响工作绩效的作用机制。之后，本章节会简要回顾CA测验中的民族、种群、性别和年龄差异研究以及相关的负面影响。在本章的结尾，我们将会讨论CA目前以及将来的研究方向，包括对于使用多种选拔方式（例如，面试、评价中心、情境判断测验SGT）的CA测验的评价，以及近期新提出的智商（例如，实践智力、情商等）。

认知能力、一般智力因素（GMA）和G因素等专业名词已经被用于指同一种构想（Viswesvaran & Ones，2002）。我们用认知能力这个名词代指被CA测验包括的构想领域，依旧保留G因素和一般智力因素这些术语来代指CA测验范围之外的综合因素。

普遍的使用与认同

对认知能力测验的态度

虽然CA测验的重要性已经获得研究者的普遍认同，但是对于在人事选拔中使用CA测验依旧存在不同的态度。大量的研究在不同的国家调查了应聘者对于多种人事选拔方式的反馈，包括GMA笔试以及一些特殊能力测验（Anderson，Born，& Cunningham-Snell，2001）。CA测验的受欢迎程度大约占总体的一半。感知到的选拔方法与工作的相关度会直接影响应聘者对于其公平度的评价。总体而言，不论是工作相关度明显很高的选拔测量方法（如工作案例测验）还是被感知到较高的工作相关度的选拔测量方式（例如，评价中心、面试），与传统的CA笔试相比较而言都更受到应聘者的喜欢（Marcus，2003；Smither，Reilly，Millsap，Pearlman，& Stoffey，1993；Steiner & Gilliland，1996）。Lounsbury，Borrow和Jensen（1989）通过对546个参与者进行的电话调查发现，当应聘者了解该项测验与工作绩效的相关度时，会改善对这类雇用测验的看法。此外，对于CA测验接受度的一个调节性因素是操作项目的清晰度。与抽象的项目相比，具体的项目会被认为与工作更相关（Rynes & Connerley，1993；Smither et al.，1993）。

应聘者也表现出了对于特殊能力测验的钟爱。Schmidt（2002）研究发现，特殊能力测验能使参加测验的人相信他们可以从中发现自己适合的职业（一些得高分的项目）。这当然是一种谬误，因为特殊能力测验是与综合能力测验正向相关的。

认知能力测验在人事选拔中的流行趋势

尽管已有证据表明，对于CA能力测验在不同的国界中可接受度的评价有着一定的稳定性（Anderson et al.，2001），但是其使用程度却是不一致的。Salgado，Viswesvaran和Ones（2001）总结了近年来美国、加拿大、澳大利亚和欧洲很多国家的组织情况，其中使用CA测验作为人事选拔的一种方式的组织比率，低至10%，高至70%。Salgado与Anderson（2002）回顾了既有的欧洲的组织机构的相关研究与调查，采用Ryan，McFarland，Baron和Page（1999）的数据，根据CA测验的使用频率对欧洲和美国组织进行了排序。出乎意料的是，他们的研究结果发现，美国组织对CA测验的使用远没有在欧洲很多国家那么盛行（根据可得的数据，美国在18个国家中仅排第15名）。他们把此现象归因为CA存在的群体差异上，并且CA在美国引发的负面影响的主导程度远远超过了欧洲。这些调查的结果还是值得深思的。正如Salgado和Anderson（2002）所指出的那样，CA测验的使用频率会因应聘者的等级而有所差异。并且，Anderson等人

（2001）的综述发现，综合CA测验和特殊能力测验的使用之间存在着很重要的差异。根据可得的文献数据，该综述表示特殊能力测验的使用要比GMA的使用更广泛，这可能是因为人们普遍认为特殊能力测验与工作的相关度要高于一般的认知能力测验。从已有的研究和综述中总结出的证据表明，CA在不同国家都有广泛的使用，但是与其他选拔方式的使用频率相比，它的使用频率还是不可思议的低，尽管CA测验的预测效度很高。

定义

认知能力可以被描述为一种基本的推理能力（Cattell，1943）。它包括学习和适应的能力（Jensen，1980；Schmidt，2002；Sternberg & Detterman，1986；Terman，1916）。其核心为复杂的信息处理能力（Stankov，in press）。Flynn（1987）将此解释为"实际解决问题的能力"。

52名CA研究领域的专家就下面的构想定义达成了一致：

> 智力是一种综合的心理能力，包括思考的能力、统筹计划的思维能力、解决问题的能力、抽象思维的能力、理解复杂问题的能力、快速学习和总结经验的能力。它不是简单的书本学习能力、学术技能或者应试能力，而是反映了更广阔更深刻的理解周遭的能力——把握、理解事物或者弄清楚要做什么的能力（Gottfredson，1997a）。

心理测量学的意义

CA测验的分数之间是高度相关的。举例来说，当言语能力和数字分析能力测验相关在0.70~0.90时，"它们之间的相关只比内部特质相关低0.10~0.20"（Drasgow，2003）。大量CA测量方法之间的相关描述了什么是正向复写，这是CA的一个综合要素（Spearman，1904）。虽然认知测验内容各不相同（如背诵内容、做算术题、估算长度等），但是有共通的综合因素影响着这些测验的结果。能力的差异大部分是由"G因素或者综合能力"引起的（Jensen，1998；Ree & Carretta，2002）。这一结果已由CA笔试测验和电脑操作测验所证实（Kranzler & Jensen，1991；Kyllonen，1993）。GMA可以说是一种综合信息处理能力，并且通常是作为首要未旋转的因素从一连串的特殊能力测验中抽取出来。尽管单一的因素可以解释很多CA测验的内部相关，但是还是不够有力，而且大量CA测验中的综合因素之间也是相关的（Johnson，Bouchard，Krueger，McGue，& Gottesman，2004）。更精确的CA得分模型需要一些群体因素，如大量的言语能力因素和特殊因素等。

能力组合

CA测验分数与一般能力共变。然而，CA的主要结构是分层次的（Carroll，1993；Spearman，1904）。不同的CA测验显现出对一般能力的不同饱和或载荷水平。一般能力位于CA等级的顶端（Stratum III，Carroll，1993），表明了认知能力测量内部的公共因子方差。下一等级就是群组因素，如流体智力、晶体智力、记忆力、视觉感知力、听觉感知力、检索、认知速度和处理速度（Stratum II，Carroll，1993）。再低一层等级就是基础而普遍的因素（Stratum I，Carroll，1993），如语言表达能力、阅读理解能力和词汇知识，都是与晶体智力有关的Stratum I因素。另一方面，推理、归纳以及大量的思考都是Stratum I因素中与流体智力有关的（例如，"很少依赖于学习和文化适应的思考和其他思维活动的基础过程"；Carroll，1993）。第一级的因素包括了一些测验中独特的要素或者有限的系列测验，这些因素需要同步的测量（Spearman，1937）。值得注意的是，大多数的基础因素都是可识别的。也就是说，对于CA测验的回应也可以被解释为相继评估更特殊的能力。但是，正如Kelley（1939）所说，"证明一个因素存在的线索"不能"被引用为证明一个因素很关键的线索"。经过分解的因素可能在预测和解释方面没有太大的作用，"只有那些被证实对日常生活有重大实践价值的因素才值得纳入考虑"（Vernon，1950）。

构想的本质和心理学意义

通常而言，CA测验的学术批评者提到"心理测量学 g"，即使该构想是短时的，并且只能是心理测量学的实体。但是，它有附属于GMA构想的心理学意义。

Gottfredson（2004）把GMA定义为"高度综合化的学习、思考和解决问题的能力"。这是一种通用能力，它跨越多种认知能力，如问题解决能力、抽象思维能力、学习能力和推理能力。流体智力"反映出了思考和与更高级思维过程有关的基本能力"，而晶体智力反映的是"个体基础知识的范围"（Drasgow，2003）。人生而具备学习和思考的能力，这些能力被投入于"所有复杂的学习情境"中，并从这些情景中获得不同的晶体能力（Cattell，1971）。

GMA的核心就是信息处理的能力。根据CA的信息处理模型，认知任务的表现（包括对于测验项目的反应）是四个过程的集合：陈述性知识、程序性知识、认知处理速度以及工作记忆的容量（Kyllonen & Christal，1989，1990）。随着GMA的普遍应用，应有更多的研究着眼于理解其理论支撑（Campbell，1996；Lubinski，2000）。在人事选拔中，效标关联效度在某种程度上证明了这个构想中心理学的汇入。

效标关联效度

效标关联效度依赖于证明在应用背景中CA测验的无用性。这是论证CA的工作相关度的一条线索。在过去的一个世纪里，数以千计的研究旨在论证CA测验在预测学业或者组织中的行为、绩效和成果的效标关联效度。直到20世纪70年代中叶，研究界都认为即使是同一个测验同一种工作，CA测验的效度也是差异很大的。情景特异性学说（Hunter & Schmidt，1976； Schmidt &Hunter，1998）主张每种情景都有其独特性，并且认为从一种情景中得到的结论对于其他情景不具备迁移性。

Hunter和Schmidt（1976）指出，目前可观察的效度会因为数据的统计假象（例如，抽样误差、效标不可靠以及范围局限等）的扭曲影响而脱离群体值（关于统计假象的描述，参见Hunter & Schmidt，1990）。心理测量学元分析主要用于评估效度的群体值，并且检验不同研究中发现的区分效度多大程度上是由于样本差异以及其他人为数据加工处理引起的。这一技术的首次应用表明，CA测验的效标关联效度在个案研究中被系统地、严重地低估了，并且效标关联效度在不同的情景下可以被转化（即效度概化）（Schmidt & Hunter，1977）。大量的元分析还检验了CA测验的效度，而结果再次推翻了情景特异性的假说。为了提供大量相关文献的准确回顾，本研究总结了很多相关元分析，还纳入了一些大规模调查的结果。

预测学习

CA测验主要对教育和工作背景中的学习能力起预测作用。研究结果再次论证了CA测验在教育中的预测效度（Kuncel，Hezlett，& Ones，2001，2004）。CA测验分数和学习之间的关系已在有关工作培训能力表现测验的元分析中得到了论证。

CA是能预测工作知识习得情况的主要个体差异。培训无疑是一项与学习相关的主要活动。表6.1总结了17项元分析的结果，这些元分析关注了CA测验对于培训工作绩效的效标关联效度。根据17份元分析的结果，我们发现，实践者通常是通过培训课程的得分或者管理者对于培训成功度的评价来判断其培训表现。培训中的这些评价使得参与者在培训中习得更多的知识。已有很多元分析关注了GMA效度和特殊能力测验的效度。这些结果源于不同的工作、组织和国家。

数学能力和言语能力以及GMA的效标关联效度都很高，从0.30至0.79。我们通过比较GMA和特殊能力测验的效标关联效度发现，在不同的工作和不同的背景下的单职工家庭里，GMA的预测价值大于等于其单独每个维度的预测价值。GMA测验预测培训表现的效度范围在0.50至0.60之间。已有数据中有一个值得注意的趋势，即需要认知资源的测验的效度高于相对而言较简单的测验，复杂测验的效标关联效度往往会更高（Hunter，1983b； Salgado et al.，2003）。

预测工作绩效

工作需要一定的知识和信息处理的过程，这使得工作行为表现需要一定的认知能力（Reeve & Hakel，2002）。工作绩效可能是所有行业、工作和组织心理学里最重要的效标（见Viswesvaran & Ones，本书第15章）。我们在人事选拔、培训和组织干预中付出的多数努力都旨在影响绩效这一重要变量。或许正因如此，大量检验CA测验的效标关联效度的研究已经被投入实际使用中。因而出现了不少关于CA测验预测工作绩效的元分析的文献。这些在表格7.2中有详细的总结。根据已有分析，尽管客观的任务绩效测评方式已有使用，但是上级评价依旧还是最主要的工作绩效测量方式。

CA对工作绩效的预测效度还是略低于其对培训绩效的预测效度。这是意料之中的，因为培训的成功结果更接近于学习，因为更容易被称为"学习的能力"的CA测验所预测（Schmidt，2002）。另一方面，CA测验已通过专业知识的关键构想与工作绩效产生了紧密的联系。因此，相比于学习而言，这是更远一层关系的决定因素。而且，GMA和特殊能力测验都呈现出了与工作绩效十分牢固的关联。针对多样化工作的大规模调查的操作可行性约在0.50左右。

表6.2根据已有的文献数据整合出了对GMA和特殊能力测验的操作可行性的对比。大规模研究的元分析结果显示出了GMA和更多特殊能力测验的一致性。GMA测验的效度大于等于特殊能力测验的效度。此外，工作复杂度越高，操作可行性越高。

对于生产力的意义

CA测验的预测效度对组织生产力有着直接的意义。预测工作绩效的选拔方式效标关联效度越高，选拔出来的人才的工作绩效就会越好。任何选拔系统的实用性都取决于众多应聘者的工作绩效这个变量以及要雇用员工所占的比率（Schmidt & Hunter，1998）。应聘者间工作绩效（用美元计量的产出来表示）的可变性是真实存在的（Schmidt & Hunter，1983；Schmidt，Hunter，McKenzie，& Muldrow，1979a）。

研究者可以通过选择最合适的预测因子使选拔程序的预测效度最大化，来帮助组织获取更多经济利益。生产力的提高可以通过产出的百分比或通过效用分析得出的美元价值来进行量化（Hunter & Hunter，1984；Schmidt & Hunter，1998）。当从一种测评方式换到另一种预测效度更高的方式来预测工作绩效时，实用性上的收获会和两种测评方式的区分效度成正比。从这一角度而言，CA测验对工作绩效巨大的预测效度有着重要的经济意义。例如，Hunter和Hunter（1984）利用1980年美国劳工统计局的数据，对组织依据CA测验来雇用员工的效用进行了评估。研究发现美国联邦政府每年能因此获取156.1亿美元的收益。

表6.1　认知能力对工作/培训中学习绩效的预测效度元分析结果汇总表

研究	预测因子	工作/背景	N	K	ρ	SD_p	80%CI
Hunter (1983b)	GMA	异质工作	6,496	90	.55	.16	.37 - .74
Salgado et al. (2003a)	GMA	异质工作,欧洲	16,065	97	.54	.19	.30 - .78
Salgado & Anderson (2002)	GMA	异质工作, 西班牙	2,405	25	.47	.17	.25 - .69
Salgado & Anderson (2002)	GMA	异质工作,英国	20,305	61	.56	.08	.46 - .66
Salgado & Anderson (2002)	GMA	异质工作, 西班牙+英国	22,710	86	.53	.09	.41 - .65
Hunter (1985)	GMA	异质工作或军职工作	472,539	828	.62a		
Hunter (1983b)	GMA	高CJ	235	4	.65	.00	.65 - .65
Hartigan&Wigdor (1989)	GMA	高CJ	64		.60b,c		
Salgado et al. (2003b)	GMA	高CJ; 欧洲	2,619	13	.74	.00	.74 - .74
Hunter (1983b)	GMA	稍高 CJ	1,863	24	.50	.20	.29 - .71
Hunter (1983b)	GMA	中等 CJ	3,823	54	.57	.16	.36 - .78
Hartigan&Wigdor (1989)	GMA	中等 CJ	347		.33b,c		
Salgado et al. (2003b)	GMA	中等 CJ; 欧洲	4,304	35	.53	.22	.25 - .81
Hunter (1983b)	GMA	稍低 CJ	575	8	.54	.04	.49 - .59
Hartigan & Wigdor (1989)	GMA	稍低 CJ	3,169		.40b,c		
Hartigan & Wigdor (1989)	GMA	低CJ	106		.00b,c		
Salgado et al. (2003b)	GMA	低 CJ; 欧洲	4,731	21	.36	.15	.17 - .55
Salgado et al. (2003b)	GMA	实习生, 欧洲	1,229	9	.49	.08	.39 - .59
Salgado et al. (2003b)	GMA	化工厂工人, 欧洲	1,514	4	.72	.00	.72 - .72
Pearlman et al. (1980)	GMA	文职工作	32,157	65	.71	.12	.56 - .86
Hunter (1985)	GMA	文职工作; 军职工作	42,832	104	.58a		
Salgado et al. (2003b)	GMA	司机, 欧洲	2,252	9	.40	.06	.32 - .48
Salgado et al. (2003b)	GMA	电工助理, 欧洲	353	4	.63	.12	.48 - .78
Hunter (1985)	GMA	电子设备工作; 军职工作	92,758	160	.67a		
Salgado et al. (2003b)	GMA	工程师, 欧洲	1,051	8	.74	.00	.74 - .74
Hunter (1985)	GMA	一般技术工作; 军职工作	180,806	287	.62a		

续 表

研究	预测因子	工作/背景	N	K	ρ	SD_ρ	80%CI
Salgado et al. (2003b)	GMA	信息情报工作, 欧洲	579	4	.69	.00	.69-.69
Salgado et al. (2003b)	GMA	电工助理,欧洲	353	4	.63	.12	.48-.78
Hunter (1985)	GMA	电子设备工作;军职工作	92,758	160	.67a	.00	.74-.74
Salgado et al. (2003b)	GMA	工程师, 欧洲	1,051	8	.74	.00	.74-.74
Hunter (1985)	GMA	一般技术工作;军职工作	180,806	287	.62a	.00	.69-.69
Salgado et al. (2003b)	GMA	信息情报工作, 欧洲	579	4	.69	.00	.69-.69
Hunter (1985)	GMA	机械操作工作;军职工作	156,143	277	.62a		
Salgado et al. (2003b)	GMA	机械, 欧洲	549	4	.40	.08	.30-.50
Callender & Osburn (1981)	GMA	石油工业	1694	14	.54	.00	.54-.54
Salgado et al. (2003b)	GMA	警察, 欧洲	392	3	.25	.26	-.08-.58
Salgado et al. (2003b)	GMA	技术工人, 欧洲	2,276	12	.27	.12	.12-.42
Salgado et al. (2003b)	GMA	打字员, 欧洲	1,651	12	.57	.26	.24-.90
Hirsh et al. (1986)	言语+RA	警察和侦探	1,151	7	.71	.00	.71-.71
Barrett et al. (1999)	认知+机械理解	消防员	1,027	9	.77	.12	.62-.92
Sager et al. (1997)	计算机认知能力测验	17个工作;军职工作		17	.73a		
Schmidt et al. (1981)	数字推理	35个工作, 时间点1; 军职工作	10,488	35	.56a	.12a	.41-.71
Schmidt et al. (1981)	数字推理	35个工作, 时间点2; 军职工作	10,534	35	.57a	.14a	.39-.75
Callender & Osburn (1981)	数字推理	石油行业	1,378	13	.52	.15	.33-.71
Salgado et al. (2003a)	QA	异质工作, 欧洲	10,860	58	.48	.18	.25-.71
Pearlman et al. (1980)	QA	文职工作	50,751	107	.70	.12	.55-.85
Hirsh et al. (1986)	QA	警察和侦探	1,206	9	.63	.20	.37-.89
Pearlman et al. (1980)	RA	文职工作	4,928	25	.39	.18	.16-.62
Kuncel et al. (2004)	RA	研究院实习生	300	4	.22	.00	.22-.22
Hirsh et al. (1986)	RA	警察和侦探	4,374	24	.61	.11	.47-.75
Salgado et al. (2003a)	VA	异质工作, 欧洲	11,123	58	.44	.19	.20-.68
Pearlman et al. (1980)	VA	文职工作	44,478	102	.64	.13	.47-.81
Hirsh et al. (1986)	VA	警察和侦探	3,943	26	.64	.21	.37-.91
Schmidt et al. (1981)	词汇	35个工作, 时间点1; 军职工作	10,488	35	.51	.11a	.37-.65
Schmidt et al. (1981)	词汇	35个工作, 时间点2; 军职工作	10,534	35	.52a	.13a	.35-.69

续 表

研究	预测因子	工作/背景	N	K	ρ	SDp	80%CI
Verive & McDaniel (1996)	短时记忆测验	异质工作	16,521	35	49	.09	.37 - .61
Salgado et al. (2003a)	记忆	异质工作，欧洲	3,323	15	.34	.20	.08 - .60
Hirsh et al. (1986)	记忆	警察和侦探	801	6	.41	.00	.41 - .41
Schmidt et al. (1981)	自动化信息	35个工作，时间点1；军职工作	10,488	35	.41a	.15a	.22 - .60
Schmidt et al. (1981)	自动化信息	35个工作，时间点2；军职工作	10,534	35	.38a	.18a	.15 - .61
Callender & Osburn (1981)	化学理解能力	石油行业	1,378	13	.47	.00	.47 - .47
Schmidt et al. (1981)	文书工作速度	35个工作，时间点1；军职工作	10,488	35	.39a	.10a	.26 - .52
Schmidt et al. (1981)	文书工作速度	35个工作，时间点2；军职工作	10,534	35	.42a	.12a	.27 - .57
Schmidt et al. (1981)	电学信息处理	35个工作，时间点1；军职工作	10,488	35	.45a	.10a	.32 - .58
Schmidt et al. (1981)	电学信息处理	35个工作，时间点2；军职工作	10,534	35	.44a	.13a	.27 - .61
Schmidt et al. (1981)	机械能力倾向	35个工作，时间点1；军职工作	10,488	35	.51a	.10a	.38 - .64
Schmidt et al. (1981)	机械能力倾向	35个工作，时间点2；军职工作	10,534	35	.50a	.11a	.36 - .64
Barrett et al. (1999)	机械理解	消防员	869	5	.62	.17	.40 - .84
Callender & Osburn (1981)	机械理解	石油工业	1,419	11	.52	.07	.43 - .61
Schmidt et al. (1981)	无线电信息	35个工作，时间点1；军职工作	10,488	35	.32a	.11a	.18 - .46
Schmidt et al. (1981)	无线电信息	35个工作，时间点2；军职工作	10,534	35	.32	.13a	.15 - .49
Schmidt et al. (1981)	无线电编码能力倾向	35个工作，时间点1；军职工作	10,488	35	.34a	.04a	.29 - .39
Schmidt et al. (1981)	无线电编码能力倾向	35个工作，时间点2；军职工作	10,534	35	.35a	.04a	.30 - .40
Schmidt et al. (1981)	车间力学	35个工作，时间点1；军职工作	10,488	35	.48a	.14a	.30 - .66
Schmidt et al. (1981)	车间力学	35个工作，时间点2；军职工作	10,534	35	.48a	.13a	.31 - .65
Schmidt et al. (1980)	编程能力倾向测验	计算机程序员	1,635	9	.91	.17	.69 - 1.00
Barrett et al. (1999)	认知能力-未标明类别	消防员	2,007	14	.77	.03	.73 - .81
Levine et al. (1996)	认知能力-未标明类别	工艺工作；公共事业	5,872	52	.67	.00	.67 - .67
Vineberg & Joyner (1982)	能力倾向-未标明类别	军职工作		51	.27		

注：N＝样本总数；K＝研究数目；ρ＝操作效度估计；SDp＝相关系数标准差；80% CI＝80% 置信区间
CJ＝复杂性工作；QA＝数学能力；RA＝推理能力；VA＝文字能力；a.效标差异未校正；b.全距限制未校正；c.已采用传统效标信度估计进行校正。

表6.2 认知能力对工作绩效预测效度元分析汇总表

研究	预测因子	效标	工作背景	N	K	ρ	SDρ	80%CI
Hunter (1983b) a和b	GMA	JP	异质性工作		515	.47	.12	.31-63
Hunter (1983b)	GMA	JP	异质性工作	32,124	425	.45	.08	.34-.56
Salgado & Anderson(2002)	GMA	JP	异质性工作，西班牙	1,239	9	.61	.00	.61-.61
Salgado & Anderson(2002)	GMA	JP	异质性工作，英国	7,283	45	.41	.23	.12-.70
Salgado & Anderson(2002)	GMA	JP	异质性工作，西班牙+英国	8,522	54	.42	.23	.13-.70
Hunter (1983b)	GMA	JP	高度复杂性工作	1,114	17	.56	.03	.52-.60
Hartigan & Wigdor(1989)	GMA	JP	高度复杂性工作	3,900		.17a, b		
Hunter (1983b)	GMA	JP	中高度复杂性工作	2,455	36	.58	.15	.38-.78
Hartigan & Wigdor(1989)	GMA	JP	中高度复杂性工作	200		.21 a, b		
Hunter (1983b)	GMA	JP	中度复杂性工作	12,933	151	.51	.15	.31-.69
Hartigan & Wigdor(1989)	GMA	JP	中度复杂性工作	630		.28a, b		
Hunter (1983b)	GMA	JP	中低度复杂性工作	14,403	201	.40	.03	.36-.44
Hartigan & Wigdor(1989)	GMA	JP	中低度复杂性工作	19,206		.23a, b		
Hartigan & Wigdor(1989)	GMA	JP	低复杂性工作	10,862		.20a, b		
Hunter (1983b)	GMA	JP	低复杂性工作	1,219	20	.23	.06	.15-.31
Pearlman et al. (1980)	GMA	JP	文职工作	17,539	194	.52	.24	.21-.83
Schmidt et al. (1979b)	GMA	JP	文职工作	5,433	58	.49	.21	.22-.76
Schmidt et al. (1979b)	GMA	JP	文职工作	3,986	65	.61	.36	.15-1.00
Schmidt et al. (1979b)	GMA	JP	一线主管	5,143	75	.63	.23	.35-.93
Callender & Osburn(1981)	GMA	JP	石油行业工作	3,219	37	.32	.13	.15-.49
Schmidt et al. (1981a)	GMA	JP	石油行业维修工	821	13	.30	.18	.07-.53
Schmidt et al. (1981a)	GMA	JP	石油行业操作工	1,486	16	.26	.19	.02-.50
Salgado et al. (2003a)	GMA	SR	异质性工作；欧洲	9,554	93	.62	.19	.38-.86
Salgado et al. (2003b)	GMA	SR	高复杂性工作；欧洲	1,604	14	.64	.24	.33-.95
Salgado et al. (2003b)	GMA	SR	中复杂性工作；欧洲	4,744	43	.53	.26	.20-.86

续　表

研究	预测因子	效标	工作背景	N	K	ρ	SDρ	80%CI
Salgado et al. (2003b)	GMA	SR	低复杂性工作；欧洲	864	12	.51	.10	.38 - .64
Nathan & Alexander(1988)c	GMA	SR	文职工作	11,987	142	.44a, d	.20a, d	.18 - .70
Salgado et al. (2003b)	GMA	SR	司机；欧洲	394	5	.45	.19	.21 - .69
Salgado et al. (2003b)	GMA	SR	电气助理师；欧洲	280	3	.54	.17	.32 - .76
Salgado et al. (2003b)	GMA	SR	工程师；欧洲	837	9	.63	.00	.63 - .63
Salgado et al. (2003b)	GMA	SR	信息员；欧洲	890	5	.61	.00	.61 - .61
Salgado et al. (2003b)	GMA	SR	管理者；欧洲	783	6	.67	.41	.15 - 1.00
Salgado et al. (2003b)	GMA	SR	警察；欧洲	619	5	.24	.15	.05 - .43
Vinchur et al. (1998)	GMA	SR	销售员	1,770	25	.31	.12	.20 - .46
inchur et al. (1998)	GMA	SR	销售员	1,231	22	.40		.27 - .53
Salgado et al. (2003b)	GMA	SR	销售员；欧洲	394	5	.66	.00	.66 - .66
Salgado et al. (2003b)	GMA	SR	技工；欧洲	994	7	.55	.00	.55 - .55
Salgado et al. (2003b)	GMA	SR	打字员；欧洲	1,870	23	.45	.26	.12 - .78
Schmitt et al. (1984)	GMA	绩效评分	异质性工作	3,597	25	.22e	.10e	.09 - .35
Martinussen (1996)	GMA	广义绩效	飞行员；大部分军职工作	15,403	26	.16e	.10e	.03 - .29
Schmidt & Hunter(1977)	GMA	熟练程度	文职工作		72	.67		
McHenry et al. (1990)	GMA	作战熟练度	异质性工作；军职工作	4,039	9	.65f		
McHenry et al. (1990)	GMA	努力和领导	异质性工作；军职工作	4,039	9	.31f		
McHenry et al. (1990)	GMA	健身+行为	异质性工作；军职工作	4,039	9	.20f		
McHenry et al. (1990)	GMA	自我管理	异质性工作；军职工作	4,039	9	.16f		
Nathan & Alexander(1988)c	GMA	社会阶层	文职工作	689	12	.66a, d	.33a, d	.24 - 1.00
Funke et al. (1987)	GMA	科研成就	科学研究	949	11	.16a	.07a	.07 - .25
McHenry et al. (1990)	GMA	技术熟练度	异质性工作；军职工作	4,039	9	.62f		
Schmitt et al. (1984)	GMA	地位改变	异质性工作	21,190	9	.28e	.09e	.16 - .40
Nathan & Alexander(1988)c	GMA	产品质量	文职工作	438	6	-.01a, d	.02 a, d	-.04 - .02

续　表

研究	预测因子	效标	工作背景	N	K	ρ	SDρ	80%CI
Nathan & Alexander(1988)c	GMA	产品质量	文职工作	1,116	22	.35a, d	.13a, d	.18 - .52
Nathan & Alexander(1988)c	GMA	工作样本	文职工作	747	9	.60a, d	.34a, d	.16 - 1.00
Schmitt et al. (1984)	GMA	工作样本	异质性工作	1,793	3	.43e	.07e	.34 - .52
Barrett et al. (1999)	认知+机械能力	SR	消防员	3,637	23	.56	.12	.41 - .71
Hunter & Hunter (1984)	能力组合	SR	初级工作	32,124	425	.53	.15	.34 - .72
Schmidt et al. (1980)	编程能力倾向测验	熟练程度	计算机程序员	1,299	42	.73	.27	.38 - 1.00
Callender&Osburn(1981)	算数推理	JP	石油行业工作	1,850	25	.20	.20	-.06 - .46
Schmidt et al. (1981a)	算数推理	JP	石油行业维修工	628	11	.15	.16	-.05 - .35
Schmidt et al. (1981a)	算数推理	JP	石油行业操作工	1,067	12	.26	.20	.00 - .52
Schmidt et al. (1980)	算数推理	熟练程度	计算机程序员	535	33	.57	.34	.13 - 1.00
Schmidt et al. (1979b)	QA	JP	文职工作	12,368	130	.51	.10	.38 - .64
Schmidt et al. (1979b)	QA	JP	文职工作	10,631	140	.52	.15	.33 - .71
Pearlman et al. (1980)	QA	JP	文职工作	39,584	453	.47	.14	.29 - .65
Hirsh et al. (1986)	QA	JP	警察和侦探	1,188	8	.26	.18	.03 - .49
Salgado et al. (2003a)	QA	SR	异质性工作；欧洲	5,241	48	.52	.00	.52 - .52
Vinchur et al. (1998)	QA	SR	销售工作	783	6	.12	.09	.06 - .24
Nathan & Alexander(1988)c	QA	SR	文职工作	24,913	284	.40a, d	.11a, d	.26 - .54
Nathan & Alexander(1988)c	QA	社会地位	文职工作	1,392	32	.64a, d	.14a, d	.46 - .82
Nathan & Alexander(1988)c	QA	产品质量	文职工作	647	12	.17a, d	.30a, d	-.21 - .55
Nathan & Alexander(1988)c	QA	产品质量	文职工作	630	15	.44a, d	.02a, d	.41 - .47
Nathan & Alexander(1988)c	QA	工作样本	文职工作	1,114	15	.55a, d	.02a, d	.52 - .58
Pearlman et al. (1980)	RA	JP	文职工作	11,586	116	.39	.15	.20 - .58
Kuncel et al. (2004)	RA	JP	研究生院	598	7	.41	.12	.26 - .56
Hirsh et al. (1986)	RA	JP	警察和侦探	3,175	29	.17	.07	.08 - .26
Kuncel et al. (2004)	RA	潜能评分	研究生院	494	11	.37	.00	.37 - .37

续　表

研究	预测因子	效标	工作背景	N	K	ρ	SDρ	80%CI
Kuncel et al. (2004)	RA	咨询潜能	研究生院	192	6	.49	.00	.49 - .49
Kuncel et al. (2004)	RA	咨询工作样本	研究生院	92	2	.51	.00	.51 - .51
Kuncel et al. (2004)	RA	行政绩效	研究生院	225	10	.27	.15	.08 - .46
Kuncel et al. (2004)	RA	创新性评分	研究生院	1,104	6	.36	.00	.36 - .36
Schmidt et al. (1979b)	VA	JP	文职工作	16,176	175	.43	.24	.12 - .74
Schmidt et al. (1979b)	VA	JP	文职工作	8,670	110	.39	.24	.08 - .70
Pearlman et al. (1980)	VA	JP	文职工作	39,187	450	.39	.23	.10 - .68
Hirsh et al. (1986)	VA	JP	警察和侦探	2,207	18	.18	.14	.00 - .36
Salgado et al. (2003a)	VA	SR	异质性工作	4,781	44	.35	.24	.04 - .66
Nathan & Alexander(1988)c	VA	SR	文职工作	24,620	277	.32a, d	.20a, d	.06 - .58
Distefano&Paulk(1990)	VA	上级评分	精神病护理员	273	5	.50		
Vinchur et al. (1998)	VA	SR	销售工作	597	4	.14	.18	.08 - .37
Nathan & Alexander(1988)c	VA	社会地位	文职工作	639	19	.52a.d	.27a, d	.17 - .87
Nathan & Alexander(1988)c	VA	产品质量	文职工作	1,134	16	.15a, d	.11a, d	0.1 - .29
Nathan & Alexander(1988)c	VA	产品质量	文职工作	931	19	.28a, d	.02a, d	.25 - .31
Nathan & Alexander(1988)c	VA	工作样本	文职工作	1,387	19	.50a, d	.21a, d	.23 - .77
Verive & McDaniel(1996)	短时记忆测验	JP	异质性工作	17,741	106	.41	.09	.29 - .53
Verive & McDaniel(1996)	短时记忆测验	JP	高复杂性工作	983	20	.29	.00	.29 - .29
Verive & McDaniel(1996)	短时记忆测验	JP	中复杂性工作	6,785	31	.51	.27	.16 - .86
Verive & McDaniel(1996)	短时记忆测验	JP	低复杂性工作	10,000	55	.34	.14	.16 - .52
Pearlman et al. (1980)	记忆	JP	文职工作	7,764	117	.38	.17	.16 - .60
Hirsh et al. (1986)	记忆	JP	警察和侦探	3,028	25	.10	.13	-.07 - .27
Salgado et al. (2003a)	记忆	SR	异质性工作; 欧洲	946	14	.56	.19	.32 - .80
Nathan & Alexander(1988)c	记忆	SR	文职工作	5,637	73	.32a, d	.16a, d	.12 - .52
Nathan & Alexander(1988)c	记忆	社会地位	文职工作	198	8	.35a, d	.03a, d	.31 - .39

续　表

研究	预测因子	效标	工作背景	N	K	ρ	SDρ	80%CI
Nathan & Alexander(1988)c	记忆	产品质量	文职工作	462	7	.32a, d	.34a, d	-.12 - .76
Nathan & Alexander(1988)c	记忆	产品质量	文职工作	274	6	.38a, d	.02a, d	.35 - .41
Nathan & Alexander(1988)c	记忆	工作样本	文职工作	171	5	.53a, d	.24a, d	.22 - .84
Schmidt et al. (1980)	图形推理	熟练程度	计算机程序员	535	33	.46	.32	.05 - .87
Schmidt et al. (1980)	数字推理	熟练程度	计算机程序员	535	33	.43	.38	-.06 - .92
Callender & Osburn(1981)	化学理解	JP	石油行业工作	2,016	28	.28	.00	.28 - .28
Schmidt et al. (1981a)	化学理解	JP	石油维修工	605	10	.25	.00	.25 - .25
Schmidt et al. (1981a)	化学理解	JP	石油操作工	1,138	13	.30	.05	.24 - .36
Schmidt et al. (1979b)	机械理解	JP	一线管理者	2,710	36	.48	.27	.13 - .83
Callender & Osburn(1981)	机械理解	JP	石油行业工作	3,230	38	.31	.17	.09 - .53
Schmidt et al. (1981a)	机械理解	JP	石油维修工	706	12	.33	.17	.11 - .55
Schmidt et al. (1981a)	机械理解	JP	石油操作工	1,800	18	.33	.12	.18 - .48
Barrett et al. (1999)	机械理解	SR	消防员	3,087	26	.54	.29	.17 - .91
Schmidt et al. (1984)	特殊能力	绩效评分	异质性工作	838	14	.16e	.11e	.02 - .30
Martinussen (1996)	特殊能力	广义绩效	飞行员；多部分军职工作	17,900	35	.24e	.13e	.07 - .41
Schmidt et al. (1984)	特殊能力	工作样本	异质性工作	1,793	3	.28e	.05e	.22 - .34
Levine et al. (1996)	认知能力-未作说明	JP	工艺工作；公共事业	12,504	149	.43	.14	.25 - .61
Barrett et al. (1999)	认知能力-未作说明	SR	消防员	2,791	24	.42	.35	-.03 - .87
Churchill et al. (1985)	能力倾向-未作说明	JP	销售员	820		.19a	.09a	.07 - .31
Vineberg & Joyner(1982)	能力倾向-未作说明	SR	军职工作	101		.21a		

注：N＝样本总数；k＝研究数目；ρ＝操作效度估计；SDρ＝相关系数标准差；80%CI＝80%置信区间。

CJ＝复杂性工作；QA＝数学能力；RA＝推理能力；VA＝文字能力；JP＝工作绩效；SR＝上级评分。

a.全距限制未校正；b.已采用传统效标信度估计对进行了校正；c.相同数据估计进行校正；d.相同数据来自Pearlman等人(1980)；d.在预测指标中对无关数据进行了校正；e.未对全距限制以及效标数据中无关数据进行校正；f.未对效标中无关数据进行校正。

认知能力效度的潜在调节变量

CA测验的效标关联效度不会因情境和背景而变化（Schmidt，Ones，& Hunter，1992），但是研究者已有多种关于认知能力测验调节变量的假设。

既定战略的影响

一个值得关注的问题就是共同效度是否能估计预测效度。我们假设研究认知能力的效度时，采用员工样本和应聘者样本的研究结论是不一样的，原因有四个方面：（1）数据丢失；（2）范围限制；（3）动机和人口学的差异；（4）工作经验的影响。Barrett，Phillips和Alexander（1981）做过一个研究，他们比较了共同效度和预测效度。结果表明，在CA测验中，共同效度类似于预测效度。美国国家人事选拔Priject A[①]也提到了同样的问题，该研究使用的是来自于美国军队的同期和纵向追踪数据（Oppler，McCloy，Peterson，Russell，& Campbell，2001），得到了同样的结论。因此，似乎共同效度和预测效度并不能调节CA测验的效标关联效度。

效标的影响及其测量方式

CA测验对学习和工作绩效表现出较高有效性。但是也有证据表明，相比于更为末端的工作绩效，CA测验与学习效标间有着更强的联系。Nathan和Alexander（1988）已用元分析检验了工作绩效测量方式是否会调节CA测验的效度这个问题。该研究表明，上级评价、排名、工作样本、工作量和生产质量都能够被CA测验预测。工作样本和上级排名被证实具有最高的效度（rs为0.60），效度稍低一点的是上级评价（rs为0.40），而生产质量的效度最低且无法概化，使得这一效标的可信度受到了质疑。

近期的理论愈发认为工作绩效的构想应该是多维的（Campbell，1990），不过仍要分层级等级（Campbell，Gasser，& Oswald，1996），同时综合的工作绩效占据等级塔的顶端（Viswesvaran，Schmidt，& Ones，in press）。有没有可能CA测验预测的工作绩效的某个维度不具有可信度呢？这看似是一个很合理的问题，但是不论是理论依据还是大量的实验数据都证明CA测验对于所有的工作绩效维度都具有预测性。并且关于这一主题的最大规模的调查研究采用的是Project A[①]数据（McHenry，Hough，Toquam，& Ashworth，1990；Oppler et al.，2001）。研究表明GMA测验对技术精通程度、坚持耐力、付出努力程度、领导力、个人纪律性、适合度和军人风度都具有较高的预测效度。因此，有大量的证据可以证实GMA测验对工作绩效各个维度的效度概化。根据元分

---

① 美国军队选拔与分类项目（The Amy's Selction And llassification Project Project A）。

析，即便是周边绩效的效标相关度也在0.24以上（Alonso，2001）。Visweswaran 等（in press）从理论上假设，综合工作绩效因素出现的原因之一是GMA对所有的工作绩效维度均有影响（Visweswaran & Ones，见本书第15章）。CA测验这种测量方式甚至与具体特定的工作绩效也有稳固的联系。例如，近期有一份元分析表明，CA测验和客观测量而得的领导效能相关度为0.33（Judge，Colbert，& Ilies，in press）。

预测力：GMA相对于特殊能力

在实际应用时，对特殊能力的测量离不开对GMA的测量，而对GMA的测量也不能弃特殊能力测量于不顾（Carroll，1993）。GMA测验和特殊能力测验都是有效的，多个大规模调查研究了特殊认知能力是否比GMA具有更高的效度。

Hunter（1986）发现，由《职业能力倾向综合测验》（*Armed Services Vocational Aptitude Battery*，ASVAB）中几种特定职业得到的特殊能力复合的得分并没有比总体复合的效度高。在Project A中，McHenry等（1990）发现特殊能力测验的效度高出GMA测验效度的范围在0.02内。Ree和Earles（1991）研究发现特殊能力不能解释任何超出ASVAB一般因素在预测工作绩效方面的差异。Ree，Earles和Teachout（1994）就工作绩效预测评价达成了共识。正交特殊能力的增量效度平均高出GMA效度0.02。很多研究都证实了这一发现，Olea与Ree（1994）研究发现特殊能力测验的效度高于GMA效度在0.02至0.08之间。Hunter（1983a）的结构方程模型认为特殊能力和工作绩效之间唯一的因果关系是由GMA连接的（$N = 20, 256$）。

从效标关联效度角度而言，采用特殊能力测验并不比采用GMA更具优势。但是值得一提的是，不可能单独测量特殊能力而不顾GMA，反之亦然。从实际角度而言，使用GMA测验可能会存在一定的优势。因为21世纪的人事选拔从来不是只针对特定职位的，也不会将员工限定于当前工作的职位，况且工作的本质一直在变更。因此，特殊能力的相对重要性一直在变化，不仅仅是特殊能力，高GMA也是必要的。

性别的区分效度

基于元分析和一些大规模调查分别报告女性和男性的效标关联效度这一现象，似乎为CA测验的性别区分效度提供了一定程度的证据支持（Carretta & Doub，1998；Hartigan & Wigdor，1989）。

由性别引起的CA测验效度不同的一个很有趣的调节变量可能就是工作的性别构成。Rothstein和McDaniel（1992）通过调查一些不同性别主导的职业，挖掘出了一些因性别差异而有不同效度的线索。在男性主导的行业中，GMA对男性工作绩效的预测力高于对女性工作绩效的预测力（效度分别为0.34和0.25）；反之，在女性主导的职业中，GMA对女性工作绩效的预测力高于其对男性工作绩效的预测力（效度分别为0.22和0.38）。涉及到中性职业时，这种性别区分效度则不复存在。

种族和民族的区分效度

CA测验的效度会因种族和民族差异而有所不同吗？断言人事选拔中存在不公平种族歧视的批评者们假定CA测验在不同的种族群体中存在区分效度（Outtz，2002）。大量的元分析和大规模调查反驳了这一单独群体效度的假设（Hartigan & Wigdor，1989；Hunter，Schmidt，& Hunter，1979），而且几乎没有任何证据可以证实CA测验对于不同种族群体的学习和工作绩效预测效度存在差异，更没有研究证据可以论证CA测验因为预测偏差使得少数种族群体处于劣势当中（Evers，te Nijenhuis，& van der Flier，Chapter 14；Hunter& Schmidt，2000； Rotundo & Sackett，1999； Schmidt et al.，1992）。

超越北美情境的可推广性

文化差异一直被认为是CA测验在不同国家泛化过程中的一个潜在障碍。大多数支持CA测验的效标关联效度的研究来源于美国和加拿大，而过去十年里已经有越来越多关于认知测验的元分析和基础研究出现在世界其他国家（例如，Bartram & Baxter，1996，在英国； Salgado & Anderson，2002，在西班牙和英国； Schuler，Moser，Diemand，& Funke，1995，在德国）。在一系列验证CA测验在欧洲的效度的研究中，Salgado，Anderson和其他同事的研究证实了在欧盟国家内CA测验对预测培训成功和工作绩效的效度（Salgado & Anderson，2002，2003； Salgadoet al.，2003）。这一研究结果表明，CA测验在不同的文化背景下依旧能维持较高的效度，为国际效度概化提供了证据。

工作复杂度：认知能力测验效度的调节变量

由表6.1和6.2可以发现，认知测验效度的一个很重要的调节变量就是工作的复杂程度。效标关联效度随着工作的复杂程度上升而上升，在培训和实际工作中都是这样。最复杂的工作因为要求很高的认知能力，测验效度往往最高。工作复杂程度之所以能够调节CA测验的效度，原因有两方面。首先，复杂的工作要求员工学习更复杂的知识（例如，学习电脑编程语言相较于记住菜单条目）。其次，较复杂的工作的信息处理过程更复杂（例如，谱写室内音乐相较于煮鸡蛋时注意时间）。

很多假设的CA测验效度的调节变量都经不起大量的实践检验，如种族、性别、文化。迄今为止，工作复杂度是经过检验的、CA测验效度的最强调节变量。

G之所以重要：预测工作绩效的因果模型

在解释GMA的预测效度时，主要涉及的过程是学习（Schmidt，Hunter，& Outerbridge，1986）。智力代表着学习的能力，因此对于工作知识的学习有深远意义，不论是陈述性知识还是程序性知识（即，做什么、怎么做）（见Hunter，1986，对CA和学习的讨论）。

GMA之所以在不同的工作和环境下都能预测工作绩效，主要是因为它对学习能力和工作知识习得能力的预测，而这些是完成任务的决定性要素。即便是最简单的任务，除非员工可以知道需要做什么和怎么做，否则工作将无法进行。Hunter（1983b）提出了因果模型，在这个模型中，GMA能够预测工作知识，而工作知识又对能力和工作绩效间的关系具有部分中介作用。Schmidt 等（1986）利用美国军队的大人事样本，确认了这一因素对于工作知识的中介作用。Borman，Hanson，Oppler，Pulakos和White（1993）发现了相似的机制可用于解释上级评定工作绩效。此外，McCloy，Campbell和Cudeck（1994）采用美国军队士兵的大样本研究发现，GMA通过其对陈述性和程序性知识的影响间接地影响工作绩效。

CA测验之所以对工作绩效具有较高的预测效度，原因在于GMA较高的人具有更多的陈述性与程序性知识，因而比GMA较低的人做得更快。这可能与其处理复杂信息更快、更高效、更准确的能力有关。

群体差异

不同群体是否会因为某种特质而产生差异是探索任何构想的基则网的一个重要问题。但是，有关CA测验的群体差异的研究却引起了不同于其他任何个体差异构想的极其极端的反应。所调查的所有人口亚群分布都有重叠的部分，在一个群体中，任何一个能力水平都会有人分布其中。但是，在一些研究者和公众中，CA测验对亚种群具有平均差异的这一事实引发了不可低估的争议。这在很大程度上是因为CA测验对很多教育、经济和社会准则起到决定性影响。某些特质上的群体平均差异会在亚群体中引起相反的影响，尤其是当结果（如雇用和升职）是基于这一特质的测量时。

年龄差异

尽管大多数研究认为个体GMA水平在青年期达到巅峰之后开始下降，但是现在却有研究证明个体CA水平在个人的工作生活中是基本稳定的（Hough，Oswald，& Ployhart，2001）。特定认知能力中与年龄相关的一些特征的CA测验分数会随着年龄增长而下降。研究发现，认知能力随着年龄的上升而下降主要是因为流体智力的下降，而晶体智力在人的一生中几乎保持不变（Horn & Donaldson，1976）。高度重视脑力综合能力因素的测验会对年长员工造成不利的影响。

影响年龄差异研究结果的一个主要因素是研究设计。追踪同一个体，比较其在不同时间里的认知能力的纵向研究与那种在同一时间比较不同个体认知能力的横向研究相比，会产生更少的与年龄相关的认知衰退估算。尽管这对于探索支持性因素很有意义，如通过提升教育水平来提升认知能力或者去除消极环境影响因素（如营养不良），但是这种研究设计却不太适用于评估特质水平跨时间的稳固性。现在已有很多线索表明个体IQ水平随时间而提高（Flynn，1984，1987，1998），这使得CA测验在纵向研究里的暂时性稳定存在争议。

性别差异

CA中的性别差异似乎很微小，并且会随着时间逐渐消失（Feingold，1988）。Hyde和Linn（1988）在一篇关于语言能力的性别差异的元分析中发现，女性往往比男性在语言能力方面得分更高，尤其是在演讲方面，但是差异之小足以忽略。研究者总结道："目前男女在语言能力方面的差异如此之小，以至于其可以被认为是零。"这种接近零的差异性也在很多能力方面都出现了。在一个包括三百万男性和女性的元分析中，Hyde，Fennema和Lamon（1990）发现，在一项能力中，男性得分只是略微高于女性，差值为0.15，而问题解决能力是群体均值差异最大一项，$d=0.32$，男性得分更高。

种族和民族差异

尽管目前并没有发现CA测验在种族和种族亚群体中存在预测偏差，但是根据已调查研究的亚群体情况来看，还是发现在很多测验中出现了较大的均值差异。GMA群体均值差异估计范围为：西班牙裔与白人比较的0.7个标准，偏差到黑人与白人比较的1个标准偏差内。总而言之，西班牙裔和黑人不论在GMA测验中还是特殊能力测验中都比白人更低，而亚洲人得分则往往会稍微高一些（Ones，Viswesvaran，& Dilchert，in press；Evers et al.，见本书第13章）。

负面影响的意义

负面影响主要来源于选拔工具得分上的群体得分差异，对于少数种族雇用率的失调。负面影响的确信度使得将选拔工具的工作相关度表述清楚很有必要（Sackett & Wilk，1994）。CA测验的工作相关性早已建立（Hunter & Schmidt，1996；Schmidt et al.，1986）。鉴于以上提到的不同人口学亚群体的群体均值差异，在经济上授权组织采用基于CA测验的人事选拔决策会产生负面的影响，尤其是对少数种族群体（见Evers et al.，本书第14章）。如今的组织需要平衡对产值最大化员工的需求与劳动力人口结构中员工的多样性之间的关系。

当前以及新的研究方向

以上所述的两难境地，尤其是涉及到群体差异的问题时，使得寻找职业和教育情境中的其他预测因子成为可能。

其他预测因子及其与认知能力的关系

除了对预测工作绩效具有较高效度的CA测验之外，还有很多其他预测因子（例如，诚信测验、结构化面试、评价中心，参见Schmidt & Hunter，1998；Schmidt et al.，1992）。但是，在评估一个选拔方式的预测价值时，不仅要考虑其自身的效度问题，还要顾及两种选拔方式之间重叠的部分。所选选拔方式和CA测验之间的重叠部分越多（可由两种选拔方式得分上的联系进行判断），增量效度越低。因此，本研究会大致阐述经常使用的人事选拔方式及其与CA测验重叠的部分，重点在于选拔工具与方式[即，评价中心（AC）、面试、情境判断测验（SJT）]，而不是构想，因为常用的以构想为基础的预测因子的显著性早已确立（如Ackerman & Heggestad，1997，关于能力和人格之间的关系的研究）。

评价中心 目前已有四项已发表的元分析探索了AC的基则网和该方法的效标关联效度（Arthur，Day，McNelly，&Edens，2003；Collins et al.，2003；Gaugler，Rosenthal，Thornton，& Bentson，1987；Scholz& Schuler，1993）。Gaugler 等人（1987）报告了修正的工作绩效预测均值效度为0.36，而潜力评估预测效度则显著较高，为0.53。Arthur 等人（2003）研究也发现AC评估总体真实效度为0.36。

一个探讨AC维度的基则网的综合性元分析总结发现，AC综合评估与GMA之间的相关为0.43（$N = 17,373$）（Scholz & Schuler，1993）。在Collins 等（2003）的一份元分析中认为CA在预测综合AC评估时的操作性效度为0.65，修正了效标上的不可靠性，而不是CA测量。这表明由AC和GMA测评的构想之间具有较大重合。从而似乎可以总结出AC对GMA的增量效度十分小，通常范围在0.02内（Schmidt & Hunter，1998）。

面试 元分析发现，面试预测工作绩效的整体效度为0.37（$K = 160$；$N = 25,244$）（McDaniel，Whetzel，Schmidt，& Maurer，1994），但还是存在很多影响效度的调

节变量。情境性面试比工作相关的或者心理学内容的面试效度要高（分别为$\rho=0.50$，0.39，以及0.29）。同时，结构化面试效度高于非结构化面试，ρs分别为0.44和0.33。也有元分析检验过面试评估和CA测量方式之间的关系。Huffcutt，Roth和McDaniel（1996）在一项元分析中评估了面试在多大程度上反映出CA，得出了一个修正的相关均值，为0.40（$K=49$；$N=12,037$）。面试评估与CA之间的关联随着面试结构化程度上升而下降。并且，越低复杂度的工作的雇用面试，与CA重叠的部分就会越大。根据Huffcutt等（1996）报告的相关度以及McDaniel等（1994）研究的效度，Schmidt和Hunter（1998）估算结构化和非结构化面试对GMA的增量效度分别为0.12和0.04。

情境判断测验　SJT是一种纸笔测验方式，主要测验应聘者在工作情境中的判断。典型的试题是提供一些情境，让参加测验者选择备选答案。McDaniel，Morgeson，Finnegan，Campion和 Braverman （2001）的元分析检验了SJT的效标关联效度。样本量为102时，操作性效度为0.34 （$N=10,640$），且在90%置信水平上显著。因此，虽然SJT只是中度有效，但是其效度能够概化。元分析所使用文章的数量限制以及二次抽样误差使得研究者很难得到确切的调节变量方面的结论。尽管建立SJT来评估不同的构想在理论上是可行的，但是典型的SJT却呈现出了它与CA之间重要的联系。McDaniel等（2001）的一份元分析指出，真正的相关值（即SJT和CA中调整后的平均相关度）为0.46 （$K=79$；$N=16,994$）。McDaniel（2003）在接下去的一个研究中发现，使用知识指标的SJT（例如，什么是最佳的反应？）与CA测验之间的关联要高于使用行为倾向指标的SJT（例如，你会怎么办？），相关度分别为0.55和0.23。当使用了行为倾向指标时，SJT和CA所测评的构想之间存在一定程度的重叠。

新提出的智力

探索CA领域的基则网的迫切愿望使得研究者不仅要研究智力构想的因子结构，还要提出一些新的智力种类去解释一些尚未得到合理解释的行为差异。这些新提出的构想不仅在范围上与先前的构想不同，而且在方法的健全性上也不同，即其发展建立的过程以及大量的数据可以用于支持其实用性。科学好奇心只是探索这些构想的原因之一，另一个原因是对于标准化认知能力测验的社会性不满。有人认为，获得最高支持率的最具竞争力的构想是那些"挖掘出最受欢迎的平等多元化智力，并反感神秘的心理测试进行智力分类"（Gottfredson，2003）。因此，慎重评估新构想十分重要，不仅要顾及表面效度，还要考虑到其预测价值、与GMA和特殊能力的发散性以及收敛效度，和心理测量学的测量方法的健全性。

实践性智力　实践性智力是研究者新提出的一种构想，因其对工作和日常生活预测成果的实用性而著称。其核心成分是隐性知识（Sternberg & Wagner，1993）。"人们从日常生活所习得的程序化知识通常不是被别人教会的，并且通常也是不可言传的"（Sternberg et al.，2000）。这往往被概念化为"内化的经验法则"，即行为会根据环境而变化，并且被认为是可以预测个体未来成就的一个有效预测因子（Sternberg，1999）。已有研究证明，实践性智力不同于GMA，隐性知识也远不止工作知识。

Sternberg及其同事描述道："隐性知识往往会随着经验的增加而增加，但又绝不仅仅是经验的替代品；并且，隐性知识测验所测量的智力不同于传统的抽象智力测验所测量的智力；同时，隐性知识测验的分数代表着一种普遍性的因素，可以关联其他很多部分；最后，隐性知识在很多领域都可以预测工作绩效，且比IQ预测更受欢迎。"（Sternberg et al.，2000）尽管在这方面的研究已经进行20多年了，但是支持实践性智力的研究证据还是少之又少，并且还局限在少数的行业内。值得一提的是，很多基础研究还一直严重受到样本的限制。根据一份元分析得知，实践性智力在预测工作绩效方面的操作性效度为0.39（Dilchert & Ones，2004）。

任何构想的效用都主要是其对现存其他构想测量方式的增量效度的函数。而增量效度则是关于现有新构想的预测效度以及与现存构想不重叠（分歧效度）的函数。Dilchert与Ones（2004）的元分析发现，实践性智力与GMA之间的实际相关度为0.58，这表明两者之间具有较大重叠。由此可知，隐性知识预测工作绩效相较于CA的G因素而言增量效度在0.03左右，这使得对于实践性智力的研究热情的意义受到质疑。

情绪智力　目前关于情绪智力的本质有两种看法。一种认为情绪智力是包括个性特征的（Bar-On & Parker，2000；Goleman，1995；以及Woodruffe，本书第8章）。在这种观点看来，情绪智力通常与一般心理能力无关（Derksen，Kramer，& Katzko，2002）。在能力模型的基础上，第二种看法则假定情绪智力（1）是智力的一种；（2）能够被可信地测量；（3）与人格完全不同（例如，Caruso，Mayer，& Salovey，2002；Mayer，Salovey，Caruso，& Sitarenios，2003）。第一种情绪智力的概念化依赖于主观报告，而后者主要依靠基于任务的程序进行测量（Petrides & Furnham，2000；Roberts，Zeidner，& Matthews，2001）。有趣的是，主观报告和任务评估有着微小的相关（Van Rooy & Viswesvaran，in press）。有研究表明，基于能力来定义情绪智力能够获得一种与人格具有区分效度（Caruso et al.，2002），而与CA具有适中收敛效度（Roberts et al.，2001）的构想。Van Rooy和Viswesvaran（in press）进行的一项元分析发现，以能力为基础的情绪智力测验方式与GMA之间的真实相关度为0.33。根据元分析得到的情绪智力对于工作绩效的预测效度（操作性效度0.24，$N = 2,652$；Van Rooy & Viswesvaran，in press），情绪智力很难在GMA基础上有高的增量效度。相反，GMA在情绪智力的基础上有较高的增量效度。

结论

大量的数据以及已有的研究不仅呈现出了CA领域的很多结论，并且还开启了新的探索方向。首先，尽管今后的研究还可以继续探索CA不同定义之间细微的差别，但是对于CA的构想以及什么是GMA已达成了很广泛的共识。任何认为其定义仍存在大量分歧的想法都是错误的。尽管有一些潜在的分歧点，但是科学家和实践者对于构想都有着十分深刻的理解。

其次，没有实证数据可以证明CA仅仅只是科研成果，与实际生活无关。但是，可以论证CA与生活中很多成果相关的实验数据数不胜数（Brand，1987； Gottfredson，2002）。CA测验可以预测培训绩效和工作绩效，并且CA的预测效度不受情境、背景、效度策略、效标或者文化的影响。CA测验的预测效度随着工作难度的上升而上升。如果不把CA测验应用到人事选拔中，将是雇主甚至是整个国家的损失。

不少新的智力类型如雨后春笋般涌出。尽管探索CA潜在的补充测验是值得的，但是正如我们对诸如实践性智力和情绪智力等构想的研究所发现，夸大宣传并没有太大的用处。在目前全球化的市场环境下，雇主也不太可能放弃CA测验这种测量方法。在不同情境、组织以及工作中，GMA是在预测工作绩效上最有力的个体差异因素。可喜的是，本章节着重强调了CA的重要性，并且回顾了大量的文献。

注：作者的顺序是随意的，三个作者对于本章有着同等的贡献。

第七章 人格测验在选拔中的应用

Jesús F. Salgado和**Filip de Fruyt**

本章旨在回顾人事选拔中人格问题的研究现状。近十五年来，选拔中对人格问题的研究的变化可谓天翻地覆，很多既往被视为理所当然的结论被推翻。在本章中我们对现有工业—工作—组织（IWO）心理学中人格的理论模型以及关于人格和人事选拔的实证性研究进行了汇总归纳。对人格与工作绩效、培训、职位选择、工作满意度、领导力、职业健康之间的关系进行了分门别类的梳理。

工业—工作—组织心理学中的人格：65年的研究总结

1920年，人格测量首次被应用于工业领域的人事选拔，此后成为IWO心理学领域的重要研究问题。几十年来，研究者对人格测量的效度问题进行了几百项研究。一直到1990年，关于人格测量效度的研究综述和定量研究的结论多认为：对组织内的效标来说人格测量属于较差的预测变量，人格对工作绩效、培训绩效、工作满意度以及很多其他组织效标的预测效果均不理想（Ghiselli，1973；Ghiselli & Barthol，1953；Guion & Gottier，1965；Schmitt，Gooding，Noe，& Kirsh，1984）。虽然在当时人们对人格研究的评价较为负面，但令人啼笑皆非的是，调查数据显示，研究并没有影响实践，在欧洲和美国，人格测量方法被广泛地用于IWO心理学实践中（Levy-Leboyer，1994；Ryan & Sackett，1987；Spriegel & Dale，1953）。总的来说，当我们通盘考虑研究结论和从业者的实践时，我们会发现，其实科研者和实践者认同的标准和遵循的路径并不相同。幸好，最新的研究为实践者在组织管理中使用人格测量提供了新的理论依据。最新的研究发现，人格五因素模型以及相关领域的新进展颠覆了既往的"无效"结论，研究者认为工作中的人格测量的效度和效用均令人满意。

人格分析模型：五因子模型和其他模型

在过去的十五年中，大五人格模型（Five Factor Model，FFM）一直是验证个体特质与职业效标的关系的核心考量因素（De Fruyt & Salgado，2003a，2003b）。起初，这个模型及其维度被用作不同人格量表的界定标准，这些人格量表广泛地应用在职业效标的效度研究中。各种人格量表根据五因子模型的维度进行分组，其对职业效标的预测效度也在随后的元分析中得到了检验。在第二阶段，研究者用元分析方法探讨了直接采用五因子模型的操作化测量的效度，这些操作化测量包括：NEO-FFI、NEO-PI、NEO-PI-R三种模型（Costa & McCrae，1992）、Goldberg 的大五人格指标（Goldberg，1992）、Hogan人格量表（HPI；Hogan & Hogan，1995）、个人特质量表（PCI；Barrick & Mount，1993）以及IP/5F模型（Salgado，Moscoso，& Lado，2003a）。此外，调节变量，如同类工作（销售、顾客服务、经理人、熟练/半熟练工人）和不同的工作绩效效标（包括任务绩效、工作奉献、人际促进），也被纳入考量（Hurtz & Donovan，2000）。评价指标与效标数据改良，旨在让人格五因子模型的特质能够与人格导向的不同效标相匹配。Hogan和Holland（2003）用元分析法从社会分析角度研究了工作绩效的关系，将不同效标纳入"和睦相处"及"相互竞争"两个社会分析维度，根据大五人格分类对职业效标进行了重新分类。

很明显，FFM为IWO心理学应用性研究提供了新的巨大推力，而且这个模型依然具备很大科研潜力。首先，研究基本层面的人格特质与职业绩效效标的关系，并进一步探讨人格特质概念的广义—狭义以及宽泛性—精确性的两难困境将会很有趣（Hogan & Roberts，1996）。另一个有前景的领域是研究FFM内部不同维度之间的交互作用。Witt，Burke，Barrick和Mount（2002）研究了尽责性与宜人性对工作绩效的交互作用。目前为止，多数的人格与效标关系的研究只考虑了单一特质的效应。未来的挑战将会是研究不同特质之间的交互作用。最后，从FFM角度来看，也可以探讨团队个体特质的影响，即团队人格对团队绩效影响的研究。Barry和Stewart于1997年率先对此问题进行了探索，探讨个体差异的多种组合在团队中所起的作用。

人格心理学家和临床心理学家各自研究了正常及异常人格特征，他们起初将适应性特质和不适应性特质视为性质不同的体系。FFM对正常的人格的各种特质建立了概念体系，然而异常人格以及病态的领域则是由另一套绝对概念体系来代表，这套体系里有十个相对离散的症状组合，被描述为《精神疾病临床诊断及统计手册》（*Diagnostic and Statistical Manual of Mental Disorders*，DSM-IV；美国精神病学会，1994）的第二坐标轴。近些年来，越来越多的研究证据表明：成年人人格障碍是大五人格维度下的极端情况，正常与障碍间的差异程度是渐进的数量上的差异，而并非根本性质的不同。适应不良的特质模型对工作结果的影响，有可能成为IWO心理学家感兴趣的新领域。如工作场所中员工的消极情绪对工作结果的影响（Rolland & De Fruyt，2003），与很多反生产行为（偷窃、主动旷工、破坏生产及药物滥用）以及与此相关的职业伦理和行业标准问题。

相比于FFM，其他的人格测量操作模式很少受到IWO心理学家如此广泛的关注，除了一些被频繁重新设计的用于评估大五人格特质的商业化量表。以《职业人格问卷》（*Occupational Personality Questionnaire*，OPQ； SHL，1999）和《人格与个人偏好量表》（*Personality and Preference Inventory*，PAPI； PA Consulting Group，1998）等，都被多次修订，与量表的原始概念体系相比，修订后的量表和使用的概念都更接近FFM。其他替代模型有着强烈的敏感易变的特性，例如Watson，Clark，和Tellegen设计的PANAS模型（1988）包括指代积极情绪和消极情绪的两个维度；或者采用了一类表征个体差异的方法，例如Myers–Briggs类型指标（Myers & Briggs，1962）。

人事选拔中人格测量的研究现状

在过去的十五年中，很多基础研究以及元分析研究考察了人格测量作为人事选拔预测因子的效度。FFM被证实是成功的分类标准，可以用于界定包括效度研究在内的各种方法，而且我们现在有了更多的关于大五人格效度的知识。另外，其他的人格测量方法（例如：诚信测验、管理能力量表）的效度也被考察了。在这一节中，我们将会回顾三种人格测量方法的效度，它们是：（1）基于FFM的人格测量法；（2）复合式人格测量法；（3）未基于FFM的测量方法。

人事选拔中基于大五模型的人格测量方法

FFM和工作绩效。Barrick和Mount在1991年对大五人格预测工作绩效的效度进行了开创性研究。这项研究开创了其后十二年这些科学家（Barrick & Mount，1991；Barrick，Mount，& Judge，2001；Hough，1992；Hurtz & Donovan，2000；Mount & Barrick，1995；Salgado，1997，1998，2002，2003；Tett，Rothstein，&Jackson，1991）及其他研究者进行元分析研究的先河。在起初的研究中，Barrick和Mount假设尽责性和情绪稳定性是所有岗位工作绩效的有效预测变量。他们认为尽责性与工作绩效有关是因为尽责性这一维度评估了诸如持久性、可靠性、责任心或者工作努力程度等个人特质，而这些特质是员工在任何岗位执行工作任务的相关属性。Barrick和Mount也指出，情绪稳定性也能预测工作绩效是因为那些表现出忧虑的、神经质的、焦躁的或者情感上不稳定等性格特征的员工比表现出相反特征的员工执行力低。

Barrick和Mount预计这两个维度的效度可以概化到各种岗位。另外，他们假设外倾性和宜人性能够预测人际交流较频繁的岗位（比如，销售、管理职位）的工作绩效，同时假设经验开放性是培训绩效的有效预测因子。

研究的结果部分支持了以上假设。主要发现是尽责性被证明可以预测所有岗位的工作绩效，并且不同的研究结果都印证了其效度。然而，效度系数的值却相对较小（$\rho=0.22$）。Barrick和Mount也发现了外倾性和宜人性可以预测管理岗位的工作绩效，同时发现经验开放性有效预测了培训绩效。此项研究的结果不支持其他预测。例如，情绪稳定性没有表现出相关的预测效度，并且不能概化到不同岗位和评价效标。因此，当FFM被证实是研究工作中的人格问题的有用工具，Barrick和Mount基于尽责性方面的研究结果稍微乐观了些。

与此同时，另外两个研究在人格研究领域也产生了很大的影响。Tett，Rothste和Jackson（1991）对部分人格实证研究进行了小规模元分析。他们发现大五人格维度可以有效预测工作绩效。Hough和她的同事们（Hough，1992；Hough，Eaton，Dunnette，Kamp，& McCloy，1990）进行了另外一项元分析研究，并且微调了两种方法。第一步，鉴于存在信度偏差和全距限制，他们没有对效度进行校正；第二步，他们采用了六类效标：教育、培训、工作承诺、工作效率、失职怠工、材料滥用。在工作效率方面，Hough等人发现尽责性和情绪稳定性对于工作绩效具有预测功能。由于Hough对人工误差没有进行校正，他们得出的效度系数比起Barrick和Mount得到的值要小。

总之，上述三项研究彻底颠覆了先前的研究结果，即人格测量在人事选拔中预测效度较低的研究结论并不正确。过去的研究之所以出现误差，可能的原因在于很多研究未能有效控制两类误差：第一，效度概化理论所说的人为误差（Hunter& Schmidt，1990）；第二，之前人格效度研究涉及的人格测量方法不同，对人格分类缺乏相应的理论框架。

其后的几年中，一些元分析研究成果不断支持和进一步巩固了上述研究结论。如，Salgado（1997，1998）研究了大五人格在欧洲社会的效度。大多数已有的元分析研究是用以美国为主的研究数据，因此，其国际概化性就不能视为理所当然。Salgado的研究结果本质上是重复了Barrick和Mount之前的发现，但有一个重要的补充：情绪稳定性被证实具有跨样本、跨评价效标、跨岗位的有效预测功能。这一发现证实了Barrick和Mount的关于情绪稳定性的猜测。Salgado的结果也显示了效度系数的小幅增量（例如，尽责性的效度系数为0.25）。Hurtz和Donovan（2000）采用专门开发的人格测量方法，检验了大五人格的效度。他们的结果重复了之前的研究发现，证实了尽责性和情绪稳定性的预测效度能够概化到不同岗位及不同效标。

Barrick等（2001）重新分析了之前的元分析研究，并且对90年代所有的主要元分析研究结果进行了二次元分析。研究主要结论是两个人格维度——尽责性和情绪稳定性，是所有职业群体工作绩效的有效预测因子，同时，其他三个人格维度是某些工作和评价效标的预测因子。因此，目前积累的大量实证研究成果，完全可以消除大五人格维度（以及一般的人格测量方法）不能作为人事选拔工具的疑虑。近期，Salgado（2004a）在至今为止最大的元分析研究（Hunter，Schmidt，& Le，2002；Le & Schmidt，2003）

中指出：大五人格的效度在先前的定量研究中被大大地低估了，而这次元分析研究采用了最新最先进的元分析方法。Salgado特意选择了专门为大五人格设计开发的测量法进行研究，发现大五人格的效度系数分别是：尽责性0.33、情绪稳定性0.21、宜人性0.19、外倾性0.10、经验开放性0.09。

近期又有三个关于大五人格预测效度的研究为我们提供了新的证据。Salgado（2002）的研究表明，尽责性和宜人性是反生产行为（即，工作中的偏差行为）的有效预测因子，大五人格维度还可预测人员流动。Salgado（2003）用元分析方法比较分析了基于FFM的测量方法与非基于FFM的测量方法。他发现，在两种情形下尽责性和情绪稳定性都被证明是工作绩效的有效预测因子，但是FFM方法计算出的效度系数数值更大。Hogan和Holland在2003年检验了大五人格预测两种组织评价效标的效度，即人格的社会分析理论中的"融洽相处"和"相互竞争"（R. Hogan，1983）。融洽相处的定义是：获得他人认同的、增进合作的、有助于建立和维持关系的行为（Hogan & Holland，2003）。这一效标和Borman及其同事所定义的关系绩效的概念有着极大的相似性（Borman & Motowidlo，1993；Borman，Penner，Allen，& Motowidlo，2001）。相互竞争的定义是：产生结果并且使得个体在团队内发展前进的行为，或者使得本团体相对于竞争对手发展前进的行为（Hogan & Holland，2003）。这一效标和其他元分析研究中用到的晋升准则有相似之处（例如，Hough，1992；Mount & Barrick，1995）。对于融洽相处，调节能力（情绪稳定性）的预测效度是0.34，受欢迎程度（宜人性）的预测效度是0.23，谨慎（尽责性）的预测效度是0.31。对于相互竞争，调节能力的预测效度是0.22，雄心（外倾性的一个子维度）的预测效度是0.26，谨慎的预测效度0.20。效标的进一步区分再次表明情绪稳定性和尽责性是工作绩效的有效预测因子。

在最近一个研究中，Salgado（2004b）检验了工作复杂度对于大五人格的效度影响，应用最新的数据元分析方法（如，在修正了间接全距限制之后）。研究结果表明工作复杂度是人格测验中相关效度的调节变量，并且效度受调节变量影响程度远高于之前的估计。举例来说，在中等复杂程度的工作中（大概占所有职业的68%），三个人格维度都表现出效度概化：尽责性、情绪稳定性和宜人性。效度系数分别为0.36，0.25和0.25。这都远高于之前基于大规模调查研究的元分析的结果。

Judge及其同事的研究在人格研究领域产生了较大影响，他们提出人格可能还存高阶因素可以概括为：情绪稳定性、自尊、自我效能以及控制点。Judge等（1997）认为"核心自我评价"也属于人格的高阶因素，Barrick等（2001）认为，对神经质（与情绪稳定性相反）更宽泛的概念界定可能也属于高阶因素。

在过去十年中，关于个体人格差异和培训之间关系的研究也在逐步增多，检验人格对培训过程和培训结果变量的影响（Hough & Ones，2001）。对这些关系的检验是通过大五人格维度和复合人格变量完成的。近年来，很多基础研究以及各种元分析检验了大五人格变量在组织培训中的作用。实际上，在之前章节中所回顾的一些元分析里，是把培训绩效作为了一个效标。比如说，在美国，Barrick和Mount（1991）报告，外倾性（$\rho=0.26$）、经验开放性（$\rho=0.25$）、尽责性（$\rho=0.23$）都是培训绩效的预测因子。在欧盟国家，Salgado（1997）发现培训绩效的预测因子分别为：情绪稳定系（$\rho=0.27$）、经验开放度（$\rho=0.26$）、宜人性（$\rho=0.31$）、尽责性（$\rho=0.39$）。Barrick等（2001）分析了所有之前的元分析，发现培训绩效的预测因子分别为：经验开放性（$\rho=0.33$）、外倾性（$\rho=0.28$）、尽责性（$\rho=0.27$）、宜人性（$\rho=0.14$）。

因此，过去14年相关研究的结论是，大五人格维度是预测和解释工作绩效和培训效果的重要指标，并能够在人事选拔中被实践者放心使用。在表7.1中，我们总结了各种元分析的主要结论。对于每种情况，我们选择使用最大样本量的元分析。

FFM预测工作绩效和培训的增量效度。 通常情况下，人格测验在人事选拔过程中并非被单独使用，而是结合其他工具一起使用，一般是GMA测验，但也会使用评价中心技术。因此，估计FFM是否在GMA基础上具有增量效度就显得尤为重要。Salgado（1998）用欧洲社会的数据证明了尽责性和情绪稳定性在GMA基础上对预测工作绩效和培训效果的增量效度。这个元分析研究的结果显示这两个人格维度在GMA基础上提高了效度。在GMA基础上，尽责性的预测效度增加了11%，情绪稳定性的预测效度增加了10%。然而，这一初步分析有三个局限：第一，大五人格维度中只报告了两个维度；第二，它仅限于欧洲研究；第三，数据库较小而且元分析技术现在已经有所改进。现今，我们对大五人格的效度有了更精确的估计，同时也更好地评估了大五人格维度及GMA测验之间的关系。因此，我们能够对FFM的增量效度进行更新、更全面的分析。尽管大量证据表明GMA是工作绩效的最佳单一预测因子，但是近来越来越多的有力证据肯定了FFM对工作绩效的预测效度，因此有必要对FFM在GMA基础上的增量效度进行检验。从这点来看，两个关于GMA效度的元分析就尤为重要了。Hunter 和 Hunter（1984）的研究表明，对于中等复杂程度工作（在美国经济体系中总工作数量的68%，在欧洲也是相近比例），GMA的预测效度是0.53。最近，Salgado等（2003）发现GMA对于欧盟中等复杂工作的预测效度正好也是0.53。因此，我们可以自信地认为，对于欧洲国家和美国的大多数工作而言，GMA效度的最佳估计是0.53。基于这个估计，我们分析了每个人格维度在GMA基础上预测工作绩效的增量效度。为了进行这个分析，我们采用大五人格对中等水平复杂度工作绩效的预测效度（Salgado，2004b）。增量效度分析结果列于表7.2。我们可以看到，对于工作绩效效标，3个人格维度显示出了增量效度：尽责性、宜人性和情绪稳定性。前两个维度很大程度增加了GMA的变异，具体说来，尽责性和宜人性分别增加30.30%和20.12%。情绪稳定性也在GMA基础上增加了效度，但是比例很小，是9.07%。因此，情绪稳定性的结果和Salgado（1998）发现的结果非常相似，但是关于尽责性的估计比他发现的值大得多。

对于培训效果效标，尽责性、经验开放性和外倾性这3个维度增加了GMA解释的变

表7.1　大五人格维度与组织内效标和变量的关系元分析研究总结表

维度	k	N	ρ
工作绩效a			
尽责性	133	33,668	.33
情绪稳定性	108	19,880	.21
外向性	111	21,916	.10
经验开放性	82	13,895	.09
宜人性	110	21,911	.19
培训b			
尽责性	20	3,909	.31
情绪稳定性	25	3,753	.09
外向性	21	3,484	.28
经验开放性	18	3,177	.33
宜人性	24	4,100	.14
领导涌现c			
尽责性	17	无	.33
情绪稳定性	30	无	.24
外向性	37	无	.33
经验开放性	20	无	.24
宜人性	23	无	.05
领导有效性c			
尽责性	18	无	.16
情绪稳定性	18	无	.22
外向性	23	无	.24
经验开放性	17	无	.24
宜人性	19	无	.16
工作满意度d			
尽责性	79	21,719	.26
情绪稳定性	92	24,527	.29
外向性	75	20,184	.25
经验开放性	50	15,196	.02
宜人性	38	11,856	.17
偏差行为e			
尽责性	13	6,276	.26
情绪稳定性	15	3,107	.06
外向性	12	2,383	-.01
经验开放性	8	1,421	-.14
宜人性	9	1,299	.20
营业额e			
尽责性	5	748	.31
情绪稳定性	4	554	.35
外向性	4	554	.20
经验开放性	4	554	.14
宜人性	4	554	.22

注: K = 研究数量; N = 总样本量; na = 无; [a] Salgado (2004a); [b] Barrick, Mount, & Judge (2001); [c] Judge, Bono, Ilies, & Gerhardt (2002); [d] Judge, Heller, & Mount (2002); [e] Salgado (2002).

异。宜人性也显示出了增量效度，但是增加的幅度很小。表7.2表明尽责性、经验开放性和外倾性分别增加了24.20%、22.24%和18.04%，宜人性在GMA的基础上增加了7.47%。

以上两个分析的结果表明，从业者应当将GMA和尽责性、情绪稳定性、宜人性相结合，以预测工作绩效；将GMA和尽责性、外倾性、经验开放性相结合，以预测培训效果。

FFM对工作满意度和领导力的预测。最近，人格变量在工作满意度中的作用已被发现，并且在该领域中很多研究已被实践，这和过去几十年里该主题的重点形成了鲜明对比。Judge和他的同事是这一领域公认的主要研究者。例如Judge，Heller和Mount（2002）分析检验了大五人格和工作满意度的关系，他们发现4个人格维度和工作满意度相关，分别是情绪稳定性、外倾性、宜人性和尽责性，相关系数分别是0.29、0.25、0.17和0.16。多重相关系数（$R=0.41$）表明个体人格特质对工作满意度有因果影响。

对人格特质和领导力关系的假设已经存在许多年了，但是实证研究并没有提供强有力的支持（Stogdill，1974）。例如，定性综述显示，如可靠性、社交性、主动性、成就导向和情绪稳定性都是典型的高效领导的人格特质，但仅有部分实证研究发现了这些结论（Stogdill，1974）。

迄今关于人格和领导力关系的最大的元分析研究是由Judge，Bono，Ilies和Gerhardt（2002）进行的。他们检验了大五人格维度（包括一些子维度）和领导力的关系。对于大五人格，Judge 等发现情绪稳定性（$\rho = 0.24$）、外倾性（$\rho = 0.24$）、经验开放性（$\rho = 0.24$）和尽责性（$\rho = 0.28$）和领导力有一定的联系，而宜人性和领导力的关联非常小（$\rho = 0.08$）。此外，情绪稳定性、外倾性、经验开放性和尽责性已经在研究和样本中概化，但是宜人性却没有。大五人格和领导力之间具有较高的多重相关关系（$R=0.48$），表明大五人格分类能够有效解释领导力的基本特质。

对于人格的子维度，Judge 等发现尽责性的两个子维度（成就导向和可靠性）和领导力相关联，外倾性的两个子维度（社交性和支配）和领导力相关联，情绪稳定性的一个子维度（自尊）也和领导力相关联。

Judge 等也研究了大五人格和两种领导力效标（领导塑造 和领导效度）之间的关系。根据Hogan，Curphy和Hogan（1994）的研究，领导塑造指一个人被人接受为领导人的特质。而领导有效性指领导人的表现。对于领导塑造而言，情绪稳定性、外倾性、开放性及尽责性和这一效标相关联，关联度分别是0.24、0.33、0.24和0.33。多重相关系数也是非常大的（$R=0.53$）。对于领导有效性，大五人格的所有维度都和这个效标相关联，但是相关系数更小，分别是0.22、0.24、0.24、0.21和0.16。多重相关系数也是非常大的（$R=0.39$）。最后一个分析表明领导塑造和领导有效性之间的关键区别在于宜人性，尽管宜人性和领导塑造无关，但对维持领导力是非常重要的。

表7.2 大五人格在一般心理能力（GMA）基础上对工作绩效和培训绩效的增量效度

变量	效度	与GMA相关	Rmult	R²	ΔR	% Suppl.	βGMA	β Suppl.
工作绩效								
GMA	.53							
GMA+尽责性	.36	.02	.63	.40	.10	30.30	.53	.36
GMA+情绪稳定性	.24	.14	.56	.31	.03	9.07	.58	.19
GMA+宜人性	.25	-.03	.59	.35	.06	20.12	.52	.26
GMA+外向性	.08	.06	.53	.28	.00	.00	.56	-.05
GMA+开放性	.09	.09	.53	.28	.00	.00	.57	-.05
培训熟练程度								
GMA	.53							
GMA+尽责性	.31	.02	.61	.37	.08	24.20	.53	.31
GMA+情绪稳定性	.09	.14	.53	.28	.00	.00	.60	-.02
GMA+宜人性	.14	-.03	.55	.30	.02	7.47	.52	.15
GMA+外向性	.28	.06	.59	.34	.06	18.04	.55	.26
GMA+开放性	.33	.09	.60	.36	.07	22.24	.55	.31

人事选拔中的人格复合体

最近几年的另一研究线索是检验人事选拔中人格复合体的构想效度和效标效度。这方面的大部分元分析都是Ones和她的同事进行的（Ones，1993；Ones & Viswesvaran，1998a，2001a，2001b；Ones，Viswesvaran，& Schmidt，1993）。Ones 和 Viswesvaran（2001a）将复合体分为两大类：关注效标的职业人格量表（*Criterion-focused Occupational Personality Scales*，COPS）和关注工作的职业人格量表（*Job-focused Occupational Personality Scales*，JOPS）。COPS是为了预测特定的组织效标（如诚信、抗压能力、反生产行为、意外事故、暴力行为、客户服务意识、安全倾向）而开发的职业人格量表。JOPS则是为预测特定职业群体（如管理行业、销售行业、办事员行业）中的绩效而开发的职业人格量表。

人格复合体与工作绩效及培训。诚信测验可能是COPS在人事选拔中被研究得最多的内容，最近大量元分析都与此有关。基于项目的内容，诚信测验可以归为两大类：外显诚信测验和基于人格的诚信测验（又称内隐诚信测验）（Sackett，Burris，& Callaham，1989）。因为本章主要讨论人格测验，因此我们只介绍有关基于人格的诚信测验的研究结果。到目前为止最综合的元分析是Ones等（1993）进行的。他们发现基于人格的诚信测验对上级评定的整体工作绩效的预测效度为0.37，对所有绩效效标（工作绩效评分加上生产记录）的预测效度为0.35。Ones和Viswesvaran（1998a）研究了诚信和培训效果的关系，发现相关系数为0.38。在这个元分析中，培训成果（研究的75%）主要是在培训结束阶段通过客观测验测量的。

Ones和Viswesvaran（2001a）也检验了其他的COPS对工作绩效的预测效度。例如，他们发现药物/酒精量表、压力承受量表和客户服务量表的预测效度分别是0.19、0.42和0.39。Ones 和Viswesvaran（2001b）还发现暴力量表的预测效度是0.41。因此，我们可以得出结论：所有的COPS都对工作绩效有较高的预测效度。事实上，COPS的效度高于作为人格维度里拥有最高效度的尽责性。一个可能的解释存在于COPS 的基则网中。Ones（1993）发现在各类诚信测验中都包含尽责性、情绪稳定性和宜人性的组合。Ones和Viswesvaran（2001a）证实客户服务量表和宜人性（ρ =0.70）、情绪稳定性（ρ=0.58）以及尽责性（ρ=0.43）有很大关联。他们还发现药物/酒精和压力承受量表表现出和大五人格类似的关系。例如，药物/酒精量表与情绪稳定性、宜人性、尽责性的相关系数分别是0.39、0.28、0.48，压力承受量表和前述三者的相关系数分别是0.65、0.48、0.38。因此我们可以推测COPS具有比任何一种单一的人格维度更高的效度，因为它们是三到四个人格维度的线性组合，这些人格维度主要是情绪稳定性、尽责性、宜人性，在一些案例中还有外倾性。对上述元分析结果的总结见表7.3。

人格复合体与反生产行为。Ones和她的同事还进一步研究了COPS预测反生产行为的效度。研究中，反生产行为既包括反生产的整体效标也包括特定偏差行为，如盗窃或者旷工。在这个部分的评述中，我们将着重探讨基于人格的COPS的效度。对上述结果的总结见表7.3。

表7.3　COPS、JOPS 与组织效标及其变量的关系元分析结果汇总表

维度	K	N	ρ
工作绩效			
诚信度（基于人格的测验）[a]	102	27,081	.37
药品和酒精成瘾量表[b]	7	1,436	.19
压力耐受量表[b]	13	1,010	.42
消费者服务量表[b]	33	6,944	.39
暴力量表[c]	14	4,003	.41
培训			
诚信度（基于人格的测验）[d]		2,364	.38
反工作行为			
诚信度（基于人格的测验）[a]	138	158,065	.32
压力耐受量表[b]	5	594	.42
顾客服务量表[b]	5	740	.42
暴力量表[c]	4	533	.46
缺勤			
诚信度（基于人格的测验）[e]	16	5,435	.36

Note：K=研究数量; N=总样本量; [a] Ones, Viswesvaran; & Schmidt (1993); [b] Ones & Viswesvaran (2001a); [c] Ones & Viswesvaran (2001b); [d] Ones & Visesvaran (1998a); [e] Ones, Viswesvaran, & Schmidt (2003).

在前面部分提及的综合元分析中，鉴于当效标既包括广义又包括狭义的破坏行为（如，真实的偷窃、承认的偷窃、非法活动、旷工、迟到、因真实偷窃被解雇、暴力）时，效度达到0.32，Ones等（1993）认为基于人格的诚信测验能有效地预测反生产行为。近来，Ones，Viswesvaran和Schmidt（2003）检验了基于人格的诚信测验对自愿旷工的预测效度。他们发现基于人格的诚信测验是这类旷工行为的有效预测因子，效度系数是0.36。这个值与Salgado得到的大五人格对旷工较低的预测效度形成对比，表明基于人格的诚信测验可以较好地在人事选拔中预测旷工。

除研究诚信测验的效度外，Ones和Viswevaran（2001a，2001b）还分析了其他类型的COPS的效度。例如：他们发现药物/酒精量表的预测效度是0.29；抗压能力和客户服务量表的预测效度是0.42；暴力量表的预测效度是0.46。所有这些效度值都较大，表明COPS是工作中反生产行为强有力的预测因子。这些发现为人事选拔的从业者推荐了一些人格测验，以防止或减少工作中的失调行为。

人格复合体预测工作绩效和反生产行为的增量效度。对预测工作绩效和反生产行

为的各种元分析的结果使我们能够检验在预测工作绩效时，COPS是否在GMA基础上具有增量效度。再者，Ones和她同事的发现奠定了计算COPS增量效度的基础。结合报告的操作性效度，知道COPS 和GMA之间的联系是很有必要的。Ones 和Viswesvaran（2011a）发现GMA和药物/酒精量表、压力承受量表及客户服务量表的相关系数分别是-0.18、0.15和-0.10。Ones 等（1993）指出诚信测验和GMA的相关性几乎为零。因此，运用表7.3的数据，结合这些相关系数以及GMA与工作绩效之间的相关系数0.53，GMA和COPS 最理想的组合方式就可以被估算出来。多元回归分析结果见表7.4。

表7.4　COPS 在GMA基础上对工作绩效和培训绩效变差解释的增量效度

变量	效度	与GMA相关	Rmult	R_2	ΔR	% Suppl.	βGMA	β Suppl.
工作绩效								
GMA	.53							
GMA+诚信度	.37	.02	.64	.41	.11	31.51	.53	.37
GMA+药物和酒精成瘾	.19	-.18	.60	.36	.07	23.06	.48	.24
GMA+压力耐受	.42	.15	.63	.40	.10	29.69	.55	.40
GMA+顾客服务	.39	-.10	.69	.48	.16	41.37	.32	.40
GMA+	.09	.09	.53	.28	.00	.00	.57	-.05
培训熟练程度								
GMA	.53							
GMA+诚信度	.37	.02	.65	.42	.12	32.70	.53	.38

我们可以看到，当COPS与GMA组合起来时，COPS预测工作绩效的效度就能大大提高。多元相关系数在0.60和0.69之间，COPS所解释变异增加的百分比分别是：基于人格的诚信测验31.51%、药物/酒精量表23.06%、压力承受力量表29.69%以及客户服务量表41.37%。关于对培训效果的预测，基于人格的诚信测验被证明是解释变异的一个重要来源，它所解释的变异在GMA基础上增加了32.70%。根据这些证据，我们认为COPS可以被用来预测工作绩效，尤其是当效标是反生产行为时。

未基于FFM的人格测验

前面已经提到，存在着一些与大五人格接近的备选模型，而且这些模型在人事选拔中的效度已经在本章的综述中进行了说明。Hough（1992； Hough et al.，1990）率先评估了控制点和男性化—女性化测验的效度。自此以后，新的概念不断被开发出来，并在工作情境下得到了检验。在这一部分，我们将回顾三组人格测验的效度：（1）适应不良的人格风格；（2）情商测验；（3）其他人格测验（控制点、自尊、自我效能、积极情感和消极情感）。

在这部分，也有必要提及Salgado（2003）所进行的一项元分析，在这个研究中，比较了用于测评大五人格的FFM测验的效度和根据其他模型（如16PF、职业人格问卷）开发的测验的效度。这些测验可以利用FFM分类法组织起来，并部分（如一些方面）或全部（完整维度）地评估了大五人格。元分析表明尽责性、情绪稳定性、外倾性、经验开放性和宜人性对工作绩效的预测效度分别是0.18、0.05、0.08、0.08和0.13。这些结果意味着为评估大五人格而专门开发的测验的效度远大于备选模型。因此，我们建议，如果从业者希望测评大五人格维度，最好使用为此专门开发的测验。表7.5总结了关于这些测验的研究结果。

适应不良的人格类型和工作绩效。如前所述，FFM的维度全面描述了成人特质的一般变化。然而我们也指出存在着基于人格的临床和心理学概念化方法的其他模型。例如，DSM-III-R和 DSMIV认为存在着大量适应不良的人格类型，并进一步提出另一种人格分类系统。然而，目前只有少量的研究检验了这些适应不良的人格类型分类对工作绩效的效标关联效度。研究还表明在工作中表现出功能失调人格类型的个体数量是很少的，但不得不承认，就对生产的负面作用而言，适应不良的人格类型所造成的后果很严重。此外，在工作中表现出适应不良趋势的个体数量要大于表现出人格障碍的个体数量。并且，Hogan和Hogan（2001）最近的研究表明，适应不良的人格类型和领导力行为相关。具体来说，他们发现自恋风格与领导力正相关。Salgado，Moscoso和Lado（2003b）推测适应不良的人格类型和工作绩效之间可能存在联系。他们假设适应不良的人格类型主要和神经质有关，并且尽责性是工作绩效的预测因子。具体来说，他们假设：（1）逃避、沮丧、被动攻击、自卑、人格分裂、边缘化、反社会、独立的特质和症状与任务绩效、关系绩效及整体工作绩效负相关；（2）强迫型人格类型与任务绩效、关系绩效及整体工作绩效正相关。Salgado等人的研究结果支持了人格类型与情绪稳定性有关的假设，因为他们发现所有包含情绪稳定性的风格都是工作绩效的三个效标的预测因子。任务绩效的系数值在-0.24到-0.35范围内，关系绩效的系数值在-0.27到-0.43范围内，整体工作绩效的系数值在-0.27到-0.45范围内。

关于反社会（危险）类型，有一个有趣的发现。研究者发现这种类型与任务、关系以及工作绩效负相关。可能的解释是危险风格与宜人性和尽责性负相关。先前的研究表明，尽责性加上宜人性再加上情绪稳定性能够构成诚信复合体。因此，反社会风格可能反映的是诚信的方面，从而与工作绩效负相关。直到现在也鲜有这方面的研究，因此我们希望能有更多的研究者关注这一问题，从而得到令人信服的结果。

表7.5　其他人格变量与组织效标关系的元分析汇总表

维度	K	N	ρ
工作绩效			
尽责性-NFFM[a]	36	5,874	.18
情绪稳定性-NFFM[a]	25	4,541	.05
外向性-NFFM[a]	26	4,338	.08
经验开放性-NFFM[a]	29	4,364	.08
宜人性- NFFMa	31	4,573	.13
广义自我效能感[b]	11	1,506	.43
控制点[c]	35	4,310	.22
自尊[c]	40	5,145	.26
培训			
广义自我效能感[b]	4	422	.29
员工绩效(b)			
情绪智力	19	2,652	.24
工作满意度[e]			
积极情感	15	3,326	.49
消极情感[c]	27	6,233	-.33
广义自我效能感[c]	8	1,411	.29
自尊[c]	80	18,491	.32
薪水			
广义自我效能感[b]	5	468	.28
缺勤			
广义自我效能感[b]	4	718	.21

注: K =研究数量; N =总样本量;[a] Salgado (2003);[b] Salgado &Moscoso (2000);[c] Judge &Bono (2001);[d] Van Rooy&Viswesvaran (in press);[e] Connolly &Viswesvaran (2004).

　　情绪智力和工作绩效。近些年以来，情绪智力（EI）一直备受各类组织和研究者的关注。Van Rooy和Viswesvaran （in press）的一份元分析表明，情绪智力与GMA的相关性为0.22，与宜人性的相关性为0.23，与尽责性的相关性为0.31，与情绪稳定性的相关性为0.33，与外倾性的相关性为0.34，与经验开放性的相关性为0.23。这些结果表明情绪智力是GMA与大五人格的复合体。Schulte，Ree和Carretta（in press）检验了这一假设，发现这种多重相关性为0.81。至于组织情境下情绪智力的效标关联效度，Van Rooy和Viswesvaran的元分析表明情绪智力对绩效的预测效度为0.24，对组织记录的预测效度为0.14。总的来说，这些结果对关于情绪智力的本质的争论，以及其在应用情境（更具体来说，是人事选拔）中的效用而言，是十分重要的。

　　我们检验了情绪智力在不同预测因子组合中预测工作绩效的增量效度：GMA–EI、尽责性–EI、情绪稳定性–EI、宜人性–EI。这些研究的结果对EI测验在人事选拔实践中的应用具有一定的意义。和GMA组合时，结果表明EI没有明显的增量效度，多重相关系数只有0.01（$R^2 = 0.30$）。这一结果澄清了关于GMA和EI关系的争论以及当GMA用于人事选拔过程时EI测验的效用。结果还表明，为了预测工作绩效，同时测量GMA和EI是对时间和金钱的浪费。对于尽责性的研究得到了几乎一样的结果。EI所增加的多重相关系数是0.01（$R^2 = 0.14$）。只有EI与情绪稳定性或宜人性组合具有实际意义。EI在情绪稳定性（0.04；$R^2 = 0.08$）与宜人性（0.07；$R^2 = 0.10$）的基础上表现出了增量效度。然而，EI与情绪稳定性或宜人性的组合并不是人事选拔的最优预测因子。此外，情绪稳定性和宜人性的测量通常包含在大五人格量表中，因此，往往并不需要在FFM和GMA测验的基础上再增加一个EI问卷。总的来说，这表明只有当单独使用时，EI才是一个有用的预测因子。在其他情况下，其贡献几乎为0。

其他人格测验和组织效标：控制点、自尊、自我效能感、积极情感和消极情感。 在本章综述所涉及的年份里，已有研究探讨了此前没有提到的适用于人事选拔的人格概念。这些与工作绩效和工作满意度有关的人格变量包括控制点、自尊和自我效能感。Judge等（1997）总结道，这三个构想是一个更大构想——核心自我评价的子维度，或更宽泛的概念化的神经质。无论如何，两个元分析已经检验了这些变量和组织效标的相关性。Salgado和 Moscoso（2000）发现概化的自我效能与工作绩效的相关为0.43（$K = 11$，$N = 1,506$），与薪酬的相关为0.28（$K = 5$，$N = 468$），与工作满意度的相关为0.29（$K = 8$，$N = 1,411$），与培训的相关为0.29（$K = 4$，$N = 422$），与缺勤的相关为0.21（$K = 4$，$N = 718$）（负值）。Judge和Bono（2001）发现自我效能感与工作绩效的相关为0.23（$K = 10$，$N = 1,122$），与工作满意度的相关为0.45（$K = 12$，$N = 12,903$）。至于控制点，Judge和Bono（2001）发现其与工作绩效的相关为0.22（$K = 35$，$N = 4,310$），与工作满意度的相关为0.32（$K = 80$，$N = 18,491$）。最后，他们发现自尊与工作绩效的相关为0.26（$K = 40$，$N = 5,145$），与工作满意度的相关为0.26（$K = 56$，$N = 20,819$）。表7.5对这些结果进行了总结。

正如Rolland和De Fruyt（2003）发现的，在过去十年里，研究者对工作场所中情绪问题的兴趣迅速地提升，并且情感对于工作的影响也成为一个重要的研究课题。情感风格是一种在不同时间、不同情境中体验特定心境的普遍倾向（Rolland & De Fruyt，2003）。情感风格由两个维度构成：积极情感和消极情感。这两个维度相对独立。积极情感是与正面情绪状态（如快乐、热情、激动和自豪）相关的维度，一些学者认为积极情感与外倾性同属一域。消极情感是与负面情绪状态（如悲哀、愤怒、内疚、厌恶）相关的维度，并被认为与神经质同属一域。最近，Connolly 和Viswesvaran（2004）用元分析检验了工作满意度和积极情感及消极情感之间的关系。他们发现这两个变量能够预测工作满意度，并且10%~25%的工作满意度变异是由个人间的情感差异引起的。更具体地说，Connolly 和Viswesvaran发现积极情感与工作满意度正相关，相关系数为0.49；与工作满意度负相关，相关系数为-0.33。这些结果表明了情感风格在解释工作中的情绪问题时具有重要作用。

人格与职业选择

人格特质和职业兴趣的关系是长久以来的一个研究传统（Darley & Hagenah，1955； Holland，1973，1999； Hogan & Blake，1999）。多年前，研究职业兴趣结构的重要学者约翰·霍兰德（*John Holland*，1973）认为，兴趣量表是人格量表。在霍兰德看来，表达对特定职业或特定活动的偏好，在一定程度上反映了个人的人格。霍兰德的RIASEC兴趣模型区分了六种职业兴趣类型，即现实型、探索型、艺术型、社会型、企业型和常规型。一些研究证实了其与人格的关系，尤其是FFM各维度。RIASEC和FFM是经过深入研究的分别用来表示兴趣和人格结构的有力模型。

过去的几年里，发表了一些关于RIASEC与FFM关系的研究，这些研究显示出许多一致但又矛盾的结果，因此需要用元分析技术来对这一关系的整体情况继续描述（De Fruyt &Mervielde，1997）。Larson，Rottinghaus和Borgen（2002），Barrick，Mount和Gupta（2003）最近各自独立地用元分析技术检验了RIASEC与FFM的关系，同时也探讨了性别、RIASEC测量方式（自我引导研究相对于强烈兴趣量表或职业偏好量表）、人格量表类型（基于FFM的或次级人格测验）和被试身份（学生或者工作中的成人）的调节作用。

这些分析一致发现了四种可重现的关系，而现实型兴趣与FFM、神经质与RIASEC之间并没有显著关系。四组正相关关系是：（1）外倾性和企业型；（2）经验开放性和探索型，尤其是与艺术型；（3）宜人性和社会型；（4）尽责性和常规型。调节变量的作用微乎其微，说明这些关系较为稳固，并反映了整体情况。由个体研究和元分析得到的主要结论是，兴趣与人格特质以一致的方式相互关联，但不能被认为是同构的（Barrick et al.，2003）。

的确，实证研究证明兴趣和人格特质都能够预测不同的职业效标。De Fruyt和Mervielde（1999）采用即将步入职场的大四学生作为样本，检验了RIASEC和FFM对就业状况的预测效度，结果发现霍兰德RIASEC测验的兴趣维度在预测个体所从事的职业类型方面更有效，而FFM对应聘者的就业状况具有更高的预测效度。这项研究和前面回顾的关于特质与绩效关系的元分析都表明，FFM可能对工作绩效具有更高的预测效度，而RIASEC可能对就业性质有更高的预测效度。从这个角度来看，人格特质可能更加雇主导向，而兴趣更多是员工导向：从根本上来说，雇主寻求表现好的合作者，而员工则希望从事感兴趣的工作，以提高工作满意度（De Fruyt & Mervielde，1999）。这些结果非常符合Hogan和Blake（1999）关于兴趣和人格测验的解释。他们认为，兴趣测验是预测对不同职业选择满意度的个体差异的工具，而人格测验是关于个体在某一职业中的绩效，通常通过个体合作和竞争的能力或潜力表现出来。

前面的段落介绍了人格特质与职业选择关系方面研究的进展。最近，Barrick和他的同事们提出了两个新的挑战。首先，Barrick等（2003）把一致的构想重新概念化。起初，Holland（1973，1999）发明了一致概念来描述个人兴趣和RIASEC所表示的环境之间的匹配。Barrick等（2003）建议还需要考虑个人特质与兴趣之间的一致。他们认为一致这一概念化方式对于理解工作结果具有重要意义。第二个挑战是对人格特质和兴趣同时进行高阶分析（Mount，Barrick，Scullen，& Rounds，2004）。

总结

正如Hough（2001）所说，过去的十年是属于IWO心理学和人事选拔中的人格变量的十年。过去14年累积的证据表明，人格变量对预测工作绩效及其他重要的组织效标（如旷工、反生产行为、升职、离职）具有重要作用，因此，现在人格测验成为被实践者广为接受的人事选拔工具，并被纳入到许多工作绩效模型中（见Hunter，Schmidt，Rauschenberger，& Jayne，2001）。在很大程度上，工作中人格的进展源于构想导向的研究取向，在这种取向下，人格的五因子模型成为IWO心理学研究者的首选。Barrick和Mount（1991），Hough（1992）及Tett等人（1991）的重要研究表明，人格维度是工作绩效的重要预测因子，此后许多研究都是基于这一创新的结论展开的。此外，自1950年以来世界各地的许多调查显示，从业者通常将人格测验纳入人事选拔流程中。因此，正如Anderson和Cunningham-Snell（2000）总结的，根据目前的证据，人格测验能够测量其他选拔工具无法测量的变量，从而为效标变异提供了独特的解释。

基于本章回顾的实证证据，我们可以得到以下结论：

1. 源于FFM的人格特质分类法已被证明是一个用来组织各种单一测验的有效框架，并已被当作该领域的范例。这种分类法使得人事选拔领域的研究者们能够回应Ghiselli（1973），Guion和Gottier（1965）关于缺乏广为接受的人格模型的担忧。

元分析表明尽责性是预测工作绩效、培训成果和反生产行为的最佳人格预测因子。这一人格维度具有跨样本、跨职业和跨国家的效度概化。尽责性的效度受到职业团体和工作复杂度的调节，但是对于大部分职业，尽责性对工作绩效预测效度的最佳估计是0.36。元分析还表明情绪稳定性是预测工作绩效的第二重要人格预测因子，尽管真实效度仅仅是中等水平。其效度的最佳估计值为0.24。情绪稳定性的效度也受到职业团体和工作复杂度的调节。情绪稳定性还能够较好地预测离职。至于宜人性，元分析表明其对于中等复杂职业的工作绩效有较好的预测作用。在这一复杂性水平内，宜人性的效度是0.25。宜人性也是反生产行为（如偏差行为和离职）的预测因子。在预测培训成果方面，外倾性和经验开放性则表现出较高的预测效度。外倾性的效度是0.28，经验开放性的效度是0.33。这两个变量也能够预测离职。奇怪的是，只有当大五人格是由基于FFM开发的测验测得时，才具有以上结论，当大五由其他模型测量时，效度要低得多。

2. 尽责性、情绪稳定性、宜人性在GMA基础上对预测工作绩效具有增量效度，它们在GMA基础上增加解释了10%~30%的变异。GMA分别与尽责性、情绪稳定性、宜人性组合，得到的多重相关系数在0.56至0.63范围内。这三个人格维度在GMA基础上还对预测培训成果具有增量效度。尽责性、外倾性、经验开放性分别与GMA组合，得到的多重相关系数在0.55至0.61范围内。

3. 大五人格是其他重要组织效标（如领导力和工作满意度）的预测因子。人格维度与领导塑造及领导有效性领导效能都相关。尽责性、情绪稳定、外倾性和开放性能够预测领导塑造，所有的大五人格都能够预测领导力有效性领导效能。元分析表明尽责性、情绪稳定性、外倾性、宜人性四个人格维度决定工作满意度。

4. COPS是工作绩效和反生产行为的良好预测因子。COPS中被研究的最多的是诚信测验。研究表明，基于人格的诚信测验对工作绩效的预测效度是0.37，对培训成功的预测效度是0.38，对整体反生产行为的预测效度是0.32。其他对工作绩效和反生产行为具有良好预测效度的COPS测验包括压力承受力量表、暴力量表和客户服务量表。这些量表对工作绩效的预测效度分别是0.42、0.39、0.31，对反生产行为的预测效度分别是0.42、0.42、0.46。这些测验的基则网就它们能够预测工作绩效和反生产行为的原因给出了可能的解释。Ones和她的同事（1993； Ones & Viswesvaran，2001a，2001b）发现，COPS主要包括尽责性、情绪稳定性和宜人性。因此，这三个基本人格维度的共同作用解释了COPS为何具有高效度。

5. 在预测工作绩效方面表现出可观结果的其他人格测验，是Judge和其同事（Judge & Bono，2001）所说的核心自我评价。自尊和自我效能感表现出可观的效度值，并且似乎延伸至了神经质（情绪稳定性）的范围。因此，情绪稳定性的新的测量方式应当包含测量这些内容的量表。此外，积极和消极情感似乎能够有效预测工作中的心境和情绪。

选拔情境下的适应不良的人格风格也开始受到研究者的关注。该领域的首个重要研究认为，这些测验能够有效预测整体工作绩效、任务绩效、关系绩效和领导力。然而，在得到可靠的结论前，还需要进行更多的研究。

本章中提到的另一个测验是EI，因为许多研究者认为EI测量了人格特质。元分析显示，EI的效度适中，与情绪稳定性和宜人性的效度接近，但远低于GMA的效度。元分析还表明，EI测验主要由GMA和大五人格构成。当检验EI在GMA和大五人格基础上的增量效度时，我们发现EI与GMA或尽责性组合时，并没有显著的增量效度，只有当与情绪稳定性或宜人性组合时，才能够在一定程度上增加效度。

实践意义

在本章行文过程中，我们陆陆续续为人事选拔实践者提供了一些建议。在此，对这些建议进行一个总结。

1.如果你想预测工作绩效、培训成果、反生产行为、领导力以及工作中的情绪，大五人格是你需要考虑的一个重要变量。由于研究表明尽责性、情绪稳定性和宜人性是大部分职业工作绩效的预测因子，并在GMA基础上具有增量效度，因此，对于选拔工具而言，最优测验组合应当包括一个GMA测验和一个大五人格量表。

2.如果你想要在工作场所中测量大五人格，你需要考虑测验所基于的模型是什么。元分析表明，用于开发人格测验的模型在很大程度上影响着测验的效度。因此我们的建议是，如果从业者希望测评大五人格，最好的选择是使用专门用来测评大五人格的问卷，因为其他评估大五人格的测验（如16PF、OPQ、MMPI、CPI）的效度更低。

3.如果你希望使用EI测验，你应该知道它的效度最多只是中等水平，并且也不是单一的或主要能力或人格维度（参见Woodruffe，本书第8章）。关于EI，当前的研究表明EI测验具有中等效度，远低于GMA的效度（0.53 vs. 0.24），也低于尽责性的效度（0.36 vs. 0.24）。与其他测验组合使用时，EI几乎没有实用价值。因此我们对从业者的建议是：只有当没有其他测验可用时，才使用EI测验。

4.如果你想要使用针对适应不良的人格风格的测验，你需要知道目前的研究还很有限。它们似乎能够有效预测工作绩效和领导力，但这些结论只适用于少数职业。

5.如果你想用人格测验，你应当使用具有专门为应聘者开发的常模的问卷（Ones & Viswesvaran，1998b），以避免故意失真对测验分数的影响。故意失真不会影响人格测验的效度，因此可以放心地将人格测验用于人事选拔。

注：本章中Jesús F. Salgado的工作部分受到Ministerio de Cienciay Tecnologia（Spain）的支持，项目编号BSO2001-3070。

第八章 作为选拔效标的情绪因素

Charles Woodruffe

考量个体的情绪似乎不太可能成为人事选拔的必要环节。选拔时我们更关注应聘者在评价中心表现出的行为、在面试中被观察到的和可讨论的行为，或者在人格调查表中的自我报告来得到结论。选拔时关注行为背后的情绪和产生这些情绪的心理特点，与核心选拔过程关联不大而且不合时宜。你也可能会说人格理论及其测量对情绪领域问题的阐述已经很多了。但换个角度再细想一下，情绪对个体行为规律（如学习和认知）会产生重要影响，个体的行为规律又是评定人格维度的重要依据。本章以情绪为重点，我们不仅会将其视为人格的一部分，同时我们会更多地关注行为背后的情绪原因，而不是建立新的人格模型。他们主要是拓展对行为的理解而并非抽取新的行为特质（Mischel，1968）。

情感通常被认为是行为的直接原因。情感与思维不同，但与理性思维过程同等重要。正如Rafaeli（2002）所言，"人最典型的特点是人有情绪"。虽然Kiefer和Briner（2003）认为，"工作场所应当是由理性主导，这意味着情绪被排除在工作之外"，但是认为情绪能够简单被排除在工作场合外8个小时是难以置信的。

情绪通过外部表情（如消极和积极情绪）直接影响工作行为。情绪事件理论（Weiss & Cropanzano，1996）认为，不同的事件可激发不同情绪类型。情绪也会通过一系列并不明显的情绪行为来影响工作，譬如抵制变革。Oreg（2003）开发了《抵制变革量表》（*Resistance to Change scale*），由四个因子构成。其中一个因子是对强制变革的情绪反应，即变革引起人们在情绪上的紧张和压力。这些紧张和压力正是个体缺乏心理韧性以及不情愿失去控制共同作用的结果。Paterson和Härtel（2002）描述了这些情绪以及其他情绪是如何在裁员过程中起作用的，Kiefer（2002）则研究了人们对公司合并的情绪反应。

总的来说，情绪是对所有行为（包括工作行为）却有影响的因素。情绪是个人最基本的功能的组成要素。但是情绪太普遍了，无处不在，使我们可能会忽略情绪表现的重要影响。它仅仅是办公室生活的一小部分，不应该成为人事选拔的一个主题。对于这种观点，有五个理由可以反驳。在本章我们开宗明义，简要地概述情绪因素。之后，阐述在人事选拔过程中起作用的情绪模型：一个是积极情绪和消极情绪，另一个是依恋理论。接下来探讨对情绪的控制问题。这是在情绪智力标签下流行的情绪领域的一个方面，我会阐明控制的复杂性，同时指出它不一定是一个理想的品格，尤其是当它涉及习惯性的抑制时。最后，我讨论了人事选拔的公正性，或者更具体地说，以应聘者的情绪状态为由拒绝他。

以情绪为依据的人事选拔

首先，我们来谈谈将情绪因素作为人事选拔效标的理由。我认为有五个方面。

1. 识别极端情绪

首先，根据情绪表达的强度和情境，很容易辨识情绪。一些应聘者比其他人更易怒，一些比其他人更排斥变化。总之，应聘者（直接或间接地）表达了不适宜的情绪，无论是在类型上还是在强度上。第一次在大型会议上做演讲产生紧张和恐惧是适度的情绪表达，但电脑出故障引起愤怒情绪的爆发就是不适当的。因此，很多心理治疗会将适宜的情绪体验作为治疗目标。疗法让人们对自己的行为模式有了深刻洞识。根据这个模型，我们在若干基本的情绪中开始生命的旅程，而这些情绪依据现实经验逐步地发展。这些我们所拥有的经验可能会使我们的情绪以适应我们成年的生活为目标去发展，使我们不再需要心理疗法。另外，也许对当时我们所在的特定环境来说，我们的情绪是适宜的，但对整体外在世界来说，是不适宜的。这些情绪错在它们阻碍我们的人际关系和幸福，通常表现为合理的情绪指向一个不适宜的目标。或许在童年，我们就已经成为侵略性情绪的受害者。我们变得对他人侵略性的线索非常敏感。在工作中接收反馈时，我们在自己被攻击之前就开始防备，但是，在防备的同时，我们也在攻击。我们顽固地发展出对他人的防备，来印证我们认为他人都具有攻击性的想法。这种自证预言正是心理疗法所力图消除的。

我们可以提出论点，来支持这种做法——拒绝那些表现出不适宜的以及对工作绩效有害的情绪的应聘者。一个总是容易生气的人很难与同事以及顾客建立良好的关系。如果情绪会影响工作行为表现，如果人们在他们所感知的情绪、他们所体验到的情绪的张力以及他们管理情绪的能力上有所不同，那么我们不难得出这样的结论：在人事选拔中可以依据情绪来选拔人才。

2. 识别行为的来源

在人事选拔时，知晓人们行为背后的原因可能对预测其将来的行为有所帮助。譬如，应聘者可能在人事选拔时表现得对组织变革非常热心，但是在被录用后，他们会变得对变革感到非常焦虑和压抑。了解应聘者的焦虑水平也会对人事选拔有帮助。应聘者可能在分组练习中表现出轻微的鲁莽，这时我们应该深入了解行为背后的原因，了解应聘者为什么生气，是因为紧张、生气，还是因为昨晚在喧闹旅馆糟糕的睡眠，将对实践者做出选拔决策有帮助。如果这是由生气引起的，我们会更多地认为应聘者鲁莽，因为由此产生的鲁莽将比由缺乏睡眠引起的鲁莽更加容易重复发生。

3. 真实的表达

Brotheridge和Lee（2003）注意到特定的情绪可能会促成员工在工作中的成功表现。譬如，我们希望面向顾客的工作人员适度地开心快乐。如果这些不是他真正感觉到的情绪，那么他有两个补救措施。第一个是假装情绪（表层表演），第二个是引导个体进入一种适宜的思想状态自然诱发情绪（深层表演）。每一种措施都需要情绪工作。Brotheridge和Lee正在发展一种情绪工作量表来帮助探索工作中的情绪管理方法。这个量表有六个要素：表层表演、深层表演、强度、种类、持续性以及频率。对不同行业的样本人群实施这个量表的结果显示，表层表演与情绪耗竭以及去个性化都有关。同时，表层表演也与简单的情绪抑制不同，而是与Snyder（1974）的自我监控量表有关。由此看来，对工作中需要的情绪进行分类并且选择合适的应聘者来表现出这些情绪是有帮助的。另一方面，这些工作人员冒着风险承受来自表层表演的压力，如大众所想一样，他们也非常可能表现得不真实（航空机组人员的微笑和"快乐生活每一天"综合征）。

4. 发展预测

如果你理解了应聘者的心理状态，你就能估计他/她成长和发展的可能性。同样是表述能力差，但对缺乏基本演讲技巧的人和对长期缺乏自信的人的预测是大大不同的。一般来说，如果应聘者没有表现出胜任力，了解这是因为一个深层的情绪问题还是技能上的缺陷将很有帮助。

5. 经济节省

掌握行为的一般来源比掌握每种特定的行为更加经济。相比于测量各种行为（如所有的情绪智力胜任力特征）（Goleman， 1998），测量其背后的一小部分特性显然更有效率。对来源特性的测量将会促成实践者对人的整体概括，但是问题在于，情绪智力能力似乎并不满足这个要求。他们或是更多地关注情绪的管理（如自律），而不是情绪本身；或是表现为对行为本身的重述。

为了节约，我们一方面需要找到行为间明显的差别，另一方面需要找到假定的源情绪。这或许看起来很简单。情绪就是一种感觉，而行为就是这种感觉的结果。譬如，显然，愤怒的行为源自愤怒的感觉，而愤怒的感觉也可能会侵扰一些其他的行为。因此，我们应当测量一个人是否感到愤怒。但是，如此我们就不得不判断情绪和行为的开始和结束。除了对行为进行观察与报告，我们能通过其他方式去了解一个人是否有某种情绪么？而且，被试者在测量当时有没有感到愤怒的事实又怎么与他们将来的情绪和行为相联系？由此，我们能看出测量一个人的情绪不是合适的方法。我们需要测量的是拥有这些感觉的倾向。这可能听起来有些卖弄学问，但它却是一个最重要的观点。我们不能通过在人事选拔过程中测量当时的感觉（如，当选拔某人时）来得到结论，只能通过测量这些感觉的倾向，这些感觉会反过来被行为反映出来。

但是，我们不得不缩小我们关注的范围。我们是关注所有的人格还是追踪一些特定的方面？许多人格模型不是由反映行为变化主要维度构成的简单模型（如，16PF和FFM），就是由那些研究者感兴趣的行为维度构成的模型（如OPQ）。这些并不像是情绪领域的好模型。当然，它们通过包含诸如神经质等维度而将情绪纳入其中。同时，他们也包含了诸如尽责性、宜人性等一定程度上受到影响的维度，或者其他既被情绪又被学习影响的维度。当然，我们并不能因此就认为，大五人格作为一个整体提供了一个关于行为的情绪来源的全面模型。

映射的情感领域

为了得到更深入的结果，我们需要找到一种能够被应用到工作领域的情绪分类法，否则我们将会被困在情绪词汇的沼泽中。对此，不同的研究者给出了不同的答案。如上所述，Frank和Stennett（2001）将6种情绪看作"基本的"，它们是：愤怒、厌恶、恐惧、快乐、悲伤、惊讶。早些时候，这6种基本情绪已经被Ekman和他的合作者（1987）提出，并且获得了广泛的认可。Lowe和Bennett（2003）采取了一种情绪四分法：愤怒、愧疚、焦虑和悲伤。Anderson，Keltner，和John（2003）将其分为3种积极情绪（快乐、欢乐和自豪）和7种消极情绪（愤怒、轻视、不适、厌恶、恐惧、愧疚和悲伤）。而Trierweiler，Eid和Lischetske（2002）则关注了6种情绪：爱、欢乐、恐惧、愤怒、羞耻和悲伤。显然，这些分类中有很多相似之处，但在同样的"基本"情绪上也有很多不同之处。

Trierweiler等人（2002）认为简化情绪分类比较困难。他们对比了3个情绪表达的模型。第一个模型建立在一般因素上，第二个模型划分了积极和消极的表达，第三个模型则是特殊情绪的模型。他们的研究结果支持"情绪表达存在多维性特征"。特别是他们发现，即使同属消极情绪，表达也是存在差别的，譬如"愤怒和羞耻的表达，与其他消极情绪的表达就非常不同"。虽然情绪表达不同于情绪本身，但是Trierweiler等人的研究对情绪类型简化提出了警示。但是，涉及工作相关的情绪，尤其是在人事选拔时，我们不得不做出选择：广泛关注对特定工作角色均存在相关的情绪，或是采用某种方式减少情绪的多样性。将情绪多样性进行精简，为我们追踪人与人之间情绪表达的差异提供了便利。为此，我们选择两个分类特征明显的情绪分类法进行追踪回顾：（1）积极情绪与消极情绪；（2）依恋理论。

积极情绪与消极情绪

虽然Trierweiler等人认为积极情绪与消极情绪间存在不可交换性，但积极和消极作为情绪的两个基本维度还是毋庸置疑的。与具有消极情绪的个体相比，具有积极情绪个体更倾向于将威胁的处境看作一种挑战。Mendes，Reis，Seery和Blascowich（2003）将威胁描述为一种个体感受，认为自己处于超越自己能力的情境，而挑战则是认为自己处于一个能充分发挥自己能力并且能够处理的情境。他们认为，人们的心理韧性从威胁的意识中恢复得更加缓慢，并且当个体意识到自己处于威胁刺激下，会出现相应心血管反应，最终出现病理生理改变。而对挑战的反应更有可能是对个体有利的。

如果一些人习惯性地将自己的处境看作威胁，而其他人却将此看作挑战，那么这里显然就产生了一个清晰的区分，我们或许能利用它进行人事选拔。这样做之所以合理，主要在于消极情绪可刺激自主神经系统，并会缩窄认知注意力范围。因此人们会集中于几个特定的行为倾向，如攻击或者逃避。另一方面，积极的情绪体验与注意力、思维能力以及行为技能的增广有关，可能是因为在大脑循环的多巴胺的增多。换言之，我们可以预测一个有消极情绪倾向的人在创造性问题的解决上没有那些更积极的人表现出色。更广泛地说，这些消极的人可能更难有充分的准备去迎接那些在许多团体都适用的变化的规则。

积极情绪可能与对自身积极的视角有关。反过来，这种视角可能必须建立在一定程度上的自我提升上。而自我提升正如Taylor，Lerner，Sherman，Sage和McDowell（2003）所认为那样，又反过来"调整了对压力的体验"。简言之，善于进行自我提升的个体从他们对自己的乐观解释中受益；他们通过躲开关于自身的"真相"来避免紧张。所以，在人事选拔中，或许我们不应该讨厌那些自我提升的个体。合理地说，他们的自我修饰行为或许能够抵抗压力，从而使雇主也从中受益。

Ambady和Gray（2002）的研究发现了情绪的其他积极和消极作用。他们发现悲伤失望的个体"在解释周围行为时"表现出"一种消极的偏见"。他们以此为例，进一步解释情绪是如何扭曲人们的判断。此外，"乐观的个体倾向于更多地依靠认知捷径，用更加具有探索性、更少具有系统性的方式去处理信息"，而"悲观的个体倾向于表现出系统详细的信息处理风格"。虽然从表面上看，这也许会使得悲观的人在他们的判断上更加准确，而事实上，许多判断并不需要深思熟虑，并且个体可能还会被深思熟虑所累。Ambady和Gray证实了"悲观会对以简单观察为基础从而做出有效推断的能力产生显著的损伤"。这个结论在工作和非工作场所中同样适用，当然，我并不认为所有的判断都不应该深思熟虑。

Fredrickson，Tugade，Waugh和Larkin（2003）指出：积极情绪体验的作用会延续，并且帮助人们处于一个将来能使他们感觉良好的位置上。这些研究者将这个观点与他们的积极情绪的"拓展—建构"理论联系在一起。这个理论指出积极情绪帮助人们建立"一系列的个人资源，包括体能（如身体技能、健康、长寿）、社会资源（如友谊、人际关系网）、智力资源（如专业知识、智力复杂性）以及心理资源（心理韧性、乐观、创造力）"。Fredrickson等人对心理韧性与积极情绪间的循环作用进行了深入研究。心理韧性强的人拥有更多积极情绪的性格特征，这反过来也帮助他们有效应对。Fredrickson等人认为心理韧性强的人通过积极的情绪缓解沮丧，并且继而振作。在面对逆境时，他们能看到积极的一面，而且"反弹恢复到比以前更强"。所有的这些与心理韧性和积极情绪的特质很可能在工作领域起作用。

心理韧性与低神经质、外倾性、开放性相关，它们是一系列产生积极情绪的特性。Trierweiler等人（2002）证实了"表达自己积极情绪的人是外向的、令人愉悦的并且有相对较高的理解力，而表现出自己消极情绪的人则更加神经质"。

Harker和Keltner（2001）追踪了在大学年刊照片中表现出不同程度积极情绪的女性的生活。他们发现那些表现出更多积极情绪的女性在宜人性与能力上更具有优势。随着时间的增长，这些更加积极的女性也"变得做事更加有条理，精神更加集中，事业更加有成就并且越来越不受消极情绪产生的重复冗长的体验的影响"。他们认为那些表现出更多积极情绪的人可能会更加容易相处以及被他人所接受，由此形成了一个良性循环。

积极情绪与消极情绪的差别从何而来？情绪一定会有一个目的。在它最根本的层面，情绪有过并且现在仍有生存价值。这个推测是指那些给予我们积极情绪（譬如快乐）的实体是对我们的生存有利，而那些使我们感觉痛苦（譬如恐惧）的实体则是有害的。更进一步地推测，我们是根据以趋利避害为动机的享乐主义原则来行动的。正如Higgins（1998）所说，这已经成为"心理学史上最基本的动机定律"。

Higgins研究了享乐主义原则，区分了拥有积极目标状态和消极目标状态的自我调节系统。他同时也区分了两种自我指导：一种代表追求的理想，另一种代表人们应该拥有的属性。理想是最大的目标，而"应当的"是最小的。对理想的追求取决于是否有积极结果，而对应当做的事的尽力坚持取决于是否有消极结果。积极结果的缺失伴随着诸如失望、不满或悲伤等沮丧类情绪，而消极结果的存在则伴随着诸如感觉不舒服、受威胁或害怕等焦虑类情绪。对理想的追求涉及与后天培养以及趋利导向有关的自我调节，而遵守规则涉及安全以及避害导向的自我调节。人们会强调总有一个焦点因素导致人格的不同。尤其，"趋利导向的状态是对取得进步和收获的渴望，而避害导向的状态是为确保安全和无损失的警惕"。

趋利导向与避害导向间的差别会成为影响工作的因素，可能会导致接下来将要讨论的成就动机与对失败的恐惧间的差别。而且就其本身而言，这一点本会在人事选拔中被有力地评估。

但是，为什么有些人拥有趋利导向而有的人拥有避害导向？什么是情绪和情绪表达的来源？我们需要找到人的模型，来解释表现出的情绪和表现这些情绪的倾向。这个解释有两个方面，先天与后天。首先考虑后天，显然，我们的教养都对我们作为成人的情绪性行为有着强烈的影响，无论是独立的或者与我们的生理有互动的。依恋理论提供了这样一个在人事选拔时似乎特别有用的关于后天养育结果的模型。

依恋理论

大量关于人类安全感的著作为Bowlby的依恋理论（1973）奠定了良好的基础。跟随Bowlby的脚步，Bartholomew和Horowitz（1991）将人的分类发展成一个四维的选择，它可以被概述为以下类型：

安全型 此类人对很有安全感并且善于做出承诺。

焦虑矛盾型 此类人对重复的承诺和保证有较高的需求。

恐惧逃避回避型 此类人远离人际关系，因为他们害怕承受人际交往中可能会有的痛楚。

冷淡逃避回避型 此类人似乎对与他人的亲密关系毫无需求。

依恋类型是以历史为基础的。缺乏安全感的人一开始会由于某种理由较少感觉到安全，而且认为自己的依恋类型是不可靠的想法会在他们脑中根深蒂固。不幸的是，他们关于世界是一个缺乏"安全"的地方的观念一旦被设立，便会尽力使其永存。人们建立起关于世界的"有效模型"，并且通过一定的方式将它们作为生活交往中的指导原则来使用，而这样的方式又导致了他人那些可以证实这些有效模型的行为。焦虑矛盾型的人表现出焦虑矛盾的行为方式，这引起了他人的回应，这些回应又强化了他们将世界看作一个充满风险的地方的观点。同时他们也以与自己观点相符的方式来解读外在世界的行为。而安全型的人甚至察觉不到那些被缺乏安全感的人感觉到的威胁。

这些不同之处已经被应用到孩子与父母的关系以及其他依恋类型上，并且延伸到成年人的浪漫关系中。同时也有从依恋理论到雇佣关系的合理延伸（Feeney & Noller，1996）。我们有理由假设依恋类型会一般化并且深入到工作领域。安全型的人在工作时对待他人不会那么急躁，而且在行为中表现出更少难以揣测的动机。焦虑矛盾型和两种回避型的人则可能会表现出令人厌恶的缺乏安全感的行为方式。这些人在需要高水平人际交往技巧的职位选拔中更容易被排除掉。

另一个更加合理的与工作领域的联系来自于Vorauer，Cameron，Holmes和Pearce（2003）的一份研究。他们将依恋理论与人们夸大他们想要表达的浪漫情感的倾向联系起来。他们认为缺乏安全感的人更可能带有对拒绝的巨大恐惧，并且展示出更多的信号放大。反过来，他人对提案的否定回应会提高缺乏安全感的人对拒绝的敏感度。正如研究者所注意到的，相同的情形也可能发生在正在发展的关系中，而且也极有可能延伸到工作中的情感交流。譬如，缺乏安全感的人可能会认为他们已经清晰地发出了自己快乐或者悲伤的信号，但是对于接收者来说，这样的信息传递是极其模糊的。

依恋理论在工作领域的应用并非都是推测性的。现在已经有了这方面的经验研究的报告。其中特别让人感兴趣的是Johnston（2000）进行的关于与经理人的依恋类型相关的授权代理和组织结构的研究。Johnston发现"安全型经理倾向于报告最高水平的授权。回避型经理报告最低水平的授权。焦虑矛盾型经理落在两者之间"。她同时也报告了安全型依恋类型与分散的组织结构、回避型依恋类型与集中的组织结构以及焦虑矛盾型依恋类型与紊乱的组织结构具有高相关。

虽然依恋理论一开始仅仅指向个体间的关系，但是Smith， Murphy，和Coats（1999）将它延伸到个人与团队的关系中。他们认为人们以其与团队过去共同的经历为基础在脑中建立模型。Smith等人假设个人对团队的依恋有两个基本的维度，即依恋焦虑和依恋回避。在这两方面表现低的人被认为是团队依恋中安全型的人，而在焦虑方面表现较高的人则会担忧团队是否接受自己以及接受后的一致性问题。与此相反，在回避方面表现较高的人对此保持冷淡。他们发现焦虑与消极情绪、极端情绪以及认为在群体中缺乏令人满意的社会支持的看法有关。而回避则与更少的积极情绪、认为缺乏令人满意的社会支持的看法以及远离群体的计划有关。他们推测逃避可能与趋利动机有关，而焦虑与避害动机有关（Higgins，1998）。

Woodruffe（1999）将依恋关系的焦点转移到组织上。他认为正如人与人之间、群体与群体间那样，人们会与组织建立一个依恋的历史。依靠他们各自相似的历史，人们可能会认为组织基本上是可靠的，并且使他们产生安全感。或者，他们会将组织看作不可靠的并且对组织承诺感到焦虑。最终，他们可能会发展出充分的怀疑来避免对组织的承诺，譬如更多地表现为一个承包人。

依恋关系的各种关注焦点间更有可能是相互联系、互为基础的。譬如，一个缺乏安全感的人可能会由于他们与他人交往的方式而获得更少有利的结果。反过来，这也会导致他们对组织依恋安全感的下降。但是，他们可能在某种程度上发展出一种独立。譬如，Smith等人（1999）发现群体的依恋关系与个体间的依恋关系有关，但是并没有达到这两者可以被看作完全相同的程度。类似地，我们可以设想一个人在工作时是一个安全型的人，但在私人生活中却是一个缺乏安全感的人。反之亦然。一个对他人完全满意但是被看作多余的人可能会发展出一种对组织玩世不恭的态度。

因此，我们会选择考察所有与安全感有关的领域来寻求对个体行为以及潜力的理解。Lyons（1999）提供了一个在组织研究中使用人际依恋类型的例子。她测量了依恋类型和人们对于交易型心理契约与关系型心理契约的偏好。在相关研究中，她发现安全型的人倾向于喜欢关系型契约。同时她也发现那些带有关系型取向的人表现出更少的离职意图并且被公认得到雇主更多的信任。当然，所有的这些要素可能会互相影响。但是，至少在理论上，依恋类型来源于幼儿期并且形成在与雇主达成心理契约之前。

依恋的一个结果是探索性行为。安全型儿童会投身于更无忧无虑的探索中。另一方面，回避型依恋类型被认为会更多地导致由远离依恋的渴望所激发的探索动机，而非由探索世界的渴望所激发的探索动机。与之相反，焦虑矛盾型依恋类型可能会引起更多不同的探索行为。Elliot和Reis（2003）根据这些观点建立起基本框架理念：探索性行为是表现其能力的动机的体现，这在成年时表现为对成就的追求。他们考察了4个成就目标：第一个是成就型目标导向，定义为"努力奋斗去达到基于任务的有能力的标准"。第二个是回避型目标导向，定义为"努力奋斗去回避基于任务的无能的标准"。第三个是绩效趋近型目标导向，定义为"努力奋斗去获得基于规范的有能力的标准"。最后还有一个绩效回避型目标导向，定义为"努力奋斗去回避基于规范的无能的标准"。他们认为第一个是成就型动机的最佳形式，而回避导向的形式并非最佳。这些成就型目标导向与对成就的强烈需求联系在一起，而回避型目标导向则与对失败的恐惧有关。在他们的研究中，Elliot和Reis发现安全型的人相较于缺乏安全感的人更倾向于采用趋向导向的目标。而且，他们比回避型人群拥有更多掌握趋向型目标，比焦虑矛盾型人群拥有更少的绩效回避型目标。因此，安全感强的人相较于安全感弱的人有更高的成就需求，而安全感弱的人相较于安全感强的人更害怕失败。研究者推测或许安全型的依恋类型能帮助员工抵抗"在工作中困难的一天"，并且"也可能对工作本身增加兴趣"。

作为人事选拔的基础，一个心理学家会评估应聘者的依恋类型，或者至少应用依恋的构想来考虑应聘者能否胜任。显然，对依恋类型精确的考察需要适当地与工作相关并且不会干扰人们的家庭生活。尽管如此，去发现应聘者与其他员工、群体以及组织在一起的安全感是非常恰当的。

心理和情绪

在依恋类型上的不同似乎对我们的行为有普遍的影响。我们的遗传差异也如此，而且非常有可能的是，遗传使我们先天地倾向于一种依恋类型。遗传可以激励我们以一定的方式去行动，而这种方式引起了设立依恋类型的回应。这样的事件链被van den Boom（1989）展示过。她评估了刚出生15天的婴儿的急躁性，并且发现急躁的婴儿在一年后更容易被归为缺乏安全感的依恋类型，而不急躁的婴儿更可能被归为安全型。此外，在紧接着的研究中，van den Boom（1994）训练了这些急躁婴儿的父母，教会他们如何安慰婴儿以及如何与婴儿玩耍。一年后，相较于那些父母没有接受这样训练的婴儿，这些婴儿更有可能被划分为安全型依恋类型。

对情绪进行详尽的生理学描述超出了这章的范围，但是依然有三个主要的问题值得我们注意。第一个是与情绪生理相关的事物，譬如恐惧时加速的心跳。显然，如果这些生理相关因素对一个特定的情绪来说是独特的，那么这些信息可以被用来进行人事选拔。对生理反应的测量就能推断情绪。当然这样做的困难之处在于应聘者的接受性问题以及技术人员对生理反应监控的有效性问题。第二个重要的问题是能引起情绪倾向的生理机能。但是同样，我们很难想象在人事选拔时测量应聘者的生理机能，并且根据测量结果去拒绝应聘者。这很难，因为它很难被认为是合理的以及可接受的。有趣的是，表面上，我们会更多地在可靠数据的基础上进行判断，而不是依据人格量表。但是，应聘者生理上感知的不变性使得被告知由于它而被拒绝的事实非常难以接受，并且我怀疑这种无情的告知会使得雇主背离他们原本的想法。

第三个问题是决定情绪倾向的生理因素的遗传性的范围。知晓这种生理遗传在人事选拔时非常有利，因为情绪越多地来源于遗传，那么它将越不容易变化。如果人事选拔建立在一些以被生理遗传所决定而著称的行为上，既然他们不那么容易变化，就可以建议雇主忽略这些行为的"发展性需要"。

毫无疑问，人们确实在遗传的气质上相异，很多气质确实存在于情绪中。这个结论得到了以McCrae和Costa（2000）为首的一些研究者的有力论证。他们把个性描述成具有生理基础的并且"或多或少不受环境影响"。他们继而表明，"人格特性有大量基因遗传部分"，并声称所有的大五人格因素是可遗传的。同样，Rothbart，Ahadi和Evans（2000）的研究表明，个体产生"恐惧、愤怒、挫败、积极情绪的方式、活动程度和注意力集中的持续性或定向持续性"的可能性大小在婴儿时期就可识别。并且，他们发现这些测量的维度在婴儿时期和7岁时是"强烈的相关关系"。这些关系可以被看成遗传的证据。

在名为"工作满意度的遗传学研究"实验中，Ilies和Judge（2003）证实了与工作相关的遗传学结论。基因结构直接作用于工作满意度的结论看起来有些稀奇。尽管如此，这篇论文为我们对工作满意度的偏好受遗传的影响这一结论提供了良好的证明，这在Ilies和Judge看来是一个情绪状态。他们把遗传和工作满意度之间的联系看作被积极消极情感和大五人格的特性协调的。正如我们看到的，这两者并不是完全独立的，因为积极情绪是外向指标，而消极情绪是一个神经质的指示器。Ilies和Judge总结得很清楚，我们的遗传特性如何决定表型行为被限制发展的范围。他们估计大约30%的对工作满意度的差异是因为遗传学的原因，大约四分之一的遗传效应受大五人格调节，大约45%受积极和消极的情感调节。

由此，我们可以得出结论，遗传通过生理对我们的情绪、行为有着很大影响。这意味着，在人事选拔过程中我们应该仔细选择，因为如果应聘者拥有不适合这个角色的情感倾向性，将很难或者不可能改变。

情绪控制

到目前为止，我们把注意力集中在人与人之间在情感体验上的差异。然而，人事选拔关注情绪因素的唯一原因是，情绪会影响行为，行为又将影响表现。显而易见的是，这个链在情绪可控的程度上将被打破。这体现在三个方面：实施控制、对需要控制的情绪的识别、识别他人情绪并由此调整自身。

实施控制

对于情绪智力的肤浅理解可能会导致我们认为所有的控制都是明智的、可取的。事实并非如此，如果情绪控制是人事选拔的基础，我们需要确保那是正确的控制。Eisenberg，Fabes，Guthrie和Reiser（2000）指明情绪调节、情绪相关的行为调节以及利基选择之间的区别。情绪调节是对感受到的情绪的调节，情绪相关的行为调节是对伴随情绪产生的行为的调节，利基选择则是对能够诱发情绪的情境的调节。这种区别建立在Gross和John（2003）的理论上，他们指出可以从情绪表达的原因入手来控制情绪。他们区分了先行关注情绪调节策略和反应关注情绪调节策略。先行策略，如认知重评，在情绪反应之前已经做出评估。而反应关注策略，如表达抑制，是针对情绪反应本身。他们的模型如图8.1所示。

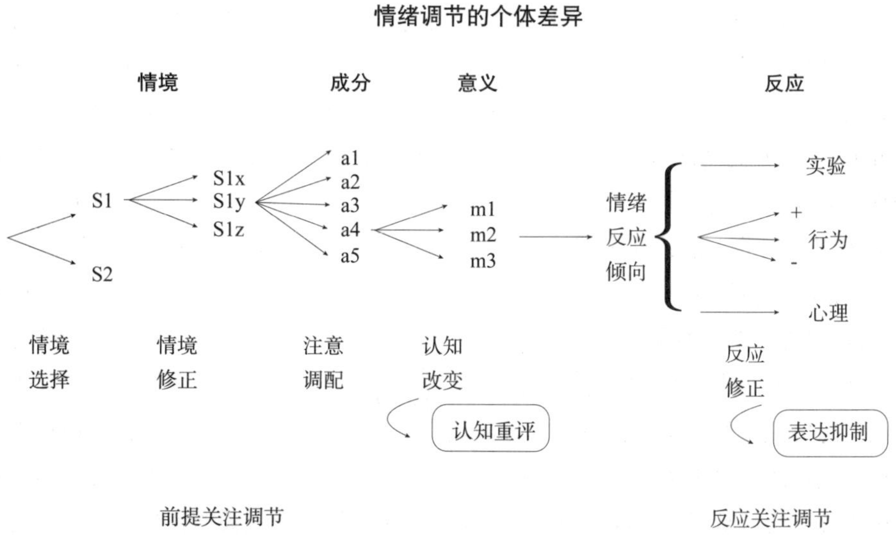

情绪调节的个体差异

图 8.1　情绪调节过程模型（引自：Gross，2001）

认知重评看起来是一种控制情绪的更健康的方式。Gross和John发现"抑制"和人们自认为自己不真实及一种普遍的情绪"关闭"有关。抑制者说他们认为自己更易体验消极情绪，周围人也能够观察到这种抑制。情绪抑制更有可能减少与他人分享消极情绪和积极情绪，因此也避免了和他人的接触。抑制者通常不被喜欢，他们享有较少的社会支持，特别是从同伴获得的情感支持。Mendes等（2003）也测验过情绪的抑制所造成的身体反应。他们证实，那有可能产生具有威胁的心血管反应。

另一方面，Gross和John发现，认知重评就像反馈者和他们的同伴报告的，将导致神经质的减少和对积极情绪的更多体验。认知重评与情绪分享有关，并且"认知重评者和同伴有更密切的关系，他们也更易被同伴接受"。认知重评者较少会出现失落的症状，然而抑制和幸福感负相关。

当然，情绪的管理和控制在过去的几十年中经过"情商"的推广越来越普及。不幸的是，就像美国心理学会所说的（Benson，2003），"针对这种普及的观点，一些研究人员正在奋力从科学的角度论证"。比如，把"情商"看作一种普遍的品质太肤浅了。Trierweiler 等的著作提醒人们不要把情绪控制的能力看作一个普遍的特点。他们说，"调节能力不能包括情绪"，引用一个例子，一个人可能能够很好地控制生气的情绪，但是他可能不能很好地控制害羞或者焦急的情绪。另外，习惯性的情绪抑制会产生负面影响。我们最好选择具有合理情绪的面试者，而非那些抑制不合理情绪的面试者。

识别自身情绪

尽管如此，有时候无疑需要管理情感的表达。要能够调节情感表达，不可缺少的一部分是要明晰自己究竟体验到的是何种情感。Gohm （2003）进行了一个透彻的研究，研究中她调查了体验的三个方面：情绪清晰度、情绪注意和情绪强度。在情绪清晰度方面，Gohm认为，缺乏清晰度的人"可能会发现他或她在情绪情境中的反应不可预知难以预测而且经常是不确定的"。她还认为，那些极度关注情感的人会比中等关注的人更不容易控制他们的心情，反之那些极为强烈地感受情绪的人"可能会力图抑制他们的心情"。情绪体验的这三个方面的情感被视为独立的。这三种体验进一步分为四种风格，Gohm将其命名为：热情、不知所措、清醒、冷静。热情的个体在三个方面都情绪高涨，冷静的人很低落；不知所措的人在注意和强度方面情绪高亢，而在清晰度方面较低；然而清醒的人正好相反，在清晰度方面较高，在注意和强度方面较低。Gohm让人们阅读积极或者消极的新闻故事，然后报告感受，并写出一个最近的快乐或者悲伤的事件（快乐或者悲伤与新闻自身特性一致）。他们实施了第三个无关的任务并估计发生在他们身上的负面事件的可能性（一个评判工作）。最后，他们报告了在实验最后和他们写这些事件时他们的感受如何。她发现不知所措的人与其他三类人不同。相较于在积极情绪中，不知所措的人在消极情绪中会估计较低的（而非较高的）风险。他们的不同评判看起来是因为他们的情绪颠倒，而其他人的情绪不是离散的（清醒的人和冷静的人）就是连续的（热情的人）。这个评判与颠倒的情绪保持一致。

Gohm注意到，她的样本（入门级的心理学学生）包括了30%可以被标记为不知所措的人——体验情感但是并不明晰情感的人，并且她认为通过教育能够使这些人具有较高的情商。不知所措的人似乎是处于一个以述情障碍结束的连续体的"正常"点上。Gohm认为在述情障碍上得高分的人"在描述和识别他们的感觉上具有困难，而且他们试图用抽象思考替代感觉，以避免情感体验"。

对他人情绪的识别能力

预料或至少识别他人的情绪反应是一种基本能力，它有助于个体建立良好的人际关系。它看起来更像是人际关系技巧而非一种知觉者的直接情绪因素。某种程度上，它是一种对人际关系的敏感性，能够使优秀的领导者合理地针对不同的情形采取不同的领导风格。

大量证据表明这种能力存在于杏仁核中（Killcross，2000）。杏仁核损伤的人在识别他人面部的恐惧、愤怒和厌恶（但不是快乐、悲伤和惊讶）的表情上有困难。然而，这些发现并不意味着在没受损伤的人身上有一个连续运转的、能够训练情商的杏仁核。相反，在我看来更有可能的情况是，对于没有生理损伤的人，对他人情绪的识别是习得的，而非因杏仁核的"硬件"差异而有所不同。我认为同样的情况也发生在预料他人情绪的情形中。一些家庭总是重视情绪因素和情绪识别，另一些则没有。看起来，把这种识别能力的差异归结于学习能力的不同要比归结于杏仁核的不同更简单。

与情绪智力的比较

情绪的控制是情绪智力的核心，这就不得不提到Goleman（1998）。在Goleman，Boyatzis和McKee（2002）最新的著作中，他们指出六种领导风格，即：标杆式、命令式、亲和式、辅导式、民主式、愿景式。

Goleman及其同事将这些领导风格与胜任力特征联系起来，或者更具体来说，与人们必须使用的情绪智力胜任力特征联系起来。这些胜任力特征共有20个，分为四组：自我意识、自我管理、社会意识、关系管理。

我相信（Woodruffe，2000，2001）Goleman已经明确指出情绪对行为特别是对工作成功的影响。然而，虽然从某种意义上来说，由于Goleman的缘故被批评也是它的弱点。领导风格是胜任力特征的复合体，这些胜任力特征"通常略多于约会清单所罗列的优良品质"（Matthews，Zeidner，& Roberts，2002）。这些能力和风格明显受到情绪因素的影响。然而，我们并没有借由阅读Goleman的作品而更加明确特定情绪能力和特定胜任力特征之间的联系。假如我们认为一个连续的杏仁核功能和一个连续的情绪能力有关，那么我们着实是在误导自己。

大多数人会同意几乎所有的行为都受到情绪的影响。情绪智力的贡献似乎受限于缺乏引起特定胜任力特征行为的情绪变量的测量。Matthews 等（2002）在谈到职业情境下的EI应用时总结道："夸张的说法比起实在的证据而言比例过高，这是由于过度依赖轶事和未发表的研究。"他们还指出，"最近，EI主要起到的是类似啦啦队的作用，它鼓励大家来支持潜在的（尽管实际上并不一定是）有效干预措施，这类干预措施将是情绪、认知和行为技能的异质组合"。

情绪智力"测验"

根据上述关于情绪智力地位的一些结论来看，购买商业测验来测验情绪智力是否有价值？表面来看，似乎没有价值。情绪智力不一定与特定的职位胜任力特征相关。购买这些EI胜任力特征测验和购买其他种类的胜任力特征测验一样没有意义。当然，任何想要投资开发EI商业测验的从业者都会被建议先购买Matthews等（2002）的《情绪智力：科学和神话》（*Emotional Intelligence: Science and Myth*），其中包含了对于这个议题十分详细的总结回顾。简言之，Matthews 等主要回顾了EI的三种测量方式，它们分别为：

Mayer，Salovey及其同事开发的基于表现的测验。《Mayer–Salovey–Caruso情绪智力测验》（*Mayer–Salovey–Caruso Emotional Intelligence Test*，MSCEIT）由多个子测验组成，这些测验需要候选者完成一些有正确或错误答案的任务（如，面孔情绪识别）。最后的得分基于候选者的测验表现算出来。MSCEIT还有一些其他的版本，甚至原作者在此之前也还有一些其他的版本。对于HR从业者而言，最重要的问题莫过于测得的特质能否真正预测工作绩效。和其他测验一样，该测验在投入实际使用之前还需要进行效度检测。

Bar-on的情商问卷（*Emotional Quotient Inventory*，EQ-i）。Matthews 等认为这个自我报告的15个EI子量表与人格测验重叠的部分太多（尤其是大五人格），他们认为"这应当是那些准备将这一测验应用于人事选拔中的组织所要担心的重要问题"。因而也就几乎没有理由在应用中将其置于大五人格测验同等的地位。

情绪胜任力特征问卷（*Emotional Competence Inventory*，ECI）。Hay咨询公司所

销售的这个问卷意在测量Goleman的EI胜任力特征模型。Matthews 等认为商业化已经成为该测验的重中之重，因此很难给其积极的评价。

不论是针对内部的还是外部的应聘者，使用这其中的任何一种选拔测验似乎都是有争议的。最重要的是，HR从业者需要实证检验这些测验测得的特质是否真的与工作绩效相关，并且不能够被其他人格测验（如大五）所取代。

关于控制情绪的小结

从本板块我们可以总结道，应当十分谨慎地去测量情绪控制能力。讨论结果认为我们应该透过行为洞悉其背后的原因。某人是因为极力控制愤怒而表现出来的平静和别人自然的平静是不一样的。举例来说，英国首相布莱尔前新闻秘书Alastair Campbell，因为经常在委员会前回答质询时一边书写一边玩弄手指甲而获得恶名。他这样做的目的是为了在开始感到愤怒前制造疼痛以克制情绪。当然更好的情况就是没有雇用到习惯玩弄指甲的员工。当然每个人都会有处在与Alastair Campbell同一情境的时候，无意识地把玩指甲。当他们这么做的时候，控制情绪的一个先决条件就是能够感知到自身的情绪，感知到他人情绪的能力则充当了判断行为是否合适的指导。

但是这公平吗？

在下结论之前，我想先来讨论一下因为情绪功能而剥夺他人机会的正当性。事实上，我非常不愿意去延伸情绪智力的概念，也就是说情绪智力越高越好，因此高情绪智力的人总是被优先录取。更一般地说，尽管人们越来越倾向于在选拔中测量情绪因素，但为了平衡起见，我还是想做出以下评论：

1.大量研究发现，一般心理能力是职业和工作绩效的主要相关因素（Schmidt & Hunter， 2004）。若真如此，这个关联可能会随着我们逐步迈入信息时代而不断增强。我们还不能假定成功就完全是或者主要与情绪相关。成功主要还是与智力能力有关，尽管有些失败者是因为情绪因素导致其潜能丧失。

2.尽管有些人是一个"梦魇"，但是大多数人的情绪缺陷还是有解决办法的。过于完美平衡的个体就丧失了个性，甚至是动力和创造力。走EI路线同时也冒着唯命是从的风险。

3.作为一个社会整体，我们冒着造成下层阶级不被雇用的风险，只是因为这些人缺乏如今被当作时尚的人格。

4.也许我们应该进一步考虑因人设岗和因岗设人的问题，实际上，有些组织已经这么做了。比如说，有人际发展需要的技术性员工在没有团队的情况下也能十分开心地工作。

总结

在情绪选拔方面，我提倡在当前流行的EI研究中创建一种不一样的途径。测量胜任力特征是一种有效且可能被大部分选拔决策所采纳的途径。这种方法更注重行为本身而非行为背后的原因。但是，对于空缺职位而言，寻求个体情绪功能的相关方面似乎是有一些额外价值的。这样一来，我们便可以从那些非最佳表现者中看出谁有可能会表现不当。我们也可以进一步确认某个特定行为的来源是暂时性的还是有深厚根源的，我们还可以选出能够产生适合真实角色情绪需要的人。了解行为的根源也使我们可以评估发展出这种行为的难易度，同时也能够让我们以一种更经济的视角来研究人而非行为本身。

我认为这两种情绪研究方法均有利有弊。它们似乎都强调了人与其行为结果之间深厚的差异。情绪能够被测量，如果与角色职位相关，则有必要考虑雇用心理学家来洞察这些候选者。当情绪与特定工作或职业序列相关时，这么评价是十分合适且正确的。尤其，似乎有理由去考虑是否存在一个情绪因素的范围，超出这些范围的个体是有一定风险的。比如说有些人攻击性十分强，很难与别人一起工作。

最后，考察候选者控制情绪的能力还有一个优势：更重视认知重评而不是压抑情绪，会使得恰当的情绪被感受到，而非伪装出来。

注：

1.前四个调节点是先行关注，第五个是反应关注。每个点的选项数是随意的，粗线表示可能被选择的选项。

2.引用是得到了允许的，Gross J. J.（2001），Emotion regulation in adulthood: Timing is everything, *Current Directions in Psychological Sciences*，10，版权为Blackwell出版社所有。

第九章　情境判断测验

David Chan，Neal Schmitt

在人事选拔研究和实践中，将情境判断测验（SJT）作为预测因子的研究和实践越来越普遍（Chan & Schmitt, 2002；Phillips, 1992；Pulakos & Schmitt, 1996；Weekley & Jones, 1999）。与已有大量文献和大型数据库的认知能力和人格测验不同，情境判断测验的实证证据要少得多，而且我们对其理论或概念基础也缺乏深入理解。本章总结了我们现在关于情境判断测验的了解情况，并确定了未来研究的具体方向。我们先总结了情境判断测验的效标关联效度研究。接下来讨论了几个重要问题，包括在现存的研究中还没有充分解决的情境判断测验的结构效度。在本章的结尾，我们提出了今后的研究议程，该议程如果得到有效的实施，会有助于我们在人事选拔中对情境判断测验的理解和有效应用。

情境判断测验的效标关联效度

工业与组织心理学家试图改善组织的选拔程序时，已经尝试评估了应聘者做出的工作判断或决策的质量。McDaniel，Morgeson，Finnegan，Campion和Braverman（2001）确定了三个早期的测验，它们在102个效度估计中占48，这些效度估计是他们的情境判断测验效度元分析的基础。这些测验包括管理者判断测验（Richardson，Bellows，& Henry Co.，1949）、监管实践（File, 1945）以及管理者实践测验（Bruce & Learner, 1958），他们为早期的萌芽提供了作为人事选拔中预测建设的情境判断。正如其标题所传达的，这三项都涉及监督判断，包括受访者表示在某些情况下在行动方案中选择各种行动的要求。

大多数情境判断测验的现代版本来源于Motowidlo，Dunnette和Carter（1990）的工作，他们的工作受到Sternberg和Wagner的隐性知识概念（Wagner, 1987）的启示。Wagner认为，隐性知识对于完成通常没有明确阐述的日常任务或部分完成任何正式指令是必要的。在Wagner和Sternberg（1991）的测验基础上，Motowidlo 等（1990）通过工作分析来确定特定工作做出的判断的类型，改进其内容和表面效度。Motowidlo，

Hanson和Crafts（1997）概述了在一个典型的情境判断测验开发中所涉及的步骤。开发过程通常包括一组专门针对情境判断测验的工作相关构想。职位在职者被要求回忆需要与这些构想相关的能力或专业知识的重要的事件或情境。其他职位在职者提供一组可以解决或改善情况的行动，另一组提供对这些解决方案优劣的评价以及它们相对有效性的评级。这些判断被用于开发一个最终的项目和应用于该项目的计分键。被调查者被要求在一个场景中表示他们最有可能和最不可能的行动。一些情境判断测验中也会有其他的应答形式。例如，Chan和Schmitt（2002），Clevenger，Pereira，Wiechmann，Schmitt和SchmidtHarvey（2001）描述的情境判断测验要求回复者在5点有效性量表中对每一个可能的解决方案进行评估，而McDaniel和Nguyen（2001）描述的情境判断测验要求受访者表示最好和最坏的替代解决方案。

McDaniel 等（2001）通过元分析对情境判断测验的效度进行了研究。他们发现，在102个效度系数中，平均观测效度是0.26，修正了效标不可靠性后的平均效度为0.34。但是，在这个群体值系数中，仍然有大量的不明原因的变异（55%），这表明调节变量的存在。调节变量分析表明，基于工作分析开发的测验比那些不基于工作分析的测验产生更大的效度系数（0.38vs. 0.29），但其他对调节变量分析的结果是不确定的，通常是因为研究数量少或是样本小。

自Motwidlo等人（1990）对情境测验"重新介绍"之前，研究已经产生了非常类似于McDaniel等人（2001）所报告的平均效度。Motowidlo 等人在一组外聘管理者的研究中发现，情境判断测验和人际、问题解决、沟通和整体有效性的相关分别为0.35、0.28、0.37和0.30。由内部提拔的管理者组成的一小组（$N = 25$）的相关性则从0.28到0.45不等。Motowidlo和Tippins（1993）在对由36位管理者组成的样本的研究中发现了较低的但统计上显著的效度（$r = 0.25$），同时对营销人员的研究得到的效度为0.20。这些研究中的管理者都在电信公司任职。

其他几个涉及各种各样工作的员工的大型研究产生了类似的结果。Pulakos和Schmitt（1996）在对一组联邦调查员的研究中，发现SJT对调查与"努力"和"职业水平"两个核心绩效维度的预测效度为0.20和0.14（修正了全距限制和效标不可靠性后为0.38和0.25）。Borman，Hanson，Oppler，Pulakos和White（1993）对570名士兵的研究发现，情境判断测验与上级评价的绩效相关度为0.22（修正了效标不可靠性后为0.28）。在两个独立的研究中，Weekley和Jones（1999）报告了对近4000名零售业和酒店业在职员工的测验效度，分别为0.23和0.16，而在零售业员工和疗养院工人的样本中，观察到的效度为0.22、0.24和0.33。各研究的结果表明，观察到的效度较低，为0.20左右，校正后的效度约为0.30。在这些研究中，仅仅一个研究对全距限制进行了修正，因此修正后的系数可能被低估了。

McDaniel 等（2001）担心SJT实际上就是认知能力测验，人们对SJT的早期版本也有类似的批评（例如，Thorndike & Stein，1937）。Weekley和Jones（1999）对这些担忧和批评进行了评估，发现情境判断测验在包括认知能力和经验的系列测验中产生的增量效度为0.03和0.01。Weekley和Jones（1997）进行了类似的增量效度的评估，发现复相关系数平方为0.025、0.057和0.096。Clevenger等人（2001）报告了两个以前研究的元分析以及一个新样本的数据，发现增加情境判断测验能显著提升其他测验的统计显著性，包括认知能力、经验以及工作知识模拟测验。R^2的增量从0.016到0.028。Chan和Schmitt（2002）提供了增量效度的额外证据，他们发现，一个情境判断测验使R^2提高了0.03到0.08，在认知能力、经验以及大五人格结构措施之上。后一个研究也很独特，因为调查人员检查了三个概念上和经验上虽然相关但是不同的表现维度（核心技术能力、人际脉络表现、工作奉献），以及整体表现的预测。研究者观察到的新加坡公务员表现的这四种标准的相关度从0.27到0.38不等。

在最近的两项研究中，研究人员探讨了情境判断测验在预测大学生的表现方面的应用。Lievens和Coetsier（2002）报告了在941名弗兰德的医疗和牙科学生的选拔中使用两个基于视频的情境判断测验。基于医患互动的两个情境判断测验之一与第一年的医疗学校的成绩（修正全距限制后的$r=0.12$）显著相关，但其他基于医学专家讨论的情境判断测验和医疗学校成绩并不显著相关。Oswald，Schmitt，Kim，Gillespie和Ramsay（in press）报告了情境判断测验对一组超过600名大学新生第一年的大学成绩、自我报告缺勤的预测效度分别为0.16和-0.27。由最有效的情境判断测验项目组成的实证制定评分标准在交叉验证样本中产生的效度为0.23和-0.33。Lievens和Coetsier的研究是一个预测性的研究，而Oswald 等的研究是同时发生的，而且涉及了预测数据收集时已经是大学生的研究参与者。

总之，情境判断测验预测工作绩效的效标关联效度似乎通过McDaniel等人（2001）进行的元分析和Motowidlo等人（1990）对主要研究的总结而得到了较好的验证。虽然情境判断测验的确表现出与认知能力相关，在一些研究中也与人格测验相关，但是多个研究发现情境判断测验在人格和认知能力测验基础上具有增量效度（例如，Chan & Schmitt，2002；Clevenger et al.，2001）。相关性的较大变异可能是因为SJT中不同类型的情境测量了不同的构想（Chan & Schmitt，2002）。情境需要基于认知的构想（如规划、组织能力和分析解决问题）比情境需要基于人格的构想（如人际关系或领导技能）高时，SJT分数与认知能力测验分数的相关度更高。

情境判断测验的结构效度

情境判断测验显示其具有较高的内容效度和表面效度（参见Chan & Schmitt，1997），并有越来越多的证据表明，情境判断测验可以产生大量的零阶和增量的效标关联效度（Chan & Schmitt，2002；Clevenger et al.，2001；McDaniel et al.，2001）。然而，同样重要的是为情境判断测验建立结构效度的证据，这至少有两个原因：首先，建立结构效度有助于避免情境判断这一概念空虚和迂回地转换到情境判断测验所测量的任何内容；其次，阐释与情境判断测验相关的构想将有助于在工作绩效模型中定位SJT或SJT构想，包括它们与其他预测因子（如认知能力和人格特质）之间的关系，从而丰富我们对工作绩效的理解和预测。

因此，我们首先要讨论使用情境判断测验作为工作背景知识测验的可能性。然后，我们将就情境判断测验解决构想方法的区别的根本问题进行讨论，并将这个区别和实践智力的概念联系起来。最后，我们会就情境判断测验的未来研究制定一份构想导向的议程。

作为工作背景知识测验的情境判断测验

如前文所述，情境判断测验通常由纸笔模式的问题组成，该测验针对情境提出一个假设的重要事件和几个可选的行动方案。研究者评估了几种模式下的情境判断测验，包括基于视频的项目（例如，Lievens & Coetsier，2002）、面试问题（Morgeson，Bauer，Truxillo，& Campion，2003）以及纸笔格式。正如上面提到的，情境判断测验也可以要求使用不同的指导语和回答模式（McDaniel et al.，2001；Pereira & Harvey，1999；Ployhart & Ehrhart，2003）。

情境判断测验的具体项目也可指一个广泛的情境，包括应聘者决策时必须关注或忽略的不同类型的内容。研究者们试图找到一个先验因子并将其纳入自己开发的测验项目中，但对情境判断项目的因素分析结果却没有支持他们的这一想法（例如，Oswald et al.，in press）。在这些分析中，第一因子所解释的变异通常是第二个因子的两到三倍，但是，除非量表包括了大量的项目，否则信度系数 α 通常很低。对这些结果的一种解释是，对单个情境判断测验项目的选择可能是一个不同的个体差异构想，包括能力和动机/人格构想的结果。这符合实证研究结果，表明情境判断测验与各种不同的变量（包括上面讨论的认知能力）相关。Chan和Schmitt（2002）报告了情境判断测验和尽责性、外倾性、宜人性和神经质的相关性分别为0.23、0.24、0.29和-0.20。在Lievens和Coetsier（2002）的研究中，大五人格测验和情境判断测验之间的相关性没有超过0.15。Clevenger等人（2001）报告了在三种不同的样本中情境判断测验和尽责性相关性为0.00、0.16和0.21。Oswald等人（in press）报告了情境判断测验和外倾性、宜人性、尽责性、情绪稳定性、开放性的相关性分别为0.17、0.38、0.28、0.17和0.21。McDaniel 等（2001）报告了元分析估计的情境判断测验和认知能力之间的相关性为0.31，但其90%置信区间范围从0.09到0.69。

采用由Motowidlo（1999a）首次提出的思想，Kim，Schmitt，Oswald，Gillespie和Ramsay（2003）检验了一个大学生的表现模型，其中情境判断测验被视为背景知识测验。这一模型是建立在类似的工作绩效的模型（例如，Borman，White，

Pulakos，& Oppler，1991）基础上，其中工作知识被确定为认知能力和工作绩效之间关系的中介变量。在Kim等检验的模型中，被解释为反映背景知识的SJT表现，被假设为人格和关系绩效之间关系的中介变量。有一个普遍的观点是，人格特征（而不是能力）更多地涉及关系绩效（例如，Borman & Motowidlo，1997）。Kim等的模型中中介假设和这种说法是一致的。此外，假设还指出效标相关知识（即情境判断测验测量的背景知识）是调节人格与关系绩效关系的最接近的预测因子。一些证据支持了这些假设的关系，宜人性和情境判断测验分数相关，情境判断测验反过来和同级评价的关系绩效相关。然而，外倾性和尽责性对关系绩效的影响没有被情境判断测验中介。之前有证据支持工作知识对能力与任务绩效关系的中介作用，并且情境判断测验最初是被概念化为隐性知识，因此这些模型能够承受额外的评估，尽管Kim等人（2003）的结果只是中度的支持。

Kim等人（2003）强调，他们的模型不是在试图构建情境判断测验的结构效度，并承认背景知识是几个可以被情境判断测验潜在测量的构想之一。事实上，我们总可以设计一个情境判断测验来依据技术核心能力测量任务知识，如描述一个交通意外，并询问警务人员应该如何应对。然而，正如在本章后面的详细说明，我们认为，背景知识是典型的情境判断测验评估的主要构想之一。Kim等人（2003）代表了试图采取更理论驱动和构想导向的方法来研究情境判断测验的效度的第一步。然而，更需要做的不仅仅是简单地在一个路径模型中从人格、能力预测因子与工作绩效效标间的关系来定位情境判断测验。例如，在对可能被用作背景知识测验的情境判断测验的研究中，背景（隐性）知识的特点，如经验获得、程序本质、实际应用（Sternberg et al.，2000），应该被明确，并与SJT特定测验内容相匹配。

依据情境判断测验的性质和现存的研究结果，我们相信不太可能有强有力的证据来表明情境判断测验可以测量任何单一的一维结构。情境判断测验，像面试或很多纸笔测验一样，可能会作为一种测验方法，应用于测量不同情境下各种和工作相关的构想。然而，如下一节中所讨论的，可能存在一些类型的情境判断构想，它们几乎在典型的情境判断测验中是一定会被评估的。

情境判断测验：构想还是方法？

情境判断测验是构想还是方法的问题包括至少两个不同的水平。第一个水平关注区分某一给定情境判断测验（即，特定的测验方法）使用的测验形式，和情境判断测验（即，预期的测验构想）的情况/项目内容。这个水平的构想和方法之间的区别是很重要的，因为它允许研究人员分离出某一给定的情境判断测验测量的意想不到的构想，从而避免与维度污染有关的一些问题。第二个水平关注情境判断测验是否是一个可用于评估不同构想的测量方法，或是否是可识别的、有意义的新的构想（即，情境判断）的一个指标。

在解决构想和方法之间的特定水平的区别时，Chan和Schmitt（1997）比较了同一个SJT的视频版本和纸笔版本（即，两个不同的测验方法）。视频版本的情境判断测验的黑人与白人亚组的差异显著小于纸笔版本的差异（$d = -0.21$和$d = -0.95$，有利于白人组）。作者还测量了测验参与者对这些工具的表面效度的知觉和他们的阅读理解水平。他们发现，部分测验展示的两个不同方法中黑人与白人表现上的区别可归因于黑人与白人在测验的阅读理解及反应上的差异。

例如，如果目的是测量构想，而不是阅读理解，那么如果结果和阅读理解相关，则说明测验被污染了。即使阅读理解是工作绩效的一个重要组成部分，也最好是用另一个测验直接测量它，并且保持情境判断测验尽可能与阅读理解的影响一样自由，这通常是用来测量其他构想。这将使更好地理解预测与绩效的关系和在一系列测验中适当使用结合各种元素的权重计划成为可能。从根本上说，这项研究强调了在测量构想和测量方法之间做出明确区分的重要性，并展示了一种可以分离源于构想和方法的变异的方法。

分别估计构想和方法的影响的实证研究很难设计，尤其是在现场情况中，主要是因为测验方法能够被用于评估类似的测验内容的难易程度不同。然而，将情境判断测验分离成构想与方法两部分是至关重要的，而且在此领域中需要做更多的工作来告知研究者他们正在使用情境判断测验测量的构想的性质、构想测量的效度、情境判断测验和其他工作相关效标之间可观察的关系的性质。这些工作将需要直接处理更一般水平上的、我们现在关注的构想和方法之间的区别。

与面试类似，我们建议将情境判断测验解释为一个在被测量的构想范围上有限制的测验方法，即使主导的构想和面试中的不同。和面试一样，情境判断测验有主导的、很容易或几乎固定被评估的构想。我们提议，主要的、主导的构想是适应力构想，它们可能是关于个体差异特征、通过以往的经验获得的成果，以及可能通过各种现实背景中的经验获得的背景知识构想的函数。总的来说，这些情境判断测验主导的构想可以由被称作实践智力的构想表示（Chan & Schmitt，2002；Motowidlo et al.，1990；Pulakos，Arad，Donovan，& Plamondon，2000；Sternberg et al.，2000），我们会在下面详细阐述。

与面试不同，情境判断测验主导的构想和情境判断测验的构想形式（即，展示给应聘者一个问题情境，接着有产生、认可或给一系列选项排序的要求）没有联系。相反，占主导地位的构想与典型的情境判断测验的测验内容的核心特性有联系。为避免实践智力或情境判断效果是典型情境判断测验中主导的全球化构想的循环评估，有必要明确这些核心特性并将它们与情境判断测验和工作绩效联系起来。

根据现有的关于情境判断测验的文献和开发了超过1000个情境判断测验的个人经验，我们提出了三种不同但相互关联的情境判断测验内容的核心特征：实际情境的要求、多维情境回答，以及测验内容开发中情境和回答选项的效标对应的抽样（Chan &

Schmitt，2002）。

一个典型的情境判断测验的核心特点是，内容描述了在实际的或日常情况中发现的现实的需求。与有完整的信息提供、有一个正确的答案、通常只有一个正确方法解决的学术问题相反，实际问题提供的信息不完整、没有一个明确的正确答案、往往有多个"解决方案"，每个解决方案有不同程度的效果（Chan，2000a；Hedlund & Sternberg，2000）。对工作的实际或真实世界的情境要求往往不仅仅是技术性的任务知识，还包括对背景知识和适应力的要求（Chan，2000a，2000b；Chan & Schmitt，2002；Kim et al.，2003；Pulakos et al.，2000；Sternberg et al.，2000）。成功的情境判断测验被定义为整体效益，对应于各种实际情境的需求（按综合测验得分索引），这些需求反映了做什么和如何做的高水平背景知识，以便在实际情境和背景中适应和运作。

一些研究人员认为，情境判断测验的表现是这些知识和能力维度的表现，共同构成了Sternberg和他的同事们所说的实践智力（Chan & Schmitt，2002；Motowidlo et al.，1990；Sternberg et al.，2000）。实践智力是指有效地应对并成功地适应各种实际问题或情境需求的能力或专业知识；是指从日常经验中获得的背景知识和有效地将这种知识运用于实际情境来实现个人价值目标的能力（Sternberg et al.，2000）。实践智力，尤其是背景知识，实质上通常是程序性的，具有内隐的学习/加工的特质。

因此，在实践情境或一类情境（如SJT中所描述的那些）中，实践智力较高的个体将会激活相关的背景知识，并且会运用一个或者多个状况–行为反应准则来指导其行为，通常这些准则可能带来的后果或者是判断反应有效性的能力都不会引起个体的注意。隐性学习（处理过程）和程序性知识都有很坚实的理论基础，并且在心理学领域以及实践方面都存有大量的实证证据。尽管在工作场合中，如SJT中描述的工作情境，也可以找到隐性学习和程序性知识的间接证据，但是坚实的理论基础和认知心理学研究成果使得研究出适于工作场所（SJT）情境的更高一级的构想成为可能（即，工作内容知识、实践智力）。值得注意的是，认知心理学构想是个体认知水平，而对工作情境的作答反应通常是人际行为水平，这样，将前者应用于后者时就涉及到跨水平的分析。为了防止一些跨水平的谬论与误导性的暗示，跨水平的应用还需要大量的复合模型（Chan，1998b），并处理多水平的概念及统计相关问题（Chan，in press；Klein & Kozlowski，2000）。

SJT内容的另一个关键性特征就是情境作答反应的多维度化，即使该情境中只有一种可供选择的作答反应，这一属性与实践智力（或适应力）的构造有相同之处。因此实际情景一般都是十分复杂的，因此这些情景下的判断通常是更多元化的，具有更精细化定义的特点。这也许解释了SJT研究领域的一些经典的结论，如相对较低的内部一致性信度（哪怕有大量项目），以及在因素分析中由单一综合因素解释的相对较低的测验变异。允许跨载荷（即一个项目能够在多个因素上负载）的因素分析法可能能够更准确地反映SJT内容的因素结构。因素分析法需要明确地对适应性反应（如SJT的项目）建立多维度模型，而不仅仅是将测验内容维度化。但是，遗憾的是，当存在跨载荷的项目时，很难对因素的实质进行准确的解释。

我们相信SJT情境及情境反应的多维度性能够追溯到SJT所要预测的效标构想的多维度性。这就使得我们想起了SJT第三个核心的特征：测验内容开发过程中对情境和情境反应的效标对应取样。开发SJT内容（即情境和情境反应）时，很多设计者会选择在专家的帮助之下使用域采样方法。这种方法包括对效标域的分析（通常是工作分析，即分析工作绩效的效标），以建立恰当的效标行为（即工作情境与相应的合理的应对行为措施），并从中选择合适的情境和应对行为纳入SJT之中。每种行为反应的得分情况是基于其在标准情境中的恰当程度，直接建立在标准行为（即对情境的反应）的等级有效性评估上。这一紧密的关系再加上SJT的内容具有多维性（SJT内容的多维性使得SJT能够把握住更多的本身就具有多维性的效标概念空间），是SJT具有较高效标关联效度（考虑到其零阶效度和在能力及人格测验基础上的增量效度）的原因。

尽管目前研究结果内部一致性很高，但是我们关于SJT结构效度的陈述还是较偏向于推测性的、假设性的，而非基于实证证据。此外，正如我们上面所描述的，SJT的核心特征并不是像面试的特征（如，口头交流能力、人际技能、动机）那样的构想。在本章余下的部分，我们会着重探讨在SJT研究中重视构想的意义，并列出研究日程。我们提出的日程包括四个实质性问题，以及三个设计SJT研究的战略方法。

未来研究日程：四个实质性问题

以下四个均关注结构效度的主题，围绕着可能会影响SJT效标关联效度的变量和情境。包括：（1）把SJT构想的多维度本质与KSAO（知识、技能、能力以及其他个人特质）和工作绩效联系起来；（2）区分开"日常绩效"和"适应绩效"；（3）区别开"最佳绩效"和"典型绩效"；（4）检验对SJT的社会赞许反应。

将SJT构想的多维度本质与KSAO及工作绩效联系起来

一个未得到解决的问题是SJT构想、传统预测因子构想（即KSAO：知识、技能、能力以及其他个人特质）以及工作绩效或其他效标结果之间的关系。我们构建了一个一般框架来解决这一问题，如图9.1。

鉴于其开发的本质，将SJT解释为"样本"测验可能要好过"标记"测验。但是，和样本测验的反应类似，SJT反应并不是真实工作或效标结果行为。我们假设，SJT反应作为工作绩效效标的预测因子，最好被解释为工作相关的情境判断胜任力特征的测验，而胜任力特征恰是工作绩效和其他与工作相关的效标的近因。根据以上讨论，SJT反应在本质上是多维度的。因此，我们认为未来研究应当将本质上是多维而非单维情境判断胜任力特征（如，系统思考、人际交往敏感度、解决争端的能力以及道德勇气）确定或细化为反映多个单维KSAO组合的复杂个人属性的胜任力特征模型。也就是说，每种情境判断胜任力特征由一系列不同的单维的KSAO引发或者预测。

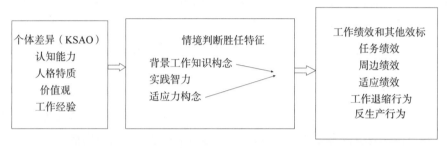

图9.1 SJT构想的多维度本质与KSAO及工作绩效的关系框架

KASO也能在不同程度上引发或预测不同的胜任力特征。为了明确相关的KSAO并得到其对应的比重，每种情境判断能力均要有明确的概念性定义。例如，名为"冲突解决"的情境判断胜任力特征可以被定义为"通过采取双赢的策略，考虑到各方的需求、目标以及关注点，来解决自身与他人或者他人之间的分歧"，另外名为"道德勇气"的情境判断胜任力特征可以被定义为"当你的观点与上级或者他人发生分歧时，或者当你发现事情有所不对时，能够勇敢而巧妙地为你认为是正确的事物辩驳"。概念性定义将会推动对于KSAO前因变量的研究。例如，对于冲突解决的定义可能会使得研究者将认知能力、经验开放性、主动性人格、宜人性等KSAO确认为相关的前因变量。

根据我们在图9.1所呈现的框架，情境判断能力是多维度的构想，其中的每一个维度都是单维KSAO预测工作绩效或其他工作相关效标的部分中介变量。现有研究表明SJT在预测工作绩效方面具有较高的零阶效度以及认知能力、人格特质基础上的增量效度，这与本框架中的近端地位（与KSAO的远端地位相比）是一致的。为了找寻更多的证据支持我们关于情境判断胜任力特征是KSAO与工作绩效之间的多维中介变量的假设，我们需要明确并检验假设的以及备选的联系着KSAO、SJT胜任力特征和工作绩效或者其他效标的结构方程模型。这种结构方程模型可以基于单一的研究或者综合了先前研究的元分析。我们认为根据图9.1得出的理论驱动的模型可以产生有潜力的SJT研究，以解释SJT在预测不同效标结果时的零阶效度和增量效度。

区分"日常绩效"和"适应绩效"

在过去的十年内，越来越多的研究开始关注组织对个体不断适应新工作环境的需要及其对工作绩效的意义，以及不断适应变化的工作条件并高效工作所要求的能力或胜任力特征。"适应力"这一概念成为一个十分热门的话题，并且在对专长技能习得的认知心理学研究中首次被区分开来的日常绩效和适应绩效（Hatano & Inagaki，1986；Holyoak，1991），也成为组织研究中关于工作绩效的一个重要课题（Chan，2000a；Pulakos et al.，2000）。

实践智力（被很多研究者假设为SJT表现的基础）与适应力的定义之间存在着相当大的重合。尽管实践智力的核心特征（如经验获取和呈现知识的过程本质）对于适应力的定义并不十分关键，但是实践智力和适应力也有着重要的共同因素：行为的灵活性以及努力达到行为与情境需求的最佳状态。因此，将来的研究要考虑到SJT反应与适应力、适应绩效维度的关系。

除了从工作分析的数据和SJT反应直接获取适应绩效维度外（Pulakos et al.，2000），我们建议研究者控制SJT内容来研究SJT反应和适应力/适应绩效之间的联系。具体来说，研究者可以为SJT设计一些具有日常需求和适应力需求的情境，并把这两种情境类型的测验表现和多种个体差异预测因子（例如，能力、个性、思考模式）以及不同效标结果（例如，任务绩效、周边绩效、应对变化）联系起来。SJT内容也可以用来测量此前定义的适应力胜任力特征。相比于事后因子分析以及缺乏适应力工作胜任力特征的概念定义的研究，这种方式能够获得更高的情境变量的结构效度。类似地，SJT内容也要能够测量日常工作胜任力特征。

根据已经给出的图9.1中的框架，这些日常和适应力SJT胜任力特征在路径模型中可以分别作为日常和适应绩效的前因变量。每种日常或适应力的胜任力特征通常会和一些更远端的前因变量——传统的KSAO预测因子（如认知能力和人格特质）有着不同程度的关联。这些模型能够帮助我们理解引起相应SJT反应的适应力构想。例如，一些适应力胜任力特征（如，同理心）可能更易受人格而非认知能力的影响及预测，而另一些适应力胜任力特征（如，系统思考）则不会。也就是说，理清KSAO和胜任力特征的关系路径、进行相关的参数估计能够为SJT适应力胜任力特征提供结构效度的证据。适应力SJT胜任力特征与背景知识或者实践智力的维度可能会有相当一部分重复，因此模型还需要阐述清楚SJT反应、实践智力、背景知识和适应力维度之间的联系。

将来研究的另一个方向就是把适应力专长的典型特点运用到SJT测量实践智力的研究中。如之前提到的，程序性规则的应用是实践智力的一个完整部分。然而，尽管程序性规则可以解释为何个体可以迅速或者自动地将熟悉的策略运用到熟悉的、充分掌握的问题情境中，但却无法解释高实践智力的个体为何能够整合各类信息并解决新奇、定义模糊的问题。并且，高度内在化的程序性规则可能会通过程序化机制抑制适应力。在这样的情况下，个体会迅速或自动将熟悉的策略运用到熟悉的、充分掌握的问题情境中。但是，在需要全新策略的新奇情境下，相似的但无因果相关（指与问题解决的相关）的特性能够适应这样的个体行为结果，导致常规（与适应力对应）能力高者能够自动执行行动。但是行动并不能满足新奇情境下的需求。这是经验和适应绩效之间负相关的一个例子。或者，规则的程序化程度（或者对于熟悉情境的先前经验）和适应绩效之间是一种曲线（倒U型）关系，也就是说适应绩效随着规则的程序化程度的上升而提高，但是当规则的程序化程度过高时则随其增加而下降（Chan，2000b）。

关于适应力的认知研究解释了为何高实践智力的个体能够整合各类信息并解决新奇、定义模糊的问题。特别地，适应力能够创造新的途径或者方法，并在已有知识框架的基础上进行新的预测（Hatano & Inagaki，1986）。适应力发展过程中十分重要的一环是对任务深层次结构/特征的理解能力的发展。问题的结构性特征与目标实现或者结果有关，而表层特征则无关（Gick & Holyoak，1987）。初学者可能会更多关注表层特征而非结构特征。

专家对于结构性特征的理解是在训练过程中通过有意识的处理过程和对任务绩效的基础原理进行抽象化形成的（Hatano & Inagaki，1986）。理解深层次的结构使得适应力能够辨别在某一情境下现有的程序或者行为适用与否。当其不适用时，适应能力高者会另择已有的适当行为或者基于已有行为创建新的行为。我们假设适应能力高者能够发展出元认知或者执行层次的能力来监控、调整各种认知活动以使情境与行为反应相匹配。适应能力高者被认为对任务具有详细、系统的了解，以及调节认知活动的元认知能力（Chan，2000a，2000b）。将这些特点运用到实践智力时，未来的研究便可以假设并检验元认知结构和自我调节过程的存在，正是这元认知结构和自我调节过程成就了一些在SJT测验中表现良好的、具有高实践智力的个体。具体来说，研究者可以检验在SJT中表现优秀的个体是如何从现存行为方式中选择恰当的部分或者在已有应对行为基础上创造新的应对行为，从而达到行为和情境需求的完美匹配。如本章之后部分所阐述的那样，这些研究可能会需要用到一些非传统但是可以充分评估元认知结构和自我调节过程的数据收集方法。

上述研究方向均是易说难做的。鉴于还有很多模棱两可的结论以及关于适应力的还未经实践论证的猜想和假设（Schmitt & Chan，1998），对作为适应力测验的SJT的充分探索，取决于对使得行为反应与情境需求完美匹配的适应力的典型特点（元认知结构、自我调节过程以及有效的行为规范）的描述，还取决于先前的工作经验（Quinones，Ford，& Teachout，1995）是如何提高或抑制适应绩效的（Chan，2000a，2000b）。

区分"最佳绩效"和"典型绩效"

使用工作样本的一个问题就是它们是用来测量最佳绩效而非典型绩效的工具。最佳绩效在很大程度上是基于能力的，指的是个体能做什么，而典型绩效则是基于动机的，指的是个体在日常工作中可能会做的事情。Sackett，Zedeck和Fogli（1988）则认为与日常工作相关的动机成分在工作样本测验中所产生的作用微乎其微。

SJT被概念化为"低保真度"的模拟或者工作样本（Motowidlo et al.，1990），因为它们评估了真实的或者接近真实的工作任务。但是，相对于工作样本测验的典型和最佳绩效的问题，SJT的典型和最佳绩效问题更为模糊。鉴于SJT对工作绩效具有较高的预测效度，SJT反应至少能够测量工作中典型绩效的一些实质性部分。此外，SJT测量了背景知识和实践智力这些能力构想，从这个方面来说，SJT似乎也测量了最佳绩效。或许SJT同时测量了最佳绩效和典型绩效，这倒是可以解释为何其对工作绩效具有较高的预测效度。也就是说，SJT测量了个体在实际情境中能够做和可能会去做的事情。

未来的研究者应该尝试将SJT分解为能力和动机，并分别将它们与最佳绩效与典型绩效联系起来。最佳绩效可能在一些紧急或高利害工作情境（如试用期，新入职者会接受审查，看其是否适合该职位）下占据主导地位。在这种情况下，与主要测量个体在日常工作情境中可能会做什么的SJT相比，主要测量个体能够做什么工作要求相关事情的SJT能够更好地预测工作绩效。当典型绩效占主导地位时，如激励他人、解决争端以及联系同事，则是相反的情况。

一个简单的任务绝对无法从SJT中分离出最大化和典型绩效的成分。我们认为在特定SJT中这两种绩效的相对比例不仅受到实际测验内容的影响，也受社会赞许反应和反应模式的影响。下一节将讨论社会赞许反应，反应模式则将在本章的后面部分涉及。

检验SJT的社会赞许反应

与一些其他主观报告的测量方法一样，SJT的效度也因作假或者社会赞许反应（SDR）而受到怀疑与批评。只要SDR并不是所要测量的构想，那么当SJT中出现SDR构想同时又没有被考虑时，涉及SJT的模型会（测量和结构）产生偏差，或是错误估计SJT的效度。

越来越多的学者开始达成一致，认为作假能力无论是从概念角度还是从实证角度都区别于实际的作假。关于非认知测验的主要研究和元分析表明，直接作假和诚实/控制条件下的测验分数具有巨大差异，直接作假条件下具有更高的测验均值（Hough & Ones，2001）。另一方面，研究表明自然条件下应聘者测验均分低于直接作假条件，对于这一差异，研究者认为是由于真实应聘者作假更少，但是应聘者均值通常高于在职员工的均值（Hough，1998）。

但是，我们认为直接把上述研究成果应用于SJT还为时尚早。上述组间测验均分比较主要基于人格测验，并且SJT的一些特点使得从研究结论中做直接的推断问题重重。例如，一方面，我们希望就利害关系而言，包含SJT的测试与包含人格测验以及其他类型选拔测验的测试类似。但是，与人格特质不同，SJT构想更不稳固，可塑性更高。具体来说，如果SJT表现能够部分反应关系绩效，并能够假设至少有部分这样的知识是从工作中获得且随工作经验变化，那么我们便有理由预期当各组均不存在SDR的情况下，在职者SJT均值要高于应聘者SJT均值。也就是说，关于目标工作（即在职者拥有但是应聘者没有的工作）的经验会影响在SJT构想上的真实得分。此外，如果SJT确实有很高的工作相关度，并且与在职者（当他们为应聘者时）适用的其他选拔方法有一定的关联的话，那么在职者的SJT得分均值应该高于应聘者。

简而言之，在职者和应聘者在利害（因而有作假的动机）以及工作经验与真实SJT得分方面的区别使得组间均值差异越来越大。SJT分数对预期结果的实现及工作检验的影响是操作性的，从这点上来说，直接比较在职者和应聘者的组间测验均值差异并不能达到分离出变异的来源、对SJT中的SDR进行准确估计的目的。一般而言，我们认为要解决SJT中的SDR问题（更为一般地说，人格或其他测验中的SDR问题），在比较应聘者和在职者时应当更为谨慎，因为他们之间的多种差异可能会从不同的角度影响测验均值。比较应聘者与在职者样本SJT分数的均值差异并不能告诉我们多少关于SJT中作假问题的有用信息。为了解决SJT（或其他自陈式测验）中的SDR问题，我们需要做的不仅仅是直接比较组与组之间的测验均值。我们为将来的研究提出以下几个方向，其中的一些已经被部分研究者采纳。

我们建议，在研究SJT或其他自陈式测验中的SDR问题时，应当检验引起每组（即，应聘者vs. 在职者）测验反应的测量模型。具体来说，测量模型的因子结构需要明确区分实验处理因子和代表SDR的方法因子。因子结构和各种相应参数估计能够在应聘者和在职者之间进行比较。测量模型的组间比较有两个首要目的。第一，直接比较组间测验均值的统计前提——组间测验反应的测量等价性能够被评价（Chan，1998a）。第二，组间测量模型的理论导向的详细说明和比较能够检验关于SDR组间差异的性质和程度的特定假设。

这些方法是非常灵活的，同时也有一定的误导性，所以它们很容易被滥用，导致关于SDR的错误的推断。因此，我们建议研究人员从SDR的理论开始，并明确样本（小组）作假和不作假时什么因子结构应该出现。例如，作假的因子结构可能包括一个印象管理因子，除了实质维度结构（即预期构想）之外，该因子还负载在部分或全部测验项目上。或者，作假的因子结构可能只是一个单因子的印象管理模型，所有负载的测验项目都表示作假，模型缺乏实质性的结构效度。然而，尽管可能有用，我们认为这些作假因子结构模型是模糊不清的，因为还不清楚"作假"因子实际上代表的是什么。单因子模型的问题尤其严重，因为它不能区别于代表着引起预期测验构想的单一因子（实质性构想）的模型。尤其是当我们认为实质性构想（如实践智力）引起了SJT项目反应时。

SDR研究应该包括对作假行为的独立测量，如Paulhus（1988）的印象管理量表。通过指定一个独立测量（相对于测验反应）的作假因子，我们能够更加明确地评估作假对测验反应的影响，并将其与实质性测验构想（包括可能存在着的引起所有测验反应的普遍实质性测验构想）区别开来。此外，我们建议在SDR的研究中构建模型，来表明作假与实质性构想、外部相关效标构想（及其测量）之间的关系。比较存在和不存在的作假效应的嵌套模型，能够测量出作假的影响（即敏感度）。这样，便能得到更令人信服的关于作假影响的证据，并且可以评估作假行为对实质性构想的测量及实质性构想之间的关系的影响。

SDR研究中，可以利用Williams和Anderson（1994），Schmitt，Pulakos，Nason和Whitney（1996），Chan（2001）用来构建包括反应风格在内的方法效应模型的潜变量方法，对理论导向的模型进行检验。将来研究的另一个方向是SJT项目对于作假行为的敏感性。

我们预期关于作假的研究会发现，对SJT的作假能力要低于人格测验，因为SJT的透明度更低。从这点来说，一个有趣的问题是，对于同一SJT，高作假能力和低作假能力者（但有相同意愿）之间的构想相关的差异。为了成功地伪装得更好，个体必须首先有能力鉴别出合意的或者有效的回应。因此，在非高度透明的SJT中，低作假能力的个体可能也往往是那些在特定SJT预期构想和其他一些工作相关构想（尤其是那些与知识要求相关的）上具有较低真分数值的人。当然，区分SJT分数中的最佳绩效（这里指知道正确答案而不是尽力答对）和典型绩效成分仍是一个问题。

因项目内容差异，SJT项目可能有不同的SDR和对SDR的敏感度。需要候选者设想自己进入了一个未经历过的情境的测验项目，相比于候选者有过相关经历的项目，更易受SDR的影响。这种对于SDR的敏感度差异并不总是意味着蓄意作假，因为它可能源于非蓄意的自我欺骗（Paulhus，1986，1988）。不同于应聘者真实体验过的熟悉情境，在不熟悉的SJT情境中，应聘者无法通过回忆过去来回答问题，因而也更容易引起非蓄意的SDR，如自我欺骗。刻板描述的SJT情境和项目（即，回答选项）也更可能引起SDR——无论蓄意或非蓄意。例如，像"忽视上司……"和"冷静向上司解释你的问题……"分别是无效和有效回应的刻板描述，这会增加对后者的赞成多于前者的可能，即使候选者很少或者不知道两个选项的实质差异。

简言之，SDR对测验，特别是SJT的影响可能不像许多测验作假研究中所表现出的那么直接。SJT中的SDR问题，尤其是选项作假与真实作假，有意扭曲与无意自欺，应试状态与被测者动机结构，SDR和作答指导语（"应该做"vs."会做"）的关系，以及最大化和典型绩效成分之间的区别，都是SJT研究中的重要问题。理解这些问题对于解释和应用测验分数，以及实践问题（如SJT的应试辅导效果），都有直接意义。

未来研究日程：三大策略方法

关于SJT的最严峻是研究挑战，或许就是尝试理解和解释这些测验正在测量的是什么。除了上述提到的将来研究的实质问题，我们提出几个策略来帮助设计能够回答和解释这些问题的未来研究，其中的一些已经被不同研究者实践过。我们将这些策略整理成三大类方法。分别是（1）使用情境内容来理解SJT；（2）研究SJT测验中的作答指导；（3）研究SJT表现中的作答步骤。

使用情境内容理解SJT

在Motowidlo等人（1990）的研究中，研究者为需要招聘新员工的管理职位编写反映人际和问题解决要素的项目。他们交流和分析了α系数为0.56的复合SJT成绩0.56的α系数与许多其他研究的发现（Weekley & Jones，1997；Pulakos & Schmitt，1996）一致，除非SJT的项目数过大。正如上面提到的，这些研究发现的一个解释是，任何个体SJT项目反应都由一系列个体差异构想决定。

或许是因为一些证据表明SJT测验的预期维度与实证结果并不匹配，很少有证据表明测量不同内容或者构想维度的SJT间具有交互相关。Gillespie，Oswald，Schmitt，Manheim和Kim（2002）在此方面进行了尝试。他们试图编写反映12个维度（分别反映大学生表现的12个方面）的SJT项目。只有独立的评价者们一致认为反映了给定维度的项目，才能被保留。尽管他们尽力根据项目内容来编制具有一致性的系列项目，但编制出的量表的各维度α系数在0.22到0.56间变化。量表维度间修正后的相关性大多接近1.00。毫不奇怪的是，验证性因素分析不支持先验假设结构。探索性因素分析没有发现任何可解释的多因子结构，并且57个项目的复合α系数是0.86。由于各维度都相对较短，较低的α系数在意料之中，但是，无法理解的是，几乎完全没有证据支持预期的多维结构或是对因子结构合理的事后检验结果。之后同一批研究者在预测学业成绩的情境下进行的研究在一定程度上表明了区分学业和社会判断的重要性，尽管修正后的相关系数在两个维度上都超过了0.70。

鉴于SJT和各种测验（包括前面提到的认知能力测验）间的相关性的宽泛范围，似乎有理由认为项目的内容对观测到的维度有一些影响。由于使用SJT的一个原因是提供一个以某种方法增强对工作绩效预测和理解的工具，因此对于那些用来测量认知能力或语言能力以外的构想的SJT，认知能力或者高语言要求可能被当作无用的杂质。这在考虑雇用代表性不足的群体——这类群体的认知和语言能力表现通常较高加索群体低——的情境下同样适用。这个推论激发了Chan和Schmitt（1997）以及Pulakos和Schmitt（1996）的研究。

对情境内容的操纵可以用更复杂和更具创新性的方法表现出来，而不仅仅是像通常实践中那样编写各种情境内容。例如，我们可以开发动态的SJT内容，当候选者选择或赞成了他们对初始情境的回应之后，将新的情境"注入"进来，创造出变化的情境。通过"注入"方法呈现变化的情境对于评价特定的适应力胜任力特征（如，在危机情境中决策）尤其适用。这是因为对于情境注入的有效回应常需要候选者有很高的情境意识，分辨重要与不重要事务的能力和基于不完全信息快速做出判断和决策的意愿。一些评价中心也用相似的方法测评适应力，它们让评审员评价候选人对测验半途"注入"的新情境的回应（Chan，1996）。对将来的研究而言，一个有趣的挑战是用各种创新的方法操纵或使用SJT内容来测量情境意识、元认知结构、自我调节过程或者对新奇环境的学习迁移。然而，这些操纵可能会造就一个与此章描述的典型SJT非常不同（在内容或者测量方法上）的工具。

研究SJT的作答指导语

Motowidlo（1999b）提出，SJT中的作答指导语可能会影响作答。McDaniel和Nguyen（2001）明确指出，SJT的作答指导语会影响测量的构想以及测验对于作假的敏感度。如果他们是正确的，那么，检验SJT的作答指导语便是SJT研究的另一广阔前景。

SJT中作答指导语的类型繁多。一种常见的指导语会要求回答者评价每一选项的有效性或者选择最有效的选项（Chan & Schmitt，1997，2002；Weekley &Jones，1997，1999），另一种则要求回答者指出他或她最可能/最不可能做什么（Motowidlo et al.，1990；Pulakos & Schmitt，1996）。这两种指导语分别是典型的"应该做"和"会做"类型。在对作为SJT效度的调节变量的作答指导语的元分析研究中，McDaniel，Hartman和Grubb III（2003）发现SJT指导语能被分为知识（"应该做"）指导语和行为倾向（"会做"）指导语两种类型。

McDaniel和Nguyen（2001）认为相比于采用行为倾向指导语的SJT，采用知识指导语的SJT能够更好地防止作假。他们的理由是，对于知识指导语SJT，正确的回答对于诚实或者作假回答者来说都是一样的。另一方面，行为倾向指导语SJT对作假更敏感，因为应聘者可能倾向挑选具有社会赞许性的回答，即使这个选项与他们通常在工作中所做的并不相符。我们认识到只有一个初级研究（Ployhart & Ehrhart，2003）和一个元分析研究（McDaniel et al.，2003）明确地检验了SJT作答指导语的影响。以本科生为样本，GPA为效标，Ployhart和Ehrhart的研究结果表明，使用行为倾向指导语比那些使用知识倾向指令的SJT有更高的效度。相反，McDaniel 等（2003）的元分析表明，使用行为倾向指导语比使用知识指导语的SJT具有更低的效度。

表面上，或许有人会得到这样的结论：Ployhart和Ehrhart的结果与McDaniel和Nguyen（2001）的结果相悖，而McDaniel等人的结果则与McDaniel和Nguyen（2001）的一致。我们认为这样一个结论是无根据的。Ployhart与Ehrhart的研究和McDaniel等人的元分析在测量、样本和情境上有许多差异，因此，对效度做出的任何直接比较都是缺乏意义并且可能是误导性的。例如，Ployhart和Ehrhart的研究只使用了本科生，而McDaniel等人的元分析是基于真实工作应聘者和员工的研究。正如本章之前提到的，样本和情境的差异与他们在作假行为上的内容甚至是实质的差异，或者取决于测验状态差异和回答者动机结构的社会赞许回应倾向有关联。这两个研究所采用的效标变量的性质也不同。Ployhart和Ehrhart采用本科生的GPA，而McDaniel等主要采用上级评定的工作绩效。

这两个研究表明，将检验SJT作答指导语作为一种研究策略来帮助理解SJT的结构效度和效标关联效度，已经迈出了有用的一步。将来的研究需要始于一个连接作答指导语差异（情境的实质内容和回答选项保持不变）、作假（或更普遍地，社会赞许反应）差异以及测量构想的性质差异之间关系的先验假设。这些假设会决定中心变量和测量的类型，以及研究样本和情境。例如，如果知识和行为倾向指导语确实分别反映能力和人格构想，那么效标关联效度的大小和方向差异可能取决于工作绩效效标是否由核心技术能力或周边绩效维度所主导。理想的情况是，我们能够将SJT作答指导语与SJT选项的内容类型进行因子交叉，并将其与个体差异构想（例如，能力和人格）以及绩效效标类型相关联。采用合适的理论和设计，结果或许能够清晰地展现SJT作答指导语对SJT效度，以及更为重要的SJT所测评的构想的影响。简言之，在比较具有不同作答指导语的SJT的效度之前，我们需要在概念上将预测因子和效标空间相匹配。

最后，我们相信，如果检验作答指导语是为了产生富有成效的研究，将来的研究可能需要检验不同SJT指令称作的认知过程，并将它们与测量的构想、作答模式和个体差异相关联，这样，与具体效标间的联系就能建立了。研究作答指导语所涉及的认知过程是我们将在下一节提出的一个研究策略，即，研究SJT表现中的作答过程。

研究SJT表现中的作答过程

像所有其他涉及自陈报告测验的人事选拔研究领域一样，SJT研究在数据收集过程中遵循传统的基于特质的方法，重点关注选项回答结果（即，测验中赞成的选项），而不测量回答的过程。然而，SJT表现明显涉及认知过程，例如对SJT情境中传递的信息进行编码、构建情境的心理表征、产生或者从记忆中恢复一个与回答选项所代表的事态一致的替代心理模型、评价不同回答选项并最终将评价转换为对回答选项的赞同。赞同回答选项，作为SJT研究的唯一关注点，仅是多个认知过程的最终观察结果，这些认知过程发生在引发相应SJT作答的回答者的判断过程中。

解决这些引发认知过程的事件的基本问题，并理解它们，是解释SJT所测量构想的关键。当作答者读到纸笔形式的SJT测验中的一个情境及选项时，心理表征结构是可见的（形象化）、确定的，还是在具有个体和亚群体（例如，种族/文化群体）间的差异？鉴于认知科学的理论，心理表征结构应该能够影响心理控制并进而影响最终评估结果（即，对选项的选择有影响）。如果我们能通过实证研究展现与不同测验方法（即，纸笔SJT测验 vs. 基于视频的SJT测验）和不同种族群体（即，黑人 vs. 白人）相关联的心理表征结构上的系统差异，就能够支持Chan和Schmitt（1997）的观点：测验方式影响SJT表现上的种族群体差异。

另外一个基本问题则是关于心理表征与可能引起有效情境判断的实践智力及背景知识的程序性内在本质之间的关系。对程序化和内在进程进行评估，能够提供实证数据来帮助我们建立一个关于SJT构想本质的更有说服力的案例。同样相关的还有关于SJT反应过程中可能出现的元认知结构和自我调节过程的问题。主题问题专家和高SJT得分者是否具有相似的元认知结构和自我调节过程，并与低SJT得分者和新手有质的不同？SJT培训效果，如果真的存在，是否通过修改这些认知结构和过程而起作用？这些认知结构和过程间的差异，是否与SJT反应的最大化和典型绩效成分相关？这些差异是否与特定SJT胜任力特征（如系统思考和适应力构想相关）？除了心理表征，还存在着诸如假定、信念、价值观和世界观等在SJT反应过程中可能被激活并应用的认知过程问题。

我们提议在研究SJT反应过程时，使用认知评价这一人事选拔研究中的非传统数据收集方法，例如口语报告（Kraiger，Ford，& Salas，1993），知识结构获取技术（例如基于邻近方法）（Schvaneveldt，Durso，& Dearholt，1989）和阈下启动技术（例如内隐联想测验）（Greenwald，Draine，& Abrams，1996）。若有合适的数据输入，知识结构获取技术十分适合评价元认知结构。口语报告能够有效评价在反应过程中被激活的特定假定、信念、价值观和世界观，但在评价特定内隐过程时是无效的。

显然，我们所提议的研究SJT反应过程的策略所面临的一个主要的挑战是，许多SJT研究者可能对这些非传统数据方法的使用及其潜在误区并不熟悉。例如，有效使用口语报告的前提是假定所关注的中心过程是可以被意识到的，并且回答者在处理SJT情境/回答选项时，有能力并愿意准确表述自己的想法，不受SDR或者其他因素的影响。知识结构获取技术的有效应用基于各种条件，例如对输入元素进行代表性抽样以进行邻近评价。尽管有这些实际的（虽不是难以对付的）挑战，我们认为研究SJT反应过程的策略为SJT研究者提供了一个很好的机会来结合认知心理学中的理论和数据收集方法，以补充人员选拔研究中现存理论和数据收集方法，从而更好地理解情境判断所涉及的认知过程的复杂性。

总结

在本章中，我们从一种更为综合性的视角来解决SJT结构效度的基本细节问题，而不仅仅是关注效标关联效度。我们认为仅仅关注效标关联效度对于SJT研究而言是不够的，我们还提倡研究者采用理论驱动和构想导向的方法来研究具体实质性问题。详细的分析引发我们对多种变量的思考，例如SJT的阅读水平、SJT分数的维度、SJT中各种表现成分的类型、SJT情境的内容、作答指导语的结构、被测者选择回答时发生的认知过程、进行测验时的情境与可能的测验结果、动机结构，以及回答者的经验。

从预测的实际角度来看，上述多个变量都是关键的，因为它们帮助识别了SJT效标关联效度的边界状态。而且，说明了这些变量的影响的研究会增加我们对SJT反应性质的理解，而这反过来会帮助阐明获得SJT构想的过程以及如何在个体中识别或者发展出这些构想。考虑到对SJT在人事选拔实践中的兴趣和应用不断提高、发展，迫切需要更多关于结构效度问题的研究，以促进SJT的应用。在这一章，我们详尽描述了几个实质性问题，并提供了一些策略，希望将来的研究也会朝此方向发展。

第十章 评价中心：实践与研究进展

Filip Lievens，George C. Thornton Ⅲ

在评价中心中，训练有素的评分者根据职位所需要的能力特质，对参加多种情境模拟练习的应聘者进行评估。常用情境模拟练习有角色扮演、演讲、公文筐测验和小组讨论。近五十年来，评价中心一直是深受喜爱的管理选拔和领导力开发方法（Spychalski，Quinones，Gaugler，& Pohley，1997），并被很多实证研究证实效度较好（Thornton & Rupp，2004）。鉴于评价中心在全球范围使用广泛，所以在很大程度上说评价中心也是一项国际事务（Byham，2001；Kudisch et al.，2001；Sarges，2001）。多年来，在评价中心实践中相继出现了很多新方法新主张。很多学者（例如，Arthur，Woehr，& Maldegen，2000；Arthur，Day，McNelly，& Edens，2003；Haaland &Christiansen，2002；Kolk，Born，& Van der Flier，2002；Lance et al.，2000；Lievens &Conway，2001；Lievens & Klimoski，2001）的研究成果不断为评价中心注入新的活力。本章汇总梳理近年来评价中心技术的新进展、新成果，为从业者和研究者提供参考。特别是对近五年评价中心最新的实践和研究发展进行阐述。

评价中心的新进展

在本节，我们会概述评价中心实践的发展近况。为了更广泛占有资料，我们采用了多种调查方法：采用文献法收集了近几年文献中关于评价中心的介绍，向全球从业者发放了调查问卷，收集了评价中心国际学术会议上的研究报告（*International Congress on Assessment Center Methods*），以及近年来我们从全球各地同行那里学到的新方法。

本章内容分为以下几个部分：评估非管理职位的评价中心、跨文化背景下的评价中心、分析工作要求的新方法、新维度的评估、测验的种类、新技术和虚拟评价中心的使用、用组织战略整合评价中心、为发展目的而使用评价中心，和作为效标的评价中心。为增加文章背景资料，本章首先简要介绍评价中心新趋势诱发因素，以及评价中心技术对商业实践和组织变革产生的影响。

评估非管理职位

在历史上，评价中心主要应用于管理职位。最近，评价中心开始被用于评估更广泛的非管理职位。多年来，星钻汽车公司（*Diamond Star Motors*）使用评价中心程序来选拔制造工人（Henry，1988）。这项实践已经扩展到其他制造业组织，例如赛斯纳（Hiatt，2000）和巴斯夫（Howard & McNelly，2000）。康涅狄格州使用评价中心方法来考核教师的能力（Jacobson，2000）。其他机构使用评价中心来选择入门级的警官（Dayan，Kasten，& Fox，2002）和飞机驾驶员（Damitz，Manzey，Kleinmann，& Severin，2003），并用来评估和认证顾问（Howard & Metzger，2002；Rupp & Thornton，2003）和律师（Sackett，1998）。

这些例子说明评价中心适用于很多职位。正如下文所言，好消息是最近的研究发现评价中心在非管理群体中的效度证据。

在跨国和跨文化背景下使用评价中心

国际商务的出现增加了对设计具有跨文化和跨国适用性的评价中心的需求。评价中心被应用于全球越来越多的不同类型的国家。在十九世纪五十年代起始于英国和美国后不久，评价中心扩展到加拿大和日本的商业组织。接着在十九世纪七十年代，评价中心拓展到德国、瑞士、以色列、南非和印度尼西亚。据悉，近几年评价中心已经出现在世界上几乎每个工业化国家。

评价中心的国际化也可以由过去的31年里评价中心方法国际大会的参会人员名单看出来。北美洲以外的国家的出席人员的数量和比例有稳定的增长。在1974年第二届大会上，76位出席者中只有5位来自美国和加拿大以外的国家。北美洲之外的国家的出席人比例平稳增长：1974至1983年约为5%；1984至1993年约为15%；1994至2003年约为25%。2003年，在104位出席者中，27位来自像科威特、印度尼西亚、韩国和菲律宾这样的国家。

当评价中心被应用于跨文化情境中时，很多关于设计和实施评价中心的挑战性问题出现了。有两种解决方法可供参考：客位和主位研究方法[①]（Chawla & Cronshaw，2002）。客位方法假设：（1）存在与组织的有效性相关的普遍的个体特质；（2）先前存在的评估手段可以应用于不同国家；（3）标准化和效度的扩展要求必须使用一套固定的维度和程序；（4）在文化间采用一致的选拔程序能够促成同质的组织文化。主位研究方法假设：（1）单一的评估方法是无效的（即，它们不能解释在特定情境下效标

[①]　客位和主位方法：etic and emic，一般指雇员流动过程中发生的成本之和，即把雇员全年工资和福利成本相加后乘以根据具体岗位确定的损耗率（Attrition Rate）。——编者注

绩效中的独特因素）；（2）必须研究每种文化来识别它独有的特征；（3）不同文化对不同的评估技术的接受度不同；（4）评估者培训必须包含情境信息的鉴识。该讨论中一个未解决的问题是源于调整评价中心要素的相对的得与失。例如，对测验的更改可能适应地方独特的需求，但是在有问题的地方提供了评估的对照。

评价中心在全球的传播、评价中心跨文化的使用、商务的国际化、对全球管理者的需求（McCall，2002），以及在其他多个国家建立提供评价中心服务的咨询业务引起了关于在不同国家使用评估实践的问题。从本国选拔人员到别国服务，评价中心是否有用？与此类似，Briscoe（1997）建议必须仔细关注其他测验的设计、不同维度的使用、来自祖国和东道国的评估者的使用、行为的评估和反馈的提供。Briscoe（1997）和Howard（1997）也提供了案例研究来阐明使用评价中心选拔国际职员的一些挑战。Kozloff（2003）讨论了关于挑选领导者、他们和配偶及家人在一起生活、在全球不同背景下工作的一些复杂问题。在我们所知道的关于这个话题的唯一一个预测效度实证研究中，Lievens，Harris，Van Keer和Bisqueret（2003）发现，相比于认知能力和人格测验，评价中心测验对一个位于日本的欧洲管理者培训项目的成功，具有更准确的预测。

另一个挑战性的问题是《评价中心操作指南和伦理问题》（*Guidelines and Ethical Considerations for Assessment Center Operations*）（International Task Force on Assessment Center Guidelines，2000）是否在全球普遍适用。近年来出现的一个趋势是考虑国际问题。撰写1975年和1979年版本的指南的特别工作组只包括北美洲的从业者。1989年和2000年版本的特别工作组各有一位荷兰代表，而且北美洲之外的从业者的贡献增加了。2001年，一群欧洲的从业者聚在一起，考虑是否需要根据不同国家的使用需要来修订指南（Seegers & Huck，2001）。2000年，一个特别工作组在印度尼西亚成立，为印尼境内组织撰写评价中心操作的实施准则（Pendit & Thornton，2001）。

我们预测评价中心技术将会被更频繁地应用于国际背景。这将通过三种方式发生。本国的机构会使用评价中心评估去东道国的人员；本国的机构会使用他们的评估方法评估在其他国家的东道国人员；目前未使用评价中心的国家中的机构会采用这种方法。每个对评价中心方法的使用都展现出独特的挑战。评价中心支持者和采用者将要选择这个方法中哪些要素和特殊的测验能在新地点保持和原始地点一致？需要做出哪些适应性变化来适应新地点独特的方面？

工作分析方法

最近，不同职位刻板分类的崩溃导致组织开始寻求作为评估维度的更广泛的胜任力特征。所以，传统的分析工作所需的方法、知识、技能和其他完成当前特定工作所需的特质已经被诸如战略工作分析的方法（Schneider & Konz，1989）和胜任力特征模型所补充，以便分析组织期望员工拥有的、能实现更宽广的组织目标的更综合的能力

（Schippmannet al.，2000；还可参见本书第1章）。这些更宽广的目的可能被转化为员工被期待扮演的角色（Mahoney-Philips，2002；Sackett & Tuzinski，2000）。

我们认为，目前胜任力特征建模技术在诸多方面都具有优势，包括：使特定工作的表现与组织目标相一致、定义更广阔的职位系列而非单独职位的需求，以及为高层经理和董事所接受。相反，胜任力特征经常被定义得太广泛以至于研究者难以有效地对其进行评估。因此，有必要开发出相关技术，将胜任力特征转化为能够被准确评估的绩效维度。

不同的维度

传统上，评价中心被设计用于测量相对特殊的一系列行为（即"维度"）（Thornton & Byham，1982）。最近，评价中心的设计者们开始评估更为宽泛的胜任力特征（例如，顾客服务导向、团队合作），每个胜任力特征通常都是传统维度的复杂结合。我们认为，宽泛的组织胜任力特征无法提供适合在评价中心中评估的特定的、客观的特质。例如，"顾客服务"和"持续质量提升"是有价值的组织目标，但是它们需要被操作化为行为维度。前者可以细化为主动倾听、信息搜寻和口头沟通行为，后者可以细化为诸如问题分析、创造力和决策分析的行为。

其他趋势包括更加重视对诸如团队协作、合作和非正式领导的人际关系的维度的评估。这些更宽泛的维度和国际背景下的成功至关重要。Kozloff（2003）描述了选拔国际领导人时考虑更宽泛的人格因素（例如，对模棱两可的忍耐和情绪平衡）和家庭关系的必要。一些机构也在设计使用如系统性多水平团队观察法 （*Systematic Multiple Level of Observation of Groups*，SYMLOG）（Wilson & Pilgram，2000）这样系统的技术来评估一系列特质的方法。其他项目评估了员工被期望扮演的角色（Mahoney-Phillips，2002）。在更大范围内，美国人事管理办公室（*US Office of Personnel Management*）开发出了一个对美国经济中所有职位进行界定的全国性的维度体系（Gowing，1999）。标准职业分类系统中所列出的这种职位分类法为所有工作中需要的特质提供了一种共同的语言。一些评价中心设计者采取截然不同的方法，他们认为任何维度都不能被评估（Thoreson，2002），而是应当将测验中的行为表现作为一个整体进行评估。

在我们看来，实际上只要满足以下两种条件，就可以对任何绩效特质进行评估：（1）根据职业行为和模仿练习中可观测到的行为，其维度被明确界定；（2）认真设计测验以便引发相关行为。第二个条件意味着，为了评估不同特质，应该用不同方法设计测验。如何根据不同目的诱发不同维度相关的行为，涉及的不同种类测验的技巧在《组织情景模拟技术开发》（*Developing Organizational Simulations*）一书中有介绍（Thornton & Mueller-Hanson，2004）。

评估活动

　　有人可能会认为，在新背景下，应该发明新类型的活动来评估新职位的新维度。但是情况似乎不是这样。很多老式测验似乎仍然存在，包括公文筐测验、案例研究和互动模拟。似乎有种更少地使用小组讨论方法的趋势。这可能有三种解释：第一，在警署和消防署，评估是晋升考试的一种方法，存在严格标准化的巨大压力，通常在无领导小组讨论中开展，而这种压力在非常多变的群体动态中不存在；第二，将所有应聘者在同一特定时间聚集到同一特定地点存在实际的和逻辑的问题，所以设计者通常希望设计出一个不要求一组参与者都在同一时间同一地点的程序；第三，在一个小组讨论中，五六个人之间复杂的互动通常很难观察，不便于初级评估者的系统观察和评估。

　　当评价中心被用于选拔或晋升时，去掉小组讨论是可以理解的，而且标准化的合法性问题可能是评价中心面临的主要法律挑战。然而，考虑到评估个体与团队/组织的匹配度能够使组织获益，小组练习是一种有效的评估活动。

技术使用和虚拟的评价中心

　　电脑和电子媒体的使用使得在评价中心中增加技术应用成为可能。最初，电脑用来合成、分析一组评分者的评估结果。最近，更复杂的应用出现了，主要是呈现刺激。已有评价中心通过视频监视器和基于电脑的刺激物来呈现刺激（Bobrow & Schulz，2002）。在Sprint通讯公司，一个虚拟办公室在公司的内部网络被模拟出来，用于管理测验（Hale，Jaffee，& Chapman，1999）。Reynolds（2003）描述了针对管理者和领导者的评估测验开始基于网络传送这一发展趋势。其他技术的使用包括在音频和视频记录上捕捉行为，有时是远程进行。然后这些记录可以由经过训练的评估者通过传统的方式进行分析，或者用复杂的软件程序。其他评估程序使用了网络来捕捉各种成就的电子记录，包括文本、音频和视频媒体（Reynolds，2003）。对书面作答的自动化分析可以评估书面样本的内容和质量（Ford，2001）。此外，软件可以分析语音语调（Bobrow & Schulz，2002）。特殊的软件已经开发出来，用于撰写报告的过程自动化（Lovler & Goldsmith，2002）。另外，网络可以促进评估过程的所有阶段，包括管理、测验传送、评分、数据跟踪、撰写报告和反馈（Smith & Reynolds，2002）。Reynolds（2003）追踪了在虚拟的"生活中的一天"系列评估活动中使用管理者在线桌面来完成工作的网络服务评价模型中的技术应用。

　　很多这类技术发展提高了测验在展现给参与者的刺激的准确度（例如，现今管理者通常通过电子媒体接收信息并在线回复）。所以，我们估计，一个练习中的高新科技可能会提高测验的真实性。高科技评估测验的其他方面实际上可能降低评估的准确度，尤其是回复的准确度。例如，一些使用计算机的公文筐测验要求参与者在一些事先建立的选项中进行选择。在实际生活中，管理者通常没有这些供选择的备选项。实际上，管理者必须建立起可供选择的备选项并公开回复。在一些测验中，一段视频描述一个下属的评论，然后参与者从一系列事先建立的选项中进行选择。这种评估方法在动态人际关系互动上缺乏准确性。使用计算机的公文筐测验和基于视频的评估技术可能有预测效度，但是它们和评价中心方法中典型的人际关系及决策模拟所要求的公开行为有本质上的不同。

整合评价中心和人力资源管理、组织战略

近年来越来越多的人认识到，评价中心必须谨慎对待其他人力资源管理实践和整体组织战略。虽然这不是一个新想法（Thornton，1992），但是为了使所有人力资源管理实践更有效，评价中心实践必须要更加符合组织战略。因此，最近的趋势是更系统地建立评价中心，使之成为更大的招聘、选拔、晋升、发展和管理人才继任计划的系统（Byham，2002；Byham，Smith，& Pease，2001；Roth & Smith，2000）。这种趋势也体现在实施全球人力资源实践的组织中（Eckhardt，2001）。

将评价中心集成到更广泛的组织战略计划中，并且使用评价中心促进组织变革，在最近的应用中也很明显。例如，评价中心在制造业、电信、货运、客户服务、高科技和保安等不同组织中被用于帮助实现调配现有人手（Adler，1995）、裁员（Gebelein，Warrenfeltz，& Guinn，1995）、高管团队发展（Fleisch & Cohen，1995）、从功能到产品制造的结构调整（Fleisch，1995）和气候变化（Dailey，Cohen，& Lockwood，1999）。将评价中心整合到组织变革，在此程序中需要高层管理者的参与（Dowell & Elder，2002）。

以发展为目的的评价中心

最近几年，评价中心活动中最显著的趋势是它们的主要目的由选拔/晋升转变为发展。将评价中心应用于开发留任原职的管理者的才能，是源于组织的扁平化和精简，以及更少的晋升机会。评价中心的初衷（即，识别管理人才和制定晋升决策，Bray & Grant，1966；Thornton & Byham，1982）在公共安全机构中仍然占主导地位。相反，近几年在大多数商业组织，最常见的应用是出于发展的目的（Kudisch et al.，2001；Spychalski et al.，1997）。Tillema（1998）对这一应用表示怀疑，他通过调查荷兰的组织发现，因为不熟悉程序，并且使用程序有困难，荷兰的组织极少在员工开发中使用评价中心技术。

有几种不同的发展评价中心。有些发展评价中心强调对个人培训需求的诊断。这些中心的设计包括维度和测验，和晋升中心很相似。另一种变体是一个真正的发展中心，中心的目标是促进技能的发展（Ballantyne & Povah，1995）。为了把这个程序转换成

学习经历，中心采取相应措施以便在组织中提供即时反馈、实践、学习强化、培训迁移和后续发展的支持。发展评价中心的第三个变体是旨在促进组织单元发展的项目。出于发展目的的仿真技术，通常包括评估参与复杂的组织游戏的完整工作组（Thornton & Cleveland，1990）。使用一个评价中心项目以达到选拔和发展的双重目的是有问题的（Arnold，2002），需要认真注意心理测量精度之外的因素（例如，高动机的参与者、明确的反馈、支持性的环境）（Kudisch，Lundquist，& Smith，2002）。

发展评价中心已经相当普遍，但也面临众多挑战。主要挑战之一是必须具有充分的心理测量学证据来证明其结构效度。正如在本章的后面部分将要讨论的，存在与评分者的评分能力有关的混合证据来证明结构效度。发展评价中心的第二个挑战是提供证据表明该方案对参与者有一定的影响。影响可能有以下形式：（1）采取行动发展的意图；（2）参与某种形式的发展经历；（3）对绩效维度的理解的变化；（4）技能的提高；（5）工作中行为的变化；（6）组织有效性的改善。Jones和Whitmore（1995）发现，接受评估和未接受评估的管理人员的事业发展并没有差异，除非评估的管理者从事发展活动。不幸的是，大多数参与发展活动的经理没有跟进评价中心的诊断（Byham，2003）。直到最近，才有研究证据表明在何种条件下发展评价中心是有效的（Maurer et al.，2003）。正面的影响不会自动随之而来，而且很有可能是只有当组织中有一些其他支持系统，在经历评价中心之后帮助已接受评估者，正面影响才会发生（Bernthal，Cook，& Smith，2001）。

评价中心作为效标测验

与工作样本类似，评价中心正越来越多地作为效标测验用于研究管理和学生表现的各方面。例如，Thomas，Dickson和Bliese（2001）用关于领导有效性的评价中心研究价值观、动机和人格对军官学员表现的影响。Barlay和York（2002）、Riggio，Mayes和Schleicher（2003）使用评价中心测量本科学生的成绩。最近，Atkins和Wood（2002）在评价中心应聘者评级的基础上证实了一个360度反馈方案。

评价中心作为效标测验的使用基本原理是它们密切对应工作，因此可以看作观察工作绩效的小型化情境。虽然这个理由是有道理的，但需要注意的是，从评价中心获得的效标数据和更传统的工作绩效数据（即，评级）也有着本质上的不同。评价中心表现反映了员工的最佳绩效，而工作绩效评级体现了员工的典型表现。

令人担忧的趋势

近年来，人们已经注意到在实施评价中心时两个令人不安的趋势。首先，由于最近几年（2000—2003）的经济衰退，企业寻求各种方法简化程序。不幸的是，在许多情况下，在项目开发和实施过程中修改和删减关键步骤可能影响其准确性和有效性。Caldwell，Thornton和Gruys（2003）总结了损害评价中心效度的十个错误（例如，不充分的工作分析、定义模糊的维度、不充分的评估者培训）。

第二个令人担忧的趋势是，"评价中心"一词已被用于指代很多不符合评价中心基本要素的方法。在我们看来，没有资格作为评价中心的方法的例子，包括只有纸笔测验、只有一个评估者的方法和不涉及外显行为的观察的方法。因此下面的方法即使是有效的，也不能被称为评价中心：要求参与者在一组预设的替代行为中进行选择的计算机化的公文筐测验；要求受访者说出他或她面临假设情况时会做的事的情境面试；"低准确性"的书面模拟或情境判断测验，要求参与者从行动方案中选择；只由一名评估者操作的临床心理评估。

虽然"评价中心"一词没有法律限制、专利注册或版权专有，但是我们有充分的理由希望限制这个术语的使用。首先，五十多年来，"评价中心"这个词已经被用在人事评估行业，来指代一组通用的实践。其次，研究者在这个方法上已经进行了广泛的研究，虽然这个方法的诸多元素一定有不同的实例，但它们之间的共性足以说明一系列相关研究是连贯的。一些元分析对这些研究进行了总结，分析了测验的效度，并与其他评价技术进行了比较。如果替代技术不能清楚地定义和分类，这样的比较研究是没有意义的。第三，在超过25年的时间里，评价中心方法国际大会已经吸引了数百名对这一方法的设计、实施和评估有共同兴趣的参与者。《评价中心操作指南和伦理问题》（*International Task Force on Assessment Center Guidelines*，2000）一书清楚地定义了什么是、什么不是评价中心。它为学生、从业者和研究人员提供了一个标准。

评价中心研究的近期发展

鉴于本章的第一部分集中在最近评价中心实践的发展上，本部分将深入探讨近来评价中心的相关研究。对1998年和2003年间发表的评价中心研究的查阅表明，绝大多数的研究可以归纳为以下四大主题：效标关联效度研究、增量效度研究、结构效度研究、评价过程的相关研究。虽然这些都是关于评价中心的文献中反复出现的主题，但最近的研究常常给出一个新的转折。

评价中心和效标关联效度

在过去的五年中，已有大量证据为评价中心的效标关联效度提供了支持。一些研究扩展了整体评估评级的效度证据，而另一些研究延伸了维度评级的效度证据。特别是近期研究提供的证据表明，评价中心在不同工作、时间和情境中都具有效标关联效度。关于工作，有两项值得关注的研究。Damitz等（2003）对现有的选拔程序进行了扩展，通过纳入各种评价中心实践来评价人际交往和绩效相关的维度，从而为航空公司选拔飞行员。整体评估评级是同事效标评级的一个有效预测因子。类似地，Dayan等（2002）认为，评价中心是一个重要的工具，能够对警务工作的人际导向维度进行评价。他们的说法受到使用上级和同事评价作为效标的以色列警察部队应聘者的支持。其他研究也证实了评价中心对于选拔学生的适用性（Bartels，Bommer，& Rubin，2000；Riggio et al.，2003）。

从长远来看评价中心的效度，Jansen和Stoop（2001）验证了以平均工资增长为效标时，一个评价中心在7年间的效度。整体评估等级的修正后的效度为0.39。Jansen和Stoop的一个有趣的贡献是他们还研究了评价中心维度的效度是如何随时间变化的。他们发现，固定维度在整个期间都有预测作用，而人际关系维度只有若干年后才是有效的预测因子。后者与当效标数据采集后，非认知的预测变得更加重要的研究是一致的（Goldstein，Zedeck，& Goldstein，2002）。

近年来，也有一些证据表明，评价中心可以用于国内选拔以外的情境。Stahl（2000）开发了一个评价中心，用于选拔德国的外籍人士。虽然没有检验其效标关联效度，但是Stahl发现，在跨文化交际能力的不同效标上得分高的应聘者也被他们的同龄人评价为更容易适应国外的环境。Lievens等（2003）开发和验证了一个位于日本的为跨文化培训计划选拔欧洲管理者的评价中心。除了评价中心实践，这个过程还包括认知能力、人格测验和行为描述面试。由一个小组讨论练习测量的适应能力、团队合作和沟通的维度被证明是有效的预测因子，并超越了认知能力和性格测验。口头报告所测量的维度并没有显著预测作用，这表明测验的设计在评价中心的国际应用中是一个重要的问题（见上文）。

最后，Arthur 等（2003）进行了一项评价中心维度的效标关联效度的元分析。他们区分了六个维度：（1）考虑/感知到他人；（2）交流；（3）驱动力；（4）影响他人；（5）组织和规划；（6）解决问题。真正的效标关联效度从0.25到0.39变化。此外，由六个维度中的四个组成的基于回归分析的复合体解释了评价中心评分的效标关联效度，还解释了比之前Gaugler，Rosen-thal，Thornton和Bentson（1987）的元分析更多的绩效上的变异。评价中心维度得到的多重相关是0.45（R^2= 0.20）。因此，对评价中心的结构（维度），而不是整体评估等级的关注似乎增加了评价中心的预测性。

总之，在过去的五年中，已经发现的证据表明，评价中心在各类职位、更长的时间范围内和国际环境中都具有效度。此外，最近的一项元分析进一步支持了评价中心的效标关联效度。一个重要的新发现是，当评价中心不被视为一个单一体（参见总体评价等级），而作为提供各种结构的信息的测量时（参见评价中心维度），评价中心有较高的预测效度。一个有趣的发现是，尽管有这个好消息，评价中心的效度并没有比那些成本更低的测验高，如高度结构化面试或情境判断测验。两种方法上的问题或许可以解释这一点。首先，之前的关于评价中心的元分析分别使用0.77（Gaugler et al.，1987）和0.76（Arthur et al.，2003）来修正效标的不可靠性。因此，这些值远高于最近常被用于选拔程序（例如，结构化面试）的元分析中的工作绩效评级的评分者间信度0.52（Viswesvaran，Ones，&Schmidt，1996）。由于之前的元分析使用这种保守的估计来修正效标不可靠性，其修正值低估了"真实"的评价中心的有效性。

例如，如果我们使用通常的0.52，而不是更保守的值来修正Gaugler等人（1987）的效度系数，修正后评价中心的效度上升到0.45，而不是0.37。同样，当使用0.52进行修正时，Arthur等人（2003）的修正后的效度系数0.45应当会更高。另一种解释评价中心效度时的重要方法性问题涉及所测KSAO的全距限制。通常情况下，评价中心被用于最终选拔阶段，以便评价中心应聘者已在先前的选拔阶段根据认知能力和个性被筛选出来。因此，评价中心的应聘者之间的认知取向和人际关系取向的能力方面的差异更加有限，可能导致预测效度的下降（Hardison & Sackett，2004）。未来的研究应把所有应聘者纳入测验中。

评价中心和增量效度

尽管人们普遍认为评价中心有较高的预测效度，但有更多的争论，探讨评价中心相对于传统的选拔程序（如认知能力和人格测验）是否有增量效度。Collins等（2003）的一项元分析发现，人格和认知能力测验与整体评价中心评分的多重相关为0.84。此外，Schmidt和Hunter（1998）发现，当和认知能力测验组合时，评价中心有一个小的增量效度（2%）。然而，最近的一项研究（Dayan et al.，2002）发现了相反的结果：评价中心有超越认知能力测验的显著、独特的效度。此外，O'Connell，Hattrup，Doverspike和Cober（2002）发现，在预测零售销售表现方面，角色扮演模拟在传记资料（Biodata）基础上具有增量效度。

这些相互矛盾的结果该如何调和？首先，应该指出，在上述两个大规模回顾（Collins et al.，2003；Schmidt & Hunter，1998）中的评价中心经常把认知能力和人格测验合并。因此，整体评估等级是部分建立在认知能力和人格测验的信息基础上。鉴于这种污染，评价中心没有解释太多额外的认知能力和人格测验的变异就不那么令人惊讶了。其次，两个大型的研究都集中在整体评估等级。虽然整体评估评级有重大的实践意义（聘用决定取决于它），但它是一个对一组不同测验的各种维度的评价的总体评分（Howard，1997）。评价中心的总体评分是一种各类评分的混合物，这个事实可能会降低其概念的价值。Arthur等（2003）认为，评价中心最好被概念化为一种测量各种构想的方法。因此，声称评价中心本质上测量的是认知能力并没有多少意义。相反，对于工作相关构想的测量，评价中心可能会（也可能不会）和认知能力有很强的相关性。例如，如果评价中心实践（公文筐测验、案例分析）主要测量认知导向的维度，那么可以预期，它和认知能力之间会有很强的相关性。如果情况不是这样，其与认知能力测验的相关性将降低。为支持这种观点，Goldstein，Yusko，Braverman，Smith和Chung（1998）报告称，评价中心和认知能力测验的关系是关于对评价中心测验进行认知"加载"的函数。当练习（例如，公文筐测验）挖掘认知导向的维度（例如，问题分析）时，在练习和认知能力测验之间存在更强的关系（参见 Goldstein，Yusko，& Nicolopoulos，2001）。

与此类似，整体评估评级和人格测验之间的关系会根据在评价中心实践中测得的工作相关构想而不同。近期的各种研究（Craik et al.，2002；Lievens，De Fruyt，& Van Dam，2001；Spector，Schneider，Vance，& Hezlett，2000）支持这一推断。比如，Spector等（2000）发现，"人际关系"练习与人格构想（如情绪稳定性、外倾性和开放性）相关，而"解决问题"练习和认知能力、尽责性相关。在另一项研究中，Craik等（2002）报告，公文筐测验的表现和尽责性、开放性、战略维度（如决策）有关。相反，小组讨论表现与人际关系维度和人格构想（如宜人性、外倾性、开放性等）相关。最后，Lievens等（2001）通过审查评估者对人格描述性形容词和依据大五人格分类的记录，将人格和评价中心联系起来。结果再次表明，大五分类的分布因练习的不同而变化。例如，公文筐测验主要反映了尽责性，而小组讨论主要反映外倾性。

近年来，评价中心不仅受到人格和认知能力测验的挑战，也受到其他评估方法的挑战。尤其是，情境判断测验、情景面试和行为描述面试已经很流行，因为它们很容易管理，是工作绩效的良好预测因子，且花费较低。因此，一个重要问题是，在这些测验基础上，评价中心是否有增量效度。到目前为止，研究似乎支持继续使用评价中心。事实上，Lievens 等（2003）表明，在预测跨文化培训绩效上，评价中心测量的维度在行为描述面试评估的维度基础上具有增量效度。此外，Harel，Arditi和Janz（2003）报告称，一个行为描述面试的效度是0.53，而评价中心的效度是0.62。

总之，最近的研究已经审查了评价中心在传统的选拔程序（人格和认知能力测验）和新兴程序（行为描述面试）基础上的增量效度。不幸的是，迄今只进行了少数研究。大多数增量效度研究的一个缺点是，它们混淆了方法（例如，评价中心、访谈、测验）和构想（例如，尽责性、社交性）。例如，两种构想（认知能力和人格）的效度常常与一种方法（评价中心）的效度进行比较。正如已经指出的那样，这些比较是没有意义的，除非构想不变、方法变化，或者方法不变、内容变化（Arthur et al.，2003）。例如，未来的研究应该检验评价中心实践测量的社交性是否在人格量表或情境访谈测量的社交性基础上有增量效度。

评价中心和所测构想

一般情况下，两种分析方法已被用于检查评价中心的结构效度。首先，最终维度的评级被放置在一个基则网中，来调查它们和通过其他方法（如测验、面试等）测得的类似的构想之间的关系。如上所述，已经发现评价中心的评级与通过其他方法评估的相同或类似的维度相关。作为第二个分析策略，每次练习所进行的维度评级（即练习内维度评分）已经转换为一个方法矩阵，其中维度作为特征，练习作为方法。由后一策略得到的总的结论是，整个练习的相同维度的评级关联很低（即低聚合效度），而在一个单一的练习中，不同维度的评级高度相关（即区分效度低，或方法偏差）。这导致了一场辩论，评价中心是否真的测量了它们所声称测量的维度。这并不是说，评价中心没有结构效度。问题是什么构想被测量，而不是质疑是否有构想被测量（Lievens & Klimoski，2001；Sackett & Tuzinski，2001）。

在过去的五年中，这一主题的研究已经不断拓展（Hoeft & Schuler，2001；Lievens，1998；Lievens & Conway，2001；Sackett & Tuzinski，2001；Woehr & Arthur，2003）。研究人员一直试图解释为何会发现上述结构效度结果。虽然辩论仍在进行中，目前的想法似乎是，至少有三个因素。首先，设计不当的评价中心似乎具有较少的结构效度证据。为了检验评价中心设计的影响，Lievens和Conway（2001）重新分析了大量的研究。他们发现，当使用较少维度、评估者是心理学家时，结构效度的证据越多。行为清单的使用、较低的维度——练习比例、类似的练习也增加了维度变异。最近，Woehr和Arthur（2003）证实了许多这些设计因素的影响。这两个大型研究表明，评价中心的设计是非常重要的。因此，我们一般都对这些研究抱有热情。然而，我们也有需要注意的地方。重要的是要考虑哪些设计建议是人为的、哪些不是。例如，要求评估人员在整个练习过程中，在评估后续维度之前，将每个维度的行为观察和评级对应起来，这可能远远超出了设计要求。当评估者首先被要求查看整个练习中应聘者的一致性时，人们可能会人为地提高整个练习的维度间相关性。

作为第二个影响结构效度证据的因素，应该有较高的评分者间信度。如果评分者间信度最多只是适中水平，那么评估者产生的方差一定会混淆练习产生的方差，因为评估者通常会在各种练习中轮换（他们不会在所有的练习中评估应聘者）。由于这种混淆，关于评价中心结构效度的研究中，一些大的练习变异可能实际上是评估者变异（Howard，1997）。为了研究这个问题，最近的两项研究（Kolk et al.，2002；Robie，Adams，Osburn，Morris，& Etchegaray，2000）比较了当评估者评估了一个单一练习中所有维度时的结构效度证据（通常情况是这样）和当评估者在整个练习中只评估一个维度时的结构效度证据。后者得到的结构效度证据更充分。虽然每个维度有一个评估者可能在实际中是不可行的，但这些研究表明，大的练习变异，可能至少部分是由于评估者间的评分差异。

最近的研究进一步表明，上述因素（即精心设计和评分者信度）可能是建立结构效度的必要但不充分条件。具体来说，两项研究（Lance et al.，2000；Lievens，2002）将应聘者表现的本质确定为第三个关键因素。Lance 等检验了练习变异是代表着偏差还是真正的跨情境表现变异。他们关联了潜在的练习因素与外部相关因素（如认知能力测验），并得出结论：练习因素捕捉的是真实的变异，而不是偏差。显然，评估者对应聘者进行了相对准确的评估。然而，这些候选人在练习中的表现并不具有一致性。Lievens（2002）也得出了类似的结论，表明只有当候选人的表现在不同维度中各不相同，且在整个练习中相对一致时，才可以建立收敛和区分效度证据。这表明，当这些差异真实存在时，评估者能够检测各维度表现上的差异。

现在我们知道应聘者的表现会影响结构效度证据，接下来的问题是，什么使得整个练习中应聘者表现不同。为了回答这个问题，最近的研究建立在社会心理学中的互动论模型上。特别地，Tett和Guterman（2002）使用特质激活的原则来强调，特质的行为表现是如何需要特质相关的情境线索（即，练习要求）。在这个互动论方法的基础上，Tett和Guterman（2000）、Haaland和Christiansen（2002）的研究表明，只有当练习有特质表现的机会时，才存在贯穿练习的评估者评分的一致性。

总之，近几年研究的大幅度进展已经解开了评价中心结构效度之谜。我们可以更好地洞察到当使用内部效度策略时，造成评价中心的低结构效度的因素。这些研究结果似乎是由于较差的评价中心的设计、适度的评分者间信度，以及应聘者不一致且未分化的表现水平的组合。为了进一步阐明这个问题，未来的研究可能尤其受益于社会心理学中的互动论模型（例如，特质激活）。我们也相信，特质激活理论不仅有助于了解在评价中心发生了什么事情，也可作为一个规定的框架来修改评价中心的设计（如，活动—维度矩阵的设计，角色扮演的指导语）。

评价中心和其过程相关的研究

在过去的五年中，研究人员表现出对评价中心过程的新的兴趣。最早的一批研究检验了在这个过程中潜在的偏差因素。特别地，研究者探讨了评估者的判断是否容易导致与重复测评参与（Kelbetz & Schuler，2002）、练习顺序（Bycio & Zoogah，2002）、印象管理（Kuptsch，Kleinmann，& Kller，1998；McFarland，Ryan，& Kriska，2003）和评估者测评熟人（Moser，Schuler，& Funke，1999）有关的影响。许多这些潜在的偏差因素产生相对较小的影响。例如，Bycio和Zoogah（2002）发现应聘者参加练习的顺序只解释评分变异的1%左右。Kelbetz和Schuler（2003）报告称，之前参加评价中心的经验解释整体评分变异不超过3%。一般情况下，多次参与一个评价中心提供给候选人的增益相当于一个0.40的效应量。McFarland 等（2003）发现在评价中心实践（角色扮演）中应聘者印象管理策略的使用比情景面试中少。显然，应聘者忙于扮演其被指定的角色人物，他们很少有剩余的认知资源来进行印象管理。尽管上述研究只发现轻微的影响，Moser 等（1999年）发现评估者与应聘者相识具有很大的影响。当应聘者和评估者的熟识度是小于或等于两年，效标关联效度为0.09。当评估者和应聘者的熟识度超过两年时，该值大幅提升至0.50。虽然在公平性方面可能存在缺点，我们认为评估者与应聘者相识并不总是坏事。从发展的目的而言，这可能有益于评价中心。为了便于后续发展行动，最好的"评估者"很可能是应聘者的老板。事实上，瑞士瑞信银行在意大利的一个分支机构就采用了这样的方法（D. Hippendorf, personal communication, October 7, 1999）。

另一批与过程相关的研究已经证实了评估者类型（心理学家vs. 经理）的重要性。具体而言，Lievens（2001a, 2001b）发现，经理人比心理学学生在分辨维度上有更大的困难。然而，管理评估者评估应聘者时也具有较高的准确性。其他的研究发现，只有当检验了人际交往评级的效标关联效度（$Rr=0.24$与$Rr=0.09$）（Damitz et al., 2003），并且有经验的评估者比没有经验的评估者取得了显著更高的准确度时，心理学家才优于非心理学家（Kolk, Born, Van der Flier, & Olman, 2002）。总体来看，这些研究表明，这两种类型的评估者都有自己的优点和弱点。因此，继续按照普遍的做法行事，即在评估者团队中包括经验丰富的一线管理者和心理学家似乎是可取的。

第三，最近的研究检验了如何促进评分者的观察和评估任务。一个明显的干预是提供给评估者更好的培训。有一些证据显示，尤其是图式驱动培训，对评分者间信度、维度差异、差分精度，甚至是效标关联效度可能是有益的（Goodstone & Lopez, 2001; Lievens, 2001a; Schleicher, Day, Mayes, & Riggio, 2002）。图式驱动培训（参考框架培训）教授评价者使用特定的表现理论作为心理图式来"扫描"相关事件的行为流，并把这些事件按照他们观察到的样子放到表现类别中。这样的训练似乎是对传统的数据驱动培训的有益补充，传统的数据驱动培训教授评估者严格区分不同的评分阶段（观察、分类和评估），并只有当上一个阶段完成后，才能进入到另一个阶段。

其他研究人员还探讨了修改现有观测和评估程序是否可能产生有益的影响。Hennessy，Mabey和Warr（1998）比较了三种观察程序：记笔记、行为清单和行为编码。这些方法在准确性、晕轮效应和对方法的态度上，取得了类似的结果，其中行为编码更受偏好。Kolk 等 （2002）发现，要求评估者直到练习之后才记笔记，对于准确度、评分者间信度或晕轮效应均没有积极影响。

总之，在过去的五年中，评价中心过程的研究揭示了有价值的发现。具体而言，评估者的类型的重要性已被证实。此外，参考框架培训已经成为最好的评估者培训策略之一。不同的观测形式的结果并没有产生有益的影响。虽然以上研究推进了我们对评价中心过程的理解，它们也只是构成了众所周知的冰山一角。事实上，很少有研究从人的感知、社会信息处理、人际判断和决策的当前研究中获得启发。更具体地说，有趣的研究途径的例子可能涉及社会判断的准确性、评估者的预期、认知结构、动机认知和评审员判断的责任 （Lievens & Klimoski, 2001）。

结论

　　评价中心方法在各种组织中仍然被使用，并引发了大量的相关研究。近年来，评价中心已被用于世界各国日益多样化的职位下的多种目的。在过去几年中，评价中心实践的发展包括通过采用计算机和网络技术的评估方法的创新来评估新维度。虽然这些通常是创新应用，但不幸的是，和已建立的实践相比，通常缺乏关于其有效性和实用性的系统研究。

　　研究的发展包括评价中心的效标关联效度的创新研究，和评价中心在其他评估程序基础上的独特贡献。最近的研究也增加了我们对结构效度问题的理解。具体而言，研究确定了较差的评价中心设计、评估者不可靠性、缺乏表现的变化都会导致评价中心较差的构想测量。最后，评价中心的过程相关的研究强调了评估者类型和评估者所受培训类型的重要性。

　　我们需要更多的研究来证明在何种条件下，发展评价中心会产生影响。严重缺乏证据证明的是，那些参加后续行动以回应发展反馈的应聘者，会在工作中表现出行为上的变化，从而有助于个人和组织有效性水平的提高。初步研究已经证明了一些有助于发展评价中心的积极影响的个体特征和组织的支持机制，但在这些领域仍需要更多的研究。

第三部分　人事选拔决策及其背景因素

第十一章　人事选拔决策

Marise Ph. Born，Dora Scholarios

引言

尽管选拔测验本身可能具有良好的预测效度，能够出色地预测应聘者未来的工作绩效，但人事选拔的决策阶段却可能出现问题。首要的问题可能是实践者难以做出最佳的最终雇用决策，例如，在时间紧、信息量大的时候就会出现这样的问题。此外，当职位大量空缺但是应聘者相对较少且质量较差时，也可能会出现其他的问题。

人事选拔过程的决策部分是本章的核心。本章将重点介绍人事选拔决策过程中可能遇到的困难和挑战。按照预测阶段和决策阶段的传统划分，我们对后者，尤其是组织决策，更感兴趣。本书下一章（Imus & Ryan）将介绍应聘者的决策，并进一步强调选拔过程中决策的重要性。Boudreau，Sturman和Judge（1994）指出，研究者应该将选拔过程中负责招聘的人员、经理和候选人的实际决策方式作为研究的重点。

从广义的角度来看，人事选拔决策意味着一系列的事情，从是否要选拔或招聘，到是否需要彻底的工作分析；从使用什么样的选拔测验，到决定选拔中可以使用的资金和时间。人事选拔决策反过来组成了人事体系中广泛的决策系统的一部分。

从较狭义的角度来看，工业与组织心理学家常常关注四个方面的决策：人事选拔中应该测量什么构想；如何测量它们；如何开发测量工具；如何确定测量工具的质量（Whetzel & Wheaton，1997）。从本质上来看，这些决策全都围绕着"如何获取具有预测性的测量工具"这一核心展开。

从更狭义的角度来看，人事选拔决策就是根据对所有候选人的评估，决定哪些人被录取哪些人被淘汰。作为选拔者，个人主观决策可能会受到多种动机和认知因素的影响。这些微观层面上的问题非常重要，我们需要弄清楚怎么把决策者的个人主观性减到最小。然而，与此同时，选拔者也代表着他所在的组织。组织的决策环境对选拔者的个人决策过程来说是一种外部约束。同时，这种环境也为影响选拔者的社会建构过程提供了场所。这些中观层面的影响以及广泛的社会影响（例如，特定行业的特点、不同国家的选拔实践）会对选拔中的决策方式产生作用。本章将从这些层面分别讨论各种问题，接着将证明"动态决策过程需要从多个层次进行理论化"。为了这个目的，我们将引入"选拔决策多级模型"。

然而，在此之前我们将讨论两个至关重要的问题。首先，我们要考虑，针对组织日益扩大的业务需求，选拔中可供采取的决策策略。决策是要采取相对简单的，只涉及一个职位和几个应聘者的个人与工作匹配策略，还是要做出更复杂的选择——不仅要决定选择谁，还要决定不同应聘者适合的职位？然后，本章将讨论选拔过程中决策的三个阶段。这三个阶段可以按照下面的方式划分：第一，对评分者进行的评估。只要实践者在选拔过程中采取的措施具有主观特性，对评分者的评估就显得利害攸关。主观的方式包括，一个或多个评分者对应聘者一系列能力的评价。尽管认知能力测验、背景资料以及自我报告的人格问卷并不需要评分者，但是选拔面试和测评中心需要。因此，了解评定过程中是否有偏差显得至关重要。第二，对所有搜集到的应聘者信息进行综合的策略的选择。这将通过评分者的主观判断实现，还是用统计学的方法实现？第三，录用决策本身，例如，组织对给出的决策结果的评价如何。在对选拔初始阶段的决策稍事讨论之后，我们将重点介绍这三个阶段。

本章的第三部分将会引入选拔决策多级模型。这个模型将从决策者层面、组织层面和社会层面进行研究。本章结尾处将对各个层面进行总结，思考此模型对决策（前面所讲到的）的影响，并为未来的研究方向提出建议。

决策类型

决策策略

当某个职位出现空缺时，大多数组织只考虑招聘和选拔新的员工。与此相符的是，大多数学术文献以及向雇主提出的选拔决策建议都在探讨如何为空缺职位寻找适合的人选。如，人事心理学和人力资源管理领域的大量研究，都集中于设计有效（效度）而又可靠（信度）的选拔方法（最近的一篇关于选拔方法的综述请见Salgado，Viswesvaran，& Ones，2001；最新研究动向请见Cooper，Robertson，& Tinline，2003）。很多专家指出，为了选贤任能和做出具有战略意义的人事选拔决策，决策时应根据应聘者的能力和组织的需要进行雇用，而不是随机选拔或者按照不以工作绩效为基础的标准（例如，社会阶层、种族、性别、群体或者家庭成员）进行选拔。

若依照上述建议，组织在考量个人与工作匹配时就会面临一系列的选择。Iles（1999）从两个维度描述了其中的部分选择：供应流（组织在何种程度上对外部劳动力市场开放）和分配流（内部选拔或晋升类的内部调动的决定是按照个人标准还是群体标准）。是否要进行外部选拔经常与组织更广泛的战略目标有关（Iles，1999；Jayne & Rauschenberger，2000；Snow & Snell，1993）。许多战略类型或战略情景都有与之相适应的选拔策略，二者之间的关系用Porter的理论——"降低成本，提高创新力与质量"的战略类型（另见Iles，1999；Jackson，Schuler，& Rivero，1989）很容易解释。"降低成本者"会在价格上竞争，如果工作要求范围狭窄而且处于初级水平，那么招聘也会采取这种策略以使成本最小化。这可能不需要进行花费较大的外部招聘与选拔。为了使劳动力创新能力和组织长期可持续发展能力最大化，"创新者"更倾向于外部选拔，寻找具有冒险精神和对不明确状态具有忍耐力的员工（Williams & Dobson，1997）。最后，提高质量策略指的是内部选拔与晋升，以此提高员工忠诚度，降低冒险精神和对质量的追求。

从Miles和Snow的"防御者、探索者、分析者和反应者"战略类型中，我们能看到相似的划分。Sonnenfeld和Peiperl（1988）将此理论中的四种类型与供应流和分配流进行了匹配。"防守者"如同降低成本者一样，只在外部进行初级水平工作人员的招聘，并且倾向于根据员工对组织的忠诚度和贡献度进行提拔。"探索者"遵循创新战略，从各个层次寻找相关的专业知识。他们更可能进行外部招聘，并且很少强调内部晋升与奖励，同时非常关注个体的工作绩效。"分析者"处于"防守者"与"探索者"之间。为了在职场中找到竞争优势，他们会寻找具有中度冒险精神，同时对组织保持忠诚的员工。例如，可以通过改进选拔流程的方式实现这个目的。"反应者"不同于其他战略类型，他们缺乏对环境的控制能力，选拔决策较为缺乏战略性，并且相对于对外部需求的回应，他们更关注内部退休或者裁员的问题。

选拔和分类

由于职位空缺数量的不同，采用的决策方法也会有所不同。经典的选拔问题包括为某个单一的工作寻找"最适合"的人选，它主要是在过多的应聘者中基于他们的能力和工作适合度进行自上而下的选拔。在某些情况下，我们的目的可能是要同时为多个职位空缺做出雇用决策。显而易见的情况是，大型雇主在人事安排上更可能做出战略化决策，因此他们更少关心个人与工作匹配和特定职位空缺的短期决策（Jackson et al.，1989；Storey，1995）。这适用于公共部门组织（尤其是军队、消防或警察）（Cochrane，Tett，& Vandecreek，2003）和每年为管理培训项目招聘毕业生的公司（Hodgkinson & Payne，1998）。

当同时考虑一组应聘者和多个工作时，或者说，如果某个人在某个工作上被淘汰后还可以考虑把他安排到其他工作中，这就变成了差别分类或人员配置的问题（Cronbach & Gleser，1965）。将一小组应聘者进行分类，包括尝试着从自我和人际角度预测他们对于多个工作的适合度差异（Cascio，1998），这区别于早在Brogden（1955）和Horst（1954）时期提出的单一工作选拔问题。因此，虽然选拔是对应聘者能否进入组织的控制（决策只能是"录用"或者"不录用"），但是分类意味着即使对于一项工作我们做出"不雇用的决策"，应聘者仍然能被考虑安排到其他工作中去。（工作中的人员配置适用于相同的原则。）

分类决策的重要性在军队环境中最为明显，录用问题涉及一群未经训练的年轻人，他们必须被分配到不同类型的专业训练或者工作中去。美国军方的Project A和职业能力研究项目为了评估对一系列军事工作进行高效选拔和分类的程序，从应征人员中搜集了考核、培训和工作绩效的数据，这也说明了这一目标的重要性（Campbell & Knapp，2001）。这是一项需要大量协调的研究工作，其规模简直无与伦比，开始时有五万个新兵，需要将他们匹配到250个军事职业类别中。以前从未如此大规模地同时考虑多种工作的分类问题，因为对于大部分管理工作来说，为某个特定工作选拔人员是最普遍最直接的问题，通常时间也不会很长（Shields，Hanser，& Campbell，2001）。此外，这个研究项目的负责人（Campbell，2001）认为，研究中关于预测效度或测验和绩效测量的结论或许能够大规模概化到其他的复杂组织中。可得到数据的广度与细节激发了新的研究方向，例如，随着科技的发展，在不同工作背景下，对Brogden的分类理论进行详细阐述和测验（例如，复合预测因子和职系的构建），以帮助预测应聘者对各种工作的适合度（例如，Scholarios，Johnson，& Zeidner，1994；Zeidner，Johnson，& Scholarios，2001）。

除了军队，当学习和发展能力比人们现有的履历对于某个特定工作来说更加重要时，差别能力的评估也会很有意义。例如，在教育情境中，其目标显然是为了了解参与者进行高效职业决策的潜力，尽管这些决策会用于不止一个组织。与此相似，在工作情境中，按照特定的而且稳定的工作需求进行选拔，可能不如识别出工作所需的动机与素质特点更加重要，后者允许员工养成自己的工作风格（Ilgen，1994；Murphy，1994）。这与Cronbach和Gleser（1965）讨论的"适应处理"相一致。这个理论认为工作系统应该主动适应个人天赋和决策的差别。有人认为，工作中持续增加的流动性、不确定性和复杂性，使工作主动适应人，而非传统选拔方法中让人去适应工作，这是未来所要关注的一个重点。这些建议可以相互借鉴，适用于像军队这样的环境（Rumsey，Walker，& Harris，1994）和服务部门（Schmitt & Borman，1993；Ilgen，1994），也更加强调个人与组织匹配而非个人与工作匹配（Schneider，Kristof-Brown，Goldstein，& Smith，1997）。

决策阶段

招聘过程可以看作一个连续而又相互独立的决策系统，需要决定如何对一个或者多个个体做出处理。最主要的两个决定分别是：初始筛选时是否要留下某个个体，随后是否录用他。我们只暂时关注筛选阶段，并将主要的注意力放在选拔阶段。

筛选中的决策

对选拔者决策的研究已经做过很多（例如，Brown & Campion，1994；Hutchinson & Brefka，1997；Rynes，Orlitzky，& Bretz，1997；Thoms，McMasters，Roberts，& Dombkowski，1999），但是结果解释上仍然存在问题。在这个领域的研究中经常遇见的两个问题是：（1）使用回溯报告，尽管研究表明决策者所做的报告与他们所做的决定并不相关（例如，Stevenson，Busemeyer，& Naylor，1990）；（2）缺乏对外部效度的研究设计，例如，不使用真正的决策者，或者不使用真正的二分筛选决策，而是按照适合度排名。通常认为，初步筛选中的首要因素是大学平均成绩（GPA）。然而，近期McKinney，Carlson，Mecham III，D'Angelo和Connerley（2003）研究了548个岗位人员招聘的初步筛选决策。他们的结果证明，很可能一半以上的决策都不依赖GPA，甚至与高水平的GPA相悖。这项研究表明，许多因素会影响招聘人员的决策，例如，公司吸引高水平应征者的能力以及留住他们的能力（McKinney et al.，2003）。这些因素需要得到更好的检验。

选拔中的决策

当为了达到最高的生产水平而雇用、晋升或者将候选人安排到新的工作岗位时，对他们工作绩效预测的准确性就变得利害攸关。这些预测是基于他们选拔、晋升、调任过程中的测验表现，以及对他们工作绩效的评估。严格来说，预测与决策并不相同。因为预测包括评估效标（候选人未来的工作绩效），而决策包括从多个行为过程中选择一个（例如，接受或者拒绝某个候选人）。然而预测效度对决策结果非常重要。因而Murphy和Davidshofer（2001）倾向于标注预测与未来工作绩效之间的关系，即效标关联效度，也可以被称作决策效度。更具体地说，在某个特定的主观选拔测量中（例如，面试和评价中心、决策的第一阶段），评定者以何种方式将候选人的信息用于评级，以及接下来如何将候选人在一系列选拔测验中获得的分数与对未来工作绩效的预测相联系（决策的第二阶段），这些问题都会出现。不同的整合信息的方式准确度是否相同？在解决这些问题之后，我们会转向决策的第三个也就是最后一个阶段——可采取的措施，它们的质量以及影响质量的因素。

选拔决策的第一阶段。在这一阶段，应关注评定者在雇用面试以及评价中心中处理信息并为应聘者排名的方式。在此领域中已经做过许多多样化的研究。这项研究涵盖的范围包括：检验与其他应聘者的对比效果、认知脚本和图式（例如，刻板印象）对评定者评分的影响、决策者的责任感或者决策者的认知负荷、选拔中影响群体决策的因素（Dose，2003；Kolk，Born，& Van der Flier，2002；VanDam，2003）。虽然这些变量对评定者评分存在影响，但是（结构化）雇用面试和评价中心仍都具有相对较好的预测效度（Robertson & Smith，2001）。对雇用面试和评价中心的讨论，我们可以参考本书的第5章（Dipboye）和第10章（Lievens & Thornton）。

选拔决策的第二阶段。预测问题紧紧围绕是否使用统计技术（例如，多元回归分析），或者说是否将信息交由决策者，依靠他们的判断对信息进行评估并产生总体印象，以用于决策。而在统计技术中信息被直接用于预测。在对数据进行统计合并时，例如，测验分数、面试评分和传记资料得分可能通过一个公式合并起来，并用于预测工作绩效。在判断（或临床）合并中，决策者可能在看过测验分数、面试评级和传记资料后对候选人可能的业绩做出总的判断。相对于前一种预测方法，后一种无疑更加普遍。在一部著名著作中，Meehl（1954）回顾了20项比较两大类数据合并方式的研究。总的结论是，统计合并至少与训练有素的专业人员一样准确，甚至经常比其更加准确。Meehl的研究激发了许多心理学家对此话题的研究，大部分都得到了和Meehl相同的结果。

最近，Grove，Zald，Lebow，Snitz和Nelson（2000）进行了第一项比较临床和机械预测的元分析研究。他们涵盖了136项主要研究，范围从对创业成功的预测到对精神疾病的诊断。结论认为不论要预测的效标是什么，机械预测都具有整体上的优势。但是，在半数的研究中，临床的方法看起来和机械预测几乎一样好。有趣的是，当临床医生使用面试时，他或她的预测在很大程度上优于机械预测。总的来说，对于临床预测效果较差的一般解释关键在于人们对许多错误的敏感性。这些错误包括：忽视基准率、没能明白趋均数回归，可得性启发的使用（从行为想象的难易程度中判断行为发生的普遍程度）以及虚假相关（对稀有行为或特征的出现评价过高）（详见Kunda，1999）。值得注意的是，相对于心理学研究生，经验丰富的心理学家经常看起来也没什么改进（例如，Garb，1989）。有鉴于此，Highhouse（2002）提供了一份优秀的有关人事决策中临床预测的综述。在决策者的后面部分，我们会进一步拓展人类判断这一主题，并且我们会论证选拔者在决定谁去谁留的过程中，多种因素将导致比我们想象中更少的明确决策。

作为决策第一阶段的最后一点，我们需要参考Dipboye（本书第5章）和Guion（1998）的文献，这些内容介绍了选拔决策中机械化合并预测信息的不同方式。它们包括多元回归法（联合模型）、多重切点法（若应聘者任意一项分数低于最低切点将会被淘汰的分离模型），以及多重障碍策略（按照顺序通过每一个预测器）。

选拔决策的第三阶段。此阶段是关于针对具体的某个人所能采取的行动，最简单的方式是接受或者拒绝他。个人工作绩效的实际水平可以简单地划分为成功或者不成功的绩效。这两种可能出现的决策与两种实际绩效水平之间的组合可以列成四格表，可能出现的决策结果有漏报、击中、正确拒斥和虚报。根据组织对每种可能结果的价值取向，决策的质量可能被定义为接受的应聘者中击中的比率（成功率），或者所有可能的结果中正确结果的比率。

预测的准确度是决定决策质量的关键因素。然而，它并不是唯一重要的因素。选拔率，或者说接受的候选人所占的比率，虽然对决策质量影响有限，但是它还有进一步的影响。例如，当基准率很高（或者很低）的时候，也就是说对于某个职位合格的（或者不合格的）应聘者非常多，实施具有高度预测性的选拔机制比掷硬币好不了多少。此外，当选拔率因组织无法有效选拔而变得非常高时，使用高度预测性的测验也改善不了多少。结果基本上没什么差别，除了接受几乎所有人外基本上没有其他的选择。

Taylor–Russell（1939）效用模型用成功率表示出了决策质量，成功率的指标适用于二分原则的行为。决策质量，或者说效用，也可以用选定组在标准尺度下的平均标准分数来描述。有鉴于此，实际工作绩效并不必然二分为成功和失败，也可以更自然地看作一个连续变量。这是Naylor–Shine效用模型（1965）采用的方法。我们更熟悉的Brogden–Cronbach–Gleser（BCG）效用模型（Brogden，1949；Cronbach & Gleser，1965）拓展了Naylor–Shine效用模型，将效用以更加具体的金融术语表达出来。在这里，质量或者效用以员工向组织支付的美元数来表示，并且不仅仅依赖预测和选拔率的有效性，还依靠应聘者小组工作绩效的测验费用和经济价值（美元，欧元）的标准差（SDy）。标准差越大，有效的选拔测验所蕴含的潜在利益越大，而对后者的判断正是BCG模型中最困难的部分（详见Cascio，1998，对效用模型的简述）。

这些著名的效用模型至今已经存在了相当一段时间。效用分析在19世纪80年代和90年代早期引起了广泛关注，许多人的研究成果都可以证明这一点，例如，Schmidt，Hunter，McKenzie和Muldrow（1979）（详见Boudreau，1991）。此后，由于90年代时工业与组织心理学状况堪忧，因而对效用分析的关注全面减少（Boudreau &Ramstad，2003）。不过，我们也可以看到一些对效用分析进行提炼和修改的努力。

第一，估计以货币的形式表示出的工作绩效的标准差，这一问题仍在讨论之中。Schmidt等人（1979）提出了一个全球性的SDy估算方法，它让专家评分者评估在工作绩效正态分布状态下特定比例的经济效用。然而，Myors，Carstairs和Todorov（2002）最近研究证明，当参与者个人或者团队必须评估这些百分比时非常容易犯错，这意味着Schmidt等人的效用评估方法可能是不准确的。显然对于SDy的评估问题仍没有完全解决。

第二，对效用评估和最大化的研究主线在分类领域（Scholarios et al.，1994；Zeidner et al.，2001）所获得的关注相对于人事选拔领域（例如，Guion，1998）较少。

这主要是因为在这一领域中，概念、数学和实践上的问题相当复杂。

第三，De Corte发表的一系列文章集中于在一些特定条件下对效用评估和最大化方法的改善（例如，De Corte，1994，1999，2000；DeCorte& Lievens，2003）。其中一个例子是对成功率评估的提炼。成功率是Taylor–Russell方法中的一个指标。其中De Corte（1999）证明，Taylor–Russell效用公式经常导致错误评估。对于固定配额或阈值、混合配额或阈值的单阶段选拔情境，De Corte（2002）提供了解决这些问题的方法。

第四，这也是对效用分析影响来说最重要的部分。除了对效用模型和测量的提炼之外，Boudreau和Ramstad（2003）还提出了一个新的关注焦点，即考虑效用分析的决策过程透镜。这一观点的核心是，决策者需要在效用分析、工作绩效和组织结果之间建立联系。如果需要关于当前趋势和未来方向更加详细的信息，我们可以参见Cabrera和Raju（2001）、Boudreau和Ramstad（2003）。

在最后部分，还有一个重要的问题，如果现实中选拔决策条件不符合建立这些错综复杂模型的要求该怎么办？例如，某个组织可能无法获得必需的样本数量，或者只是偶尔才需要进行人事选拔决策。这些都是小公司在招聘时的真实情景。在这些情况下最好的选择就是将决策系统化：通过说明重要的工作相关的知识、技能和能力（KSAs），给每一个因素分配权重，并在面试中根据KSAs系统化地判断每个候选人，或者让候选人在咨询公司接受测验，决策者必须确保这一过程至少是系统化的。然后，将每个候选人在K、S和A上获得的评级与对应的权重相乘，再将结果相加就能得到每个候选人的总分。比较不同候选人的总分，然后做出选拔决策。

选拔决策多级模型

在本章中我们已经列举出多种决策策略和阶段，它们都指向一种非常理性的决策方法，即有效的人事决策依靠对工作相关能力信息的有效处理。然而，对组织实践的调查一致表明雇主可能会忽视或者认识不到经过严格开发、有序实施并经过验证的评定工具的好处（例如，Terpstra & Rozell，1997）。在选拔文献中，这常常被看作增加从业者（尤其是小雇主）对有效技术（如测验）以及方法（如面试）中某些部分的潜在偏差的认识能力。正如前面部分的描述，我们可能也会建议采取将搜集和组织候选人信息过程系统化这种相对简单的方法。

另一种可以选择的方法是力争对选拔决策问题复杂性达到最大程度的理解。人类决策的有限理性观点认为有必要关注环境对决策者的框架效应。正如可提出证据加以证明的那样，HRM中将选拔的责任授权给直线管理（IRS Management Review，1998；Storey，1992），增加了决策过程中对这一层级进行进一步分析的重要性，因为管理人员可能受到的选拔技术培训有限。组织环境可能限制或促进选拔者决策行为或组织可用策略对选择的影响；并且在进一步的总体水平的分析中，影响组织人员的因素可能直接影响决策者或塑造组织选拔标准。例如，Spender（1989）使用"工业配方"这一术语来表示这一规则，即在工作经历中学习到的知识，被用于指导行为并为管理人员解决不确定的和不断变化的环境提供节省时间的方法。

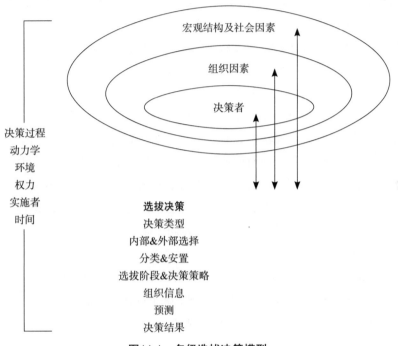

图11.1　多级选拔决策模型

　　因此，我们能将选拔决策过程概念化为一系列重叠的层：单独的决策者或选拔者、组织环境、更广阔的环境（相关选拔方法详见Ployhart & Schneider，2002、本书第22章以及Ramsay & Scholarios，1999）。这一模型呈现在图11.1中。这些层之间的相互作用会直接决定选拔决策。另外，除了这些跨层次的相互作用，图11.1中的模型也反映了一个基本的社会过程动力学，象征着此过程中涉及的几方的偏好与选择——不仅仅是代表组织的选拔者。传统上，通常将组织活动看作社会建构的现象（Daft & Weick，1984），并且对于选拔也可以从社会关系过程进行思考，这也揭示了决策过程中每个方面具有权力意识的、富有争议的、需要协商而又瞬息万变的性质（详见，Dachler & Hosking，1995）。下文对此模型的每个元素都进行了讨论。

决策者

　　正如前面指出的，在人事选拔的主流教科书中，通常隐含着这样一个假设，即选拔者的决策过程是理性的并且有序的。至少没有明确提及影响此过程的可能因素。此过程通常被看作决策者从传送带上的一系列人力资源中选取最好的候选人。在理性的自上而下的选拔程序中，唯一需要考虑的限制条件是全社会制定的民权条例和平等机会法以及最佳候选人拒绝工作录取通知的可能性。另外决策者尽力使决策对组织的（经济的）效用最大化，并且理性地做这件事。然而一些决策理论和决策的实证研究证实，对于决策者来说这份图景可能过于简单。

决策模型。人力决策模型跨越了从完全理性到完全非理性的广泛范围。决策过程中决策者会受到偏见以及判断启发的影响。这些模型通常有其适用范围，并且不仅与代表组织的决策者的解释有关，还与应聘者对决策的解释有关（Anderson，Born，& Cunningham-Snell，2001；Imus & Ryan，本书第12章）。

经典经济理性模型来自经济学，它假设完全理性的决策者能够使用概率计算，并且能够解决无限复杂的计算，进而确定最佳选项，达到最好结果。完全理性意味着决策者能够完全认识到所有可做的选择。决策者越超然（不受外界影响）越善于分析，决策就越有效。无论如何大部分经济学家都不会同意这个模型是对决策行为的真实描述，另外对此模型的修订经过了较长的一段时间（详见综述Luthans，2005）。与此相反，Simon的有限理性模型（Simon，1957）认为决策者容易满足并且无法实现价值最大化。也就是说，他们会选择"足够好"的行为。他们喜欢简单的经验法则并且不会在决策前确定所有可能的选择。在此模型中，Simon承认认知、社会和组织会对价值最大化造成阻碍。

判断法则的前景。对判断法则和偏差的认知心理学研究已经观察到偏差可能影响人们决策。Kahneman和Tversky证实人们决策时存在三个主要的著名偏差，并且它们会阻碍完全理性的决策过程（Kahneman & Tversky，1982；Tversky & Kahneman，1974）：可得性启发（根据事件被记住的难易程度对事件概率做出评定）；表征性启发（根据事件与已发生过的相似事件的相似性对事件概率做出评定）；锚定和调整性启发，从一个初始值开始做出调整（这可能是一些意外信息、历史先例，等等）并且之后的决定是对初始值调整的结果。

社会影响的前景。在对决策中社会影响的研究中，最重要的发现是承诺升级现象（Staw & Ross，1989；Hantula & DeNicolis Bragger，1999）。这一现象指的是决策者坚持错误决策。社会力量，如爱面子的需求，以及故意忽略信息被认为是承诺升级的一些理由。

选拔决策中的一些典型的实证研究展示了这些认知和情感影响是如何影响决策制定的。Shafir（1993）所做的一项研究表明，决策行为可能会根据决策类型是否包括选择最佳候选人或拒绝最差候选人而有所不同。在决策的第一种类型中，决策者的关注使某些候选人的信息超越其他人的信息。Shafir的研究解释了这样一个现象，即在这种情况下决策者更喜欢比普通人更具有引人注目的优点和缺点的复杂个体。当不得不拒绝最差候选人时，复杂的个体也会被拒绝，因为拒绝这些个人的理由很容易找到（即，弱点）。因此列出最佳候选人名单的选拔者与列出最差候选人名单的选拔者最终的结果可能迥然不同。

其他的研究集中于精确目标对决策者的影响。当决策者不得不向组织给出选拔决策的详细理由，并解释他们为什么做出这样的选择时，他们会对自己的选择进行更长时间的考虑，直到他们满意地认为自己已经得出了最好的结论（Tetlock & Kim，1987）。但是这种更加细致的思考并不能总是保证得出更好的结论。例如，Tetlock和Boettger（1989）研究显示那些需要为自己的判断给出证明的候选人比其他人更可能表现出所谓的稀释效应。这种效应指的是，当所给的关于一个人的信息与诚实无关时（例如，候选人现在联合利华工作），某个人倾向于对他做出不那么极端的判断（例如，这个候选人不诚实吗）。一般地说，当人们使用错误的探索而非合理的策略时，再多的思考也是无法改善决策的。

让我们将话题从认知转至情感。Baron（1987）的一项实验研究结果非常有趣，它显示不同选拔者之间心情的差异可能影响被涉及人员的事业。Baron让参与者在面对面的面试中对一个应聘者产生了一种印象。首先，Baron诱导他们感到轻微高兴、中性情感或轻微沮丧。应聘者想想自己要申请一份中层管理工作，并且在结构化面试中每个人都必须向应聘者询问一系列事先准备好的问题。随后高兴的面试官认为应聘者在这项工作上有更大的潜力，并且会雇用他，而沮丧的面试官认为应聘者较差而不会雇用他。这些研究表明，选拔者的心情差别会对实际选拔决策产生影响。

Sessa（2001）描述了管理中的晋升和选拔过程，在这些过程中，为决策负责的组织顶层人员与底层人员有所不同。在顶层，决策者常常是CEO、董事会主席，或者其他高管。Sessa报告显示，这些选拔者通常不使用心理统计学中的有效选拔技术信息，而是他们自己的价值观、信仰、情感和预期。Ruderman和Ohlott（1990；in Sessa，2001）注意到对重要却又无关的候选人特征的使用，以及排斥统计数据却又包含具体信息，是最能影响执行决策的几个因素。选拔的情境清楚地展示了认知、动机和情感对选拔决策的可能影响。

总之，这些以及其他的研究揭示，个人决策易受到（自动的）认知和情感过程的影响，最终导致不如我们想象中那么直观的结论。

组织与选拔决策

影响选拔决策过程的第二个层面是组织背景。一系列的组织特征能够确定选拔过程的性质及其对组织的作用。例如，最经常使用的组织特征包括：组织规模以及可用资源（Terpstra & Rozell，1993）、部门/功能结构（Olian & Rynes，1984）、雇用模式及离职（Judge & Ferris，1992），组织价值观与文化（Sparrow，1997）、组织在商业成长、成熟、衰退周期中所处的阶段（Williams & Dobson，1997），以及前面章节所提到的，组织的战略方向（Jackson et al.，1989）。

其中每一个因素都可能影响组织所采取的正式程序，包括对空缺工作数量和类型的选择、内部与外部招聘、选拔与管理的方法、候选人信息。因此，通常研究表明越大的组织，越可能有制度化的HRM部门和政策，越可能采取基于心理统计学的系统化、形式化的过程，越可能采取更富战略性的选拔方法。科学化方法通常有更具选拔性的招聘标准（Cohen & Pfeffer，1986）和对合理雇用决策的更多关注，科学化方法的使用基于以公正客观的方式选择最适合某个工作的人。较大的组织和那些定期招聘的组织（例如，公共部门或军队）也更倾向于划分多种工作，而不是只为单一的某个工作进行选拔。

一种战略化的选拔决策方法假定选拔者可以理性地识别各种需求并理性地做出决策。正如对决策类型的讨论中所提到的，战略能够告诉我们是要替换现有的工作人员还是要开发新的工作领域，是采取内部招聘还是外部招聘。Snow和Snell（1993）将选拔描述为组织中广泛的人力输送系统的一部分，它认为职位需求应该被定义为三种类型的工作——现存的、设想的以及那些尚未被指定的。Williams和Dobson（1997）也展示了一个战略人事选拔模型，它将选拔（与其他HRM功能一起）与当前策略、未来策略（或变革策略）以及识别可操作、有远见的或可替换的绩效标准的重要性排列在一起。相似地，Sparrow（1997）区分了核心的、过渡的、处理紧急情况的和成熟的行为能力，并将这些能力与更广泛的组织发展联系在一起。而不管组织经营策略是否改变，核心能力（例如，管理者必需的通用素质）是高绩效最重要的部分。例如，在一个正在裁员、扁平化或竞争加剧的组织中，以下几点显得更加重要：识别能够处理不确定性情况的人（一种过渡能力）、接受新的业务流程（一种处理紧急情况的能力）以及调整过时技能，可能是改变科技或者产品市场的结果（成熟的能力）。

总之，选拔决策的这些观点假设了一个理性的设计过程，这一过程将与变化的组织需求以及其他影响组织的结构、资源限制（例如，规模、部门、劳动合同）相匹配。就这一点而论，它是源自战略人力资源管理的权变传统（Delery & Doty，1996）。的确，最近的选拔实践趋势（例如基于能力的测评的使用）反映了选拔实践与策略中的理性设计，尤其是对建立更具创新性、适应力、互助性的劳动力越来越重视（Pearlman & Barney，2000）。在竞争越发剧烈的环境中，对许多挣扎着生存的组织来说，绩效标准（如关系绩效、团队有效性或从事多种工作的能力）已经变得比工作绩效更加重要，组织关注的焦点已经转移到与变化的组织目标相匹配的态度、人格和价值观的测量上（对于这一趋势的解释详见Motowidlo & Van Scotter，1994；Schneider et al.，1997）。

然而将决策与组织应急事件相匹配可能并不像"最佳匹配"模型所建议的那样理

性。正如图11.1中所显示的那样，不仅组织层面的特征直接塑造了正式选拔过程，而且决策者本身也是处于组织环境中的，这暗示我们二者之间可能存在动态交互作用。因此，在前面部分所描述的认知与情感的过程都发生在动态的组织环境中，同时对其产生适应（Payne，Bettman，& Johnson，1993）。这增加了决策者筛选和执行组织限制方式的复杂性。例如，单独的决策者对他们在组织环境中所担负的责任和义务的认识（Tetlock，1985）可能导致其拒绝使用评定工具所提供的的科学信息，而青睐其他缺乏战略性或"理性的"组织决策标准，例如维护他们个人在组织中的地位。

这种复杂性再一次解释了组织限制中的有限理性决策模型。尽管如此，进一步的探索表明，拒绝理性的（尽管是受到限制的理性）决策解释也是有可能的。可选择的理论观点包括更加紧急的、难以预料的战略理由，例如，企业资源基础理论（Grant，1991），以及承认决策者是社会构造（而非确定不变的）环境下的行动者（Iles & Salaman，1995）。从后一种观点来看，组织环境塑造了个人的观点、身份与影响，同时也被它们塑造。这种观点暗示，决策者可能并非按照组织利益最大化的方式行动，需要考虑的理性决策的框架可能比狭义上的组织、战略决策和选拔实践广泛得多。对选拔决策非理性的解释在本章后面的部分将会得到进一步的说明。

选拔决策时的外部环境

我们的选拔决策多级模型的最后一个层面是组织的外部环境。Thompson（1967）将组织相关的"工作环境"定义为包含顾客、供应商、竞争对手与管理机构在内的多个部分，尽管我们能够将其扩展为所有的组织外部影响。

一些环境变量影响着特定的组织和机构，而另一些则具有全球性的影响。当地的劳动力市场、企业市场以及贸易关系（Rousseau & Tinsley，1997）会塑造组织全部的人力战略、组织吸引的求职群体、所能负担的选择性程度以及选拔的方式。在产业层面，市场需求模式、对专业技能和资历的要求、潜在候选人资源（Murphy，1996）以及实践传统（Born & Jansen，1997）都是需要考虑的重要因素。其他具有较少资源的公司可以将模范性的或大型公司的选拔方法与绩效标准作为榜样来借鉴（Johns，1993）。实际上，这意味着更广泛地使用心理测验与基于能力的评估方法（Sparrow & Hiltrop，1994）。

更广泛地说，就业法规（Pearn，1993）、种族文化（Ryan，McFarland，Baron，& Page，1999）与政府政策都已被看作对选拔实践中不确定性的解释，尽管有些建议认为跨国公司的扩展与全球化减少了文化偏好与享有资源的差异（Ryan et al.，1999）。追踪组织或机构模式的出现也是可能的，例如，相对于私人部门和组织，在政府机构中公共文化与个人责任更倾向于鼓励选拔程序的标准化与监督（Pearn，1993）。在其他群体中也存在相似的情况（Spender，1989），例如，市场、区域或文化等对于选拔过程形式有着自己理性认识的群体。这样一个新兴的模式在前面关于环境不稳定性的讨论中强调过，它鼓励组织看重候选人与组织文化的适配性并关注个人的适应力、市场意识等素质。这符合Johns（1993）的观点，新的人事选拔实践的采用，更多是为了回应全球化竞争、外部威胁或竞争对手，而非基于技术问题。

以上每一个例子都说明了外部环境对组织决策的影响。然而图11.1中的箭头说明各层之间存在相互作用。举一个双向影响的例子，组织雇用决定是由社会与政治因素共同决定的，并且其自身有着更为广泛的社会后果，显而易见的影响是机会公平和待遇公平问题。首先，我们能够看到，一般外部力量塑造了组织选拔决策的方式。雇主可自由思考如何最大程度实现他们的组织目标，在十九世纪工业主义的推动下已经在大多数经济体中变成立法保护的权力。这也催生了精英和理性主义的原则。最先进的工业化经济承认雇主为个人目的考虑个人价值的权力，甚至不鼓励潜在的平均分配或者任何对特定群体的偏袒（Guest，1990）。因此，实现精英渗透的尝试重点研究选拔决策过程（例如，尝试限制个人决策者的主观偏差并确保非歧视的程序）。最近的组织研究证明"好"的选拔决策是人力资源系统中的一部分。这一系统影响许多关键的组织结果，例如，员工生产力、员工留任、适应性（Pfeffer，1994）。这项研究也支持雇主有权力通过系统化的选拔体系使其效用最大化。

此外，环境因素也不容小觑，环境因素对选拔决策具有明显的调节干预效应。1964年和1991年民权法案中的平等就业机会法，在各个方面对美国一些自由放任的雇主起到了约束作用。公共部门雇主，如公共服务、警察或者军队，与私人部门相比更关注法律规定，因此受到的影响更大（Pearn，1993）。劳动合同政策也常常是由国家立法框架所规范（Roe & van den Berg，2003；Torrington，1994），或者像欧盟那样是由超国家框架规范。相比于亚太先进产业经济（澳大利亚、新西兰与日本）、新兴工业经济（韩国与台湾）与最近工业化国家（印度尼西亚和中国），一些政府比其他国家在劳动力市场实行政策和雇用关系立法上实行更多的干预（例如，Bamber，Park，Lee，Ross，& Broadbent，2000）。

下面我们转向组织行动对社会的更广泛的影响。强调择优选拔从社会整体利益来看，目前的观点可以分为两类。最近三十年选拔研究处于主导地位的是一般认知能力的研究，又称"G因素研究"。大量研究发现，G因素是对多种工作潜力最有效的预测因子，并且其他的预测因子所带来的增量效度几乎可以忽略（Ree，Earles，&Teachout，1994）。因此，一方的观点是，使用最有效的预测因子，基于候选人在预测因子上的得分依次排序，采用自上而下的雇用决策过程，能够使组织效能和社会经济发展获得的效用最大化（例如，Schmidt & Hunter，1998）。

与此相对，另外一派观点认为，一般认知能力测验带来了很多不利影响，会导致不同的社会亚群有不同的雇用率。如，美国的少数种族群体在能力测验中常常比多数种族平均得分更低（Schmitt，Clause，& Pulakos，1996）。本书第13章（Evers，te

Nijenhuis，& van der Flier）会深入阐述该问题。与此相关的问题是，组织能否生产既具有最佳绩效又能代表社会上不同群体的劳动力。至少有些乐观的看法认为，在通过使用多个可选预测因子使预测效率最大化的同时，使负面影响最小化，这也是可能的（Sackett & Ellingson，1997）。

上面所讨论的问题突出了测评的不同目标。为了使选拔效率最大化，基于潜在绩效最有效的预测因子对候选人做出排序，这只是其中的一种目标。其他的目标还包括公正和机会公平。但是从社会整体观点来看，自上而下的雇用并不总是受欢迎的。这又回到我们前面对选拔、分类与安置的划分问题上，这一划分是为了达到不同的结果，却又将这些选择放在更广阔的社会背景之下。Ilgen（1994）将此总结如下：

> 正因为人们通常是以社会角度而非组织角度来看待雇用的，根据定义，分类、安置与其他的人力资源实践（如培训）可以替换选拔……没有为G因素低的人准备的职位。因此，将选拔模型改为安置和分类不仅仅是一个令人满意的目标，也是唯一的目标。

整合各层次

我们的选拔决策多水平模型可以概述为对组织和选拔者选择决策战略时的三个层次上的影响。选拔者的微观层次上强调潜在的情感和认知偏差，尤其是在决策工作比较复杂或者不稳定时。选拔决策的组织环境包含多种来源的信息与压力，这不仅指明了组织在雇用战略上所应采取的方向，也直接促进或限制了选拔者的决策。并且对环境的识别及其在塑造组织选拔实践中的角色更多地说明了决策中的宏观结构性力量，反过来组织层面上的选拔如何实行也影响着社会。

选拔决策也能被概念化为处于不同利益与竞争压力之中的社会建构过程。图11.1在"决策过程动力学"的标签之下对这一方面进行了解释。决策过程动力学被认为对模型中所有层面都具有影响。按照这种方式，两个非实证的理论方法能用于对选拔决策的进一步分析。首先，借用解释社会学与社会心理学的传统（Berger & Luckmann，1967；Daft & Weick，1984），组织活动被认为是创造的过程，其特点是对事件及因果关系的推断。这个过程的核心是个体决策者，尽管在大多数的有关决策的文献中，选拔者无法与他们所代表的组织区分开来。正如我们所见，决策者容易受到一系列干扰的影响，这可能会导致其无法做出最优决策。尽管如此，在个体决策者的局限之外，一些作者希望对选拔的社会本质特征进行更加明确的识别（Dachler，1989；Herriot，1989）。社会过程模型承认选拔具有环境的、动态的和交互的性质，并且将招聘与选拔时期看作收集信息、建构意义的持续过程，此过程中包含相互作用的各个群体。而选拔决策的心理测量与效用观点假设组织是唯一的决策者，并且信息收集是单向的社会过程，这取代了权力与应聘者双向交互的模型（对此话题进一步的讨论详见Imus & Ryan，本书第12章）。

第二种方法使我们在理解选拔概念时背离实证主义与理性主义的传统（例如，心理统计或者战略管理的观点）。这种方法将关键行动者之间的关系质量进行理论化，例如，决策者、应聘者、组织以及组织内的权力资源（Dachler & Hosking，1995）。Dachler（1989）认为只有明白了决策者如何在竞争利益的背景下为组织现状赋予一定的意义（例如，什么样的绩效标准是有价值的、他们自己在组织中的位置和地位，或者他们在决策中扮演的角色），决策过程才能够充分地模型化。更多的关键岗位将组织选拔过程看作"技术力量"，它作用于对各分析层次，并根据那些掌权者的（常常是不言明的）利益用选拔程序进行控制和塑造（Hollway，1991）。Jewson和Mason（1987）描述了选拔决策中的直线管理人员是如何可能被对现有模式的忠诚感、依赖感驱使，而采用他们自己的非正式决策方式而非组织正式决定的方式。我们能够看出这会直接与外部招聘的战略实施相矛盾，例如，旨在促进战略改变的招聘。另外，选拔者自身的培训与经验，或者与组织内外的联系网，也可能增加他们因组织或环境中的突发事件而改变选拔过程的力量（Sparrow，1994）。

总结

在本章中，我们从组织的角度讨论了选拔决策。首先，我们对众多的决策策略进行了分类介绍，包括对内部或外部候选人选拔决策的影响，以及经典的选拔和分类的比较。然后，我们对一些决策阶段进行了区分，其中出现的关键问题是为选拔决策组织信息时判断与分析方法的使用。最近由Grove等人（2000）做的涵盖136份研究的元分析证实了组合统计数据的优越性。

本章介绍了一个多水平模型，它提出了使多个影响选拔决策的因素系统化的方法。微观层面上，选拔者受到认知与情感过程的影响，导致结果不够直观。在中观层面上，一些组织上的因素可能会限制选拔者的决策或者为组织选拔提供战略方向。最后，决策的广阔的宏观环境关注影响组织选拔的外部力量以及选拔决策的社会结果。

我们已经对决策类型与阶段之间的关系做出区分，这可能会受到微观、中观和宏观层次的选拔环境以及对过程动力学不同理论解释的影响，使得我们认为决策不仅仅是简单地定义环境、组织以及决策者状态与选项这么简单。

虽然我们已经解释了每个层次对决策的不同影响，以及各层之间偶尔发生的相互作用，但是我们还没有推测出哪一层次具有最大的影响。当然，尽管这是非常重要的问题，但想要弄清楚选拔过程进而得知这究竟能不能完全回答该问题，仍旧是个挑战。

第十二章　基于应聘者视角的研究及其进展

Anna L. Imus，**Ann Marie Ryan**

在过去的几年里，新涌现出大量针对应聘者反应的研究综述（Chambers，2002；Chan & Schmitt，2004；Hausknecht，Day，&Thomas，in press；Ryan & Ployhart，2000；Rynes，1991，1993；Schmitt &Chan，1999；Steiner & Gilliland，2001；Truxillo，Steiner，& Gilliland，2004）。这个研究领域关注应聘者对员工选拔程序的看法以及这些看法的前因后果。考虑到对应聘者视角研究的现状以及全面的定性和定量综述的大量存在，在本章中我们并不是要对这个问题产生的过程进行一番追溯，而是要以这些广泛的综述作为出发点，识别出此领域中的关键结论以及下一步的研究需要。我们需要提醒读者，本章的目标并不是对应聘者视角的研究进行全方位的总结，而是要成为此领域进一步发展的平台。从这个角度来看，我们的目标是为了向进一步的研究提供一个相对宏观的指导：基于这些综述所得出的结论，对于应聘者视角研究的质量和实用性，我们能说点什么呢？

我们将要通过概括性地总结研究综述来解决这个问题——已经发现了什么？还缺少什么？从这里开始，我们会强调综述中关于严密性、相关性的关键问题，并指出我们所认为的未来研究的发展方向。

研究回顾

应聘者对雇用过程看法的研究假设是：应聘者会对选拔过程以及程序形成自己的判断，这些观点影响应聘者对组织的看法、加入组织的目的、在过程中的表现以及后续行为（Ryan & Ployhart，2000）。通过观察应聘者何时、如何对雇用过程形成或多或少的积极印象，我们能够对这些看法以及相关的应聘者态度和行为施加潜在影响。

正如前面所提到的，关注应聘者视角的文献综述和章节非常之多。19世纪90年代很多重要著作以及期刊文献（Gilliland，1993；Rynes，1993；Schuler，1993；Smither，Reilly，Millsap，Pearlman，& Stoffey，1993）都会涉及工作候选人对选拔过程的评价。其中最具影响的研究是Gilliland将组织公平应用于选拔情境（1993）。Gilliland指出，与工作有关的测验或者选拔程序中使用的测验类型等因素能够使应聘者对程序公平性做出判断。对分配公平性的看法来自组织所做的决定的公平性，例如雇用谁，以及雇用过程中使用的测验的结果。Gilliland提出，应聘者对公平的看法能够决定他是接受还是拒绝工作录取通知、对工作的满意度以及自我知觉。对应聘者反应这一领域的大量研究来源于Gilliland在选拔环境中对组织公平理论的应用（例如，Baueret al.，2001；Gilliland，1994；Ployhart & Ryan，1998；Truxillo，Bauer，Campion，& Paronto，2002）。因此，此领域的主要框架一直是公平。

关于应聘者视角的文献中，第二主流议题是关于应试态度如何影响个体表现的研究。较早关注应聘者知觉的研究包括Arvey，Strickland，Drauden和Martin（1990）对应试态度的概念化，在对应聘者的焦虑与动机研究中经常会检验这一概念。许多后续研究检验了应试态度如何影响应聘者表现（Chan，1997；Chan，Schmitt，DeShon，Clause，& Delbridge，1997）。因此，过程公平不再是关注的焦点，应聘者知觉如何在选拔过程中影响表现，取而代之成为第二个主流研究议题。

自19世纪90年代这个开创性的理论与测量以后，已经有许多针对应聘者反应的前因后果的研究。当前的文献说明，应聘者的确对雇用过程会发生什么抱有一定期望与信念（例如，Ployhart & Ryan，1998），并且选拔程序的内容会与这些看法相互作用并影响应聘者反应的方式（Ryan & Ployhart，2000）。尽管很少有行为结果曾被研究过，但是应聘者对雇用过程的看法常常与组织吸引力（Bauer，Maertz，Dolen，& Campion，1998；Saks，Leck，& Saunders，1995）以及行为目的（Ployhart & Ryan，1998；Truxillo et al.，2002）联系在一起。此外，动机和焦虑等方面的个体差别会影响选拔测验中的表现（例如，Arvey et al.，1990；Chan et al.，1997）。我们对文献中的主要发现进行了总结，见表12.1。

表12.1   应聘者视角研究的关键结果

- 应聘者会对选拔环境产生期望与信念，例如，看法的形成不仅仅是基于正在发生的事情，而是先前的经验与知识。
- 选拔程序的内容会对应聘者的反应产生影响。
- 对于过程公平性的看法与组织吸引力和对雇用过程的满意度有关。模棱两可的结果和硬性的成果（即，行为）并存。
- 应聘者对选拔过程的看法与他们在过程中的表现有关，有证据支持应聘者反应中存在自利性偏差。
- 特定的个体特征（人口统计学特点、人格）对应聘者知觉的影响很弱或者并不存在。
- 应聘者的动机与焦虑会影响其表现。

表12.2　应聘者视角研究综述中的研究需要

改善测验质量、特征与焦点	改善对应聘者知觉测量的质量。 根据工作与组织特点，对应聘者知觉进行分析。 涵盖整个招聘和选拔过程，而不仅仅是一个步骤/组成部分。 最关键的公平原则是哪一条，如何以及何时它们会影响应聘者的看法与行为。做一些能够对这些问题加深理解的研究。
考虑测量时间	在进行选拔过程之前，使用前测来评估应聘者的知觉与目的。 进行能够评估知觉随时间变化的纵向研究。
研究行为	关注更广泛的结果，例如，组织成功，雇用后态度，心理健康；尤其是要检验应聘者的实际行为。
使用备选设计	进行更多实验与介入/准实验研究。
改善理论	进行包含更广泛的公平理论要素的研究。 考虑解释应聘者视角的其他理论观点，例如，归因理论或心理契约理论。

　　然而，许多对应聘者视角研究文献的综述都显示，我们无法断定不同应聘者知觉的相对影响。表12.1中简短而整体的性质是基于综述的论调——尽管对应聘者知觉的研究日渐增多，但关键因果关系的证据常常是模棱两可的。每个评论也都总结了知识的缺口与研究的限制。表12.2总结了五个研究领域中主要的改进意见；第一，测验的质量、特征与焦点需要进一步改善；第二，研究者应该考虑测量的时间；第三，研究已关注行为目的，但是实际行为还未曾研究；第四，应该接受可选的研究方案；第五，应该开发并检验新的理论。在本章中接下来的部分，五点中的每一点都将被详细讨论。

　　在本章中，我们会提供一个更加关键的测验，用于了解在这些维度上关于应聘者视角的研究已经进展到了何种程度。在讨论了这一分析的框架之后，我们强调从严谨性和相关性的角度来看这一领域内的研究应如何进一步提高。

　　在本书的导论，Anderson开宗明义讨论了研究相关性与严谨性的模型，该模型可以用于评估此研究。在应聘者视角研究的领域中，我们认为相关性就是指在以下几个方面有意义：（1）对基础知识的概念贡献；（2）对应聘者、选拔系统设计者、实施者以及招聘经理的实际用途；（3）从应聘者的角度带来对雇用过程的改进。严谨性的测量不同于质量研究的传统观念，例如是否经得起因果推理、结果的替代解释是否能被充分排除、构想的规范性和测量的充分性以及研究样本与环境的适当性。我们从这两个角度回顾了应聘者视角研究的当前状态：（1）研究主题是否是务实科学？（2）如何更好地避免建立通俗或者迂腐的理论？

应聘者视角研究的严谨性

　　考虑到在顶级IWO期刊上发表文章的竞争性，可能有人说研究者被迫以严格的方式进行研究。尽管出版过程的确剔除了不太严谨的研究，但是我们对综述的总结还是发现了有关应聘者视角研究的严谨性令人担忧。在这一部分，我们对应聘者视角研究者所面临的方法论挑战做了简短的概述，在这些综述中这一问题也已经被注意到，同时，我们还就如何有效解决这些问题进行了讨论。

测验的质量、特异性与焦点。正如表12.2中介绍的那样，一些评论要求提高应聘者视角的测验质量。在许多研究领域的早期，最初对应聘者视角的研究的确大量使用了测验。在一定程度上，进步就是在这个领域内产生的。已经出版的量表包括Bauer等（2001）对选拔公平性知觉的测量、Colquitt（2001）对组织公平性的测量、Sanchez，Truxillo和Bauer（2000）对应聘者动机的测量以及Derous，Born和DeWitte（2004）对关于选拔中所受对待的看法的测量。随着这些更加系统化开发的测验的普遍使用，我们对使用它们的研究成果抱有更大的信心。

然而，还是有一些改善此领域研究结构效度的方法。Chan和Schmitt（2004）最近提出针对应聘者反应研究的构想导向的方法，作为开发更好的预测假设的方法，这能够使评估和评估域层面的特异性措施更加清晰（例如，是否适用于单一的公平原则或者对公平的全球性评估；是否处理一个特定的测验或者测验类型分类）。例如，纵观各种研究，人们能够从特定程序元素（例如，"选拔系统实施者公平地对待我"）、整体过程（例如，"总的来说，这是个公平的过程"）、选拔系统的内容（例如，"雇用我时所使用的方法是公平的"）、特定种类的测验（例如，"人格测验很公平"）或者专门测验（例如，"这种测验很公平"）等角度看到应聘者所持有的对过程公平性的看法。这些不同的问题对于不同的环境可能得出不同的结论。Ryan和Ployhart（2000）更进一步地注意到同种类型的所有程序（例如，人格测量）并不可互换，而且应聘者对它们的反应也不相同。正如Chan和Schmitt（2004）注意到的，不仅仅是一致性的缺乏会对研究成果的积累能力造成阻碍，特异性的缺乏也可能限制预测因子与效标的准确匹配，而这种匹配能够使我们发现二者的关系。

我们会为Chan和Schmitt（2004）关于测验特异性的研究增加一个角度。对于许多实践者，可能会对特定的选拔情境产生特殊的看法。例如，多重障碍情境可能涉及对障碍设置看法的评价。将通过/失败与预测因子排序联系在一起的选拔过程可能需要研究关于应聘者对得分的看法这类问题。此外，像使用视频测验程序等技术的情境要求对关于应聘者视角的问题进行研究。也就是说，特定选拔环境中，应聘者反应的关键动力可能不是已经普遍研究过的或者全球性的看法。在Ryan和Ployhart（2000）的综述中，他们注意到从工作、组织因素、为应聘者提供的信息以及过程中其他步骤的角度来看，这些内容都会影响应聘者对于特定程序的看法。这说明较大的特异性需要适度程度的概括。另外，从我们对相关性的讨论中能够看到，过程公平的信息价值在于只有当它足够具体时才能够被实施（例如，应聘者感到过程中不公平的部分是什么）。

　　尽管充分开发并经过验证的构想测验的普及使研究领域受益无穷（例如，关于组织认同感、工作满意度的研究文献），但是我们必须承认，因为研究者感兴趣的现象是应聘者对选拔过程的反应，这需要各种不同的测验来对选拔过程的本质进行具体分析。虽然这并不能作为使用心理测量学中不健全测验的理由，但也要承认，解决不同条件下的研究问题可能需要不同的知觉测验。不言而喻的是，我们需要关于全球化评估（例如，整体公平）、已经存在的信念或预期和结果（例如，组织吸引力）的专门测验。因此，开发针对这些概念的新的有效测验有助于研究的进行。

　　理解对应聘者反应的知觉需要使用自我报告法。通过使用这种方法，研究人员必须注意由方差解释的结果可能是由测量误差造成的，而非测验所反映的关系（Podsakoff，MacKenzie，Lee，& Podsakoff，2003）。Podsakoff等人注意到，常用方法偏差可能是由于数据为单一来源、实测项目、测验中项目的情境，以及/或者实施测验的情境。考虑到对于许多构想的测量需要采用自我报告法，对应聘者视角研究中的这些问题应当给予更多的关注。另外，Podsakoff等人建议应当包含情感和/或社会赞许性在内的测验，这样，那些可能导致类似反应模式的构想就能够得到控制。这两种构想看起来都会影响应聘者对知觉测验的反应（即，应聘者会受到社会赞许的推动；得到负反馈的人可能报告出受到情感特质影响的知觉），并且也需要有研究来对它们所扮演的角色进行评价。

　　关于测验的重点，还有一个值得阐述的问题。Truxillo等人（2004）建议，研究者应将研究重心转向不公平的对待，而非某些过程相对于其他过程不够公平时的相对比较。也就是说，关于公平的研究支持这样一个结论：不公平会比公平对结果产生更大的影响，并且个体不公平行为可能有一定阈值。例如，无法在一周后对应聘者的面试进行跟进，这看起来不如间隔一天或者两天公平，但是它也不一定会使个体感觉选拔过程不公平。测量与分析暗示我们，可能需要重新调整测验的重心，从对相对公平的评定转移到区分"不公平"与"足够公平"。

　　测量时间。许多综述注意到需要预先对测验进行试测并进行纵向研究（例如，Rynes，1993），因为许多关于应聘者视角的现存研究都没有考虑到知觉是动态的并且可能随着应聘者与组织的互动发生改变。这里，我们再次看到一些进步，因为越来越多的研究包含了预测验，并且纵向研究的数量也逐步增长（Lam & Reeve，2004；Truxillo et al.，2002；Van Vianen，Taris，Scholten，& Schinkel，2004）。因为应聘者会对选拔环境产生一些关于过程、工具的看法和对将要发生事件的期望（Bell，Ryan，& Wiechmann，2004；Derous et al.，2004），如果我们不能将那些看法置于过程之前的环境中，我们对于应聘者知觉的认识依然受到限制。Hausknecht等（in press）证实，同时测量（例如，公平的看法与组织吸引力）的观点比分别测量的观点相关性高得多，这说明我们应当意识到方法变异可能会导致变量间关系被夸大。另外，关于反馈如何影响看法的证据（Schinkel，Van Dierendonck，& Anderson，2004）说明，在应聘者了解过程结果之前，对于目的和行为之间关系的研究是没有意义的（除非是申请及退缩的意愿和行为）。因此，不正确地将应聘者的看法看作静态的和/或者不考虑先前存在的观点的研究都是愚蠢幼稚的。

关于检验应聘者视角随时间变化的最后一点，是识别变化所代表的意义。Chan和Schmitt（2004）论证得出，看法的大小可能发生变化（例如，我对于获得这份工作的动机不足），但是也可能是β或者γ的改变，例如开发更多或更少差异化反应（例如，开始的时候不区分过程一致性与人际关系处理，但是在一些选拔障碍之后做出区分）。对于应聘者知觉，我们应当采用一种更加复杂的观点，考虑到各种看法的意义与相互关系的变化，而不仅仅在单一层次上。

决策后行为/态度。许多综述文章注意到很少有研究测量应聘者实际行为（例如，Chambers，2002；Ryan & Ployhart，2000）。在Hausknecht等人（in press）的元分析中，他们没有找到足够的关于应聘者行为（除了在测验中的表现）的研究来进行元分析，也没有发现对雇用后态度（例如，组织承诺）的充足研究。Truxillo等人（2004）注意到，公平感知和行为结果之间的关系模糊不清。尽管缺乏对行为结果的研究导致研究严谨性不足的问题，但模棱两可的结果则会导致相关性的问题。

我们感到关于应聘者视角的研究文献可能被认为是无足轻重的。在早期的综述中（Ryan & Ployhart，2000），我们中的一人认为或许我们还没有充分证明应聘者知觉的重要性。最近的综述（例如，Hausknecht et al., in press）认为，它们的确与其他的态度和目的有关；对被试知觉（如焦虑）的元分析也发现应聘者知觉的确与表现具有一定关联（例如，Hembree，1988；Seipp，1991）。然而，关于应聘者对选拔过程的知觉与雇用前后行为效标的关系，还有很多工作需要做，这些关系到组织决策者的利益（例如，工作接受决策）。

不过也不用过度悲观，应聘者对于雇用过程的看法如何影响雇用后的行为与态度在一些特定领域已经得到了解释。例如，Heilman和她的同事（例如，Heilman & Alcott，2001；Heilman, Kaplow, Amato, & Stathatos，1993；Heilman, McCullough, & Gilbert，1996）关注那些感觉自己是从不公平的雇用过程中得到益处的个体在被雇用后的反应。总体上，他们发现，受益人更易受到无能的耻辱感的影响，表现出有限的任务决策能力，并对他们的工作能力水平具有负性自尊。其他决策后行为研究的例子包括，Juhasz和Mishken（2004）研究了对拒绝决策的申诉，Gilliland（1994）则研究了工作绩效。

Truxillo等人（2004）认为，从过程后行为与态度的角度来看，我们研究的重点应该是狭义上的结果，而不是对组织的全球性评估。也就是说，决策后结果的选择应该基于对预测因子和效标的周密匹配（Chan & Schmitt，2004），而非通过将它们与组织研究其他领域的传统研究效标（例如，工作绩效）联系在一起，来尝试证明应聘者视角的价值。

可替代设计的价值。许多对应聘者反应的研究本质上都是非实验的。然而一些综述注意到在实际的选拔环境中检测反应的重要性（Ausknecht et al.，in press），我们也需要承认相关性研究存在的限制（Chan & Schmitt，2004；Ryan & Ployhart，2000）。如果不采用实验手段来操纵选拔过程的特征，那么过程与应聘者视角之间的因果关系推论就可能是不合理的。例如，组织吸引力经常被当作应聘者视角的结果来研究，但是它也可以简单地作为知觉的前因变量（Ryan & Ployhart，2000）。另外，因为公平原则在现实中往往是共变的，很难区分某一方面的变化（例如，双向沟通）是否可能与另一方面的变化（例如，表现机会）各自独立地造成影响。Truxillo等（2004）也认同这种关于过度依赖相关设计的担忧，并且呼吁更多地使用干预设计。

然而，如果要反对相关研究并支持严谨设计，不应该忽视其所处的环境，否则研究就会走向迂腐。Hausknecht等（in press）发现了在实际与模拟选拔情境中相关关系大小的显著差异，尽管对与哪种情境产生的影响更强还没有一致的定论。因此，我们在解释模拟情境研究的普遍性时，应当十分谨慎。

相关性与应聘者视角研究

每一篇应聘者视角的文章和综述都会说明为什么这个话题与组织和个人有关。Anderson（2004）注意到，数十年来选拔领域的研究者几乎没有集中研究过应聘者的看法，这真是令人震惊，尽管看起来这个问题又是十分相关的。作者能够推测出为什么研究会出现这种情况，但是检验应聘者视角的相关性是不容置疑的。我们对于这个话题的相关性没有任何问题，这里我们想做的是用我们自己的综述与分析去证明这个领域内的一些研究过于迂腐而不该得到承认。

为了评估相关性，Anderson（在本书中）注意到，必须考虑到研究的利益相关者是谁，以及他们的相关关系如何定义。应聘者角度的研究经常能够很容易地指出两类利益相关者——组织和个体应聘者。正如Gilliland和Cherry（2000）所做的那样，从直线经理以及他的同事（可能对选拔体系具有不同需求、心愿和目标的人）的角度来看，组织作为利益相关者可能需要进一步定义。其他可能持有不同观点的利益相关者包括选拔体系设计者和选拔体系实施者。应聘者视角研究中另一种显而易见的利益相关者是更广泛的学者群体，他们一直在探索工作环境之下的个体知觉与行为。

当我们谈到研究相关性时，就应该考虑它与以下六个利益相关群体之间的相关关系：应聘者、直线经理、同事/其他组织成员、选拔体系设计者、选拔体系实施者以及研究学者。从多个利益相关群体的角度来看，我们一直忙于应聘者角度领域的相关性研究。

与选拔过程设计相关的解决方案。对于选拔体系设计者、选拔体系实施者和直线经理来说，关键的相关性问题是：这项研究如何说明选拔体系发展的方向？正如上面提到的，大部分应聘者视角领域的文献都是讨论组织应该做什么，例如"善待应聘者"或者"提前提供选拔过程中需要的信息"。尽管这样的建议很合适，我们也会得出这样的结论：对很多人来说它并不是什么新鲜事，而且也没有具体到可行的地步。

例如，研究者需要对一致性的含义做深入调查，而不是建议组织"使选拔过程变得一致"。在做一致性判断的时候，应聘者都考虑过程中的哪些属性（例如，个人消耗的时间、为个人提供的信息）？组织能够控制什么样的社会和环境因素以确保应聘者对一致性的感知（例如，对每个应聘者严格控制面试时间的声明）？合法的特殊信息（例如，残疾人士的住宿）应该如何表达？另外，有研究表明对某些应聘者有利的不一致性不一定会造成消极看法（Ployhart & Ryan，1998），不一致性在什么时候可以存在呢？

另一个关于规范的研究能够提高研究相关性的例子是，选拔情境下的信息公平与解释问题。已经有许多研究检验过选拔环境下的解释（Horvath，Ryan，& Stierwalt，2000；Lievens，DeCorte，& Brysse，2003；Ployhart，Ryan，&Bennett，1999）。Truxillo等（2004）注意到，尽管做出了这些尝试，我们还需要对提供什么信息以及如何呈现它们这样的问题做出更多研究。组织公平性领域的元分析研究（Shaw，Wild，& Colquitt，2003）已经证实解释充分性比解释条款更加重要，并且提供不充分的解释比没有解释危害更大。因此，建议选拔体系实施者和直线经理"提供解释"可能并没那么有用，如果解释不充分甚至可能有害。Shaw等人（2003）建议研究者挖掘充分性的维度，例如合法性、合理性以及可信性，才能更好地确定应该关注哪些方面的解释。有关公平性的研究文献通常检验所做决策的解释，而不是所使用程序的解释，然而在选拔情境中二者都很重要。对它们的充分性的决定因素的研究都是合理的。

对于因难以控制的影响（例如，选拔率低导致个人待遇较少）而产生负面知觉的组织来说，应聘者视角研究文献几乎没有提供什么具体建议。用于改善知觉的特定干预措施还有待检验（Truxillo et al.，2004）。例如，Bell等（2004）建议使用期望挑战计划的方法（就像酒精中毒预防实验中追踪的那样）作为组织干预的形式，以改变应聘者的预期。为了加强应聘者视角的研究相关性，我们需要设计实验和准实验评价来强化知觉。

应聘者视角的自利偏差的证据（例如，Chan，Schmitt，Sacco，& DeShon，1998）表明，应聘者对程序公平性的感知及情感，很大程度上受到他们在这些测评程序中的表现的影响。另外，VanVianen 等（2004）已经证明，对测验效用的看法是一种预防性自利偏差，它会影响跨情境的知觉。大家可以认为，如果关键的先行知觉不会受到组织的影响，那么应聘者角度的研究对选拔体系设计者和实施者来说价值有限。我们认为，应聘者视角研究者对自利偏差的轻描淡写的方式是在制造破坏；充分考虑这种现象的设计需要适当解释一下其他影响知觉的因素。

为了避免我们对相关性的描述过于负面，一个直接适用的研究案例包括，技术如何影响应聘者对选拔过程的反应（参见Anderson，2003）。Bauer，Truxillo，Paronto，Campion和Weekley（2004）、Chapman，Uggerslev和Webster（in press）的研究包括对不同模式传达的内容的比较，如果具有经济效率的新形式也不能在应聘者群体中产生消极的看法，那么这项研究对参与组织决定的人会很有价值。

　　选拔体系内容的规范。尽管一些综述讨论了测验方式被认为受欢迎或不受欢迎，但这些综述几乎没有对具体选拔体系提出什么有价值的建议。尽管有证据表明表面效度是应聘者对选拔体系反应中的关键决定因素（Smither et al.，1993；Steiner & Gilliland，1996），研究却基本没有提出什么具体建议来帮助改善或管理对表面效度的知觉。像"使过程具有表面效度"之类的看法（Truxillo et al.，2004）对于需要评定某些构想的选拔体系设计者来说可操作性不足。尽管在一些程序上我们显然要采纳这个建议，但是对其他程序来说它可能仍然不够清晰。例如，如果某个人参加标准化的数学问题这一典型认知能力测验，仅仅被告知为什么这些类型的技能是工作所需的，那么表面效度会提升吗？项目内容也必须做出能够反应工作相关活动的改变吗（例如，将项目用货币形式表现，而非简单的计算）？应聘者对工作的理解如何影响他们对表面效度的看法？

　　早在1947年，Mosier就建议，应该弃用"表面效度"这个术语，因为它已经被滥用。他呼吁应该对想要表达的概念进行更加充分的规范。我们现在的建议是应该致力于更好地理解表面效度的那些驱动力；Schuler（1993）、Nevo（1995）和Brutus（1996）提出的模型可能会对设计更多的相关性研究有帮助。例如，Brutus（1996）提出对选拔工具的工作相关性的看法受到保真度以及正确回答的透明度的影响。怎么在不牺牲其他重要的选拔体系特征（例如，预测效度、作假能力）的情况下增加这些特征？对这一问题更具体的建议可能就是相关性研究的内容。

　　跨文化环境的相关性。有学者指出并证明了应聘者对选拔实践的反应具有文化差异（例如，Steiner & Gilliland，1996）。正如我们先前注意到的，在应聘者视角研究领域最具优势的范式是公平理论。研究者已经实证证实（例如，Li，2004）对公平的操作化是从文化角度进行的。也就是说，尽管对公平的感知与结果之间的关系在跨文化背景下依旧存在，公平过程的性质与内容更多是由文化决定的。因此，应聘者视角的跨文化背景研究的相关性应该是一个高度敏感的问题。另外，跨国组织的选拔体系设计者的具体建议会加强研究的相关性。例如，Steiner和Gilliland（1996）讨论了在法国和美国分别"销售"一种选拔工具时的差异。

　　与更广泛的学术团体的相关性。一些综述文章（Chambers，2002；Chan & Schmitt，2004；Ryan & Ployhart，2000；Rynes，1993）注意到，我们需要对审视应聘者反应研究的程序做出理论拓展。作为回应，帮助理解员工看法和反应的理论框架在过去的几年中成倍地增加。例如，Ployhart和Harold（2004）最近开发了一个理论框架，认为应聘者对选拔过程的反应受到归因过程的引导；Herriot（2004）声称应当从社会认同框架的视角来审视应聘者反应。应聘者为什么以某种方式对选拔过程做出回应？对此的严谨思考会使我们的理解得到发展，并且以有意义的方式对选拔体系设计和组织行动做出贡献。

　　然而，我们希望对应聘者视角研究者提出挑战：对应聘者视角的研究怎样能够将心理学理论广泛传播？例如，应聘者对社会公平看法的研究结果仅仅是复制在其他领域中对公平的研究结果吗？这项研究单单是对现存理论的应用吗？或者说它有没有对理论进行拓展或者精炼？对于与更广泛的研究团体有关的研究，它必须扮演起为更多学者传播知识的角色。当应聘者视角研究者的研究促成了更广阔的理论发展时，这个领域的相关性就会增强。

　　对个体应聘者的切实建议。Anderson（2004）强调应聘者在选拔过程中心理幸福感的重要性。讽刺的是，个体应聘者可能无法从应聘者视角的研究文献中找到太多可以用来帮助他们在选拔中做得更好的建议。尽管研究的深层原因是重视和尊重应聘者，但是大部分研究的重点都放在了组织应该做什么上。关于应聘者行为如何以及何时会产生对其有利的结果（例如，什么时候适合指出不一致性，并要求重评）或有利信息（例如，怎么从拒绝你的组织中获得反馈）的研究，会与个人有关。

　　Murphy和Tam（2004）建议，应聘者应该在选拔过程中经常关注无关的信息。例如，在他们看来，应聘者总是认为经验代表着能够使自己被录取的未来事件。Murphy和Tam建议，已经经历过许多次选拔的应聘者更容易分辨出他们在面试过程中获得的哪些信息最能说明组织对待员工的公平性。此外，参加许多次工作申请可能是明白雇用中最重要因素的必然之路。

　　研究者已经发现，像焦虑和应试自我效能等心理状态对应聘者在雇用过程中的表现有决定性影响（Ryan，Ployhart，Greguras，& Schmit，1998）。对干预措施的研究（例如，考试准备程序）可能有助于理解应聘者如何更好地管理此过程。例如，关于降低考试焦虑项目的元分析为其有效性提供了强有力的证据（Ergene，2003）。

结论

　　对应聘者反应的研究文献相对较新。直到19世纪80年代晚期和90年代早期，研究者才充分认识到理解应聘者对选拔过程的看法的重要性。研究逐渐形成这样一种观点，即许多综述都批判知识的现状。在本章中，我们尝试从那些关于本研究领域严谨性和相关性的综述中找出一些主题。尽管我们已经指出，严谨性和相关性可以改善，但是我们感觉对应聘者视角的研究还有很大的潜力。协力解决这里出现的方法论的问题以及决定出更多规范性的话题应该会使此研究领域成为IWO中最具影响力的一个领域。

第十三章 人事选拔中的道德偏差与公平性问题

Arne Evers，Jan te Nijenhuis，Henk van der Flier

几乎从标准化的心理测验一开始，种族或种族群体之间的差异就引发了研究人员的兴趣（Galton，1892）。然而，直到20世纪60年代中期，也很少有人从对种族亚群体的偏见与公平的角度研究人事选拔中的实用方法。即使Guion的经典的人事选拔手册在"种族歧视"方面也只有两页内容（Guion，1965），而且并未涉及任何研究。虽然在一定时期内认知测验被批评，使少数种族处于劣势（Black，1962；Gross，1962），但似乎只有美国通过的民事权利法案（1964）触发了研究者对这一领域的研究。从此，关于人事选拔中偏见和公平性的研究迅速增多，研究方法也随之日趋成熟。经典出版物的发行，如Cleary关于预测非裔美国学生和白人学生差异的研究（1968）以及Bartlett 和O'Leary关于差别预测模型的研究（1969），都是这一时期开始的标志。

美国在差别预测方面的研究通常集中于土生土长的讲英语的少数种族与白人之间在测验及效标绩效上的差异，在较小的程度上也涉及西班牙裔美国人和白人之间的差异。这些群体存在了很长一段时间，已经是美国多元种族社会的一部分。然而在欧洲，不同种族群体之间的选拔问题源于一个更近的时期，因为这些群体是由移民组建，他们是在20世纪50年代才开始来欧洲。或许这也解释了为什么在关于人事选拔中种族偏见问题的早期研究上，欧洲比美国晚了10～15年（例如，荷兰，van der Flier & Drenth，1980）。就在这一时期，对不断增多的第一代、第二代移民的选拔遇到了困难，这个问题在20年前几乎是不存在的。

一个选拔程序的基本目的是预测工作候选人的未来绩效。因此，理应具有预测效度的测验[1]已经被开发出来。效度越高越好，因为这将意味着更高的实用性和更少的错误选拔决策（Hunter，Schmidt，& Judiesch，1990）。一个测验只能在测验分数表现出足够的差异性时才能达到足够有效的水平，换句话说，测验应能够区分不同的个体。虽然"区分"一词通常有一个负性含义，但其在统计意义上是中性的。事实上，测验中的区分力才是使用它的正当理由。

关键在于，这种鉴别力是否存在偏差。"当不同组的平均效标（如工作绩效）预测

---

① 本文中"测验"和"预测因子"可以交换使用。两个词是都用作所有种类选拔工具（例如：认知测验、工作样本、面试、人格测量、评价中心、传记资料）的通用术语。

受效标绩效以外的因素影响，而导致系统性地高于或低于群体平均效标绩效"，测验将存在偏差（*Society for Industrial Organization Psychology*，1987）。那么，如果群体之间在平均测验分数上的差异与相应的平均工作绩效上的差异相联系，就没有证据表明存在偏差。在本章中，我们接受这种对测验偏差的定义，即以公平选拔的回归模型为基础（Cleary，1968）。

不同种族群体的心理学测验分数平均差异常常是由选拔率造成的，这对少数种族不利。这可能导致一系列问题，例如：心理学测验对少数种族存在不利偏见吗？如果测验被证明是不存在偏差的，为了减小负面影响我们该怎么做？大量的负面影响会因测验类型的不同而有所不同吗？下面的综述会对这些以及其他相关的问题进行讨论，并将涵盖此领域内四十年左右的研究。首先，我们会回顾美国和欧洲对偏差研究的结果，这些研究使用了四种类型的心理选拔工具，它们常常在人事选拔中作为信息源使用。在第二部分，我们将讨论一种可能减少负面影响的解决方法。最后一部分将解决效标偏差的问题。

偏差研究结果

这一部分将会回顾偏差研究，主要涉及认知能力或者一般心理能力（CATs或GMA测验）、工作样本、人格测验以及选拔面试。在回顾中，我们在很大程度上依赖于元分析结果。报告的效度系数已经校正了全距限制和效标不可靠性，除非另注说明。对于认知能力测验，我们将讨论三种偏差假设。

认知能力测验

认知能力被认为是工作绩效和培训成功的最佳预测因子，它的预测效度系数在美国分别是0.55和0.63（Schmidt & Hunter，2004），在欧洲分别是0.62和0.54（Salgado，Anderson，Moscoso，Bertua，& De Fruyt，2003）。至于认知能力测验，GMA能够预测工作和培训绩效，并优于任何特定的认知能力（对认知能力效度更加综合性的处理，详见Ones，Viswesvaran，& Dilchert，本书第6章）。

GMA测验的高效度对不同的种族群体和国家都适用。另外，对于这种类型的测验还没有发现什么实质性的偏差。Hunter，Schmidt和Hunter（1979）的研究表明，员工测验在黑人和白人之间的区分效度只是偶然出现。另外，Jensen（1980）和Hunter（1983）对有关黑人的区分效度和预测差异的研究进行了广泛回顾，发现没有证据表明存在预测偏差。尽管一些新近研究的确显示出一些预测差异（Harville，1996；Houston & Novick，1987；Linn，1982；Young，1994），但是将这些研究的数据点加入Hunter等（1979）的元分析中也只能稍稍改变效应量，并不会改变元分析所得出的结论（见 Schmidt，1992）。因此，我们可以得出一致结论，一般测验中对黑人的预测差异是不存在的（American Educational Research Association，American Psychological Association，& National Council of Measurement in Education，1999；Hartigan & Wigdor，1989；Neisser et al.，1996）。然而，有些情况下，黑人群体的回归线稍微低于白人群体。

相应地，Schmidt，Pearlman和Hunter（1980）的研究表明，西班牙裔美国人与白人之间的区分效度和预测差异（斜率和截距）只是偶然发生。从其他关于西班牙裔美国人的研究中也能得出相似的结论（例如，Durán，1983；Eitelberg，Laurence，Waters，& Perelman，1984；Pearson，1993；Pennock-Román，1992；Reynolds & Kaiser，1990；Wigdor & Garner，1982）。在这一亚群体中，也可能会有预测过度带来的较小的影响，西班牙裔学生的预测等级比他们实际获得的稍微高一点。

在te Nijenhuis和van der Flier（1999）对荷兰的研究进行的回顾中，他们得出结论：如果任何工作情境下的智力测验发现预测差异，其影响常常很小并且大部分都有利于移民群体。这些结果在van den Berg（2001）的研究中得到证实。

在一个元分析中，Salgado和Anderson（2003）比较了GMA测验在六个欧洲国家中的效度。预测工作绩效和培训成功的效度系数的范围分别为0.56至0.68和0.38至0.65（法国的0.38这个数值被低估了，因为可能没有校正过全距限制；其他的回归系数都在0.58至0.65的范围内）。因为效度系数在这些文化背景显然不同的国家间差异也如此之小，作者认为，GMA测验的效度能够在国际上概化。总之，欧洲的研究结果似乎支持这样的结论，即"测验以相同的方式预测少数种族和多数种族人们的工作绩效"（Schmidt，1988）。在这种情况下，我们可以换种形式表达：对于不同种族、民族和文化背景的人，GMA测验都能够以相同的方式预测他们的工作绩效和培训效标。

到目前为止，认知能力测验似乎是理想的选拔工具：效度高而且无偏差。然而，由于认知能力测验表现出巨大的种族群体差异，在大部分少数种族群体中产生了相当大的负面影响。表13.1总结了在美国、英国、荷兰人事选拔领域中认知测验的种族差异。欧洲的种族差异看起来并不比美国小。研究发现，特定能力因素的差异比G因素差异更小，这与我们通常的期望（即测验涉及G因素程度越高，种族群体差异就会越大）一致（Jensen，1998）。

认知能力测验偏差的三个假设

文献认为，在认知测验中，刻板印象威胁、语言偏差和速度—精度权衡可能对多数群体和少数群体的表现造成不同的影响，以至于造成GMA测量中的偏差。本部分将对这三个方面的研究进行综述。

刻板印象威胁　Steele（Steele，1997；Steele & Aronson，1995）曾提出一个被称为"刻板印象威胁"的假设，它认为一个种族群体中个体成员的能力测验表现可能受到对所在种族的刻板印象的负面影响。据Steele研究，对负性刻板印象的恐惧或者焦虑会干扰被试在标准化测验中的表现。在这个领域中已经进行了大约100项实验室研究，证实了实验室条件下刻板印象威胁问题的顽固性。显然，在实验室条件下，测验分数在统计上显著的效应（$ES=-0.40d$，Jones & Stangor，2004）可能是应聘者真实技能和成就水平以外的因素造成的。

表13.1　三个国家中工业样本的认知能力的种族差异（d值）

样本	$g^{[1]}$	口头的	定量的/数学的
美国			
黑人/白人	.992[2]	.76	
西班牙裔/白人	.582[2]	.40	
东南亚人/白人	-.203[3]	—	—
英国			
白人/黑人	1.694[4]	1.30	1.36
亚洲人/白人	1.024[4]	.92	.76
荷兰			
土耳其人&摩洛哥人/荷兰人	1.395[5]	—	—
苏里南人&安的列斯人/荷兰人	1.085[5]	—	—

注：[1]负号代表第一组得分高；[2]Roth, Bevier, Bobko, Switzer III, & Tyler（2001）；[3]Hernnstein & Murray（1994）；[4]Scott & Anderson（2003）；[5]te Nijenhuis, de Jong, Evers, & van der Flier（2004）。

这些结果引发了一个问题，即实验室条件下的发现能否概化到整个领域。在一些已出版的著作中使用了强大的实验操作，例如明确指出测验是对特定构想的检验，并且刻板印象组的表现较差。显然，这些论断绝不会成为雇用测验的一部分。另外，通常这些实验会使用有着严格时间限制的最困难测验中的最困难项目。这些处理可能会限制研究结果在选拔情境下的概化（真实选拔情境中，会使用标准的IQ测验或者涉及广泛G因素的学术能力测验），并且实验室研究中的效应在真实情境中可能会变小或者完全消失。四个模拟人事选拔或者评定条件的实验室研究测验了结论的普遍性，却以失败告终（Mayer & Hanges，2003；McFarland，Lev-Arey，& Ziegert，2003；Nguyen，O'Neal，& Ryan，2003；Ployhart，Ziegers，& McFarland，2003）。这些研究的动机情境可能为这种异常发现提供了解释（Sackett，2003）。仅有的两个研究使用了微积分预修课程（Stricker，1998）和计算机化安置测验（Stricker & Ward，1998），没有发现对黑人测验表现的显著的统计和实际效应。

来自于现场研究的更有力证据对刻板印象威胁现象提出了质疑。如果刻板印象威胁解释了群体平均测验分数低的现象，那么这些测验分数必然表明了教育和职能表现预测中的预测偏差（Sackett，Schmitt，Ellingson，& Kabin，2001；Schmidt，2002）。刻板印象威胁被假设会人为地降低少数种族人群的得分，并导致对G因素的低估。显然，人为减少某个群体的得分会导致对绩效的低估。正如上面所示，实证研究文献清楚地说明了不存在对少数种族群体不利的实质性预测偏差；任何发现的影响都很小，并且高估绩效。Sackett，Hardison和Cullen（in press）认为，根据刻板印象理论：（1）刻板印象威胁影响那些处于问题域的被试；（2）域识别与问题域的表现正相关。因此，真实分数低至一定数域的被试不应该产生与他们真实分数存在系统差异的观测分数。如果是这种情况，那么个体会期望采用观测分数来预测效标的回归直线，在受此威胁的高分者与不受此威胁的低分者之间会有截距差异。与这个模型的预测正好相反，Sackett等发现《学术能力倾向测验》（Scholastic Aptitude Test）分数与等级在整个分数分布范围内有线性关系。

　　尽管研究清楚地证明在实验室的确能够发现效应，但是这种效应的机制还不清楚。已经有人检验过一些潜在的中介变量，包括焦虑、努力、表现预期、外部归因以及退出表现域，但至今还未得到一致的结论（Steele，Spencer，& Aronson，2002）。事实上，刻板印象威胁这种现象可以从更一般的构想角度进行解释（Jensen，1998）：测验焦虑与复杂度及脑力要求成比例地降低表现水平。最好的测验表现在焦虑水平降低时出现，或者随着测验的复杂程度和困难程度的降低而增加。实际上所有的研究都遵循这样一种模式，即刻板印象群体与非刻板印象群体在某个影响测量结果的变量上存在差异。人们希望在简单任务中，刻板印象人群能够比非刻板印象群体得分更高，这在最近的研究中已经被证实（O'Brien & Crandall，2003）。

　　语言偏差。在将双语者、不精通目标语言者（例如，大部分移民）与以目标语言为母语者的测验分数进行比较时，有两个问题是相关的。第一个是关于测验分数在多大程度上反应认知技能，第二个是关于未来绩效的预测价值。然而，对于第二语言要求的熟练水平（即用这种语言呈现内容与指导语的测验可以被使用），证据还不足。

　　对于第一个问题，我们常常对口头的和非口头的测验进行区分。带有大量口语成分的子测验可能测验目标语言的熟练度，在某种程度上这是不可取的，而且会低估非母语者G因素的水平。语言熟练度越低，低估越明显。在一些关于居住在荷兰时间长短对多种智力测验分数的影响的荷兰研究中，证明了语言熟练度对移民的影响。没有口语成分的测验显示出与居住时间长短微不足道的相关性，然而语言测验中发现了高相关，在含有口语成分的测验中发现了中度相关（te Nijenhuis & van der Flier，1999；van den Berg，2001）。在没有口语成分的测验中，Ramos（1981）发现了可供比较的效应。他设计了一个研究来检验在非语言的、书面的成套测验中，西班牙语的测验指导语是否会促进西班牙裔就业应聘者的表现。29%的西班牙裔应聘者喜欢接受使用西班牙语指导语的测验，这部分人被分配到两个群体中。使用西班牙语作为指导语的组比使用英语指导语的组得分更高，但是所有的效应都很微弱，在0.12d和0.27d之间，平均值为0.19d。Ramos认为，这些结果的概化可能受到在西班牙语国家出生并受教育的人的限制，这些人来自西班牙语国家，并且英语熟练度有限。通过将文化负载测验与文化减载测验混合使用，te Nijenhuis和van der Flier（2003）发现，高度口语化的子测验，即《普通能力倾向成套测验》（*General Aptitude Test Battery*，GATB）中的词汇测验，存在强烈的不利于移民的偏差，它对词汇测验分数的抑制达到0.92d，导致基于GATB IQ测验的G因素降低1.8个IQ分数。仅仅一个子测验存在偏差就可以造成这样的影响。其他的七个子测验主要是非口语的，它们的平均偏差效应很小，甚至微不足道：每一个子测验都会导致基于GATB IQ测验的G因素降低0.2个IQ分数。总的来说，对于很多非母语者，非语言的测验不会或者仅仅轻微地低估G因素，而口语测验通常会低估G因素。

不同的速度—精度权衡。两种类型的速度因素在有时限的测验中发挥着一定作用。其中一个是心理活动的速度，它与G因素有强相关，另一个是在从事任何工作中对待速度的一般态度和倾向，或者被称作个人节奏，并且与G因素无关（Jensen，1980）。较慢的个人节奏被认为是少数种族群体得分低的一个因素。然而，没有证据表明，加速的情境与心理能力测验对多数群体和少数群体间观察到的测验分数平均差异有影响。这正如我们下面将要看到的一样。

第一，在不计时与计时的测验中，黑人与白人差异大小并没有统一的变化（Jensen，1980）。第二，正如画X测验（*Making X's test*）中所做的那样，我们能够将限时任务中的认知障碍尽可能地剥离，以测量出几近纯净的速度因素。被试被要求三分钟内在一排箱子中画X。在这个测验中，研究并没有得出有意义的黑人与白人差异（Jensen，1974）。第三，对所有高分组进行进一步的时间测验，但是相对于多数种族群体这不会给少数种族群体带来什么好处，而且差别影响非常小（例如，Dubin，Osburn，& Winick，1969；Evans & Reilly，1973；Knapp，1960；Llabre & Froman，1987；Wild，Durso，& Rubin，1982）。第四，Wilson（1990）在对西班牙裔学生和其他双语少数种族群体学生的速度性和预测效度之间的关系进行探索性研究时，假设速度对于多数种族而言是有效成分，但是对于西班牙裔和双语被试来说就是一个误差来源。他假定口语测验的第一部分比第二部分速度慢，并且将两个分数与组内自报分数做比较。Wilson发现速度慢的部分西班牙裔组有效性比其他组高0.03至0.04，速度快的部分多数群体有效性高于其他组0.01至0.02。然而，在这项探索式研究中发现的小效应几乎不能令人信服地解释Wilson的假设。第五，使用项目功能差异（DIF）技术的研究显示，少数种族群体成员与多数种族群体成员间不同的反应率与限时测验最后（而不是开始）的项目总分相匹配（Dorans，Schmitt，& Bleistein，1992；Schmitt & Dorans，1990）。这可能被解释为不同的速度性：少数种族选择更准确地工作，因而在开始的时候更加关注项目，而留给测验后面部分项目的时间较少。其他研究的结果与速度性差异的解释相矛盾。例如，一次只呈现一个项目，并且呈现时间按照长度，这样就不会差异性地改善西班牙裔学生的表现（Llabre & Froman，1988）。对这种类型的项目偏差的基本批判是，每个项目的效应通常太小（每个项目通常小于0.05），这导致子测验总分的SD降低了百分之几。第六，有人尝试只依靠测验分数来构造对速度或者精度偏好的测量。Phillips和Rabbitt（1995）可以通过计算速度和精度的z分数差异对冲动性进行测量。在限时测验中的表现可以用简单的有限时间内数出问题数的方法来评定。百分比精度可以通过用回答的问题数除以尝试回答的数量然后乘以100得出。Van den Berg（2001）将这种对速度与精度偏好性的测量应用于移民样本的测验分数，研究建议强调移民者的速度，而所有其他的研究都建议强调少数种族群体的精度。这一研究看起来非常没有前途；对速度或精度偏好的测量应该基于实验研究，而非相关设计。

工作样本

对工作样本测验的普遍定义是"在标准条件下抽出的某个工作内容域的标准样本"（Guion，1998）。典型工作样本任务包括模拟、角色扮演联系、公文筐测试和档案袋评价。然而，工作样本测验对现实工作行为的抽象化等级不同（Motowidlo，Dunnette，& Carter，1990），事实上，许多类型的测验都属于工作样本测验，包括从工作相关任务动手能力测验到情境判断测验和工作相关知识笔试（Schmitt，Clause，& Pulakos，1996）。在Motowidlo等看来，动手能力测验通常被归类于高保真模拟（抽象度低），而情境判断和工作知识测验通常被归类于低保真模拟（抽象度高）。很多时候，工作样本用作人事选拔的预测因子测验，但也用作验证培训结果、绩效评级以及选拔（例如面试和认知能力测验）中预测因子测验（Callinan & Robertson，2000）。

在Schmidt和Hunter（1998）对元分析研究的综述中，他们报告了工作样本测验的平均预测效度系数为0.54，这是他们综述中所有个人选拔程序系数中最高的。尽管在这些不同类型的测验中预测效度会变化，高保真模拟并没有必要表现出高预测效度。例如，Robertson和Kandola（1982）发现情景决策、小组讨论、精神运动、工作相关信息的测验效度分别是0.28、0.34、0.39和0.40，这展现了低保真模拟最低和最高的效度系数（Robertson和Kandola没有提到这些系数是否校正了全距限制和不可靠性）。在作者看来，没有元分析明确地报告工作样本测验的区分效度或者预测差异。然而，关于区分效度研究的一些旧的元分析（Hunter et al.，1979；Schmidt et al.，1980）涉及了"雇用测验"。使用这种通用术语，一些明确的工作样本测验（不仅仅是认知能力测验）被进行了归类。因此，这些元分析的结论是，没有发现可能适用于工作样本测验的预测偏差。另外，Robertson和Kandola（1982）回顾了三个研究，均没有发现不同种族群体工作样本测验的预测偏差。欧洲移民群体中没有可用的参照数据。

工作样本测验相较于认知能力测验在不同种族群体间会产生较小的平均分数差异。

在一项元分析中，Schmitt 等（1996）报告黑人与白人对比的d值为0.38（黑人得分较低），而西班牙裔与白人对比的d值为0.00。然而，效应量的巨大跨度暗示存在一些调节变量。Hough，Oswald和Ployhart（2001）提出，刺激呈现的模式是这些调节变量中的一种，因为以视频形式呈现的情境判断测验比以纸笔形式呈现的不利影响要小。

到现在为止，工作样本测验在不利影响较小这一点上似乎要优于认知能力测验，而前者预测效度却不比后者低。那么问题就是，为什么在大部分选拔程序中认知能力测验没有被工作样本测验所代替？首先，工作样本测验的一些特点限制了它们的使用，例如：

◆　工作样本测验与认知能力测验相反，它不适用于对没有工作经验的应聘者进行评定，而大部分雇用都是入门级别的（Schmidt，2002）。

◆　工作样本测验很昂贵，因为它们需要为每个工作独立开发一套程序，并且通常要求专门的安排和个人管理。

◆　在经过一定时间后，工作样本测验的效度似乎比其他选拔措施衰减更多（Callinan & Robertson，2000）。而Schmidt和Hunter（2004）得出这样的结论：GMA的预测效度至少不会随着时间减小，它很稳定。

Schmidt（2002）提出了一个更加理论化的论证，认为工作样本测验的表现是GMA的结果。因果建模研究（Schmidt& Hunter，2004）表明，GMA负责工作知识的获得，这反过来也引起了在工作样本测验中的表现。最重要的一点是，GMA是获得工作中必备知识并掌握技能的基础。因此，尽管GMA测验对于少数种族群体的不利影响更高，但是GMA测验应该成为大部分选拔程序的核心，并且不应该由工作样本测验替代。然而，为了减少不利影响而将GMA测验与工作样本测验组合，这可能是一个值得考虑的策略。我们会在本章的另一部分解决这个问题。

人格测验

尽管人格测验的效标关联效度比认知能力测验和工作样本低得多，但是基于五因素人格模型（FFM）的元分析研究以及相关的分类系统已经证明了它们能够成功预测工作绩效和培训成功。Barrick，Mount和Judge（2001）总结了十五项先前基于来自美国和欧洲国家数据的元分析研究结果，得出结论：对于所有研究过的职业的绩效测量，尽责性是一个有效的预测因子，并且当把整体工作绩效作为效标时，情绪稳定性是一个可概化（但是弱得多）的预测因子。另外三个大五特征（外倾性、宜人性和开放性）在特定的工作条件下可以预测成功，或者说与特定的效标有关（详见Barrick & Mount，1991；Hough，1992；Salgado，1997；想要了解对人格测验效度更综合的讨论，请参见Salgado

& De Fruyt，本书第7章）。

很少有研究解决了少数种族群体人格问卷预测区分效度的问题。例如，Saad和Sackett（2002）没有报告任何先前检验人格领域内种族或性别预测差异的实例。在荷兰，te Nijenhuis和van der Flier（2000）使用78个移民和78个荷兰实习卡车司机的培训结果，调查了一般能力倾向成套测验和阿姆斯特丹履历调查表（*Amsterdamse Biografische Vragenlijst*，ABV）①的预测效度。ABV包括四个量表：神经质、神经性抑郁、外倾性、社会从众性或谎言。在此项对于预测差异的研究中，只有神经质和外倾型两个维度被考虑在内。培训结果聚合成三个复合效标：考试分数、职业态度和实践技能。对于ABV来说，六组效标组合预测因子中的两组发现了预测差异：在荷兰人组神经质与实践技能呈负相关，但是在移民组却呈正相关。只有荷兰人组的相关关系才显著。在荷兰人组，外倾性尺度与实践技能呈正相关，但是在移民组却呈负相关。只有移民组的负相关关系才显著。因此，荷兰人组的关系或多或少符合预期，而少数种族群体的关系显然不符合。作者认为，尽管荷兰的多数种族与移民群体成员的ABV维度可比性在先前的研究中已经得到解释（详见本节后面部分），但是结果却反映出移民群体在培训评估中的差异，即严谨的且外倾性较低的移民被认为是更认真的实习人员/员工。

在一份最近发表的文献中，Sackett，Laczo和Lippe（2003）认为，在选拔系统中使用多个预测因子时，不应该对每个预测因子独立进行预测差异分析，而应该对这些预测因子的总体进行预测差异分析。单独分析每个预测因子可能引起所谓的遗漏变量问题。当与效标和亚群体成员有关时，遗漏变量能够影响关于预测差异的结论。这一问题与人格测验相关，特别是当人格测验被用来作为认知能力测验的补充以减少群体间差异时。Sackett等（2003）通过对美国黑人和白人的预测差异研究解释了遗漏变量问题，研究中使用了美国军方A计划中的13个独立工作的预测因子和效标数据。在此项研究中的遗漏变量是《军事职业能力倾向成套测验》（*Armed Services Vocational Aptitude Battery*，ASVAB）。《生活背景和经历评估量表》（*Assessment of Background and Life Experiences*）（Peterson et al.，1990）中的三个人格构想被使用到：适应性、可靠性和外倾性。效标是核心技能、士兵共同科目、进取和领导能力、自律性。对79个预测因子—效标组合独立地分析人格预测因子，结果显示在45例中出现截距预测偏差，在7例中出现斜率预测偏差。将ASVAB一般因子作为附加预测因子能够减少偏差的出现，其中截距偏差减少至14例，斜率偏差减少至4例。剩下的预测差异主要是高估了黑人表现（即，白人截距较高）。然而，对te Nijenhuis和van der Flier（2000）研究中使用的数据（包括作为附加预测因子的GATB一般因子）进行再分析，结果并没有改变上述两种情况下的斜率偏差的结论。

---

①　ABV是一种常用的荷兰人事选拔问卷，主要基于《马兹雷人格问卷》（Maudsley Personality Inventory，MPI；Eysenck，1959）。

　　在荷兰，vanLeest（1997），te Nijenhuis，van der Flier和van Leeuwen（1997，2003）对移民和荷兰本土的工作应聘者做了人格问卷分数的研究。一些测验的信度对于移民显然较低，但是一般来说差别不大。所有的研究都显示，测验具有较强的维度可比性，并且文化背景对维度测量的影响是有限的。对于项目功能差异的发生率，te Nijenhuis和vander Flier（1999）认为，"尽管有些项目清楚地测量到了移民组的差异，但是忽略偏差项目只会引起移民组分数较小的提升。整体来看，大部分项目测量到了它们打算测量的内容。"

　　至于消极影响的可能性，Hough等（2001）对在美国人事选拔中使用的人格测验上的种族群体差异进行了元分析。这项研究包含早先Hough（1998）综述中的大量数据以及Goldberg，Sweeney，Merenda和Hughes（1998），Ones和Viswesvaran（1998）的新近研究。尽管元分析是基于FFM，外倾性和尽责性两种因素被认为太过异质化（详见Hough，1997）。外倾性因而被划分为接纳与外向（潜能），而尽责性被划分为成就和可靠性。另外，社会赞许量表以及诚信和管理潜能这两个含有FFM因子的变量也被纳入分析。黑人与白人、西班牙裔与白人、美国印第安人与白人以及亚裔美国人与白人的分数差异都被计算出来。在经验开放性方面，最大的差异出现在黑人与白人之间，黑人得分比白人低大约0.21d。在外倾性和尽责性的次级因素上，发现了一些较大的差异。在联系方面，黑人得分比白人低0.31d。在可靠性方面，亚裔美国人比白人低0.29d。不同种族群体间最大的平均分数差异体现在社会赞许量表上。西班牙裔与亚裔美国人得分比白人分别高0.56d和0.40d。黑人和美国印第安人与白人之间的差异最小。诚信量表的差异也是最小；然而，在管理潜能量表中，黑人比白人得分低0.30d。

　　在对英国大学生进行的一项研究中，Ones和Anderson（2002）报告了三个流行的工作相关人格测验的种族群体差异，这三个人格测验分别是：《霍根人格问卷》（*Hogan Personality Inventory*，HPI），《职业人格问卷》（*Occupational Personality Questionnaire*，OPQ）以及《商业人格问卷》（*Business Personality Indicator*，BPI）。种族群体比较在黑人与白人、中国人与白人以及亚洲人/印第安人与白人亚群体之间进行。黑人与白人对比中，管理潜能、情绪控制、果断和耐力四个量表上（d值分别为0.36，0.46，-0.36和-0.40）的效应量最大，前两项有利于黑人而后两项有利于白人。中国人与白人平均分数差异的最大效应量发现于谨慎（尽责性）、管理潜能、传统、成就和条理五个量表上（d值分别为0.64，0.52，0.59，0.69和0.55，有利于中国人）。中国人的竞争和耐力量表上分数较低（d值分别为-0.41和-0.38）。亚洲人与白人最大差异发现于学业成功（经验开放性）、创新性、条理性和冒险性四个量表（d值分别为0.43、0.37、0.45和0.67，都有利于亚洲人/印第安人）。研究总的结论是，种族群体的人格测验差异不够大，不能引起对不利影响的关注。此外，由于不同群体中构想的含义不同，因而构想几乎没有一致性。然而，正如作者指出的那样，既然种族亚群体的比较是基于少数种族群体的小样本（N在30和56之间），那么就必须注意发现的结果的解释。

对于在荷兰的情况，van Leest（1997）和te Nijenhuis等（1997，2003）的研究为移民和荷兰本地工作应聘者之间的分数差异提供了信息。Van Leest使用PRDV——荷兰公务员人事选拔咨询公司的标准人格问卷，比较了申请荷兰公务员工作的第一代土耳其移民与荷兰本地应聘者之间的分数。最大的效应发现于自信（$d=-1.16$）、缺乏信任（$d=1.05$）、常规方法（$d=1.16$）、工作态度（$d=-0.84$）和内部控制（$d=0.98$）这几个方面。

在第二项研究中，van Leest（1997）使用NPVJ——一种新开发的人格测验，比较了申请警察工作的土耳其人、摩洛哥人、安德烈斯人及苏里南人与荷兰本地应聘者的平均得分。少数种族群体应聘者得分在无法胜任（d值范围是1.06至1.43）、毅力（d值范围是0.62至0.98）以及不服从（d值范围是1.00至1.29）尺度上得分高得多。关于支配性，差异非常之小（d值范围是-0.34至0.05）。这两项研究总的结论是，移民的平均得分分布会使他们在工作申请中处于比较不利的地位。

Te Nijenhuis等（1997，2003）比较了来自土耳其、北非、荷兰安德烈斯群岛以及苏里南的第一代移民与荷兰本地人，他们使用了两种人格问卷，《阿姆斯特丹履历问卷》（*Amsterdam Biographical Questionnaire*，ABV）和ICIP（*Institute for Clinical and Industrial Psychology*，临床和工业心理学研究所）刚度测验（IRT，Tellegen，1968）。研究使用了来自荷兰铁路和地区公共交通公司的应聘者的大样本。移民者在神经质维度（神经质，$d=0.62$；神经性抑郁，$d=0.63$；情绪性持续言语，$d=0.28$）、刚性维度（教条主义，$d=0.63$；秩序，$d=0.48$）以及社会赞许（社会从众性或说谎，$d=0.56$；以及测验态度，$d=0.48$）上平均分较高，在外倾性维度（外向，$d=-0.19$；成就导向，$d=-0.22$；社会适应，$d=-0.37$；变化需要，$d=-0.11$）上平均分数较低。土耳其人与北非人的差异要大于安德烈斯人与苏里南人的差异。土耳其人和北非人最大的效应量发现于神经质维度（d值分别为0.79和0.93），神经性抑郁（d值分别为1.05和1.19），社会从众性或说谎维度（d值分别为0.78和0.69），以及教条主义维度（d值分别为1.03和1.15）。移民群体的平均分数分布，尤其是那些土耳其人和北非人，被认为对工作应聘者没什么好处，并且不适合大部分的职位。

总之，我们能得出这样的结论，经验结果不能强有力地证明在不同种族群体中人格量表的预测差异或者不可比性。另外，美国和英国的研究结果显示，人格测验对少数种族群体的不利影响并不是非常大，甚至是微不足道的。这意味着这些项目可能有减少选拔程序中不利影响的潜力，尤其是当工作相关的工作绩效（例如，周边绩效、服务导向以及团队合作）包含在整体绩效测量中时。然而，对荷兰第一代移民中的工作应聘者所做的研究在平均量表分数差异上比在美国和英国的研究中高得多，导致不利的平均分数分布，对于土耳其和北非的移民者尤其是如此。这些差异可能与这些群体的语言问题、教育水平、社会经济地位或者特定文化背景有关。不管是什么情况，基本上没有理由可以乐观地相信通过在选拔项目中使用人格量表能够减少对这些群体的不利影响。

选拔面试

面试是最受欢迎的选拔机制（Huffcutt & Roth，1998）。面试有许多类型（详见Dipboye，本书第5章），通常根据结构化水平、使用到的问题类型或者搜集的信息种类进行分类（Huffcutt，Roth，& McDaniel，1996）。不同的问题类型包括情景问题、行为描述问题、工作模拟问题以及有关工人要求的问题。尽管Hunter和Hunter（1984）的元分析显示面试对工作绩效的平均预测效度系数仅有0.14，但是最近的元分析结果得出了比这高得多的系数。以前的元分析中的方法论问题似乎可以解释这些差别（Huffcutt & Arthur，1994）。Wiesner和Cronshaw（1988）报告的工作绩效平均预测效度系数为0.47，这项研究是基于世界范围内的效度研究。Huffcutt和Arthur（1994），McDaniel，Whetzel，Schmidt和Maurer（1994）都提到平均值为0.37，他们主要是基于对北美的研究。一般来说，高度结构化的面试能够得到更高的效度系数。结构化程度最低的面试的平均预测效度为0.20，而结构化程度最高的面试平均效度系数大约是0.60（Huffcutt & Arthur，1994；Wiesner & Cronshaw，1988）。然而，结构化增加到一定程度之后效度就不再增加了。另外，McDaniel 等指出，面试内容与效度相关：情景面试效度最高（0.50），而心理访谈最低（0.29）。

出人意料的是，在这些元分析中，种族并没有被用作调节变量，这驳斥了区分效度的结论。两项研究报告了雇用面试中不同种族群体之间的平均分数差异。Schmitt 等（1996）总结了六组黑人与白人和三组西班牙裔与白人面试比较，这些面试主要测量了动机因子。得到的*d*值分别是0.15和0.19（少数种族群体得分较低）。在Huffcutt和Roth（1998）的元分析中，他们提到相同种族群体的比较所得到的*d*值稍高，分别为0.25和0.26。因此，与认知能力测验相比，雇用面试表现出的不利影响要低得多。特别有趣的是，高度结构化的面试比非结构化面试得到的种族群体差异更小。这可以用结构化和非结构化面试中面试评分与GMA分数相关性较高来解释（Huffcutt et al.，1996；Salgado & Moscoso，2002）。因此，当面试的注意力较少放在认知能力上时，不利影响会更小一点。因此，结构化面试是一种有效的选拔工具，它的效度较高，不利影响较低。

替代性预测因子的使用

之前对研究的回顾已经指出，一些流行的选拔工具存在种族群体差异。另外，这些差异的大小会因使用的工具类型不同而有所差别。亚群体差异在认知能力测验中最大，在人格测验中最小。较大的平均分差异会转化为较大的不利影响，但是，当选拔率恰好很具有选择性时（Sackett & Ellingson，1997），即使很小的差异也可能导致相当大的不利影响。然而，在前面的回顾中我们也已经弄清楚，这些测验通常并不显示出预测偏差。这证明了在与应聘者种族无关的情况下使用这些测验是合理的，因为对于所有的种族群体，有效的无偏检验中较高的分数会同等地得出较高的工作绩效预测结果。现在的问题是：当谈到机会均等时怎样才是公平的？如何加强组织内的种族多样性？这类问题的回答一点都不简单，因为在多种族社会中，工作绩效最大化的价值观与多样性可能冲突。

正如Sackett等（2001）在综述中讨论的，一些减少不利影响的策略是这种价值矛盾的明确案例。例如，设置定额、群体内规范或者显带技术都会或多或少地减少不利影响，但是同时平均工作绩效也会降低。其他策略的作用非常小，例如根据项目偏差研究结果移除相应的项目，或者等待进一步的研究，例如改变项目呈现方式。减少不利影响的最保险策略似乎是那些干涉预测因子内容或组成的方法。一种方法是专门为减少群体差异而修改认知能力测验，例如，通过排除特定的像高度口语化分测验一类的认知组成部分。然而，这个程序可能会导致预测效度的降低（te Nijenhuis，Evers，& Mur，2000），也可能导致预测差异，这在先前未标准化的GMA测验中是不存在的（Kehoe，2002）。一种更加激进的程序是完全抛弃认知能力测验，并用其他种族差异较小的预测因子替代。这种策略的一个严重缺点是，大部分备选测验的效度较低、稳定性较差或者效度概化较差。另外，正如上面所认为的那样，GMA是学习如何执行工作的基础，因此它应该是任何选拔程序的一部分。

一个更加保险的减少不利影响的策略是将多个预测因子结合使用。由于其特殊的地位，认知能力测验应该构成核心元素，并且会与其他作为补充的人事测验结合使用（Schmidt & Hunter，1998）。这个策略背后的理念很简单：将不利影响低的预测因子与高的预测因子结合使用应该比单独使用不利影响高的预测因子更能降低不利影响。另外，可以预期的是，将认知能力测验与本身就与效标相关联的非认知预测因子结合会提高效度，尤其是当预测因子间的相关性低的时候。的确，一些研究已经表明，在认知能力测验中增加一个或者更多的预测因子会在工作绩效或培训成功预测中产生较大的增量效度（Cortina，Goldstein，Payne，Davison，& Gilliland，2000；De Corte，1999；Ones，Viswesvaran，& Schmidt，1993；Pulakos & Schmitt，1996；Schmidt & Hunter，1998；Schmitt，Rogers，Chan，Sheppard，& Jennings，1997）。诚信测验、工作样本测验、尽责性测验、结构化面试以及/或者工作知识测验的增加带来的增量效度最高。例如，Cortina等（2000）指出，将认知能力和尽责性以及高度结构化的面试结合使用能够产生0.75的复合效度系数。

Sackett等（2001）区分了三个检测混合预测因子对种族差异大小影响的不同方法。其中一个是基于复合心理测量学理论来估计补充策略的作用（De Corte，1999；Sackett & Ellingson，1997）。第二种方法是不同复合替代方案的实证实验（Pulakos & Schmitt，1996；Ryan，Ployhart，& Friedel，1998）。第三种方法基于预测效度、预测因子间相关以及亚群体差异的元分析结果，估计预测因子组合的影响（Bobko，Roth，

& Potosky，1999；Ones et al.，1993；Schmitt et al.，1997）。这三种方法的结果很相似：复合措施总是会减少亚群体差异，但是减少的程度比人们的期望要小。因此，Sackett和Ellingson指出，两种不相关的测验（$d_1=1.0$而$d_2=0.0$）的复合会将差异减少至0.71，而我们最期望的结果是0.50。同样地，Pulakos和Schmitt在实证研究中指出，当三种可选预测因子（传记资料、情境判断测验以及结构化面试）被补充进来后，语言能力中黑人与白人差异的d值1.03只被减少至0.63。而人们可能期望在增加三项预测因子后获得更大的减少。Bobko等使用元分析方法计算的四个预测因子（认知能力、尽责性、传记资料以及面试）的亚群体差异d值为0.76，而只使用认知能力测验时d值为1.00。可与此相比较的，Ones等将认知能力测验与诚信测验结合使用得到的d值为0.78。当效标从工作绩效变为周边绩效时，这些数字会变得更加积极（也就是说，群体差异更小），因为在那种情况下，替代的预测因子权重更大（De Corte，1999）。

研究人员在解释认知能力测验与替代预测因子组合的作用时似乎有点悲观。一个原因可能是，作用有点令人失望；另一个可能是，产生的亚群体差异仍然会对选拔率造成大量的不利影响，因此不符合五分之四法则。然而，上面提到的研究指出，这种策略一般会使种族群体差异减少20%至40%，这会导致不利影响率更大幅度的降低（Ones et al.，1993；Sackett & Ellingson，1997）。预测效度并不需要为获得这种改善而做出牺牲；相反，这些结合使用的预测因子的预测力相较于单独使用认知能力的预测力更高。人事选拔心理学家应该采纳这种策略并且承认亚群体差异的存在，而且群体差异的影响并不能通过使用替代性预测因子而得到完全消除。亚群体差异在认知能力方面的减少超出了它们的影响。

效标偏差

所有关于预测偏差的研究和模型都假定，效标测量是无偏差的。然而，如果效标包含一些偏差，这些偏差与预测因子中的偏差并行，也就是说它同样对一些群体不利，那么预测因子可能会被错误地认为是无偏差的。

为了调查效标偏差的可能性，常见的研究设计是将种族群体与主观绩效测量的相关性水平与种族群体与客观绩效测量相关性做比较。这个实验设计的原理是，客观决定的效标（例如，缺勤率、工作知识测验的分数、销售额）在没有主观判断的条件下不易受到偏差的影响。当种族群体客观效标的差异看起来比主观效标更小时（例如，上级主管对整体绩效或者特定效标进行评定），这可能是主观决定效标中偏差的迹象。主观效标偏差的信息具有特殊意义，因为评分是绩效评估的常用方法（Landy，Shankster，& Kohler，1994），因此常常在大多数效度研究中被用作效标测量。在一项元分析中，Ford，Kraiger和Schechtman（1986）比较了多种类型的效标测量下（工作绩效、缺勤率以及认知效标）黑人与白人的客观和主观绩效评估。在所有测量中，白人得分比黑人更高（更高的分数意味着更好的绩效）；群体成员与效标分数之间的总体相关关系为0.20。客观和主观测验的总体效应量几乎一样，尽管Ford等发现，在工作绩效与缺勤率的主观测验中，种族与绩效关系比客观测验中更大。Roth，Huffcutt，和Bobko（2003）重新分析了Ford等的数据，同时加入了许多新的研究。Roth等也发现在所有类型的效标测量（质量测量、数量测量、工作知识以及缺勤率）中，白人得分比黑人更高，但是与Ford等人的发现相反，对于每个效标类型内的种族差异，客观测验比主观测验更大。假设客观效标是相对无偏差的测量，这些结果可能会导致这样的结论：主观效标不会因评估偏差而对少数种族群体造成不利影响。事实上，依据Roth等的研究，他们猜想评估者可能面临着使种族群体差异最小化的压力。

另一项研究效标偏差可能性的研究设计是要调查评估者与受评人种族对绩效评定的交互影响。Kraiger和Ford（1990），Sackett和DuBois（1991）以及Waldman和Avolio（1991）的元分析与此策略相匹配。这一系列研究的结论是，当进行绩效评定时，评估者不会明显地偏向同种族的受评人，尽管评估少数种族员工的少数种族主管可能会例外。另外，当认知能力、教育和经验对效标分数的影响被部分剔除（正如Waldman & Avolio研究中所做的那样），白人和黑人的平均效标分数几乎相等。由于认知能力、教育以及经验是工作绩效强有力的预测因子，所以这个发现间接支持评估的无偏性。因此，人们会期望，中和这些变量中的种族差异的确会消除效标中的差异。

总之，上述研究的结果显示，"效标并不是问题所在"（Schmidt，2002）。第一，对客观效标的影响与对上级评价的影响相同，或者甚至前者比后者更大。第二，这些评估似乎相对避免了评估者种族偏差。第三，当认知能力和教育的影响得到控制时，不同种族群体间的效标差异基本上都消失了。结论是，主观效标测量作为预测偏差研究中的常用措施，通常是无偏差的。这支持了本章第一部分中呈现的证据，即预测偏差不存在。

最后，不同种族间的效标差异大小需要讨论。美国白人与黑人效标差异的效应量通常在$0.2d$至$0.6d$的范围之内（例如，Ford et al.，1986；DuBois，Sackett，Zedeck，& Fogli，1993；Roth et al.，2003；Waldman & Avolio，1991）。白人与西班牙裔差异似乎有点小，尤其是在使用主观测验的时候（Rothet al.，2003）。在一项英国人的研究中（Dewberry，2001），结果显示，少数种族学员更可能在律师的强制培训中成绩不及格，并且比白人学员绩效分数更低，效应量分别为$0.50d$以及$0.54d$。TeNijenhuis，de Jong，Evers和van der Flier（2004）回顾了八项荷兰的研究，研究对荷兰人与移民员工的工作绩效和工作相关培训结果进行比较。差别通常在$0.25d$至$0.50d$的范围内，对语言相关的绩效会更高一点。欧洲研究的发现与美国研究结果一致，都显示少数种族绩效较低。效应量似乎可以概化，d的模态值范围是0.40至0.50，尽管效应量对于涉及的特定种族群体可能略有不同。

除了特定种族群体影响，似乎影响差异大小的最重要的因素就是效标测量的类型。

像培训绩效、工作知识、技术熟练度以及工作样本（Dewberry，2001；Ford et al.，1986；Kraiger & Ford，1990；Roth et al.，2003；Sackett & DuBois，1991；te Nijenhuis et al.，2004）这样的效标差异最大。像纪律（Sackett & Dubois，1991）和缺勤率（Ford et al.，1986；Roth et al.，2003；te Nijenhuis et al.，2004）这样的效标差异最小。假定的认知复杂度差异或效标类型所涉及G因素的程度，可以用来解释这些不同的作用（Gottfredson，2002）。正如前面部分所提到的，GMA测验的工作绩效预测效度通常约为0.50，非裔美国人与美国白人之间以及欧洲的多种移民与多数群体之间（详见表13.1）的GMA差异大约是$1d$。Schmidt（2002）指出，在这些值中，可以预期效标绩效的差异为$0.5d$。实证的模态值为0.4至0.5，非常符合预期值，假定涉及G因素程度相对较高时（培训表现以及工作知识）效标类型的d值比这个值高，而假定涉及G因素程度相对较低时（纪律和缺勤率）效标类型的d值比这个值低。随着效标的认知复杂性增加，多数群体与少数群体之间的差别也会增加。

结论

本章回顾了北美和欧洲人事选拔中种族偏差的研究。幸运的是，大量的研究显示四种流行的选拔测验并不存在预测偏差，即认知能力测验、工作样本测验、人格测验以及选拔面试（尽管移民群体使用的人格测验除外）。同时，对效标偏差的研究表明，最常见的效标测量类型，例如，绩效评估，也没有偏差。这一证据支持不存在预测偏差的结论，它排除了预测因子和效标测量中平行偏差的可能。

一个需要关注的严重问题是不同种族群体间平均分数的巨大差异，尤其是在认知能力测验中。它们对少数种族群体的雇用率造成极大的不利影响。文中讨论了三个解释这些差异的假设，即（1）刻板印象威胁；（2）语言偏差；（3）速度与精度的平衡。还没有发现确凿的证据可以证明任何一种假设。然而，语言偏差可能对认知测验分数影响较小，尤其是在移民群体中。

因此，通过在认知能力测验中补充其他预测因子措施这种方法来减少不利影响的可能性在文中得到了讨论。这种策略可能在导致不利影响大量减少的同时增加预测效度。然而，呈现的研究成果也显示，只要这些群体在工作相关技能和能力上不同，所有种族群体在所有工作中具有同等表现是不切实际的。更加有效的策略是通过提供专门的培训和教育努力减少技能和能力本身的差异，我们要谨记这些差异似乎是非常顽固的（Gottfredson，1988）。目前，最好的人事心理学家能做的就是优化所使用到的预测因子测量，要认识到，"公平"从平等代表权的角度来看，现在还达不到。

第四部分 人事选拔中效标的测量

第十四章 人事选拔中对典型绩效和最佳绩效的预测

Ute-Christine Klehe，Neil Anderson

在实施人事选拔时，组织都希望对应聘者未来的工作绩效进行甄别，甄别出应聘者能做的（如，最佳绩效）以及未来可能做的（如，典型绩效）工作。本章的目的在于描述这两种绩效之间的区别，并且说明这种区别是如何在人事选拔中为实践者和研究者提供助益。因为，尽管这种区别符合当下工作绩效模型，并且在理论上受到极大的关注，但在选拔实践中还是常被研究者和实践者所忽视。很多组织并不清楚他们预测或者试图预测的是两种绩效中的哪一种，向新员工的选拔工作投入大量资金的同时，研究者们也正在进行大量的验证研究（Guion，1991）。最后，我们会对未来的研究方向提出建议，比如绩效的调节变量和边界条件，同时指出研究两种绩效时的潜在缺陷。

典型绩效和最佳绩效的差别

Cronbach（1960）运用典型绩效（Typical Performance）和最佳绩效（Maximal Performance）的差别来区分能力测量和人格测量。后来这种区分也被广泛应用于人事选拔过程（Dennis，Sternberg，& Beatty，2000）。然而，它同样可以应用于被预测的效标：Sackett，Zedeck和Fogli（1988）采用这一概念来描述工作绩效中的变化。他们认为，在典型绩效（即日常的工作绩效）中，员工（1）相对难以察觉到自己的绩效可能会被观察甚至被评估；（2）不会有意识地持续表现出最佳绩效；（3）在一个较长的时段里坚持做自己的工作。

典型绩效能够表征许多日常工作，从汽车修理工到研究人员到再首席执行官。然而在最佳绩效情境下，例如当汽车技工意识到老板正在监视他们的一举一动，或者当研究者在国际会议中展示他们的科学报告时，他们（1）充分意识到正在接受评估；（2）意识到或者接受隐性的或显性的使自己努力程度最大化的指令；（3）在一小段但是足够长的时间内受到观察，以保证他们的注意力集中在工作上。

绩效状况是典型还是最佳，这会对动机和能力在其中扮演的角色有重要影响。工作绩效通常被概念化为关于能力和动机的函数（Locke，Mento，& Katcher，1978）。

动机由三个选择定义（Campbell，1990）：（1）耗费精力（方向）；（2）精力耗费水平（水平）；（3）是否维持精力耗费水平（坚持）。Sackett等（1988），DuBois，Sackett，Zedeck和Fogli（1993）提出了从典型绩效作为一端到最佳绩效作为另一端的连续范围理论，定义的差异主要在于动机。在执行典型绩效期间，这些选择中的每一个都由员工自己决定：（1）既然他们的绩效不用被评估，就可以选择几种最相关的任务，同样也可以选择拖延；（2）既然员工没有收到任何要做到最好的要求，他们可以选择将所有的精力投入工作，或者只是投入一定比例；（3）因为他们在连续工作后可能会疲劳，员工可以选择坚持努力的水平或者降低它。

　　然而，不管典型绩效状况何时转变为最佳绩效状况，每一个选择都有影响。DuBois等人（1993）和Sackett等人（1988）认为，在最佳绩效时，动机被迫上升为高水平，因为（1）要执行的选择是在员工知道了自己在被监视的情况下做出的。DuBois等人（1993）认为，"除非想要得到纪律处分，人们除了努力工作外没有其他选择"。另外，（2）付出努力水平高，因为最佳绩效状况的第二个特点要求个人意识到并且接受付出努力的指令。（3）对努力的坚持在最佳绩效中既没有被要求也没有测量，因为监视只进行一小段足够长的时间，对个人来说，他们只要在这段时间内集中精力工作就行了。当然，人们不能假定员工绝对不会积极地在典型绩效状态下表现出最大能力；然而，与最佳绩效情况相反，人们也不能这样想（P. R. Sackett，2004）。

　　在最佳绩效与典型绩效之间动机的差异会影响能力和动机对绩效的相对作用（详见图14.1）。在典型绩效期间（"人们会做什么"，Sackett et al.，1988），动机和能力都应该是绩效的相关预测因子。鉴于在最佳工作绩效状态下，动机被迫变得很高，然而，最佳绩效首先应该受到员工能力的限制（"人们能做什么"，Sackett et al.，1988）。Janz（1989）将差异总结如下："最佳绩效关键在于能力，而典型绩效关键在于选择。"

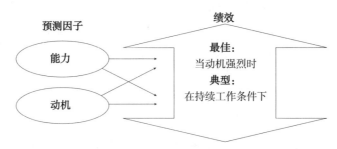

图14.1　通过测量能力与动机来预测典型与最大化绩效

　　如果许多实证研究没有表明员工在完全相同的工作中，典型与最佳绩效之间的联系很低，那么典型与最佳绩效之间的差别可能不会有很大影响。在第一项有关此差别的研究中，Sackett等人（1988）比较了1370名超市收银员在处理杂货时典型与最佳的速度和精度。典型绩效包括四个星期内工作中每分钟处理物品的平均数。由于数据是通过电子记录系统获得的，数据收集是暗中进行的。在相同的时间段内，最佳绩效是通过在两个或三个场合中处理两推车杂货的情况来评定的。这次，收银员被告知数据收集会用于评定他们的绩效，而且他们被要求尽力做好这项工作。测得的员工的典型与最佳绩效之间的相关关系范围为 0.11 至 0.32，这引发了关于典型与最佳绩效是否可互换的疑问。后来 Ployhart，Lim 和 Chan（2001），Klehe 和 Latham（2003），Klehe 和 Anderson（2004a）在北美、东亚和欧洲的实验室以及现场条件下所做的研究重复了社会心理学和管理任务中典型与最佳绩效的差别。研究中，绩效是同时利用软效标测验和硬效标测验进行的评定。

Klehe 和 Anderson（2004a）对 Sackett 等人关于动机和能力角色的猜想进行了完整检验：在实验室条件下，138 名参与者需要在网上寻找硬件价格并将它们输入一个程序中。参与者在做这项工作的近两个小时的时间里，大部分时间他们都没有被明显地观察和评估（典型绩效）。电脑暗中记录下所有参与者的行动。只有在实验中间时实验者会进入房间五分钟并观察参与者（最佳绩效）。尽管实验者已经被告知要保持沉默并且尽可能地减少互动，但是他的进入是为了观察大家这一点非常明显。结果显示，被试在最佳绩效评定期间工作并没有明显地变得更好，但是他们在实验者到场的短暂时段内工作更加努力了：根据对工作时间的测量显示，他们精力更加集中到工作上。而根据每分钟点击鼠标数的测量显示，他们努力的程度更高，并且正如这段时间努力程度提高所说明的那样，最佳绩效期间耐力似乎已经不是什么问题。结果，他们最佳绩效期间的绩效超过了实验其他时间的绩效，Klehe 和 Latham（2003）以团队合作为效标的研究也得到了类似的结论。

另外，Klehe 和 Anderson（2004a）发现与典型绩效相比，网络知识与最佳绩效的显著相关性更高（$r=0.45$ vs. 0.32 和 0.29），另外网络自我效能（$r=0.18$ vs. 0.37 和 0.33）和计算机自我效能（$r=0.31$ vs. 0.45 和 0.44）与最佳绩效的显著相关性更小。这些结果展示了第一个实证测验以及对 Sackett 等（1988）的证实，至少在可控的实验室条件下是这样。该实验室条件下，被试做一项中度困难却很无聊的管理工作。

与工作绩效早期理论的匹配

假如典型与最佳绩效之间的差别是真实存在的，那么就有了这样的问题：它怎么与工作绩效的早期理论相匹配？Campbell（1990）建议，绩效包含八个方面，其中适用于各种工作的核心方面是特定工作任务熟练度、展现努力以及坚持个人纪律（拒绝反生产行为）。他进一步指出，这些因素可能被用于区分最佳和典型绩效。尽管工作能力与最佳绩效密切相关，但展现努力和坚持个人纪律与典型绩效尤其相关。相似的可用方法还有，通过使用 Viswesvaran，Ones 和 Schmidt（1996）的十相关因素模型解释典型与最佳绩效之间的差异，主要是用"努力"维度来区分二者。

然而，典型与最佳绩效之间的连续体与绩效的不同维度的相关度可能低于与这些维度的决定因素的相关度。Campbell（1990）提出，绩效由三个因素决定：陈述性知识、程序性知识和技巧、动机。在Sackett 等人的观点中，最后一个因素——动机在最佳绩效中可能被限定为高水平，而在典型绩效期间它可能有所变化并且能够预测绩效。Campbell（1990）认为动机是关于"任何由你最喜欢的动机理论明确规定的自变量"的函数。期望理论（Expectancy theory，VIE；Vroom，1964）假设人们越相信他们的努力会带来高绩效（期望）就越愿意努力工作，他们越相信这些绩效会得到奖励（工具）就越重视那些奖励（效价）。正如DuBois 等人（1993）的看法，在典型到最佳绩效的转变中最受影响的变量可能是工具，即高绩效能够得到奖励的信念，或者换种说法，低绩效会受到惩罚：在典型绩效条件下，工具可能相对较弱。由于没有外部评价，员工感知到的高绩效与奖励之间的联系主要依赖于工作内在激励的水平，以及员工订立目标的能力和实现目标后可能得到的奖励（也就是说，他们自己创建缺失的工具）。然而，在最佳绩效情况下，当员工被鼓励投入全部精力并且根据他们的绩效做出评估时，绩效与外在奖励之间的联系变得非常明显，这导致员工动机性很高并且绩效结果成为能力的反映。

人事选拔中典型绩效与最佳绩效的差别

　　Sackett 等人（1988）关于典型与最佳绩效的假设已经得到了大量关注，因其对工业、工作和组织（IWO）心理学具有广泛而深远的影响（例如，Viswesvaran，Sinangil，Ones，& Anderson，2001），尤其对人事选拔的影响（例如，Ackerman & Humphreys，1990；Arvey & Murphy，1998；Borman，1991；Herriot & Anderson，1997）。通过最佳绩效期间对动机的区分和角色限定，Sackett 等人（1988）希望能够对典型绩效期间能力所扮演的角色进行评估。Chernyshenko，Stark，Chan，Drasgow和Williams（2001）将这一差异应用于项目反应理论（IRT），并认为传统的IRT模型可能很适合作为最佳绩效条件下限制性反应的模型，而不适用于典型绩效条件下反应的复杂度。Guion（1991）认为，典型与最佳绩效之间的低相关或许能够解释许多工作绩效的预测因子出现的效标关联效度低的现象。更具体地说，Campbell（1990）认为，基于最佳绩效的预测因子做出选拔决策，这样可能是经常发现人事选拔程序与工作典型绩效之间的关系较弱的一个原因。这样的错配也可能造成组织内大量的财务问题：Boudreau（1991）注意到，如果绩效的美元价值是基于最佳绩效效标，那么对选拔程序预测典型工作绩效的效用分析结果可能会产生偏差，反之亦然。因此，研究者和实践者需要知道他们想要预测绩效的哪一方面。尽管这对于效度研究可能非常正确，Guion（1991，1998）强调，通常研究者需要决定在特定的研究情境下哪个构想作为效标更加有用。类似地，Sackett和Larson（1990）讨论了研究结果概化所面临的挑战，包括典型绩效情境下得到的实证研究结果无法概化到最佳绩效情境下，反之亦然。

　　在下面的部分中，我们会讨论三个研究，它们概述了在不同选拔程序中，讨论典型与最佳绩效的差别，对于效标关联效度以及结构效度的相关性，并考虑了对于人事选拔的更进一步的益处以及典型与最佳绩效可以如何与典型和最佳预测因子或绩效相关联。当然，可以肯定的是，对于适合使用关键事件分析技术的工作（Voskuijl，本书第1章）来说，对最佳绩效的预测在员工选拔期间也至关重要。

对效标关联效度的影响

因为典型和最佳绩效效标的关键决定因素不同，Sackett 等人（1988）及DuBois 等人（1993）认为，任何人事选拔程序的效度都有所不同，这取决于它们是被用于预测典型绩效还是最佳绩效。能力测验应该是最佳绩效较好的预测因子，而动机测验应该对典型绩效有更好的预测效果（Klehe & Anderson，2004a，2004b）。这一观点已经引起了实证研究对典型和最佳绩效的关注。

鉴于最佳绩效的变异并不是因为个人动机的差别，而主要是因为个人能力的差别，DuBois 等人（1993）假设，认知能力与最佳绩效的关系应该比与典型绩效的相关关系更强。DuBois 等人使用Sackett 等人（1988）检验过的数据，为这一假设提供了支持性证据。超市员工的认知能力与处理杂货的最佳速度的关系比与典型速度绩效的相关关系更强（$r=0.34$和0.21，$p<0.05$）。

使用相同的假设，Klehe和Latham（2003）提出一个对团队合作知识、技能和能力的测验（KSA测验，Stevens & Campion，1999），并且在167位MBA学生中，实践智力与团队最佳合作绩效的相关性应该比与团队典型合作绩效的相关性更高。在学生进入MBA项目之前，就对预测因子进行了评定，效标则在第一学期末进行评定。研究群体中的其他同伴评价其典型绩效，并在一周课程计划的末尾评价最佳绩效。这项计划解释了学生在班级中最终成绩的25%，其中5%是由同伴对团队合作绩效的评估决定的。另外，典型和最佳绩效是有所不同但又相互关联的构想（$r=0.30$）。实践智力与最佳绩效的显著相关性（$r=0.38$）比与典型绩效的显著相关性（$r=0.24$）更高。尽管相关关系的方向一致（$r=0.40$和$r=0.32$），但是对于团队合作KSA而言，差异并不显著。

Ployhart 等人（2001）采用了一种不同的方法。一项早期的研究显示，宜人性、开放性以及外倾性与变革型领导风格相关（Judge & Bono，2000）。Ployhart 等人认为，这种关系在最佳绩效条件下应该是显著的，因为变革型领导风格在这种情境下是非常相关的。相反，他们认为，最佳绩效条件下固有的条件限制应该会导致尽责性和神经质的动机性人格维度对典型绩效有着更好的预测作用。他们最终在为期两天的评价中心（最佳绩效）以及基础培训的结尾（典型绩效）收集了1259名新加坡军队新兵的由同龄人和上级评价的变革型领导风格的评价结果。在解释了测量影响之后，Ployhart 等人发现最佳和典型的变革型领导风格绩效是相关但又不同的潜在构想（$\rho=0.69$），它们与"大五"人格因素的关系也不同。开放性对最佳变革型领导风格绩效具有预测性（$\rho=0.16$），外倾性对最佳（$\rho=0.36$）和典型（$\rho=0.25$）变革型领导风格绩效都有预测性。Ployhart 等人假设尽责性对典型变革型领导风格绩效有更好的预测作用，但这一假设没有得到支持（$\rho=0.05$）。另外，Ployhart 等人的最终模型包括一个神经质与典型绩效之间的显著但弱的路径系数（$\rho=0.08$），但是没有假设任何神经质与最佳绩效之间的路径。

对结构效度的影响

尽管对于代表能力相关（如，认知能力）或动机（如，神经质）测验的预测因子而言，情况可能相对简单，但DuBois 等人（1993）的假设已经引发很多激烈的讨论，讨论主要是关于评估动机或者能力的方法，例如，关于结构化选拔面试，Latham（1989）认为情景面试（SI）会询问应聘者在假设的工作相关的困境下会如何做，因而它评定的是意愿，即行动的直接动机来源（Fishbein & Ajzen，1975；Locke & Latham，1990）。Janz（1989）不同意这点，他认为SI测量的是口头归纳推理技能，而不是真实意图。他总结道，相对于最佳绩效来说，SI 作为典型绩效的预测因子更差。同时他提出，模式化的行为描述面试（PBDI）向应聘者询问过去的行为，它评估的是过去的选择，因此应该是典型绩效的有效预测因子。Taylor 和Small（2002）有着相似的看法。他们提出SI评定的是应聘者的工作知识，而PBDI评定的是应聘者将这些知识应用于工作的动机。结果是，作为典型绩效的预测因子，PBDI 应该比 SI 更好。其他被认为主要由 SI或 PBDI 评定的构想包括认知能力（例如，Schmidt，1988）、实践智力（例如，Conway & Peneno，1999；Schuler & Moser，1995），以及工作知识（Motowidlo，1999）。

Klehe 和Latham（2003）在对SI和PBDI的预测效度研究中包含了典型和最佳绩效，从而能够在强有力的实证研究基础上解决这个争论，而不仅仅是通过面试表现和所提出构想间的相关分析。SI和PBDI对典型绩效的预测（对于SI，$r=0.41$；对于PBDI，$r=0.34$）比对最佳绩效的预测更好（对于SI，$r=0.25$；对于PBDI，$r=0.11$）。团队合作KSA和实践智力中介对最佳绩效的预测，但是对典型绩效并没有这种作用。鉴于Sackett等（1988）关于动机和能力在典型及最佳绩效期间的角色的猜想是正确的（Klehe & Anderson，2004a），这些发现表明，SI 和 PBDI 都主要评估动机构想，例如，意愿或者选择。然而，这些动机变量可能仍然由面试者的实践智力和工作知识引起并受其影响（Anderson，1992，2003）。尽管未来还需要在这个方向进行研究，但此研究概述了使用典型与最佳绩效之间的连续体来验证特定选拔程序的结构效度的可能性。

作为效标的典型和最佳绩效

像Ployhart 等人（2001）以及Klehe 和Latham（2003）那样，在效度研究中将两个极值点的测量结果作为效标，展现了典型和最佳绩效连续体的明显优点。然而，我们也可以使用这一差异来检验人事选拔中发现的现象在何种程度上也存在于典型和最佳工作绩效条件中。例如：过去的研究已经发现，应聘者不仅在非结构化的选拔面试中使用不同的印象管理策略，在结构化的选拔面试中也一样（Stevens & Kristof，1995），例如SI和PBDI（Ellis，West，Ryan，& DeShon，2002）。然而，这项研究不能判断出面试中印象管理的数量是否超过日常的标准，以及"当（印象管理）策略是应聘者的真实反映时，对面试官的决策而言是否是有价值的"（Ellis et al.，2002）。在典型和最佳绩效条件下对相同的印象管理策略的观察可以帮助我们弄清结构化面试中，印象管理在多大程度上超过日常的标准。

绩效的最佳和典型预测因子的联系

尽管本章首要解决的是典型和最佳绩效作为效标的问题，但典型与最高绩效预测因子方面的差别也经历了进一步的发展。关注典型和最高的预测因子与典型和最佳的绩效效标如何相关，这会非常有趣。当比较典型和最高预测因子时，Fiske和Butler（1963）认为，对于最高绩效，"我们想要得到一个纯净的测验，它几乎全部由一件东西决定，即被试的能力，而不是受多重影响的测验"，因此最好的测验应该主要对能力方面进行评估。对于人格测验，"我们通常关心这一倾向的优点，因为这能够对个人最想做的事情提供最好的评估。"根据这一看法，最高绩效（能力）测验主要预测最佳工作绩效，而典型绩效（人格）测验主要预测典型工作绩效。然而，Ployhart等（2001）列出的研究结果表明，一些人格构想，例如外倾性和开放性，更适合作为最佳绩效的预测因子，至少对于特定的内容域是这样（例如，变革型领导风格）。另外，Ackerman和Heggestad（1997）通过元分析发现，能力、个性和兴趣之间的差异并不总是那么明确。

表14.1展示了一些人事选拔中的预测因子，以及被假定为能够预测典型绩效还是最佳绩效。该表显示，认知能力或一般心理能力（GMA）测验最可能预测最佳绩效（DuBois et al.，1993）。在国际上，GMA测验通常是在标准化条件下进行的，并且有严格的时间限制（唯一的例外是电脑化变式），因此应聘者在相对较短的测验时间内有强烈的动机去表现出最佳能力水平。然而，我们当然也会承认，在美国（例如，Hunter & Hunter，1984；Schmidt & Hunter，1998）和欧洲（例如，Salgado & Anderson 2002；Salgado et al.，2003）所做的主要的元分析已经发现，GMA测验也是典型绩效的高度可靠的预测因子。然而，我们也应该注意到，这些元分析通常使用上级评定的工作绩效或培训成功作为效标。正如下面将要讨论的，采用上级评价或培训效果作为典型绩效的测量，这一做法的效度已经受到了质疑（Dewberry，2001；Klehe & Anderson，2004a；Sackett et al.，1988；Thorsteinson & Balzer，1999）。这些发现与表14.1中的内容并不矛盾，然而对于GMA和特定能力测验，明确用最佳或典型绩效作为效标的研究还很缺乏（Salgado & Anderson，2003）。我们认为这样的研究很可能发现对最佳绩效来说更强

的预测因子–效标关系，甚至比现存元分析中GMA及特定能力与典型绩效的关系更强。正如我们下面将要指出的，需要进一步的实证研究来验证或者驳斥表14.1中的多种关系。当然，关于典型绩效的预测因子的命题有一个前提假设，即被试没有过度进行印象管理（例如，Ones & Viswesvaran，1998）。

表14.1　人事选拔中的预测因子以及它们与典型和最佳绩效之间可能的关系

测验	预测绩效		参考文献
陈述性知识	最佳		Klehe & Latham，2003
一般心理能力（GMA）	最佳		DuBois et al.，1993
流体智力/推理	最佳		DuBois et al.，1993
视觉感知	最佳		
速度感知	最佳		DuBois et al.，1993
记忆	最佳		DuBois et al.，1993
构思流畅性	最佳		
晶体智力	最佳		
心理运动技能	最佳		
身体技能	最佳		
人际技能	最佳		Klehe & Latham，2003
自我管理技能	最佳		Ployhart et al.，2001
实践智力	最佳		Ployhart et al.，2001
经验开放性	最佳		Klehe & Latham，2003
外倾性	最佳	典型	
情景面试（SI）		典型	Klehe & Latham，2003
	最佳		
模式化的行为描述面试（PBDI）		典型	
	最佳		
评价中心		典型	
	最佳		
兴趣		典型	
尽责性		典型	
诚信		典型	
自我效能		典型	

　　尽管一些预测因子展现的是方法而不是构想，但也被包含在列表中，这是因为它们经常用于人事选拔。结构化面试和一些评价中心练习可能主要预测典型绩效（Klehe & Latham，2003）。然而，如果经过开发后，被用来评定能力，这些方法也可以预测最佳

绩效。例如，Campion，Campion和Hudson（1994）开发了一种SI和一种PBDI来测量认知能力。这些特定的面试可能是最佳绩效而非典型绩效的主要预测因子。

表14.1的最后一栏指出，过去的研究检验了所有已提出的预测因子。显然，许多关系还有待检验，并且所有展示的结果都需要重复。显然，在已经发表的研究中，只有少量检验了作为典型和最佳绩效预测因子的不同选拔方法的效标关联效度。这在选拔文献中是个值得注意的缺憾，也引发了人们的思考：组织是否能够最简省地使用不同的预测因子来预测典型或者最佳绩效？

不幸的是，如今对工作绩效预测因子的效标关联效度的元分析中，也缺乏对典型和最佳绩效差别的考虑。例如，乍一看，绩效效标，例如"工作熟练度"（Hough，1992），展现了最佳绩效，直到读者认识到这些效标也包括对"整体工作绩效"的测量。我们建议在元分析中也要对典型与最佳工作效标进行更明确的区分。对于那些员工行为在关键情景（即，最佳绩效）中至关重要的工作角色，这样的研究显然具有极大的实际意义。

典型和最佳绩效间关系的影响因素

就作者所知，目前已发表的研究中还没有一个同时涵盖对典型和最佳绩效的评定。这非常不幸，因为二者之间的关系可能并不总是弱的。Sackett（personal communication，January 6，2004）指出，他绝不认为，只有当所有最佳绩效条件都得到满足时，才能观察到员工的最佳绩效；只是人们常常不能确定展现的绩效是否真的是最佳。鉴于这种差别的重要性，知道它在何种条件下表现更明显，何种条件下表现不明显，就成为一个重要的相关问题。本部分介绍了一些典型和最佳绩效之间关系的潜在调节变量，以及其他可能影响这一差别的心理构想。

调节变量

工作复杂性　在发现超市收银员心理运动任务中的典型和最佳绩效相关关系很弱（$r = 0.11$ 至 0.32）之后，Sackett 等（1988）提出典型与最佳绩效之间的关系可能因工作的种类不同而有所变化。概化问题很重要，因为简单的心理运动工作越来越少，而涉及心理社会技能的工作正在迅速增加（Hesketh & Bochner，1994）。

在需要学习和相互适应的动态环境之下，典型与最佳绩效之间的差别可能比在相对稳定的工作中更小。Sternberg（1999）将能力概念化为发展专业知识，并认为获得专业知识的主要约束不是一些固定的能力，而是有目的的实践。因此，个人完成复杂工作的能力可能依赖于那个人之前学习如何高效完成任务的动机。对于职业我们可以提出一个极端的看法，即典型的日常绩效只是为了达到最佳绩效而进行的练习，例如，专业的音乐家或者运动员，或者为期末考试而学习的学生。对于复杂的工作，典型绩效可能变成最佳绩效发展的先决条件，而二者之间的差别变得比Sackett等人（1988）所得到的结果更加不清晰。然而，在复杂性高（Klehe & Latham，2003；Ployhart et al.，2001）和低（Klehe & Anderson，2004a；Sackettet al.，1988）的工作中发现的广泛变化的相关关系并不支持这种看法，同时在这一问题上有所定论的研究太少了，未来对此问题以及相关的调节变量的研究非常需要。

社会懈怠文件中发现的调节变量还存在着一些其他的潜在调节变量。研究社会懈怠的文献与研究典型和最佳绩效差异的文献具有相同的主要特征。社会懈怠是指，相比于独自工作，个体在团队工作时更倾向于付出较少的努力。与典型和最佳绩效类似，社会懈怠也依赖于评估情景中潜在的评估水平。Latané，Williams和Harkins（1979）提出，当人们认为他们的绩效无法被确认的时候，他们就会出现社会懈怠，因为他们认为"自己的绩效无法获得准确评分，也不会得到相应的责备。"在一份包含163个效应量的元分析中，Karau和Williams（1993）确信人们在感到其对结果不担负责任时会出现社会懈怠，但是在他们感到自己的结果会被评定时则不会出现。DuBois等人（1993）也有着类似的看法："在最佳绩效条件之下，除非想要接受处罚，否则人们只能在工作上付出努力而没有其他选择"。因此我们可以提出，社会懈怠研究得到的结果可以应用于典型和最佳绩效研究。

幸运的是，对社会懈怠的研究也积累了大量知识，包括与调节变量相关的元分析结果（Karau & Williams，1993）。可能这些变量中的许多都会同等地减弱典型与最佳绩效之间的关系。典型与最佳绩效之间的关系在下面情况下也可能增加：（1）人们努力工作；（2）群体效价高；（3）人们有群体水平的比较标准；（4）人们希望合作者表现得差；（5）感觉自己的投入独一无二，而不觉得对于他人的投入来说是多余的；（6）人们在小群体中和在大群体中表现相同；（7）此人是女性；（8）来自东方文化背景。

其他相关心理构想

Campbell（1990）质疑最佳与典型绩效之间的差别是否仅仅是动机的作用，动机在典型绩效条件下是变化的，而在最佳绩效条件下是受限的。Kirk和Brown（2003）评估了90名澳大利亚蓝领工人在绩效测验中的表现。在拿到测验材料之后，只要被试愿意，他们能够花费尽可能长的时间为真实测验做准备。在测验之后，被试指出他们近端的（工作领域自我效能）以及远端的（成就需求）动机。结果显示，两个动机变量都与绩效测验中的表现显著相关（β=0.46）。

Kirk和Brown（2003）的操作可能不是完全按照Sackett等（1988）的陈述来做的，

Sackett 等（1988）的实验中，最佳绩效情境时间应该很短，因而毅力不是问题。既然他们允许被试不受时间限制地进行准备，毅力可能变成一个与预测绩效相关的变量。Kirk 和Brown（2003）的发现在他们质疑"同样适用"时是重要的，但是没有检验"动机在最佳绩效情境下被限定为高水平"这一假设。

成就动机　人们还可以认为比较典型和最佳绩效时，成就动机与最佳绩效之间的相关性可能强于与典型绩效的相关性。毕竟，不同于典型绩效条件，最佳绩效条件很可能使它凸现出来，尤其是动机特征得分很高的员工。然而，成就动机得分低的员工投入全部精力的可能性较低，即使是在最佳绩效条件下也是如此，因为他们就是不在乎。然而，我们需要就成就动机（或相关构想）对典型与最佳绩效的影响进行比较。

自我效能　Klehe和Anderson（2004a）也发现自我效能是最佳绩效条件下绩效的有效预测因子，尽管相对于典型绩效来说，它对最佳绩效是一个不够强健的预测因子。然而，在特定条件下，自我效能可能在最佳绩效期间比在典型绩效期间更重要。社会懈怠研究认为，自我效能对于评估期望和绩效之间的关系来说是一个强健的调节变量：在高自我效能的员工中，对评估的期望通常会改善或者不影响绩效。然而对评估的期望会抑制低自我效能员工的绩效（Bond，1982；Sanna，1992；Sanna & Shotland，1990）。Klehe，Hoefnagels和Anderson（under review）发现了对典型和最佳绩效的相近的影响。在通过多选测验反馈对自我效能进行评定之后，93名一年级的心理学学生从他们的一节课中选取了三个话题向同伴解释（典型绩效），并选取三个相关话题向照相机和麦克风前的实验者解释（最佳绩效）。在两种场景中，绩效是由解释的内容以及交流质量两方面评定的。与上述对社会懈怠和抑制的研究相符合、但是与Sackett等（1988）的主张相矛盾的是，低自我效能的被试在最佳绩效条件下的绩效显著低于典型绩效。

中介变量　Klehe 等人（under review）在被试参与两项绩效测验之后对他们的认知干扰和状态焦虑情况进行提问，以此来寻找潜在的认知或者情感中介变量。他们认为，自我效能对注意力焦点具有强烈的影响。低自我效能的人们将不确定的情境解释为有风险的，并且很可能想象失败的场景（Kruger & Dickson，1994）。社会心理学（Alden，Teschuk，& Tee，1992）、反馈干预理论（Kluger & DeNisi，1996），以及教育心理学（Eysenck，1979；Wine，1971）的研究认为，这种机制尤其会在最佳绩效情境下出现。与此相似，自我效能对个人情感反应具有强烈影响（Alden，1986；Bandura，1997；Krampen，1988；Leland，1983）。最佳绩效条件可能导致恐惧以及自我相关的元任务过程的比率上升。当所有的认知资源都需要用来完成特定任务时，评价自身工作绩效的意义可能会阻碍绩效。Klehe 等人发现了低自我效能被试在最佳绩效条件下因状态焦虑而导致绩效受损的这种中介影响。然而，对认知干扰的影响并不显著。

尽管Klehe 等人（under review）提出被试在典型绩效期间强烈的内在动机以及引发恐惧的最佳绩效情境都可以解释研究中发现的效应，但还需要进一步的研究，概述在何种条件下最佳绩效情境可能损害而不是促进绩效。这样的研究不仅对理论非常重要，从人道主义的立场来看也很重要。很可能最佳绩效情境不仅引起员工强烈的展现自我最高能力的动机，也引起了恐惧、降低了某些人的幸福感和绩效。假设最终的绩效反应了这些个人的最佳能力，可能会导致错误结论。

创造性任务

除了自我效能的作用外，Sackett 等人（1988）的假设可能无法对所有种类的工作都适用。研究创造力的学者们一直以为，评估事实上造成的损害可能比带来的好处更多，因为它抑制了创造性过程（Amabile，1983；Anderson，De Dreu，& Nijstad，2004）。关于创意产生的研究已经发现，尽管评估可能对创造性想法的数量产生积极影响，但它却对想法的质量有消极影响（Bartis，Szmanski，& Harkins，1988）。许多研究已经表明，对评估和绩效相关奖励的期望会降低在不同创造性任务中的绩效（Amabile，1996；West &Anderson，1996）。正如Amabile（1996）所说，当被试察觉到评估受到控制（正如最佳绩效情境中的案例）而不是顺其自然时，评估很有可能带来负面影响。另外，评估对绩效的负面作用的一个解释是，集中于任务的注意力降低。然而，典型和最佳绩效条件对创造性和工作角色革新的影响仍需要实证研究的检验。

压力下“窒息”

在最佳绩效条件下，绩效评估也能损害熟练的感知运动技能（Baumeister，1984；Masters，1992）。“窒息”，或绩效低于技能水平，往往在充满绩效压力（想要表现得特别好的欲望的焦虑）的情况下发生（Baumeister，1984）。Masters（1992）认为，熟练的复杂技能是以程序形式编码的，它支持高效的即时表现却不要求一步一步的注意力控制。然而，对执行技能增加的注意力可能在高度评价情况下产生，它会促进对技能执行的注意，而这会导致任务元素的拆分，其中每种成分必须单独运行并相互协调，最终损害绩效。

Beilock和Carr（2001）在两项实验中发现，通常经验丰富的高尔夫球手，其绩效会受到程序化知识的影响。其他两个实验也证实，自我意识提高情况下的适应练习抵消了压力下“窒息”，但是仅限于现存工作或者没有其他分散注意力刺激的练习。Beilock和 Carr（2001）得出结论：“绩效压力会减少自我关注，反过来也会导致技能执行力的降低，这对程序性技能来说是一个合理而且有充足证据支持的概念。”这一结论对于最佳与典型绩效是否也适用，还有待检验。

典型和最佳绩效的方法论问题

鉴于典型和最佳绩效研究以及相应研究思想的匮乏，对典型和/或最佳绩效感兴趣的研究者也应该考虑一些方法论问题。此部分会概述设计研究时需要考虑的注意事项，这些研究包括比较典型或最佳绩效，或者假定测量的绩效效标会评价两个绩效方面中的一个。

比较典型和最佳绩效

Sackett等（1988）认为，当比较典型和最佳绩效时，在以下几个方面测验应该是可比较：（1）测量方式；（2）特异性水平；（3）个人工作任期内的评价时间；（4）是可信的，以确保获得的结果的确是被试被评估的知识、接受投入精力的指令以及持续的时间起到的作用。尽管这些要求听起来很简单，但是P. R. Sackett（2002）提出，之所以这种明显非常重要的差别却缺乏实证研究，其主要原因很可能是我们很难以某种方式操纵绩效情境以创造出相似的典型和最佳绩效情境。例如，人们可能认为，Sackett等（1988）的结果并不是典型与最佳绩效本身的作用，而是典型绩效期间多种工作需求（例如，在缓慢时期，处理物品的速度可能不是一名好的收银员的绩效指标。他们应有的绩效指标应当是：例如，与顾客建立友好的人际关系）的作用。Ployhart等的结果同样也可以这样解释，对典型绩效和最佳绩效的评定在包括三种动机条件之外的很多方面都不同，这三种动机条件区分了典型和最佳绩效状况。

明确区分典型与最佳绩效情境，或保持两者平行，以确保结果不会有其他可替代的解释，这一点非常重要。根据DuBois等（1993）的研究，尤其重要的是将最佳绩效区别于他们所称的"高要求条件下的典型绩效"。他们认为，面对很高的要求，动机不会被自动赋予。因此，与"能做"什么相比，最终的绩效更可能是员工"会做"什么。

然而，我们相信通过恰当的实验设计和测验，能够解决关于典型和最佳绩效的比较问题。当然，第一步是选择评定典型和最佳绩效的情境，要尽可能地使它们彼此相似，除了感知到的评价、投入更多精力的指示以及持续时间在最佳绩效评定中不是给定的量，这与典型绩效的评定有所不同。第二步是检验这种尝试是否足够成功。也就是说，应该评定两种测验环境的异同。Klehe和Latham（2003）收集的事后数据显示，MBA学生认为，研究中使用的团队合作条目，在典型和最佳绩效条件下具有同等的重要性和可观察性。

正如Sackett等人（1988）提到的，典型和最佳绩效代表了一个连续体。因此，绩效的两个方面之间的每种比较都是相关的。最后，差别取决于被试感知到的：（1）情境可被评估的程度；（2）他们在何种程度上必须表现出最佳绩效；（3）测验时间短的程度。确定这些假设的唯一方法是向被试询问他们的感觉。不幸的是，据我们所知，只有一项关于典型与最佳绩效的研究包括操作性检验（Klehe & Latham，2003）。

为了使未来的研究更加便利，也为了使研究典型与最佳绩效的人员能够更加确切地下结论，我们现在正在开发一个量表，这个量表能够区分某个情境被感知为典型或者最佳的程度（Klehe & Anderson，2004b）。《典型和最佳绩效量表》（*Typical and Maximum PerformanceScale*，TMPS）的现行版本使用20个自我报告项目，如表14.2中所示。每个项目都承载了三种情境因素中的一种：（1）关于评估的知识；（2）接收并接受投入最大精力的指示；（3）持续时间，或者在三种动机结果中的一种上持续的时间；（4）方向；（5）程度；（6）努力的毅力。除了"持续时间"外的所有分量表都表现出高于0.70的内部一致性，并且成功地区分明显典型和明显最佳绩效情境，尽管这没有受到性别、年龄、认知能力以及大部分人格因素的影响。

表14.2　典型和最佳绩效量表的项目（TMPS；Klehe & Anderson，2004b）

1 强烈同意	2	3	4	5 强烈不同意	因素
工作时，我在想其他与工作无关的事情。（r）					方向
我工作期间会"放松精神"。（r）					方向
我在工作的时候会做白日梦。（r）					方向
我精力完全集中在手上的工作。					水平
我将最大的精力投入工作。					水平
我不自觉地试图做到最好。（r）					水平
我尽可能地努力工作。					水平
工作一会儿之后就变得无聊。（r）					毅力
将注意力持续保持在工作上变得困难。（r）					毅力
我能在整个工作工程中一直保持精力充沛。					毅力
短时间内我就会对工作失去兴趣。（r）					毅力
对我来说，我的绩效很明显在被评估。					评估
我不觉得我在被评估。（r）					评估
干得好有奖励。					评估
我得到指示要最大程度地努力。					指示
我被期望尽可能将全部精力放在做这份工作上。					指示
我还没有收到投入全部精力的指示。（r）					指示
我明白并接受，我应该将全部精力集中在工作上。					指示
我只是在给定条件下工作了很短的一段时间。					持续
我在给定的条件下工作了很长时间。（r）					持续

注意，（r）=反向得分。想要使用这个量表，请联系第一作者。

建立典型或者最佳情境

像TMPS这样的量表的使用可能不仅仅有助于比较典型与最佳绩效，也有助于确定一个情境自身是被分类为典型还是最佳。因为现在的研究指出了一些疑惑，即研究者将某个情境分类为典型或是最佳绩效的度是什么，量表对此或许也有帮助。

例如，Smith-Jentsch，Jentsch，Payne和Salas（1996）评定了飞行模拟训练中的绩效。他们将这命名为最佳绩效，因为参与者意识到工作被评估，接受明确的投入全部精力的指示，并且只在某个短暂的时段（35分钟）内受到观察。在另一项实验中，Smith-Jentsch，Salas和Brannick（2001）使用相同的飞行模拟来评定典型和最佳绩效，但是他们没有改变条件持续的时间或者参与者知道绩效被评估的事实。仅有的差别是"最佳绩效"条件的参与者意识到将要被评定的技能并且他们的队友是同盟者，然而在"典型绩效"条件下的人没有得到这些信息。

Sackett 等人（1988）和Dewberry（2001）认为，在专业训练而非工作环境条件下进行的研究可能评定的是最佳而非典型绩效。这是因为，学员可能为了得到他们选择的工作而努力做出最佳绩效。然而，他们的工作绩效可能非常不同。Ployhart 等人（2001）将三个月的军事训练作为对典型绩效的评定。作为比较，Ployhart 等使用了一个两天的评价中心来测量最佳绩效（Thornton & Byham，1982）。然而，评价中心原本是为了测量典型绩效（Thornton & Byham，1982），尽管考虑到评估性质以及它们通常评定能力相关维度（例如"领导能力"或者"社交能力"），这点的确存在争议。另外，通过像TMPS这样的方法来比较这样的情境可能有助于验证情境是否反映了典型或最佳绩效条件。

对于实验室研究而言，也存在着类似的担忧。Sackett和Larson（1990）认为，实验室研究通常评定的是最佳而非典型绩效，并且提醒我们注意要将实验室研究得到的结果概化到典型绩效情境中。同时，与现场情境相比，实验室情境可能会通过控制研究情境来建立真正的典型和最佳绩效情境。最初的实验室研究（例如，Klehe & Anderson，2004a）支持Sackett等（1988）关于典型和最佳绩效情境下动机和能力角色的假设，研究显示，典型与最佳绩效之间的差别能够，或者至少部分能够，在实验室中进行研究。

最后，Thorsteinson和Balzer（1999）建议，不同的评估人可能观察到评分者工作绩效的不同方面。同事可能观察到个人动机及绩效的典型水平的信息，而主管可能只能够观察到个人的最佳绩效。正如我们实验室研究所展现的那样，实验者的出现会促使被试比其他时候明显更加努力地工作。这种影响对于那些工作不仅是两个小时而是多年的人说（这样一来，连新奇效应也消失了）会有多强？假定员工知道主管对他们形成的印象不同于心理学系实验者，这些印象会对他们的职业产生真实影响，那么在真实生活情境中它又有多强？因此，我们不用惊奇于Sackett等（1988）发现主管对绩效的评价与最佳绩效的相关性显著高于与典型速度和精度（超市收银员需要它们来处理杂货）的相关性。

结论

在阅读了理论解释（例如，Arvey & Murphy，1998）、手册章节（例如，Ackerman & Humphreys，1990；Borman，1991）以及对于典型与最佳绩效差别的研究刊物的讨论之后（例如，Dewberry，2001），人们会相信这个话题充满活力、急需研究。不幸的是，大部分时间情况看起来并不是这样，因为差别是正式得出的（Sackett et al.，1988）。考虑到对典型和最佳绩效差别的理论关注和空头支票的数量，这个领域仍严重缺乏实证研究。幸运的是，实证研究文献正慢慢增加。本章引用的大部分文章都涉及典型和最佳绩效，它们已经在过去的五年内出版或者发布，这个事实没有近因效应，但是反映了对差别的实证研究的兴趣正在增加。

事实上，人们能得出结论：现在的研究发现典型和最佳绩效是有差异的，相关构想以及能力测验对最佳绩效有着更好的预测作用。显然，一些预测因子（例如，为评定目的或过去的选择而开发的结构化面试）可能对典型绩效具有较好的预测作用Klehe & Latham，2003），但是这些发现显然需要重复验证。我们也知道，Sackett等人（1988）提出的有关典型和最佳绩效中动机和能力角色的假设至少在某些条件之下是正确的（Klehe & Anderson，2004a）。然而，这并不排除动机在最佳绩效期间发挥作用的可能（Kirk & Brown，2003；Klehe & Anderson，2004a，under review）。同样，最佳绩效条件可能要求一些其他的技能，例如，自我管理技能（从某种意义上说是管理个人在压力下的想法和情感的能力），而在典型条件中这些技能需求较小。正如上面引用的有关社会促进理论（Sanna，1992）、教育心理学（Wine，1971）和反馈干预理论（Kluger & DeNisi，1996）所概括的，最佳绩效条件可能会提高焦虑水平，当员工被要求集中精力于工作时，他们需要斗争的敌人也增加了。

正如我们前面提到的，缺乏对典型与最佳绩效的现存研究，是我们在理解使用不同选拔方法来预测工作绩效结果的实践意义时所面临的真正缺陷。这个研究领域的现状是能够从实践中得出明智的建议和论断。然而，这远非Anderson，Herriot和Hodgkinson（2001）所描述的成熟的、发达的并且组成"务实科学"的次学科。选拔心理学的整个历史都因效标测量而苦恼，典型与最佳绩效的情况也不例外。从实践影响的角度来看，实践研究最紧迫的需要可能是在具有关键事件发生的工作角色中使用最佳绩效的预测因子。早些时候我们列举了一些例子，其他还包括卫生保健和护理、医疗手术、商业和军事飞行员、安全性至关重要的操作人员以及创造性岗位。在这里，最佳绩效在短时间内的潜在重要性，要胜过典型绩效在相当长的时间以及工作任期期间的潜在重要性。向组织提出专门针对最佳绩效条件的选拔过程设计建议有巨大的价值（Anderson et al.，2001）。然而，选拔研究现在正处于相当令人失望的发展阶段，实证研究不足，无法支持这些重要的建议。因此我们呼吁研究者在本领域努力进行其他实质研究，并希望本章会激发出一些潜在的广阔研究领域。

　　注：作者希望感谢Paul R. Sackett，Arne Evers和Olga Voskuijl对本章的早期版本提供了有价值的建议。这项研究是第一作者在阿姆斯特丹大学做博士后研究时由德意志学术交流中心（*GermanAcademic Exchange Service*，DAAD）资助的。

第十五章 工作绩效：在人事选拔中的评估问题

Chockalingam Viswesvaran，Deniz S. Ones

　　无论是工业、工作与组织（IWO）心理学，组织行为学和人力资源管理（人事选拔、培训和绩效评估），还是人事选拔领域，工作绩效都是一个重要的概念，它是IWO心理学中最重要的因变量（Schmidt & Hunter，1992）。对工作绩效的定义反映了可以评估的行为（可观察的与不可观察的）（Viswesvaran，Ones，& Schmidt，1996）。换句话说，工作绩效是指员工所从事的或者带来的与组织目标有关或对其有帮助的可测量的行动、行为以及结果（Viswesvaran & Ones，2000）。迄今为止，大多数关注工作绩效构念的研究者都囿于特定的情景，却没有尝试将他们的研究发现进一步概化。而且，这方面的研究一直强调预测与实践应用，忽略了解释与理论构建。这两种趋势导致现存的文献中工作绩效的测量方式一直在增加。几乎每种被认为与单位或组织生产力、效率或者盈利能力相关的可测量的个体差异，都被用作工作绩效测量手段。测量工作绩效时常常使用多种测量方式，例如：缺勤率、生产力评级、工作中暴力以及团队工作评级。

　　工作绩效数据有多种用途。在选拔情境下，工作绩效的测量结果可以用来验证预测因子。因此，工作绩效测量方式的选择对我们人事选拔的实践与科学性有重大影响。个体工作绩效测量在人事选拔的每一环节都扮演着重要角色。我们来看一下选拔的第一步：招聘合格的应聘者。招聘中有这样一个问题：不同的招聘方式是不是会吸引不同绩效水平的申请人（Barber，1998）。在成功的招聘中，应该尝试识别与个体工作绩效差异有关的个体差异变量，并根据这些特征进行选拔（Guion，1998）。个体工作绩效差异需要被评估，并且这些评估会用于安置与晋升决策。

　　个体工作绩效数据还有多种其他与人员匹配有关的用途。Cleveland，Murphy和Williams（1989）对个体工作绩效数据的用途进行了区分。他们将这些用途分为四类：（1）个体间决策；（2）个体内决策；（3）系统维护；（4）文件编制。在许多标志性的法律决策中，显然很需要清晰记录个体工作绩效的文件资料（Malos，1998）。几十年来，个体工作绩效评估多用于管理工作（Whisler & Harper，1962）。DeVries，Morrison，Shullman和Gerlach（1986）报告说，19世纪70年代在美国和英国进行的调查显示，在行政管理决策中流行使用个体工作绩效评估的方法。因此，明白人事选拔中工作绩效评估的问题非常关键。

工作绩效评估中有许多问题（Austin & Villanova，1992；Campbell，1990；Viswesvaran，Schmidt，& Ones，2002）。尽管研究这些问题的文献已经有一本书那么厚，但是在本章中我们会尝试概括其中的主要问题。首先，我们会简短地讨论工作绩效的不同测量方法。然后，我们会概述不同来源的评级、多源反馈的广泛应用以及组织不同层面评估者对独特观点的主张。我们的回顾发现现存的研究缺乏实证证据来支持这一观点：组织的不同层面对工作绩效维度有不同的概念化方式。当对某一工作绩效维度（例如，人际交往能力或者团队合作能力）进行评级时，员工的主管、同事以及下属会给出基于相同的构念水平的评级。不同构念表征可能关注焦点不同，但是所评估的潜在构念是相同的。

然后，我们会讨论工作绩效测量的内容或者维度。在评估工作绩效时，使用广义的或者狭义的构念会对之后的预测因子间区分效度等问题造成影响，我们会对它们各自的优点进行讨论。最后，我们会以一些新兴的心理测量上的（例如，适当的信度系数、晕轮效应）或者实质上的（例如，评估团队绩效）问题结束本章。

测量方法

个体工作绩效可以通过不同方法测量。通常这些方法可以分为两大类：（1）组织记录；（2）主观评价。组织记录被认为是更"客观"的方法。与此相反，主观评价依靠的是人的判断。这种差别与Smith（1976）所谓的硬标准（例如，组织记录）和软标准（例如，主观评价）相同。

然而，需要强调的是，即使是"客观"的组织记录也是依赖于人类评估/判断以及记录观察到的事实。另外，需要关注的不仅仅是其主观性，工作绩效测量还应该对以下心理测量特性进行评估，例如，效标污染、缺陷、相关性、信度、适当性，等等。Blum和Naylor（1968）划分了11个维度或特征来对效标进行评估，而Brogden（1946）区分了效标的相关性、信度以及实用性。相关性指的是所测量的构念与想要测量的构念重合的部分。因此，效标相关性与测量的结构效度相似。效标污染是指理论模型测量中夹杂了计划外的变异量。效标缺陷是指测量结果中缺少相关的变异源，而这个变异源正是我们想要测量的（例如，预期效标）。实用性指的是实施测量方式的难易程度。组织记录和评分者判断与评估都不同程度地受到这些效标（例如，污染、缺陷等）的影响。这样，组织记录比主观评价更加"客观"或者"准确"的说法就站不住脚了。

评估的方法应该与效标的类型区分开来。不同的效标类型是根据所测绩效的时间跨度以及绩效测量中的内容划分的。例如，Thorndike（1949）区分出三类效标：短期效标、中期效标以及最终效标。最终效标是指个体在整个事业期中对组织的全部价值。短期效标测量了个体在特定时间点的工作绩效。中期效标总结了一段时期内的绩效。相似地，Mace（1935）认为对个体工作绩效的测量能够对员工表现的能力与意愿施加压力。这种差别预示着最佳与典型绩效测量之间的差异（DuBois, Sackett, Zedeck, & Fogli, 1993；Klehe & Anderson，本书第14章；Sackett, Zedeck, & Fogli, 1988）。最大化绩效是个体在高动机情况下的绩效，而典型绩效是个体在典型情况下（即通常情况下）的绩效。最终效标、中期以及短期效标之间或者最佳与典型绩效之间的差别都是指效标的类型。组织记录和主观评估（方法）都能被用来评估它们。

组织记录能够进一步分类为对生产力和人事数据的直接测量（Schmidt, 1980）。生产力直接测量会向产量施加压力。质量测量也是直接测量的一种，例如，错误数量、报废材料等。另一方面，人事数据并不直接测量生产力，但是我们可以通过它推断出生产力。迟到、任期、缺勤、意外事件、晋升率以及投诉都可以用来间接测量生产力。使用人事数据测量个体工作绩效时存在一个推论飞跃。组织记录通过使用可见的、可数的、离散的结果克服了主观评估的偏差影响，但是另一方面它却和主观评估一样可能受到效标污染以及效标缺陷的影响。结果中的污染可能是因为人为控制之外的因素，缺陷则可能是因为评估的结果没有考虑到个体工作绩效的某些重要方面。

主观评估可能是对绩效的评分或者排名。评级是效标参照式的判断，在评估某一个体时不会用其他个体作参照。《图解式评价量表》（Graphic Rating Scale，GRS）是一种普遍的评价方式，另外还有一些不同格式的量表。各种形式的不同之处在于量表点数、量表点数的清晰度或离散度等。实证研究表明，心理测量属性不受量表点数等问题的影响（Austin & Villanova, 1992）。然而，向评估者提供量表点数含义（例如，1至5等级中的2意味着哪种行为表现？）的统一参考框架有助于改善评估者内和评估者间一致性。事实上，行为锚定等级量表（BARS）就是基于这个逻辑开发出来的。一些评估者更适合记录观察到的行为而不是对这些行为的评估，为了解决这个问题，此领域引进了核对清单、加权清单以及行为观察量表（BOS）等程序。然而，在一份开创性的综述中，Landy和Farr（1980）发现，不同的评分量表的形式在评分质量上没有太大差异。

研究者们设计了评估者无法确定评分规则的量表，试图解决评估者故意扭曲评分的问题（特别是评分宽严度问题）。例如迫选式量表和混合标准量表（MSS）。在迫选式评估中，会给评估者提供两份具有同样称赞性的说明，但只有其中一份会对绩效好坏做出区分。它的原理是，评分宽松的评估者可能会选择称赞的但是无差别的说明作为对受评者的描述。MSS对绩效评估的每一个维度都有三种说明，它们分别描述了每个维度优秀的、一般的和不佳的绩效。评估者对每个受评者的绩效打分与说明中描述的绩效相比，可能比之更好，可能与之相符，也可能比之更差。不同维度的说明通常都混在一起。这样做是为了检测对员工行为的评估优于优秀等级描述的评估者是否会对同一维度的一般或不佳等级也做出更好的评级（Blanz & Ghiselli, 1972）。尽管这样的量表可以降低宽松度并且区分出粗心的或者自相矛盾的评估者，但是评估者对它们的接受度却很低（Austin & Villanova, 1992; Landy & Farr, 1980）。

评级（又译为"等级评定"）是效标参照评估，与之相对，排序属于常模参照评估。排序最简单的形式是将所有的受评者从最优秀到最差进行排序。排序依赖于受评者所在的组，比较两个不同组的个体排序非常重要。一组中最差的受评者可能比第二组中最优秀的人更好。一种修订后的排序方式被称作交替排序，包括（1）挑出一组受评者中最优秀和最差的个体；（2）去掉挑出的受评者；（3）从剩下的受评者中挑出下一个最优秀和最差的个体；（4）重复这个过程直到所有的受评者都被排名。交替排名法的优点在于，它减少了评估者的认知负荷。还有另一种方法是将每一个受评者都与其他人相比较，这种成对比较的方法在受评者人数增加时会变得过于笨拙。最后，强制分布法适用于受试者在每个层次上比例确定的情况。强制分布法对于产生所需的评估分数分布非常有帮助。然而，这样的分布是否反映了真实情况，还是个有待解决的问题。

评估信息的来源

采用主观评估（评级或者排序）时的一个问题是，谁来评估。传统组织中通常由员工主管负责评估。近些年来，360度反馈系统的使用日益增多（Church & Bracken, 1997）。这种等级评估可以由受评者自己、下属、同事以及顾客或客户来完成。然而，当评级用于管理和人事选拔相关的用途时，自我评价最不合适。习惯上，主管评级已被用于检验选拔的预测因子效度以及晋升和选拔决策等问题。例如，Lent，Aurbach和Levin（1971）在对1506项效度研究综述中发现，63%的研究使用评级作为效标测量方法。这些研究中，93%使用主管评级。Bernardin和Beatty（1984）估计文献中使用的评级有90%都是主管评级。

除了主管评级，同事评级也被用于效度研究。Lent等人的（1971）报告指出，剩下7%（除使用主管评级的93%之外）的效度研究使用同事评级的方法来测量效标。由于组织传统的层级结构正为越来越多的团队工作所取代（Norman & Zawacki, 1991），所以在人事选拔研究以及实践中，人们可能会更多地使用同事评级。一些研究者认为，预测因子的效度可能因同事或者主管评级两种方法而有所不同。例如，Conway和Huffcutt（1997）提出，预测因子的效度会因评级信息来源而有所不同。工作绩效评级信息来源导致区分效度，从根本上来说这还是一个假设。

在我们讨论区分效度时需要关注一些边界条件。也有人声称，区分效度的根本在于效标内容。例如，有人认为，人格能够更好地预测团队工作，而能力能够更好地预测生产力。在本章后面部分，我们会对这种因内容产生的区分效度进行讨论。另外，区分效度也被用于评估预测因子—效标组合对于不同群体的个体来说是否相同（例如，白人、黑人）。本章中，我们不会从不同效度系数的角度讨论不同群体个体在相同预测因子—效标组合下的区分效度。在本部分，我们只探讨同事和主管两种评级方式带来的区分效度。

当我们讨论不同评级信息来源（同事或主管）产生的区分效度的可能性原因时，我们其实是在讨论两种评级信息来源的恒等性。所谓的恒等性可以用两种方式评估：评估它们的交互相关性，或者评估它们与外部变量的相关模式。第一线的证据集中于两种信息来源所评估的构念的内部结构，而第二线的证据通过测量其他构念来探索工作绩效测量的交叉结构（Nunnally & Bernstein，1994）。

为什么同事与主管评级会有差异？有人已经对于这个问题提出了一些理论机制。最突出的理论假定在两种来源中的观察机会是不同的。另外，Borman（1974）提出，同事和主管的目标可能不同。然而，实证证据并不是非常支持这些机制。例如，Albrecht，Glaser和Marks（1964）发现，在评估销售能力时，同事评级和主管评级之间的收敛效度是0.74。Harris和Schaubroeck（1988）报告称，同事与主管对整体工作绩效的评级相关度是0.62。两种信息来源的评估重叠值如此之高，表明区分效度的前景渺茫。另外，我们也应该注意到，报告中的值0.74并未修正测量误差，而且0.62这个值是根据衰减修正值（信度）0.60得出。最近的研究（Rothstein，1990；Salgado & Moscoso，1996；Viswesvaran et al.，1996）提出，主管评级的评估者间信度是0.52，而同事评级的评估者间信度是0.42，这些值表明收敛效度其实比报告中的值0.72和0.62高得多。

另一个需要考虑的是判断上面报告中的收敛值0.74。Viswesvaran等（2002）对构念水平的收敛和评级困难做出了区分，他们认为：

> 评估者间一致性会因以下两种因素中的一种或者两种而减少：待评估的构念性质缺乏一致性或者对某一维度的评级难以一致。如果同事与主管对某一维度的准确性性质理解有差异，致使他们评估的是工作绩效的不同构念或感知维度（例如，缺乏构念水平收敛效度），这可能会使二者间的相关性减小。也就是说，他们实际上评估的是有点不同的绩效维度。与此相反，即使当同事与主管评估相同的绩效维度（或构念）时，在某一维度上二者之间的相关性也可能大于另一维度，因为很难做到可靠评估，这导致了主管与同事之间的相关性降低……为了简便，在本文中我们将这种效应或者这个过程称作"评估困难"。这两种效应因缺乏构念水平收敛和评估困难，在观察到的同事—主管评估相关性中常被混淆。

在评估区分效度时，应该把重点放在构念水平分歧上。仅仅因为两种测量的信度不同，它们的外部相关因素也可能不同。这些差别并不能作为区分效度的证据。事实上，人们能够通过将测量误差引入测量的方法来证明区分效度。同样，在本部分我们会回顾同事与主管评估在校正评估困难和测量误差之后的相关性。在本部分，我们不考虑基于观察到的同事及主管评估与外部变量的相关性而得到的区分效度证据。

接下来，一个关键的问题是，对于任意给定的工作绩效维度，同事和主管评估的是否是相同的构念或绩效维度？如果回答是肯定的，二者间真实分数相关性预期为1.00（在抽样误差内）。观察到的二者间相关性能够在校正测量误差后判断出修正值是否在样本误差1.0内。为此，所观察到的相关性的置信区间需要修正测量误差。置信区间的结束点可以使用与观察到的相关性相同的衰减公式进行修正（Hunter & Schmidt，1990）。如果同事内和主管内信度值被用于衰减修正，那么对特定的主管或同事（不与其他主管或同事共有）来说最独特或者特殊的是测量误差。也就是说，同事评估的构念与主管评估的构念定义相同。

Viswesvaran等（2002）在一项汇集了所有现存的关于同事—主管评估相关性文献的元分析中报告说，两种信息源的重叠很多。他们调查中有三分之二的维度存在构念水平收敛。同事和主管评估的是相同的构念并且观察到的相关性主要因测量误差而降低（例如，同事间或主管间的分歧和喜好）。同事与主管评估的是相同的构念，这个结论也被一些其他的大规模研究所证实。

Mount，Judge，Scullen，Sytsma和Hezlett（1998）在对绩效评估的大规模研究中发现，将评估者（主管、同事）假设为独立潜变量的模型不比将每个评估者作为独立方法的模型更好。也就是说，同一层次评估者的分歧比共同解释的方差更大。Facteau和Craig（2001）也报告了相似的发现，他们使用项目反应理论（IRT）和验证性因素分析（CFA）证明了同事与主管评估的恒等性。总的来说，充足的证据表明，同事与主管在评估相同的工作绩效维度时是趋向一致的。换句话说，它们只是用于评估同种构念的不同的、随机并行的方法。

这又是怎么与同事和主管观察且重视不同行为的说法达成一致的呢？信度的域抽样模型（Nunnally & Bernstein，1994）对解决这个问题有所帮助。在测验编制中，我们有一个兴趣域，并且有许多项目可以用于评估这个域的构念。相似地，同事和主管观察到的不同行为中存在与他们各自相关的特定方差（例如，项目特定方差），但是特异性并不影响所要研究的构念。团队合作就是团队合作——不管是用同事认为相关的行为测量还是用主管认为相关的行为测量。这种解释也与另一个发现相容，即个体差异变量（例如，一般心理能力、责任心）能够预测在不同工作场所中的行为。有责任心的个体可能会做出能够得到同事更好评价的行为，对主管也一样。同事和主管可能观察到不同的行为和潜在特质的表现，但是取样与评估的构念域仍然相同。

正如实际结果那样，对于人事选拔中工作绩效的测量，我们建议从不同信息源角度进行评估（即，同事和主管），这不是因为可能存在区分效度，而是为了对绩效域进行更加综合的取样。同事与主管评估的结合使用会使评估更加可靠和有效。另外，在验证时使用多种信息源可能会增加使用者接受度。

个体工作绩效的构念域

个体工作绩效的构念域中包含什么呢？从本质上来讲，这个问题也就是构念中包含哪些维度。构念并没有一个标准的维度划分方法，正如一块饼可以用不同的方式切开，根据研究者/实践者的目的，构念可以从行为特异性的角度被划分为不同的分维度和方面。研究者所做的尝试更多是回顾绩效的不同维度，思考工作绩效构念需要哪些内容，再将这些想法收集起来。另外，现存文献中假设了众多工作绩效维度，这可能会使实践者困惑应该选择哪种维度集合。在很大程度上，为任意工作定义工作绩效构念域可以用工作分析数据作指导。然而，辨别不同工作间相似类别的行为以及总结这些主要的维度也很有用。为了这个目的，我们在表15.1中提供了主要工作绩效维度的总结，这些都是在现存的工作绩效文献中讨论和使用过的。

表15.1　一般工作绩效的维度

工作绩效维度	描述
生产力或工作绩效	这一维度指的是生产的实际单位数或对生产的评估，以及对构成工作核心任务的行为的评估。
人际能力	指个体在工作中人际表现的好坏以及工作环境下构建和保持良好关系的能力；能够多方面地组织团队合作，促进同事绩效，等等。
领导力	与鼓励他人、掌控组织局面、激发他人潜在绩效、鼓励他人攀登高峰有关的行为。有时也会强调像领导判断和决策等特殊的部分。
努力	个体在工作中表现出来的坚持和主动。有时缺乏努力反映在反生产行为维度中，例如，迟到、缺勤。
工作知识	完成工作所需的陈述性和程序性知识，包括需要遵守的明确的与隐含的规则和程序。
反生产行为	减少员工对组织价值的消极行为，具有破坏工作相关活动的（反生产行为）破坏性，违反社会规范的反社会性，以及偏离组织期望行为的非正常性。包括工作退缩行为、违反规则、盗窃、暴力、工作中滥用药物、怠工，等等。起初这被认为是与公民行为相对立的一极，但最近的实证指出，这是一个独立于公民行为的维度。
组织公民行为	也指关系绩效、亲社会行为、利他，等等。包括没有正式写入工作描述却有利于组织福利的个体行为。

一些策略可用于评估工作绩效构念的维度，包括理性的、理论的以及因素分析的方法。第一，研究者回顾不同背景下的工作绩效测量方法，并尝试构建组成工作绩效构念的维度。然而这种理性的合成方法和理论构建受研究者个人偏差的影响。事实上，下面讲到的因素分析法在解释因素分析结果时也受到这种偏差的影响。然而，与理性构建相比，因素分析法还有额外的保障，这种方法可以通过分析收集到的实证数据来检测个人偏差。另外，整合文献中提出的大量维度会带来相当大的认知负荷，这也不可否认。

相同名称会被用于表示不同的维度，而且相同维度也可能使用不同的名称（在许多研究中，团队合作与人际促进可能重叠）。在工作绩效评估中，这已经导致人格心理学家所说的人格评估中的叮当谬论。

第二，有研究者（例如，Welbourne，Johnson，& Erez，1998）利用组织理论来定义工作绩效构念的内容。Welbourne 等使用角色理论和认同理论来解释工作绩效的构念。Borman和Motowidlo（1993）使用社会技术系统方面的文献来说明工作绩效应该有两个部分：任务绩效和关系绩效，它们分别对应社会和技术系统，该理论假设这两种系统组成了组织。

理性构建和基于理论的描述必须经过实证测验，而因素分析已被用于研究工作绩效的构念域。在这样的实证方法中，对工作绩效的测量可从员工样本和对他们之间相互关系的评估中获得（例如，Rush，1953）。验证性因素分析的使用使研究者能够将方差的理性构建和实证划分结合在一起。在典型因素分析研究中，个体是由工作绩效多重指标评估的。不同工作绩效测量方法间的相关性和因素分析被用于识别聚集的测量。根据聚集的测量的集内容可以定义出一个维度。例如，当缺勤率、迟到率和任期三个测量聚集在一起时，就可以假设出退缩行为这一维度。

关于构念域的必需的维度数量的文献研究彼此矛盾。Rush（1953）对九项评估测验以及三项基于组织记录对100个销售员的工作绩效所做的测量做了因素分析，并识别出四种因素：客观成就、学习能力、一般名誉以及销售技巧熟练度。Baier和Dugan（1957）获取了346名销售代理的十五项客观变量和两项主观评级数据，17×17的交叉矩阵因素分析得到一个一般因子。与此相反，Prien和Kult（1968）对一个包含23个工作绩效测量的组做了因素分析，发现了七个不同维度的证据。Roach和Wherry（1970）使用大样本（900个销售员）发现了一般因子的证据，而Seashore，Indik和Georgopolous（1960）使用数量相当的大样本（$N=975$）却没有发现。

Ronan（1963）对一个包含十一项工作绩效测量的系列测验做了因素分析，并发现了四因素的证据。Gunderson和Ryman（1971）检验了个体在完全孤立小组中工作绩效的因子结构，并提出三个维度：任务效率、情绪稳定性以及人际关系。Klimoski和London（1974）使用多源数据进行研究并报告了一般因子存在的证据，他们的发现非常有趣，因为它会引起这样的争论：不同水平工作绩效的评估者对工作绩效的内容域具有不同的分析和解释。近二十年（1980—1999）的因素分析研究使用了比以前大得多的样本以及更完善的因素分析技术。然而，即使假定的维度数相同，这些研究最后得到的维度却都不同。Rush（1953）划分的四因素与Murphy（1989）提出的四因素不同。有时候，不同的名字会被用来指代相同的维度，还有些时候，不同的维度具有相同的名字。

Viswesvaran和Ones（2000）开发了一个二维网格来划分各种分类方法，并为这些不同的分类提供了格式结构。它的第一个维度是分类是否是为单一职业开发，或是否可以跨行业使用。例如，Hunt（1996）开发的通用工作行为模型可以用于入门级的工作，尤其是服务型行业。Hunt（1996）使用18000名主要来自零售业的员工的绩效数据划分了工作绩效的九因素，这不依赖特定的工作知识。这九因素是：坚持对抗原则、勤奋、彻底性、进度灵活性、出勤、分心行为、任性、偷盗以及药物滥用。同时，还有些分类可以跨行业使用。Campbell（1990）的八维分类就是一个典型的例子，他将工作绩效的潜在结构描述为八个维度：特定工作任务能力、非特定工作任务能力、书面与口语交流、努力表现、坚持个人纪律、促进同事与团队绩效、监督，以及管理或行政。Campbel（1990），Campbell，McCloy，Oppler和Sager（1993）对这八个维度做了详细描述。其中的五个维度发现于军队工作样本（Campbell，McHenry，& Wise，1990）。

Viswesvaran和Ones（2000）划分不同分类方法的第二个维度是，分类重点在于特定绩效还是绩效群。例如，Smith，Organ和Near（1983）在工作绩效的文献中推广了"组织公民行为"（OCB）的概念。最近，又有人提出了反生产行为的类别（Gruys & Sackett，2003）。他们的重点在于绩效的某些特定方面，而不是全部的工作绩效构念。他们的目标是对特定的分维度进行定义，而非所有工作绩效的构念域。

这种说明工作绩效构念的实证方法受到数据收集阶段测验的数量和种类的制约。最近，元分析与结构方程模型分析的结合（Viswesvaran & Ones，1995）极大地拓展了这种方法。我们不再受到用于一个员工样本的测验数量的限制。只要我们能估算出不同测验（甚至来自不同样本）之间的相关关系，就能够通过对元分析相关矩阵进行结构方程建模来研究工作绩效的因子结构。

Viswesvaran（1993）将元分析与结构方程模型分析结合来分析工作绩效的因子结构。在不同的测量中发现了一个大的一般因子。为了避免在判断性描述工作绩效的构念域时的偏差，Viswesvaran（1993）使用了人格文献中的词汇假设（Goldberg，1995）。词汇假设说的是，实际显著的个体人格差异由使用的语言进行编码，因而，对人格的综合描述可以通过所有字典中可找到的形容词得到。将这种原则拓展到工作绩效评估中，则可以通过收集所有现存文献中使用过的工作绩效测量，来对工作绩效构念的内容域进行综合描述。

由Viswesvaran（1993）的元分析得到的工作绩效模型，将不同的工作绩效测量（例如，工作绩效的质量和数量、旷工、离职、工作暴力以及团队合作）看作工作绩效一般构念的表现。从因素分析的角度可以做出如下说明。可以假设，个人任何特定绩效的测量（例如，缺勤率）都依赖于一般因子（即，整体工作绩效）、群体因子（例如，员工退缩行为、旷工、迟到、怠工、离职），特定因素（例如，缺勤率），以及随机误差成分。在特定的工作绩效测量中可能存在或者不存在群体因子，因此工作绩效测量与所在群体中工作绩效测量的相关性比与任何其他群体中工作绩效测量的相关性更大。这样的工作绩效测量族或群体的存在还是一个实证性问题。证明这些绩效测量层级的存在也是一个实证性问题，这需要依靠对不同工作绩效测量之间真实分数交互关系的调查。Viswesvaran（1993）根据2600个相关关系的元分析得出结论，过去100年现存文献中使用过的所有工作绩效测量中都存在一个一般因子。

最近，Viswesvaran，Schmidt和Ones（in press）通过去除一般因子中特殊晕轮误差的影响改善了这种分析。Viswesvaran 等（in press）累计了300项研究结果，估计出了不同工作绩效维度间真分数的相关性。研究对同事内和主管内相关性及主管间和同事间相关性分别进行了分析。评估者内相关性（同一同事或者同一主管对相关联的两个维度做出评估）受到晕轮和测量误差的影响，而评估者间相关性不受晕轮的影响。类似地，评估者内信度（例如，alphas）被晕轮放大而评估者间信度则不会（实际上它被晕轮降低）。因此，修正评估者内相关性和评估者内信度可以去除测量误差但是去除不了晕轮误差。修正评估者间相关性（同事—主管）和评估者间信度可以去除晕轮和测量误差。比较这两种修正方式可以估算出晕轮的放大效应。Viswesvaran 等（in press）提出了表明跨工作绩效维度的一般因子（解释了27%至54%的方差）存在的证据，即便在解释了评估者特殊光环之后也同样有效。实证证据显然支持一般因子的存在，因此层级的观点认为工作绩效的具体维度都会不同程度地负载到更高阶的因子上去。

一般因子的出现引发了这样一个问题：在对不同绩效维度使用相同预测因子时是否能够发现区分效度。当工作绩效测量被用作效度研究的效标时，它有两个作用（Schmidt，1980）：（1）决定使用哪个选拔程序，不使用哪个选拔程序（即，决定最佳测验组合）；（2）权衡所选的选拔程序。同样地，如果两个工作绩效测量按照相同比重使用相同的选拔和评估程序，那么它们等价。Schmidt（1980）在一项军队的大样本研究中报告说，工作样本效标、主管评级和工作知识测验都会按照相同比重使用相同的选拔和评估程序。Oppler，Sager，McCloy和Rosse（1993）使用3086名士兵作为样本进行研究。他们发现，使用工作知识作为效标的预测复合体比使用实践测验为效标时具有更高的效度。Nathan和Alexander（1988）调查了工作绩效测量方法为什么会或者为什么不会减弱认知能力测验的效度。他们通过元分析将报告中主管评级、排名、工作样本、生产数量和生产质量的效度进行累积，但是并没有发现区分效度的证据。

尽管已经得出这些结果，研究者还在继续关注预测差异的问题。在检测预测差异时，需要谨记样本误差的影响，当使用多元回归开发含有互相相关的预测因子的成套测验时，这种误差会对结果产生极大影响（Hunter，Crosson，& Friedman，1985）。只有当样本规模非常大的时候，多元回归才能很好地发挥作用（尤其是对于互相相关的预测因子，这会使回归权重估计中的样本误差增大）。

近些年来，具有不同效度的基于理论的测验被开发出来。Borman和Motowidlo（1993）假定能力比个体人格差异更能预测工作绩效，另一方面又假定个体人格差异比能力更能预测周边绩效。然而，实验证据并不完全支持这种假设。Alonso（2001）收集了两个方面的文献：（1）预测周边和工作绩效的人格；（2）预测周边和工作绩效的能力。根据512个效度回归系数，Alonso发现，认知能力能够预测工作和周边绩效。他还发现一些人格变量也可以预测周边绩效。而区分效度缺乏基于效标内容的强有力的实证支持，这可能是由于工作绩效评估中一般因子的作用。正如没有发现评估信息来源（同事或主管）的区分效度，也没有证据表明存在着基于效标内容的区分效度。

在人事选拔中，作者对一些特质重要性的低估很感兴趣，例如，能力（它有很大的种族群体差异）有时候会因为效标内容而阻碍区分效度的发现。有可能高能力者可以在某些工作绩效维度上得高分，但是在其他维度上却不能。如果真是如此，每个员工都可能是不同绩效维度（使用不同信息源来评估）中最好的10%。然而，累积的实证证据并不支持这种对于成功过分乐观的观点。人事选拔中区分效度的前景要么在于维度内容，要么在于评估信息源，但这还不太确定（参见 Viswesvaran et al.，in press）。

新出现的问题

在这一部分中，我们阐述四个问题：（1）有关工作绩效构念的定义问题；（2）工作绩效评估中的信度问题；（3）人事选拔中团队情境下的工作绩效评估；（4）驻外人员的选拔与安置这一国际背景下的工作绩效测量。我们应该注意到，将要讨论的一些话题，还缺乏实证数据的支持，甚至根本就没有。对于这样的情况，我们会提出一些未来研究可以考虑的问题。

定义问题

我们注意到，个体工作绩效与可测量的行为有关。尽管我们使用了"行为"这一术语，但我们也发现，在很多情况下行为与结果的差异并不明确。一些研究者（Campbell，1990）坚持为行为和结果划清界限。这种看法最主要的推动力是，应该根据个体能够控制的东西对其进行评估。其他的研究者（Austin & Villanova，1992；Bernardin & Pence，1980）并不重视行为与结果之间的差别。然而，在许多情况下，究竟什么受到员工控制还不清楚。考虑一下一个教授的研究能力。在这种工作条件下可评估的相关行为是撰写研究论文，但是使这种行为有意义的是论文是否发表以及发表途径、质量如何等因素。出版的论文数量受到多种教授控制力以外的因素影响。因此，在人事选拔中，选择评定工作绩效的测验时，要对行为与结果之间的差别进行评估。

第二，研究者需要更多地注意工作绩效不同维度间的暂时关系。团队工作能增加生产力吗？也就是说，除了研究x→y型的预测因子—效标关系，研究者还需要调查x→y1→y2型的关系（Alonso，Viswesvaran，& Sanchez，2001）。从一定程度上来说，这已经在团队和群体动力学文献中被探索过，其中有些维度被解释为过程变量。此时我们想弄清楚，调查工作绩效各维度间的动力学关系与效标动态性问题是不同的。效标动态性指的是对特定维度的测量是否随时间改变。这种改变可能发生在平均绩效水平，也可能发生在与其他变量（其中测验—重测信度是相同变量关系的特例）的关系中。累积证据（Barrett，Caldwell，& Alexander，1989）表明，在不同时间中对工作绩效测量是稳定的。

工作绩效评估中的信度问题

人事选拔效度研究中，合适的信度系数的问题近年来也受到IWO心理学家的关注（Murphy & DeShon，2000；Schmidt，Viswesvaran，& Ones，2000）。当然，有个更加基础的问题需要回答：是否需要对观察到的效度系数做出修正？有人认为（Outtz，2002），修正将"可能是什么"扭曲为"是什么"（关于信度修正的严厉、但又有误导性的批评，请参见DeShon，2002）。另外一个观点认为，研究者应该保守地估算——因此，尽管不可靠性降低了效度系数，实践者应该在评估预测因子的成功与效用时采取这种保守的值。

修正的相关性的确反映了"是什么"（Viswesvaran，2003）。观察到的未修正的（注意，我们此处讨论的是效标的不可靠性）相关分析仅仅反映出研究者能够解决效标测量和数据收集质量的问题，却不能反映出选拔工具的效度或效用（Sackett，Schmidt，Tenopyr，& Kehoe，1985；Schmidt，Hunter，Pearlman，& Rothstein，1985）。最终，科学的目标应该是获得精确的而非保守的评估。即使在实际应用中，也出现了在什么方向上保持保守的问题，这与统计检验中的I类和II类错误相似。因此，修正人事选拔效度研究中的效标不可靠性总是关键的一步（Viswesvaran et al.，1996）。

如果修正效标的不可靠性很必要，那么问题就变成研究者应该使用什么样的信度系数。不同的信度系数会将不同来源的变异看作是误差（Guion，1998；Schmidt & Hunter，1996）。一般说来，共有三种类型的变异：瞬时误差、评分者特异变异（当使用多个项目测量同一维度时的项目特定变异）以及随机反应误差。所有信度系数都考虑了随机反应误差。系数 α 在研究中使用得最多（Cortina，1993），它将项目特定变异和随机反应看作误差。

然而，在人事选拔效度研究中，我们想要将评分者间的发现概化到更广阔的领域。声称我们的预测因子得分很可能预测工作绩效，即便是特殊评分者进行测量，这样的说法是没有任何逻辑的。评分者特异变异是工作绩效评级变异中最大的组成部分；Viswesvaran 等人（in press）估计这部分变异可能要占到工作绩效评级变异的30%。只有评分者间信度会估算这种误差成分，并且同样地，在人事选拔效度研究中（以及试图在评分者间概化这些发现的研究），评分者间信度是唯一合适的信度系数（Schmidt et al.，2000）。

因此，用于评估效标测量误差的信度系数的选择具有极大的现实意义。好的人事选拔预测因子的特征是效标关联效度高。效标关联效度是预测因子得分与效标得分之间的相关性。假如大多数效标数据是从评估中获得的（Bernardin & Beatty，1984；

Viswesvaran et al.，1996），那么不考虑个体评分者的特异性会扭曲我们的效度检验工作。务实的科学（Anderson，本书导论；Anderson，Herriot，& Hodgkinson，2001）需要使用合适的信度系数——在这里，指的是评分者间信度。

当然，也需要考虑对评分者间信度进行评估的研究现状。在组织中，同一对（两个）主管不会评估所有的员工。因此，不同对的主管会评估不同的个体，并且为了估算评分者间信度我们会随机地将一位评分者指定为1号评分者，将另一个指定为2号评分者。也就是说，对于不同的个体，1号和2号评分者可能是不同的。唯一的限制是对同一个员工来说两个评分者不能是同一个人。一些研究者（Murphy & DeShon，2000）已经在关注这样一个事实，即评分者间相关性不能估算评分者间信度。

需要注意的是，上面列出的数据收集的现状仅仅将一个新成分纳入信度估算，即评分者主效应，或者宽严度。尽管研究必须调查影响变异成分的因素，但在人事选拔中修正选拔者的特异性也非常重要。我们并不想专门为某个特异性评估者设计一个预测工作绩效的选拔系统。我们的预测因子应该预测共同定义的绩效。出于法律与公平考量，我们需要这样的专业化实践。在这里，求助于Anderson（本章）主张的"自然距离"的概念可能会有所帮助。尽管使用评分者间信度的最佳实践方式已经被投入使用，未来的研究仍应该实证性地检验评分者主效应对结果的影响。

这些相关的问题在Anderson（本书导论）提出的框架中可以得到进一步的解释。Anderson注意到科学与人事选拔实践之间潜在交互的四个场景。其中一个场景涉及影响实践的不可靠的发现。在评估工作绩效测量的信度时，有这样一种观点：即使相同的两个主管评估所有的员工，也无法用相关关系估算信度，因为两个评估者并不是（严格）平行的。例如，评估者宽松程度不同。然而，后来的研究显示，严格的平行并不是必要的条件，并且评分者是随机等效的（随机等效假设与严格平行假设之间的信度估算差异只有0.02）。因此，对于这一琐碎的问题，有很多的担忧。考虑另一个例子。长久以来，有人认为不同层面（即职位）的评分者观察到的是不同的行为。因此，即使相同的两个主管评估所有的员工，他们也会因与员工不同的角色关系而持有不同的观点。所以，他们评级的相互关系无法评估信度。然而，正如我们同事—主管收敛的观点，尽管这种看法非常普遍，但是同事与主管之间的结构层面分歧并不存在。这是另一个影响实践的不可靠的发现。为了避免以后犯相似的错误，研究应该在安全的距离（自然距离）评估不同的假设以及变异来源，而实践者能够获得对效标和评分者间信度的最佳估计。

一些研究者已经提出一个与此相关的问题（例如，Morris & Lobsenz，2003；Murphy & DeShon，2000）。他们的观点是，经典测量理论是有局限的而且概化系数是适合的。这种观点存在逻辑缺陷。如果收集到的数据合适的话，经典测量理论和概化理论都能用于评估不同误差来源。如果研究者想要估算概化系数（在这里评分者特异性变异被认为是误差），他们必须收集两个评分者的评分。类似地，如果研究者想在不同时间点概化，评分者应该提供两个不同时间点的评分。但是如果这些数据可用的话，经典的信度估算方法也能够使用。研究者仅仅需要将一个评分者在某个时间给出的评分与另一个评估者在另一个时间给出的评分相关联。这些问题与Murphy和DeShon（2000），Murphy（2003）提出的观点有关。他们最初认为经典信度估算不适合用于修正效度系数，并且推荐使用概化系数，尽管他们在探索评分者间相关性时所犯的错误也可能出现于概化系数（如果不同的数据可用于概化评估，就能够轻易计算出合适的评分者间相关性）。因此，"概化系数比经典信度估算能够提供更多信息"这种看法是错误的。如果可以收集和分析合适的数据，它们两个能够获得相同的信息。

团队绩效评估

团队广泛应用于组织中（Sundstrom，DeMeuse，& Futrell，1990）。工作与技术进步导致复杂性逐渐增大，这必须依靠团队的力量，有时候也促进了团队的发展。团队或群体绩效评估中的个人绩效成分评估是非常重要的领域。事实上，已经有关于评估团队绩效的专著（Swezey & Salas，1992）。这里我们的目的不是回顾团队绩效评估中的问题，而是展示人事选拔情境中工作绩效评估领域的发展。

想想我们对效标在人事选拔中应该发挥的作用的描述（Schmidt，1980）。在人事选拔中，评估的工作绩效被用于验证预测因子的效度。一旦得到验证，预测因子就可以被用于从大量应聘者中选拔员工。从这种功能性的观点来看，关于团队绩效评估，还有大量尚未解决的问题。我们在表15.2中总结了其中的一些问题。

表15.2　团队绩效：人事选拔中需要考虑的问题

识别团队聚合的水平。
识别不同聚合水平中共有的工作绩效维度。
识别某一水平特有的工作绩效维度。
说明构成模型。
评估评分者技术和方法在不同水平上的恒等性。
评估评分者认知过程/偏差在个人和团队中的恒等性。
区分团队绩效与团队中员工的个体绩效。

首先，考虑一下团队的定义。宽泛的定义认为团队包括两个或者更多的人，他们会发生动态交互并且有一个相同的目标（Reilly & McGourty，1998；Salas，Dickinson，Converse，& Tannenbaum，1992）。然而，按照这个定义，一整个组织也可以被认为是一个团队。事实上，人们甚至可以认为一个特定的行业也是一个团队。进一步扩展，我们也可以认为整个经济体是一个团队。出于人事选拔的目的，我们需要给团队下个更具体的定义。我们必须指明，我们是想选拔个体作为工作组或者组织成员来工作，还是想评估候选人适合什么工作（例如，就业咨询）。Stevens和Campion（1994）提出了一个

为工作团队选拔个体的预测因子，尽管个体认知能力的知识测验的判别效度并不高。有人提出了个人—组织匹配测验，尽管这在选拔中使用的并不多。有人提出使用兴趣量表评估个体对某个职位的合适程度（在选拔中使用也不广泛）。

　　一旦我们决定了是要选拔个体还是要为团队（或群体水平）选拔个体，其他的问题就出现了。首先，个体水平上的绩效维度适用于群体水平吗？在团队水平上有没有新的维度？其中的一些维度（例如，凝聚力）对于选拔个体有什么意义？与团队绩效的这些维度相关的个体差异变量是什么？尽管用于评估个人绩效的技术（记录、评级等）可能对团队绩效评估有所帮助，但是评估信息来源可能不同。例如，在评估团队绩效时，可能更强调同事评估。

国际环境下的绩效评估

　　正如前面提到的，如今全球化日益加剧（Anderson et al.，2001），人事选拔研究与实践必须适应这一现实。关于驻外选拔的文献（Sinangil & Ones，2001）已经有很多，并且国际环境下的个体工作绩效评估是一个很关键的问题。我们在表15.3中对其中出现的一些问题进行了总结。

表15.3　国际环境下的个体工作绩效评估问题

现存的维度（参照表15.1）在不同文化中是否相同？国际背景下有没有新的工作绩效维度？
与工作绩效相关的行为在不同文化中是否相同？
测量工具/评定量表在不同文化下是否作用相当？
不同文化中，在评定整体绩效时，不同维度的相对权重是否相同？
在不同文化中，哪些评分者（即，评估信息来源）有表面效度并且被认为是可以接受的？
验证驻外选拔预测因子的效度时应该使用什么维度？
不同文化下，哪些因素对绩效评估数据的收集会产生不同的影响？

　　首先，现存的维度（表15.1中所列举的）在国际环境下是否相似？测量技术与评估量表是否作用相当？在我们对人事选拔评估量表的回顾中，我们注意到，使用者更喜欢使用图尺度评估量表与行为锚定评级量表，而不喜欢使用混合标准量表（在这种量表中评分者不知道自己给出的是何种评分）。在一些文化中，使用者更可能接受较大的权力距离或者能够忍受不确定性，以上结果在这样的文化中是否能够通用？

　　在全球背景下考虑个体工作绩效问题时，是否需要增加新的维度？一些研究（例如，Conner，2000；Kanter，1995）认为，个体应该培养一种在全球化经济中取胜的心态。在驻外选拔领域，研究强调使用与文化适应相关的维度来评估个体绩效（Caligiuri，2000；Deshpande & Viswesvaran，1992），尽管Ones和Viswesvaran（2001）认为，最好将适应性作为驻外人员绩效的决定因素而不是一个分维度来考虑。

可接受的评估信息来源可能因组织文化而有所不同。

结论

工作绩效中新的维度正在出现。考虑到工作的概念正在发生变化，我们以后是否会讨论任务与工作绩效还无法确定。技术性评估已经为我们提供了新的测量工具，也提供了一些新的措施（电子绩效监控）。在人事选拔评估中，工作绩效的测量问题可能随时间发生变化，但是工作绩效构念的核心可能保持不变。科学家和实践者应该综合地理解这些人事选拔中工作绩效有效测量和评估的问题。本章总结了该领域迄今为止的重要发现，帮助读者认识到这个部分对人事选拔的重要性。

注：作者排名不分前后，两个作者做出了同等贡献。

第十六章　周边绩效的预测

Lisa M. Penney，**Walter C. Borman**

我们认为在人事选拔研究中，对测验的效度进行检验是实证研究非常重要的一环。这就要求效标测量能够准确描述研究所要评估的组织成员的绩效水平。这属于心理测量学的内容，即效标测量的信度和效度估计。然而，测验效度研究中，效标测量不仅是一个测量问题，也是一个概念问题。将目标工作所有重要的绩效要求与效标测量一同呈现出来是非常关键的。

这是本章的核心主题。我们和其他人的研究已经将效标域从技术熟练度或工作绩效的任务元素拓展到绩效的维度。特别地，基于他人的工作（例如，Barnard，1938；Brief & Motowidlo，1986；Katz & Kahn，1966；Smith，Organ，& Near，1983），我们（Borman & Motowidlo，1993，1997；Borman，Motowidlo，& Hanser，1983）引入周边绩效的概念，并将其定义为"有利于组织、社会以及心理环境的并且以技术为核心的行为"（Borman & Motowidlo，1993）。我们将周边绩效区别于任务绩效，后者被定义为"在职者在正式工作活动中的熟练度，这些活动对组织技术核心有贡献，它们可能直接是技术流程的一部分，也可能间接地为其提供所需的材料或服务"（Borman & Motowidlo，1993）。周边绩效包括的活动例如：自愿承担额外的责任和任务；保持额外的热情和精力；帮助并协助他人；遵守组织规则和程序；支持组织。正如我们将看到的，将周边绩效纳入效标域对人事选拔甚至更广泛的组织有效性具有重大影响。

定义周边绩效

正如前面所说的，周边绩效支撑着任务绩效所处的广大环境。根据Borman和Motowidlo，周边绩效与任务绩效的差异主要在三个方面：第一，不同工作的任务行为不同，而不同工作的周边行为相当类似。例如，木匠与会计工作差异很大，但是他们可能都需要自愿地为工作熬夜或者为有需要的同事提供工作上的帮助；第二，工作活动比周边活动更容易被认为是正式的工作要求。也就是说，如果一个组织因某个员工投入了额外的精力来帮助其他人完成工作而受益，这样的行为通常被认为是超出责任范围的。最后，工作绩效的前因变量更可能包括认知能力，而周边绩效的前因变量更可能与意向或人格相关。

多年来，组织研究者已经调查了这些不同种类的行为。尽管大部分研究者都描述了一组相似的重复行为并且将其构念根源追踪至Katz（1964）的"创新与自发行为"的概念，但是每个人都使用不同的定义来描述自己所构建的构念域边界。Borman等人（1983）提出的士兵效率模型就是一个相关构念，以及周边绩效模型的前身。在对士兵的绩效域进行定义时，Borman等人（1983）认识到，对组织来说，个体的"整体价值"不仅仅包括技术熟练度，还包括对组织、社会化以及士气的承诺。他们的士兵效率模型强调三个因素以及它们之间如何结合而产生三个绩效维度。承诺与社会化结合产生了忠诚（例如，遵守命令、军人气度、遵守规则、尊重权威）。社会化与士气结合为团队工作（例如，合作、友情、领导力、关注并推动小组士气）。最后，士气与承诺结合为决心（例如，毅力、耐力、主动性、纪律性、责任心）。

所有与周边绩效相关的构念中，最被广泛认可的可能是组织公民行为（OCB）。Organ（1988）将OCB定义为"个体随意的、不直接或者不明确属于正式奖赏系统的，以及整体上促进组织有效功能的行为"。Organ对OCB的定义与Van Dyne，Cummings和Parks（1995）提出的角色外行为的概念以及George和Brief（1992）提出的组织自发性的概念非常相似。这三种构念都描述了超出组织正式角色或者要求并有利于组织效率的自愿性行为。然而，尽管OCB和角色外行为包括通常不被组织正式奖励计划所承认的行为，但是组织自发性包含可能被奖励的行为（George & Brief，1992；George & Jones，1997）。

另一个相关的构念是亲社会组织行为（Brief & Motowidlo，1986）。据Brief和Motowidlo研究，亲社会组织行为是指向其他个体或者组织的、意在促进组织福利或者使个体或组织受益的行为。亲社会组织行为与其他构念不同之处在于，它引入了帮助的动机，作为行为的背后推动力量。其他的构念没有详细说明任何特定的动机，而是强调这些行为对组织有力的净效应。Brief和Motowidlo也拒绝角色内、角色外的划分，因此亲社会组织行为可能是角色内的也可能是角色外的。最后，不同于周边绩效和其他相关的构念，亲社会组织行为包括有利于个体的组织作用之外的行为。例如，一个员工在工作的时候花时间帮助同事解决个人问题，但是对组织来说却损失了这部分时间。因为周边绩效主要强调的是行为符合组织的目标，所以这些亲社会行为通常并不被认为是其构念内的范畴。

除了周边绩效和亲社会行为，大部分的构念定义域只包括角色外行为。然而，明确区分组织正式规定行为与自愿或随意行为这一做法已被证明是存在问题的。研究已经证实，组织成员对某些行为究竟是属于正式工作边界之内还是之外不一定能达成一致。在Morrison（1994）的调查中，从OCB量表中抽取出20种行为，让317名职员对其进行分类，他们将其中的18种分类为角色内行为，这说明个体可能会将OCB看作他们工作的一部分。另外，Lam，Hui和Law（1999）发现，主管比下属更可能将角色外行为看作正式工作要求的行为（例如，角色内行为）。Organ （1997）承认将这类行为分类为角色外行为确实很混乱，他支持Borman和Motowidlo将周边绩效描述为公民行为的定义。因此，在本章其余部分，周边绩效这一术语会被用于代替OCB或其他可替换术语。

除了描述周边绩效和相关构念的众多术语，描述这些行为潜在维度的不同解决方案也派生出来。Borman和Motowidlo（1997）提出了周边绩效的五维分类：（1）保持热情和额外的精力来成功完成自己的任务；（2）自愿执行自己正式工作之外的任务；（3）帮助和协助他人；（4）遵守组织规定和程序；（5）赞同、支持和维护组织目标。他们的五因素包含OCB的五维度，尽管结构有点不同（Organ & Konovsky，1989；Organ & Ryan，1995；Smith et al.，1983），OCB的五维度是：（1）利他主义，或者指向组织个体的行为；（2）一般性顺从，即对组织的一般贡献，主要有以下形式：模范出勤、工作时间的使用、尊重公司财产、忠诚于组织规则（Organ & Ryan，1995）；（3）礼貌，或者采取措施避免潜在问题；（4）运动员精神，或者和善地容忍小麻烦和不公平；（5）公民美德，包括积极参与组织管理（Organ & Ryan 1995）。Podsakoff，MacKenzie，Paine和Bachrach（2000）回顾了研究公民行为/周边绩效的文献，比较了几种不同的模型。他们注意到研究者已经辨别出大约30种不同的周边绩效潜在维度，并将其总结为七个主题：（1）帮助行为；（2）运动员精神；（3）组织忠诚（例如，促进、保护以及捍卫组织）；（4）组织顺从（例如，遵守组织规定与政策）；（5）个人主动性（例如，保持额外的热情和精力、自愿承担额外的责任）；（6）公民美德（例如，为了组织的福祉承担个人责任）；（7）自我发展（例如，自愿参加教育或者培训以改善自己的知识以及/或者技能）。

显然，文献中已经提供了许多不同的合理解决方法。可能最简省的莫过于Williams和Anderson（1991）的双因素模型。他们将行为分为指向组织的（例如，按时上班、遵守规定）和指向个人的（例如，支持或帮助其他员工）两种。Coleman和Borman（2000）支持这种划分，他们编辑了一份包含27个周边绩效维度及其定义的列表，并让47位工业与组织心理学家根据内容对列表进行分类。他们的分析最终得出了两个与Williams和Anderson提出的组织与个人导向类似的因素，分别被命名为个人支持和组织支持，此外，还有第三个维度——认真主动，用来表示毅力、积极主动地做任何达成目标所需要的事，以及利用机会发展自我。表16.1中呈现了这种周边绩效的修正模型。

表16.1　周边绩效修订分类

A. 个人支持	助人：帮助他人，为他们的工作提出建议，向他们展示如何完成困难的工作，传授他们有用的知识或技能，直接分担他们的工作，为他们的私人问题提供情感支持。
帮助他人：提供建议，传授有用知识或技能，直接分担他人工作，为他们的私人问题提供情感支持。	
与人合作：接受建议，通知他人须知事宜，团队目标优先于个人利益。展现体贴，礼貌，机智处理与他人关系，激励他人，展现自信。	合作：与他人合作，接受他人意见，跟随他们的领导，将团队目标放在优先于个人利益的位置，告知他人可能影响他们的事件或要求。
	激励：激励他人，称赞他们的成就与成功，当处于逆境时为他们加油，相信他们有能力获得成功并展示出这种信任，帮助他们克服挫折。
A. 组织支持	代表：代表组织，当别人批评它的时候维护它，促进它的成功和积极属性，表达自己对组织的满意。
代表组织：维护和促进组织，表达满意，展示忠诚，当组织暂时处于困境时与组织并肩。支持组织使命与目标，遵守组织规则和程序，提出改进建议。	忠诚：展现忠诚，当组织暂时处于逆境时与其并肩，愉快地容忍偶尔的困难与逆境并且不抱怨，公开认可和支持组织的使命与目标。
	顺从：遵守组织规则与程序，鼓励他人也这么做，提出程序上、管理上或者组织上的改进建议。
A. 认真主动	毅力：即使条件恶劣面临挫折，也要保持额外的精力成功完成工作任务，达成比正常情况更艰难和具有挑战性的目标。即使期限异常短也要按时完成工作，比正常期望表现得更加卓越。
保持额外努力：即使条件困难也要保持额外努力。主动完成所有目标所需的事情，即使正常情况下并不属于自己的责任。在做完自己的任务后发现额外的生产性工作。利用组织内外的机会，花费时间和资源，发展自己的知识与技能。	主动：主动完成所有团队或组织目标所需的事情，即使正常情况下并不属于自己的责任。对于非标准状态一经发现马上修正。在做完自己的任务后发现额外的生产性工作。
	自我发展：花费私人时间上课，发展自己的知识与技能，自愿接受组织提供的培训和发展的机会，努力从他人或者新任务中学习新知识和新技能。

注：来自Borman等人（2001）。2001年版权由Blackwell Publishers所有，经许可再版。

周边绩效的意义

周边绩效尽管并不对组织技术核心有直接贡献，但是它支持工作绩效所处的整体环境，因此，它对组织功能有着重要影响。确定周边绩效是否加强组织功能的一种方式是检测周边绩效与个体工作绩效评估之间的关系。主管常常被要求提供绩效评估，这应该从本质上涵盖了员工对组织功能的整体贡献。因此，如果周边绩效促进了组织目标的达成或者对组织整体功能有贡献，那么它应该与主管对工作绩效的评估有相关性。

研究显示，主管在进行绩效评估时的确会考虑周边绩效。在一项确定主管评估时寻找的信息种类的实验中，Werner（1994）发现，主管关注与员工周边绩效有关的信息，并且这些信息对整体绩效评估具有重大影响。在一个相关研究中，Johnson（2001）检验了整体绩效评估中周边绩效与任务绩效的相对权重，并分析了八个工作家庭，从而得出结论——周边绩效显著解释了整体评估的独特变异。

另外，Podsakoff等（2000）所做的元分析结果发现，周边绩效对整体绩效评估的影响至少和任务绩效一样大。八项研究平均结果显示，在控制了共同方法差异后，周边绩效大约解释了绩效评估变异的12%，而工作绩效解释了大约9.3%。Borman，White和Dorsey（1995）将这个发现拓展到同事评估中。他们在一个路径分析中发现，同事整体绩效评估与技术熟练度绩效得分及周边绩效维度独立评级的路径系数是相当的。总的来看，这些研究清晰地证明，周边绩效是评估整体工作绩效时主管（也可能是同事）注意并考虑的内容。因为主管对工作绩效的评级常常被用于评估个体对组织运作的贡献，这些研究也证明，周边绩效在组织整体运行中扮演着重要角色。

检验周边绩效与任务绩效评估的研究证明了周边绩效在个体水平上是如何增强组织运作能力的。因此，按理说周边绩效总体上也会提高组织有效性。据Podsakoff等（2000）研究，周边绩效应该与组织的成功相关，因为它：（1）提高了员工和管理者的生产力；（2）释放了资源使其能够被更有效率地使用；（3）通过改善小组成员的协调、交流和人际关系，促进工作团队运作；（4）改善组织招聘能力，雇用更好的员工；（5）创造更加稳定的工作环境；（6）在变革期，允许更平缓的过渡。例如，相互帮助的员工增强了单位生产力，并将用于管理的时间等组织资源解放出来用于更有效率的任务。一些研究已经验证过，组织成员的周边绩效对组织有效性具有影响，这在各种各样的组织中都适用，包括纺织品业、销售业以及食品服务业（Podsakoff & MacKenzie，1994；Podsakoff，Ahearne，& MacKenzie，1997；MacKenzie，Podsakoff，& Ahearne，1996；Walz & Niehoff，1996）。这些研究使用了许多效标，包括销量、收入、生产数量、生产质量以及客户满意度。正如Borman和Penner（2001）在他们的综述中所言，员工周边绩效所解释的效标的变异中位数为17.5%。

正如这些研究所展示的，周边绩效在组织整体绩效中发挥着不可或缺的作用。因为所有的组织都努力成功，周边绩效也就成为组织应该关注并尝试改善的部分。那么，弄明白什么是加强周边绩效的必要因素或者条件变得非常重要。本章剩下的部分主要是回顾有关周边绩效前因变量的现存文献。

周边绩效的前因变量

试图识别和理解周边绩效发生条件的研究在这个领域中可能被探讨得最为广泛。研究者已经根据自己的理论观点从许多不同的方向来试图解决这个问题。总的来说，周边绩效的前因变量可以分为四个独立的种类：情境前因变量、态度/情感前因变量、个性前因变量，以及动机前因变得。以下部分研究了与它们相关的文献，并总结了相关发现。

情境前因变量

情境前因变量指的是组织的环境状况，例如领导行为、任务反馈以及组织政治。情境前因变量可进一步细分为两类：（1）人际交往，包括与组织社会环境质量相关的因素，例如，组织公平、领导行为以及组织政治；（2）工作特性，指的是工作自身的各个方面，包括任务特点（程序化，反馈，重要性）和自主水平。

人际交往因素。组织公平是一种重要的周边绩效前因变量。它指的是个体在与组织的交互过程中感受到的公平。研究者已经从以下三个角度讨论了公平：分配公平、程序公平以及互动公平。分配公平与感知到的由雇主那里得到结果的公平性有关，而程序公平指的是感知到的决定组织结果的过程与决策的公平性，它与实际结果的公平性无关（Thibaut & Walker，1975）。互动公平指的是执行组织程序过程中人际关系处理的质量（Bies & Moag，1986）。

有两种理论被用来解释"为何员工对公平的感知与其周边绩效相关"。尽管它们都对公平与个体周边绩效之间的关系做出了相似的预测，但是它们对激励行为产生的潜在加工过程提供了不同的解释。第一种是公平理论。根据公平理论（Adams，1965），个体会将自己和与自己相似之人的组织成果投入比进行比较，以确定是否公平，成果例如报酬、晋升，投入例如努力、能力。公平理论预测，当员工感觉比率相对较大时（即，报酬过高），他们会感到内疚或者懊悔并增加投入（例如，周边绩效）以恢复这种公平。当员工感觉自己的回报率较小时（即，报酬过低不公平），他们会变得不满或者愤恨，并会尝试通过减少投入的方式恢复公平（又如，周边绩效）。

第二，社会交换理论（Blau，1964）认为，员工从社会交换的角度定义他们与组织或者主管之间的关系。因此，员工为了报答主管或者组织给予的优厚待遇而从事周边行为。如果员工相信组织正在寻找他们的最大利益（即，高度公平），那么他们同样会表现出更多的周边行为。然而，如果员工不相信组织提供的待遇是公平的，他们会减少有利于组织的行为，包括周边绩效。

总的来说，研究支持组织公平与周边绩效之间的关系（LePine, Erez, & Johnson，2002；McNeely & Meglino，1994；Moorman，1991；Moorman, Niehoff, & Organ，1993；Organ & Konovsky，1989；Skarlicki & Latham，1996，1997；Tansky，1993）。Tanksy（1993）报告说，对整体公平的感觉与利他主义（$r = 0.26$）和责任心（$r = 0.21$）的主管评级相关。另外，LePine等（2002）的元分析发现整体公平与周边绩效之间的相关性为0.23。在这些研究中，作者并没有对三种公平因素做出区分，但是他们检验了整体公平。这可能导致有价值信息的损失，因为其他的研究已经表明，三种公平与周边绩效之间的关系存在差异。例如，Moorman等（1993）发现，程序公平与周边绩效的礼貌、运动员精神和责任心维度相关，但是与利他主义或者公民美德无关。Moorman

（1991）也检验了分配公平、程序公平和互动公平对周边绩效的不同影响。尽管三种公平与周边绩效之间的零阶相关性是显著的，但只有互动公平与周边绩效具有显著的直接联系。这项发现表明，主管对待员工的质量是员工周边绩效的一个非常重要的决定性因素，可能比奖励分配和决定奖励的程序的公平性更加重要。

除了这些横断面研究，一些研究者通过准实验设计检验了公平与周边绩效之间关系的指向性。在Skarlicki和Latham（1996）进行的一项研究中，对一个公共服务机构的领导进行了培训，以使他们表现出能够体现程序和互动公平的行为。与没有接受过培训的组织领导相比，参加培训的领导组成的工作组的周边绩效水平显著较高。这些结果在第二项研究中得到重复验证（Skarlicki & Latham，1997）。在这项研究中，研究者也检验了感知到的公平性对周边绩效的中介作用。他们的结果说明，感知到的公平可以调节领导培训与指向组织的周边绩效之间的关系，但是对指向个人的周边绩效无效。换句话说，员工表现出指向组织的周边绩效是因为他们感觉他们的领导是公平的。除了证明公平与周边绩效之间的因果关系方向外，这些研究也为社会交换理论提出的心理过程提供了支持。

第二个人际因素是领导行为。公平研究中的主要发现之一就是领导行为（尤其是那些能够体现对员工人际处理质量的行为）在员工周边绩效中扮演着重要角色。正如Skarlicki和Latham的研究提及的，当领导参加过如何表现出关心公平和与下属互动关系质量的行为的培训后，员工会表现出更多的周边绩效。社会交换理论为这种关系提供了潜在的解释框架，领导—成员交换理论也提出了自己的看法。

领导—成员交换（LMX）理论（Dansereau，Graen，& Haga，1975）关注主管与个体员工之间的关系而不是与整个工作群体之间的关系。根据Dansereau等，主管培养了与下属间的两种不同关系：它们分别与圈内和圈外相关。圈内成员通常被认为是可靠而勤奋的，他们受到主管的信任并且可以参与决策。相反，主管对圈外成员更多的是下达指令，他们很少参与决策过程。因为圈内成员的责任更多而行为约束较少，他们应该更有机会表现出周边绩效。圈内成员也可能因感觉自己被公平对待而有更多的理由表现出周边绩效。

研究证据表明，领导行为与下属周边绩效有关。Tansky（1993）发现，员工对与主管间关系质量的评分和主管对员工周边绩效五个维度（利他主义、责任心、运动员精神、礼貌和公民美德）的评分显著相关。在LePine等（2002）的元分析中，他们报告了领导支持对整体工作绩效的未修正预测效度为0.25（修正后为0.32）。Podsakoff，MacKenzie和Bommer（1996）也报告了关于领导支持、运动员精神、礼貌和公民美德的类似发现。

另外，Tepper和Taylor（2003）研究了主管周边绩效（指导）、下属感知到的公平和下属周边绩效之间的关系。他们从向下渗透模型的角度检验了这种关系，并假设主管的周边绩效与下属对程序公平的感知相关，它反过来也会影响下属的周边绩效。他们的数据支持向下渗透模型，并且还支持领导行为是员工周边绩效的重要预测因子的观点。

另一个可能对周边绩效很重要的人际因素是组织文化，尤其是当它与组织政治相关时。Witt，Kacmar，Carlson和Zivnuska（2002）描述了政治色彩浓厚的氛围：个体做出有利于个人利益却违反规定的行为，经常做一些与他人和组织福祉无关的事情。这种氛围可能影响社会交换平衡进而降低周边绩效。换句话说，它会让人感觉遭到了不公平的待遇。政治色彩浓厚的氛围可能使组织成员间缺乏信任，进而影响社会关系的发展。这反过来也会使个体不愿超出自己的工作范围帮助他人，因为他们会更加注重保护自己的利益。

尽管政治行为影响周边绩效的解释看起来很合理，但是很少有研究验证它们之间的关系。然而，我们提到的Witt等的论文发现，员工对组织政治水平的看法与主管对周边绩效的评级呈负相关。因此，员工感觉工作环境中政治色彩越浓厚，他们就越不可能表现出周边绩效。

需要注意的是，高度政治化的组织可能降低工作组的凝聚力，这似乎是合理的。在政治色彩浓厚的组织中，个人利益可能会优先于群体利益，反过来就会减少群体凝聚力。因此，群体凝聚力可以作为组织政治的间接指标。在Podsakoff 等（1996）的元分析中，他们报告说，小组凝聚力显著预测了周边绩效的运动员精神、礼貌和公民美德三个维度。总的来说，这些研究表明政治色彩浓厚的氛围会降低员工周边效度。然而，这是周边绩效文献中出现的一个相对较新的领域，以后还需要很多研究来探索这种关系。

工作特性。环境前因变量的第二种类型包括工作自身的特性，它可能抑制或促进周边绩效。对与周边绩效相关的工作特性的检验主要来自领导替代的研究文献。在前面的部分中我们讨论了领导行为对周边绩效的影响。根据LMX理论，如果圈内成员有更大的自主性，那么他们也被给予更多的责任，也可能有更多的重大任务需要执行。然而，这些因素也可能被认为是正式工作要求的一部分，而非领导分派的任务。因此，在社会交换的框架中，为了从组织那里交换到更多的责任、自主权和任务重要性，员工可能倾向于表现出更多的周边绩效。

尽管只有很少研究检验过与周边绩效相关的特定工作特性，但是获得的研究结果都是支持性的。例如，Gellatly和Irving（2001）发现，员工对工作自主性的评分与主管对周边绩效的评分相关（$r=0.33$）。Podsakoff 等（1996）进行了一个关于领导替代和绩效（包括周边绩效）评估的元分析。据他们回顾，任务反馈与利他主义（$r=0.15$）、责任心（$r=0.23$）、运动员精神（$r=0.15$）、礼貌（$r=0.19$）和公民美德（$r=0.31$）都显著相关。任务常规化也与周边绩效的五个维度显著相关（β分别为-0.23，-0.24，-0.10，-0.20和-0.38）。因此，看起来具有更多的自主性、反馈以及多样性的工作能够提高员工周边绩效。

态度前因变量

两种工作态度已经被证实为周边绩效的潜在前因：组织承诺和工作满意度。Meyer，Allen和Smith（1993）认为组织承诺具有三种成分：情感承诺、规范承诺和持续承诺。情感承诺指的是员工可能产生的对组织的依恋；出于责任感或是非观，员工可能感到对组织负有义务，这时会产生规范承诺；员工因缺乏可行的选择或者需要奖励（例如，钱、福利）而选择留在组织的行为与持续承诺有关。总的来说，研究表明情感承诺与周边绩效相关性最强（利他主义$\rho=0.23$，一般性顺从$\rho=0.30$；Organ & Ryan，1995）。

已经有很多研究调查过工作满意度与周边绩效之间的关系（Kidwel, Mossholder, & Bennett；1997；Le Pine et al.，2002；Miller, Griffin, & Hart 1999；Moorman，1991；Moorman et al.，1993；Netemeyer, Boles, McKee, & McMurrian，1997；Organ & Konovsky，1989；Organ & Ryan，1995；Tanksy，1993；Williams & Anderson，1991），总的来说，结果表明它们是正相关的。例如，Organ和Ryan（1995）在他们的元分析中报告说，对利他主义的样本加权平均估计是0.28，对一般性顺从的样本加权平均估计是0.28。

大多数工作满意度的相关研究文献对整体的工作满意度进行了测量，而近年来研究者开始认为工作满意度包含认知和情感成分。根据Lee和Allen（2002）的研究，认知是"员工对工作状况的思考判断"，换句话说，是对他们的工作或工作状态的"冷静的"或非感情性的评价。另一方面，情感指的是员工对于工作状况的真实感觉（Lee & Allen，2002）。

最近的研究表明这两种成分可能对周边绩效有不同的影响。例如，Organ和Konovsky（1989）发现，主管对周边绩效的评级更多地是由认知而不是情感决定的。他们认为周边绩效行为可能不仅仅是一种表达满意的方式，而是更加有计划性和目的性的。Lee和Allen（2002）在一项独立研究中发现，情感对指向个体的周边绩效来说是更强的预测因子，而认知与指向组织的周边绩效相关性更强。因此，像帮助同事完成工作这样的行为更可能是对他人情感的自然表达，而像自愿在委员会工作这样的行为更可能是经过深思熟虑的、有计划的。

尽管对于工作态度的早期思考认为它们与周边绩效直接相关，但是也有研究者提出了一些不同的看法。Organ和他的同事（Konovsky & Organ，1996；Moorman et al.，1993；Organ & Konovsky，1989）认为，工作满意度与周边绩效之间的关系可能来自它们与组织公平间的共同变异。一些研究也报告说，当感知公平所引发的变异得到控制时，工作满意度与周边绩效之间的关系降低至接近零（Moorman，1991；Moorman et al.，1993）。因此，工作满意度很可能和周边绩效一样是感知公平的结果。

个性前因变量

将效标域拓展至包括周边绩效的一个重要原因是对人格特质与工作绩效关系的研究缺乏有意义的发现。Motowidlo，Borman和Schmit（1997）在个体差异与绩效理论提出，工作绩效在很大程度上由个体知识、技能和能力等差异决定。但是，周边绩效更可能由人格和动机方面的人格差异预测。

通常，将人格特质作为周边绩效预测因子的研究结果喜忧参半。Organ和Ryan（1995）在元分析中报告说，人格（例如，宜人性、积极与消极情感）与一般性顺从及利他主义之间存在弱相关关系。只有责任心与利他主义及一般性顺从表现出了高度相关（报告的修正效度分别是0.22和0.30）。而且，当排除了使用自我评定的周边绩效的研究后，效度会降低（分别为0.04和0.23）。

相反，Borman，Penner，Allen和Motowidlo（2001）给Organ和Ryan（1995）之后的20项研究所做的独立元分析带来了更多希望。他们的研究结果总结在表16.2中。不同之处在于，Organ和Ryan，Borman 等使用的是整体复合效标（即，他们没有将周边绩效区分为不同维度）并且还包含了大量的人格特质样本。责任心再次成为周边绩效的唯一最佳预测因子，其加权平均效度为0.24（如果排除自我评定的周边绩效后为0.19）。另外，Borman等也报告了其他人格特质的显著效度，包括宜人性（$r = 0.13$）、积极情感（$r = 0.18$）、外倾性（$r = 0.08$）、消极情感（$r = -0.14$）、控制点（$r = 0.16$）以及集体主义（$r = 0.15$）。

表16.2 人格与公民绩效效标的平均未修正相关性

人格构念	所有效标			排除了自我报告效标		
	研究数量	总样本量	加权平均相关性	研究数量	总样本量	加权平均相关性
责任心	12	2378	.24	10	1963	.19
宜人性	7	1554	.13	7	1554	.13
积极情感	5	985	.18	5	970	.16
外倾性	8	1832	.08	7	1728	.06
消极情感	6	1151	-.14	5	1047	-.12
控制点	3	599	.16	3	599	.12
集体主义	4	857	.15	1	132	.04
他人导向的移情	7	1343	.28	4	434	.17
助人性	7	1343	.22	4	434	.15

注：资料来源于Borman 等人（2001）。2001年版权由Blackwell Publishers所有，经许可再版。

Borman 等元分析中的另外两项人格构念反映了一种检验与周边绩效相关人格特质的不同方法。Penner和他的同事开发了一种"亲社会人格导向"测验来评估与亲社会想法、感觉和行为相关的人格特质（Midili & Penner，1995；Penner & Fritzsche，1993；

Penner，Fritzsche，Craiger，& Freifeld，1995；Penner & Finkelstein，1997；Penner，Midili，& Kegelmeyer，1997；Schroeder，Penner，Dovidio，& Piliavin，1995）。Penner等（1995）开发的《亲社会人格测验组系》（*Prosocial Personality Battery*，PSB）可以测量两种因素：他人导向的移情（"为他人的幸福而体验移情、感到负有责任和关心的趋向"）和助人性（"自我报告的助人为乐行为，且对他人悲痛不具有自我中心的生理反应"）（Penner et al.，1997）。PSB在多个研究中都表现出了与周边绩效的显著相关性。在Borman等的元分析中，他人导向的移情和帮助性的加权平均效度（未修正）分别为0.28和0.22。

尽管一些人格特质（例如，责任心、他人导向的移情以及助人性）肯定可以作为周边绩效的预测因子，但这类研究还是遭到了批评，因为各种证据整体上并不是完全积极的。除了Borman等的元分析外，各种效度都只是适中水平。可能人格与周边绩效之间的关系比原来想象的更加复杂。至今还没有发现它们之间更强的一致关系，其原因是这种关系依赖于组织或职业情境。最近，一些研究检验了个人和情境因素对周边绩效的交互作用，他们的结果很有前景。

例如，Gellatly和Irving（2001）检验了工作提供的自主性程度是否会减弱人格与周边绩效之间的关系。他们推断，更大的自主性可能会导致更少的行为约束（较弱的情境请参照Mischel，1977），因此人格影响行为的机会也就越大。他们的结果表明，当自主性很高时，外倾性和宜人性都与主管对周边绩效的评级呈正相关关系。然而，当自主性很低时，宜人性与周边绩效之间呈负相关关系，这说明宜人性高的个体比低的个体周边绩效更低。Gellatly和Irving认为，高度亲和的人可能较难完成按照规则行事的低自主性工作，但是这还有待进一步研究。

Beaty，Cleveland和Murphy（2001）检验了情境强度对大五人格特质与周边绩效之间关系的影响。在实验室或现场研究中，他们发现，当与工作绩效有关的情境线索较弱时，人格与周边绩效之间的关系最大。与Gellatly和Irving的发现类似，这些结果表明，要求较弱的情境允许行为中有更多的个人特质表现。

另外，Witt等（2002）评估了在政治色彩浓厚的氛围中，责任心、宜人性、外倾性与周边绩效之间的关系。他们发现宜人性减弱了政治与周边绩效（人际促进）之间的关系。尽管当政治色彩浓厚时个体表现出更少的人际促进，但是宜人性较低的个体与较高的个体相比，表现出的人际促进要少得多。这些结果表明，组织政治对宜人性较高的个体比对较低的个体的周边绩效影响更小。

类似地，Hogan，Rybicki，Motowidlo和Borman（1998）进行了两项研究验证在不同环境条件下人格与周边绩效的关系。Hogan等推断说，人格特质与周边绩效之间的相关性可能因晋升机会而有所不同。这个假设在很大程度上得到了证实。结果表明，对于晋升机会较少的工作，周边绩效的最强预测因子是由《霍根人格量表》（*Hogan Personality Inventory*，HPI）的谨慎子量表（Prudence）测得的责任心（工作奉献

r=0.20，人际促进*r*=0.17）。相反，对于晋升机会较多的工作，周边绩效最强的预测因子是HPI的雄心子量表（Ambition）。在这个样本中，周边绩效与谨慎之间的相关性是不显著的（几乎为0）。这一研究结果和Gellatly和Irving（2001）、Beaty等（2001），以及Witt等（2002）的结果表明，人格是否与周边绩效以及周边绩效相关的具体特质相关，在一定程度上取决于组织环境。另外，Hogan等的研究表明，不同的环境条件会影响个体表现出周边绩效的动机种类。在下面的部分，我们会将这个主题进一步展开。

动机前因变量

预测周边绩效的方法的关键在于理解和识别个体从事这种行为的动机。探讨周边绩效的动机是一个相对新的方向，研究者已经提出一些周边绩效的不同动机（Bolino，1999；Ferris，Judge，Rowland，& Fitzgibbons，1994）。Penner和他的同事（Connell，2003；Penner et al.，1997；Rioux & Penner，2001；Tillman，1998）试图使用功能理论（Snyder，1993）来识别周边绩效的动机，这种方法认为人类行为是由满足某种需要或目的的欲望推动的。为了理解人们为什么表现出他们所表现的行为，有必要理解行为的功能或者这些行为能满足他们何种需求。

根据功能理论，两个人可能表现出相同的行为，但是他们这样做的理由可能不同。例如，两个员工可能自愿担任组织筹款委员会的主席，第一个人可能是为了支持组织，提高组织形象，为更大的群体带来好处。在这种情况下，员工的动机是利他的。第二个人可能是为了在组织高层面前露脸或者增加他/她个人在组织中的影响力。在这种情况下，员工的动机是为自己创建积极的形象，拓展自己的事业。另外，个体行为可能受到多种动机的影响，任何单一的行为也可能满足多种需要或目的。

Rioux和Penner（2001）开发了一种评估人们周边绩效动机的工具，叫作《公民动机量表》（*Citizenship Motives Scale*，CMS）。CMS的因素分析显示，它测量了周边绩效的三种不同动机：关注组织（例如，我关心组织发生了什么），亲社会价值观（例如，我相信要对人有礼貌、我常常乐于助人），以及印象管理（例如，避免将糟糕的外表呈现给他人、外表要看起来比自己的同事更棒）。在一项检验CMS三种动机与周边绩效评分关系的研究中，两种动机已被证明与预测因子和效标维度之间的关系不同。具体来说，关注组织动机与责任感之间的相关性最高，而亲社会价值观与利他主义的相关性最强。另外，关注组织与指向组织的周边行为相关，而关心他人与指向他人的周边绩效相关。

Connell（2003）在探讨动机问题上又更进一步，他提出动机在周边绩效中起的是中介作用。他发现各种预测因子与周边绩效之间的关系受到不同动机的调节。具体来说，周边绩效的情感承诺、程序公平与一般性顺从维度之间的关系受到关注组织动机的调节。因此，承诺及程序公平与周边绩效相关的原因似乎是它们促进了对组织的关注。类似地，责任心与一般性顺从之间的关系也受到关注组织的调节。这项发现表明，认真负责的个体出于对组织福祉的关心而遵守规则且支持组织。相反，亲社会价值观动机能调节人格特质、他人导向的移情以及利他主义之间的关系。因此，移情分数高的个体会做出帮助同事之类的行为，因为他们在乎与他人建立积极的关系。总的来说，这些结果都为"动机是周边绩效的重要预测因子"提供了证据，也为描述预测因子影响周边绩效的过程提供了框架。

尽管Rioux和Penner（2001）发现了明显的印象管理动机的证据，但是他们并没有发现任何该动机与其他周边绩效维度的显著相关关系。然而，印象管理的本质可能对周边绩效产生不同的影响。事实上，Bolino（1999）提出了一个理论框架来解释对印象管理的关注是如何推动绩效管理的。根据他的模型，个体在以下情况中会为了印象管理目的而表现出周边绩效：（1）个体将周边绩效视为达到目的的工具；（2）个体很在乎自己是否被视为"组织好公民"；（3）个体理想的形象与他们的现实形象不符。Bolino也提出，印象管理动机能够调节周边绩效与工作效率之间的关系，因而如果员工用周边绩效来管理他们的工作形象，这种关系就会被削弱。通常，周边绩效应该能够增加组织有效性，因为它能创造有利于任务完成的社会环境。然而，当个体受到自我提升的动机推动时，这些行为（周边绩效）很可能被视为逢迎，因而减弱那些行为对组织有效性的影响。

但也有研究者（Eastman，1994）检验了主管对员工隐藏周边绩效动机的感知会如何影响其奖励分配。在一项实验室研究中，Eastman发现管理者会给那些行为被认为是逢迎的员工以最少的奖励（例如，更低的工作绩效评级、更少的奖金），会给那些被认为有亲社会价值观或者关注组织动机的员工以最高的奖励。如果奖励分配能够说明员工对组织有效性做出的贡献，那么这些发现表明由自我提升推动的行为比由利他主义推动的行为对组织贡献更少。然而，由于此领域的研究还很缺乏，需要进一步探讨才能明白印象管理动机如何影响周边绩效。

结论

正如前面部分所展现的，周边绩效的前因变量多种多样。从组织的角度来看，研究已经让我们从组织与员工、经理与下属社会交换的水平对周边绩效如何以及为何发生有了更深入的了解。另外，研究也已经理清个体人格差异如何影响其表现周边绩效的意向。最近的研究表明，一些人格特质在特定情况下可能是更好的周边绩效预测因子。最后，个体表现出周边绩效的动机差异可能不止会预测周边绩效的类型，也会预测他人感知到的那些行为的有效性。

除了科学外，研究发现还对实践有着重要影响。几乎没人会否认周边绩效是员工对组织运作做贡献的一种重要方式。研究表明，管理者在评价员工工作绩效时的确会考虑周边绩效（Johnson，2001；Werner，1994）而且周边绩效的确有利于组织的整体有效性（Podsakoff & MacKenzie 1997）。因此，关注那些有利于周边绩效的因素，组织和组织决策者才能获得最大利益。

具体来说，研究表明组织应该采取措施确保员工得到公平对待，特别是在处理与他们的人际关系时一定要公平。尤其需要注意的是员工的经理和直接主管对待他们的方式，这种关系的质量是周边绩效的重要预测因子。另外，可以通过给员工以更大的自主权或者控制他们在工作中的特定行为来鼓励他们的周边绩效。最后，组织应该采取措施减少有问题的组织政治，因为研究显示政治色彩浓厚的组织的员工周边绩效较低。

对于选拔而言，最有意义的周边绩效预测因子是与表现出周边绩效意向有关的个体差异。研究对一些与周边绩效相关的人格特质做出了区分，包括尽责性、宜人性、积极情感、外倾性以及亲社会人格取向。组织应该能够通过使用人格测验选拔出特质高的应聘者来增加员工的周边绩效。有趣的是，其中一些人格特质（尽责性和宜人性）与抑制反生产工作行为（例如，迟到、浪费时间、偷窃、破坏、人际冲突）有关（Ones，Viswesvaran，& Schmidt，1993；Skarlicki，Folger，& Tesluk，1999）。

尽管研究已经表明通常人格与周边绩效相关，但是最近的研究显示这种关系可能是受到工作或工作环境的情境特征调节。例如，Beaty等（2001）证明当绩效的情境线索较弱时，大五人格特质效度就会越强。另外，Hogan等（1998）发现雄心对有晋升机会的工作的周边绩效来说是更好的预测因子，而责任心对晋升机会较少的工作的周边绩效来说是更好的预测因子。尽管这些例子证明了工作环境如何影响关系的强度，但其他特征，例如工作自主性，可能影响关系的方向。Gellatly和Irving（2001）发现，对自主性较高的职位来说，外倾性和宜人性对周边绩效具有显著的正向预测效度。然而，对自主性低的工作其预测效度是负的。因此，当决定选拔系统中应该包括哪些特质时，实践者应该考虑整体的工作环境，因为一些特质可能在一些条件下有效而在另一些条件下无效。

尽管我们已经对周边绩效预测有了很多了解，但是仍有一些领域值得进一步研究。首先，工作特征与周边绩效之间的关系还没有被广泛探讨。正如Podsakoff等（2000）指出的那样，检验广泛的与周边绩效相关的工作特征可能会有用，包括工作范围、反馈以及技能多样性（Hackman & Oldham，1980）。另外，我们对工作特征为什么与周边绩效有关还知之甚少。它们可能通过社会交换过程或者组织与员工间的互惠发挥作用。另一种可能是它们通过对员工态度（例如工作满意度和组织承诺）的影响发挥作用。

对于绩效的人格预测因子，至今为止的大部分研究都集中于大五特质，因此探索低阶特质的效度会很有价值。特别是成长需求强度可能是一个值得探讨的变量，因为研究已经表明它会减弱工作特征与工作满意度之间的关系（Loher，Noe，Moeller，& Fitzgerald，1985）。另外，因为最近的研究显示人格作为周边绩效预测因子的效度可能依赖于组织或工作特征，例如自主性水平和晋升机会，所以需要进一步的研究来识别那些可能有巨大影响的因素，并研究清楚它们是如何与人格相互作用的，这样才能更好地选择预测因子。

尽管研究表明动机可能会影响周边绩效的类型（即，它是指向组织还是个人），但还是需要更多的研究帮助理解个体动机是如何影响行为。一个十分有趣的研究方向是，探讨印象管理动机是如何影响周边行为的选择（就是说它是指向组织还是个体以及哪些个体，例如同事和主管），以及当印象管理动机由利他主义推动时是否会被感到更有效率。对组织政治的研究表明，由印象管理推动的周边绩效可能对个体和组织有效性的贡献较小，但是主管和其他人究竟能够多准确地辨识出不同动机推动的周边绩效之间的差异呢？

最后，还需要更多的研究帮助理解多种预测因子是如何相互作用进而影响周边绩效的。例如，工作特征、领导行为及组织文化与周边绩效直接相关吗？或者说它们是通过影响员工态度发生作用的吗？也有可能是员工表现周边绩效的特定动机受到个体人格差异、领导行为以及广阔的组织环境的影响。事实上，因为周边绩效不是凭空产生的，员工的动机和行为也可能影响领导行为和组织文化。

我们已经努力说明周边绩效对当代组织是非常重要的。有证据表明组织成员的周边绩效与个体和组织有效性相关。在我们看来，关注并研究周边绩效以及它所有的前因变量可能使组织有效性提高更多。

第五部分　人事选拔：最新趋势及未来发展

第十七章 计算机测验和互联网

Dave Bartram

本章将介绍计算机技术在人事选拔中的应用。梳理现有文献，同时结合当前组织实践来探讨已经应用的技术和将来可能实现的技术。因此我们会参考一些应用于选拔领域之外的方法，例如教育考试、许可证和认证评估，为人事选拔的改进提供新的思路。本章的目的不是为了撰写计算机测验（CBT）和互联网的文献综述，而是希望能全面阐述如何在选拔中应用这些技术。特别是，这些技术的应用带来哪些实际的问题。

Bartram（1994）在十年前写过一篇关于计算机测验的综述（那时互联网甚至还未在标题中出现），他认为依靠技术来审查是很奇怪的。在计算机技术得到发展之前，我们在谈论测验和选拔时往往并不会明确提及纸质和机电技术的优劣。我们现在之所以这么关注技术对评估方法的作用，是因为这些技术对人以及可以做的事具有重要影响。

我们对过去二十年的研究（Bartram & Bayliss, 1984；Bartram, 1994）进行了回顾后发现，虽然有很多关于计算机测验的研究，但是计算机测验在选拔中的应用相对很少。原因很明了，因为计算机技术很贵，很难使用而且并不稳定。几乎没有标准化技术——例如，每个制造商都想把他们在光碟上刻录信息的方法作为标准，并且计算机存储容量较为有限。早期的测验在没有硬盘驱动器的机器上运行，随机存取存储器（RAM）容量不超过16k，处理器和现在的也完全不同。

1990年代初，技术上的一些改变对实践有很大的影响，使计算机开始被广泛地应用于选拔：

◆计算能力和存储的飞速发展，以及施测费用成本降低；
◆采用标准的软件操作系统（普遍的Windows系统）；
◆计算机数量增加，成为办公室设备的标准配置。

然而，最重大的影响来自于90年代中期万维网的问世。虽然互联网在这之前已经存在了几十年，但主要被应用于军队和大学中。这是一个非常不友好的操作环境，无法激发非IT领域的人们的兴趣和重视。易于使用的超文本系统的问世与互联网的相互影响改变了这个局面，在短短十年内，计算机和网络成了大多数人日常生活的一部分。与此同时，在财政方面，互联网泡沫增长，在过去五年内，网络的应用持续迅速增长，并且没有任何缓和的迹象。

Bartram（1994）对当时的文献进行了综述，发现很多问题令人失望。有意思的是，有些问题早在十多年前就已经被注意到（参见Bartram & Bayliss，1984），但如今依旧是研究和争论的主题，诸如：

◆ 对于同样的测验，计算机和纸质版本的恒等性；

◆ 使用计算机来生成说明报告；

◆ 基于项目反应理论（IRT）的测验，特别是自适应测验技术，开发和应用。

不过，现在又出现了两个新的问题：

◆ 互联网对测验的影响；

◆ 应聘者和其他使用者对互联网传输测验的反应。

在这章里我们将：

◆ 回顾计算机测验在选拔领域的应用；

◆ 探讨互联网作为评估方法对选拔的影响；

◆ 探讨在十年内事情将发生怎样的变化。

关于互联网我们将特别注意：

◆ 无监督测验在选拔评估中的作用；

◆ 关于应聘者反应的研究。

本章的焦点是计算机测验在选拔中的应用，包括在单机和互联网中的应用。关于计算机在招聘中的广泛应用，还有许多尚待讨论的问题（例如招聘信息、吸引应聘者、管理应聘者申请流程，等等）。感兴趣的读者还可以自行查阅Lievens和Harris（2003），Bartram（2000）的相关综述。

跨施测模式的测验恒等性

在传统的测验中，主要争论的焦点是恒等性问题。也就是说，对于同一测验，计算机测验得到的结果是否和纸质测验得到的结果相当。Mead和Drasgow（1993）对恒等性（又称等值性、不变性）研究进行了元分析，King和Miles回顾了非认知测验的跨施测模式的恒等性问题，Bartram（1994）对能力测验和量表、问卷及调查方法相关的文献进行了综述。这些综述多认为，只要足够用心地设计电脑化的非认知测验，那么计算机测验就没有问题。这对于非高速度型的能力测验也同样适用。唯一一个还需要担心测验恒等性的领域是速度型能力测验。Mead和Drasgow发现，难度测验跨施测模式的校正后相关系数为0.97，速度测验则为0.72。

是何种原因导致差异的出现呢？有专家认为，从人类工效学角度考虑，个体在时间的压力下反应模式存在差异，正是由于这些差异显著影响了个体在测验上的表现。因此，在电脑上进行速度测验（如文书检查任务）时，可能需要仔细地重新设计和改革。对于其他大多数能力测验，无论是否限时，只要计时不需要高度速度性，纸质和计算机版本测量可以视为是等值的。但也有专家认为要特别注意：用计算机来实施测验必须要仔细关注测验内容的可读性和易读性。当测验参与者需要利用各种各样的资源（图表、参考资料等）时，往往会出现问题。当无法调整这些资源的大小来适应计算机屏幕时，计算机化可能会对任务的性质造成负面影响。

近期的研究支持了上述论述。Gibson和Weiner（1997）报告了一个很棒的研究，在这个研究中，许多不同的能力测验被同时用计算机和纸质的形式展现出来，施测模式的形式和顺序得到了完全平衡。他们发现不同模式间的平均校正正相关系数是0.94，并且与非速度测验的相关性比与速度测验的相关性高。对于速度测验，校正正相关系数为0.86。对于非速度测验平均校正正相关系数接近于1，为0.98。

互联网在人事选拔测验中的应用

当谈论人事选拔时，互联网在人格测验中的应用比在能力测验中更广泛。相对地，人格测验在互联网上更容易实施，因为可以应用标准化的超文本标记语言（HTML），并且不涉及计时问题。能力测验常常需要使用更完善的软件，来确保对时间的控制和计分安全。虽然在计算机测验施测模式的恒等性问题上，研究者似乎具有高度一致的看法，但基于互联网的施测方式的出现，还是重新燃起了研究者对于这一问题的兴趣。尽管互联网在人格评估中得到普遍应用，学者的兴趣也迅速增长，但相对地，与选拔过程的恒等性或影响的相关文献却很少。关于在线和纸笔能力测验的恒等性的文献就更少了。

不过，研究者们还是进行了不少研究（见Bartram，2000和Lievens & Harris，2003的综述）。其中就包括互联网在数据收集中的使用（例如社会心理学的实验调查和组织中的360度反馈）的全面研究。这些研究几乎没有指出任何互联网数据收集和传统纸笔方法的区别。其他的研究重点关注了选拔的工具。Mead和Coussons-Read（2002）、Reynolds，Sinar和McClough（2000）分别在16PF和传记资料测验中发现了高度一致性。Salgado和Moscoso（2003）发现了大五测验的计算机版本和纸笔版本具有高度一致性，五个维度的相关系数从0.93到0.98。

Bartram和Brown（2003a）对OPQ32i测验报告了相同的结果。他们在真实选拔情境下，分别收集了计算机和纸笔版本的配对样本数据，进行了对比分析。研究发现量表均值、信度、量表间交互相关并没有区别。值得注意的是，在Bartram和Brown的研究中，除了施测方式上有所不同以外，基于网络的测验是不受监督的，而纸笔测验是受监督的。这暗示着任何一种测验呈现方式，无论是否受监督都不会对分数造成实质影响。

然而有一些证据表明施测方式的改变会损害恒等性。Ployhart，Weekley，Holtz和Kemp（2003）比较了在纸笔和电脑化的人格测验、传记资料及情境判断测验中的在职人员和应聘者样本。他们发现了施测模式间的差异（在职人员和应聘者间也有不同）。网络测验比纸笔测验更趋近于正态分布，且均值更低（对于人格测验，差异在0.3SD到0.5SD之间）。网络测验数据有更高的信度，但是量表间交互相关程度也比纸笔测量更高。研究表明在评估恒等性时需要更加谨慎。然而必须指出的是，研究中组间并不是随机等价的，有些差异可以归因于抽样偏差。

Oswald，Carr和Schmidt（2001）报告了更可控的变量处理方法。他们在一个研究中让本科生在受监督和不受监督的情况下通过不同的施测模式参与人格测验和能力测验。出乎意料的是，研究结果显示监督对于人格测验有影响，但是对能力测验并无影响。

Preckel和Thiemann（2003）报告了图形推理测验的互联网和纸笔施测方式的比较研究，发现可靠的有效的数据可以通过互联网收集，同时，就项目设计特征导致的任务难度而言，两个测验版本是可比的。

Kurz和Evans（2004）报告了一套有趣的数据，他们比较了五种恒等性研究，时间跨度十二年以上。这些研究对同一数字和语言推理测验的计算机和纸笔版本进行了比较。一个样本是1991年由DOS操作系统执行的测验，另外三个样本是20世纪90年代中期由windows操作系统执行的测验，最后一个样本是2002年采集的在线测验。计算机和纸笔测验的相关性在不同研究中没有明显的变化，有一个样本在不同施测模式间加权平均数为，语言测验0.75，数字测验0.80。在两种情况下，这些相关性和报告的测验信度是近似相等的。这些研究的数据都是在标准监督的条件下收集的。

Beaty，Fallon和Shepard（2002）使用真正的应聘者，对受监督与不受监督条件下的互联网测验进行了比较。应聘者先在家或在工作时完成一个不受监督的测验。从中挑选最好的76名应聘者在受监督的条件下重做测验。这些应聘者在受监督的条件下平均分数为42.2，在不受监督的条件下平均分数为44.1。根据全体应聘者的SD，差异差不多为三分之一个SD。若干因素导致了分数上的小幅增长。重复测验本身也会导致个体测验分数的增长（Burke，1997）。这个研究中并没有控制谁先做受监督的测验然后再做不受监督的测验，因此无法排除很多无关因素的影响（如在不受监督测验中共同作弊）。但是作者及其同事的其他研究表明，只要应聘者知道他们会在不受监督的测验中被再次评估，这就不是一个实质性问题。

Baron，Miles和Bartram（2001）报告了一个简短的不受监督的在线数字推理测验数据。他们使用测验生成技术以确保每个应聘者都可以获得不同版本的测验。经过筛选，入围的应聘者会在受监督的条件下重新接受大型的数字推理测验。在筛选之前，880个应聘者被列在评价中心的候选人名单中。只有30%的人通过了评价中心的数字推理测验。其中211个人满足雇用的全部标准。随着甄选测验的引入，参与评估的人数减少到了700名。受监督的数字推理测验的及格率上升到了50%，其中有280名满足雇用的全部标准。估计每人可省下$1000招聘费用。

在上述研究的甄选测验中，分数分布并没有显示出作弊的问题。如果存在作弊问题，就应该可以从甄选测验中的假阳性数量中发现偏差，但却没有这个现象。未发现作弊问题的原因有如下三点：

1. 甄选测验是禁止干涉的。

2. 每个人的测验项目都不同。

3. 测验的实施中包含了"诚信合同"。在开始挑选应聘者的时候就说明白了如果他们通过了甄选应该做什么，同时还要求应聘者承诺在合适的场合下进行甄选测验并且不向他人求助。

现在没有充足的数据证明互联网施测对测验的心理测量学属性产生影响。已有证据表明，鉴于在施测过程中已经小心确保人类工效学因素不会造成差异，互联网施测不会对测验恒等性造成很大的影响。其他潜在的混淆因素可能会对恒等性造成影响（是否受到监督、群体还是个人参与测验等）。对申请人的反应的研究领域中会考虑这些变量。将来的研究需要对此进行更细致的探讨。

用户和应聘者的反应

现在的一个趋势是，利用计算机进行远程测验正逐步替换在常规条件下监督一群人进行测验。这么做可以引起用户的兴趣，以及应聘者对不同的测验传输和施测方式做出反应。为了阐明计算机提供的施测方式的范围，Bartram（2001）区分了四种测验实施方式：

1. **开放模式**。在一些情况下，没有办法识别应聘者，也无人直接监督。例如一些测验可以在网上直接获取，无须应聘者注册。这样的测验可能被放置在组织的网站上，供潜在的应聘者"尝试"。更常见的情况是，模拟测验以一种开放的模式供人使用。这种模式不需要保证测验的保密性，对于施测者是谁以及应聘者的数量也没有限制。

2. **受控模式**。和开放模式相似，受控模式也不需要监督。但是这种测验只对已知身份的人开放。对于互联网来说，控制手段是给参与测验者提供注册的用户名和密码。这是在选拔和甄选的早期所使用的最典型的方法，也是在选拔后期用来进行人格测验的典型方法。这可以减少应聘者参加评价中心的时间，也可以保证测验的结果在其他最终评定前出来。

3. **受监督模式**。受监督模式需要工作人员进行监督，验证应聘者的身份，确认测验的条件。这一模式对意外问题进行了更好的控制。对于互联网测验，这个模式需要施测者允许应聘者登录系统，并确认测验被全部完成。而且，这种模式可以在评价中心环境下用于能力测验。

4. **管理模式**。管理模式对于人员监督有很高的要求，并且需要控制应试环境。这一模式的实现有赖于专门的考试中心。管理测验过程的机构可以规定和确保测验的实施，并规定测验中心的设备规格。他们还可以更好地控制员工的能力。除了标准的"瘦客户端（thin-client）"应用，管理模式可以在高度受控的条件下传输"胖客户端（thick-client）"应用。管理模式的选拔评估更适用于规模大的组织，例如军队，或者需要专业测验的组织，例如商业航空公司的实习飞行员选拔。

用户和应聘者的反应容易受到施测模式及其应用目的的影响而变化。在实践中，随着应聘者在选拔中通过一关关测验，会涉及一系列过渡，从开放模式到受控模式，从受控模式到受监督模式或管理模式。

关于应用计算机测验的一个担忧是，一些应聘者可能因为害怕或者恐惧计算机而处于不利地位，这同样适用于互联网测验或单机测验。从计算机测验的初期，计算机恐惧症或焦虑症就被视为计算机测验的潜在障碍。虽然这在二十世纪八九十年代是值得担忧的事，但现在还存在这个问题吗？起码在发达国家，计算机就像纸笔一样是日常生活的一部分。事实上，我们中的很多人在家工作都是用文字处理软件而不是采用纸笔。虽然在基于计算机的任务中，研究发现了计算机焦虑和任务表现之间的关系（Brosnan，1998；Mahar，Henderson，& Deane，1997），但是最近Frericks，Ehrhart和O'Connell（2003）的研究表明，计算机焦虑可能是一般特质焦虑的一种表达。他们发现计算机焦虑测验分数高的人在计算机和纸笔测验中表现得都很差。

另一个值得关心的领域是陈述方式对社会赞许反应（SDR）的影响。这个问题在实践中可能会和监督分不清，因为大多数互联网传输的自陈量表都是在非监督模式下进行的。Wilkerson，Nagao和Martin（2002）检验了问卷调查的目的（工作甄选——需要较高的社会赞许性反应，或消费者调查——需要较低的社会赞许性反应）和施测模式（纸笔或者计算机）对社会赞许性反应的影响。他们发现陈述方式并没有造成影响，但是发现了预期的调查目的的影响——在工作甄选的情况下表现出更高的社会赞许性反应。这与早前Richman，Kiesler，Weisband和Drasgow（1999）报告的结果是一致的。他们对非认知测量的恒等性研究进行了元分析并总结道，计算机测验总的来说不会对社会赞许性反应造成影响。然而，他们发现当人们单独完成问卷并有机会回溯和跳过问题时，更可能进行自我提升，表现出比其他情况有更低的社会赞许性反应。他们还确信当应聘者是匿名时表现出更低的社会赞许性反应（在选拔中确实如此）。

Mead（2001）发现，因为远程施测和快速获取结果，16PF的在线施测在用户中有较高的满意度。然而，他也注意到，用户很关心技术难度水平。这个因素被用来区分满意的用户和不满意的用户。Reynolds 等（2000）也发现应聘者对互联网测验比对传统测验有更积极的态度，并且这个偏好并不因为种族的差异而改变。应聘者认为互联网测验最重要的是速度和效率（之后Sinar & Reynolds在2001年的研究支持了这个发现）：特别是在网络速度很慢的时候会表现出担忧。Sinar和Reynolds（2001）认为，除了速度和效率，应聘者要求测验操作系统易于使用（易于操作和容易解释）并偏好不受监督的环境。

Bartram和Brown（2003）描述了54份匿名应聘者在线完成OPQ32i后填写的反馈表格结果。正如Sinar和Reynolds注意到的，应聘者所面临的最主要问题是技术问题。不过，整体评价还是非常积极的，并且最近的研究清楚地显示，测验者偏好计算机测验而非纸笔测验。大多数人表示尽管在网络上遇到一些技术问题，但他们宁愿在网络上完成这样的问卷。并且对于远程测验和受监督测验，应聘者更偏好远程测验。之后的研究发现与Sinar和Reynolds（2001）的研究是一致的。他们发现，偏好的差异似乎受到测验功能和内容的影响：如果系统很难使用或者出现其他问题，缺少人际接触会成为一个问题。

虽然其他研究（Bartram& Brown，2003a）表明，OPQ32i在联机无人监督和离线受监督的施测模式下的分数分布是一样的，但我们还是好奇应聘者对缺少监督的反应。在问卷中，我们直接询问他们在完成这份问卷时是否寻求了任何的帮助。54个人中只有2个人说在某些情况下向同伴询问了什么选择更合适（一人说只在一个问题中发生这种情况，另一人说发生了很多次这种情况）。只有两个人说将来在选拔情境中他们不会找别人帮忙完成问卷。然而，虽然只有4%的人承认在某种程度上有合作完成这个问卷，19%的调查对象担心其他应聘者可能会在完成问卷时寻找帮助，37%的人说他们不关心，43%的人说毫无可能发生在自己身上。表现出担忧的调查对象说有经验的人可能知道怎么回答问题来满足工作需要，而这会让诚实作答的人处于不利地位。鉴于调查是匿名的，我们相信这些回答是真实情况。这些回答暗示，担心别人是否串通作弊，可能会夸大人们实际的作弊程度。然而，不受监督施测的一个潜在弊端是，人们可能觉得这不够公平，因为他们认为别人可能会利用这一点。

Wiechmann和Ryan（2003）检验了应聘者对公文筐测验的反应。这个测验可以由纸笔或计算机形式来实施，并且测验难度也会根据工作的技术水平要求而改变。选拔决策的结果（接受或拒绝）是第三个被试间设计的操作变量。测验后的看法没有因施测模式而改变。然而，计算机焦虑和经验，是影响在这项测验中的成功表现的重要因素。Wiechman和Ryan（2003）发现，只有一个发表的研究（Arvey，Strickland，Drauden，& Martin，1990）考虑了应聘者在真实选拔条件下对计算机测验的反应。不幸的是，Wiechman和Ryan在他们的研究中用学生样本来替代。

在选拔中，结果对应聘者反应的影响是一个十分重要的问题。无论这个应聘者是否被雇用，都可能会对他们对于选拔过程的感知造成影响（Gilliland，1994）。其他需要被考虑的结果变量是公平认知（Gilliland，1994）、组织吸引力认知（Bauer，Maertz，Dolen，& Campion，1998）和推荐意愿（Ployhart & Ryan，1997）。除了Wiechman和Ryan的研究，这些变量在计算机选拔评估的情境下对应聘者反应的影响好像并没有被系统地研究。

Anderson（2003）回顾了关于应聘者反应的研究，为将来的研究提出了很多问题。特别是，现在的研究过度依赖学生群体来代替真实应聘者，并且不能很好地消除可能会对应聘者造成影响的变量：

◆ 匿名；
◆ 施测模式；
◆ 是否有人监督；
◆ 群体施测和个人施测；
◆ 以前的经验和对媒介的熟悉度；
◆ 结果测量——例如，这个应聘者是否是成功的；应聘者对公平公正的感知；过程是如何影响应聘者对组织的看法。

题目和测验的新形式

在一般的计算机测验领域，有必要区分计算机是用于传统测验还是创新测验。传统测验指纸笔版本的测验或者可以用纸笔版本传输的测验。创新测验是指只能用计算机作为媒介传输的测验。测验可以在很多不同的方面有所创新。最明显的是实际测验内容的创新。然而，创新也可以是不明显的。编制测验的方法可以依赖计算机技术而有所创新，项目计分的本质也可以创新。事实上，这些不同方面的创新是相互影响的，因为在测验内容上一些最有趣的发展也会涉及产生这些测验内容的方法上的创新。

内容创新

对于计算机测验，关于内容创新的一个最明显例子是利用音乐或视频产生多媒体项目。Drasgow，Olson-Buchanan和Moberg（1999）描述了一个全动态交互式视频评估，这一评估利用视频剪辑，然后加上多项选择题。也可以通过计算机模拟来提供真实的工作样本评估。例如，Hanson，Borman，Mogilka，Manning和Hedge（1999）描述了利用计算机化绩效评估来为空中交通管制工作进行人员选拔的发展。

内容上的创新也和使用更多动态的项目类型有关，例如使用拖放或其他熟悉的视窗操作而不是简单地点击来模仿纸笔多选题作答。Drasgow和Mattern（in press）对这个领域的项目类型创新进行了回顾。

然而，内容的创新经常和新颖的内容生成方式联系在一起。项目生成技术使得大量新项目类型的产生和更有效地生成传统项目成为可能。Bartram（2002a）。Goeters和Lorenz（2002）描述了使用生成技术来开发更大范围的用于飞行员选拔的基于项目和基于任务的测验。然而，值得注意的是，在这个领域中的创新进展已经应用于培训成本高或高风险的职业中（例如，选拔军事飞行学员）。创新是很昂贵的，在上述论文中涉及的测验需要大量的研究和开发项目。然而，和所有测验领域一样，从这项工作中学到的经验在适当的时候有益于一般的选拔测验。

新型测验的计分方式

计算机软件有利于记录非常详细的关于应聘者表现的信息。除了记录应聘者对于每一个项目的回答，我们还可以记录他们回答每个问题的时间。我们还可以记录在回答过程中的决定和改变。对于更复杂的项目类型，我们可以追踪一个人在完成任务或系列子任务中排除困难时的表现。

Bartram（2002b）分析了一系列没有时间限制的计算机化能力测验的效度。这些测验是为了评估进修培训的人而设计的。每一个项目的回答时间是各自规定的，通过计算回答时间和回答准确性能够得到一个回答效率分数。这一效率分数比传统的正误计分具有更高的效度。

虽然有些实验使用反应延迟数据来检测反应的稳定性（Fekken & Jackson，1988）和社会赞许性反应（Holden & Fekken，1988；George & Skinner，1990a，b），但这些方法还没有被实际应用于一般选拔测验。

测验编制的新方法

项目反应理论（IRT）已经出现了20余年（Lord，1980），但是它的应用局限于教育领域和一些规模较大的职业。到现在都没有在普通的职业选拔测验中得到应用。IRT可以在项目层面上解决测验编制的问题。更好的数据收集和数据管理程序的出现，为IRT被应用于常规的职业评估提供了可能。对于传统的方法来说IRT有很明显的优势，然而随之而来的是一些相关费用：需要更大样本的数据来确定项目的属性。

◆IRT评估了独立于所有其他项目属性的项目的心理测量属性。当传统的心理测量模型被用来生成测验，与项目相关的统计问题（例如，测验有多难、能够多有效地区分不同的能力水平）都和特定的测验有所联系。IRT模型提供的项目统计资料是独立于任何一个特定的测验或项目组合的。因此，题库中的项目可得到校正，并通过相关的数学算法，根据已知的心理测量属性生成测验。

◆基于IRT的项目库允许生成预先具有常模的测验。新测验的常模来自于用以校正项目的数据。事实上，测验的用户仍然需要个人测验成绩与一个或更多参照组成员成绩的关系的信息。无论如何，这个被称为"标杆"的程序和经典测验理论中用来对量表标准化的常模是不同的。

◆IRT模型在全部理论上的能力范围内估计项目的特性。IRT不仅仅提供了每一个项目的统计数据，还独立于研究样本，对能力进行估计。

◆测验的信度不是恒定的；它往往根据个人的回答模式而改变。IRT提供了确定信度的方法，从而也能够根据每个应聘者的回答模式，建立独一无二的结构方程模型。

（关于IRT历史的简介，参见Bock，1997。想要对IRT有更详细的了解，参见Hambleton & Swaminathan，1985；Hambleton，Swaminathan，& Rogers，1991；Van der Linden & Hambleton，1997；Wainer et al.，1990）

使用IRT最关键的优势就是测验的效率。IRT提供了一种衡量每个项目提供了多少关于个人能力的信息的方法。通过选择能够提供最重要信息的项目，我们可以编制比传统方法生成的更短的测验，但仍具有相同的信度和结构效度。

使用标准化的IRT项目库可以生成满足各种需求的测验。在选拔领域中存在许多传统测验很难满足的需求：

◆ 测验需要能够被重复使用并确保安全性；

◆ 确保结果可信的前提下，测验时间尽量的短。

使用IRT，可以产生最适宜特定情境的测验，且测验的长度只有传统测验的一半，但又具有相同的信度。项目库可被用作生成大量不同测验的基础，减少应聘者知道试题和计分键的可能。这个方法已经被SHL公司成功用来开发网络随机能力测验，以达到甄选目的。通过确保每一个应聘者都可以收到不同但等效的测验，就可以实现无监督情况下的网络选拔。随后通过初步筛选的应聘者就可以参加受监督的测验。如之前描述的那样，研究（Baron et al.，2001）显示这种程序通过大幅度的减少需要参加后期评估的人数，明显降低了人才招聘所需费用。

真正的自适应测验的项目是通过网络挑选的，使每一个应聘者都有最适宜的测验，但是往往被限定在军队或者大型组织中使用。两个将自适应测验系统用于选拔目的的例子分别是，Zickar，Overton，Taylor和Harms（1999）所描述的金融服务性公司挑选计算机程序设计员，还有Segall和Moreno（1999）描述的军事职业能力倾向成套测验（ASVAB）的计算机化自适应试验版本。这几章都清楚地表明，这些系统正在发展中，至少是在开发标准化的大项目库。

互联网测验使得为"更少的"客户提供服务成为可能，因为可以通过网络从不同的客户组织中收集数据来校正项目以及开发用于通用能力测验的项目库。但是在真正的自适应试验中使用网络有技术局限性，因为网络浏览器技术依赖于"胖服务器"和"瘦客户端"，不过有技术可以减少网络速度和连接失败的影响。目前自适应测验被限制用于专用计算机测验中心，这些中心对安全性具有充分的控制，允许下载大量的项目数据。

人格自适应测验

IRT处理等级反应项目格式（Samejima，1972）和二分反应项目格式的发展使得自适应人格测验成为可能。这最早是在20世纪80年代后期被发现的（Dodd，Koch，& de Ayala，1989；Koch，Dodd，& Fitzpatrick，1990；Waller & Reise，1989；Singh，Howell，& Rhoads，1990）。Kamakura和Balasubramanian（1989）描述了自适应测验在针对性面试和调查实施中的应用。

然而，直到最近我们才开始看到这项技术被应用于选拔测验中。Schneider，Goff，Anderson和Borman（2003）描述了计算机化自适应等级量表被用于测量工作和关系绩效或组织公民行为。基于之前Borman等（2001）的研究，该量表采用了迫选形式，成对的行为描述依据效用水平被挑选出来，并根据IRT算法被迭代施测。Stark和Chernyshenko（2003）也注意到了使用IRT方法产生自比形式的人格测评的潜在价值，这种方法不存在作假。

将来我们可能会看到这种方式被广泛使用，因为它可以使挑选出来的问卷调查项目包含要求测量的特性，并且达到一定的精确度水平。

传统上，选拔中的人格评估是很详细的，所以会使应聘者筋疲力尽。无论这个人被评估特质的是针对哪个职位，都需要完成大量的多维量表。实践中，为了提供准确的能力预测，可能只需要一半的信息。虽然IRT提供了自适应工具的基础以改善选拔评估，但是仍然存在更简单的计算机评估技术。例如，岗位需求的胜任力特征分析可以推动评估工具的开发，这样一来，被选出的项目就可以提供关于胜任力特征的最重要信息。这不仅仅可以确保在选拔过程中相关的问题被提及，也可以保证问题的数量是最少的。

计算机测验和互联网测评系统

计算机测验远不仅是通过网络或个人计算机传输项目或问题。在本部分，我们会探讨计算机测验系统的一些主要内容。Luecht（in press）已经对用于许可和认证的计算机测验的概念结构体系进行了概述。许多类似的结构适用于选拔系统。这个结构体系有五种主要内容：

1. 项目开发和题库建设；
2. 测验编制；
3. 候选人登记和评估计划；
4. 测验传输；
5. 测验后处理。

下面，我们将对这些内容进行详细讨论。

题目开发和题库建设

计算机测验系统要求软件管理题目数据库和题目库，以及新题目的开发和原型设计过程。传统上，题目是由一组编题者编制的；然后再试用和分析数据。保留"好的"题目来组成测验。现在可能实现的方法是大不相同的。题目可以被保留在数据库中，然后根据各种内容描述和心理测量参量引用它们。这些题目修改时是有记录的，所以可以追踪它们的使用记录：在哪些测验中使用过和被使用的次数，等等。

开发人员越来越多地利用题目生成和改编技术（Irvine & Kyllonen，2002）。题目生成技术（又称"项目生成技术"）是根据项目的已知属性，按照一定的规则自动编制测验题目。一个简单的例子就是，根据规则X=A+B来判断求和是否正确。这个规则可以规定取代A和B的数字范围以及X和A+B之间差异的范围。题目生成的挑战在于需要限定规则，使操作者可以用一种可预测的方式操纵题目的难度，这和生成题目一样困难。题目改编技术就更具有挑战性。他们需要改变原型题目的外在形式，同时保持它的心理测量性质。这样就可以利用题目改编技术通过一个原型而生成各种数字推理题了。

依靠题目生成过程的本质，题目编制者可以被取代，但是仍需要对题目进行测试，或者可以为管理目的而编制具有理想参数的题目。

传统的测验研发周期也可以利用计算机测验实现快速重组。因此，每一个"管理"测验都可以包含需要校准的试测项目。这样，题目就可以源源不断地被更新，并不需要单独试测。而且新的题目可以和已被应用的题目一起在真实选拔情境中被试测。由此，我们知道收集自模拟而非真实选拔情境下的数据并没有偏差。

测验编制

测验的编制已经高度自动化。一个测验本质上来说就是由一些题目组成的。测验题目的一个挑选原则就是要和选拔情况最匹配。通过设置标准，如需要测评的构念、目标群体、测验长度或信度水平，也能够以一种更传统的方式来编制测验。

候选人登记和评估计划

很多功能与测验没有直接关系，却是实施测验过程中不可缺少的部分。需要一定的程序来核对应聘者的身份并确保他们能够在指定的时间和地点参加测验。对于网络测验，时间和地点可以由应聘者自己选择或由测验管理员控制。在很多情况下，我们要求应聘者参加多项测验，或者在选拔过程中测验被分配在不同的阶段进行（例如，有些测验可以利用网络甄选工具，而另一些测验却要在评价中心被监督进行）。计算机测验和网络系统需要提供必要的流程控制和管理，从而对应聘者进行更好的评估。

测验传输

测验传输包含很多部分。首先，需要一些软件捕获题目的内容并呈现给应聘者，控制测验实施的流程和数据收集。这需要依靠能够将测验由提供者传输给应聘者的程序。可以通过网络即时传递给联网的计算机、互动电视或无线设备（如3G手机）；可以从网上下载到计算机或者离线运行的手持装备里，或者下载可打印的材料来进行纸笔测验。当然，测验的实施软件也可以通过CD传递。

根据测验的性质，有必要控制物理测验环境以及传输媒介的性质。例如，通过3G手机实施人格测验是可行的，但却不能实施能力测验。由于存在相当多的潜在传输媒介，以及不断扩大的媒介选择范围（例如，不同的浏览器），测验提供者要做的不仅仅是明确用户端的硬件和软件设施的最低要求。积极地管理用户可以使用的设备形式也越来越重要。

测验后处理

测验后的处理包括测验结果的得分、数据记录和归档、用于心理测量学分析的数据存储，以及分数报告。数据存储是保证数据库保持更新的关键部分。不过在这里我们重点关注的是分数报告和解释。

计算机最早在测验中的应用不是为了实施测验，而是为了解释和报告分数。测验中最费时、最专业的部分是解释分数。所以这个部分需要的费用最高，但是也可以通过自动化得到最大的节省。

在选拔中，计算机化的测验系统提供了许多不同类型的报告。有些报告十分直截了当，实际上是提供了管理信息报告。这样的报告可能可以提供一个好的应聘者名单，根据他们在一个或多个甄选测验中的成绩排序，或者可以描述在某些选拔测验中男性应聘者和女性应聘者的相对表现。

然而，更值得关注的是"专家报告"。这种报告采用专家系统技术来解释结果，并为用户提供类似于真正专家做出的报告。这种报告给用户提供了使用计算机评估的额外好处。理论上，报告是要为用户提供能够帮助他们做出选择决定的信息。这些报告可能是推荐入围名单的形式，也可能是针对应聘者优缺点的结构化面试结果。

在这里，我们没空来讨论不同种类的报告（感兴趣的读者可参阅Bartram，1995的分类），但是需要注意的是，计算机分析报告的效度和信度变化非常大，而且并不由它们所基于的测验的效度决定。实际上，我们可以把从评估中获取有用结果的过程分为三个步骤：首先，所使用的测验需要产生有效的数据。测验使用者的技术手册需要对"效度"进行说明，并且这也是一般关于测验的综述的主题；第二，从测验中得到的报告需要合理使用数据，在没有效度证据时不能随意扭曲或增加数据；最后，报告需要给使用者呈现能够被正确理解的信息。如此，至关重要的一点是，设计的报告要适用于特定的用户群体，特别就他们所掌握的测验相关专业知识而言。

结论

在普通的职业选拔领域，因为纸笔测验的持续优势，计算机测验的潜力很长时间内都没有被发掘。在高度专业化的选拔情境下，计算机测验已经以一种新颖的方式被使用，或者在更常规的情况下需要模仿纸笔测验。互联网的出现和伴随而来的易于获取的、便宜的、强大的、互联的计算资源或许能够改变这个现状。尽管在测验中，特别是招聘和选拔领域，互联网的应用迅速增长，但以这种方式进行的测验总量还远远小于纸笔形式的测验。

除非这一平衡发生显著变化，否则测验供应商很难证明为了开发新测验方法而花的费用是合理的。支持和维护传统方法所花的费用是相当大的。目前，新的技术仅仅为提供各种等价的测验传输方式增加了更高的费用。

正如本章所讨论的，技术提供的不仅仅是新的测验传输方式，更重要的是通过使用项目反映理论、试题库和数据存储技术，提供使传统测验变得更好的方法。生成题目的技术会发展，并在将来变成编制新的测验的标准方法。在竞争日益激烈的市场，维持传统测验题目编制的费用太高。选拔者需要简短的、有效的、可信的测验，并且不能一直使用相同的题目。

在过去十年里，互联网的发展改变了传统测验领域。在未来的十年里我们可能会看到这一影响逐渐增加，以及计算机测验取代纸笔测验成为默认的选拔评估方式。当这一切发生的时候，我们会领略到计算机测验在所有选拔领域的真正潜力，而不是仅仅受限制于一两个高费用的特殊领域，比如飞行员和空中交通指挥员的选拔。

第十八章　个体—环境匹配研究回顾：人事选拔的前景

Annelies E. M. van Vianen

在过去的30年里，个体—环境的匹配（P-E fit）一直是很多研究关注的焦点。招聘人员的目标是选择具备工作所需的能力、适合组织的应聘者（Rynes & Gerhart，1990），但却很少有研究者探讨个体—环境匹配在人员选拔中的作用问题。为了填补这个空缺，我会讨论在人事选拔情境下个体—环境匹配的研究结果。本章的目的在于探讨将个体—环境匹配应用于选拔过程的可能性。

个体—环境匹配的研究主要是基于人类行为的交互作用模型，按照Lewin（1935）理论说法，行为（B）是人（P）和环境（E）的函数，表示成$B = f(P,E)$。交互作用模型假设人和环境的交互作用会影响人的行为（Endler & Magnusson，1976；Lewin，1935）。Schneider（2001）认为Lewin关于行为是人和环境的函数的说法，其实还有更多的操作化形式，而不仅是一个交互作用的函数$B = P \times E$。在本章中，我们认为，经常在文献中引用的P-E fit操作化定义，即人与环境交互作用说，并不是P-E fit。为此，我们采用个体—环境匹配的最初定义（即，人与环境需要匹配）。

从本质上来看，P-E fit理论假设当环境与个人特征相适应时，人们会有积极的体验。为此，Kristof（1996）把P-E fit定义为："人和环境的适应性程度，它发生在：（1）至少一个个体提供另一个人所需；（2）他们享有相似的基本特征；或（3）两者兼有。"Kristof把（1）称为互补性匹配，把（2）称为增补性匹配。这两种类型匹配的区别似乎是有意为之，因为如果一个组织满足员工的需求，两方会有共同的特征。举个例子，如果一个人非常重视同伴支持，并且组织文化也非常重视同伴支持，他就能和组织环境相匹配。两者的相似点是匹配理论的基础前提。因此，如果一个"内向的"团队设法通过引进外向型成员来活跃团队，虽然这些新成员满足了团队需求，但这些新成员在适应团队环境时会产生困难。为了减少对匹配的错误认识，可以根据"重视什么"和"拥有什么（提供什么）"等内容对互补性匹配进行描述，除此之外的匹配就可以定义为增补性匹配。这样一来，P-E fit可以用数学表达式表示为$B = (|P–E|)$，当P和E相等时，B是任何最佳的行为或态度结果。因此人和环境的差异会导致更低的产出，例如组

织承诺、工作满意度、绩效，以及更高的离职倾向和压力。

在本章中，我会对P-E匹配文献进行回顾。这将显示出很少有P-E匹配研究真正把（正确的）P-E匹配数学表达式作为他们研究的基础。他们宁可采用各种并不体现P-E匹配理论基础的P和E变量（Schneider，2001）。由此我得出结论：大部分关于P-E匹配的研究都和匹配无关，而和B = f（P，E）相关。

环境：匹配的水平

有三类个体特征对人事选拔来说至关重要（Smith，1994）。第一类特征主要是指所有与工作相关的个体特征，如认知能力和工作动机。第二个特征涉及和特定工作或职业相关的特性，例如特定工作的认知能力、知识和人格特质。第三个特征涉及人和特定工作环境相联系的相关特性。关于匹配问题的文献把第一个和第二个领域称作需求—能力匹配或者个体—工作匹配：当个人拥有能够成功实现工作绩效的很重要的能力时，就会出现匹配。在选拔过程中使用的工具主要和这种类型的匹配有关。然而，人们的工作不仅仅包含任务绩效。员工需要和他人合作，在团队中工作并充分地处理好组织文化和环境。因此，选拔可能包括三个水平的匹配评估：个人的、团队的、组织的。

个体水平的匹配：个体—工作（P-J）匹配

传统上，关于职业行为的文献已经对个体—环境匹配问题进行了广泛的研究。霍兰德（1959）的RIASEC理论主导着个体—工作匹配的研究。在本章中我不会讨论这些类型的研究，因为它们基本上都与职业和工作选择有关，这不是本章的重点。

个体—工作匹配不仅仅是指应聘者和具体工作要求之间的匹配，还意味着职业特征和个人需要之间的匹配。通常，压力研究主要关注职业特征，例如岗位需求和工作量、工作不安全感、缺少晋升机会、角色模糊、缺少主管支持和缺少自主权。工作特征模型（Hackman & Oldham，1980）和Karasek（1979）的岗位需求—控制模型都强调员工的普遍需求，与之形成鲜明对比的是，个体—工作匹配理论认为员工在个人需求、能力和技术上有差异，工作要和个人特征相匹配，而不是要适合所有人。

团队水平：个体—团队（P-T）匹配和个体—个体（P-P）匹配

个体—团队匹配是指员工和直属团队之间的匹配，主要是通过对比每一个团队成员和其他团队成员之间的特点进行研究，事实上就是对个体—个体匹配（P-P fit）的测量。P-P fit关注人类特征的一致性，即人与人之间的相似点。个人特征可能包括人口统计数据、人格、态度和价值观。P-P fit和相似—吸引假设一致，即人们被相似的他人所吸引。Festinger的社会比较理论和Heider的平衡状态理论（Byrne，1971）都提出人们在寻找对他们观点和能力的一致性确认，并力求使他们信念体系中成分间的一致性最大化。因此，和他们观点相近的人更吸引他们。

组织水平：个体—组织（P-O）匹配

组织特征可能包括：结构、任务、技术、组织文化。很多个体—组织匹配的研究调查了人的价值观和组织价值观之间的匹配程度，因为价值观是基本的和相对持久的。价值观代表着被人意识到的愿望，包括偏好、兴趣、动机和目标（Edwards，1996）。价值观一致和个体—文化匹配通常被认为是等价的。

在过去的十年里，一个从很多实证研究中得出的个体—组织匹配模型是Schneider的吸引—甄选—留职（ASA）框架。这个框架描述了人和组织间彼此适应的机制。人们不是随意地被分配到组织中的，而是自己选择加入或者退出组织。Schneider等人（1995）强调"人创造环境"，对情境的概念化不能脱离情境中的人。个体在环境中的人格和态度被视为那个环境基本的界定特征。如果这是正确的，就意味着评估组织环境应该根据人在这个环境中的特征，并且匹配测量也应该要考虑P-P匹配和P-T匹配。虽然有一些证据表明人创造环境（Schneider，Smith，Taylor，& Fleenor，1998），但是有一些组织特征超出了个体水平，例如组织结构和目标。

结合了不同水平匹配的研究显示，匹配测验的是实证构念，可以解释情感结果的独特变异（Cable & DeRue，2002；Kristof-Brown，Jansen，& Colbert，2002）。有证据显示个体—工作匹配可以提升员工工作熟练程度，个体—团队匹配能够有助于团队的合作，个体—组织匹配正面影响员工工作态度（Werbel & Johnson，2001）。如果匹配对工作态度和行为的影响真的超过认知能力、知识和人格特质这些工作表现的预测因子，那么人事选拔就应该包括匹配指标。

匹配的作用：杀鸡不用牛刀

目前，基于最新的匹配理论[B =（|P–E|）]开展的匹配研究还很少。但现有的个体—环境匹配研究文献中对匹配的概念以及操作方式着墨较多，应该在综述中对上述问题进行探讨。本综述主要关注自从1990年1月以来发表在主要科学期刊上的关于匹配的研究。文献选取时主要考虑了将匹配作为自变量的研究，员工对工作和绩效的情感反应（未包括组织吸引力）。此外，本综述没有关注人口统计学变量与匹配关系的研究。这样，共计选取了67篇关于个体—环境匹配的文献，18篇关于个体—工作匹配的研究，15

项关于个体—个体或者个体—团队匹配的研究，34个调查个体—组织匹配的研究。这些匹配研究在下列几个方面有所不同：（1）所验证的匹配维度不同；（2）评估匹配的方法不同；（3）采用的匹配指数不同；（4）涉及的因变量不同。在论述这些匹配研究的结果之前，我会详细说明上述（1）到（3）几部分文献，因为匹配的效应量主要取决于测量的概念和操作方法。

匹配的维度

和匹配有关的特征包括：价值观、态度、目标、人格、认知能力，或由不同方面组合而成的更一般化的、与一般环境相匹配的个体特征。很多研究者强调测验应采用对等测量。若测得的P和E的维度是恰好相等的，测量的结果就是对等匹配。然而，也有研究者认为应该先对P（个人的）相关因素进行界定，之后将逻辑上与P相关的环境因素作比较，最后分析得出匹配结果。例如，Gustafson和Mumford（1995）就采用该方法检验了个体的个人风格，包括和工作相关的人格特征、环境机遇、升职的约束或者实现个人目标的阻碍。与此类似，Quick，Nelson，Quick和Orman（2001）认为应该测量个体控制点、对不确定性的容忍度和自立，并且使这些人格因素和组织因素（例如工作自主度、环境确定性和社会支持）相匹配。Stevens和Ash（2001）提出，个人的宜人性和经验开放性与其对组织中参与式管理风格的偏好相关。

Schneider（2001）强调，不能过分"痴迷"对等测量，"因为对等测量会导致我们将环境因素人性化"。具体到人事选拔情境，对等测量并非一定可行。一般来说，人事选拔使用人格测量仅仅作为应聘者与工作匹配的预测因子。大量文献表明，应聘者的人格也可以作为其与组织或团队匹配度的预测因子。最近，Hollenbeck和同事（2002）已经成功地将认知能力及人格与组织结构和任务环境的特点联系在一起。

评估匹配的方法

有些评估匹配的方法简单明了，先询问调查对象本人，例如"我个人的价值观是否与组织的价值观和文化相匹配"，根据被试回答来判断P和E之间的一致性（Cable & DeRue，2002）。但此类测量问题显然并没有回答不匹配的确切信息。如果个体对这个问题的回答很消极，这可能意味着组织提供的和个人所需的相比太少或者太多。然而，对匹配的直接测量比间接测量能更准确预测人们的情感反应和选择（Cable & Judge，1997）。在匹配的间接测量中，P和E是被分开评估的。研究者可以通过询问个体的特质（P）和环境特征（E），然后结合这些内容得到匹配指数。这个匹配指数使用的是相同数据来源，都是基于被试对P和E的主观认知得到的。在匹配文献中，当E的测量数据是通过被试的感知获取时，与结果之间的关系最强（Kristof-Brown & Stevens，2001）。

大量的研究证据证实了人们对现实构念的重要性，个人态度和行为是建立在认知的基础上，而不是建立在更客观的标准上（Ferris & Judge，1991）。主观的、同源的匹配测量的主要问题是存在共同方法变异的危险。此外，采用直接或间接、同源方法的匹配研究的结果，往往较难适用于当应聘者只能提供匹配测量的P成分时的选拔情境。对于E成分，可以通过引入组织成员，从而根据不同来源对匹配进行主观测量，或通过环境特征（如组织结构）进行客观测量。对组织环境的测量是以组织成员的共同观念为基础的，而不是在不能使用客观评价的情况下聚焦在一个人身上。然而从组织文化研究文献可见，并不总是存在共同感知（West & Anderson，1996）。组织成员间感知的一致性受很多因素影响，如组织结构（即任务高度专业化会降低个体感知的一致性）、社会化实践、社会交往（Lindell & Brandt，2000）。此外，研究也发现在组织中不仅存在着统一的整体性的组织文化，也同时并存着亚文化。有些文化处于主导地位，较为强势，另外一些文化影响范围较小，属于弱势文化（Lindell & Brandt，2000）。在弱势（亚）文化中对E成分的评估往往是低效的。因此，对于文化弱势的组织，主观的、不同源的匹配测量的效用将会很低。

匹配指数

个体—环境匹配理论本质上是指P和E之间的绝对差异，并假定如果P=E时结果是最佳的，当P和E之间出现更大的正向或负向的差异，结果会线性下降。二次差异分数$(P-E)^2$也遵从匹配理论，离差平方和越大表示P和E差异越大。鉴于上述测量方法，对匹配的概念界定不够清晰，计算出的信息结果有效性较低，在使用时存在诸多限制，因此降低匹配直属的情境拟真性，导致一致性匹配测验的使用受到研究者质疑(Edwards,1993, 1994)。特别是采用代数、绝对值和差异分数平方和来表示匹配指数，并没有解释每个成分对整个匹配分数的独特贡献，而且失去了关于每个成分重要程度的信息。Edwards提倡使用多元回归分析，将个体和环境独立评分进行综合考量$(P，E，P^2，P \times E，E^2)$，并且对不同模型进行差异检验。事实上，他认为研究者要证实个体—环境匹配（P-E fit）理论，应该通过排除其他所有P和E成分之间的假设关系，以及人与环境的特定组合和结果，直到在检验备选模型后，个体—环境匹配被证明是最有力的预测因子。这些模型展示了匹配测量和结果之间的渐进关系。这种关系可以表述为两个方面：缺乏和过度。缺乏代表只有当E比P少时，结果成正相关。E的增加能使结果达到饱和的程度（P = E），但是之后几乎没有影响（例如当环境的供应大于个人的偏好时）。过度代表只有当E比P大时，结果成负相关，

Kalliath，Bluedorn和Strube（1999）使用多项式回归方法和几个差异分数［P-E，|P-E|，$(P-E)^2$］比较了匹配的结果。多元回归分析比差异测量产生了更高水平的解释方差（几乎有两到三倍之多）。然而，多元回归分析的这一更大作用在于可以显示P和

O的主效应（曲线）。

　　如果匹配测量包含个体和环境差异的不同评估维度，那么如果研究者坚持要确定体现匹配基本原则的人和环境之间的实际差异大小，就可能会把单独的差异分数相加。有研究者采用了剖面对比方法来评估匹配，对人和环境进行多维度全面对比，而非特定方面对比，结果显示P维度分数和相对应的O维度分数相关显著。研究者使用自我评估（或Q分类）技术，让调查参与者对匹配维度进行等级排列（例如，O'Reilly，Chatman，& Caldwell，1991）。然而，剖面之间的相关仅仅利用了形状，即关于P和E剖面的等级排列信息。在差异分数中，相关的匹配测量没有体现出P和E的作用。此外，Edwards（1993）指出，剖面相似指数舍弃了不匹配方面的信息，而且是建立在"匹配的每一维度对结果的测量都是同等的"这一假设基础上，在本章我们会讨论为什么这个假设是不成立的。

个体—工作，个体—团队和个体—组织匹配的作用：对 $B=f(P,E)$ 研究结果的综述

　　接下来我将对P-J、P-T和P-O的匹配研究的主要成果进行系统梳理，按照匹配维度、匹配评估和匹配指数等进行了分类。匹配研究所采用的测量方法千差万别，导致我们很难对这些研究结果进行比较。尽管很多研究结果显著，但显著的真正原因在于测量方法不当或测量受到污染；而有些研究结果不显著，也可能是由于维度界定不当和评估不严谨导致的，而并非匹配关系不存在或不显著。

个体—工作匹配的效应

　　个体—工作匹配是指个体和工作（操作化定义为，完成工作所需的能力和技能）之间的一致性。很多研究并没有有效区分P-J fit和P-O fit。个体需要和工作相适应的特征，例如自主性，有时候不被视作工作的特点而是组织氛围。与此类似，很多研究也将人们的价值观和组织价值观的匹配看作是P-O fit测量的一个方面。但Rounds（1990）对此并不认同，他认为应该将个体的职业价值观和对特定工作很重要的价值观的匹配看作是P-J fit测量的一个方面。事实上，职业的特点可能是组织氛围的反映，并不代表职业的核心特征。对于P-J fit，应该关注工作需要、仅仅与特定工作相关的能力和执行工作的环境——并不一定和组织环境相关。

　　在18项P-J fit研究中，有8个研究将P-J fit操作化定义为D-A fit。其中一项研究，更是将D-A fit视为对工作绩效最佳的特质组合（Girodo，1991）。其他D-A fit的研究以常规的方法来测量匹配，并未详细说明特定的工作需求和所需能力。例如，询问在职者

是否体验到自身技能和工作需求的匹配，这一匹配测量和情感结果（工作满意、组织承诺和离职倾向）、绩效及实际离职相关。但是也有例外（Werbel & Landau，1996；Cable & DeRue，2002），也有研究结果表明个体感知到的D-A匹配和情感结果是相关的；感知到工作匹配的职员对自己的工作很满意，对组织具有承诺并倾向于留任（例如，Cable & Judge，1996）。与工作匹配的职员是否真正的留在组织中工作还未体现出来，因为两个涉及真实离职行为的研究中，发现了不同的结果（Riordan，Weatherly，Vandenberg，& Self，2001；Werbel & Landau，1996）。而且，匹配感显然和绩效无关（Lauver & Kristof-Brown，2001）。这些对D-A匹配直接感知的研究多少存在一些问题，因为还不清楚D-A匹配是否会影响个体结果或工作满意和组织承诺是否会影响D-A匹配感知。因为非工作内容的原因而对组织具有承诺的员工可能会忽视工作需求和自身能力之间的差异。Saks和Ashforth（1997，2002）检验了事先报告的D-A匹配感知对事后报告的情感结果的影响，并发现了正相关关系，从而认为D-A匹配感知对情感结果是很重要的。

对特定职业特征的匹配感进行间接测量的研究（例如，Caldwell & O'Reilly，1990）和使用多元回归估计匹配影响的研究（Edwards，1994，1996）为这个争论提供了部分支持。研究显示了个人主观评价结果（主要是工作满意度）和一部分职业特征的匹配关系。该匹配关系似乎受到工作重要性的调节。只有当这些工作要求被视为对完成任务至关重要时，员工的个体属性才需要和工作要求匹配（Edwards，1996）。显然，一些匹配要求是由职位的直接工作环境决定的。Chan（1996）发现，新入职工程师的认知风格（适应的或创新的）需要和工程研发职能或工程主管职能所要求的主要风格相匹配。如果两者都不匹配，员工就可能会离职。

关于创造力和创新性的匹配似乎和工作满意度及承诺相关（Edwards，1993；Livingstone，Nelson，& Barr，1997）。然而在大多数情况下，在P和J的所有可能分数范围内，工作的协调（P）和花费的时间（J）之间的函数关系和结果并不能验证关于匹配的严格假设。相反，研究发现了缺乏和匹配过度对P和J的关系存在影响（Edwards & Van Harrison，1993），或者说匹配主要和高P和J相关。例如，当员工对决策和计划的偏爱、P和在这些活动中J都较高时，工作满意度会很高。其他所有的P和J组合都会导致较低的成果（Edwards，1994，1996）。此外，自主权和低工作结构与工作满意度正相关（Edwards & Rothbard，1999；Roberts & Foti，1998），但仅仅当工作中的自主权没有远超员工偏好的工作自主权时。

通常，应聘者选拔始于工作分析，对成功完成工作所需的技能进行描述和说明。接着，在评估技能和能力之后挑选出适合这项工作的应聘者。因此，选拔标准通常是从雇主的视角决定的。需要注意，所有的个体—工作匹配研究都是从雇主角度出发。我们能从这些人事选拔的研究中学到什么呢？首先，匹配感是重要的，影响着个人绩效，但是好像又不是绩效直接的预测因子。第二，应聘者需要和在职员工认为对工作至关重要的方面相匹配。第三，对于特定工作有很高偏好的应聘者在这个工作满足他们的需要时，会对这个工作表示满意；有较低偏好的应聘者则表现出较低的满意度，尽管他们很适合这个工作。最后，将P-J匹配作为选拔方法时，工作分析需要更关注职业所提供的满足特定个体需要的机会。例如，Medcof和Hausdorf（1995）开发了一个工具来测量特定职业所提供的满足特定个体需要的机会，如成就需要、权力需要和归属需要。他们询问在职者工作给予他们机会的程度，例如控制他人的权力。当工作给予的机会已经明确时，应聘者需要与之匹配。这样，人事选拔应该致力于选择可能会对将来工作表示满意的应聘者，而不仅仅是最好的应聘者。P-J匹配的方法似乎为预测应聘者未来的情感结果而非未来绩效提供了合适的框架。

个体—团队匹配和个体—个体匹配的作用

环境可以被定义为处于其中的人的集合（Schneider et al.，1995）。从这个角度看，个体和环境的匹配可被视为个体与个体之间特点的匹配。基本前提是如果人们要和具有吸引力并享有共同特征的人一起工作，他们会对自己的工作更满意并表现得更出色。之前对于相似性和人际吸引力的研究包括态度相似（Tan & Singh，1995）、价值观相似（Johnson，1989）和人格相似（Moskowitz & Coté，1995）。对态度和价值观相似的研究显示出了最明确的结果：人们喜欢持有相同态度和观点的人，而非持有不同态度的人（Shaikh & Kanekar，1994）。

在选拔文献中个人喜好和类己效应被视作偏差，尽管近乎完美的应聘者被称为"与理想原型的满意匹配，如果原型是有效的话"（Guion，1998）。个人喜好和类己效应与面试官对应聘者人格（而非态度和价值观）的印象有关。同时，会对应聘者和理想候选人的人格做出比较。此外，对理想候选人的描述，主要从对成功完成工作有益的理想人格角度进行，而未必从和公司中其他人的匹配的角度进行。

本段综述包括15个研究，它们检验了团队的相似性和/或员工与管理者之间的相似性。其中5个研究通过计算团队中个体之间人格评分的绝对差异（Bauer & Green，1996；Day & Bedeian，1995；Hui，Cheng，& Gan，2003）或通过评估人格评分的方差（作为低相似性的指标）（Barrick，Stewart，Neubert，& Mount，1998；Van Vianen & DeDreu，2001）对人格相似性进行了调查。两个使用绝对匹配指数的研究发现员工在宜人性（Day & Bedeian，1995）和积极情感（即，感到热情、积极和警觉的倾向；Bauer & Green，1996）上的相似性，与主管评估的绩效相关。遗憾的是，这些研究并没有调查不匹配的方向。与同事相比，具有特别低（不高）的宜人性和积极情感得分的人很可能会具有更低的绩效考核。个体的宜人性和积极情感可能会影响管理者对其的喜好（Judge & Ferris，1993），不管他们与别人的匹配度如何。三个检验团队中人格差异的研究得到了模棱两可的结果。尽责性匹配与高绩效（Barrick et al.，1998）、工作凝聚力

（Van Vianen & DeDreu，2001）相关，但是一般心理能力的匹配与更多的团队冲突和更少的团队交流有关（Barrick et al.，1998）。此外，当团队成员的人格评分均值很高时，与结果的关系最强，这表明团队成员的尽责性、宜人性的和情绪稳定性相对于总体的人格特质而言，对团队结果的正面影响更大（George，1990）。

Tett和Murphy（2002）发现，大部分人愿意和归属感强的人一起工作，特别在他们自身归属感强的情况下。研究人员检验了对于某些人格因素，不相似但性格互补的人是否更受偏爱。他们发现了对相似和互补假设的支持：主导地位的人偏好与自己相似的人，但对没有戒心的同事也具有强烈偏好。作者总结道："人们更喜欢那些允许他们做自己的人"，因此自主的个体会逃避喜欢主导的同事，因为这会限制自己的独立性。

在人格选拔方面，招聘人员直接关注理想的人格属性对工作成就的预测。应聘者需要具备特定工作所需的人格，而不是和其他人的人格相匹配，正如责任心较低的团队成员的确能很好地匹配，但是他们的绩效有可能是不合格的。同样地，在团队中占主导的人很容易导致冲突，尽管团队成员相互之间可能很协调。

招聘人员关注申请人的人格，但是常常忽视他们的价值观和目标。价值观一致能够促进团队成员之间的互动以及共识（Meglino & Ravlin，1998）。大部分P-T和P-P匹配的研究探讨了价值观、态度和目标的相似性（例如，Basu & Green，1995；Engle & Lord，1997；Harrison，Price，& Bell，1998；Jehn，1994；Meglino，Ravlin，& Adkins，1992；Philips & Bedeian，1994；Vancouver & Schmitt，1991）。这些研究显示价值观匹配与群体中的工作态度、领导—成员交换和群体凝聚力正相关，与情绪和工作冲突负相关。Adkins，Ravlin和Meglino（1996）发现匹配的影响对于那些新进员工尤为突出。此外，工作态度的相似促进社会融合（Van der Vegt，2002）。Adkins等人也发现了价值观匹配和绩效之间的关系，但仅仅在同事间在工作上高度互依的情况下。当个体在工作绩效上并不依赖其他人时，价值观一致甚至可能对绩效有害，因为个体以个人绩效为代价来促进同事间的交流。总之，价值观匹配有益于群体流程和交流，并且促进团队在高度互赖的工作中的绩效。特别地，团队的价值观匹配和技能多样性（Hollenbeck，Ilgen，LePine，Colquitt，& Hedlund，1998）可能促进团队有效性。

在对人事选拔做出任何肯定的结论之前，我需要对这些研究做出批判性的评价。大部分研究都依靠约束拟合指数而忽视成分的主效应和特定价值维度的贡献。而且这些研究中的价值观维度的内容是不同的。后者说明价值观匹配影响个体结果而不管其内容如何，但是鉴于匹配分析并不充分，这样的陈述未免为时过早。相反，区分匹配维度并使用多项式回归分析的研究表明，对于匹配的作用，某些维度可能比其他维度更重要（Kristof-Brown & Stevens，2001；Van Vianen，2000）。关于P-T和P-P匹配可以得出结论：在人事选拔的背景下，考虑价值观匹配可能是富有成效的，但是在选拔过程中包含的价值观还有待进一步的探究。

个体—组织匹配的作用

和P-O fit相关的特征是人格特质和价值观。只有很少一部分研究检验了人格匹配（$N=4$），大部分研究关注的是价值观或者人和组织之间一般水平的比较（$N=30$）。人格研究显示，人格和/或工作环境而非匹配对个人结果具有主效应（Day & Bedeian，1991；Gustafson & Mumford，1995）。Camacho，Higgins和Luger（2003）用实验的方法探讨了人格匹配。他们调查了个体目标追求（调节性匹配）的调节取向和战略方式之间的匹配。个体可以和组织追求一样的目标，但是用一种和组织强调的不一样的调节取向和方式（例如，培养和成就取向 vs. 安全和责任取向）。Camacho等人（2003）发现调节性匹配和"感觉正确"有关，并影响人们的道德评价。值得人事选拔借鉴的一点是，招聘人员应该对应聘者的调节性取向进行评估，特别是当组织为了达到目标的策略会对员工造成道德两难困境时。注意，调节性取向被定义为一种人格特质，但也被当作一种价值取向。

最近，Hollenbeck和他的同事（2002）检验了结构水平的人格—组织匹配，并发现如果事业部结构和环境匹配良好，那么就要求应聘者具有较高的认知能力。假如事业部结构和环境不匹配，那么团队成员的情绪稳定性就成为影响绩效的关键因素。此外，Greenberg（2002）发现，当作为个人特征的时间紧迫感与作为情境要求的时间紧迫感相匹配时，个人绩效会提高。这些研究表明，组织的设计和文化使得工作相关的人格属性在人事选拔中的地位更加突出。最后，人格特质似乎和绩效相关，特别是在不匹配的情况下。Simmering，Colquitt，Noe和Porter（2003）调查了职员的责任心和个人发展（即自身能力和工作环境的自我改进）之间的关系，以及自主性匹配的调节作用。他们发现自主性匹配调节了责任心和发展之间的关系，以至于这种关系在不匹配的情况下很强，但在匹配的情况下不存在。因此，那些天性就更关注发展的个体，在最佳的匹配情况下会抑制自己的发展活动。对于选拔，这暗示着在匹配的情况下，人格因素的预测效度会更低。

关于一般匹配或价值观匹配的研究在操作化上非常多样化。其中的8个研究直接询问个体的匹配感知。总的来说，匹配测量与情感结果（Cable & Judge，1996；Cable & DeRue，2002；Lauver & Kristof-Brown，2001；Lovelace & Rosen，1996；Netemeyer，Boles，McKee，& McMurrian，1997；Posner，1992；Saks & Ashforth，1997，2002）和周边绩效（Cable & DeRue，2002；Lauver & Kristof-Brown，2001）相关。像本章之前描述的那样，匹配感对工作态度很重要。在使用主观测量方法评估个体（即，同样的来源）P和O匹配的研究中也发现了类似的结果，特别是那些使用代数差异分数或相关作为匹配指数的研究（Boxx，Odom，& Dunn，1991；Bretz & Judge，1994；O'Reilly et al.，1991；Vigoda，2000；Vigoda & Cohen，2002）。但是基于相同来源测量、检验P和O之间的交互作用或采用多元回归技术的研究，则较少支持匹配的作用。大部分研究者发现了O成分（即物资，组织价值观）的主效应，有时候也存在与特定价值观之间的弱交互作用或曲线作用。

人事选拔研究者最感兴趣的是对匹配进行客观评估或单独测量P和O（即，主观的、间接的、不同来源的）的研究。只有在使用P和O的相关性作为匹配指数时，这类研究才显示一致的匹配的作用。剖面相似和情感结果（Chatman，1991；Christiansen，Villanova，& Mikulay，1997；Cooper-Thomas，van Vianen，& Anderson，in press；Ostroff，1993；O'Reilly et al.，1991）、绩效和缺勤（Ryan &Schmit，1996），以及实际离职（Vandenberghe，1999）相关。在调查交互作用效果或使用多元回归的方法时，可以发现P和O的主效应而不是匹配的作用（Nyambegera，Daniels，& Sparrow，2001；Parkes，Bochner，& Schneider，2001；Van Vianen，2000）。与测量剖面相似性的研究相反，在后面的这些研究中，匹配效应高度依赖于所涉及的价值观类型。

总的来说，P-O匹配理论被概念化为P和O之间绝对的（或二次的）差异，却只得到了少数支持。然而这并不意味着这个理论要被完全抛弃，因为基于剖面相似方法和特定价值观匹配得到的结果表明，人和环境之间的匹配对个体结果有益。相反，我们应该寻找为什么关于匹配的研究结果会有些令人失望。第一个解释是，大部分的P-O匹配研究都涉及已经在公司工作很长一段时间的个体。员工的组织感知在社会化之后的第一个阶段变得更现实（Cooper-Thomas et al.，in press）。在公司工作的职员在加入时已经在一定程度上和公司达到匹配，或者能通过增加组织供给来提高匹配度（Simmering et al.，2003）。这会限制研究者发现P和O之间显著差异的可能性。第二，个体可能并不是简单地像匹配理论假设的那样加入组织，因为大部分应聘者可能并不指望和工作环境最匹配，特别是当他们在劳动力市场几乎没有其他选择的时候。因此，匹配不仅仅受限于饱和点（即P＝O），还可能涉及这一点附近的更广范围：当个人需要和组织供给之间的差异没有超过一个特定的阈值时，职员会对工作满意。这个解释和一些使用多元回归或检验交互作用效果的研究结论相一致。这些研究发现了组织供给的主效应和弱交互作用（Finegan，2000；Hesketh & Gardner，1993；Kalliath et al.，1999；Livingstone et al.，1997；Parkes et al.，2001，Taris & Feij，2001）。

对于弱匹配作用的第三种解释是较低的P的变异：职员在很大程度上想要所有的积极事物（Ryan & Schmit，1996）。这是研究者使用剖面相似性指数（个体被迫对他们的偏好进行排序）的一个原因。如果个体需要的变异很小，那么匹配指数可能实际反映了组织供给的变异，进而导致组织供给的主效应。需要进一步的研究来区分人与人之间共有的、相异的以及与工作情境相关的需求和价值观。此外，个体的需求和价值观易受到不匹配感的伤害的程度是不同的。Lovelace和Rosen（1996）收集了关于关键事件的信息，帮助调查对象获知他们和组织的匹配度。他们发现个体使用很多不同的线索和事件来评估匹配度，从道德/价值观问题到组织怎么经营。Maier和Brunstein（2001）要求个体制定自己认为在接下来几个月中最重要的长期目标。研究结果表明员工通过他们决心追求的特殊目标来评估工作经验，并且这些评估会影响他们的工作态度。如果他们感觉工作环境对实现有价值的目标是支持的，他们会对工作表示满意并且对这个组织产生承诺。

较弱的价值观匹配结果还可能是由人格的调节作用导致的（Tinsley，2000）。个体在灵活性、适应力、情绪稳定性和积极情感上有差异，并且这些人格维度可能会调节匹配与个体结果间的关系。在这些人格维度得分高的情况下，这一关系会减弱，因为有积极态度的个体可能认为不匹配是工作中的挑战，而不是非常消极的东西。人格是被研究最多的工作感知的预测因子（例如，Judge，Locke，Durham，& Kluger，1998）。未来的研究应该调查人格如何影响匹配感和/或匹配与成果之间的关系。

最后，如果所评估的匹配特征与效标测量之间的概念关系较弱，就会产生较弱的匹配关系。匹配研究通常认为人和环境之间的差异的每一个特征都是同等重要的。使用多元回归分析的研究表明，匹配可以解释一部分匹配特征和结果的变异。例如，对于组织文化的人的因素（即，支持、同事凝聚力、参与）（Van Vianen，2000）和价值观（例如发展、主动权、创造力和开放性），都存在匹配关系（Finegan，2000）。通常，这些文化维度不由产业类型决定，但是不同产业之间有差异（Van Vianen & Kmieciak，1998）。新加入组织的人可能已经和组织特征相匹配，例如组织目标、生产力和效率，因为他们被吸引并申请了一个特定的产业类型。匹配通常和工作满意度的特定方面相关。

选拔的意义

在本节，我们讨论了在选拔过程中，关注并建立应聘者的入职匹配有何潜在效用。首先，汇总阐述了匹配感知和实际匹配的作用。之后，对招聘人员能否根据匹配进行选拔做出详细说明。最后，阐释在选拔过程中评估匹配的一些可能研究方向。

至今为止，几乎没有研究检验真正的入职匹配及其与入职后结果的关系。Cooper-Thomas等（in press）发现入职时的实际匹配能够预测四个月后的组织承诺，但是他们研究的结果基于相对较小的新职员样本。根据对匹配关系的综述，我们可以得出关于不同匹配水平的结论。除了满足重要工作需要的必备能力，员工还需要在认知风格、创造力和创新性方面与工作匹配。此外，具有高偏好的应聘者特别需要与他们的工作相匹配。员工不一定要和一起工作的人的人格特征相匹配。不过，需要更加关注团队的人格构成和这个构成是否能够促进或者破坏团队绩效。如果后者情况属实，新加入者的人格需要与其他团队成员的人格互补，而非相似。如果团队成员亲密地一起工作，那么他们有共同的目标和价值观是很重要的，因为这能提高团队过程。对P-T和P-O匹配的研究显示，当对P和E值的剖面进行比较并且包含组织的人性面相关的价值观念时，能发现最强的匹配作用。由剖面比较得到的强匹配作用至少一定程度上是由统计假象造成的，因为相关指标更大的变异增加了与结果的相关性。不过，剖面相似的方法对于人事选拔可能很有用，特别是结合了应聘者或/和组织所重视的价值观之间的差异时。若组织有很强烈的氛围，那么在人事选拔中纳入匹配测量，对于预测个人将来的情感结果和团队过程是很有用的。

要基于匹配进行招聘吗？

虽然招聘人员历来重视应聘者和组织的匹配，但匹配评估往往是基于对应聘者人格、知识、技能和能力（KSA）的直观印象。Kristof-Brown（2000）调查了评估人不由自主地与P-J和P-O匹配相关联的特征类型。结果产生的62种特征被列入KSA、价值观、人格特征或其他属性中。大部分的特质与人格（$n = 30$）及KSA（$n = 25$）相关。只有五个特质与价值观有关。而且，相对于KSA和人格来说，应聘者较少地把价值观作为P-J或P-O匹配的指标。在招聘人员的观念中，如何使应聘者达到较好的P-J和P-O匹配的想法占据了主导地位，并且他们很少在特定的匹配预测因子上取得一致意见。Cable和Judge（1997）发现应聘者实际的价值观匹配和招聘人员感知到的价值观匹配之间关联较小。招聘人员喜欢的应聘者更可能被认为具有匹配的价值观。最近，Kristof-Brown，Barrick和Franke（2002）表示面试官对P-J匹配和相似性的评估会受到应聘者自我推销的印象管理策略和非言语行为（如微笑和眼神交流）的影响。这些结果意味着招聘人员对于应聘者价值观匹配的推断很可能是错误的。然而有一些证据表明，如果指导招聘人员去关注应聘者对组织很重要的价值观时，对应聘者价值观的评估就会更准确（Parsons，Cable，& Wilkerson，1999）。

评估匹配的发展潜力

Judge，Higgins和Cable（2000）把甄选面试作为确立个体—环境匹配的工具。他们对招聘人员是否能够有效地评估应聘者的价值观和目标提出了质疑，并建议使用结构化或情境面试来评估组织价值观。但是，可能还需要其他更客观的测量方法。开发P-E匹配选拔工具的最主要的先决条件是对工作环境的有效评估。虽然通常在职者感知到的组织价值观和目标是不同的，特别在弱文化背景下，但来自在组织中工作的并且明显匹配的人员的感知就很有用。此外，要使匹配测量中对J、T或者O评估的主观性最小，需要开发更多基于事实的工具。一个很好的例子是Spector和Fox（2003）开发的《事实自主性量表》（*Factual Autonomy Scale*）。设计的题目是询问明确的问题，尽量减少主观性，而不是要求调查对象对整体自主性进行评价。例如，"别人经常会告诉你你应该做什么吗？"而不是"你的职业有多大的自主性？"基于事实的量表与工作诊断量表相比体现出更好的聚合效度和区分效度。

另一个确定匹配测量的环境成分（特别是T和O价值观）的方法是询问终身制在职者或者招聘人员的价值观念，而不是询问团队或组织整体。这些在职者已经表现出匹配，所以可以充当具有相似价值观的应聘者的有效参照对象（Van Vianen，2000）。

组织环境被概念化为组织氛围或文化，一个包含各种气氛维度的"琐碎"概念。Ostroff（1993）开发了包括12种氛围维度和3个高阶因子的组织文化分类。3个高阶因子分别是：情感的（参与、合作、热情和社会奖励）、认知的（发展、创新、自主权和内部报酬）、工具的（成就、等级、结构和外在报酬）氛围观念。最近的研究表明情感的氛围观念和工作满意度、承诺特别相关（Carr，Schmidt，Ford，& DeShon，2003）。这与发现了与组织氛围的人性面（情感的）相关的匹配关系的P-E匹配研究结果一致。未来的研究需要用更系统化的方法调查P-E氛围匹配是否能够在氛围感知基础上解释额外的工作态度变异。在选拔过程中，需要把对于应聘者和/或组织重要的维度或方面作为衡量匹配的测量。

出人意料的是，对于组织环境的什么方面引起应聘者关于匹配或不匹配感知，我们还知之甚少。需要更多的研究去调查使员工做出离职决定的主要的不匹配维度。此外Werbel和Landau（1996）询问了工作在职者所认为的该工作最好和最差的三个属性。这类信息通过测量应聘者对这些属性的反应，为评估应聘者匹配提供了可能。

P-E匹配研究强调人们看重的与环境能够提供的之间的匹配。另一个选择是评估应聘者不喜欢的工作或职业环境的方面。应聘者不期望最佳的环境，所以他们会接受一定程度的缺陷。然而他们可能不太会接受明确不喜欢的方面的过度缺陷。未来的P-E匹配研究不仅仅要关注个人需求，还要关注他们厌恶的方面。

人们的价值观被认为是相对稳定的。Cable和Parsons（2001）确实发现新加入者入职前和入职后的价值观之间有强烈的相关。他们的研究支持"在选拔过程中测量价值观能预测将来和组织匹配"这一观点。通常来说，选拔过程包括对认知能力和人格的测量。文献已经证实了认知能力对预测学习和任务绩效的功能。研究已经发现人格预测因子和绩效相关，特别是周边绩效（Borman，Hanson，& Hedge，1997）。选拔的焦点是预测员工的绩效而不是他们的工作态度。在选拔过程中测量价值观匹配可以预测员工将来的工作态度，这的确是一个间接的预测未来绩效的方法，因为工作态度和绩效是相关的（Judge，Thorensen，Bono，& Patton，2001）。

注：

1. 我采用了能够在Psych-Info数据库中检索的期刊文献。其中一些无法获取或非英语的文献没有被包含在内。不过，基于这些缺失文献的英文摘要，我相信一些P-E fit文献的缺失，并不影响这里的结果和结论。

在此，我想要推荐一下Meglino和Ravlin（1998）对1990年前的研究进行的回顾。

第十九章　全球化组织中的领导选拔

Nicole Cunningham-Snell，David Wigfield

如果全球化组织要确保成功运营，就必须招聘、培养并保留住那些在跨文化环境的工作中仍能创造高绩效的领导者。若缺少了这种具备全球视野的领导者，组织就可能错过进入世界各地市场的机会或失去全球化服务的商机。然而，全球化组织的领导者选拔过程较为复杂：该角色无论是在虚拟管理还是在实际工作领域，变得越来越不同而且日益重要；候选人可能来自于世界各地；需要考量不同的法律适用问题；来自不同文化背景的候选者期望的选拔方法可能也存在差异。这就要求跨国组织选用的评价标准和选拔方法要满足以下要求：公平有效、被广泛认可且合法合规。为此，我们对领导力、跨文化价值观和人事选拔的大量实证研究进行系统回顾，全面阐述如何在全球化组织中关注领导者的管理行为和全球化角色，进行人事选拔。我们用"全球化领导者"这一术语指代在两个及以上国家负有管理职责的领导者——既包括驻外人员，也包括在国内的管理者。

本章，我们需要讨论两个基本的问题：

1. 很多研究者认为他们可以界定领导者行为的全域（例如，Bass，1996），然而另一些人认为领导者行为很难界定，会随着情境和文化而发生改变（例如，Smith & Peterson，1988；Yukl，2002）。我们的第一个问题是：是否能对有效的领导行为进行甄别并将其作为选拔标准，并且可普遍适用于全球领导者的选拔？

2. 过去90年的领导力研究成果证实了，人事选拔方法能够对领导行为有效的预测（例如，Salgado，Anderson，Moscoso，Bertua，& DeFruyt，2003；Schmidt & Hunter，1998），但同时研究也表明来自不同国家的应聘者对选拔方法的偏好会存在差异（例如，Lévy-Leboyer，1994；Shackleton & Newell，1994）。我们的第二个问题是：甄选全球化领导者是否存在跨国、跨文化的普遍适用的人事选拔方法？

为了回答上面两个问题，我们查阅大量文献。结合我们在跨国组织中的工作经验，给出如何甄选全球化领导者的实例。最后，我们归纳了7条建议，用以指导全球化组织的领导者选拔实践。

第一个问题：是否能识别出有效的领导者行为作为选拔标准，并且可普遍适用于全球领导者的选拔？

尽管业已发表的领导力实证研究数以千计（Bass，1990），但有很多是不适合全球化组织的，主要原因在于：存在抽样偏差（多数研究样本以美国人为主）；研究的理论假设多是基于过度西化的理论基础；对于领导者所处的情境（如文化）并没有给予充分的关注；既往研究关注的多是管理过程中的人，但对领导者关注不足（相关批评详见：Smith & Peterson，1988；Yukl，1999，2002）。当然也有一些极其重要的研究成果，我们会在本章中进行引用。然而在我们看来，全球化领导者行为的选拔研究成果，最引人注目的部分是来自于近期跨文化心理学的相关研究。

有关跨文化领导力的研究表明，在不同国家的组织中，对有效的领导行为的定义是不同的；事实上，员工对工作活动和领导力的整个思维体系也是由文化决定的（Hofstede，1980；Smith，Dugan，& Trompenaars，1996；Smith，1997）。Hofstede（1980）关于跨文化差异的开创性研究表明，个体在工作场所中表达的基本态度和价值观与文化相关。Hofstede最先提出文化的四个维度，即权力距离、不确定性规避、个人主义和男性化/女性化。这些经常被用来指导国家层面上态度、价值观和行为的跨国研究。Hofstede（1994）之后又增加了第五个维度，即一个国家中的个体看待问题认识事物的时间偏好程度，是短期取向还是长期取向。随后的大样本调查研究又发现另外两个文化取向模型（Schwartz，1994；Trompenaars & Hampden-Turner，1998）。Smith等（2002）进行的涉及47个国家的关于文化价值观的实证研究中产生了三种模型，它们之间具有较高的聚合效度。

对于这三个模型的研究表明，例如，澳大利亚人比荷兰人更男性化，希腊人比英国人更喜欢更高水平的情境结构，美国人和意大利人在社会权力分配这一问题上有相似的观点。因为价值观会影响行为（Smith et al.，2002），关于文化价值观的研究表明全球化领导面临的任务是很复杂的，有效的领导行为会随着种族文化而发生改变。大量的实证研究也支持了上述观点，例如，一项关于领导力的国际研究——全球领导力和组织行为有效性（Global Leadership and Organizational Behavior Effectiveness，GLOBE）研究计划。研究结果显示了重要的跨文化领导力观念的相同和差异模式。在欧洲，国民对于领导力的观念和国家文化价值观相匹配。作为GOLBE研究的一部分，研究者使用领导力调查问卷对来自22个欧洲国家的6052名中层领导的商业领导力进行了评价。Brodbeck及其同事（2000）对之前关于文化价值观的研究数据进行了聚类分析，发现领导力原型和文化价值观紧密相关。除了GLOBE研究，其他的跨文化心理学家也发现在国家层面上对于领导力概念的界定也存在差异。Smith（1997）对17个欧洲国家进行了调查后发现，不同国家的领导者处理日常事务的方法千差万别。

综合上述研究，我们是否能够识别出不同国家文化中领导者的稳定特征呢？答案是肯定的，但是很显然，这些领导者需要更为复杂的专业技能组合。全球化领导力涉及的内容比在单一国家文化中要更为复杂。全球化领导者需要通过组织以及他们接触的国家文化代表者都能够接受的方法完成目标。这要求这些领导者改变他们自己的文化偏好，而做出更加适应当下情境的行为。

GLOBE研究发现，不同文化情境对于领导力的认知存在差异，但是研究也证实领导者可以用某一种被普遍认为合适的方法处理事务。Den Hartog和同事（Den Hartog et al.，1999）对GLOBE项目从62个国家得到的数据进行了分析，识别出30种在跨文化背景下被普遍认为是消极或者积极的领导力特质。在表19.1中我们将这些特质分为五组行为并且增加了另外三种根据经验看来对于在全球化组织中工作至关重要的行为。我们梳理相应的实证研究结论来论证上述观点。

表19.1 全球化领导行为和属性的分类

行为名称	全球公认的领导属性（Den Hartog et al., 1999）	
	正面	负面
沟通与合作	健谈的	缺乏社交性的
	协调者	刚愎自用
	有效的谈判者	利己主义者
	双赢问题解决者	孤独不合群
		缺乏合作
		含糊其辞
		无情的
激励和建立高绩效团队	建立信心者	急躁的
	互动的	
	令人鼓舞的	
	追求卓越的	
	团队建设者	
	具有鼓动性	
	善于激发下属	
	积极的	
建立并维持信任	可靠的	
	诚实的	
	公正的	
	可信赖的	
计划和监督	管理熟练的	
	有远见	
	事先计划	
分析和决策	决策果断	
	消息灵通	
	聪明机智	
自我意识和情境有效性	–	–
实现目标	–	–
文化适应	–	–

首先，我们从"沟通"这个非常重要的领导者行为开始，因为这是社会交换发生的媒介。所有领导力理论和模型都包括了领导者和其他人的沟通（例如，Fiedler & Garcia，1987；Fleishman，1953；House& Mitchell，1974；Mintzberg，1973；Yukl，Wall，& Lepsinger，1990）。各种各样的实证研究显示，领导有效性与有效的沟通能力有着紧密的联系（例如，Kanter，1983；Kim & Yukl，1995；Peters & Austin，1985）。我们相信与不同利益相关者有效沟通的能力对于全球化领导者是至关重要的。

第二，我们认为激励和建立高绩效团队的能力对于全球化领导者是普遍适用的。几个关于领导力的主要理论（Bass，1996；House，1977；Conger & Kanungo，1987）的核心都是领导者激发和鼓励员工的能力。在关于领导行为的调查中，行为激励通常被视为是重要的（例如，Rajan & Van Eupen，1997；Tampoe，1998）。表扬和任务达成奖励（Podsakoff，Todor，Grover，& Huber，1984）以及团队建设（Bennis & Nanus，1985；Peters & Austin，1985；see also West，2003）被认为是激励员工的有效手段。随着对领导者能够胜任全球化和虚拟情境的要求日益增加，有必要建设目标明确、相互理解并授权成员自我领导的团队（Avolio & Kahai，2003；Kreitner，Kinicki，& Buelens，2002；Zigurs，2003）。

对于全球化领导者来说，第三个重要的行为是建立并维持信任。因为领导者和他的团队经常在地理上分开，所以这个行为的重要性和复杂程度会增加（Yukl，2002）。一些研究证实，信任和诚信是很重要的领导品质（例如，Kouzes & Posner，1987；Rajan & VanEupen，1997；Tampoe，1998）。

在领导—成员交换（LMX）理论中，信任是有效的领导—下属关系的重要品质（Graen & Scandura，1987；Graen& Uhl-Bien，1995）。一些实证研究表明，高LMX关系和积极结果是相关的，包括更高的组织承诺（Deluga，1994）、更少的离职、更高的绩效和生产率，以及更快的职业发展（Bauer & Green，1996；Steiner，1997）。

对全球化领导者来说第四个重要的行为是计划和监督。为了完成目标，领导者需要把事情按优先顺序排号并且协调有限的资源（人员、时间、预算和设备等）。监督是一个关键活动，因为它向领导者提供了反馈，让领导者可以对计划的和实际的表现进行比较，并调节这个过程。Mintzberg（1973）发现，资源配置对于领导者来说是很重要的。调查研究显示，计划和独立测量的领导有效性呈正相关（Carroll & Gillen，1987；Morse & Wagner，1978）。对领导的观察研究也显示其花费在监督下属工作的时间与领导有效性相关（例如，Komaki，1986；Komaki，Desselles，& Bowman，1989）。

第五个适用于所有全球化领导者的行为是分析和决策。无论手中的任务是处理人际互动还是处理信息，分析并做出决策的能力是这个过程所有阶段的基本活动。Robie，Johnson，Nilsen和Fisher Hazucha（2001）在一项涉及来自美国的4492名领导者和来自欧洲11个国家的4784名领导者的研究中发现，分析问题的能力是至关重要的领导技能。决策的质量和敏捷程度都和领导有效性的评价相关（例如，Connelly et al.，2000；

Morse & Wagner，1978；Peters & Austin，1985）。当领导者进入国际舞台，信息的复杂性和模糊性就会增加，所以分析数据的能力和决策能力是至关重要的。

我们认为下一个对于全球化领导者来说很重要的行为是自我意识和情境有效性。这个行为与GLOBE的调查结果无关，但是有批评认为领导力调查和理论经常忽视这一行为。很多领导理论大师认为（例如，Hersey & Blanchard，1982；Zaccaro, Gilbert, Thor, & Mumford，1991），高效领导者利用自我意识来理解情境和社会线索，并相应地改变他们的行为。这个能力有时候被称为自我调节（例如，Tsui & Ashford，1994）。情商的拥护者们支持"高效领导者有高的自我意识并且能够更好地回应社会信息"这一观点。也有一些实证证据表明，寻求反馈（自我调节的一部分）与领导有效性评分相关。在一些研究中，接受360度反馈和领导有效性的提高有关（例如，Baldry & Fletcher，2002；Hazucha, Hezlett, & Schneider，1993；London & Wohlers，1991）。

第七种适用于所有领导的行为是目标实现。基本上，大部分领导力理论都直接或间接认为，所谓领导力就是指导人们为了完成特定目标而工作。在不同组织对于成功领导者的胜任力特征定义中，成就导向行为经常出现（Dulewicz，1989；Matthewman，1999）。此外，观察研究（例如，Mintzberg，1973）和调查研究（例如，Lowe, Kroeck, & Sivasubramaniam，1996；Yukl，2002）进一步证实，目标导向行为是领导者的有效行为。此外，跨文化研究的也显示，不同国家的领导者不约而同，均具备结果驱动行为或者工作任务的目标达成度（例如，Robie et al.，2001；Smith et al.，1996，2002）。Sinangil和Ones（2001）还注意到驻外领导通常被选中以实现与工作相关的目标。

最后，对全球化领导角色特别重要的第八种领导行为是文化适应。这一行为在概念上与情境有效性有关，因为两种行为都包括从社会环境中寻找线索和对自己的行为做出调整。然而，文化适应涉及一种心态：欢迎新的文化体验和看到社会成员多样性所带来的好处。关于不同文化背景下的预期行为模式的知识也是这个能力的组成部分。Sinangil和Ones（2001）通过对驻外人员的研究，明确了文化开放性和敏感性是驻外人员选拔成功的一个关键预测因子。对文化适应重要性的进一步支持来自于全球高管脱轨的研究。"脱轨"这一术语被用来描述被认为具有高潜力的高管的失败（McCall，1998）。McCall和Hollenbeck（2002）根据自己和他人的研究指出，许多因素都会导致高管脱轨，包括个人特征、情境因素和组织错误。情境因素包括不能适应不同的价值观、规范、信念、宗教信仰、经济制度以及组织和社区认同，这些都对商业运行方式造成影响。很明显，对于全球领导的选拔而言，文化适应能力是至关重要的。

概括起来，以下八种行为对全球领导是很重要的：

◆ 沟通与合作
◆ 激励和建立高绩效团队
◆ 建立和保持信任
◆ 计划和监督

◆ 分析和决策

◆ 自我意识和情境有效性

◆ 目标实现

◆ 文化适应

除了关于领导力的研究和理论支持这种模型，工作绩效研究也提供了验证性支持：Campbell（Campbell，1990；Campbell，Gasser，& Oswald，1996）的工作绩效八因素模型和Viswesvaran（Viswesvaran & Ones，2000；Viswesvaran，Ones，& Schmidt，1996）关于跨情境工作绩效的分层模型都涉及和上述八种行为相似的行为。上述列表并没有列出领导行为的所有选项；例如，目前与虚拟组织中领导力问题相关研究还比较少，未来研究增加以后，上述列别也可以相应拓展增加有效行为（Yukl，2002；Zimmerman，2004）。此外，上述列表也并非根据等级顺序排列的，每一行为的重要性都可能会随着领导周围特定情境而发生改变。更进一步讲，在不同国家里，上述领导力行为的表现方式也可能发生变化。Smith，Peterson及其同事（例如，Smith，Misumi，Tayeb，Peterson，& Bond，1989）的研究建议，鉴于不同国家的文化千差万别，因此在对领导力的高水平行为进行描述时，一定要标示出国家。换句话说，尽管大家普遍认同作为领导者需要建立和保持信任，但是具体的做法，在美国、希腊和泰国之间还是差异很大的。

跨国石油公司中全球化领导行为的界定

既往研究的不足在于，调查对象通常在不同国家中为不同的组织工作。这样一来，对研究结论进行归因推论时，实际上研究差异也可能反映的是组织效应。因此，研究在单一组织内实施，我们可以控制组织文化的影响。鉴于荷兰皇家壳牌集团［组建始于1907年壳牌运输和贸易有限公司（英国）与荷兰皇家石油公司股权的合并，以下简称"Shell公司"］拥有较大商业规模和广泛的经营范围，具备开展跨文化工作研究相关条件，是自然的研究环境；目前Shell公司拥有110,000多名职员，在全球140多个国家开展业务，拥有比世界上多数组织都多的驻外人员。Shell公司为保持持续的全球盈利能力，就需要建立相应的全球领导者选拔系统，选拔当下和未来的领导者。也正因如此，这为开展全面领导力研究奠定了基础。在本部分，我们将简要介绍为实现Shell公司全球领导者选拔战略而构建的胜任力特征模型。同时我们结合该模型进一步对上述八种全球化的领导行为做进一步说明。

在2002年，研究者为建立高效全球领导力胜任力特征模型，为Shell招聘有经验的员工（具备五年以上工作经验的专业人员），先后对185名来自非洲、亚洲、欧洲、拉丁美洲、中东和美国的领导者进行了调研，研究方法综合了多种工作分析技术和职位访谈活动。

1. 访谈收集领导者关键事件以及对全球战略的陈述，未来领导者可能面对的挑战，通过访谈识别胜任力特征模型的行为内容和商业活动；

2. 综合分析汇编栅格数据和焦点小组资料，对比分析领导行为在不同工作级别的有效性；

3. 通过文献调研、专家研讨以及来自不同文化背景参与者的焦点小组研讨等方法，对领导者有效行为描述的文化适合性进行诊断；

4. 用独立的、多样化的样本来交叉验证最初模型。

表19.2的第一列是我们呈现的模型。共计11项领导者有效性指标，每项指标之下详细描述了Shell公司对全球领导者表现的最佳水平的描述以及相应的行为指标。表19.2的第二列将Shell公司的11种胜任力特征和我们提出的8种全球化领导行为联系对比。每一个模型代表着具有同样核心行为的不同组；因为这些行为之间的联系不是正交的，所以不同的分类是无法避免的。我们对Shell公司的六个主要地理区域的工作和态度进行了抽样，结果支持了我们的观点，即：（1）全球范围内，存在共性的领导行为；（2）具体体现于上述的8种领导行为。

这11种选拔胜任力特征也和Shell公司用于管理层面上的内部领导力开发的领导力框架相对应。选取50多个国家的1500领导者作为被试，严格依照领导力框架的发展中心进行了测评。最后数据表明，不同国家间领导者的胜任力特征没有显著差异，并且，全球领导者的剖面呈现高度一致性。这个研究进一步支持了使用领导力行为的全球化模型是合理的。

尽管上述研究发现文化间存在一定的相似性，但是我们的研究也同样发现在不同文化中，领导行为方面存在着差异。例如，在亚洲的一些地区强调和利益相关者建立非正式人际关系的重要性。然而在东欧却强调和利益相关者建立正式的人际关系。这一结果得到了普遍支持，但是获得结果的过程各异，这与之前提到的Smith和Peterson（例如，Smith et al.，1989）的一些研究结果一致。我们相信，领导力因素可以在不同的国家间概化，但是并非每一项特定的行为都可转化。从这个程度上来看，文化适应标准是至关重要的，高效的全球化领导者必须使他们的行为和当地环境相适应。因此，我们在描述行为指标时，较少提供关于行为是如何表达的信息，而更关注这个行为需要实现什么目的。

我们的调查对象都在同一个跨国组织中工作，这可能会对我们的研究结果产生影响。Shell公司的选拔和社会化过程可能会导致我们的样本在价值观和行为上比跨组织的样本具有更高的同质性。因此，未来需要对不同行业领域的其他全球化组织进行更深一步的研究，来检验全球领导者的8项胜任力特征。

表19.2 Shell的全球领导能力和全球领导行为之间的联系

Shell对全球领导者选拔的胜任力特征要求	全球领导力行为
建立共同愿景: 理解并对商业愿景和战略做出贡献。让工作与更宽泛的组织目标相一致,并与他人享有共同的愿景。	沟通与合作 目标实现
最大化商业机会: 创造并寻求商业机会,提高商业成果。准备承担预期风险,诚信经商。	计划和监督 实现目标
维持客户导向-客户以及利益相关者关系: 发展并保持与客户以及利益相关者间互利双赢、信任长期的关系。	建立和维持信任 文化适应
展现专业精通: 展现并分享专业知识。 了解自身的优点和需要进步的领域,并寻找学习的机会。	
展示个人有效性——关系建立: 建立并维持牢固的团队关系和广泛的关系网络。知道如何利用网络,以及展示沟通和影响技巧。	自我调节
展示个人有效性——分析决策: 基于充分的分析而不是不完全或相互矛盾的数据来做出决策。在决策中纳入合适的人,并传达决策的基本理论。	分析和决策
激励、培养和发展: 激励个体并使他们能够提高绩效水平。高度重视职员的学习和发展。	激励和建立高绩效团队
展现勇气——冲突管理: 以建设性和在文化上恰当的方式处理冲突。有勇气维护自己的观点并适当地自我挑战。	文化适应
展现勇气——变革管理: 通过引入并管理变革来获得提高。预期结果,接受变化,并评估结果的影响。	文化适应
价值观差异: 重视利用人们之间差异的价值。寻找不同的视角并始终如一地吸纳别人的见解和方法。	文化适应
创造业绩: 通过设定具有挑战性的目标来不断地取得良好的成果、有效地组织工作并克服障碍。在适合的时候通过他人传递成果,创造一个支持成就的环境。	计划和监督 目标实现

问题二：甄选全球化领导者，是否存在通用的选拔技术？

我们认为，的确存在全球领导行为，并可以用一系列通用的描述展现出来。我们关注的第二个问题是：是否可能找到一种通用的全球领导选拔方法？在本章节中我们将报告不同国家中，不同选拔方法使用的调查结果，以及对选拔过程的差别反应研究。和这个问题相关的研究主题是：第一，不同国家在选拔方法的使用上有何不同？第二，不同国家的应聘者对选拔方法的反应是否存在差异？这些结果能够让我们得到关于哪些方法在不同文化背景下可以被等效地使用的结论。

不同国家间选拔方法使用问题

不同国家间在选拔方法的使用上存在差异，导致这种差异出现的原因正日益成为研究关注的焦点（例如，Krause & Gebert，2003；Lévy-Leboyer，1994；Salgado & Anderson，2002；Shackleton & Newell，1994）。很多研究对西欧国家之间选拔方法使用问题进行了比较，其中值得关注的是Ryan，McFarland，Baron和Page（1999）的研究，该研究调查了来自20个国家的959个组织。Ryan等发现一些选拔方法在不同国家之间没有区别（例如，教育资格证书），但是其他的方法却有相当大的变化。特别地，他们发现具有规定问题的结构化面试在澳大利亚、加拿大、新西兰和南非比在意大利、荷兰和瑞典有着更广泛的使用。情境判断测验在香港的使用频率适中，但是在澳大利亚、法国、希腊和意大利几乎不被使用；人格测验倾向于在西班牙、南非和瑞典使用，但是在意大利和德国基本不被使用。这些结果表明，通常来说，选拔方法比其他在使用中特别受跨国变化性影响的方法更有效（例如，Barrick & Mount，1991；McDaniel，Finnegan，Morgeson，Campion，& Braverman，2001）。研究还表明，至少一些选拔方法的预测效度能够在国家间概化（Salgado et al.，2003）。

国家间选拔方法使用的差异可以由许多因素来解释，包括技术落后、思想上的因素、法制的不同和文化的差异。首先，在技术落后方面，关于结构化程度更高的面试的效度实证数据正缓慢地传播于全世界，这可能可以解释为什么一些国家至今还没有采取这些方法（Ryan et al.，1999）。而且在一些国家，使用特定的选拔方法的观念根深蒂固（参见Krause & Gebert，2003）。立法上的差异导致了不同的选拔方法，例如，意大利的工人权利法规限制选拔测验的使用（Lévy-Leboyer，1994）。第四个解释与文化价值观有关；例如，Salgado和Anderson（2002）在对欧共体的调查研究的回顾中发现，个人主义文化（例如英国、荷兰和德国）比集体主义文化（例如意大利和希腊）更多地使用认知能力测验。很可能是这些因素的组合或者其他的因素导致了实践中选拔方法的差异。

诸如文化信仰和法律体系这样的因素已经深深地嵌入人们的思想，很有可能抑制成功的全球选拔方法的实施。但是我们相信，有可能可以确定某一种特定的普遍适用于全球领导选拔的方法。虽然现在不同国家对于这些方法的熟悉度存在差异，但关于应聘者反应的现存研究表明，这些方法可以在国际上使用并且不会带来负面影响。现在，我们来回顾这些证据。

应聘者对选拔方法的反应

Gilliland（1993）在应聘者反应研究领域成就显著，他系统探讨了在组织公平框架下应聘者对选拔方法的反应问题。研究发现，从组织公平框架来讲，影响应聘者反应的主要有两个因素：第一是程序公平，这关系到应聘者感知到的选拔过程的公平性；第二是分配公平，这关系到应聘者对雇用决定的公平性感知（Gilliland，1993）。程序公平是由一系列程序公平规则决定的，包括与选拔正式过程特性相关的规则、信息共享以及人际对待。就分配公平而言，选拔研究的焦点通常是分配公平的一个规则——公平合理，以此根据个人的投入和过去的经验来做决策。

采用组织公平框架的研究，探讨了应聘者对不同选拔方法的反应，并调查了不同的程序公平反应的决定因素（例如，Gilliland，1994，1995；Steiner & Gilliland，2001）。只有很少一部分研究直接对不同国家——例如英国和荷兰（Cunningham-Snell，1999），新加坡和美国（Phillips &Gully，2002），法国和美国（Steiner & Gilliland，1996）——的反应进行了比较。总的来说，这些研究表明在国家之间应聘者对不同选拔方法的反应高度相似：面试、简历筛选和工作样本获得了一致的支持性评价；对个人推荐测验的反应评价倾向于中性；而对人际关系测验和笔迹测验的反应却不好。对人格测验、能力测验、诚信测验和传记资料测量的反应存在国家差异。需要进一步对更多不同国家进行研究。然而现有的选拔方法的跨文化偏好证据正鼓励跨国组织实施全球选拔系统。在不同的国家，面试、简历和工作样本都被认为是可以接受的。

关注一些设计特征可以提高这些选拔方法被不同文化接受的可能性。通过识别构成程序公平反应的普遍因素，我们可以开发一种选拔方法，使之对全球的应聘者都具有吸引力。实证研究已经把下列结果和程序公平联系起来：应聘者的测验表现（例如，Chan，1997；Chan & Schmitt，1997）、应聘者的自我效能（例如，Gilliland，1994；Ployhart & Ryan，1997）、他们对组织的态度（例如，Bauer et al.，2001）、他们接受工作的目的（例如，Ployhart & Ryan，1997，1998），和他们从选拔过程中退出（Schmit & Ryan，1997）。选拔方法的设计和进行招聘活动的途径影响活动的成功。现在我们将考虑哪些设计特征可以提高成功率。

在法国（Steiner & Gilliland 1996）、新加坡（Phillips & Gully，2002）、南非（De Jong & Visser，2001，cited in Steiner & Gilliland，2001）和美国（Phillips & Gully，2002；Steiner & Gilliland，1996）的应聘者认为，工作相关性和表现机会属于程序上的公平，雇主感知到的获取信息的权利也被视作一个重要的因素。处理人际关系时需要考

虑的事项，例如热心和对隐私的尊重，则是对程序公平评估的中等或较弱的预测因子。这些维度间的关系以及整体好感度可能存在跨文化差异，并植根于文化价值观中。例如，Phillips和Gully（2002）发现在美国人之中，人际关系敏感度和尊重隐私是整体好感度的决定因素，这一点比新加坡人更明显。这些效应可能和新加坡人比美国人有更大的权力距离有关（Hofstede，1980），这意味着美国人对滥用权力和违反法律更敏感。当然，对于这四个国家的任何研究都是西方化的，所以要实现全球概化，还有待进一步的研究。

根据已有研究成果，我们认为未来在开展全球性领导者选拔时，要想提升选拔方法的有效性，将选拔效用最大化，要遵循如下两个原则：一是选拔方法要与目标工作具备相关性；二是选拔方法要给应聘者表现的机会。

跨国石油公司使用的选拔方法

Shell公司全球选拔方法的设计印证了一些关于程序公平的研究结果。我们为Shell公司设计了一个选拔系统，用于针对有经验的领导和专业人员的全球招聘。这些新成员在别的组织中积累了很重要的工作经验，一些加入Shell公司成为具有长期提升潜力的人才库的一部分。我们的任务是根据11种选拔胜任力特征（表19.2）设计一个系统，使直线管理人员和当地的HR从业人员在对应聘者进行评估时使用有效的、精确的、被普遍视为程序公平的方法。我们对不同来源的数据进行了评估，包括应聘者和招聘经理对目前方法的反馈、反对其他跨国公司招聘方法的基准数据、利益相关者的观点和外面专家对于全球选拔的建议。出于程序公平的考虑，一些设想被拒绝或接受。我们没有采用综合性评价中心（AC），原因在于既往研究表明，具有较多工作经验的应聘者不会喜欢这种方法。为此，我们设计了一个由技术面试、行为面试和个人展示/讨论练习组成的系统作为替代，应聘者可以展现他们最好的工作的例子，然后和评估者进行讨论。我们所设计的每一个评估活动都可以引出几种胜任力特征。我们提供了被推荐的问题和具有行为锚定的通用胜任力特征量表来提高客观性和一致性。使用者被要求参加一个严格的培训项目。我们发现来自不同国家的应聘者都对这种测验组合持有正面的看法。为了使应聘者有最佳表现，会提前进行说明和指导，以便他们准备，并且时间表提供了评估过程中的休息空间，给他们更多的表现机会。

鉴于这个系统所针对的目标水平工作的范围，我们确信使用者会拒绝通用的选拔系统。虽然就宽松度而言，这个系统对题目进行了标准化——胜任力特征和选拔方法是通用的，但允许当地在应用时可以做出自己的决定。例如，当地的管理者可以选择评估哪一种胜任力特征，使用哪几种方法的组合（指南推荐全部三种）。胜任力特征的选择，是通过使用一个简单的工作分析问卷，问卷根据工作相关性对胜任力特征进行了排序。这一灵活性允许管理者根据当地就业市场的特定岗位空缺，更好地利用这个选拔系统。

形成鲜明对比的全球选拔过程是Shell公司为了招聘具有高潜力的毕业生而进行的评价中心测验。Shell公司旨在以固定的选拔标准对全球各地的毕业生进行选拔，由此在它的毕业生人才库中树立信心。这个评估过程是高度标准化的，并由HR集中控制。通常，相同的评估过程被不同的国家使用，虽然存在一些修改。例如，在中东，小组讨论并不能够提供有用的评估数据，因为主流规范涉及社会角色和性别，所以这种测验并不适用于该地区。虽然我们已经在全世界实施评价中心方法，但是也发现在一些情况下需要调整和修改。

结论

本章中，我们通过回顾文献，提出使用全球标准化的方法为全球化组织选拔领导是可能的。根据一系列研究，包括跨文化工作，我们发现在任何组织中，高效的全球领导都会表现出特定的普遍行为，使他们能够建立有效的信任关系和团队，激发队员的积极性，计划工作和做出决策，实现目标，通过改变他们自身的行为来适应不同的个体和文化，从而提高有效性。这些行为可以组成选拔标准的基础。这些标准的行为描述需要很开放，允许方法上存在文化多样性。选拔方法的使用存在跨文化的差异，其中有些差异可能是由文化价值观导致的。有限的研究表明，简历、面试和工作样本的确具有跨国吸引力，特别是当应聘者看到这些方法和工作有着明显的相关并且使他们能够表现出最佳水平。

当决定如何选拔全球领导时，组织可以把有关标准化的选择范围视为一个连续体：在一个极端，组织可能决定将所有的招聘实践本地化，并给予招聘方式高度的自由；在另一个极端，他们可能决定运用完全标准化的全球化系统，不做出任何局部调整。前者的优势是可以避免设计和管理跨文化选拔系统的复杂性，包括选拔的法律体制差异、预期领导行为的差异、应聘者对选拔方法熟悉度的差异和文化差异。而运用全球化选拔系统的优势包括：可以对某个空缺职位的来自不同国家的应聘者直接做出比较；维持一个选拔系统的效率；向日益扩大的全球化市场展示企业形象；有机会把组织HR战略中的选拔和招聘更紧密地联系在一起（例如，组织就预期领导行为达成共识）。

组织的最终使命必须向着所决定的选拔方法前进。根据我们的经验，我们发现最初设计一个全球化的方法增加的复杂性可以被其所带来的战略性收益所抵消。我们发现一些局部的灵活性能很好地满足当地招聘市场的需要，并使本地管理者能够适当地控制选拔过程，从而产生他们所信赖的选拔决策。

对那些一定要通过标准化的招聘流程来招收全球性领导的组织，我们有如下建议：

1. 通过在全球基础上进行的工作分析确定选拔标准。检查标准，看其是否充分覆盖了本章提出的8种全球领导行为。

2. 决定选拔系统要求的全球标准化程度。考虑这个系统的战略目标，以及利益相关者希望感受到的授权。

3. 选择客观的选拔方法，适用于全部招聘情况并满足程序公平的要求。高度注意利益相关者对这些方法的咨询。

4. 确保选拔方法是由专家仔细设计产生的，并在有多样化人群的代表性区域试用。考虑局部变化调整的合适性。

5. 调查当地法律对这个选拔系统的要求。保持对设计问题的适当追踪调查，以防出现质疑。

6. 通过适当的吸引终端用户的策略来实施这个系统。让他们通过参与设计和对系统的试用而感觉到对它的所有权。

7. 监督和回顾这个系统。追踪与多样性问题相关的应聘者的表现及其之后的工作绩效。通过周期性的工艺改进来减少负面影响并提高预测效度。

我们承认本章中所描述的很多有关领导力和选拔的研究不可避免的以西方人口为基础，这削弱了我们进行跨文化概化的能力。我们需要像GLOBE项目这样规模的跨文化层次的研究，也应当充分关注越来越多领导工作所处的虚拟环境。我们，即本章的作者，来自英国教育和社会系统，并在英国和荷兰历史文化不断渗透的跨国组织中工作。读者必须要判断我们在设定超越文化的一系列领导行为和评估系统时是否摆脱了自身的文化背景。

致谢

我们要感谢Dennis Baltzley，Leah Podratz，Julie Regan对本章草稿的审阅。

第二十章 甄选驻外人员的过程模式

Annelies E.M. Van Vianen, Irene E. De Pater,

Paula M. Caligiuri

一个世纪以来,许多私营组织和公共组织都有过将组织成员派往世界上其他地区工作的经历(Ones & Viswesvaran, 1997)。在过去的一百年中,全球经济一体化、信息变革、电信技术和政治的发展,使得经济全球化加速推进。国际活动的增多和全球竞争的加剧使得越来越多的企业开始经营全球性业务(Harvey & Novicevic, 2002)以便在全球范围内开拓商机(Mervosh & McClenahen, 1997)。由此,越来越多的员工被派往他国完成国际性任务(Forster, 1997; Gupta & Govindarajan, 2000)。尽管有关全球任命的研究正不断增多,尚未有研究对跨国公司驻外人员的数量进行精确的估计(Oddou, Derr, & Black, 1995)。美国政府推算,约有410万美国公民居住在海外(Olsen, 2004)。其他机构估计全世界约有3000万驻外人员和第三国公民(Allianz Worldwide Care, 2004)。

国际外派人员或驻外人员被定义为"被受雇企业或政府组织临时派往他国相关单位一段时间(一期通常为六个月到五年不等),以完成一项工作或实现一个组织目标的员工"(Aycan & Kanungo, 1997)。全球任命被组织当作高级别员工发展的方法,被国际企业频繁用于领导力开发战略。甚至有这样的说法"全球任命经历已成为通往高层的门票"(Lublin, 1996, in Carpenter, Sanders, & Gregersen, 2000),执行官会把他们的驻外经历当作是最具影响力的领导力开发经历(Gregersen, Morrison, & Black, 1998)。更重要的是,由于全球任命经历的价值仅具有部分公司特殊性,全球任命经历会带来薪酬水平提升,增加晋升的可能性,并增强外部流动性(Carpenter et al., 2000)。

全球任命经历无论对驻外人员个人或是组织都有益处。对于很多组织而言,派遣员工出国以发展国际竞争力属于组织战略性人力资源规划的一部分(Caligiuri, 1997; Caligiuri & Lazarova, 2001)。全球任命可以显著提高组织国际竞争力,增加员工对跨国组织的人力资本和战略价值。有人认为,驻外经历可能和企业在海外的商机(Carpenter et al., 2000)及国际成功(Gregersen et al., 1998)有关。"全球任命经历使得执行官发展出必要的手段,进而从汇率、政府政策和竞争者策略带来的全球不确定性中持续获益"（Carpenter et al.，2000）。所谓的"全球领导者"对那些想要竞争国际市场的组织而言是非常重要的资源（Aycan，1997b；Gregersen et al.，1998）。具有国际经历的管理者能够更好地处理组织国际化所带来的复杂问题，并能帮助企业增加全球知识和全球竞争力（Caligiuri & Lazarova，2001）。

显然，全球任命对企业和个人具有重大的潜在价值。然而，只有当驻外切实取得成功时，这种潜在价值才能变为现实。因此，对于国际组织而言，吸引、选拔、开发和保留具有一定国际工作知识、技能和能力的员工至关重要。由于成功的驻外人员作用重大，在全球任命中决定派遣谁去就变得非常重要。因此，针对全球任命的严格的甄选也就变得非常关键。选拔合适的驻外人员能够加强企业信誉、企业价值和企业文化（在各个地方有合适的企业法人代表），同时提升投资（尤其是昂贵的人力资本投资）回报率并有效预防驻外失败（GMAC Global Relocation Services，2003）。

驻外成功的标准

虽然驻外失败率可能不会如预期的那么高（Harzing，1995；Takeuchi，Yun，& Russell，2002），但是近期的研究显示全球任命的损耗率为17%（GMAC Global Relocation Services，2003），有32%的受访者认为他们所在公司的驻外分配在投资收益方面（比如在预期成本内完成任务）效果一般或较差。就全球任命的战略重要性而论，驻外失败（比如任务的提前终止或绩效结果较差）会对跨国组织在东道国的发展造成负面影响。

驻外任务不成功会造成多方面的负面影响。对于跨国组织而言，不成功的全球任命通常和以下这些成本联系在一起：经济成本等直接成本（例如，Copeland & Griggs，1985；Mervosh & McClenahen，1997），以及丧失组织声誉、失去商机、失去市场份额等间接成本（Black & Gregersen，1991；Naumann，1992）。另外，不成功的全球任命任务可能会影响驻外人员对母公司的承诺（Naumann，1993）、动机（Takeuchi et al.，2002）以及遣返后的绩效。不成功的全球任命可能影响其他有资质的候选人不愿意接受驻外任务。这一问题在当下尤为突出，因为组织中员工接受全球任命任务的意愿正在逐步降低（Harzing，1995）。

多年来，有关驻外成功的研究都没能对评价驻外成功的标准达成一致（Aycan，1997a，1997b；Caligiuri，1997；Ones & Viswesvaran，1997）。Aycan和Kanungo（1997）认为国内情境下重要的特征在国际情境下也应着重考虑。国内情境中的员工管理包括工作考勤、工作绩效和员工幸福感（Aycan & Kanungo，1997）。在国内，最成功的员工通常是那些"出勤率高、绩效优异且对工作内容和工作环境满意的员工"（Aycan & Kanungo，1997）。因此，"坚持在工作岗位上直至期满（出勤），达到绩效标准并且能够适应新的文化（满意、幸福）的驻外员工被认为是成功的"。开发用以预测这些重要的指标的甄选工具是一项具有挑战的工作，因为驻外任务不是一份工作说明，而是一个工作情境。另外，由于国际工作具有特殊工作要求，诸如语言流利、适应和跨文化意识等因素，因此在国内情境中具有预测效度的甄选工具在国际甄选流程中的预测力可能会降低（Lievens，Harris，Van Keer，& Bisqueret，2003）。因此，在母公司中员工表现出的胜任能力并不一定在全球任命中有效。在大多数企业中，驻外人员的选拔主要基于工作知识和工作技能（Aryee，1997；Harvey & Novicevic，2002）。在本章中，我们将讨论成功驻外人员需要具备的特殊能力，这些能力可能是非常关键的，并通过描述国际员工所面临的特殊挑战对全球任命进行分析。我们使用了一个模型，模型中囊括了实现驻外成功的若干必要步骤及其相关甄选指标和可能的预测因子。在这一章中，我们还对有关驻外甄选预测因子的现有文献进行了回顾，并总结出甄选驻外人员的流程和方法。

驻外有何特别之处？

不同于国内环境中的工作调动，调动到另一个国家的驻外人员必须适应他国的文化、不同的生活条件和互动方式（语言和沟通模式）。Berry（1997）勾画出影响文化迁移和适应因素的概念框架。该框架主要针对少数群体在移民等背景下的适应战略，但它也很容易应用于驻外情境中。Berry（1997）描述了心理适应过程中的五个现象。首先是面临另一种文化的经历，当新文化和个体自身的文化具有高度差异时，这种适应过程更为困难；第二是个体对这些文化经历意义的感知方式是积极的还是消极的；第三是个体通过何种战略以解决陌生的（通常是困难的）情境中遇到的问题；当个体无法很好地处理他们面对的压力源时，就会产生第四个现象——压力大、不安和失落；最终，个体将通过跨国调动经历达到一定的心理适应水平，比如较差地适应（不能适应）或很好地适应（心理幸福感）。Black（1988）认为适应有三种：对非工作活动的基本适应，与同东道国国民（host country nationals，HCNs）的互动适应以及对工作相关角色的工作适应。Shaffer和Harrison（1998）认为跨文化适应会通过影响驻外人员的组织承诺和满意度，直接地、间接地影响其退缩性认知。因此，驻外人员甄选方法不应仅预测驻外人员的国际工作绩效，还应同时预测驻外人员的跨文化适应能力。为了建立适用于驻外情境中的甄选方法，有必要对适应过程的各个阶段做更细致的研究，如下文所述。

文化经历

文化新奇感   驻外员工必须积累一定的经验，从而有效地适应他国的工作和生活。

Van Vianen，De Pater，Kristof-Brown和Johnson（in press）对表层文化差异和深层文化差异做了区分。在他国文化中，诸如食品、居住条件或气候等驻外人员容易观察到的特点被认为是表层差异。诸如信仰、价值观等不能立刻观察到的，需要间接推断的其他特点被认为是深层差异。这些深层差异只有在驻外人员和他国居民深入交流后才能显现。Van Vianen等（in press）发现：即使在控制了驻外人员家庭情况（比如有配偶陪同）、在他国的工作年限和先前工作经历等变量后，表层差异仍和一般适应相关。类似地，Birdseye和Hill（1995）发现，对日常生活条件的物质满足能够显著预测美国驻外人员的离职动机。这些结果表明，一些驻外人员不容易克服表层差异，组织应当把"处理新的、模糊的和（或）不舒适的日常生活条件"纳入全球任命的工作说明中。这一举措将强调驻外任务中文化适应的重要性（Caligiuri & Lazarova，2001）。

角色模糊　许多国际员工会因为在东道国组织中角色模糊而感到困难重重，因为他们不确定什么是适宜的行动、行为和行为准则（Shaffer，Harrison，& Gilley，1999；Takeuchi et al.，2002）。他们对领导力的感知及相关行为在新的情境中可能不适用了。文化价值观预测了典型的指导来源（如规范、社会资源、专家和信仰），这些都是管理者在处理工作问题时需要参照的东西（Smith et al.，2002）。在西欧国家，跨国公司在开展驻外指导时，常常强调同事参与，较关注个体主义、平等、和谐；而在非洲国家则更多依赖上级指导和规则；但在以色列、韩国和菲律宾则更多地依赖于不成文的规定。同样，在母公司管理中有效的影响策略往往在他国组织情境下无效。例如，在亚洲文化情境中，面对直接冲突时若使用西方任务导向策略往往不起作用，相反借助个人关系或间接策略解决分歧可能更有效。不太可能是有效的或间接的方法是首选作为一种策略来解决分歧（Yukl，Fu，& McDonald，2003）。此外，不同的文化群体对什么是"好"领导的认知并不相同（参见Den Hartog et al.，1999）。因此，基于西方文化的公司如果使用他们自己的标准选拔（国际）高层管理者，尽管这些管理者在母国文化情境中管理技能多样且绩效卓越，但按照不同的文化视角重新审视可能并不优秀。Den Hartog等人（1999）就发现了几种不同的文化个性特征，如敏感、有野心、地位意识、狡黠，有些国家认为这些特征是卓越领导的重要属性，但在有些国家中却评价较低。当然也有被普遍认可的杰出领导特征（特别是魅力、变革以及正直）以及普遍不被认可的领导特征（例如，无情、自私、专制）。但是Den Hartog等人（1999）指出，即使是普遍认可的领导属性也不意味着在不同国家中可以完全适用，相同的领导行为可能会被赋予不同的含义。因此我们得出结论，国际管理人员应该能够善于适应，有时甚至需要因地制宜，根据新的情境彻底改变业已形成的"正常"管理风格。

价值观差异　在全新的文化中，驻外人员会感受到价值观的深层文化差异。比如，当驻外人员从事工作活动时，他们需要和东道国国民就负责的问题进行频繁的交流。通过观察同事们的外在行为，甚至是就有关假设和价值观同同事进行深入探讨，驻外人员对深层次的差异渐渐形成深入的认识。Van Vianen等人（in press）认为人们通常会被和他们持有相同价值观的人所吸引，这些人通常和他们有相似的思维模式和行为方式。在国际合作情境下，感知到的价值观的相似性也是十分重要的。研究显示：文化相似和合作成功具有相关性（Van Oudenhoven & Van der Zee，2002b）。

而接受全球任命的驻外员工十分清楚他们将和具有不同价值观的本地员工共事。然而，Van Vianen等人（in press）的研究显示，某些价值观差异比其他价值观差异更难处理。具体来说，当本地文化对诸如乐于助人、保护、忠诚、公平和社会正义等（自我超越的基本价值观；Schwartz，1999）价值观的重视程度低于驻外员工时，工作和国际适应过程很可能受到阻碍。因此，核心认知基于公平、社会正义等价值观的国际应聘者在面对不那么遵守这些价值观的东道国文化时，其自我认知可能受到伤害。人们期待国际员工遵守本地价值观，而这往往和国际员工自己文化的价值观相冲突。Leong和Ward（2000）发现对不确定性具有高容忍度的个体会经历较小的身份冲突。

总而言之，文化经历是驻外人员工作的重要组成部分。工作分析应当包含与工作文化情境相关的特定的工作特征。具体来说，甄选驻外人员应当着重测量以下指标：（1）对不舒适的日常生活条件的适应性；（2）领导模式以及和东道国文化对领导力的感知相匹配的领导能力；（3）应聘者的基本价值观和对不确定性的容忍度。

评价和应对文化经历

不同国际员工对文化经历意义的理解可能不同。首先，尽管新的文化在客观上不同于驻外人员自身的文化，但驻外人员对这种不同的主观感受可能存在差异，比如通过对新的文化及其成员进行分类和刻板印象。因此，文化距离或大或小，而这取决于驻外人员的思想。对于驻外人员，获得正确评估社会环境的能力比预想复杂，因为东道国所提供的社会线索可能是非常模糊的（Caligiuri & Day，2000）。其次，驻外人员的评价反馈将取决于他们出发前的期望和动机。相关的出发前的培训将促进驻外人员对全球任命产生准确的预期（Caligiuri，Phillips，Lazarova，Tarique，& Bürgi，2001）。有研究显示：适度预期驻外人员在新文化中可能遇到的情况会减轻他们遭受的"文化冲击"（Aycan，1997a；Caligiuri & Phillips，2003）。另外，如果全球任命源于拉力动机而非推力动机，驻外人员会更积极地评估他们的文化经历。拉力因素指的是从全球任命中获取的内、外部优势（个人成长、更好的职业发展机会、对其他文化的好奇心），而推力因素指的是一些个体想要逃避的条件和境况（比如不愉快的工作和/或非工作环境）。

此外，不同个体性格倾向不同，进而把未知的情境或任务评估为一种威胁或是乐于接受的挑战。威胁是人们希望避免的，而挑战则是人们希望控制的。前者会引起回避行为倾向，而后者会带来趋近行为倾向（Elliot & McGregor，2001）。一些驻外人员把陌生情境视为展示自己能力机会，相比于他们，倾向于避免犯错的驻外人员对新的文化可能会产生恐惧。

在有关压力的文献中，有大量研究探讨了人们在压力情境中的应对策略。归纳起来有两种应对方式：问题聚焦型和情感聚焦型（Folkman & Lazarus，1985）。问题聚焦型应对策略包括实施建设性的、直接的方法来应对压力事件。情感聚焦型应对策略主要是调节个体对问题产生的情绪反应。Endler和Parker（1990）提出了第三个策略，即回避策略。回避导向的应对策略可以是问题聚焦型或是情感聚焦型二者选一。"个体可以通过寻找其他人（寻求社会支持）或放下手边任务去从事其他任务来逃避某个特定的压力情境。"（Endler & Parker，1990）

压力研究突出了社会支持对减少个体不确定性的作用（Aycan，1997b；Berry，1997）。Selmer（2001a）发现那些不愿意或不能适应新环境的驻外人员很少使用诸如容忍和耐心、对情境有责任感、寻求与东道国员工联系等策略。最近，Johnson和他的同事们（Johnson，Kristof-Brown，Van Vianen，De Pater，& Klein，2003）对驻外人员在东道国的（与本地人员和与其他驻外人员间）社会关系的数量和质量进行了调查。社会关系在帮助驻外人员缓解压力和不安的同时，还能为他们提供有关东道国的信息，进而增进他们和东道国国民间的交流和理解。研究者们将调查对象与其他驻外人员的关系和与东道国国民的关系区分开来，并就这些关系的广度和深度进行了探讨。研究者将关系广度操作化定义为他人提供的资源种类，即驻外人员通过他们的关系网成员获取非工作信息、商业信息和社会支持的程度。关系深度指的是关系的质量，比如驻外人员和他人关系的亲密程度、认识时间的长度以及相互沟通交流的频率。有研究显示社会关系在一般互动和工作适应中都有一定的作用。然而，不同社会关系的内容和不同的跨文化适应相联系。驻外人员和其他驻外人员的深层关系可以帮助其获取社会支持，进而受益；而驻外人员和东道国员工建立起广泛的关系则更有利，因为在东道国组织中，东道国员工可以提供有关行为准则的信息。社会关系的数量和驻外人员人格有关：相比于核心自我评价较低的个体，核心自我评价较高的个体（包括自尊、一般自我效能、内控点和情绪稳定性；Judge，Van Vianen，& De Pater，in press）能够建立起更多的社会关系。

总而言之，对文化经历的评价和应对会影响人们的跨文化适应。驻外人员对文化经历的评价受到其使用分类和刻板印象的影响。研究显示分类和个人结构需求（personal need for structure，PNS）的个体差异相关，其中PNS在概念上和对不确定性的容忍度类似。在PNS上得分高的个体对新群体形成简单的刻板印象。对不确定性的低容忍度和种族优越感与偏见具有相关性（Hall & Carter，1999；Moskowitz，1993）。另外，驻外人员对驻外任务的动机以及他们接近或回避未知情境的人格倾向会影响他们对文化经历的评价。最后，驻外人员的应对模式，特别是针对寻求社会支持的应对模式，与他们的跨文化心理适应直接相关。因此，甄选驻外人员应当包括测量其（1）对不确定性的容忍度；（2）推力、拉力动机和期望；（3）掌控—回避倾向（请见 Elliot & McGregor，2001）；（4）寻求社会关系和社会支持的人格预测因子，比如核心自我评价。

下一个部分，我们回顾了在有关驻外成功可能性的预测因子的研究中所涉及的人格测量。

人格因素和驻外成功

人格特质使得人们在特定环境中在完成某些目标时倾向于以一定的行为模式行动（例如，Costa & McCrae，1992）。虽然存在许多种人格特质，研究发现有五个因素可用于区分它们（Digman，1990；Goldberg，1992；McCrae & John，1992）。这五个因素包括外倾性、宜人性、责任心、情绪稳定性和经验开放性，已在许多情境和文化中通过因素分析和验证性因素分析得到了重复的验证（Digman，1990；Goldberg，1992；McCrae & John，1992）。

Ones和Viswesvaran（1999）检验了在国际情境中管理者基于人格因素进行人事决策的重要性。管理者将责任心赋予最高权重。这意味着国际招聘专员应用其国内的以责任心为主导的甄选模型来做出驻外决策。在国内情境中，被认为具有责任心的员工在其组织中更值得信任。这些值得信赖的员工成为领导者，获得晋升、高工资、地位的可能性也较大。具有责任心的员工是优秀的，人们这样认为，客观的工作绩效也证明了这一点（Barrick & Mount，1991；Day & Silverman，1989）。责任心和绩效间的正相关关系在国际情境中也同样得到验证。责任心较高的驻外人员绩效也更好（Caligiuri，2000a；Ones & Viswesvaran，1997）。

外倾性似乎是重要的，因为驻外人员要和东道国国民以及其他驻外人员建立人际关系，进而更有效地学习工作/非工作情境下东道国的社会文化（Black，1990；Caligiuri，2000a，2000b；Dinges，1983；Johnson et al.，2003；Searle & Ward，1990）。一个腼腆、羞怯、内向的人可能会感到孤独，更难适应东道国的工作和生活（Caligiuri，2000b）。

除外倾性之外，要想建立起互惠互利的社会联盟还需要宜人性这一人格特质（Buss，1991）。研究显示：宜人性较高的驻外人员（比如合作地应对冲突，增进相互理解且竞争性较弱）具有更强的跨文化适应性，且任务成功率较高（Caligiuri，2000a，2000b；Ones & Viswesvaran，1997；Black，1990；Tung，1981）。我们发现宜人性的作用仍然不够明确。研究显示，个体宜人性和基本价值观中自我超越价值维度的得分存在显著的联系（Roccas，Sagiv，& Knafo，2002）。在前面的章节中，我们指出强烈秉承个人价值观的个体在面临东道国文化错位时是脆弱的。

情绪稳定性是通用的自我调节机制，它帮助人们应对来自环境中的压力（Buss，1991）。由于压力通常和不确定的陌生的工作生活环境联系在一起（Richards，1996），研究显示情绪稳定性是帮助驻外人员适应东道国环境（Black，1988；Gudykunst，1988；Mendenhall & Oddou，1985）和完成驻外任务（Ones & Viswesvaran，1997）的重要人格特质。

成功的驻外人员必须具备认知复杂性、开放性和直觉感知敏锐性等特点以准确感知和理解东道国文化（Caligiuri，Jacobs，& Farr，2000；Dinges，1983；Finney & Von Glinow，1988；Ones & Viswesvaran，1997）。经验开放性和驻外成功相关，因为具有该人格特质的个体的刻板观念（诸如是非对错、适宜与否等）较少，因而更容易接受东道国文化（例如，Black，1990；Cui & vanden Berg，1991；Hammer，Gudykunst，& Wiseman，1978）。

有关效标关联效度的研究显示：经验开放性似乎对驻外人员绩效具有一定的预测力。最近，一个目的地为日本的跨文化培训项目在甄选欧洲管理者，Lievens等（2003）对该项目的一系列预测因子进行了效度检验。他们认为：为跨文化培训项目进行员工甄选，员工接受实际培训并在培训成功后送往国外这一过程要比直接为全球任命甄选人员更节约（驻外失败可能带来的）成本，并能帮助员工对外国文化形成具象的感知。另外，能力和特质不仅能直接预测驻外人员的绩效，对开发跨文化动态胜任力特征（比如可通过培训获得的知识和技能）具有重要作用。培训甄选中包括认知能力测验、大五人格测验、评价中心训练和行为描述面试。认知能力和培训后的语言能力具有显著相关，大五人格维度中的开放性和跨文化培训绩效具有正相关。同时，有关沟通、适应和小组讨论训练中的团队合作的分数能够增加人格和认知能力测验的增量效度。

一些研究者对其他可能预测全球任命成功的人格特质进行了检验。Harrison，Chadwick和Scales（1996）发现自我监控、自我效能和一般/互动适应具有显著的正相关关系。Caligiuri和Day（2000）调查了自我监控和对全球代理人的绩效评估间的关系。他们仅在自我监控和任务绩效（比如信息传递、语言和文化适应能力）间发现了正相关关系，而自我监控和其他绩效维度都存在负相关或无相关。作者认为在国际职位需要高层次的跨文化互动的情况下，可以把自我监控当作预测驻外成功的指标。

Harvey和Novicevic（2002）认为应该把直觉和创新加入大五甄选指标中。直觉是智力的一部分，直觉型个体注重可能性而非具体细节，注重直接寻找解决方案而非依赖事实。创新指的是能够开拓他人未曾考虑过的经营理念，并能识别事件、环境和人的模式。在竞争环境下，直觉和创新都能通过个体使用隐性知识、即兴和冒险来加快决策制定过程（Andersen，2000）。

作为基于大五人格的一般人格问卷的替代品，一些研究者开发了更适于预测跨文化效应的测量工具。Van Oudenhoven和Van der Zee（2002a）开发了由文化移情、思维开放性、情绪稳定性、社交主动性和灵活性组成的《多元文化人格问卷》（*Multicultural*

Personality Questionnaire，MPQ）。相比于自我效能，MPQ对国际学生的适应力有更高的预测力，对于国际员工而言，还需要进一步的效度检验。Spreitzer，McCall和Mahony（1997）开发的《探索者量表》（*Prospector*）包括14个维度：文化差异敏感性、商务知识、勇气、发挥潜能、诚实、洞察力、承诺、承担风险、寻求反馈、使用反馈、文化冒险精神、寻求学习机会、接受批评和灵活性。对于描述从事驻外工作或与国际事务相关工作的国际执行官胜任力特征，该工具显示出部分成功。Caligiuri（1996）开发了《全球化努力自我评估》（*Self-Assessment for Global Endeavors*，SAGE），其中部分维度基于大五模型，比如开放性、求知欲、灵活性等。SAGE对留任意愿、上级绩效评价和适应性等指标具有预测效度。

虽然科学文献显示与人格相关的因素和维度的作用，甚至提供了相关工具用以预测人们的跨文化适应性，但是在驻外管理项目中，公司很少使用。然而，这一现象正在改变，龙头企业采取更具战略性的方式来管理重要的国际人才。影响公司甄选方法使用的因素和龙头企业使用的最佳实践将在后续章节中讨论。

选拔实践

过去，驱动国际员工甄选工作的是实践经验和管理理念，而非前面章节中提到的理论框架。Hechanova，Beehr和Christiansen（2003）指出许多跨国公司并没有结构化的驻外人员甄选流程，而是依据管理者的推荐。招聘专员把配偶和家人的适应性和配偶移居国外的意愿作为影响全球任命成功的最重要因素（Arthur & Bennet，1995）。事实上，配偶和家庭对跨文化的适应能够积极地影响驻外人员的跨文化适应，反之亦然（Caligiuri，Hyland，Joshi，& Bross，1998；Takeuchi，Yun，& Tesluk，2002）。因此，驻外人员家庭成员应该被视为驻外团队的一部分。迄今为止，对于配偶是否（和如何）真正参与到甄选过程中，我们知之甚少。一些作者甚至认为寻找甄选驻外人员的有效工具和国际公司的关系变小了，因为它们正在就是否招聘潜在的驻外人员而挣扎（Selmer，2001b）。招聘问题源于双职工夫妇、驻外人员遣返管理不善、驻外人员薪酬待遇恶化，因为更多的公司把国际经历视为其员工标准的职业生涯路线。

尽管这些观点存在疑问，但上述文献还是显示国际公司能够从使用有效的工具中受益。这些甄选工具的推行可能会受阻，因为跨国公司从他国招聘国际经理，这些经理可能会开发他们自己的独特的甄选流程。最近，Huo，Huang和Napier（2002）对人事选拔做了10国跨国对比。尽管在大多数国家，个人面试和展现工作技术要求的个人能力都在甄选实践中被提及，但是不同组国家间仍存在差异。一些国家在实践中存在相似性可能是因为它们拥有共同的文化根基，比如在亚洲国家，人们更重视以下指标："个体做好工作的潜在能力，即使在刚开始工作时她/他并不那么出色"以及"个体和已在此工作的其他人员良好相处的能力"。

Ryan和他的同事们（Ryan，McFarland，Baron，& Page，1999）在检验20国甄选实践的变化时发现了相似的结果。国家间的差异特别表现在使用固定的面试问题和多种验证方法上。研究者们总结认为，采用全球标准化的甄选包"在不同文化中很可能由于不同原因而受到阻碍"。跨文化差异不仅存在于甄选标准中（请见我们有关理想领导力感知差异的讨论），还存在于有价值的、可接受的甄选方法中。另外，如果甄选过程需要评价者的主观判断（基于面试和评价中心的运用），甄选决策可能会出现文化性偏差，因为评估者根据所处文化背景的行为准则来评判应聘者的表现是否胜任。在这种情况下，全球性组织可以让来自外国机构的招聘专员和评价者参与到国际员工的甄选过程中，而不是在母国进行甄选。另一个更省钱的方法是使用标准化测验，前提是：外国机构可以接受这些测验，在不同文化中测验具有相似的结构效度和效标关联效度，并且尽可能使用本土的甄选指标和准则。有证据显示一般心理能力测验的效标关联效度在欧洲国家和美国是类似的（Salgado，Anderson，Moscoso，Bertua，& De Fruyt，2003）。另外，基于五因素模型的人格问卷在不同文化间呈现出相似性（Salgado，Moscoso，& Lado，2003）。

驻外人员甄选测评体系的开发步骤

本章的内容显示，在母国外获得个人和专业性成长并不是每个人都能做到的。全球性任命并不适合每一个人。由于驻外任务存在个人风险和职业风险，了解和预测谁将在驻外任务中最成功对于公司而言十分重要。针对全球性任务的甄选系统应该在甄选最初期对技能和人格进行评估。如果组织考虑多个可能的候选者并在职位空缺出现前早早开始候选者选拔决策制定过程，组织将选出可能是最好的全球代理人。这一决策制定过程将帮助候选者决定该任务是否适合于她/他。也就是说，员工、组织以及员工的家人都需要接受甄选决策。

最近，一些全球性公司才开始实施战略过程用以甄选全球代理人。我们提出了"最佳实践流程"，一些跨国组织已经开始使用。这一甄选全球代理人的流程包括四个阶段：（1）制定决策或自我选择；（2）创建候选人才库；（3）评估技术能力和管理能力；（4）制定双向选择。

阶段一：允许自我选择

在可行的情况下，应确定潜在候选人才库。在这一阶段，最重要的就是联系所有可能拥有给定任务所需技术知识、技能和能力的员工。公司在这一阶段要铸造一张大网以评估员工对可能的全球任命的兴趣。诸如SAGE（Caligiuri，1996）等自我选择工具有助于促进这一过程的实施。使用自我选择工具的目的是帮助员工对全球性任务形成完备的了解并做出切合实际的决策。自我选择工具激发员工从三个重要的方面进行批判性评估：（1）人格和个人特征；（2）职业问题；（3）家庭问题。在本章中我们提到的和跨文化适应特别相关的人格特质包括：开放性、情绪稳定性、核心自我评价、灵活性、对不确定性的容忍度、回避型行为倾向、价值观和对不舒适的日常生活条件的容忍性。职业问题应该包括对驻外的期望和（推力和拉力）动机。家庭问题在这一阶段很关键，配偶和子女都应参与到决策过程中。国际组织甚至还应考虑到员工配偶是否自愿进行人格和职业问题的评估。

　　一些组织，比如保洁公司和EDS，在公司内联网（或局域网）中安置了自我选择工具以鼓励那些以前没有考虑过接受全球任命的员工进行自我评估。联邦快递等组织会把自我选择工具给有针对性的一组员工。无论使用哪种方法，都应当配备决策顾问，让使用过工具的员工有机会和他们交流。在这一阶段，人力资源管理者应当为员工提供最好的信息以帮助他们进行决策制定。这一阶段成功的关键是聚焦于自我选择和决策制定，而非评估（Caligiuri & Phillips，2003）。

阶段二：建立候选人才库

　　从自我选择阶段起，候选人才库就建立了。人力资源管理者会把感兴趣的员工加入候选人才数据库。根据组织人员需求的不同，候选人才库的构建会存在差异。数据库可能包括以下几方面信息：可能性、语言水平、偏好的国家、技术知识、技能、能力等。所有感兴趣的员工都进入候选人才数据库，这一阶段就成功了。

阶段三：评估候选者的技术能力和管理能力

　　下一步需要对全球任务的技术要求和后勤要求进行分析。此后，人力资源管理者浏览数据库并筛选出所有符合要求的候选者，并将此名单转送至需求人才的业务部。业务部将根据任务需要，对每一个候选者的技术和管理水平进行评估。根据具体的任务，需要评估候选者的跨文化领导能力、领导风格的灵活性，以及他们的认知能力、责任心、直觉和创造力等相关绩效预测因子。

阶段四：进行双向选择

　　在最后一个阶段，多数情况下至多有一到两个人被视为可接受的候选者。在这一阶段，代理人已暂时"选定"。由于全球任务伴有高风险性，在这一阶段组织可能还会考虑给自我选择（取消选择）或评估（甄选）以额外机会。

所有成功的全球代理人甄选项目都有三个共性。首先，项目很早就启动，使员工对全球任务进行考虑。在职位空缺很久之前，组织就在个体决策制定过程中发现了最佳候选者。其次，使员工家属尽早参与到决策过程中。每个家庭成员都会对任务有积极或消极的影响。第三，保持系统的灵活性使得每一阶段都允许重新选择。最优甄选决定应当能被员工、组织和员工的家人接受。

结论

由于对驻外人员、他们的家人和他们的组织而言，驻外的经济成本、关系成本和人员成本奇高，了解谁将从全球任命中获益最多是非常重要。在现实意义方面，研究者做了很多工作以鼓励员工使用适合的甄选工具和自我评价工具，特别是针对那些与驻外人员和东道国员工互动较多的职位。根据本章所述，组织应当向员工传递信息：全球任务并不适合于每一个人。当组织考虑多个可能的候选者并在职位空缺出现前进行候选者决策制定的情况下，组织可能会得到最佳的全球代理人。鉴于决策不只影响驻外人员本人，甄选决策还需要被组织以及其家人接受。这些最佳实践应该能提升跨国公司驻外成功和驻外人员适应良好的机会。反过来，成功的驻外应该能提升公司在全球范围内的绩效和国际竞争力。

总而言之，国际公司或多或少都不愿意提供全球任命失败的信息。然而，这些可通过深度访谈驻外人员收集的信息对揭露影响跨文化适应和绩效的关键因素非常必要。另外，这些数据的收集工作不应仅局限于全球任命完成（成功与否）之后，还应如本章所述，特别要在跨文化适应的每一阶段进行收集。比如，对于适应过程第一阶段的归类和刻板印象的效应我们还知之甚少。归类可能会阻碍人们对外国文化的深入了解，但它也能够帮助人们从情感上应对文化冲击。最后，驻外人员甄选流程预测效度的研究，除了在国内情境下已被证实对预测复杂管理工作有效的预测因子之外，这些流程是否还应包括其他预测因子，还需要进一步研究。

第二十一章 团队选拔

Natalie J. Allen，Michael A. West

在过去的20年里，组织及其员工在工作方式方面经历了许多变革。其中最为突出的就是公司越来越多地采用团队和工作小组，这在西方工业化国家尤为明显（例如，Mohrman，Cohen，& Mohrman，1995；Orsburn & Moran，2000；Osterman，1994，2000；West，2003）。

广泛使用团队的原因有许多。在不少工作情境中，任务变得过于复杂，所需的知识、技能和能力的组合已超过了单个个体所能掌握的范围。因此，要有效完成这类任务，就需要若干人相互依赖、通力合作。另外，许多组织的结构变得更为庞大和/复杂，为了实现组织目标，就需要通过团队合作，使各项活动协调进行（West & Markiewicz，2003；West，Tjosvold，& Smith，2003）。一些人认为，在一些情境下组织之所以使用团队，是因为团队在其他地方的使用已非常普及（例如，Staw & Epstein，2000），而另一些人认为这源于团队带来的心理优势（例如，Allen & Hecht，in press）、财政优势和人力资源优势（Applebaum & Batt，1994；Macy & Izumi，1993）。

尽管团队在组织中已经十分普遍，但通过回顾现有文献可以发现，只有少部分研究关注了如何基于团队工作情境进行人事选拔。事实上，相比于有关人事选拔工具和个人工作绩效的研究，有关团队绩效预测效度的研究尚处于初级阶段。这至少部分反映出人事选拔所面临挑战的复杂性。

本章的总体目标是从研究的视角对该挑战进行综述。我们首先介绍什么是"团队"，其次简述与团队工作有效开展相关的一些组织、团队和个体特征。

工作团队的概念和设计

通观整章，并联系其他章节（例如，Guzzo，1996），工作组、组、工作团队和团队等术语的使用具有替代性。我们使用这些术语来指代具有以下特征的两个或多个员工：

1. 团队成员具有和他们工作相关的共同的目标。

2. 团队成员相互合作以实现这些共同目标。

3. 团队成员或多或少都有清晰定义的角色，其中一些角色彼此间存在差异（比如，一个医疗团队中有护士、接待员和医生）。

4. 团队具有组织认同——它们有明确的组织职能，并把自己视为一个更大组织中的一个小组（比如一个中型制造企业中的研究开发部门）。

5. 团队规模不会过大以至于可以被定义为组织。在实践中，很少有超过20名成员的团队。

当然，在为某个团队进行甄选前，很有必要关注团队工作的设计或结构以及团队成员需要履行的角色。尽管研究者提出了一些团队效能模型，但是大多数模型都由Hackman（1987）提出的输入—过程—输出体系（Input–Process–Outcome, IPO）演变而来。很多检验如何使团队效用最大化的研究都将重点放在了输入变量上（例如，Campion, Medsker, & Higgs, 1993; Guzzo & Shea, 1992; West, 1996）。这些研究表明有必要关注一些关键的团队设计原则，这些原则对设计和实施团队选拔体系有顺承的影响：

1. 团队中个体的角色应当是团队所必需的。在甄选前，需要规定每个团队成员的角色并明确团队和个体的目标，这样团队成员就能看到和证明自己对团队成功的贡献。

2. 个体角色应当是有意义的且本身能够带来回报。如果要选拔的个体是忠诚的、有创造力的，那么他们的团队任务必须是有回报的、吸引人的、有挑战的。

3. 个体对团队贡献应当是可鉴别的、可评价的。那些被选入团队的人不仅要感觉到他们工作的重要性，他们的绩效也必须被其他团队成员看到。

4. 团队的任务本身应当具有激励性和趣味性。选择有上进心的人为团队工作，需要团队任务本身能够吸引人且有挑战性。

5. 可能最重要的因素就是：团队目标是清晰的，且成员可获得清晰的绩效反馈。

6. 团队成员数量应当适量且充足，既要保证能够成功完成团队任务，但是也不可过多，以免成员参与变得困难（Hackman, 1990; West, 2004）。

7. 组织应当提供足够的（不一定要丰裕）资源使团队有能力实现目标（Payne, 1990）。资源包括：数量适中、技能组合适宜的人员；充足的财政资源使团队有效运转；必要的管理或行政支持；充足的住宿；充足的技术援助和支持。

为团队进行甄选：问题概述

为工作选择最适合的个体是个复杂的问题。当个体将作为团队的一部分工作时，这一问题就更为复杂了。为了进一步探讨相关研究成果，我们勾画出在评价甄选工作团队成员的战略时应当考虑的一些更为具体的问题。我们提出这些问题不是因为我们能够给这些挑战性问题以完备的解答，而是希望在考虑现有研究证据时，能够为读者提供我们认为可能有用的背景信息。

团队工作的预测因子：一般指标和特殊指标的考量

在非团队工作情境，人事选拔所面临的主要挑战是确定能最好预测个体在特定工作中绩效的一组个体特质。尽管在大多数这类工作中，被选出的个体的工作绩效可能会受到工作团队和/组织中其他人的影响，但是员工间的相互依赖程度远远小于基于团队的工作。因此，在为团队进行选拔时，除了要选择在自己的工作职责中表现优异的个体外，还要考虑谁能在相互依赖的合作环境中也能如此。因此，不难理解团队甄选的一种方法中包括了寻找使人有"团队价值"的那类特质。这一方法潜在的基本前提是一些人比其他人更适合团队工作，且这种适合性在不同种类的团队和组织中都适用。这类适合团队工作的特性是否可以被视为一组能够开发的技能？或者更像是人们与生俱来的天性？正如我们将看到的，"有团队精神的人"这一概念从两个层面得到了检验。

另一个可以作为补充的研究方向关注的是某个或某类团队所具有的特殊特征。无须多言，团队千差万别，在某些维度上，这些差异可能对选拔团队成员有着重要的意义。其中最突出的就是团队从事任务的种类（例如，Klimoski & Jones，1995），当然，团队结构、设计、背景特征和过程特征等其他特征也是十分重要的（例如，Paris，Salas，& Cannon-Bowers，2000）。所有这些因素都充分表明，需要通过进行团队层面的工作/任务分析来开发人事测评体系，这点在文献中被反复提及（例如，Paris et al.，2000），但却未能取得多大进展。

个体和群体层面的验证

团队成员甄选策略应当评估哪些指标？一些针对团队工作的选拔方法特别关注个体层面的指标，比如同级或上级对"团结协作"的评价，或个体的工作绩效评价。针对这一层面的验证相对直接，无论使用哪种个体绩效评估手段检验个体预测因子。很明显，团队选拔还必须考虑到对代表团队成员团队活动结果的测量。因此，团队层面的指标应包括团队创新（例如，West & Anderson，1996）、团队生命力（例如，Barrick，Stewart，Neubert，& Mount，1998）和团队任务绩效。这样就可以检验个体和团队层面结果，并对两个层面进行验证。毕竟，即使工作是基于团队的，每个"甄选行为"都包含了对个体员工的选择。因此，有理由在个体层面对人们的工作绩效进行评估，并验证甄选策略。当然，在验证甄选策略的背景下评估团队绩效也是完全合理的。

值得注意的是，迄今为止，同时考虑两个层面的验证研究相对较少，且存在着一些难题。首先，类似模式的结论不一定会发生在不同层次间，同时，在不同层次的分析中，可能存在大量预测因子——效标关系的权衡（想获得更多从多层面视角探讨甄选的信息，请见Ostroff，2002；Ployhart & Schneider，2002a，2002b；Schmitt，2002）。评估得到的个体绩效结果所代表的构念不一定能充分涵盖团队层面结果所包含的内容。即使这种构念的重叠是显著的，团队的内部流程（或团队的外部因素）也可能会阻碍个体努力/绩效直接转化为团队成果。

第二个难题是，如何根据所要研究的预测因子，来生成（群体水平）团队构成。也就是说，在大多数情况下，对团队层面上预测因子——效标关系的评估首先需要一个能够把团队成员间相关特点整合起来的策略，以测量团队层面要素（例如："团队外倾性""团队KSA"）。正如我们将看到的，有多种策略来实现这一点，每种策略都有自己的逻辑。通常，团队层面的"预测因子"来自于团队中个体得分的平均值。为了更具操作性，团队构成则由团队得分最低者、团队得分最高者和团队内部得分的变异来表示。

团队历史、时间和变革

更大的难题是：在某些情况下，若干员工被选拔出来以组成一支全新的团队，而在其他情况下，单个个体被选拔出来以填补一个已有团队中的空缺。如果存在几类特质，能够让个体在不论团队情况如何时，都能表现良好，那么这个问题也就不是什么难题了。在特定种类的团队中得到验证的特质被应用于这类团队时，情况也是如此。基于这类特质的传统甄选将以自上而下的模式进行，而无须考虑团队的历史及当下的构成。然而，如果选拔所关注的特质的变化能提高团队绩效，那么问题就值得考虑了。例如，当现有的团队成员在这些特质上的得分都是"高到中等"，那么得分低的候选人可能就是最优选择。这种情况也是值得考虑的：团队绩效可以通过代表不同个性或人格类型的团队成员的特定组合来实现最大化。这类团队构成理论表明团队需要A、B、C和D类人。如果知道现有成员代表了A、B和D，那么就能明确C类候选人是最佳选择。

在团队历史/时间这个主题下，一个相关的问题和团队"成熟期"或"生命周期"有关。这一问题很可能对研究者设计的验证性研究方式具有一定意义。与其对"初创阶段"团队（及其成员）的绩效进行潜在的甄选技术的验证，不如等到团队进一步发展后再进行验证，这样成员就有机会经历团队发展各个阶段，从而发展出它们所需的实现"典型"绩效的能力。就我们所知，少有研究关注这些验证问题。然而最近，LePine（2003）运用类似的方法检验了团队构成和团队对不可预见的变革的适应性间的关系。他的研究结果表明，团队成员那些能够在常规情况下预测绩效的特质在变革情境下可能无法预测绩效。

为团队进行甄选：一些相关研究

尽管存在诸多难题，且有关团队选拔的文献很有限，但是关于团队的心理学文献有很多，且包含了大量相关信息。在下面的内容中，我们将对重点关注团队选拔的文献进行回顾，另外，我们从其他研究领域收集了有关团队文献的相关信息。我们得出了两个相关问题：（1）有"团队价值"的个体有什么特征？（2）我们对有关甄选问题的小组或团队的构成有多少了解？

选拔有"团队价值"的员工

通常，个体通过招聘和甄选进入组织中工作是因为他们具有一套适合某方面工作的特定知识、技能和能力。当然，这是完全合理的，这种"个体—任务KSA"（Klimoski & Jones，1995）必须得到足够的重视。同样，也有理由对候选人在何种程度上具有为团队高效工作所必需的个体特质进行检验。事实上，由于不同的人不可能同样适合于团队工作或是对团队工作具有同样的兴趣，这类特质可能对招聘和甄选组织成员有着重要的作用。

这一研究取向基于以下假设：在心理上，一些人就是比其他人更适合于团队工作。需要注意，这一趋向通常不考虑团队性质、团队具体的工作任务或还有哪些人是（将要成为）团队的一部分。更确切地说，这一趋向认为有"团队价值"的特质是通用的。虽然迄今为止，研究还很有限且没有定论，但仍具有启发性，至少告诉我们这类特质可能是存在的。一些持这一研究趋向的研究者关注的是人们对团队活动的偏好；另一些研究者关注的是团队协作技能。

团队倾向　很显然，人们对团队工作的兴趣和倾向存在一定的差异，尤其反映在以下方面：在面对团队活动和单独活动时选择前者，以及对团队活动的满意度（例如，Campion et al.，1993）。然而，理论和实证研究都显示对团队活动的偏好和在团队中的行为/绩效有联系。在一个早期研究中，Davis（1969）询问参与者是喜欢单独工作还是在团队中工作。当团队任务是可分的且能让团队成员在合作中获益时，由偏爱团队工作的参与者组成的团队比由偏爱单独工作的参与者组成的团队表现更好。最近，Shaw，Duffy和Stark（2000）发现，在预测绩效时，对团队工作的偏好与工作任务的相互依存度之间具有交互作用。特别地，相比于其他个体，在感知到任务需要协作时，强烈偏好团队工作的个体在团队中表现更优。当人们感知到任务不需要较多协作时，观察到的情况恰恰相反。尽管需要更多研究来检验这种交互作用，这一结果显示只有当团队活动确实需要协作互动时，管理者才能基于团队工作偏好来甄选团队成员。但是，有些人认为这个观点毫无意义——他们辩称任务之间的相互依赖是工作团队的一个定义性特征，

"真正的团队"只是那些存在任务互依的团队。

尽管这启发人们从对团队偏好的角度来思考团队甄选，但是以上研究很少涉及人们思考的具体的问题。事实上，Kline（1999a）把《团队精神问卷》（*Team Player Inventory*）描述为"唯一专门用于评估个体对团队工作的倾向的测量工具"。她基于这个包含10个条目的测量工具进行信度检验，并利用人格量表得到了该问卷的聚合效度和区分效度，但是值得注意的是，用于开发该测验的三个样本中有两个是学生样本。另外，迄今为止有关效标关联效度的信息还很有限。研究显示该测验与被试参与的团队活动数量有关联，但是它们尚未和团队绩效建立起直接的关系（Kline，1999a，1999b）。

团队合作技能 另一个"团队价值"的研究趋向针对的是在团队工作中可能需要的技能或胜任能力。前几年，Cannon-Bowers，Tannenbaum，Salas和Volpe（1995）将团队特定胜任力特征和团队通用胜任力特征做了区分。后者包括了个体拥有的沟通技能、领导技能和人际交往技能，并且这些通用技能被假设在不考虑其他团队成员特质的情况下能够直接影响团队绩效。迄今为止，该分类在团队成员培训中的应用要多于其在团队选拔中的应用（Cannon-Bowers et al.，1995）。考虑到有关培训的研究已经显示了通用胜任力特征框架的价值，似乎可以建议将对团队通用能力的评估应用到甄选系统中，以选拔最具团队价值的人员。

Stevens和Campion（1994）还强调了一般团队技能。根据这一研究趋向，他们认为，相比于人格特质，知识、技能和能力（KSA）是预测个体工作绩效更好的指标，在团队工作中也是如此。基于有关团队功能的文献，他们确认了两个技能领域（人际KSAs和自我管理KSA），共包括14个具体的和有效的团队工作相关的KSA。根据这一分类，Stevens和Campion（1999）开发了由35个条目组成的《团队协作KSA测验》（*Teamwork KSA Test*），测验向回答者呈现在工作场所中可能遇到的挑战，并让回答者选择他们最可能实施的应对策略。同时使用上级和同级评价个体工作绩效，Stevens和Campion报告的效标关联效度较高，一些超过了0.50。鉴于该测验和员工能力倾向测验有显著的关联（0.91-0.99），Stevens和Campion承认该测验显然包含了认知能力的部分。他们指出，这个测量方法在类似选拔测验的基础上增加了一定的对个体绩效的预测力。

自《团队协作KSA测验》开发以来，它已在至少三个已发表的研究中得到应用。在有关临时性学生团队的研究中，McClough和Rogelberg（2003）指出，测验分数预测了由同级和团队外观察者同时评估的个体团队绩效，由此对效度信息做出了进一步贡献。Chen，Donahue和Klimoski（2004）报告了两个和效度相关的发现：（1）在测验中，接受了团队培训课程的学生比控制组学生得分更高；（2）认知能力和测验分数的相关性虽然显著，但是较Stevens和Campion（1999）的研究仍然较弱（培训前r=0.40，培训后r=0.42）。考虑到团队KSA测验仅在个体层面得到验证，Miller（2001）对测验分数和团队层面绩效的关系进行了检验。该研究也采用了学生团队，结果显示团队KSA

测验分数平均值和团队绩效关系不显著。基于这一发现以及测验和认知能力的强相关，Miller认为该测验"可能事实上测量的是个体而非团队"，并质疑了测验用于甄选高绩效团队成员的价值。迄今为止，有关该测验适用性的证据较为混杂。首先，很显然测验包含了很大一部分认知能力要素——不出意外的话，是包含在一种纸笔形式的知识测验中。关于这个方面，Miller给出了一个令人信服的观点：尽管认知健全的个体了解团队工作所需的技能，但是他们不一定习得了或掌握了这些技能。另外，尽管有证据显示测验能够贡献增量效度，但效度的增量可能不足以证明应当将其纳入已经包含了认知能力的甄选系统当中。在那些不包括认知能力测验的系统中，团队KSA测验可能更为适合。第二，有力的证据显示测验预测了个体在团队中的绩效。在团队层面，结果却不那么乐观，很显然，需要学者对此进行进一步研究。

总之，有证据显示一般团队导向可能在预测个体在团队中的绩效和适应力方面具有一定价值。（在偏好、个人风格和KSA方面）具有团队导向的人会被队友认为是更好的"团队成员"且绩效表现更好。尽管还需要进一步研究，为甄选情景设计的两个自我报告式测量——团队精神问卷（Kline，1999a）和团队协作KSA测验（Stevens & Campion，1999）还是具有一定前景的。

正如我们在本章开始的部分提到的，这种研究趋向聚焦在选拔最适合团队工作的个体这一问题上。因此，将关注的焦点放在个体和个体行为/绩效结果上而非团队成员构成和/或团队团队绩效上，是合情合理的。这些具有"团队价值"的通用特质（更确切地说，还有其他相关特质）是如何将具有该特质的人们组织成团队，以获得更好的绩效表现的呢？关于这点，还有待进一步探讨。比如，对于把一个优秀的团队成员引入任何一类现有的团队（比如成员均弱势；成员均强势；部分弱势，部分强势）中会怎样，我们还不了解。现在，让我们从不同的视角来看看团队层面有关团队成员构成的研究。

团队构成研究

团队构成（在此是指构成团队的成员的"混合"）已经被通过多种方式进行了检验。尽管这些研究并未被明确应用到团队选拔当中，但它们和团队选拔有着重要的关系。读者会发现我们介绍的团队构成研究之间存在一定的重叠。为了简便起见，并反映出研究的发展历史，我们将按照下面的脉络进行讨论。"多样性研究"将团队构成定义为一个（或多个）团队成员特质的变化性。正如这个名字所暗示的，"使用其他团队构成测量的研究"则不只这样，而是会考虑一些其他方法来使团队构成这个概念可操作化（即：团队均值，团队得分最低值、最高值）。最后，在"团队拼图"部分，我们会介绍一些研究，这些研究把团队构成视为不同人格特质的特定组合。

1.多样性研究

在这部分研究中，最基本的策略就是对团队成员的特定特质进行评估，并询问一般性问题：对团队及其成员而言，异质性（或多样性）是有利还是有弊的？将存在较大差异的成员组成一个团队是否"更好"呢？或者团队是否会因多样性而运作不良？两种观点同时存在。在理论上，异质性可以通过提供广阔的视角帮助团队提高绩效。另一方面，异质性也可能增加团队运作过程中的困难（清楚的沟通更少、人际挑战），进而降低绩效。

很显然，团队成员之间的差异的形式可以是多样的，因此多样性研究也可以有多种形式（参见 Williams & O'Reilly， 1998）。这一领域的研究通常关注的是人口统计学变量、技能、态度、认知能力和人格特质等方面的异质性。尽管大多数有关团队异质性的早期研究检验的是实验室中的团队，近期研究则多聚焦于"真实世界"中的团队，我们将更关注后面的这些研究。然而，在有关团队异质性研究的讨论中，我们没有考虑包括了人口统计学变量的研究。当然，这些研究在一些问题上提供了很具吸引力的视角，比如甄选、社会化和团队成员留任以及多样化管理。除了善意地要求员工需处于某个特定的人口统计组别中的情况外，把人口统计学变量作为选拔决策信息似乎是不明智也不合适的。

一些研究显示异质性对团队绩效具有促进作用。当特质是技能或教育专业化时，这一模式最可能发生。比如，Wiersema和Bantel（1992）指出在教育专业化方面具有异质性的团队更易采取战略性管理举措，而Bantel（1993）发现在银行中，在教育和职能背景上具有异质性的团队制定的企业战略更为清晰（Bantel & Jackson， 1989）。最近，一项有关初级卫生保健团队的研究（West， Shapiro， & Rees， 2000）显示，团队中专业化小组的数量越多，在病人护理方面的创新越多。可能是技能异质性意味着每个小组成员更有可能拥有非冗余的或相关的专业技能来服务团队活动。在某种意义上，这类结果可能仅反映出人员配备的适宜性：个体拥有必要的技能和工作经验以履行他们在团队中的职责。然而，有趣的是，Dunbar（1997）指出同时包含多样的和重复的知识技能的小组特别具有创造力。

一些争论围绕着下列问题：在认知能力方面，小组具有同质性还是异质性更有利？事实上，最近两个元分析结果显示能力异质性和绩效间的关系可能有一些复杂。基于他们的分析，Bowers，Pharmer和Salas（2000）推断：大体上，能力异质性和绩效是不相关的。尽管他们检验了潜在的调节变量，他们同时也检验了其他形式的异质性（如人格、性别）；并不能剥离出和能力特别相关的调节变量。然而最近，Devine和Philips（2001）专门关注了基于能力的团队构成，并在认知能力异质性和小组绩效上得出了相似的结论。因此，可能没有理由从分散成员认知能力的视角来甄选团队成员。Devine和Philips还用另一种方式使团队层面的认知能力操作化；他们的发现将在接下来的部分介绍。

最后，Bowers等人（2000）的元分析也检验了人格方面的异质性，发现它和团队绩效几乎没有相关。至少基于此，几乎没有证据支持根据特质多样性（或同质性）进行团队选拔。遗憾的是，对于那些认为特定特征或人格特质的异质性具有价值并寻求更多信息的人，Bowers等人（2000）的研究提供的指导较少。尽管元分析中包含的研究涵盖了许多特质，但特定特质造成的影响还难以被区分开来，也就是说，元分析只考虑了特质同质性（而非特质类型）。幸运的是，在过去的一些年，学者们已经关注到特定特质的异质性与团队产出的关系。因为这些研究验证了其他团队层面"人格"的操作化的方法，我们将在下一部分对这些方法进行总结。

2.使用其他团队构成测量法的研究

认知能力　在前文的文献回顾中，Devine和Philips（2001）的元分析在他们文章的题目中提出问题："聪明的团队表现更好吗？"除团队异质性（见上）之外，他们还将团队认知能力（CA）操作化为均值、得分最低者和得分最高者。每一个都和团队绩效有一定程度的正相关（从0.21到0.29不等）。乍看这个结果，似乎应当把CA纳入团队选拔策略中，但是这个相关关系似乎还受到其他变量的调节影响。在不同调节变量的可能组合中，仅有包含CA均值的相关关系经得起检验，Devine和Philips也仅能为一个变量编码：研究情境。有趣的是，人们发现相比于组织情境的研究，在实验室研究中，CA与绩效的相关更为显著，另外，在对组织子样本的各种研究中，效应幅度的变异非常显著。现在，我们还不清楚究竟是团队的哪些特征使得CA与人员配置产生或多或少的联系。基于这个研究、个体层面上有关CA的文献以及有关团队和团队任务的理论，Devine和Philips（2001）提出一个合理的论断：任务复杂性是可能的调节变量之一，应得到进一步关注。

人格　在过去的几年中，一些研究团队构成的学者还关注了团队绩效（和团队生命力）和团队成员人格特质的关系，还特别将人格特质概念化为大五模型。如上所述，研究者用若干种方法将"团队人格"操作化。几种有代表性的方法是使用均值、方差、最高得分和最低得分，当然，研究者还从特质的规范层面采用了一些方法（Barry & Stewart，1997）。根据观察到的结果，可以得出两个一般性论断：第一，研究者不会反对简洁的结论，但肯定会挑战它们；第二，可能与第一点相关，他们"再次"指出仔细考虑团队任务和团队设计/结构的重要性。

就大五特质而言，团队层面的尽责性在学界得到的关注最多。至少在三个研究中（Barrick et al.，1998；Neuman，Wagner，& Christiansen，1999；Neuman & Wright，1999），团队尽责性的均值能够预测团队绩效。相反，Barry和Stewart（1997）指出在以解决学术问题为任务的学生团队中，团队层面尽责性与绩效不存在显著相关关系。他们认为任务的性质可能是造成这一结果的原因所在。LePine（2003）使用均值法分别检验了尽责性的两个方面（成就和可靠性），发现二者均不能预测常规的团队绩效，但有趣的是，在团队面临不可预见的变革时，二者反而可以预测团队绩效。高成就的团队特别能适应变化；高可靠性的团队则相反。尽管作为团队绩效预测因子，"最高分"和"变异"形式的团队层面的尽责性并未得到很好的发展，但是"最低分"形式却有一定的进展（Barrick et al.， 1998； Neuman & Wright， 1999）。特别是在高协作任务中，得分最低者往往会成为"最弱环节"，她/他的尽责性程度将对绩效产生约束。不过，存在一些团队因素能够调节这个效应。比如，团队拥有一个正式的、地位高的领导者。在那些领导者尽责性较低的团队中，团队成员的尽责性对绩效没有影响。实质上，这样的领导者会"弱化好的员工带来的效用"（LePine， Hollenbeck， Ilgen， & Hedlund， 1997）。

再来看外倾性特质，Barry和Stewart（1997）指出，尽管在个体层面，外向的人会被队友认为对团队绩效有更大影响，但是只有当团队中高外倾性的人所占比例适中时，总体绩效会更好。然而，在Barrick 等（1998）有关制造业团队的研究中，外倾性均值和团队生命力（而不是绩效）相关，并且团队外倾性的最低得分和团队生命力以及团队绩效均存在相关关系。换言之，至少对附加任务而言，如果团队中没有特别内向的个体，团队可以做得更好，但是也不需要整个团队成员的外倾性水平都很高。后一种观点和Neuman 等（1999）的发现存在一致性，尽管团队绩效和外倾性均值无关，但却和外倾性的变异有关。对于大五人格剩下的特质，仅有宜人性得到了一定程度的关注。总体而言，证据显示用均值和最低得分表示的团队宜人性（Barrick et al.， 1998； Neuman et al.， 1999）和团队绩效相关，但是基于最高得分的团队宜人性却和绩效无关（Neuman & Wright， 1999）。至于外倾性，一个不友善的团队成员可能对团队没有好处，这一点是不难理解的。

那么，从选拔的视角来看，这给了我们什么启发呢？总的来说，就个体绩效文献而言，尽责性有着非常重要的作用。在这一特质上，多样性并没有用处。同时，通常情况下尽责性越强越好。另外，特别是对某些类别的任务而言，即使只有一个低尽责性的成员，对团队也可能是毁灭性的打击。然而，团队成员的尽责性也不能解决所有问题。如果一个小组中有一个有正式地位的领导者，那么他/她的尽责性将调节所有这些效应。因此，领导者具有较强的责任心是非常重要的（LePine et al.， 1997）。总而言之，我们有理由认为：选拔具有较高尽责性特质的人员对团队更有利。同时，我们还需认识到：近期使用该构念的研究（例如，LePine， Colquitt， & Erez， 2000）表明，该构念可能存在两个侧面：对于某些任务或情境，成就动机和可靠性对绩效的预测作用可能不同（LePine， 2003）；对于外倾性和宜人性而言，在小组中，特质的得分有多高可能并不重要，反倒是最低得分者对团队影响更大。因此，选拔者可以借鉴的是，在组建团队时，需要避免"异常"内倾的个体和不宜人的个体，其他情况均可接受。

3.团队拼图：实现"最优组合"

可以说，拼图游戏可以被很好地用来比喻团队。在这样的拼图中，不同形状的"拼块"（人）必须以一定的形式"相互匹配"或者相互补充。这一研究趋向的潜在假设就是在关键个体特质上的团队异质性对团队成功至关重要，但是这种变化性必须按照一定的形式或模式。很显然，运用这一视角的研究可以将"人/拼块"概念化为多种个体特质。通常，焦点集中于技能、人格或个人风格上。

技能组合　很显然，团队绩效依赖于团队成员的胜任能力。进一步挖掘这个主题，目前一个非常流行的概念叫"技能组合"，特别是在以卫生服务为背景的团队中（NHSME，1992）。技能组合可定义为"在一个服务领域内或不同团队间，平衡经培训和未经培训的人员、有资质的和没有资质的人员、监督人员和执行人员的数量"。当用最小的支出使服务达到期望水平时，就实现了技能最优配置，这与高效部署经培训人员、有资质人员和监督人员以及最大化成员贡献相一致。这样就能保证最大程度上使用稀缺专业技能以实现顾客服务最大化。对关于技能组合的文献的回顾包含了发掘团队活动的内容、团队活动的当前员工、员工的技能水平、完成任务的最低技能水平以及用新的方式重组任务以在团队中建立新的角色或配置的可能性。由此，这一团队选拔趋向的重点是，明确团队所需的且尚未拥有的或以过高成本拥有的特殊技术能力。最后，在考虑这一问题时需要注意：团队所需的技能组合可能会随时间发生变化，因为团队可能会遇到组织内的重心改变、技术变革或职位调整等。

人格和个人风格　鉴于团队成员之间需要频繁地合作，个体兼容性似乎对团队效率而言非常重要。什么样人格类型的人能够更好地合作呢？怎样的人格配置是实现团队有效运行所必需的？纵观现有研究文献可见，关注个体兼容性的研究并不多见。

前些年，Schutz（1955，1958，1967）提出了基本人际关系取向理论（Fundamental Interpersonal Relations Orientations，FIRO）用以解释人们表达他们对情感、控制和包容的基本需要的方式是如何影响团队合作的。实质上，他将相容组（或借鉴计算机术语称为"兼容组"）描述为内部能够实现各自需要且供需达到平衡的小组。比如，如果小组成员对情感的总体需求和情感在小组中的供给量相等时，小组就在情感维度上达到了平衡。相比于无法实现平衡的不相容组（或"不兼容组"），相容组的表现预计会更好。尽管已有部分研究证据支持上述假设，但总的来说，这些证据还不够充分，且研究间缺乏一致性（例如，Moos & Speisman，1962；Reddy & Byrnes，1972；Shaw & Webb，1982）。遗憾的是，我们不清楚这应该归咎于理论的误解（参见Schutz，1992）还是FIRO-B（由Schutz开发的评估包容、控制和情感的测量工具）在心理测量方面的不充分性（例如，Hurley，1989，1990，1991，1992；Salminen，1988，1991）。

另一个在英国特别流行的有关团队人格问题的研究趋向是Belbin的团队角色模型（Team Roles Model）（Belbin，1981，1993）。Belbin认为存在9种团队人格类型，并且团队中需要实现不同人格类型的平衡。这包括了协调者——人际导向的领导者；塑造者——任务导向的领导者；智多星——团队中的创新者；外交家——探索机会并开拓联系；实施者——以实用的、切合实际的方式为团队工作；监控评估者——谨慎地评判决策的质量；凝聚者——有效干预以避免潜在的冲突并保持团队士气；完成者——全面实施某项决策；专家——为团队提供知识和技术能力。Belbin认为团队要想高效运作，就需要实现全部9种团队角色之间的平衡。在人格特质中，个体通常同时拥有几项团队角色类型，尽管如此，仅拥有三至四名成员的团队即使能囊括全部9种团队角色功能，可能也只能达到初级水平或二级水平。不过，几乎没有证据支持这些预测。另外，尽管有一些反对观点（例如，Swailes & McIntyre-Bhatty，2002），但用于测量团队角色类型的工具并未显示良好的心理测量学特性（Anderson & Sleap，in press；Broucek & Randell，1996；Furnham，Steele，& Pendleton，1993）。鉴于此，Belbin模型在组织情境中的广泛应用值得怀疑。

对研究和实践的意义

在这一章，我们进一步探讨了有关团队选拔和团队构成的问题。我们认为这一领域现有的研究可以给研究者和从业者以指导。尽管现在要对如何更好地选拔工作团队人员、设计团队结构做出确切的论断还为时尚早，但我们从中学到了很多实用的东西。另外，现有的研究也为未来研究指明了一些有益的研究方向。

这一研究的意义是什么？我们认为，开发用以评估个体对团队合作的通用胜任力特征的甄选工具是很有前景的（例如，Kline，1999a；Stevens & Campion，1999）。在实践方面，这一研究提醒我们：在团队胜任力特征方面确实存在个体差异，尽管有些人也许不愿意相信，但团队工作可能并不适合所有人。然而，究竟应该从人格、知识、技能还是能力的角度来考虑个人与团队的匹配问题，学者们显然尚未达成一致。另外，针对团队层面的分析，还需要更多的验证性研究。虽然个体绩效指标是重要的，甚至是关键的，但是要将其作为甄选的预测因子，在进行深入的验证性研究时还需考虑到团队层面的绩效指标。尽管这会增加验证的复杂程度，但是不这么做就是忽视这样的事实：团队成员提供的产品或服务是团队努力的结果。近来对团队层面人格进行检验的研究（例如，Barrick et al.，1998；LePine，2003；Neuman et al.，1999）发现，团队构成和绩效的关系因团队任务和团队设计因素的不同而存在很大差异，根据这一发现，我们认为，在团队层面进行工作/任务分析的迫切需要也得到了证实。

总体而言，对于个人风格或人格的特定组合是团队成功所必需的这一观点，支持的证据还较少。此时，我们还不明白为什么会出现这种情况，以至于我们不太愿意完全放弃这个一般性的观点。毋庸置疑的是，对这一观点进行充分的检验是复杂和困难的，因为这需要同时研究多个小组，并且根据理论的描述，小组间的"人员组合"也要有所差异。另外，这一研究取向很可能确实具有价值，但是现有的关于"什么伴随什么"的理论却有些离题了——可能是因为我们对检验和描述高效团队和低效团队存在哪些差异的研究关注得太少的缘故。回到前面有关拼图的类比，为了了解应该选取哪些拼图并把它们放在哪里，我们需要知道拼图完成后应该是什么样的。团队层面的工作（或任务）分析能够提供这方面的信息，而优秀的针对团队行为的描述性研究（例如，Ancona，1990；Gersick & Hackman，1990）有助于实现这一点。

另一些有关团队构成的研究显示：团队成员之间的差异显然是有意义的。小组能够从成员的异质性（比如专业或技能的异质性）中获益。越来越多的组织想要检验专业的异质性以发掘可行的最具成本效益的技能配置方式。我们建议可以从传统绩效变量外的变量入手，考虑那些能够提升诸如团队和个体创新（West，2004）、边界跨越（Ancona，1990）、在必要时做出调整的能力（Gersick & Hackman，1990）以及团队生命力（例如，Barrick et al.，1998）的技能/专长组合。以上每一项都是重要的结果变量，但却尚未得到足够的关注。

另外，我们建议在选拔团队领导者时不应仅考虑认知能力和尽责性（LePine et al.，1997），还应该考虑他们应对团队构成效应的能力。其核心就是，要有能力在共同的目标下调动团队成员。具体的策略包括：领导者要明晰团队目标；使用聚焦于团队成员共性而非差异的社会化策略；利用师傅/徒弟的共性发展师徒关系（Anderson & Thomas，1996）。团队领导者需要做到以上这些，同时保持团队成员角色的差异性，使他们意识到自己对团队的特殊贡献。最重要的是，他们需要促进对多样的、冲突的观点的探索与整合，同时使团队能够从差异性中获益。这些措施的好处包括创新和创造力的提升、技能分享和团队成员发展。

最后，和其他团队/小组问题一样，对人员配置问题感兴趣的人不能忽视学界日益增进的共识：团队效能强烈依赖于所在组织提供的支持（Guzzo & Shea，1992；Hackman，1990）。所谓组织支持指的是小组可获得的技术和培训支持、可帮助小组制定目标和绩效规划的信息系统、小组可获得的资源（人员、设备和资金）、工作技术的约束以及组织内部奖励制度的结构。比如，如果团队鼓励成员相互协作，却根据个体绩效方式给予回报，这如何能体现组织重视团队协作呢？（Allen，1996）组织情境中的其他因素还包括组织结构和组织氛围。比如，如果组织结构是层级式的，组织氛围是独裁式的，那么团队工作的效果则可能很有限，因为团队成员很难获得实现团队绩效最大化所需的自主权和支配权。简言之，组织必须提供一种情境，以强化这种观念：团队工作是有价值的，且会受到组织的重视。综合来看，学术和实践研究显示组织对团队的支持可能只是个例外而非惯例。从人员配置的视角来看，这是相当值得关注的。事实上，我们认为从长远来看，如果组织不能给予团队所需的支持，任何为团队选拔最佳人才的努力的成果都会是非常有限的。

在20世纪末完成的一篇有关人事选拔的文献综述中，Hough和Oswald（2000）认为团队成员选拔是一个新的课题。为了推进这一新课题，我们需要更多研究帮助我们从多个层面了解团队成员特点、结构、流程、情境以及产出间的关系。当然，在这些方面已有一些基础性研究，但还需要更多的研究。

第二十二章　多水平选拔和预测：理论、方法和模型

Robert E.Ployhart，Benjamin Schneider

如果人事选拔想要在组织行为科学领域长久保持其充满活力的学科地位，就必须采取多水平的理论、方法和模型。若认可有效的选拔程序有助于提高组织有效性，那么也就很容易理解组织各个水平对人事选拔会产生不同影响。然而，除了个别效用理论的研究（仅仅评估了跨水平的关系），绝大多数的人事选拔研究还没有检验过跨水平的有效性问题。这就意味着现有的选拔研究难以回答很多超越了个体层面的问题：

◆我们通常不知道个体水平上的知识、技能、能力和其他特质（KSAO）与效标之间的关系是否可以概化到更高的水平。KSAO存在于群体（比如团队、组织）中吗？认知能力和尽责性水平更高的员工所组成的群体会表现得更好吗？现有的研究发现，在不同水平上既有正向的和负向的预测关系（Chen & Bliese，2002；Chen et al.，2002）。

◆仅仅关注个体水平的验证性研究，可能无法在较高水平上识别重要的KSAO绩效预测因子。例如，开放性这一人格特质在个体水平上表现出较低的效标关联效度（Barrick，Mount，& Judge，2001），但是总体而言，在团队水平上可以预测团队绩效（LePine，2003）。

◆实际上，现在还没有关于个体绩效能否或者怎样聚合到团队水平的信息。例如，个体工作绩效评估能聚合到团队水平，并作为结果变量解释团队之间的绩效差异（如销售额）吗？正如Goodman（2000）所指出的，在任何领域都很难进行跨水平的理论概化，更不用说在人事选拔中。

◆个体水平的选拔不能模拟和解释更高水平的构念、流程和情境（比如多样性和单位效能）。试图将这些构念分解为个体水平的模型会导致设定误差、跨水平和情境谬误（Ployhart，in press；Rousseau，1985）。同样，人事选拔从业者通常会为团队水平的结果负责，但是像这些跨水平的关系是如何建立的呢？

◆此外，文化因素对人事选拔实践有何种影响？对此，目前我们也知之甚少。处于同一文化中的人比处于不同文化中的人有多少相似之处？现有的人事选拔研究结论能在

多大程度上概化到不同文化中？（Herriot & Anderson，1997）或是说，文化普遍性能够达到何种程度？（Anderson，2003）现有的研究表明，在选拔实践中的确存在着组织/文化差异（Ryan，McFarland，Baron，& Page，1999；Terpstra & Rozell，1993；Wilk & Capelli，2003），但是多数研究并没有将多水平的视角纳入设计和分析，而且只探讨个体水平的选拔结果跨文化概化，可能没有太大意义。

反思近一个世纪的人事选拔研究，令我们担忧的是，我们至今还未找到这些基本问题的确切答案，而且回答这些问题的方式一直未超出传统人事选拔研究的范畴。我们或许能够说明雇用更好的人员是怎样提升个体工作绩效的，但是我们很难检验这是否也能够提升团队水平的绩效。主要原因在于选拔学科将自己定义在单一的、个体水平分析之上。也就是说，现有选拔研究主要关注的是个体水平模型，模型中全部关键构念、过程和方法都是建立在个体水平上的（Binning & Barrett，1989；Motowidlo，Borman，& Schmit，1997；Schmitt，Cortina，Ingerick，& Wiechmann，2003）。但不幸的是，即使我们可能赢得了这场战役（成功地预测了个体绩效），却输了整场战争（不能以一个具有说服力的方式表明研究结论对组织绩效的贡献）。我们似乎掉入了Viteles（1932）早在70年前所设想的工业心理学研究的井底情境："工业心理学主要是对个体差异方式的研究……例如，在选拔员工时，主要考虑的是应聘者们在工作所需能力上的差异。"

我们相信选拔研究和实践在理论和方法上必须要成为多水平的。事实上，多水平人事选拔理论、方法和模型可以帮助我们弥补单一水平研究的局限，但是令人遗憾的是，目前真正的多水平实证研究还比较少。为此，在本章中，我们将主要介绍为什么以及怎样进行多水平人事选拔研究。我们首先梳理和回顾多水平观点的重要理论证据，接着讨论过去常常被用来实施和分析这类研究的方法，最后以对未来研究的展望作为本章的总结——如果选拔研究和实践采用了这些多水平选拔模型，未来会变成什么样？

在正式探讨那些可供跨水平选拔理论和研究使用的模型和方法之前，需要指出我们不是在回顾已有的战略人力资源管理（SHRM）文献。SHRM文献不是跨水平的，而是团队水平的，它关注的是组织在HRM实践中的行为，以及组织行为是如何与组织效能联系起来的（例如，Huselid，1995；Wright，Dunford，& Snell，2001）。在这里，我们所关心的是在持续关注个体差异的基础上，探索同时包含多重水平的预测变量/或效标变量的模型。

多水平选拔的概念

很明显，个体行为存在于多个水平上，并受到多个水平上因素的影响：包括工作团队（如同事）、工作部门（如工作安排）、组织（如人力资源实践）、地区（如劳动力储备）、种族（如法律）、文化（如个人主义—集体主义）等。这些水平存在于一个等级制度中，较低水平（团队）是隶属于较高水平（组织）的。因为组织天生就是多水平而且层次有高低之分的，它们必须要遵从所有水平的系统都要遵守的共同法则。承认选拔发生在组织的内部，就是承认选拔本身就是这个多水平系统的一部分并且依附于这些规则。就像列昂纳多·达·芬奇说的，"自然必须遵循自己的固有法则"。人事选拔也应如此。

简单来说，为什么选拔研究及实践必须要建立多水平视角，原因包括以下几点：第一，我们进行个体选拔的原因主要是为了保证组织效能，但是个体水平上的研究结果可能无法概化到更高水平上；第二，因为选拔活动控制着组织进入，招聘具有特定KSAO组合的人就决定了团队的构成。根据吸引—甄选—留职（Attraction–Selection–Attrition，ASA）模型（Schneider，1987），这样的选拔活动会造成KSAO在团队内部的同质性以及团队之间的差异性。我们需要知道这种同质性的影响是如何贯穿组织的；第三，绩效的决定因素在不同水平上可能会有差异，专注于个体水平可能会忽视对于更高水平上的绩效很重要的KSAO特质。最后，当工作处于相互作用的社会环境（如，基于团队的构念或服务情境）时，个体绩效（以及绩效的决定因素）可能会受到同事和社会环境的影响。

因此，多水平系统的规则会影响到选拔活动，即便当雇用决定是针对个人做出的。Ployhart，Schneider和其他同事（Ployhart，in press；Ployhart & Schneider，2002；Schneider，Smith，& Sipe，2000）对不同水平上关于组织人员配置的理论和研究进行了系统分析，试图找出选拔活动是如何与多水平系统相匹配。他们提出了许多概念和问题，在此我们就不再一一赘述。图22.1显示了一个非常简单的多水平选拔模型，来帮助读者理解其中的关键原理。图中展现了两个水平，个体和团体（使用两个水平来说明该理论基本要点已经足够，当然还可以有更多的组织层级加进来）。在这里，群体水平用于代指小组或团队、部门、组织、国家，等等。图中的方框表示对预测变量或效标变量的显性测量。个体水平的预测变量包括认知能力、人格、情境判断等，而个体水平的效标变量可能包括上级评价；在团队水平，预测变量通常是个体KSAO的聚合，效标变量则通常是绩效或效能指标的聚合。

正如Ployhart（in press）提到的，关键是要识别多水平人事研究的中介机制。我们同时在两个水平上识别这种中介机制，并将预测变量的测量放在一个远端—近端区间上。

近端构念（比如动机、目标和努力）与工作绩效有更大的相关性，但与更稳定的、特质类的（如认知能力和人格）远端构念相比，则显得更多变。在个体水平，测评关注到的重点通常是远端构念，因为它们更稳定，但需要注意的是它们一般通过中介机制（如动机、选择和知识）发挥作用（Campbell，1990；Motowidlo et al.，1997；Schmitt et al.，2003）。因此，当其中一端移动到更高水平时，远端KSAO的直接影响会因为近端中介机制的数量而减弱。例如，团队研究表明团队的KSAO通过团队凝聚力、协调过程和集体效能等重要的中介机制来影响团队绩效（例如，Marks，Mathieu，& Zaccaro，2001）。这种远端—近端区别带来了一个很重要的启示，即当其中一端提高到更高水平时，KSAO这一选拔研究和实践重点关注的变量的直接影响会持续减弱（Ployhart，in press）。我们在图22.1中用符号标注了这一重要的事实。

图22.1中的双向箭头代表了水平内（水平箭头）和水平间（垂直箭头）不同形式的关系。这些箭头之所以是双向的，是为了表明"因果"关系可能在两者之间转换。水平箭头代表同一水平内的关系，表明因果关系可能从预测变量指向效标变量，而在另一水平的分析中方向也可能是相反的（March & Sutton，1997）。例如，Schneider，Hanges，Smith和Salvaggio（2003）发现，绩效能影响群体态度，而不是更加典型的"态度影响绩效"的理论顺序。同一水平内的关系是由相关系数、回归系数或结构参数估计得到的。而垂直箭头的意思可能不太容易理解（我们会对斜箭头进行简单的讨论）。为了清楚地表达这种跨水平关系的本质，在这里我们必须借助多水平原则。我们很大程度上借鉴并总结了Kozlowski & Klein（2000）所使用的术语和模型。这一跨水平关系可能具有两种基本形式：情境的或聚合的。

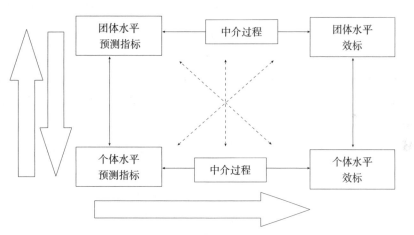

图22.1　多水平选拔框架范例。
注： 虚线表示较弱的或有待检验的关系
来源： Ployhartc（in press）；Ployhart & Schneider（2007）

情境关系　情境关系是跨水平的、自上而下的影响。团体凝聚力、服务氛围和文化是典型的心理情境影响，因为它们是影响个体行为的高水平因素。比如，一个零售员工可能希望能够提供高质量的服务，但是他/她的服务行为会受到商店内服务氛围的影响而得到强化或约束。需要注意的是，在情境模型中，较低水平内的行为是嵌套在较高水平内的行为中的。这种嵌套的一个结果就是同一单位内的个体相对于不同单位内的个体拥有更多的相似性（这也可以理解为个体对本单位成员的认同比对其他单位成员的认同更高）。用统计术语来说，这被称作"非独立观测"。对于非独立观测（例如，相对于其他群体的成员，同一群体内成员拥有更相似的价值观），标准误更小，同时统计显著性检验趋向于出现第一类错误。实际后果就是当数据嵌套时，不能再过分依赖于显著性检验的结果，并且参数评估的很有可能是自身。Bliese（2000）对忽略情境效应的统计后果进行了一个清晰的总结。我们也将在后面的小节中对这类数据的统计分析进行介绍。

聚合关系 聚合关系是跨水平的、自下而上的影响。例如，如果我们聚集组中所有个体的KSAO分数并且以此得到该组平均KSAO得分，我们就创设了一个聚合过程。因此聚合是关于低水平构念及过程是如何组合和聚集成高水平构念及过程的。请注意，聚合过程的一个关键特征是，我们或许可以测量个体水平上的构念，但是这种构念理论上是存在于团队水平的。如果我们在一个团队中得到了个人KSAO的分数并将这些分数同个人绩效指标联系起来，那么测量和理论都是存在于个体水平上的。然而，当我们把个体水平KSAO分数合成为团队水平的KSAO时，测量是在个体水平上进行的，但理论存在于团队水平。

怎样最好地概念化聚合过程并建立相应模型，一直是组织行为科学中的"老大难"问题。例如，为了得到团队水平的分数，我们只需要取得团队内个体分数的均值或方差吗？我们是否应该将注意力集中于绩效最低成员（合取）或绩效最高成员（析取）的得分？以上每一种概念化团队水平得分的方法都具有不同的实质含义，并且与个体及团队水平效标的关系也可能有所差异（Barrick, Stewart, Neubert, & Mount, 1998）。Klimoski & Jones（1995）和LePine, Hanson, Borman, & Motowidlo（2000）详细介绍了这些不同类型的概念化方法，其重点在于存在多样的方式来使团队水平的分数概念化和操作化。

幸运的是，最近在帮助概念化聚合过程方面有了一些新进展。Kozlowski和Klein（2000）对这些问题进行了全面的探讨，并介绍了一种对多种聚合模型进行分类的方法，这些聚合模型处于一个从构成到合成的连续区间上（虽然Bliese在2000年指出这些模型之间的区别大部分是不清晰的，他将其称之为"模糊构成模型"）。构成模型指的是团队水平的构念与低水平的构念相同的模型。因此，构成模型往往基于团队内部的共识或一致性，比如用团队内部人格的相似性去解释团队人格。构成模型有许多变体（参见 Chan, 1998; Kozlowski & Klein, 2000），但是它们首要的共同特征是都把重点放在低水平得分的相似性上，因为低水平得分的相似性是将其聚合为团队水平分数的前提条件。这意味着在构成模型中，支持聚合的实证理由是一个一致性指标（即，rwg，组内相关），而典型的团队水平分数是个体水平分数的均值。

另一方面，合成模型是指较高水平与较低水平单位在构念上不同的模型。多样性就是合成模型的一个例子，因为这样的构念只能出现在团队水平，在较低水平上不存在相应的类似构念（Blau, 1977）。合成模型的评估指标包括单位方差、各执己见（不一致性）、相异度或离散指标。研究者无需用合成模型表现得分的一致性，因为在这种情况下，一致性这个概念是没有意义的（Bliese, 2000）。相反，研究者需要展示出单位成员得分的差异性，使用单位成员最高或最低得分，或其他离散指数。

最后，是多水平系统的一些其他特点（Kozlowski & Klein，2000）。在不同水平间存在着时间的不对称，较低水平上系统的运作速度要比高水平上的更快。然而，情境效应比聚合效应更强，运行速度更快。因为在同水平上的过程作用在相同的时间度量内，同一水平内的过程和关系比跨水平的要更强。最后，跨水平模型中，处于中间的水平越多，最低水平对最高水平的直接作用越弱，反之亦然。例如，团队对个体的作用应强于组织对个体的作用，且可以预期的是个体水平的数据和组织绩效的关系要比个体差异和个体绩效之间的关系弱（例外情况参见Goodman，2000）。

将多水平选拔研究付诸实践

表22.1是进行多水平研究所需基本步骤的概述。在得出这些步骤时，我们遵循了许多优秀文献（Bliese，2000；Chen，Bliese，& Mathieu，2003；Chen，Mathieu，& Bliese，in press；Kozlowski & Klein，2000）的建议。最少需要十个步骤。

表22.1　多水平人事选拔研究设计主要步骤

步骤	流程
1.清晰明确地表述理论。	描述水平内和水平间（单一水平，跨水平，一致的多水平）的理论关系。确定合适的聚合方式（如果必要），比如构成或合成模型的类别。
2.效标变量的理论和测量处于哪一水平，它们之间关系的本质是什么？	阐明效标变量属于哪一水平，又将在哪个水平被测量。确定如何证明聚合作用（如，构成或合成模型的类别）。
3.预测变量的理论和测量处于哪一水平，它们之间关系的本质是什么？	阐明预测变量属于哪一水平，又将在哪个水平被测量。确定如何证明聚合作用（如，构成或合成模型的类别）。
4.详细说明同一水平内不同变量关系的本质。	在每一个水平上确定KSAO效标关系的方向和强度。
5.详细说明跨水平的关系本质（如果适合的话）。	确定假设的情境效应的类型（比如调节个体水平关系的情境影响，作用于效标的直接情境效应等）。在某些情况下，人们还可以假设个体预测变量对团队水平过程和效标的影响。
6.在每一水平上，在合适的时间段抽样合适数量的单位。	确保设计能够对水平内和跨水平关系进行适当的检验。
7.运用合适的测量方法。	例如，对团队水平构念的个体水平测量是否应该包含对个体或单位的指代？
8.检验关于聚合的推断。充分说明单位内或单位间的变异。支持关于聚合的推论（如果必要）。评估个体水平和团队水平变量的信度。	运用ICC（1）来确定团队水平上方差的大小。评估关于聚合的推断是否得到了支持（比如估计组内一致性或不一致性程度）。确定个体水平变量和团队水平变量的信度［运用ICC（2）］。
9.准确地分析数据。	随机系数模型，增长模型或滞后分析，WABA等。
10.解释结果。	在认真考虑了结果对不同水平的适用性的基础上，对结果进行解释。

步骤1：清晰地表述理论　　就像任何完善的研究一样，多水平选拔研究有着坚实的理论基础。多水平的问题最终可以归结为描述水平内和水平间的构念和过程是如何相互影响的理论。研究多水平选拔的概念化的文献数目虽然较少，但正在逐步增长。例如，在团队水平上有很多优秀的参考文献能够帮助理解团队情境中的选拔问题（Klimoski & Jones，1995； LePine et al.，2000）。Schneider 等（2000）和Ployhart & Schneider（2002）讨论了一系列跨水平的人员配置问题，这些问题已经被Ployhart（in press）正式整合和扩展进一个完整的多水平选拔模型中。该模型整合了不同分析水平上的选拔研究，横跨微观（选拔）、中观（小组/团体/部门）和宏观（人力资源实务和战略）水平。这个模型提出几条"规则"，说明了选拔构念和实践是如何在水平内和水平间运作的，并且这个模型还提供了多水平系统内使选拔概念化的框架。

认真考虑那些有助于多水平人员配置理论的概念化的各种多水平模型是很有意义的。Kozlowski 和Klein（2000）提出了三类模型，见图22.2。单水平模型是构念和流程完全包含在一个水平内的模型。典型的个体水平的选拔研究就是一个例子，只关注团队KSAO的构成和团队绩效的研究也是如此（在这种情况下，可能会对个体水平的KSAO进行评估，但关注点并不在此，除非它们能够聚合到团队水平）。跨水平模型是构念和流程至少横跨了两个水平的模型。例如，对情境因素的审查（比如团队KSAO的组成怎样影响个体水平的效度和绩效）就是跨水平模型的一个例子。在图22.2中，可以注意到跨水平的影响可以分为两类。作用1是对较低水平上预测关系的情境调节作用，作用2是

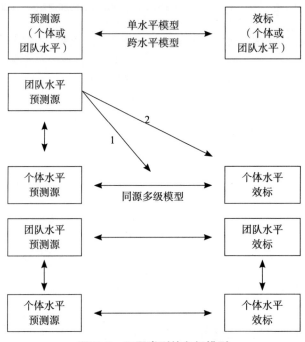

图22.2　不同类型的多级模型
注：图中已排除中介过程

直接作用于较低水平上效标的情境主效应。最后，一致的多水平同源多级模型是相同的一组预测关系存在于每个水平上的模型。例如，我们可能期望在个体水平上人格和绩效之间的关系与团队水平上的人格与绩效的关系是一致的或相似的。需要注意的是这三类模型中可以有许多变化；读者应该去查阅Kozlowski和Klein（2000）提出的其他模型形式，以及Ployhart（in press）的选拔实例。

步骤2和3：为效标变量（步骤2）和预测变量（步骤3）确定理论和测量所在的水平　这里的根本问题是确定效标构念和预测概念所处的水平，如何测量低水平和高水平上的构念，以及不同水平上的构念之间是如何联系的。

例如，可能有人认为总的店铺层面认知能力与其销售额有关。然而，在将个体水平的认知能力分数聚合到店铺层面之前，人们必须首先确定这样的团队水平的构念是否具有概念意义。什么样的流程可能有助于店铺内认知能力的同质化？一种可能是吸引—选拔—留职过程（Schneider，1987）。需要注意的是，从根本上来说，这是一个关于认知能力聚合性的问题。

这个问题的答案决定了应采用哪种构成形式（注：之所以不是合成，是因为店铺水平认知能力的意义与个体水平的认知能力是相对同构的）。例如，人们可以根据Kozlowski和Klein（2000）的观点，将其称之为一种"聚合"构成模型。

因为这种构念的本质在不同水平上是同构的，而且强调可共享性。选择这类构成模型的一个后果是，团队水平的预测构念将会被店铺内认知能力分数的均值所替代，而且对这种聚合的实证验证往往采用组内一致性指标，比如ICC（1）和rwg。

这种思维过程必须针对效标变量和预测变量分别进行，因为两者可能适用于不同的聚合形式。例如，在上面提到的方式中，我们可以用单位平均认知能力作为预测变量，但是用平均月销售额作为只存在于店铺水平上的效标变量（即，理论和测量必须处于同一水平上）。或者，我们可能会要求商店经理来提供商店凝聚力的评级，在这个例子中测量处于店铺水平上，因为经理的回答会被作为店铺水平构念的"指标"。最后我们要关注多水平研究中的一个重要问题——项目指代对象所处的分析水平。我们将在步骤7中再次提到这一问题。

步骤4：详细说明同一水平内的关系的本质　这是对个体水平上预测假设的扩展，但是现在我们关注的是判断这些影响在不同水平上是否会以类似的方式发生。或许能够最好说明这个问题的多水平模型就是图22.1中的同源多级模型。假设我们想知道店铺水平认知能力对店铺水平效能的预测能力是否与个体水平认知能力的效标关联效度处于同一量级，我们不能简单地假定这些关系处于同一量级，因为这违反了许多多水平原则（Rousseau，1985），而且仅有的一些实证文献也反对这一做法（Bliese，2000）。此外，根据Ployhart（in press）的多水平选拔模型，当提升分析水平时，中介变量将会增加，而KSAO的直接作用会减弱。这看似无关的一步实际上给研究人员提出了一个不太容易解决的问题。

评估不同水平间影响的大小时，所面临的另一个难题在于，更高水平单位的大小会影响观测到的水平内相关性的大小（Bliese，1998）。在其他条件相同的情况下，有更多成员的单位具有更大的相关性，因为对这种聚合的团队水平变量的测量更可靠。因此，单位大小与信度之间，以及单位大小与相关性之间，具有正相关关系。Bliese（2000）介绍了一种简单方法，用以校正在构建和检验一致模型时需要考虑的单位大小差异。Chen，Bliese和Mathieu（Chen et al.，2003，in press）介绍了大量假设和检测这些同源多级模型的步骤和分析方法。Chen 等（2003）则提出了有助于回答许多多水平选拔问题的同源模型。

步骤5：详细说明跨水平的关系本质   上面的步骤主要关注水平内（水平线）的关系，这一步则关注的是跨水平（垂直线或对角线）的关系。例如，图22.1中，中间位置的垂直的和倾斜的虚线箭头表示的就是潜在的跨水平关系。然而，这里我们不关心构成或合成的形式，而是不同水平间预测变量和效标变量的"因果"关系。大多数情况下，重点将放在情境影响上。例如，我们可能会试着检验当地经济条件（一种情境影响）是否会影响个体对工作匹配的认知和对组织吸引力的认知。经济条件是一种情境影响，因为应征者是置身于当地经济中的。我们会发现当地经济景气时，工作匹配与吸引力之间会有较强的关联，但是经济疲软时，工作匹配与吸引力几乎没有关系。我们可能会进一步发现，经济条件会直接影响吸引力，比如贫困的经济环境会使所有工作都具有吸引力。

请注意，在最后的假设里，研究情境因素对较低水平上效标的直接作用的重要性。这一点对效度概化研究具有一定意义，并且已经被Schneider 等（2000）很好地介绍过。他们认为效度概化（及元分析）从本质上来说是一种跨水平的调节模型，在这一模型中，个体水平上的预测性关系中的效度在多个单位得到了检验。这一点可以参照图22.2中跨水平模型的作用1。然而，他们同时认为有必要检验单位间差异是否也存在于效标中——一种团队水平的主效应。这一点可以参照图22.2中的作用2。不管是调节作用或是主效应，都是跨水平关系的一种，但是效度概化研究只检验了调节作用。

步骤6：在合适的时间段抽取合适数量的观察值   这一步骤对于确保检测高水平和跨水平效应的可能性至关重要。它也为实际进行多水平选拔研究带来了非常大的困难。正如我们前面提到的，对团队水平相关性的效应量在很大程度上受到单位内成员数量的影响（Bliese，1998），而且至关重要的是，每个团队内的单位和个体的数量是足够的。但要注意重要的一点——每个团队内的单位和个体的数量才是至关重要的。在只有两个组织的条件下研究情境效应是很困难的，除非每个组织内都有大量的成员。因此随着更高层次的团队越来越少，我们需要更多人存在于每个团队中；随着更高层次团队中人数越来越多，我们需要更少的人存在于每个团队中。

在多水平研究中，一个日渐重要的取样问题是，在合适数量的时间段进行取样。原因在于不同的水平是在不同的时间尺度上运作的（水平越高，速度越慢），并且存在一个时间上的不对称——情境效应比聚合效应发生得更快。当我们研究单水平关系时，时间显然是很重要的，但是至少所有的流程将会在相似的时间尺度上进行（因此横断研究的结果可能会"更兼容"）。但是在多水平研究中，横断研究常常会低估情境和聚合作用的效应量。例如，在研究中，我们可能需要在低水平构念留出足够时间让团队水平的情境因素对低水平流程产生影响之前，就对团队水平的情境因素进行测量。类似地，一个构成模型越是基于一致性，就会在一致的构成模型形成之前花越多的时间。

Schneider和同事已经就选拔研究为何要考虑时间问题给出了许多理由。ASA模型（Schneider，1987）预测，经过吸引、选择和磨合的过程后，组织会日趋同质化。这显然是随着时间的推移而发生的，而且我们可以进一步推测在其他条件相同的情况下，同质性与时间正相关。类似地，Schneider 等（2003）进行了一个纵跨几年的组织水平的研究，并表达了与盛行理论不同的观点，即团队水平的绩效对团队水平的态度影响更大，而不是相反的。然而在他们的研究中更引人注目的是，他们发现在任意为期一年的周期中员工态度和组织绩效呈现出相反的关系，即态度影响绩效。这项研究还强调如果我们关心因果关系，那么在相关时期内的建模过程是很重要的。

作为组织研究人员，我们常常需要依赖于可获得的数据。收集多水平或多波的数据往往是很困难的。然而，幸亏有计算机和数据库软件，组织越来越容易收集大量跨越多个水平和时间跨度的数据。事实上，几乎所有将团队水平的知觉与团队水平结果联系起来的研究都是基于档案数据库。就像天文学家运用强大的模型来观测星星并检验他们的理论一样，选拔心理学家也可以利用强大的多水平、多波模型在组织数据库中处理数据，并检验他们的理论。

步骤7：运用恰当的测量方法　在这里，如果需要个体知觉数据，除了运用所有常见的项目编写的建议，还需要考虑一个问题——项目可以指代个体或单位。例如，如果我们要评估一个团队水平构念，如团队效能，我们可以将个体效能的题目"我相信我能有效执行任务"改变为"我相信我的团队能有效执行任务"，或者更准确的是，"我的团队相信自己能有效执行任务"。这种指代对象的转移很有可能增强聚合总分在团队内的一致性和团队间的差异性（Klein，Conn，Smith，& Sorra，2001）。概念的本质和构成模型的形式决定了这样一种方法是否合适（Chan，1998）。然而正如Kozlowski和Klein（2000）指出的，即使缺少了对团队水平的指代，构成和团队内一致性依然可能存在。当团队内有更高水平的、能够产生团队内嵌套或聚类观察值的情境因素时，即使没有项目指代对象也可能出现同质化现象。

关于多水平测量的另一个问题是，在评估高水平构念时，是使用得分聚合方法，还是在构念所处水平上进行调查研究。例如，SHRM研究经常调查人力资源经理，询问他们关于人力资源管理实践的信息（比如，选拔、培训等的运用）。这些"告密者"的得分被用来表示组织水平的"人力资源管理实践"构念。因此个体有可能提供一定反馈，但他/她代表的是整个组织。关键是要确保被调查者真正从恰当的视角回答了问题（在项目中使用合适的指代对象），并且对更高水平的构念有正确的认识。采用调查的方式并没有排除潜在的局限性，但是，诸如评分者信度和效度等问题依然是有重要意义的（Gerhart，Wright，McMahan，& Snell，2000）。

最后，很明显一些在选拔研究中有用的测量方法可能既不需要也不允许聚合。例如，设想一下，如果像Schneider等人（2003）一样，收益效标是ROA（资产收益率）或者EPS（单股股利），预测变量则是组织认知测验能力的聚合得分。ROA和EPS是组织层面的指标，所以聚合问题是不相关的，但是如果项目是多波的，那么ROA和EPS的持久稳定性则可能是相关的。

步骤8：检验关于聚合的推断（如果必要）　到目前为止我们已经介绍了进行多水平研究的方法和理论，接下来的步骤关注的是统计推断。关于不同的多水平统计概念，现在还有很多困惑（例如，组内相关类型，信度与一致性等）。近些年，在帮助解决这些问题并且提供一系列更连贯的方案上已经取得了一定进展（尤其是，Bliese，1998，2000，2002；Klein & Kozlowski，2000）。在步骤8中，我们将解决对一致性程度的实证检验问题，并以此来支持关于聚合的推断。在这里我们大量借鉴了Bliese的建议和我们自己关于支持聚合推断的指标类型的经验。具体来说，通常有这样几个指标：组内一致性（rwg），组内方差和组内相关性——ICC（1）和ICC（2）。

我们首先要考虑的指标是rwg。它是衡量组内一致性的指数（James，Demaree，& Wolf，1984）。它衡量的是绝对一致性。这种代表单项目指数（rwg）或多项目指数［rwg（j）］的基本指标会有多种变化，但从我们的目的来看，它们是类似的。作为对单位内绝对一致性的一种衡量，这个指标将会在每一个单位内被计算，这样就能够评价每个团队的绝对一致性（以及团队间一致性的变化）。这个值的变化范围是0到1，数值越大表示一致性越高。许多研究取cutoff值为0.70，作为聚合的标准（Klein et al.，2000），但是，这仅仅是一个经验法则。需要注意的是，如果达到该最小阈值，取单位内平均分数的聚合是可靠的。因此rwg能够帮助我们确定将团队内分数的均值作为团队水平的得分是否恰当。

rwg本质上是把团队内分数的方差与虚无假设的方差估计值进行比较；后者通常基于不存在一致性时的均匀分布。这种零分布实际上是由研究者选择的，但是其他分布（如偏态分布）的使用取决于问题的本质。研究者选择这些零分布的能力既是一桩幸事，也是一个祸根。说是幸事，因为它让研究者去思考团队内方差的本质。说是祸根，因为它迫使研究者去思考，因此需要研究者花费更多的努力来实现目标。Bliese（2000）就如何选择合适的零分布提出了一些有效的建议（比如模拟不同的零分布类型，在随机组重抽样时使用"伪小组"；参见James et al.，1984；Kozlowski & Hults，1987）。Lindell和同事（Lindell & Brant，1997；Lindell，Brandt，& Whitney，1999）在零分布的选择问题上指出了许多注意事项。

第二个指标用来检验单位内的变异或分歧。这种变异在合成模型的发展和验证中可能很重要（Kozlowski & Klein，2000）。当需要对不一致性或离散趋势进行评估时，我们可能会运用组内平均偏差指标（Burke & Dunlap，2002）或者组内标准差（Klein et al.，2001）。这些指标可以简易地估计由方差或标准差表示的单位内变异程度。这种方法的一个好处是，零分布无需任何前提假设；我们只需计算单位内的变异。每个单位计算出的离散指数与rwg负相关。虽然这些指数之间是相关的，但它们并不代表同一个构念，并且同时检验单位内的一致性和变异性可能会是有益的。例如，团队内部一致性会导致分数聚合为团队水平的均值，而变异指标则会导致分数聚合为团队水平的方差。我们可以找到这样的例子，团队水平的方差相比于均值能够更好地预测绩效（Bliese & Halverson，1998），或者是能够调节团队水平均值和团队水平绩效之间的关系（Schneider，Salvaggio，& Subirats，2002）。

最后一个指标是组内相关系数的不同版本。ICC（1）和ICC（2）都是针对一个整体的单一指标——ICC的值不会具体到每个单位。这就是说，ICC是对变量的评估（例如，对预测变量或效标变量的测量），而不是对团队的评估。当评估效标时，ICC（1）检验的是效标分数中存在何种程度的情境效应，或者换一种说法，就是数据聚类或不独立的程度。ICC（1）值可以在不同的数字之间变动，这取决于我们是采用单向随机效应方差分析（变化从-1到1）还是随机系数模型（变化从0到1）。我们更关注后者，因为用随机系数模型来模拟这类数据，自然就进行了情境效应的分析以及非独立的模拟。当我们用随机系数模型模拟时，ICC（1）是组间方差与组间方差及组内方差总和之比。

因此，ICC（1）值越接近1表示个体水平效标受到情境效应的影响越大，即效标值具有更小的组内方差和更大的组间方差。另一种等价的解释是ICC（1）可以估计究竟有多少较低水平效标构念的方差可以被较高水平的因素解释。假设我们对较低水平效标分数进行ICC（1）分析，得到的值是0.15。这说明在个体水平效标的一些方差是由情境因素"解释"的，而且多达15%的方差都是由这类因素引起的。Bliese（2000）指出，我们很难找到大于0.30的ICC（1）值，而且我们可以检验ICC（1）的统计学意义。

请注意，到目前为止我们只讨论了计算效标的ICC（1）值。Bliese（2000）提出当ICC（1）用于预测因子时，其解释是不同的。即使分析的过程是相同的，用于预测变量的ICC（1）通常会被用于评估预测分数的信度，以确定是否能可靠地将分数聚合到团队水平。因此当对预测分数使用ICC（1）时，ICC（1）决定了聚合是否合适。

因为无论是对预测变量还是效标变量，ICC（1）的计算方式都是一样的，它也可以被用来考查预测变量的情境效应。例如，Schneider，Smith，Taylor和Fleenor（1998）的研究显示，个体的人格数据得到了一个显著的ICC（1）值，说明ASA模型中，个体在聚合到组织水平上时，受到了情境效应的影响。

ICC（2）用于直接估计团队水平均值的信度。它描述了聚合的团队水平分数的信度（不论聚合是否恰当）。因为它表示的是信度，传统的cutoff值（比如0.70）似乎是合理的起始值。请注意，ICC（2）对于预测变量和效标变量具有相同的解释。计算这些指标的方法请参见Bliese（2000，2002）。

总结一下，我们有多样的指标来帮助我们确定聚合是否是合理的，并检验我们假设的聚合模型是否正确。具体来说：

◆用rwg评估团队内的绝对一致性。这确定了用团队均值表示团队内得分（正如构成模型的规定）是否具有足够的一致性。值高于0.70表示聚合是合理的。

◆用团队内方差来评估单位内的离散趋势。这确定了用团队方差作为团队水平的构念是否具有足够的变异（正如合成模型的规定）。

◆用ICC（1）来估计在效标中存在非独立性的程度，以及预测分数可以被可靠聚合的程度。ICC（1）值的统计显著性支持了关于非独立/信度的推断。

◆用ICC（2）来估计团队水平均值的信度。值最小应大于0.70。

◆总是报告ICC（1）和ICC（2），以及rwg（构成模型）或者组内方差（合成模型）。

步骤9：准确地分析数据　步骤8有助于支持各种形式的聚合，但是步骤9涉及对水平内及水平间效应的检验。Klein& Kozlowski（2000）在关于分析水平的书中详细介绍了几种统计方法，包括随机系数模型（RCM），组内组间分析（WABA），以及跨层面运算分析（CLOP）。本书对每种指标的恰当使用问题进行了详细介绍。在这里，我们关注的是我们的经验中最重要的统计模型——相关性和RCM。

令人惊讶的是对于所有"复杂"的多级模型，传统的相关（或回归）系数都是非常有效的。不仅是这样，事实上无论在哪个水平计算，它都有同样的解释。因此，试图去揭示组织态度与组织结果是如何相关的研究都使用的是相关系数，就和把个人KSAO与个人绩效联系起来的研究一样。同样地，这种相关可以在每个水平中评估"效度"，而且这是一个非常有用的观念，因为它使我们能在不同的水平上评价效标关联效度。但是需要意识到，我们的效标关联效度指标——即相关系数——只能在单水平分析得到。这是很重要的一点。这种相关性不允许我们在更高的水平上做出推论（而且在效用分析上造成了固有的限制）。

如果理论模型要研究跨水平作用（调节或直接作用），就需要更多先进的统计方法。这就是RCM变得如此重要的原因。它非常适合那些检验影响个体水平预测关系的情境因素的研究。RCM是一种相当精细的统计方法，但是它仍然基于回归原则而且需要被绝大多数选拔研究者认可和使用。现在有很多出色的、提供了RCM技术细节的说明（Bliese，2002；Bryk & Raudenbush，1992）。在这里我们只考虑模型的主要特点（注意：我们运用RCM这一术语而没有用分层线性模型——HLM，是因为HLM是一个软件包，而RCM代表了各种随机作用模型）。

RCM的好处是，它可以模拟非独立性，并提供正确的参数估计和显著性检验，评估和检验在较低水平关系中团队内和团队间的变异，以及处理数据缺失和团队大小不同的问题。让我们举一个简单的例子说明这种方法。假设我们想确定个体人格与个体绩效的关系的效度在不同国家是否有差异（国家在此起一种调节或直接作用）。这个模型将会是图22.2中跨水平模型的形式。如果我们忽视数据中国家变量的存在，我们实际上是将所有数据都放入了一个单水平分析中，并用绩效对人格进行回归（这里检验的是一个单水平模型）。但是如果我们知道在国家内有人格的聚合或一定程度的非独立性（不论是因为共同的文化、语言或法律等），一个国家内的个体预测或效标分数不会是相互独立的，因此效应量和显著性检验可能会受到影响。所以，我们可以检验RCM的截距（直接作用，图22.2中的作用2）和斜率（调节作用，图22.2中的作用1）是否存在国家间的差异。这与对每个国家分别进行回归分析并记录每个国家的截距和斜率参数是等价的。这些截距和斜率变量的意义在于它们代表了整体的平均截距和效度，而且这些参数的方差代表了不同国家间的变异量。如果国家之间的截距或斜率是有差异的，那么我们可以试着去解释它们。例如，个人主义—集体主义可以解释这些国家之间的差异，一旦我们控制了文化变量，国家间的差异就不存在了。

当研究的问题使用的是同源多级模型时，RCM将不再适用。有一些广为接受的多层结构方程模型可以用来解决同源多水平模型的问题，但Chen等（2003；in press）提供了一个更简单的方法。

除了能够处理非独立性和跨水平效应问题外，对时间的模拟也是分析方法中很重要的一点。相关的研究已经尝试采用交叉滞后模型（Schneider et al.，2003）。另外一种方法是运用RCM成长模型（Sacco & Schmitt，2003）。Bliese & Ployhart（2002）和Ployhart，Holtz，& Bliese（2002）对RCM成长模型进行了非技术性介绍。

步骤10：呈现和解释结果　多水平研究的最后一步是解释结果以及撰写报告。在这里我们想要强调的是清晰表述哪个水平的结果可能被概化的重要性。例如，如果我们进行的是一个单水平研究，那么声称研究结果能在跨水平的条件下概化是不合适的（当然我们可以这样假设）。同样地，在模拟跨水平效应时，要记住这个效应自身也会被更高水平的情境因素影响，这一点十分重要，而且效应量会受到单位的数量和个人水平观测值的影响。最后，最重要的是用合适的方法来报告统计数据和结果。就统计数据而言，一般要报告样本大小、方法、标准差和每个水平内的相关系数。对于涉及聚合问题的多水平研究的结果，至少要报告一致性（rwg）或者离散（组内变异）指标，通常也会报告ICC（1）和ICC（2）。

勇往直前：一窥多级选拔研究的未来

将多水平研究取向纳入人事选拔领域，为检验大量以前被认为"无法解决"的问题提供了新的视角。下面我们列出一系列有待探索的问题，相信这些问题会成为未来多级选拔研究关注的热点。

在跨水平条件下决定绩效的最主要KSAO因素什么？ 最近的关于团队KSAO构成和绩效的研究指出，一些绩效的预测因子只在团队水平出现。特别地，宜人性和开放性似乎会在团队水平上表现出更强的（但是会受到中介作用影响）影响（相较个人水平而言），因为它们涉及各种对于团队绩效很重要的社会和人际中介过程（LePine，2003；Neuman & Wright，1999）。同时，几乎没有证据支持在个体水平使用这些预测因子（Barrick et al.，2001）。为了确定个体水平的选拔模型是否遗漏了重要的KSAO，比如开放性，我们可以进行一个同源的多水平研究（Chen et al.，2003，in press；Sacco，2003），但是请注意，我们需要对人格（宜人性和开放性）进行测量，即使它们与个体水平上的绩效似乎没有关系。

KSAO会聚合到更高的水平上吗？ 这种KSAO构成的结果是什么？ASA模型预测了团队内人格的同质性（Schneider，1987），当我们假设这种同质性的结果存在于团队水平时，个体水平上也会出现相应的结果。请注意，这种同质性假设从本质上来说是一种聚合构成模型。Schneider 等（1998）用大量管理人员作为样本，证明了人格在组织和业界的确是同质的［由ICC（1）证实］。但是我们需要确定这一构成的本质。也许是不同的SHRM实践创造了不同的构成类型？

当然，对于各种人职匹配模型，Holland（1997）早已指出：（1）有相似职业兴趣的人倾向于加入同一职业；（2）职业中共同的兴趣营造了职业环境；（3）最适应那些环境的个体满意度最高。看来现在是时候把研究思路延伸到其他KSAO上了，如认知能力和人格。

元分析和RCM的关系是什么？ 请注意图22.2的跨水平模型中的一个重要暗示——对于效标可能会有直接的情境效应。这是Schneider 等（2000）的一个观点，他提出即使没有情境调节作用和"效度概化"，情境效应可能仍然会存在。这种效应可能不会在传统的效度概化研究中被发现，因为传统的研究只关注斜率的不同。这不禁让人产生疑问，在多水平模型框架中，元分析和效度概化是怎么样被概念化的。如果我们将元分析概念化为情境跨水平模型（例如RCM）会怎么样呢？虽然有许多人为的修正，元分析本质上是一种RCM调节模型（图22.2中的作用1）。RCM会得出与元分析相同的推断和结论吗？在元分析中，跨水平交互作用的研究与调节变量的研究是一样的吗？嵌套与抽样变异性有何关系？许多问题已经困扰研究人员很多年了！

用RCM模拟的跨文化数据能够更好地评估文化的影响吗？现代组织所面临的一个重要问题是，选拔实践在不同文化间传播的程度（Herriot & Anderson，1997）。除了关于国家文化的一般性问题，Anderson（2003）提出了文化普遍性（比如具体到国家，具体到组织）的5种维度。根据之前的观点，我们可以利用RCM对数据进行模拟，使个人嵌套到组织中，组织嵌套到国家中，国家嵌套到文化水平中，这会是一种更好的确定选拔研究发现的跨文化普遍性的方法吗？这个模型可以让我们将文化的影响分散到组织中，并且在个体水平对情境效应进行模拟。例如，RCM方法可以让我们检验文化是否对效标关联效度具有调节作用，或是对绩效具有直接影响，亦或两者兼有。

如何在选拔模型中模拟多样性？多样性本来就是团队水平的概念；它在个体水平中没有同构的表述。这意味着检验选拔活动中的多样性时，我们要在多水平视角下考虑多样性和选拔：KASOs和绩效效标可能存在于个体水平上，但是多样性和它的影响是存在于团队水平上的（虽然多样性也可以影响个体水平效标；Ployhart & Schneider，2002；Ployhart，in press）。Sacco & Schmitt（2003）最近的一项研究为这个观点提供了支持。运用多样性合成模型，他们发现店铺水平的种族多样性和店铺水平的利润指数呈负相关，一部分原因是在多样性高的地区，离职率也更高。此外，他们还发现了与顾客多样性相匹配的店铺多样性和盈利情况无关。显然更多类似的研究是很有必要的，然而结果指向的大量有革新意义的发现，只有运用多水平方法才能得到（参见Sacco，Scheu，Ryan，& Schmitt，2003）。

RCM应该取代我们熟悉的回归模型而成为首选的分析系统吗？典型的回归模型只是RCM的一种具体类型，但正如我们提到的，RCM可以处理各种违背了常见的回归假设的嵌套和多水平数据结构。这样一来，对于很多选拔问题，RCM比固定效应回归更适用。例如，有许多研究采用回归分析来评估预测差异（异质性等的作用）；今后的研究应该去比较RCM和回归分析，以确定RCM是否更有用吗？当团队内的个体是嵌套的、不独立的，或有不同的方差的时候，RCM很可能在识别团队差异方面是一种更有效的方法。再例如，RCM对评估目标工作匹配性的判断能够比现有方法更好吗？Edwards（2002）指出用分数的差异来评价是否匹配存在很多局限性，并提出了一种多项式拟合方法作为替代。但是RCM会是一种更好的替代吗？例如，运用"告密者"或内部组织数据来评估组织的价值。评价应聘者对他们个人价值的认知。因为应聘者是嵌套在组织中的，组织价值可以作为一种情境变量被模拟，而且我们可以通过跨水平调节作用来确定人职匹配是否是有影响的。我们也能确定组织情境是否对因变量有直接的影响（比如工作选择，吸引力）。

结论

无视多水平系统中选拔活动的嵌套本质，就是无视组织科学最根本的基础。我们可能会选拔个体，但是选拔谁、如何选拔以及选出的人的真实工作绩效都是基于多水平组织系统中的流程。选拔之所以必须是多水平的，从组织使用选拔程序的根本原因来看，答案是很明显的：我们雇用更好的员工，是期望这样做能有助于团体和组织行为及效能。这使得几乎整个选拔工作都处于不受欢迎的位置上，因为不得不假定这些关系的存在。雇用了优秀应聘者的组织会以更好的方式工作？我们不知道答案。优秀应聘者或优秀管理人员和组织实践会产生更优秀的组织绩效？我们也不知道答案。这种状况不能再继续下去并且也没必要继续，因为我们有概念和统计模型及方法去帮助我们做得更好。

参考文献

导 论

Anderson, N. (1998). The people make the paradigm. *Journal of Organizational Behavior, 19*, 323–328.

Anderson, N. (2003). Applicant and recruiter reactions to new technology in selection: A critical review and agenda for future research. *International Journal of Selection and Assessment, 11*, 121–136.

Anderson, N., Herriot, P., & Hodgkinson, G. P. (2001). The practitioner–researcher divide in Industrial, Work and Organizational (IWO) psychology: Where are we now, and where do we go from here? *Journal of Occupational and Organizational Psychology, 74*, 391–411.

Anderson, N., Lievens, F., van Dam, K., & Ryan, A. M. (2003, in press). Future perspectives on employee selection: Key directions for future research and practice. *Applied Psychology: An International Review.*

Anderson, N., & Ones, D.S. (2003). The construct validity of three entry level personality inventories used in the UK: Cautionary findings from a multiple-inventory investigation. *European Journal of Personality, 17*, S39–66.

Arvey, R. D. (1979a). *Fairness in selecting employees.* Reading, MA: Addison-Wesley.

Arvey, R. D. (1979b). Unfair discrimination in the employment interview: Legal and psychological aspects. *Psychological Bulletin, 86*, 736–765.

Arvey, R. D., & Campion, J. E. (1982). The employment interview: A summary and review of recent research. *Personnel Psychology, 35*, 281–322.

Barber, D. (1973). *Basic personnel procedures.* London: Institute of Personnel Management.

Barrick, M. R., & Mount, M. K. (1991). The big five personality dimensions and job performance: A meta-analysis. *Personnel Psychology, 44*, 1–26.

Barrick, M. R., Mount, M. K., & Judge, T. A. (2001). Personality and performance at the beginning of the new millennium: What do we know and where do we go next? *International Journal of Selection and Assessment, 9*, 9–29.

Bartram, D., Lindley, P. A., Marshall, L., & Foster, J. (1995). The recruitment and selection of young people by small businesses. *Journal of Occupational and Organizational Psychology, 68*, 339–358.

Borman, W. C., Hansen, M., & Hedge, J. W. (1997). Personnel selection. *Annual Review of Psychology, 48*, 299–337.

Boudreau, J. W., Sturman, M. C., & Judge, T. A. (1997). Utility analysis: What are the black boxes, and do they affect decisions? In N. Anderson & P. Herriot (Eds.), *International handbook of selection and assessment* (pp. 303–321). Chichester, UK: John Wiley & Sons.

Cascio, W. F. (1993). Assessing the utility of selection decisions: Theoretical and practical considerations. In N. Schmitt, W. C. Borman, & Associates (Eds.), *Personnel selection in organizations* (pp. 310–340). San Francisco: Jossey-Bass.

Chan, D. (1998). The conceptualization and analysis of change over time: An integrative approach incorporating longitudinal means and covariance structures analysis (LMACS) and multiple indicator latent growth modeling (MLGM). *Organizational Research Methods, 1*, 421–483.

Costa, P. T., Jr., & McCrae, R. R. (1988). From catalogue to classification: Murray's needs and the five factor model. *Journal of Personality and Social Psychology, 55*, 258–265.

Costa, P. T., Jr., & McCrae, R. R. (1992). *Revised NEO Personality Inventory (NEO-PI-R) and NEO Five-Factor Inventory (NEO-FFI) professional manual*. Odessa, FL: Psychological Assessment Resources.

De Fruyt, F., & Salgado, J. F. (2003). Applied personality psychology: Lessons learned from the IWO

Eder, R. W., & Harris, M. M. (1999). Employment interview research: Historical update and introduction. In R. W. Eder & M. M. Harris (Eds.), *The employment interview handbook* (pp. 1–27). Thousand Oaks, CA: Sage.

Ferguson, E., Payne, T., & Anderson, N. (1994). Occupational personality assessment: An evaluation of the psychometric properties of the Occupational Personality Questionnaire (OPQ). *Personality and Individual Differences, 17*, 217–225.

Goldstein, H. W., Zedeck, S., & Goldstein, I. L. (2002). *g*: Is this your final answer? *Human Performance, 15*, 123–142.

Goldstein, I. L. (1997). Interrelationships between the foundations for selection and training systems. In N. Anderson & P. Herriot (Eds.), *International handbook of selection and assessment* (pp. 529–542). Chichester, UK: John Wiley & Sons.

Guion, R. M., & Gottier, R. F. (1965). Validity of personality measures in personnel selection. *Personnel Psychology, 18*, 135–164.

Herriot, P. (1989). Selection as a social process. In M. Smith & I. T. Robertson (Eds.), *Advances in staff selection* (pp. 171–187). Chichester, UK: John Wiley & Sons.

Herriot, P., & Anderson, N. (1997). Selecting for change: How will personnel and selection psychology survive? In N. Anderson & P. Herriot (Eds.), *International handbook of selection and assessment* (pp. 1–34). Chichester, UK: John Wiley & Sons.

Highhouse, S. (2002). Assessing the candidate as a whole: A historical and critical analysis of individual psychological assessment for personnel decision making. *Personnel Psychology, 55*, 363–396.

Hodgkinson, G. P., Herriot, P., & Anderson, N. (2001). Re-aligning the stakeholders in management research: Lessons from Industrial, Work and Organizational Psychology. *British Journal of Management, 12*, 41–48.

Hodgkinson, G. P., & Payne, R. L. (1998). Graduate selection in three European countries. *Journal of Occupational and Organizational Psychology, 71*, 359–365.

Hogan, R. T., & Roberts, B. W. (2001). Introduction: Personality and industrial-organizational psychology. In B. W. Roberts & R. T. Hogan (Eds.), *Personality psychology in the workplace* (pp. 3–16). Washington, DC: American Psychological Association.

Hough, L. M. (2001). I/O wes its advances to personality. In B. W. Roberts & R. Hogan (Eds.), *Personality psychology in the workplace* (pp. 19–44). Washington, DC: American Psychological Association.

Huffcutt, A. I., Roth, P. L., & McDaniel, M. A. (1996). A meta-analytic investigation of cognitive ability in interview evaluations: Moderating characteristics and implications for incremental validity. *Journal of Applied Psychology, 81*, 459–473.

Hunter, J. E., & Hunter, R. F. (1984). Validity and utility of alternative predictors of job performance. *Psychological Bulletin, 96*, 72–98.

Hyatt, D., Cropanzano, R., Finder, L. A., Levy, P., Ruddy, T. M., Vandeveer, V., et al. (1997). Bridging the gap between academics and practice: Suggestions from the field. *The Industrial-Organizational Psychologist, 35* (1), 29–32.

Johns, G. (1993). Constraints on the adoption of psychology-based personnel practices: Lessons from organizational innovation. *Personnel Psychology, 46*, 569–592.

Kuhn, T. S. (1970). *The structure of scientific revolutions* (2nd ed.). Chicago: University of Chicago Press.

Latham, G. P., & Whyte, G. (1994). The futility of utility analysis. *Personnel Psychology, 47*, 31–46.

Levy-Leboyer, C. (1988). Success and failure in applying psychology. *American Psychologist, 43*, 779–785.

Lievens, F., & Harris, M. M. (2003). Research on Internet recruitment and testing: Current status and future directions. In C. L. Cooper & I. T. Robertson (Eds.), *International review of industrial and organizational psychology* (pp. 131–165). Chichester, UK: John Wiley & Sons.

Lievens, F., van Dam, K., & Anderson, N. (2002). Recent trends and challenges in personnel selection. *Personnel Review, 31*, 580–601.

Mayfield, E. C. (1964). The selection interview: A re-evaluation of published research. *Personnel Psychology, 17*, 239–260.

McCrae, R. R., & Costa, P. T., Jr. (1997). Personality trait structure as a human universal. *American Psychologist, 52*, 509–516.

McDaniel, M. A., Whetzel, D. L., Schmidt, F. L., & Maurer, S. D. (1994). The validity of employment interviews: A comprehensive review and meta-analysis. *Journal of Applied Psychology, 79*, 599–616.

Murphy, K. R. (1996). Individual differences and behavior in organizations: Much more than g. In K. R. Murphy (Ed.), *Individual differences and behavior in organizations* (pp. 3–30). San Francisco: Jossey-Bass.

Ones, D. S., & Anderson, N. (2002). Gender and ethnic group differences on personality scales in selection: Some British data. *Journal of Occupational and Organizational Psychology, 75*, 255–276.

Pfeffer, J. (1993). Barriers to the advancement of organizational science: Paradigm development as a dependent variable. *Academy of Management Review, 18*, 599–620.

Rice, E. E. (1997). Scenarios: The scientist–practitioner split and the future of psychology. *American Psychologist, 52*, 1173–1181.

Robertson, I. T., & Makin, P. J. (1986). Management selection in Britain: A survey and critique. *Journal of Occupational Psychology, 59*, 45–57.

Robertson, I. T., & Smith, M. (2001). Personnel selection. *Journal of Occupational and Organizational Psychology, 74*, 441–472.

Ryan, A. M., & Ployhart, R. E. (2000). Applicants' perceptions of selection procedures and decisions: A critical review and agenda for the future. *Journal of Management, 26*, 565–606.

Rynes, S. L., Bartunek, J. M., & Daft, R. L. (2001). Across the great divide: Knowledge creation and transfer between practitioners and academics. *Academy of Management Journal, 44*, 340–355.

Rynes, S. L., Brown, K. G., & Colbert, A. E. (2002). Seven common misconceptions about human resource practices: Research findings versus practitioner beliefs. *Academy of Management Executive, 16*, 92–102.

Sackett, P. R. (1994, April). *The content and process of the research enterprise within industrial and organizational psychology*. Presidential address to the Society for Industrial and Organizational Psychology conference, Nashville, TN.

Salgado, J. F. (1997). The five factor model of personality and job performance in the European Community. *Journal of Applied Psychology, 82*, 30–43.

Salgado, J. F. (2001). Some landmarks of 100 years of scientific personnel selection at the beginning of the new century. *International Journal of Selection and Assessment, 9*, 3–8.

Salgado, J. F., & Anderson, N. (2002). Cognitive and GMA testing in the European Community: Issues and evidence. *Human Performance, 15*, 75–96.

Salgado, J. F., & Anderson, N. (2003). Validity generalization of GMA tests across countries in the European Community. *European Journal of Work and Organizational Psychology, 12*, 1–17.

Salgado, J. F., Anderson, N., Moscoso, S., Bertua, C., & De Fruyt, F. (2003). International validity generalization of GMA and cognitive abilities as predictors of work behaviours: A European contribution and comparison with American findings. *Personnel Psychology, 56*, 573–605.

Salgado, J. F., Anderson, N., Moscoso, S., Bertua, C., De Fruyt, F., & Rolland, J. P. (2003). A meta-analytic study of general mental ability validity for different occupations in the European Community. *Journal of Applied Psychology, 88*, 1068–1081.

Salgado, J. F., & Moscoso, S. (2002). Comprehensive meta-analysis of the construct validity of the employment interview. *European Journal of Work and Organizational Psychology, 11,* 299–324.

Salgado, J. F., Viswesvaran, C., & Ones, D. S. (2001). Predictors used for personnel selection: An overview of constructs, methods and techniques. In N. Anderson, D. S. Ones, H. K. Sinangil, & C. Viswesvaran (Eds.), *Handbook of industrial, work and organizational psychology* (pp. 165–199). London: Sage.

Schmidt, F. L., & Hunter, J. E. (1998). The validity and utility of selection research methods in personnel psychology: Practical and theoretical implications of 85 years of research findings. *Psychological Bulletin, 124,* 262–274.

Schmitt, N, Gooding, R. Z., Noe, R. A., & Kirsch, M. (1984). Meta-analyses of validity studies published between 1964 and 1982 and the investigation of study characteristics. *Personnel Psychology, 37,* 402–422.

Shackleton, V. J., & Newell, S. (1994). European management selection methods: A comparison of five countries. *International Journal of Selection and Assessment, 2,* 91–102.

Tenopyr, M. L. (2002). Theory versus reality: Evaluation of *g* in the workplace. *Human Performance, 15,* 107–122.

Torrington, D., & Chapman, J. (1979). *Personnel management.* London: Prentice-Hall International.

Ulrich, L., & Trumbo, D. (1965). The selection interview since 1949. *Psychological Bulletin, 63,* 100–116.

Viswesvaran, C., & Ones, D. S. (2000). Perspectives on models of job performance. *International Journal of Selection and Assessment, 8,* 216–226.

Viswesvaran, C., Sinangil, H. K., Ones, D. S., & Anderson, N. (2001). Introduction to the Handbook and Volume 1 – Personnel psychology: Where we have been, where we are, (and where we could be). In N. Anderson, D. S. Ones, H. K. Sinangil, & C. Viswesvaran (Eds.), *Handbook of industrial, work and organizational psychology* (pp. 1–9). London: Sage.

Wagner, R. (1949). The employment interview: A critical review. *Personnel Psychology, 2,* 17–46.

Wright, O. R. (1969). Summary of research on the selection interview since 1964. *Personnel Psychology, 22,* 391–413.

Yang, K., & Bond, M. H. (1990). Exploring implicit personality theories with indigenous or imported constructs: The Chinese case. *Journal of Personality and Social Psychology, 58,* 1087–1095.

第一章

Altink, W. M. M., Visser, C. F., & Castelijns, M. (1997). Criterion development: The unknown power of criteria as communication tools. In N. Anderson & P. Herriot (Eds.), *International handbook of selection and assessment* (pp. 287–302). New York: Wiley.

Arnold, J. (2001). Careers and career management. In N. Anderson, D. S. Ones, H. K. Sinangil, & C. Viswesvaran (Eds.), *Handbook of industrial, work & organizational psychology: Vol. 2. Organizational psychology* (pp. 115–132). London: Sage.

Ash, R. A. (1988). Job analysis in the world of work. In S. Gael (Ed.), *The job analysis handbook for business, industry and government* (Vol. 1, pp. 3–13). New York: Wiley.

Ashton, M. C. (1998). Personality and job performance: The importance of narrow traits. *Journal of Organizational Behaviour, 19,* 289–303.

Barrett, G., & Depinet, R. (1991). Reconsideration of testing for competence rather than intelligence. *American Psychologist, 46,* 1012–1023.

Barrick, M. R., & Mount, M. K. (1991). The big five personality dimensions and job performance: A meta-analysis. *Personnel Psychology, 44,* 1–26.

Boyatzis, R. E. (1982). *The competent manager.* New York: Wiley.

Cascio, W. F. (1995). Whither industrial and organizational psychology in a changing world of work?

American Psychologist, 50, 928–939.

Cascio, W. F. (1991). *Applied psychology in personnel management.* London: Prentice-Hall.

Cornelius, E. T., III, DeNisi, A. S., & Blencoe, A. G. (1984). Expert and naive raters using the PAQ: Does it matter? *Personnel Psychology, 37,* 453–464.

Cornelius, E. T., III, & Lyness, K. S. (1980). A comparison of holistic and decomposed judgments strategies in job analysis by job incumbents. *Journal of Applied Psychology, 65,* 155–163.

Cunningham, J. W. (1996). Generic job descriptors: A likely direction in occupational analysis. *Military Psychology, 8,* 247–262.

Dierdorff, E. C., & Wilson, M. A. (2003). A meta-analysis of job analysis reliability. *Journal of Applied Psychology, 88,* 635–646.

Dunnette, M. D. (1976). Aptitudes, abilities and skills. In M. D. Dunnette (Ed.), *Handbook of industrial and organizational psychology* (pp. 473–520). Chicago: Rand McNally.

Dye, D., & Silver, M. (1999). The origins of O*NET. In N. G. Peterson, M. D. Mumford, W. C Borman, P. R. Jeanneret, & E. A. Fleishman (Eds.), *An occupational information system for the 21st century: The development of O*NET* (pp. 9–19). Washington, DC: APA.

Fine, S. A. (1988). Functional job analysis. In S. Gael (Ed.), *The job analysis handbook for business, industry and government* (Vol. 2., pp. 1019–1035). New York: Wiley.

Fine, S. A., & Wiley, W. W. (1971). *An introduction to functional job analysis, methods for manpower analysis (monograph no. 4).* Kalamazoo, MI: W. E. Upjohn Institute.

Fiske, S. T., & Neuberg, S. L. (1990). A continuum of impression formation, from category-based to individuating processes: Influences of information and motivation on attention and interpretation. In M. P. Zanna (Ed.), *Advances in experimental social psychology* (Vol. 2., pp. 1–74). New York: Academic Press.

Flanagan, J. C. (1954). The critical incidents technique. *Psychological Bulletin, 51,* 327–358.

Fleishman, E. A., & Mumford, M. D. (1988). Ability Requirement Scales. In S. Gael (Ed.), *The job analysis handbook for business, industry and government* (Vol. 2, pp. 917–935). New York: Wiley.

Fleishman, E. A., & Mumford, M. D. (1991). Evaluating classifications of job behaviour: A construct validation of the ability requirements scales. *Personnel Psychology, 44,* 523–575.

Gael, S. (Ed.). (1988). *The job analysis handbook for business, industry and government.* New York: Wiley.

Hanson, M. A., Borman, W. C., Kubisiak, U. C., & Sager, C. E. (1999). Cross-domain analyses. In N. G. Peterson, M. D. Mumford, W. C Borman, P. R. Jeanneret, & E. A. Fleishman (Eds.), *An occupational information system for the 21st century: The development of O*NET* (pp. 247–258). Washington, DC: APA.

Harvey, R. J. (1991). Job analysis. In M. D. Dunnette & L. M. Hough (Eds.), *Handbook of industrial and organizational psychology* (Vol. 2, pp. 71–162). Palo Alto: Consulting Psychologists Press.

Harvey, R. J., & Wilson, M. A. (2000). Yes Virginia, there *is* an objective reality in job analysis. *Journal of Organizational Behavior, 21,* 829–854.

Herriot, P., & Anderson, N. (1997). Selecting for change: How will personnel and selection psychology survive? In N. Anderson & P. Herriot (Eds.), *International handbook of selection and assessment* (pp. 1–34). New York: Wiley.

Hogan, J., & Roberts, B. W. (1996). Issues and non-issues in the fidelity–bandwidth tradeoff. *Journal of Organizational Behavior, 17,* 627–637.

Hough, L. M., & Oswald, F. L. (2000). Personnel selection; Looking toward the future – remembering the past. *Annual Review of Psychology, 51,* 631–664.

Huffcutt, A. I., Weekley, J. A., Wiesner, W. H., Groot, T. G., & Jones, C. (2001). Comparison of situational and behavior description interview questions for higher-level positions. *Personnel Psychology, 54,* 619–644.

Landis, R. S., Fogli, L., & Goldberg, E. (1998). Future-oriented job analysis: A description of the process and its organizational implications. *International Journal of Selection and Assessment, 6,* 192–197.

Landy, F. J., & Vasey, J. (1991). Job analysis: The composition of SME samples. *Personnel Psychology*, *44*, 27–51.

Lawler, E. E. (1994). From job-based to competency-based organizations. *Journal of Organizational Behavior, 15*, 3–15.

Levine, E. L. (1983). *Everything you always wanted to know about job analysis.* Tampa, FL: Mariner Publishing.

Levine, E. L., Ash, R. A., & Bennett, N. (1980). Exploratory comparative study of four job analysis methods. *Journal of Applied Psychology, 65*, 524–535.

Levine, E. L., Ash, R. A., Hall, H., & Sistrunk, F. (1983). Evaluation of job analysis methods by experiences job analysts. *Academy of Management Journal, 26*, 339–348.

Lopez, F. M. (1988). Threshold traits analysis system. In S. Gael (Ed.), *The job analysis handbook for business, industry and government* (Vol. 2, pp. 880–901). New York: Wiley.

McClelland, D. C. (1973). Testing for competence rather than for intelligence. *American Psychologist, 28*, 1–14.

McCormick, E. J. (1976). Job and task analysis. In M. D. Dunnette (Ed.), *Handbook of industrial and organizational psychology* (pp. 651–697). Chicago: Rand McNally.

McCormick, E. J., DeNisi, A. S., & Shaw, J. B. (1979). Use of the Position Analysis Questionnaire for establishing the job component validity of tests. *Journal of Applied Psychology, 64*, 51–56.

McCormick, E. J., Jeanneret, P. R., & Mecham, R. C. (1972). A study of job characteristics and job dimensions as based on the Position Analysis Questionnaire (PAQ). *Journal of Applied Psychology, 56*, 347–368.

Morgeson, F. P., & Campion, M. A. (1997). Social and cognitive sources of potential inaccuracy in job analysis. *Journal of Applied Psychology, 82*, 627–655.

Morgeson, F. P., & Campion, M. A. (2000). Accuracy in job analysis: Toward an inference-based model. *Journal of Organizational Behavior, 21*, 819–827.

Mumford, M. D., & Peterson, N. G. (1999). The O*NET content model: Structural considerations in describing jobs. In N. G. Peterson, M. D. Mumford, W. C Borman, P. R. Jeanneret, & E. A. Fleishman (Eds.), *An occupational information system for the 21st century: The development of O*NET* (pp. 21–30). Washington, DC: APA.

Offermann, L. R., & Gowing, M. K. (1993). Personnel selection in the future: The impact of changing demographics and the nature of work. In N. Schmitt & W. C. Borman (Eds.), *Personnel selection in organizations* (pp. 385–417). San Francisco: Jossey-Bass.

Ones, D. S., & Viswesvaran, C. (1996). Bandwith–fidelity dilemma in personality measurement for personal selection. *Journal of Organizational Behavior, 17*, 609–626.

Paunonen, S. V., Rothstein, M. G., & Jackson, D. N. (1999). Narrow reasoning about the use of broad personality measures for personnel selection. *Journal of Organizational Behavior, 20*, 389–405.

Primoff, E. S., & Dittrich Eyde, L. (1988). Job element analysis. In S. Gael (Ed.), *The job analysis handbook for business, industry and government* (Vol. 2, pp. 807–824). New York: Wiley.

Peterson, N. G., Mumford, M. D., Borman, W. C., Jeanneret, P. R., & Fleishman, E. A. (1999). *An occupational information system for the 21st century: The development of O*NET.* Washington, DC: APA.

Raymark, P. H., Schmit, M. J., & Guion, R. M. (1997). Identifying potentially useful personality constructs for employee selection. *Personnel Psychology, 50*, 723–736.

Rosenthal, R., & Rosnov, R. L. (1991). *Essentials of behavioral research methods and data analysis.* London: McGraw-Hill.

Sanchez, J. I. (1994). From documentation to innovation: Reshaping job analysis to meet emerging business needs. *Human Resource management Review, 4*, 51–74.

Sanchez, J. I. (2000). Adapting work analysis to a fast-paced electronic business world. *International Journal of Selection and Assessment, 8*, 207–215.

Sanchez, J. I., & Levine, E. L. (1994). The impact of raters' cognition on judgment accuracy: An extension to the job analysis domain. *Journal of Business and Psychology, 9*, 47–57.

Sanchez, J. I., & Levine, E. L. (1999). Is job analysis dead, misunderstood or both? New forms of work analysis and design. In A. Kraut & A. Korman (Eds.), *Evolving practices in human resource management*. San Francisco: Jossey-Bass.

Sanchez, J. I., & Levine, E. L. (2000). Accuracy or consequential validity; which is the better standard for job analysis data? *Journal of Organizational Behavior, 21*, 809–818.

Sanchez, J. I., & Levine, E. L. (2001). The analysis of work in the 20th and 21st centuries. In N. Anderson, D. S. Ones, H. K. Sinangil, & C. Viswesvaran (Eds.), *Handbook of industrial, work & organizational psychology: Vol. 1. Organizational psychology* (pp. 71–89). London: Sage.

Sanchez, J. I., Zamora, A., & Visweswaran, C. (1997). Moderators of agreement between incumbent and non-incumbent ratings of job characteristics. *Journal of Occupational and Organizational Psychology, 70*, 209–218.

Schippmann, J. S. (1999). *Strategic job modelling: Working at the core of integrated human resources*. London: Lawrence Erlbaum.

Schippmann, J. S., Ash, R. A., Battista, M., Carr, L., Eyde, L. D., Hesketh, B., et al. (2000). The practice of competency modeling. *Personnel Psychology, 53*, 703–739.

Schmidt, F. L. (1993). Personnel psychology at the cutting edge. In N. Schmitt & W. C. Borman (Eds.), *Personnel selection in organizations*. San Francisco: Jossey-Bass.

Schmitt, N., & Borman, W. C. (Eds.). (1993). *Personnel selection in organizations*. San Francisco: Jossey-Bass.

Schmidt, F. L., & Hunter, J. E. (1998). The validity and utility of selection methods in personnel psychology: Practical and theoretical implications of 85 years of research findings. *Psychological Bulletin, 124*, 262–274.

Schneider, B. S., & Konz, A. M. (1989). Strategic job analysis. *Human Resource Management, 28*, 51–63.

Schuler, H. (1989). Some advantages and problems of job analysis. In M. Smith & I. Robertson (Eds.), *Advances in selection and assessment* (pp. 31–42). London: Wiley.

Smith, M. (1994). A theory of the validity of predictors in selection. *Journal of Occupational and Organizational Psychology, 67*, 13–31.

Snow, C. C., & Snell, S. A. (1993). Staffing as strategy. In N. Schmitt & W. C. Borman (Eds.), *Personnel selection in organizations* (pp. 448–478). San Francisco: Jossey-Bass.

Sparrow, J. (1989). The utility of PAQ in relating job behaviors to traits. *Journal of Occupational Psychology, 62*, 151–162.

Sparrow, J., Patrick, J., Spurgeon, P., & Barwell, F. (1982). The use of job component analysis and related aptitudes in personnel selection. *Journal of Occupational Psychology, 55*, 157–164.

Sparrow, P. R., & Bognanno, M. (1993). Competency requirement forecasting: Issues for international selection and assessment. *International Journal of Selection and Assessment, 1*, 50–58.

Tett, R. P., Guterman, H. A., Bleier, A., & Murphy, P. J. (2000). Development and content validation of a "hyperdimensional" taxonomy of managerial competence. *Human Performance, 13*, 205–251.

Theologus, G. C., Romashko, T., & Fleishman, E. A. (1973). Development of a taxonomy of human performance: A feasibility study of ability dimensions for classifying human tasks. *JSAS Catalog of Selected Documents in Psychology, 3*, 25–26.

Thorndike, R. L. (1949). *Personnel selection: Test and measurement techniques*. New York: Wiley.

Uniform guidelines on employee selection procedures. (1978). *Federal Register, 43*, 38290–38315.

US Department of Labor. (1965). *Dictionary of Occupational Titles* (Vol. 2). Washington, DC: US Government Printing Office.

Voskuijl, O. F., & Van Sliedregt, T. (2002). Determinants of inter-rater reliability of job analysis: A meta-analysis. *European Journal of Psychological Assessment, 18*, 52–62.

Weick, K. E. (1996). Enactment and the boundaryless career: Organizing as we work. In M. B. Arthur & D. Rousseau (Eds.), *The boundaryless career: A new employment principle for a new organizational era* (pp. 40–55). Oxford, UK: Oxford University Press.

第二章

Alderfer, C. P., & McCord, C. G. (1970). Personal and situational factors in the recruitment interview. *Journal of Applied Psychology, 54,* 377–385.

Allen, D. G., Van Scotter, J. R., & Otondo, R. F. (2004). Recruitment communication media: Impact on prehire outcomes. *Personnel Psychology, 57,* 143–171.

Avery, D. R. (2003). Reactions to diversity in recruitment advertising – are differences Black and White? *Journal of Applied Psychology, 88,* 672–679.

Barber, A. E. (1998). *Recruiting employees: Individual and organizational perspectives.* Thousand Oaks, CA: Sage.

Barber, A. E., Wesson, M. J., Roberson, Q. M., & Taylor, M. S. (1999). A tale of two job markets: Organizational size and its effect on hiring practices and job search behavior. *Personnel Psychology, 52,* 841–867.

Belt, J. A., & Paolillo, J. G. P. (1982). The influence of corporate image and specificity of candidate qualifications on response to recruitment advertisements. *Journal of Management, 8,* 105–112.

Boudreau, J. W., & Rynes, S. L. (1985). Role of recruitment in staffing utility analysis. *Journal of Applied Psychology, 70,* 354–366.

Breaugh, J. A. (1983). Realistic job previews: A critical appraisal and future research directions. *Academy of Management Review, 8,* 612–619.

Breaugh, J. A. (1992). *Recruitment: Science and practice.* Boston: PWS-Kent.

Breaugh, J. A., & Starke, M. (2000). Research on employee recruitment: So many studies, so many remaining questions. *Journal of Management, 26,* 405–434.

Bretz, R. D., Jr., & Judge, T. A. (1998). Realistic job previews: A test of the adverse self-selection hypothesis. *Journal of Applied Psychology, 83,* 330–337.

Cable, D. M., & Graham, M. E. (2000). The determinants of job seekers' reputation perceptions. *Journal of Organizational Behavior, 21,* 929–947.

Cable, D. M., & Judge, T. A. (1994). Pay preferences and job search decisions: A person–organization fit perspective. *Personnel Psychology, 47,* 317–348.

Cascio, W. F. (2003). Changes in workers, work, and organizations. In W. C. Borman, D. R. Ilgen, & R. J. Klimoski (Eds.), *Handbook of psychology: Industrial and organizational psychology* (Vol. 12, pp. 401–422). Hoboken, NJ: John Wiley & Sons.

Collins, C. J., & Stevens, C. K. (2002). The relationship between early recruitment-related activities and the application decisions of new labor-market entrants: A brand equity approach to recruitment. *Journal of Applied Psychology, 87,* 1121–1133.

Dineen, B. R., Ash, S. R., & Noe, R. A. (2002). A web of applicant attraction: Person–organization fit in the context of web-based recruitment. *Journal of Applied Psychology, 87,* 723–734.

Dunnette, M. D. (1976). Aptitudes, abilities and skills. In M.D. Dunnette (Ed.), *Handbook of industrial and organizational psychology* (pp. 473–520). Chicago: Rand McNally.

Dunnette, M. D., & Hough, L. M. (Eds.). (1991). *Handbook of industrial and organizational psychology* (2nd ed., Vol. 2). Palo Alto, CA: Consulting Psychologists Press.

Gatewood, R. D., Gowan, M. A., & Lautenschlager, G. J. (1993). Corporate image, recruitment image, and initial job choice decisions. *Academy of Management Journal, 36,* 414–427.

Guion, R. M. (1976). Recruiting, selection, and job placement. In M. D. Dunnette (Ed.), *Handbook of industrial and organizational psychology* (pp. 777–828). Chicago: Rand-McNally.

Harding, K. (2003, July 16). Police aim to hire officers. *The Globe and Mail,* C1.

Harel, G. H., & Tzafrir, S. S. (1999). The effect of human resource management practices on the perceptions of organizational and market performance of the firm. *Human Resource Management, 38,* 185-200.

Highhouse, S., Stierwalt, S. L., Slaughter, J. E., Bachiochi, P., Elder, A. E., & Fisher, G. (1999). Effects of advertised human resource management practices on attraction of African American applicants. *Personnel Psychology, 52,* 425–442.

Highhouse, S., Zickar, M. J., Thorsteinson, T. J., Stierwalt, S. L., & Slaughter, J. E. (1999). Assessing company employment image: An example in the fast food industry. *Personnel Psychology, 52,* 151–172.

Holton, E. F., III. (2003). What's *really* wrong: Diagnosis for learning transfer system change. In E. F. Holton III & T. T. Baldwin (Eds.), *Improving learning transfer in organizations* (pp. 59–79). San Francisco: Jossey-Bass.

Huselid, M. A. (1995). The impact of human resource management practices on turnover, productivity, and corporate financial performance. *Academy of Management Journal, 38,* 635–672.

Ichniowski, C., Shaw, K., & Prennushi, G. (1997). The effects of human resource management practices on productivity: A study of steel finishing lines. *The American Economic Review, 87,* 291–313.

Jackson, S. E., & Schuler, R. S. (1990). Human resource planning: Challenges for industrial/organizational psychologists. *American Psychologist, 45,* 223–239.

Kim, S. S., & Gelfand, M. J. (2003). The influence of ethnic identity on perceptions of organizational recruitment. *Journal of Vocational Behavior, 63,* 396–416.

Kirnan, J. P., Farley, J. A., & Geisinger, K. F. (1989). The relationship between recruiting source, applicant quality, and hire performance: An analysis by sex, ethnicity, and age. *Personnel Psychology, 42,* 293–308.

Lievens, F., & Highhouse, S. (2003). The relation of instrumental and symbolic attributes to a company's attractiveness as an employer. *Personnel Psychology, 56,* 75–102.

Machin, M. A. (2002). Planning, managing, and optimizing transfer of training. In K. Kraiger (Ed.), *Creating, implementing, and managing effective training and development* (pp. 263–301). San Francisco: Jossey-Bass.

McEvoy, G. M., & Cascio, W. F. (1985). Strategies for reducing employee turnover: A meta-analysis. *Journal of Applied Psychology, 70,* 342–353.

McLaren, C. (2002, February 8). Ways to win top talent. *The Globe and Mail,* C1.

Meglino, B. M., Ravlin, E. C., & DeNisi, A. S. (2000). A meta-analytic examination of realistic job preview effectiveness: A test of three counterintuitive propositions. *Human Resource Management Review, 10,* 407–434.

Murphy, K. A. (1986). When your top choice turns you down: Effect of rejected job offers on the utility of selection tests. *Psychological Bulletin, 99,* 128–133.

Offermann, L. R., & Gowing, M. K. (1990). Organizations of the future: Changes and Challenges. *American Psychologist, 45,* 95–108.

Pfeffer, J. (1994). Competitive advantage through people. *California Management Review, 36,* 9–28.

Phillips, J. M. (1998). Effects of realistic job previews on multiple organizational outcomes: A meta-analysis. *Academy of Management Journal, 41,* 673–690.

Powell, G. N. (1984). Effects of job attributes and recruiting practices on applicant decisions: A comparison. *Personnel Psychology, 37,* 721–732.

Premack, S. L., & Wanous, J. P. (1985). A meta-analysis of realistic job preview experiments. *Journal of Applied Psychology, 70,* 706–719.

Rynes, S. L. (1991). Recruitment, job choice, and post-hire consequences: A call for new research directions. In M. D. Dunnette & L. M. Hough (Eds.), *Handbook of industrial and organizational psychology* (2nd ed., Vol. 2, pp. 399–444). Palo Alto, CA: Consulting Psychologists Press.

Rynes, S. L., & Barber, A. E. (1990). Applicant attraction strategies: An organizational perspective. *Academy of Management Review, 15,* 286–310.

Rynes, S. L., Bretz, R. D., Jr., & Gerhart, B. (1991). The importance of recruitment in job choice: A different way of looking. *Personnel Psychology, 44,* 487–521.

Rynes, S. L., & Cable, D. M. (2003). Recruitment research in the twenty-first century. In W. C.

Borman, D. R. Ilgen, & R. J. Klimoski (Eds.), *Handbook of psychology: Industrial and organizational psychology* (pp. 55–76). Hoboken, NJ: John Wiley & Sons.

Rynes, S. L., Orlitzky, M. O., & Bretz, R. D., Jr. (1997). Experienced hiring versus college recruitment: Practices and emerging trends. *Personnel Psychology, 50,* 309–339.

Saks, A. M., Wiesner, W. H., & Summers, R. J. (1994). Effects of job previews on self-selection and job choice. *Journal of Vocational Behavior, 44,* 297–316.

Saks, A. M., Wiesner, W. H., & Summers, R. J. (1996). Effects of job previews and compensation policy on applicant attraction and job choice. *Journal of Vocational Behavior, 49,* 68–85.

Salas, E., & Cannon-Bowers, J. A. (2001). The science of training: A decade of progress. *Annual Review of Psychology, 52,* 471–499.

Taylor, M. S., & Collins, C. J. (2000). Organizational recruitment: Enhancing the intersection of theory and practice. In C. L. Cooper & E. A. Locke (Eds.), *Industrial and organizational psychology: Linking theory and practice* (pp. 304–334). Oxford, UK: Blackwell.

Taylor, M. S., & Bergmann, T. J. (1987). Organizational recruitment activities and applicants' reactions at different stages of the recruitment process. *Personnel Psychology, 40,* 261–285.

Trank, C. Q., Rynes, S. L., & Bretz, R. D., Jr. (2002). Attracting applicants in the war for talent: Individual differences in work preferences by ability and achievement levels. *Journal of Business and Psychology, 16,* 331–345.

Turban, D. B. (2001). Organizational attractiveness as an employer on college campuses: An examination of the applicant population. *Journal of Vocational Behavior, 58,* 293–312.

Turban, D. B., & Cable, D. M. (2003). Firm reputation and applicant pool characteristics. *Journal of Organizational Behavior, 24,* 733–751.

Turban, D. B., Campion, J. E., & Eyring, A. R. (1995). Factors related to job acceptance decisions of college recruits. *Journal of Vocational Behavior, 47,* 193–213.

Turban, D. B., Forret, M. L., & Hendrickson, C. L. (1998). Applicant attraction to firms: Influences of organization reputation, job and organizational attributes, and recruiter behaviors. *Journal of Vocational Behavior, 52,* 24–44.

Wanous, J. P. (1973). Effects of a realistic job preview on job acceptance, job attitudes, and job survival. *Journal of Applied Psychology, 58,* 327–332.

Williams, M. L., & Dreher, G. F. (1992). Compensation system attributes and applicant pool characteristics. *Academy of Management Journal, 35,* 571–595.

Williams, C. R., Labig, C.E., Jr., & Stone, T. H. (1993). Recruitment sources and posthire outcomes for job applicants and new hires: A test of two hypotheses. *Journal of Applied Psychology, 78,* 163–172.

Williamson, I. O., Lepak, D. P., & King, J. (2003). The effect of company recruitment website orientation on individuals' perceptions of organizational attractiveness. *Journal of Vocational Behavior, 63,* 242–263.

Yuce, P., & Highhouse, S. (1998). Effects of attribute set size and pay ambiguity on reactions to "Help wanted" advertisements. *Journal of Organizational Behavior, 19,* 337–352.

Zottoli, M. A., & Wanous, J. P. (2000). Recruitment source research: Current status and future directions. *Human Resource Management Review, 10,* 353–382.

第三章

Boyatzis, R. E. (1982). *The competent manager. A model for effective performance.* New York: John Wiley.

Cabrera, E. F., & Raju, N. S. (2001). Utility analysis: Current trends and future directions. *International Journal of Selection and Assessment, 9,* 92–102.

Campbell, J. P. (1990). Modeling the performance-prediction problem in industrial and organizational psychology. In M. D. Dunnette & L. M. Hough (Eds.), *Handbook of industrial & organizational psychology* (Vol. 1, pp. 687–732). Palo Alto, CA: Consulting Psychologists Press.

Campbell, J. P. (1994). Alternative models of job performance and their implications for selection and classification. In M. G. Rumsey, C. B. Walker, & J. H. Harris (Eds.), *Personnel selection and classification* (pp. 33–51). Hillsdale, NJ: Lawrence Erlbaum.

Clegg, S. (1975). *Power, rule, and domination: A critical and empirical understanding of power in sociological theory and organizational life.* London: Routledge & Paul.

Cronbach, L. J., & Gleser, G. C. (1965). *Psychological tests and personnel decisions* (2nd ed.). Urbana, IL: University of Illinois Press.

Curtis, E. W., & Alf, E. F. (1969). Validity, predictive efficiency, and practical significance of selection tests. *Journal of Applied Psychology, 53*, 327–337.

Eekels, J. (1983). *Design processes seen as decision chains: Their intuitive and discursive aspects.* Paper presented at the International Conference on Engineering Design, Copenhagen.

Fine, S. A., & Cronshaw, S. F. (1999). *Functional job analysis: A foundation for human resources management.* Mahwah, NJ: Erlbaum.

Greuter, M. A. M. (1988). *Personeelsselektie in perspektief* [Personnel selection in perspective]. Haarlem, The Netherlands: Thesis.

Guion, R. M. (1998). *Assessment, measurement, and prediction for personnel decisions.* Mahwah, NJ: Lawrence Erlbaum.

Landau, K., & Rohmert, W. (Eds.). (1989). *Recent developments in job analysis.* Philadelphia, PA: Taylor & Francis.

McCourt, W. (1999). Paradigms and their development: The psychometric paradigm of personnel selection as a case study of paradigm diversity and consensus. *Organization Studies, 20*, 1011–1033.

Mintzberg, H. (1983). *Power in and around organizations.* Englewood Cliffs, NJ: Prentice Hall.

Roe, R. A. (1983). *Grondslagen der personeelsselectie* [Foundations of personnel selection]. Assen, The Netherlands: Van Gorcum.

Roe, R. A. (1989). Designing selection procedures. In P. Herriot (Ed.), *Assessment and selection in organizations* (pp. 127–142). Chichester, UK: John Wiley & Sons.

Roe, R. A. (1998). Personnel selection: Principles, models and techniques. In P. J. D. Drenth, H. Thierry, & C. J. De Wolff (Eds.), *Handbook of work and organizational psychology* (Vol. 3, pp. 5–32). Hove, UK: Psychology Press.

Roe, R. A. (2002). Competenties – Een sleutel tot integratie in theorie en praktijk van de A&O-psychologie [Competencies – A key to the integration of theory and practice in Work and Organizational psychology]. *Gedrag & Organisatie, 15*, 203–224.

Roozenburg, N. F. M., & Eekels, J. (1991). *Produktontwerpen: Structuur en methode* [Product design: Structure and method]. Utrecht, The Netherlands: Lemma.

Rydberg, S. (1962). Methods of correcting correlations for indirect restriction of range with non-interval data. *Psychometrika, 27*, 49–58.

Schmitt, N., & Chan, D. (1998). *Personnel selection: A theoretical approach.* Thousand Oaks, CA: Sage.

Smith, M., & Robertson, I. T. (Eds.). (1989). *Advances in selection and assessment.* Chichester, UK: John Wiley & Sons.

Snow, R. E. (1989). Aptitude–treatment interaction as a framework for research on individual differences in learning. In R. J. Sternberg (Ed.), *Learning and individual differences: Advances in theory and research* (pp. 13–59). A series of books in psychology. New York: W. H. Freeman & Co.

Spencer, L. M., & Spencer, S. M. (1993). *Competence at work: Models for superior performance.* New York: Wiley.

Steele Johnson, D., Osburn, H. G., & Pieper, K. F. (2000). A review and extension of current models of dynamic criteria. *International Journal of Selection and Assessment, 8*, 110–136.

Taylor, H. C., & Russell, J. T. (1939). The relationship of validity coefficients to the practical effectiveness of tests in selection. Discussion and tables. *Journal of Applied Psychology, 23*, 565–578.

Thorndike, R. L. (1949). *Personnel selection.* New York: Wiley.

Wernimont, P. F., & Campbell, J. P. (1968). Signs, samples and criteria. *Journal of Applied Psychology*, *52*, 372–376.

Wherry, R. J. (1975). Underprediction from overfitting: 45 years of shrinkage. *Personnel Psychology*, *28*, 1–18.

Wise, L. L. (1994). Goals of the selection and classification decision. In M. G. Rumsey, C. B. Walker, & J. H. Harris (Eds.), *Personnel selection and classification* (pp. 351–361). Hillsdale, NJ: Lawrence Erlbaum.

第四章

Akaah, I. P., & Lund, D. (1994). The influence of personal and organizational values on marketing professionals' ethical behavior. *Journal of Business Ethics*, *13*, 417–430.

American Educational Research Association, American Psychological Association, & National Council on Measurement in Education. (1985). *Standards for educational and psychological testing*. Washington, DC: Author.

American Educational Research Association, American Psychological Association, & National Council on Measurement in Education. (1999). *Standards for educational and psychological testing*. Washington, DC: Author.

American Management Association. (2002). *2002 Corporate values survey*. Retrieved June 24, 2004, from http://www.amanet.org/research/index.htm.

American Psychological Association. (1953). *Ethical standards of psychologists*. Washington, DC: Author.

American Psychological Association (Division of Industrial and Organizational Psychology). (1975). *Principles for the validation and use of personnel selection procedures*. Dayton, OH: APA.

American Psychological Association (Committee on Standards for Providers of Industrial and Organizational Psychological Services). (1979). *Standards for providers of industrial and organizational psychological services*. Washington, DC: APA.

American Psychological Association. (1992). *Ethical principles of psychologists and code of conduct*. Retrieved June 25, 2004, from www.apa.org/ethics/code1992.html.

American Psychological Association. (2002). *Ethical principles of psychologists and code of conduct*. Retrieved June 25, 2004, from www.apa.org/ethics/code2002.html.

American Psychological Association, American Educational Research Association, & National Council on Measurements Used in Education. (1954). Technical recommendations for psychological tests and diagnostic techniques. *Psychological Bulletin*, *51* (Suppl. 2, part 2), 1–38.

Bartram, D. (1995). The development of standards for the use of psychological tests in occupational settings: The competence approach. *The Psychologist*, *May*, 219–223.

Bartram, D. (2001). The development of international guidelines on test use: The International Test Commission project. *International Journal of Testing*, *1*, 33–53.

Bartram, D., & Coyne, I. (1998a). *The ITC/EFPPA survey of testing and test use in countries world-wide: Narrative report*. Unpublished manuscript, University of Hull, UK.

Bartram, D., & Coyne, I. (1998b). Variations in national patterns of testing and test use: The ITC/EFPPA international survey. *European Journal of Psychological Assessment*, *14*, 249–260.

Belgische Federatie van Psychologen vzw, Commissie Psychodiagnostiek. (1993). *Richtlijnen voor het maken, publiceren en gebruiken van tests in psychologische en opvoedkundige context* [Standards for the construction, publication and use of tests in psychological and educational situations]. Alsemberg, Belgium: BFP-FBP.

Canadian Psychological Association. (1987). *Guidelines for educational and psychological testing*. Ottawa, ON: Author.

Carroll, M. A., Schneider, H. G., & Wesley, G. R. (1985). *Ethics in the practice of psychology*. Upper Saddle River, NJ: Prentice Hall.

Cascio, W. F. (1998). *Applied psychology in human resource management*. London: Prentice Hall.

Commissie Selectieprocedure. (1977). *Een sollicitant is ook een mens* [An applicant is also a human being]. The Hague, The Netherlands: Staatsuitgeverij.

EFPA. *Meta-Code of ethics.* Retrieved May 10, 2004, from http://www.cop.es/efppa/metacode.htm.

Equal Employment Opportunity Commission, Civil Service Commission, Department of Labor, & Department of Justice. (1978). Uniform guidelines on employee selection procedures. *Federal Register, 43* (166), 38290–38315.

Evers, A., Caminada, H., Koning, R., ter Laak, J., van der Maesen de Sombreff, P., & Starren, J. (1988). *Richtlijnen voor ontwikkeling en gebruik van psychologische tests en studietoetsen* [Standards for the development and use of psychological and educational tests]. Amsterdam: NIP.

Eyde, L. D., Robertson, G. J., Krug, S. E., Moreland, K. L., Robertson, A. G., Shewan, C. M., et al. (1993). *Responsible test use: Case studies for assessing human behavior.* Washington, DC: American Psychological Association.

Francis, R. D. (1999). *Ethics for psychologists: A handbook.* Leicester, UK: BPS Books.

Franke, G. R., Crown, D. F., & Spake, D. F. (1997). Gender differences in ethical perceptions of business practices: A social role theory perspective. *Journal of Applied Psychology, 82,* 920–934.

Golann, S. E. (1969). Emerging areas of ethical concern. *American Psychologist, 24,* 454–459.

Guion, R. M. (1998). *Assessment, measurement, and prediction for personnel selection.* London: Lawrence Erlbaum.

Hofstee, W. K. B. (1976).Verwerking van de vragenlijst selectie-ethiek [Data analysis of the questionnaire on ethics in personnel selection]. In P. J. Van Strien (Ed.), *Personeelsselectie in discussie* [Personnel selection in discussion] (pp. 61–66). Meppel, The Netherlands: Boom.

International Task Force on Assessment Center Guidelines. (2000). Guidelines and ethical considerations for assessment center operations. *Public Personnel Management, 29,* 315–331.

International Test Commission. (2000). *International guidelines for test use.* Retrieved May 10, 2004, from http://www.intestcom.org.

International Test Commission. (2004). *International guidelines on computer-based and Internet delivered testing* (Draft Version 0.5, March 2004). Retrieved May 10, 2004, from http://www.intestcom.org.

Jeanneret, R. (1998). Ethical, legal, and professional issues for individual assessment. In R. Jeanneret & R. Silzer (Eds.), *Individual psychological assessment. Predicting behavior in organizational settings* (pp. 89–131). San Francisco: Jossey-Bass.

Kendall, I., Jenkinson, J., De Lemos, M., & Clancy, D. (1997). *Supplement to guidelines for the use of psychological tests.* Sydney: Australian Psychological Society.

Koene, C. J. (1997). Tests and professional ethics and values in European psychologists. *European Journal of Psychological Assessment, 13,* 219–228.

Leach, M. M., & Harbin, J. J. (1997). Psychological ethics codes: A comparison of twenty-four countries. *International Journal of Psychology, 32,* 181–192.

Lindsay, G. (1992). Educational psychologists and Europe. In S. Wolfendale, T. Bryans, M. Fox, & A. Sigston (Eds.), *The profession and practice of educational psychology.* London: Cassell.

Lindsay, G. (1996). Psychology as an ethical discipline and profession. *European Psychologist, 1,* 79–88.

Lindsay, G., & Colley, A. (1995). Ethical dilemmas of members of the society. *The Psychologist, 8,* 448–453.

London, M., & Bray, D. W. (1980). Ethical issues in testing and evaluation for personnel decisions. *American Psychologist, 35,* 890–901.

Mirvis, P. H., & Seashore, S. E. (1979). Being ethical in organizational research. *American Psychologist, 34,* 766–780.

Mulder, J. (1999). Inzagerecht in de A&O-praktijk: wat een gedoe! [The right of inspection of the psychological report in the practice of IO: what a bother!]. *De Psycholoog, 34,* 85–86.

Ordine Nazionale Psicologi. (2004). *Psychology in the European Union.* Retrieved June 24, 2004, from: http://www.psy.it/normativa_ue.

Packard, V. (1964). *The naked society.* New York: McKay.

Ployhart, R. E., Ryan, A. M., & Bennett, M. (1999). Explanations for selection decisions: Applicants' reactions to informational and sensitivity features of explanations. *Journal of Applied Psychology, 84*, 87–106.

Pope, K. S., & Vetter, V. A. (1992). Ethical dilemmas encountered by members of the American Psychological Association. *American Psychologist, 47*, 397–411.

Reese, H. W., & Fremouw, W. J. (1984). Normal and normative ethics in behavioral sciences. *American Psychologist, 39*, 863–876.

Riach, P. A., & Rich, J. (2002). Field experiments of discrimination in the market place. *The Economic Journal, 112*, 480–518.

Ryan, A. M., McFarland, L., Baron, H., & Page, R. (1999). An international look at selection practices: Nation and culture as explanations for variability in practice. *Personnel Psychology, 52*, 359–391.

Schinkel, S., Van Dierendonck, D., & Anderson, N. (2004). The impact of selection encounters on applicants: An experimental study into feedback effects after a negative selection decision. *International Journal of Selection and Assessment, 12*, 197–205.

Schuler, H. (1985). Synopsis of ethical codes for psychologists in Europe. *De Psycholoog, 20*, 88–92.

Society for Industrial and Organization Psychology. (2003). *Principles for the validation and use of personnel selection procedures* (4th ed.). Bowling Green, OH: Author.

Veldkamp, T., & Van Drunen, P. (1988). *50 jaar Nederlands Instituut van Psychologen* [50 years Dutch Association of Psychologists]. Assen, The Netherlands: Van Gorcum.

第五章

Adkins, C. L., Russell, C. J., & Werbel, J. D. (1994). Judgments of fit in the selection process: The role of work value congruence. *Personnel Psychology, 47*, 605–623.

Anderson, N. H., & Shackleton, V. J. (1990). Decision making in the graduate selection interview: A field study. *Journal of Occupational Psychology, 63*, 63–76.

Ayres, J., Keereetaweep, T., Chen, P., & Edwards, P. A. (1998). Communication apprehension and employment interviews. *Communication Education, 47*, 1–17.

Barclay, J. M. (1999). Employee selection: A question of structure. *Personnel Review, 28*, 134–151.

Barney, J. B. (2002). *Gaining and sustaining competitive advantage* (2nd ed). Upper Saddle River, NJ: Prentice Hall.

Baron, J. N., & Kreps, D. M. (1999). *Strategic human resources: Frameworks for general managers*. New York: John Wiley & Sons.

Biesanz, J. C., Neuberg, S. L., Judice, T. N., & Smith, D. M. (1999). When interviewers desire accurate impressions: The effect of notetaking on the influence of expectations. *Journal of Applied Social Psychology, 29*, 2529–2549.

Blackman, M. C. (2002a). Personality judgment and the utility of the unstructured employment interview. *Basic and Applied Social Psychology, 24*, 241–250.

Blackman, M. C. (2002b). The employment interview via the telephone: Are we sacrificing accurate personality judgments for cost efficiency? *Journal of Research in Personality, 36*, 208–223.

Blackman, M. C., & Funder, D. C. (2002). Effective interview practices for accurately assessing counterproductive traits. *International Journal of Selection and Assessment, 10*, 109–116.

Bobko, P., Roth, P. L., & Potosky, D. (1999). Derivation and implications of a meta-analytic matrix incorporating cognitive ability, alternative predictors, and job performance. *Personnel Psychology, 52*, 561–589.

Bragger, J. D., Kutcher, E., Morgan, J., & Firth, P. (2002). The effects of the structured interview on reducing biases against pregnant job applicants. *Sex Roles, 46*, 215–226.

Brtek, M. D., & Motowidlo, S. J. (2002). Effects of procedure and outcome accountability on interview validity. *Journal of Applied Psychology, 87*, 185–191.

Burnett, J. R., Fan, C., Motowidlo, S. J., & DeGroot, T. (1998). Interview notes and validity. *Person-

nel Psychology, 51, 375– 396.

Burnett, J. R., & Motowidlo, S. J (1998). Relations between different sources of information in the structured selection interview. *Personnel Psychology, 51*, 963–983.

Cable, D. M., & Gilovich, T. (1998). Looked over or overlooked? Prescreening decisions and postinterview evaluations. *Journal of Applied Psychology, 83*, 501–508.

Caldwell, D. F., & Burger, J. M. (1998). Personality characteristics of job applicants and success in screening interviews. *Personnel Psychology, 51*, 119–136.

Campion, M. A., Campion, J. E., & Hudson, J. P., Jr. (1994). Structured interviewing: A note on incremental validity and alternative question types. *Journal of Applied Psychology, 79*, 998–1002.

Campion, M. A., Palmer, D. K., & Campion, J. E. (1997). A review of structure in the selection interview. *Personnel Psychology, 50*, 655–702.

Chapman, D. S., & Rowe, P. M. (2002). The influence of videoconference technology and interview structure on the recruiting function of the employment interview: A field experiment. *International Journal of Selection and Assessment, 10*, 185–197.

Chapman, D. S., Uggerslev, K. L., & Webster, J. (2003). Applicant reactions to face-to-face and technology-mediated interviews: A field investigation. *Journal of Applied Psychology, 88*, 944–953.

Chapman, D. S., & Webster, J. (2001). Rater correction processes in applicant selection using videoconference technology: The role of attributions. *Journal of Applied Social Psychology, 31*, 2518–2537.

Chuang, A. (2001). The perceived importance of person–job fit and person–organization fit between and within interview stages. *Dissertation Abstracts International: Section B: The Sciences and Engineering, 62* (3-B), 1626.

Conway, J. M., Jako, R. A., & Goodman, D. F. (1995). A meta-analysis of interrater and internal consistency reliability of selection interviews. *Journal of Applied Psychology, 80*, 565–579.

Conway, J. M., & Peneno, G. M. (1999). Comparing structured interview question types: Construct validity and applicant reactions. *Journal of Business and Psychology, 13*, 485–506.

Cook, K. W., Vance, C. A., & Spector, P. E. (2000). The relation of candidate personality with selection-interview outcomes. *Journal of Applied Social Psychology, 30*, 867–885.

Dalessio, A. T., & Silverhart, T. A. (1994). Combining biodata test and interview information: Predicting decisions and performance criteria. *Personnel Psychology, 47*, 303–315.

DeGroot, T., & Motowidlo, S. J. (1999). Why visual and vocal interview cues can affect interviewers' judgments and predict job performance. *Journal of Applied Psychology, 84*, 986–993.

Delery, J. E., & Kacmar, K. M. (1998). The influence of applicant and interviewer characteristics on the use of impression management. *Journal of Applied Social Psychology, 28*, 1649–1669.

Dipboye, R. L. (1992). *Selection interview: Process perspective.* Cincinnati, OH: South-Western Publishing Co.

Dipboye, R. L. (1994). Structured and unstructured selection interviews: Beyond the job-fit model. In G. Ferris (Ed.), *Research in Personnel and Human Resources Management* (Vol. 12, pp. 79–123). Greenwich, CT: JAI Press.

Dipboye, R. L., & Gaugler, B. B. (1993). Cognitive and behavioral processes in the selection interview. In N. Schmitt & W. Borman (Eds.), *Personnel selection in organizations* (pp. 135–170). San Francisco: Jossey-Bass.

Dipboye, R. L., & Halverson, S. K. (2004). Subtle (and not so subtle) discrimination in organizations. In R. W. Griffin & A. M. O'Leary-Kelly (Eds.), *The dark side of organizational behavior* (pp. 131–158). San Francisco: Jossey-Bass.

Dipboye, R. L., & Jackson, S. (1999). The influence of interviewer experience and expertise on selection decisions. In R. W. Eder & M. M. Harris (Eds.), *The employment interview handbook: Theory, research and practice* (2nd ed., pp. 229–292). Beverly Hills, CA: Sage.

Dipboye, R. L., Wooten, K. C., & Halverson, S. K. (2003). Behavioral and situational interviews. In J. C. Thomas (Ed.), *Comprehensive handbook of psychological assessment* (Vol. 4, pp. 297–318). New York:

John Wiley.

Dougherty, T. W., Turban, D. B., & Callender, J. C. (1994). Confirming first impressions in the employment interview: A field study of interviewer behavior. *Journal of Applied Psychology, 79*, 659–665.

Dwight, S. A., & Feigelson, M. E. (2000). A quantitative review of the effect of computerized testing on the measurement of social desirability. *Educational and Psychological Measurement, 60*, 340–360.

Ellis, A. P. J., West, B. J., Ryan, A. M., & DeShon, R. P. (2002). The use of impression management tactics in structured interviews: A function of question type? *Journal of Applied Psychology, 87*, 1200–1208.

Engler-Parish, P. G., & Millar, F. E. (1989). An exploratory relational control analysis of the employment screening interview. *Western Journal of Speech Communication, 53*, 30–51.

Fiske, S. T., & Neuberg, S. L. (1990). A continuum of impression formation from category-based to individuating processes: Influences of information and motivation on attention and interpretation. In M. P. Zanna (Ed.), *Advances in experimental social psychology* (Vol. 23, pp. 1–74). New York: Academic Press.

Fox, S., & Spector, P. E. (2000). Relations of emotional intelligence, practical intelligence, general intelligence, and trait affectivity with interview outcomes: It's not all just 'G'. *Journal of Organizational Behavior, 21*, 203–220.

Frazer, R. A., & Wiersma, U. J. (2001). Prejudice versus discrimination in the employment interview: We may hire equally, but our memories harbour prejudice. *Human Relations, 54*, 173–191.

Grove, W. M., Zald, D. H., Lebow, B. S., Snitz, B. E., & Nelson, C. (2000). Clinical versus mechanical prediction: A meta-analysis. *Psychological Assessment, 12*, 19–30.

Hakel, M. D., & Schuh, A. J. (1971). Job applicant attributes judged important across seven diverse occupations. *Personnel Psychology, 24*, 45–52.

Harland, L. K., Rauzi, T., & Biasotto, M. M. (1995). Perceived fairness of personality tests and the impact of explanations for their use. *Employee Responsibilities and Rights Journal, 8*, 183–192.

Heneman, H. G., Judge, T. A., & Heneman, R. L. (2000). *Staffing organizations*. Boston: Irwin McGraw Hill.

Hosada, M., Stone-Romero, E. F., & Coats, G. (2003). The effects of physical attractiveness on job-related outcomes: A meta-analysis of experimental studies. *Personnel Psychology, 56*, 431–462.

Howard, J. L., & Ferris, G. R. (1996). The employment interview context: Social and situational influences on interviewer decisions. *Journal of Applied Social Psychology, 26*, 112–136.

Huffcutt, A. I., & Arthur, W., Jr. (1994). Hunter and Hunter (1984) revisited: Interview validity for entry-level jobs. *Journal of Applied Psychology, 79*, 184–190.

Huffcutt, A. I., & Roth, P. L. (1998). Racial group differences in employment interview evaluations. *Journal of Applied Psychology, 83*, 179–189.

Huffcutt, A. I., & Woehr, D. J. (1999). Further analysis of employment interview validity: A quantitative evaluation of interviewer-related structuring methods. *Journal of Organizational Behavior, 20*, 549–560.

Jablin, F. M., Miller, V. D., & Sias, P. M. (2002). Communication and interaction processes. In R. W. Eder & M. M. Harris (Eds.), *The employment interview handbook: Theory, research and practice* (2nd ed., pp. 297–320). Beverly Hills, CA: Sage.

Jelf, G. S. (1999). A narrative review of post-1989 employment interview research. *Journal of Business and Psychology, 14*, 25–58.

Judge, T. A., Higgins, C. A., & Cable, D. M. (2000). The employment interview: A review of recent research and recommendations for future research. *Human Resource Management Review, 10*, 383–406.

Judice, T. N., & Neuberg, S. L. (1998). When interviewers desire to confirm negative expectations: Self-fulfilling prophecies and inflated applicant self-perceptions. *Basic and Applied Social Psychology, 20*, 175–190.

Kacmar, K. M., & Carlson, D. S. (1999). Effectiveness of impression management tactics across human resource situations. *Journal of Applied Social Psychology, 29*, 1293–1315.

Keenan, T. (1995). Graduate recruitment in Britain: A survey of selection methods used by organizations. *Journal of Organizational Behavior, 16*, 303–317.

Kohn, L., & Dipboye, R. L. (1998). The effects of interview structure on recruiting outcomes. *Journal of Applied Social Psychology, 28*, 821–843.

Kolk, N. J., Born, M. P., & van der Flier, H. (2003). The transparent assessment centre: The effects of revealing dimensions to candidates. *Applied Psychology: An International Review, 52*, 648–668.

Kristof-Brown, A. L., Barrick, M. R., & Franke, M. (2002). Applicant impression management: Dispositional influences and consequences for recruiter perceptions of fit and similarity. *Journal of Management, 28*, 27–46.

Langlois, J. H., Kalakanis, L., Rubenstein, A. J., Larson, A., Hallam, M., & Smoot, M. (2000). Maxims or myths of beauty? A meta-analytic and theoretical review. *Psychological Bulletin, 126*, 390–423.

Latham, G. P., & Finnegan, B. J. (1993). Perceived practicality of unstructured, patterned, and situational interviews. In H. Schuler, J. L. Farr, & M. Smith (Eds.), *Personnel selection and assessment: Individual and organizational perspectives* (pp. 41–55). Hillsdale, NJ: Lawrence Erlbaum.

Lee, H. (1998). Transformation of employment practices in Korean businesses. *International Studies of Management and Organization, 28*, 26–39.

Macan, T. H., & Dipboye, R. L. (1990). The relationship of interviewers' preinterview impressions to selection and recruitment outcomes. *Personnel Psychology, 43*, 745–768.

Marchese, M. C., & Muchinsky, P. M. (1993). The validity of the employment interview: A meta-analysis. *International Journal of Selection and Assessment, 1*, 18–26.

Maurer, S. D. (2002). A practitioner-based analysis of interviewer job expertise and scale format as contextual factors in situational interviews. *Personnel Psychology, 55*, 307–327.

Maurer, S. D., & Lee, T. W. (2000). Accuracy of the situational interview in rating multiple job candidates. *Journal of Business and Psychology, 15*, 73–96.

Maurer, T. J., Solamon, J. M., Andrews, K. D., & Troxtel, D. D. (2001). Interviewee coaching, preparation strategies, and response strategies in relation to performance in situational employment interviews: An extension of Maurer, Solamon, and Troxtel (1998). *Journal of Applied Psychology, 86*, 709–717.

McDaniel, M. A., Schmidt, F. L., & Hunter, J. E. (1988). A meta-analysis of the validity of methods for rating training experience in personnel selection. *Personnel Psychology, 41*, 283–314.

McDaniel, M. A., Whetzel, D. L., Schmidt, F. L., & Maurer, S. D. (1994). The validity of employment interviews: A comprehensive review and meta-analysis. *Journal of Applied Psychology, 79*, 599–616.

McFarland, L. A., Ryan, A. M., & Kriska, S. D. (2002). Field study investigation of applicant use of influence tactics in a selection interview. *Journal of Psychology, 136*, 383–398.

Meyer, J. W., & Rowan, B. (1977). Institutionalized organizations: Formal structure as myth and ceremony. *American Journal of Sociology, 83*, 340–363.

Miceli, N. S., Harvey, M., & Buckley, M. R. (2001). Potential discrimination in structured employment interviews. *Employee Responsibilities and Rights Journal, 13*, 15–38.

Middendorf, C. H., & Macan, T. H. (2002). Note-taking in the employment interview: Effects on recall and judgments. *Journal of Applied Psychology, 87*, 293–303.

Miller, V. D., & Jablin, F. M. (1991). Information seeking during organizational entry: Influence, tactics, and a model of the process. *Academy of Management Review, 16*, 92–120.

Monin, B., & Miller, D. T. (2001). Moral credentials and the expression of prejudice. *Journal of Personality and Social Psychology, 81*, 33–43.

Moscoso, S. (2000). A review of validity evidence, adverse impact and applicant reactions. *Interna-

tional Journal of Selection and Assessment, 8, 237–247.

Motowidlo, S. J., & Burnett, J. R. (1995). Aural and visual sources of validity in structured employment interviews. *Organizational Behavior and Human Decision Processes, 61*, 239–249.

Nordstrom, C. R., Hall, R. J., & Bartels, L. K. (1998). First impressions versus good impressions: The effect of self-regulation on interview evaluations. *Journal of Psychology, 132*, 477–491.

Nyfield, G., & Baron, H. (2000). Cultural context in adapting selection practices across borders. In J. F. Kehoe (Ed.), *Managing selection in changing organizations: Human resource strategies* (pp. 242–270). San Francisco: Jossey-Bass.

Osborn, S. M., Field, H. S., & Veres, J. G. (1998). Introversion-extraversion, self-monitoring and applicant performance in a situational panel interview: A field study. *Journal of Business and Psychology, 13*, 143–156.

Parsons, C. K., Cable, D., & Wilkerson, J. M. (1999). Assessment of applicant work values through interviews: The impact of focus and functional relevance. *Journal of Occupational and Organizational Psychology, 72*, 561–566.

Parton, S. R., Siltanen, S. A., Hosman, L. A., & Langenderfer, J. (2002). Employment interviews outcomes and speech style effects. *Journal of Language and Social Psychology, 21*, 144–161.

Posthuma, R. A., Morgeson, F. P., & Campion, M. A. (2002). Beyond employment interview validity: A comprehensive narrative review of recent research and trends over time. *Personnel Psychology, 55*, 1–81.

Powell, R. S., & O'Neal, E. C. (1976). Communication feedback and duration as determinants of accuracy, confidence, and differentiation in interpersonal perception. *Journal of Personality and Social Psychology, 34*, 746–756.

Prewett-Livingston, A. J., Field, H. S., Veres, J. G., III, & Lewis, P. M. (1996). Effects of race on interview ratings in a situational panel interview. *Journal of Applied Psychology, 81*, 178–186.

Pulakos, E. D., & Schmitt, N. (1995). Experience-based and situational interview questions: Studies of validity. *Personnel Psychology, 48*, 289–308.

Ramsay, S., Gallois, C., & Callan, V. J. (1997). Social rules and attributions in the personnel selection interview. *Journal of Occupational and Organizational Psychology, 70*, 189–203.

Reich, D. A. (2001). Behavioral confirmation of generalized future-event expectancies: The moderating roles of perceivers' awareness of bias and targets' Expectancies. *Dissertation Abstracts International: Section B: The Sciences and Engineering, 61* (8-B), 4479.

Ridge, R. D., & Reber, J. S. (2002). "I think she's attracted to me": The effect of men's beliefs on women's behavior in a job interview scenario. *Basic and Applied Social Psychology, 24*, 1–14.

Roth, P. L., Van Iddekinge, C. H., Huffcutt, A. I., Eidson, C. E., Jr., & Bobko, P. (2002). Corrections for range restriction in structured interview ethnic group differences: The values may be larger than researchers thought. *Journal of Applied Psychology, 87*, 369–376.

Rowe, P. M. (1984). Decision processes in personnel selection. *Canadian Journal of Behavioral Science, 16*, 326–337.

Ryan, A. M., McFarland, L., Baron, H., & Page, R. (1999). An international look at selection practices: Nation and culture as explanations for variability in practice. *Personnel Psychology, 52*, 359–391.

Sacco, J. M., Scheu, C. R., Ryan, A. M., & Schmitt, N. (2003). An investigation of race and sex similarity effects in interviews: A multilevel approach to relational demography. *Journal of Applied Psychology, 88*, 852–865.

Salgado, J. F., Anderson, N., Moscoso, S., Bertua, C., De Fruyt, F., & Rolland, J. P. (2003). A meta-analytic study of general mental ability validity for different occupations in the European community. *Journal of Applied Psychology, 88*, 1068–1081.

Schuler, H. (1993). Social validity of selection situations: A concept and some empirical results. In H. Schuler, J. L. Farr, & M. Smith (Eds.), *Personnel selection and assessment: Individual and organizational perspectives* (pp. 11–26). Hillsdale, NJ: Lawrence Erlbaum.

Schwab, D. P., & Heneman, H. G. (1969). Relationship between interview structure and interviewer reliability in an employment situation. *Journal of Applied Psychology, 53*, 214–217.

Sears, G. J., & Rowe, P. M. (2003). A personality-based similar-to-me effect in the employment interview: Conscientiousness, affect-versus competence-mediated interpretations, and the role of job relevance. *Canadian Journal of Behavioural Science, 35*, 13–24.

Silvester, J. (1997). Spoken attributions and candidate success in graduate recruitment interviews. *Journal of Occupational and Organizational Psychology, 70*, 61–73.

Silvester, J., & Anderson, N. (2003). Technology and discourse: A comparison of face-to-face and telephone employment interviews. *International Journal of Selection and Assessment, 11*, 206–214.

Silvester, J., Anderson, N., Haddleton, E., Cunningham-Snell, N., & Gibb, A. (2000). A cross-modal comparison of telephone and face-to-face selection/interviews in graduate recruitment. *International Journal of Selection and Assessment, 8*, 16–21.

Silvester, J., Anderson-Gough, F. M., Anderson, N. R., & Mohamed, A. R. (2002). Locus of control, attributions and impression management in the selection interview. *Journal of Occupational and Organizational Psychology, 75*, 59–76.

Spence, L. J., & Petrick, J. A. (2000). Multinational interview decisions: Integrity capacity and competing values. *Human Resource Management Journal, 10*, 49–67.

Stevens, C. K. (1997). Effects of preinterview beliefs on applicants' reactions to campus interviews. *Academy of Management Journal, 40*, 947–966.

Stevens, C. K. (1998). Antecedents of interview interactions, interviewers' ratings, and applicants' reactions. *Personnel Psychology, 51*, 55–85.

Stevens, C. K., & Kristof, A. L. (1995). Making the right impression: A field study of applicant impression management during job interviews. *Journal of Applied Psychology, 80*, 587–606.

Straus, S. G., Miles, J. A., & Levesque, L. L. (2001). The effects of videoconference, telephone, and face-to-face media on interviewer and applicant judgments in employment interviews. *Journal of Management, 27*, 363–381.

Taylor, P. J., & Small, B. (2002). Asking applicants what they would do versus what they did do: A meta-analytic comparison of situational and past behaviour employment interview questions. *Journal of Occupational and Organizational Psychology, 75*, 277–294.

Thoms, P., McMasters, R., Roberts, M. R., & Dombkowski, D. A. (1999). Resume characteristics as predictors of an invitation to interview. *Journal of Business and Psychology, 13*, 339–356.

Tullar, W. L. (1989). Relational control in the employment interview. *Journal of Applied Psychology, 74*, 971–977.

van Dam, K. (2003). Trait perception in the employment interview: A five-factor model perspective. *International Journal of Selection and Assessment, 11*, 43–55.

Vance, R. J., Kuhnert, K. W., & Farr, J. L. (1978). Interview judgments: Using external criteria to compose behavioral and graphic ratings. *Organizational Behavior and Human Performance, 22*, 279–294.

Wade, K. J., & Kinicki, A. J. (1997). Subjective applicant qualifications and interpersonal attraction as mediators within a process model of interview selection decisions. *Journal of Vocational Behavior, 50*, 23–40.

Wiesner, W. H., & Cronshaw, S. F. (1988). A meta-analytic investigation of the impact of interview format and degree of structure on the validity of the employment interview. *Journal of Occupational Psychology, 61*, 275–290.

Wright, G. E., & Multon, K. D. (1995). Employer's perceptions of nonverbal communication in job interviews for persons with physical disabilities. *Journal of Vocational Behavior, 47*, 214–227.

Wright, P. M., McMahan, G. C., & McWilliams, A. (1994). Human resources and sustained competitive advantage: A resource-based perspective. *International Journal of Human Resource Management, 5*, 301–327.

Young, A. M., & Kacmar, K. M. (1998). ABCs of the interview: The role of affective, behavioral, and cognitive responses by applicants in the employment interview. *International Journal of Selection and Assessment, 6*, 211–221.

第六章

Ackerman, P. L., & Heggestad, E. D. (1997). Intelligence, personality, and interests: Evidence for overlapping traits. *Psychological Bulletin, 121*, 219–245.

Anderson, N., Born, M., & Cunningham-Snell, N. (2001). Recruitment and selection: Applicant perspectives and outcomes. In N. Anderson, D. S. Ones, H. K. Sinangil, & C. Viswesvaran (Eds.), *Handbook of industrial, work, and organizational psychology* (Vol. 1, pp. 200–218). London: Sage.

Alonso, A. (2001). *The relationship between cognitive ability, big five, task and contextual performance: A meta-analysis.* Unpublished Master's Thesis, Florida International University, Miami, FL.

Arthur, W., Jr., Day, E. A., McNelly, T. L., & Edens, P. S. (2003). A meta-analysis of the criterion-related validity of assessment center dimensions. *Personnel Psychology, 56*, 125–154.

Bar-On, R., & Parker, J. D. A. (Eds.). (2000). *Handbook of emotional intelligence.* San Francisco: Jossey-Bass.

Barrett, G. V., Phillips, J. S., & Alexander, R. A. (1981). Concurrent and predictive validity designs: A critical reanalysis. *Journal of Applied Psychology, 66*, 1–6.

Barrett, G. V., Polomsky, M. D., & McDaniel, M. A. (1999). Selection tests for firefighters: A comprehensive review and meta-analysis. *Journal of Business and Psychology, 13*, 507–514.

Bartram, D., & Baxter, P. (1996). Validation of the Cathay Pacific Airways pilot selection program. *International Journal of Aviation Psychology, 6*, 149–169.

Borman, W. C., Hanson, M. A., Oppler, S. H., Pulakos, E. D., & White, L. A. (1993). Role of early supervisory experience in supervisor performance. *Journal of Applied Psychology, 78*, 443–449.

Brand, C. (1987). The importance of general intelligence. In S. Modgil & C. Modgil (Eds.), *Arthur Jensen: Consensus and controversy* (pp. 251–265). New York: Falmer.

Callender, J. C., & Osburn, H. G. (1981). Testing the constancy of validity with computer-generated sampling distributions of the multiplicative model variance estimate: Results for petroleum industry validation research. *Journal of Applied Psychology, 66*, 274–281.

Campbell, J. P. (1990). Modeling the performance prediction problem in industrial and organizational psychology. In M. D. Dunnette & L. M. Hough (Eds.), *Handbook of industrial and organizational psychology* (2nd ed., Vol. 1, pp. 687–732). Palo Alto, CA: Consulting Psychologists Press.

Campbell, J. P. (1996). Group differences and personnel decisions: Validity, fairness, and affirmative action. *Journal of Vocational Behavior, 49*, 122–158.

Campbell, J. P., Gasser, M. B., & Oswald, F. L. (1996). The substantive nature of job performance variability. In K. R. Murphy (Ed.), *Individual differences in behavior in organizations* (pp. 258–299). San Francisco: Jossey-Bass.

Carretta, T. R., & Doub, T. W. (1998). Group differences in the role of g and prior job knowledge in the acquisition of subsequent job knowledge. *Personality and Individual Differences, 24*, 585–593.

Carroll, J. B. (1993). *Human cognitive abilities: A survey of factor-analytic studies.* New York: Cambridge University Press.

Caruso, D. R., Mayer, J. D., & Salovey, P. (2002). Relation of an ability measure of emotional intelligence to personality. *Journal of Personality Assessment, 79*, 306–320.

Cattell, R. B. (1943). The measurement of adult intelligence. *Psychological Bulletin, 40*, 153–193.

Cattell, R. B. (1971). *Abilities: Their structure, growth, and action.* Oxford, UK: Houghton Mifflin.

Churchill, G. A., Ford, N. M., Hartley, S. W., & Walker, O. C. (1985). The determinants of salesperson performance: A meta-analysis. *Journal of Marketing Research, 22*, 103–118.

Collins, J. M., Schmidt, F. L., Sanchez-Ku, M., Thomas, L., McDaniel, M. A., & Le, H. (2003). Can basic individual differences shed light on the construct meaning of assessment center evaluations? *International Journal of Selection and Assessment, 11*, 17–29.

Cronbach, L. J. (1960). *Essentials of psychological testing* (2nd ed.). Oxford, UK: Harper.

Derksen, J., Kramer, I., & Katzko, M. (2002). Does a self-report measure for emotional intelligence assess something different than general intelligence? *Personality and Individual Differences, 32*, 37–48.

Dilchert, S., & Ones, D. S. (2004, April). *Meta-analysis of practical intelligence: Contender to the throne of g?* Poster session presented at the annual conference of the Society for Industrial and Organizational Psychology, Chicago, IL.

Distefano, M. K., & Paulk, K. D. (1990). Further evaluation of verbal ability selection test and work performance validity with psychiatric aides. *Psychological Reports, 67*, 845–846.

Drasgow, F. (2003). Intelligence and the workplace. In W. C. Borman, D. R. Ilgen, & R. J. Klimoski (Eds.), *Handbook of psychology: Industrial and organizational psychology* (Vol. 12, pp. 107–130). New York: John Wiley & Sons.

Feingold, A. (1988). Cognitive gender differences are disappearing. *American Psychologist, 43*, 95–103.

Flynn, J. R. (1984). The mean IQ of Americans: Massive gains 1932 to 1978. *Psychological Bulletin, 95*, 29–51.

Flynn, J. R. (1987). Massive IQ gains in 14 nations: What IQ tests really measure. *Psychological Bulletin, 101*, 171–191.

Flynn, J. R. (1998). IQ gains over time: Toward finding the causes. In U. Neisser (Ed.), *The rising curve: Long-term gains in IQ and related measures* (pp. 25–66). Washington, DC: American Psychological Association.

Funke, U., Krauss, J., Schuler, H., & Stapf, K.-H. (1987). Zur Prognostizierbarkeit wissenschaftlich-technischer Leistungen mittels Personvariablen: Eine Metaanalyse der Validitaet diagnostischer Verfahren im Bereich Forschung und Entwicklung [Predictability of scientific-technical achievement through personal variables: A meta-analysis of the validity of diagnostic procedures in research and development]. *Gruppendynamik, 18*, 407–428.

Gaugler, B. B., Rosenthal, D. B., Thornton, G. C., III, & Bentson, C. (1987). Meta-analysis of assessment center validity. *Journal of Applied Psychology, 72*, 493–511.

Goleman, D. (1995). *Emotional intelligence.* New York: Bantam Books.

Gottfredson, L. S. (1997a). Mainstream science on intelligence: An editorial with 52 signatories, history and bibliography. *Intelligence, 24*, 13–23.

Gottfredson, L. S. (1997b). Why g matters: The complexity of everyday life. *Intelligence, 24*, 79–132.

Gottfredson, L. S. (2002). Where and why g matters: Not a mystery. *Human Performance, 15*, 25–46.

Gottfredson, L. S. (2003). Dissecting practical intelligence theory: Its claims and evidence. *Intelligence, 31*, 343–397.

Gottfredson, L. S. (2004). Intelligence: Is it the epidemiologists' elusive "fundamental cause" of social class inequalities in health? *Journal of Personality & Social Psychology, 86*, 174–199.

Hartigan, J. A., & Wigdor, A. K. (Eds.). (1989). *Fairness in employment testing: Validity generalization, minority issues, and the General Aptitude Test Battery.* Washington, DC: National Academy Press.

Hirsh, H. R., Northrop, L. C., & Schmidt, F. L. (1986). Validity generalization results for law enforcement occupations. *Personnel Psychology, 39*, 399–420.

Horn, J. L., & Donaldson, G. (1976). On the myth of intellectual decline in adulthood. *American Psychologist, 31*, 701–719.

Hough, L. M., Oswald, F. L., & Ployhart, R. E. (2001). Determinants, detection and amelioration of adverse impact in personnel selection procedures: Issues, evidence and lessons learned. *International Journal of Selection and Assessment, 9*, 152–194.

Huffcutt, A. I., Roth, P. L., & McDaniel, M. A. (1996). A meta-analytic investigation of cognitive ability in employment interview evaluations: Moderating characteristics and implications for incremental validity. *Journal of Applied Psychology, 81*, 459–473.

Hunter, J. E. (1983a). *The prediction of job performance in the military using ability composites: The dominance of general cognitive ability over specific aptitudes.* Report for Research Applications in partial fulfillment of Department of Defense Contract F41689-83-C-0025.

Hunter, J. E. (1983b). *Test validation for 12,000 jobs: An application of job classification and validity generalization of the General Aptitude Test Battery* (USES Test Research Report No. 45). Washington, DC: United States Department of Labor.

Hunter, J. E. (1985). *Differential validity across jobs in the military.* Report for Research Applications, Inc., in partial fulfillment of DOD Contract No. F41689-83-C-0025.

Hunter, J. E. (1986). Cognitive ability, cognitive aptitude, job knowledge, and job performance. *Journal of Vocational Behavior, 29,* 340–362.

Hunter, J. E., & Hunter, R. F. (1984). Validity and utility of alternative predictors of job performance. *Psychological Bulletin, 96,* 72–98.

Hunter, J. E., & Schmidt, F. L. (1976). Critical analysis of the statistical and ethical implications of various definitions of test bias. *Psychological Bulletin, 83,* 1053–1071.

Hunter, J. E., & Schmidt, F. L. (1990). *Methods of meta-analysis: Correcting error and bias in research findings.* Thousand Oaks, CA: Sage.

Hunter, J. E., & Schmidt, F. L. (1996). Intelligence and job performance: Economic and social implications. *Psychology, Public Policy, and Law, 2,* 447–472.

Hunter, J. E., & Schmidt, F. L. (2000). Racial and gender bias in ability and achievement tests: Resolving the apparent paradox. *Psychology, Public Policy, and Law, 6,* 151–158.

Hunter, J. E., Schmidt, F. L., & Hunter, R. (1979). Differential validity of employment tests by race: A comprehensive review and analysis. *Psychological Bulletin, 86,* 721–735.

Hyde, J. S., Fennema, E., & Lamon, S. J. (1990). Gender differences in mathematics performance: A meta-analysis. *Psychological Bulletin, 107,* 139–155.

Hyde, J. S., & Linn, M. C. (1988). Gender differences in verbal ability: A meta-analysis. *Psychological Bulletin, 104,* 53–69.

Jensen, A. R. (1980). *Bias in mental testing.* New York: Free Press.

Jensen, A. R. (1998). *The g factor: The science of mental ability.* Westport, CT: Praeger Publishers/Greenwood Publishing Group.

Johnson, W., Bouchard, T. J., Jr., Krueger, R. F., McGue, M., & Gottesman, I. I. (2004). Just one g: Consistent results from three test batteries. *Intelligence, 32,* 95–107.

Judge, T. A., Colbert, A. E., & Ilies, R. (in press). Intelligence and leadership: A quantitative review and test of theoretical propositions. *Journal of Applied Psychology.*

Kelley, T. L. (1939). Mental factors of no importance. *Journal of Educational Psychology, 30,* 139–142.

Kranzler, J. H., & Jensen, A. R. (1991). The nature of psychometric g: Unitary process or a number of independent processes? *Intelligence, 15,* 397–422.

Kuncel, N. R., Hezlett, S. A., & Ones, D. S. (2001). A comprehensive meta-analysis of the predictive validity of the graduate record examinations: Implications for graduate student selection and performance. *Psychological Bulletin, 127,* 162–181.

Kuncel, N. R., Hezlett, S. A., & Ones, D. S. (2004). Academic performance, career potential, creativity, and job performance: Can one construct predict them all? *Journal of Personality and Social Psychology, 86,* 148–161.

Kyllonen, P. C. (1993). Aptitude testing inspired by information processing: A test of the four-sources model. *Journal of General Psychology, 120,* 375–405.

Kyllonen, P. C., & Christal, R. E. (1989). Cognitive modeling of learning abilities: A status report of LAMP. In R. F. Dillon & J. W. Pellegrino (Eds.), *Testing: Theoretical and applied perspectives* (pp. 146–173). New York: Praeger.

Kyllonen, P. C., & Christal, R. E. (1990). Reasoning ability is (little more than) working-memory capacity? *Intelligence, 14,* 389–433.

Levine, E. L., Spector, P. E., Menon, S., Narayanan, L., & Cannon-Bowers, J. A. (1996). Validity generalization for cognitive, psychomotor, and perceptual tests for craft jobs in the utility industry. *Human Performance, 9,* 1–22.

Lounsbury, J., Borrow, W., & Jensen, J. (1989). Attitudes toward employment testing: Scale development, correlates, and "known-group" validation. *Professional Psychology: Research and Practice, 20,* 340–349.

Lubinski, D. (2000). Scientific and social significance of assessing individual differences: "Sinking shafts at a few critical points." *Annual Review of Psychology, 51,* 405–444.

Marcus, B. (2003). Attitudes towards personnel selection methods: A partial replication and extension in a German sample. *Applied Psychology: An International Review, 52,* 515–532.

Martinussen, M. (1996). Psychological measures as predictors of pilot performance: A meta-analysis. *International Journal of Aviation Psychology, 6,* 1–20.

Mayer, J. D., Salovey, P., Caruso, D. R., & Sitarenios, G. (2003). Measuring emotional intelligence with the MSCEIT V2.0. *Emotion, 3,* 97–105.

McCloy, R. A., Campbell, J. P., & Cudeck, R. (1994). A confirmatory test of a model of performance determinants. *Journal of Applied Psychology, 79,* 493–505.

McDaniel, M. A. (2003). *Practical intelligence: The emperor's new clothes.* Paper presented at the International Symposium on emotional and practical intelligence, Berlin.

McDaniel, M. A., Morgeson, F. P., Finnegan, E. B., Campion, M. A., & Braverman, E. P. (2001). Use of situational judgment tests to predict job performance: A clarification of the literature. *Journal of Applied Psychology, 86,* 730–740.

McDaniel, M. A., Whetzel, D. L., Schmidt, F. L., & Maurer, S. D. (1994). The validity of employment interviews: A comprehensive review and meta-analysis. *Journal of Applied Psychology, 79,* 599–616.

McHenry, J. J., Hough, L. M., Toquam, J. L., & Ashworth, S. (1990). Project A validity results: The relationship between predictor and criterion domains. *Personnel Psychology, 43,* 335–354.

Nathan, B. R., & Alexander, R. A. (1988). A comparison of criteria for test validation: A meta-analytic investigation. *Personnel Psychology, 41,* 517–535.

Olea, M. M., & Ree, M. J. (1994). Predicting pilot and navigator criteria: Not much more than *g. Journal of Applied Psychology, 79,* 845–851.

Ones, D. S., Viswesvaran, C., & Dilchert, S. (in press). Cognitive ability in selection decisions. In O. Wilhelm & R. W. Engle (Eds.), *Understanding and measuring intelligence.* London: Sage.

Oppler, S. H., McCloy, R. A., Peterson, N. G., Russell, T. L., & Campbell, J. P. (2001). The prediction of multiple components of entry-level performance. In J. P. Campbell & D. J. Knapp (Eds.), *Exploring the limits in personnel selection and classification* (pp. 349–388). Mahwah, NJ: Erlbaum.

Outtz, J. L. (2002). The role of cognitive ability tests in employment selection. *Human Performance, 15,* 161–172.

Pearlman, K., Schmidt, F. L., & Hunter, J. E. (1980). Validity generalization results for tests used to predict job proficiency and training success in clerical occupations. *Journal of Applied Psychology, 65,* 373–406.

Petrides, K. V., & Furnham, A. (2000). On the dimensional structure of emotional intelligence. *Personality and Individual Differences, 29,* 313–320.

Ree, M. J., & Carretta, T. R. (2002). g2K. *Human Performance, 15,* 3–24.

Ree, M. J., & Earles, J. A. (1991). Predicting training success: Not much more than *g. Personnel Psychology, 44,* 321–332.

Ree, M. J., Earles, J. A., & Teachout, M. S. (1994). Predicting job performance: Not much more than *g. Journal of Applied Psychology, 79,* 518–524.

Reeve, C. L., & Hakel, M. D. (2002). Asking the right questions about *g. Human Performance, 15,* 47–74.

Roberts, R. D., Markham, P. M., Matthews, G., & Zeidner, M. (in press). Assessing intelligence: Past, present, and future. In O. Wilhelm & R. W. Engle (Eds.), *Understanding and measuring intelligence.* London: Sage.

Roberts, R. D., Zeidner, M., & Matthews, G. (2001). Does emotional intelligence meet traditional standards for an intelligence? Some new data and conclusions. *Emotion, 1,* 196–231.

Rothstein, H. R., & McDaniel, M. A. (1992). Differential validity by sex in employment settings. *Journal of Business and Psychology, 7,* 45–62.

Rotundo, M., & Sackett, P. R. (1999). Effect of rater race on conclusions regarding differential prediction in cognitive ability tests. *Journal of Applied Psychology, 84,* 815–822.

Ryan, A. M., McFarland, L., Baron, H., & Page, R. (1999). An international look at selection practices: Nation and culture as explanations for variability in practice. *Personnel Psychology, 52,* 359–391.

Rynes, S. L., & Connerley, M. L. (1993). Applicant reactions to alternative selection procedures. *Journal of Business and Psychology, 7,* 261–277.

Sackett, P. R., & Wilk, S. L. (1994). Within-group norming and other forms of score adjustment in preemployment testing. *American Psychologist, 49,* 929–954.

Sager, C. E., Peterson, N. G., Oppler, S. H., Rosse, R. L., & Walker, C. B. (1997). An examination of five indexes of test battery performance: Analysis of the ECAT battery. *Military Psychology, 9,* 97–120.

Salgado, J. F., & Anderson, N. (2002). Cognitive and GMA testing in the European Community: Issues and evidence. *Human Performance, 15,* 75–96.

Salgado, J. F., & Anderson, N. (2003). Validity generalization of GMA tests across countries in the European Community. *European Journal of Work and Organizational Psychology, 12,* 1–17.

Salgado, J. F., Anderson, N., Moscoso, S., Bertua, C., & de Fruyt, F. (2003a). International validity generalization of GMA and cognitive abilities: A European community meta-analysis. *Personnel Psychology, 56,* 573–605.

Salgado, J. F., Anderson, N., Moscoso, S., Bertua, C., de Fruyt, F., & Rolland, J. P. (2003b). A meta-analytic study of general mental ability validity for different occupations in the European Community. *Journal of Applied Psychology, 88,* 1068–1081.

Salgado, J. F., Viswesvaran, C., & Ones, D. S. (2001). Predictors used for personnel selection: An overview of constructs, methods, and techniques. In N. Anderson, D. S. Ones, H. K. Sinangil, & C. Viswesvaran (Eds.), *Handbook of industrial, work, and organizational psychology* (Vol. 1, pp. 165–199). London: Sage.

Schmidt, F. L. (2002). The role of general cognitive ability and job performance: Why there cannot be a debate. *Human Performance, 15,* 187–210.

Schmidt, F. L., Cast-Rosenberg, I., & Hunter, J. E. (1980). Validity generalization results for computer programmers. *Journal of Applied Psychology, 65,* 643–661.

Schmidt, F. L., & Hunter, J. E. (1977). Development of a general solution to the problem of validity generalization. *Journal of Applied Psychology, 62,* 529–540.

Schmidt, F. L., & Hunter, J. E. (1983). Individual differences in productivity: An empirical test of estimates derived from studies of selection procedure utility. *Journal of Applied Psychology, 68,* 407–414.

Schmidt, F. L., & Hunter, J. E. (1998). The validity and utility of selection methods in personnel psychology: Practical and theoretical implications of 85 years of research findings. *Psychological Bulletin, 124,* 262–274.

Schmidt, F. L., Hunter, J. E., & Caplan, J. R. (1981a). Validity generalization results for two job groups in the petroleum industry. *Journal of Applied Psychology, 66,* 261–273.

Schmidt, F. L., Hunter, J. E., McKenzie, R. C., & Muldrow, T. W. (1979a). Impact of valid selection procedures on work-force productivity. *Journal of Applied Psychology, 64,* 609–626.

Schmidt, F. L., Hunter, J. E., & Outerbridge, A. N. (1986). Impact of job experience and ability on job knowledge, work sample performance, and supervisory ratings of job performance. *Journal of Applied Psychology, 71,* 432–439.

Schmidt, F. L., Hunter, J. E., & Pearlman, K. (1981b). Task differences as moderators of aptitude test validity in selection: A red herring. *Journal of Applied Psychology, 66,* 166–185.

Schmidt, F. L., Hunter, J. E., Pearlman, K., & Shane, G. S. (1979b). Further tests of the Schmidt–Hunter Bayesian validity generalization procedure. *Personnel Psychology, 32,* 257–281.

Schmidt, F. L., Ones, D. S., & Hunter, J. E. (1992). Personnel selection. *Annual Review of Psychology, 43,* 627–670.

Schmitt, N., Gooding, R. Z., Noe, R. A., & Kirsch, M. (1984). Meta-analyses of validity studies published between 1964 and 1982 and the investigation of study characteristics. *Personnel Psychology, 37,* 407–422.

Scholz, G., & Schuler, H. (1993). Das nomologische Netzwerk des Assessment Centers: eine Meta-analyse [The nomological network of the assessment center: A meta-analysis]. *Zeitschrift für Arbeits- und Organisationspsychologie, 37,* 73–85.

Schuler, H., Moser, K., Diemand, A., & Funke, U. (1995). Validitaet eines Einstellungsinterviews zur Prognose des Ausbildungserfolgs [Validity of an employment interview for the prediction of training success]. *Zeitschrift für Paedagogische Psychologie, 9,* 45–54.

Smither, J. W., Reilly, R. R., Millsap, R. E., Pearlman, K., & Stoffey, R. W. (1993). Applicant reactions to selection procedures. *Personnel Psychology, 46,* 49–76.

Spearman, C. (1904). "General intelligence," objectively determined and measured. *American Journal of Psychology, 15,* 201–293.

Spearman, C. (1937). *Psychology down the ages* (Vol. 2). Oxford, UK: Macmillan.

Stankov, L. (in press). "g" factor: Issues of design and interpretation. In O. Wilhelm & R. W. Engle (Eds.), *Understanding and measuring intelligence.* London: Sage.

Steiner, D. D., & Gilliland, S. W. (1996). Fairness reactions to personnel selection techniques in France and the United States. *Journal of Applied Psychology, 81,* 134–141.

Sternberg, R. J. (1999). What do we know about tacit knowledge? Making the tacit become explicit. In R. J. Sternberg & J. A. Horvath (Eds.), *Tacit knowledge in professional practice: Researcher and practitioner perspectives* (pp. 231–236). Mahwah, NJ: Erlbaum.

Sternberg, R. J., & Detterman, D. K. (1986). *What is intelligence? Contemporary viewpoints on its nature and definition.* Norwood, NJ: Ablex.

Sternberg, R. J., Forsythe, G. B., Hedlund, J., Horvath, J. A., Wagner, R. K., Williams, W. M., et al. (2000). *Practical intelligence in everyday life.* New York: Cambridge University Press.

Sternberg, R. J., & Wagner, R. K. (1993). The *g*-ocentric view of intelligence and job performance is wrong. *Current Directions in Psychological Science, 2,* 1–5.

Terman, L. M. (1916). *The measurement of intelligence: An explanation of and a complete guide for the use of the Stanford revision and extension of the Binet–Simon Intelligence Scale.* Boston: Houghton Mifflin.

Van Rooy, D. L., & Viswesvaran, C. (in press). Emotional intelligence: A meta-analytic investigation of predictive validity and nomological net. *Journal of Vocational Behavior.*

Verive, J. M., & McDaniel, M. A. (1996). Short-term memory tests in personnel selection: Low adverse impact and high validity. *Intelligence, 23,* 15–32.

Vernon, P. E. (1950). *The structure of human abilities.* New York: Methuen.

Vinchur, A. J., Schippmann, J. S., Switzer, F. S., III, & Roth, P. L. (1998). A meta-analytic review of predictors of job performance for salespeople. *Journal of Applied Psychology, 83,* 586–597.

Vineberg, R., & Joyner, J. N. (1982). *Prediction of job performance: Review of military studies.* Alexandria, VA: Human Resources Research Organization.

Viswesvaran, C., & Ones, D. S. (2002). Agreements and disagreements on the role of general mental ability (GMA) in industrial, work, and organizational psychology. *Human Performance, 15,* 212–231.

Viswesvaran, C., Schmidt, F. L., & Ones, D. S. (in press). Is there a general factor in ratings of job performance? A meta-analytic framework for disentangling substantive and error influences. *Journal of Applied Psychology.*

第七章

American Psychiatric Association. (1994). *Diagnostic and statistical manual of mental disorders* (4th ed.). Washington, DC: Author.

Anderson N., & Cunningham-Snell, N. (2000). Personnel selection. In N. Chmiel (Ed.), *Introduction to work and organizational psychology. A European perspective* (pp. 69–99). Oxford, UK: Blackwell.

Barrick, M. R., & Mount, M. K. (1991). The Big Five personality dimensions and job performance: A meta-analysis. *Personnel Psychology, 44*, 1–26.

Barrick, M. R., & Mount, M. K. (1993). Autonomy as a moderator of the relationships between the Big Five personality dimensions and job performance. *Journal of Applied Psychology, 78*, 111–118.

Barrick, M. R., Mount, M. K., & Gupta, R. (2003). Meta-analysis of the relationship between the Five-Factor Model of personality and Holland's occupational types. *Personnel Psychology, 56*, 45–74.

Barrick, M. R., Mount, M. K., & Judge, T. A. (2001). Personality and performance at the beginning of the new millennium: What do we know and where do we go next? *International Journal of Selection and Assessment, 9*, 9–30.

Barry, B., & Stewart, G. L. (1997). Composition, process, and performance in self-managed groups: The role of personality. *Journal of Applied Psychology, 82*, 62–78.

Borman, W. C., & Motowidlo, S. J. (1993). Expanding the criterion domain to include elements of contextual performance. In N. Schmitt & W. C. Borman (Eds.), *Personnel selection in organizations*. San Francisco: Jossey-Bass.

Borman, W. C., Penner, L. A., Allen, T. D., & Motowidlo, S. (2001). Personality predictors of citizenship performance. *International Journal of Selection and Assessment, 9*, 52–69.

Connolly, J. J., & Viswesvaran, C. (2004). The role of affectivity in job satisfaction: A meta-analysis. *Personality and Individual Differences, 29*, 265–281.

Costa, P. T., Jr., & McCrae, R. R. (1992). *Professional Manual: Revised NEO Personality Inventory (NEO-PI-R) and NEO Five-Factor-Inventory (NEO-FFI)*. Odessa, FL: Psychological Assessment Resources.

Darley, J. B., & Hagenah, T. (1955). *Vocational interest measurement: Theory and practice*. Minneapolis, MN: University of Minnesota Press.

De Fruyt, F. (2002). A person-centered approach to P-E fit questions using a multiple trait model. *Journal of Vocational Behavior, 60*, 73–90.

De Fruyt, F., & Mervielde, I. (1997). The Five-Factor model of personality and Holland's RIASEC interest types. *Personality and Individual Differences, 1*, 87–103.

De Fruyt, F., & Mervielde, I. (1999). RIASEC types and Big Five traits as predictors of employment status and nature of employment. *Personnel Psychology, 52*, 701–727.

De Fruyt, F., & Salgado, J. (2003a). Personality and IWO Applications: Introducing personality at work. *European Journal of Personality, 17*, S1–S3.

De Fruyt, F., & Salgado, J. (2003b). Applied personality psychology: Lessons learned from the IWO field. *European Journal of Personality, 17*, 123–131.

Ghiselli, E. E. (1973). The validity of aptitude tests in personnel selection. *Personnel Psychology, 26*, 461–477.

Ghiselli, E. E., & Barthol, R. P. (1953). The validity of personality inventories in the selection of employees. *Journal of Applied Psychology, 38*, 18–20.

Goldberg, L. R. (1992). The development of markers of the Big Five factor structure. *Psychological Assessment, 4*, 26–42.

Guion, R. M., & Gottier, R. F. (1965). Validity of personality measures in personnel selection. *Personnel Psychology, 18*, 135–164.

Hogan, J., & Holland, B. (2003). Using theory to evaluate personality and job-performance relations: A socioanalytic perspective. *Journal of Applied Psychology, 88*, 100–112.

Hogan, J., & Roberts, B. W. (1996). Issues and non-issues in the fidelity–bandwidth trade-off. *Journal of Organizational Behavior, 17*, 627–637.

Hogan, R. (1983). A socioanalytic theory of personality. In M. M. Page (Ed.), *Nebraska symposium on motivation 1982. Personality: Current theory and research* (pp. 55–89). Lincoln: University of Nebraska Press.

Hogan, R., & Blake, R. (1999). John Holland's vocational typology and personality theory. *Journal of Vocational Behavior, 55*, 41–56.

Hogan, R., Curphy, G. J., & Hogan, J. (1994). What we know about leadership: Effectiveness and personality. *American Psychologist, 49*, 493–504.

Hogan, R., & Hogan, J. (1995). *Hogan Personality Inventory manual.* Tulsa, OK: Hogan Assessment Systems.

Hogan, R., & Hogan, J. (2001). Assessing leadership: A view from the dark side. *International Journal of Selection and Assessment, 9*, 40–51.

Holland, J. L. (1973). *Making vocational choices: A theory of careers.* Englewood Cliffs, NJ: Prentice-Hall.

Holland, J. L. (1999). Why interest inventories are also personality inventories. In M. Savickas & A. Spokane (Eds.), *Vocational interests: Their meaning, measurement, and use in counseling* (pp. 87–101). Palo Alto, CA: Davies-Black.

Hough, L. M. (1992). The "Big Five" personality variable-construct confusion: Description versus prediction. *Human Performance, 5*, 139–155.

Hough, L. M. (2001). I/owes its advances to personality. In B. E. Roberts & R. Hogan (Eds.), *Personality psychology in the workplace* (pp. 19–44). Washington, DC: American Psychological Association.

Hough, L. M., Eaton, N. K., Dunnette, M. D., Kamp, J. D., & McCloy, R. A. (1990). Criterion-related validities of personality constructs and the effects of response distortion on those validities. *Journal of Applied Psychology, 75*, 581–595.

Hough, L. M., & Ones, D. S. (2001). The structure, measurement, validity, and use of personality variables in Industrial, Work, and Organizational Psychology. In N. Anderson, D. S. Ones, H. K. Sinangil, & C. Viswesvaran (Eds.), *Handbook of industrial, work, and organizational psychology* (Vol. 1, pp. 233–267). London: Sage.

Hunter, J. E., & Hunter, R. F. (1984). Validity and utility of alternative predictors of job performance. *Psychological Bulletin, 96*, 72–98.

Hunter, J. E., & Schmidt, F. L. (1990). *Methods of meta-analysis.* Newbury Park, CA: Sage.

Hunter, J. E., Schmidt, F. L., & Le, H. (2002). *Implications of direct and indirect range restriction for meta-analysis methods and findings.* Unpublished manuscript, Department of Management and Organizations, University of Iowa.

Hunter, J. E., Schmidt, F. L., Rauschenberger, J. M., & Jayne, M. E. A. (2001). Intelligence, motivation, and job performance. In C. L. Cooper & E. A. Locke (Eds.), *Industrial and organizational psychology* (pp. 278–303). Oxford, UK: Blackwell.

Hurtz, G. M., & Donovan, J. J. (2000). Personality and job performance: The big five revisited. *Journal of Applied Psychology, 85*, 869–879.

Judge, T., & Bono, J. E. (2001). Relations of core self-evaluations traits – self-esteem, generalized self-efficacy, locus of control, and emotional stability – with job satisfaction and job performance: A meta-analysis. *Journal of Applied Psychology, 86*, 80–92.

Judge, T. A., Bono, J. E., Ilies, R., & Gerhardt, M. W. (2002). Personality and leadership: A qualitative and quantitative review. *Journal of Applied Psychology, 87*, 765–780.

Judge, T. A., Heller, D., & Mount, M. K. (2002). Five-factor model of personality and job satisfaction: A meta-analysis. *Journal of Applied Psychology, 87*, 530–541.

Judge, T. A., Locke, E. A., & Durham, C. C. (1997). The dispositional causes of job satisfaction: A core evaluations approach. *Research in Organizational Behavior, 19*, 151–188.

Larson, L. M., Rottinghaus, P. J., & Borgen, F. (2002). Meta-analyses of Big Six interests and Big Five personality factors. *Journal of Vocational Behavior, 61*, 217–239.

Le, H., & Schmidt, F. L. (2003). *Development and test of a new meta-analysis method for indirect range restriction.* Paper presented at the 16th Annual Conference of the Society for Industrial and Organizational Psychology, Orlando, FL.

Levy-Leboyer, C. (1994). Selection and assessment in Europe. In H. C. Triandis, M. D. Dunnette, & L. M. Hough (Eds.), *Handbook of industrial and organizational psychology* (Vol. 4, pp. 173–190). Palo Alto, CA: Consulting Psychologists Press.

Mount, M. K., & Barrick, M. R. (1995). The Big Five personality dimensions: Implications for research and practice in human resources management. In K. M. Rowland & G. Ferris (Eds.), *Research in personnel and human resources management* (Vol. 13, pp. 153–200). Greenwich, CT: JAI Press.

Mount, M. K., Barrick, M. R., Scullen, S. M., & Rounds, J. (2004, April). *Higher order dimensions of the Big Five personality traits and the Big Six vocational interest types.* Poster presented at the 19th Annual Conference of the Society for Industrial and Organizational Psychology, Chicago.

Myers, I., & Briggs, K. C. (1962). *Myers–Briggs Type Indicator.* Oxford, UK: Oxford Psychologists Press.

Ones, D. S. (1993). *Construct validity of integrity tests.* Unpublished doctoral dissertation: University of Iowa.

Ones, D. S., & Viswesvaran, C. (1998a). Integrity testing in organizations. In R. W. Griffin, A. O'Leary-Kelly, & J. Collins (Eds.), *Dysfunctional behavior in organizations: Vol. 2. Nonviolent behaviors in organizations* (pp. 243–276). Greenwich, CT: JAI Press.

Ones, D. S., & Viswesvaran, C. (1998b). The effects of social desirability and faking on personality and integrity assessment for personnel selection. *Human Performance, 11*, 245–269.

Ones, D. S., & Viswesvaran, C. (2001a). Personality at work: Criterion-focused occupational personality scales (COPS) used in personnel selection. In B. Roberts & R. T. Hogan (Eds.), *Applied personality psychology* (pp. 63–92). Washington, DC: American Psychological Association.

Ones, D. S., & Viswesvaran, C. (2001b). Integrity tests and other criterion-focused occupational personality scales (COPS) used in personnel selection. *International Journal of Selection and Assessment, 9*, 31–39.

Ones, D. S., Viswesvaran, C., & Schmidt, F. L. (1993). Comprehensive meta-analysis of integrity test validities: Findings and implications for personnel selection and theories of job performance. *Journal of Applied Psychology (Monograph), 78*, 679–703.

Ones, D. S., Viswesvaran, C., & Schmidt, F. L. (2003). Personality and absenteeism: A meta-analysis of integrity tests. *European Journal of Personality, 17*, 19–38.

PA Consulting Group. (1998). *Personality and Preference Inventory (PAPI). Technical manual.* Brussels: PA Consulting Group Cubiks.

Rolland, J. P., & De Fruyt, F. (2003). The validity of FFM personality dimensions and maladaptive traits to predict negative affects at work: A 6 months prospective study in a military sample. *European Journal of Personality, 17*, 101–121.

Ryan, A. M., & Sackett, P. R. (1987). A survey of individual assessment practices by I/O psychologists. *Personnel Psychology, 40*, 455–488.

Sackett, P. R., Burris, L. R., & Callaham, C. (1989). Integrity testing for personnel selection: An update. *Personnel Psychology, 42*, 491–529.

Salgado, J. F. (1997). The five factor model of personality and job performance in the European Community. *Journal of Applied Psychology, 82*, 30–43.

Salgado, J. F. (1998). The Big Five personality dimensions and job performance in army and civil occupations: A European perspective. *Human Performance, 11*, 271–288.

Salgado, J.F. (2002). The Big Five personality dimensions and counterproductive behaviors. *International Journal of Selection and Assessment, 10*, 117–125.

Salgado, J. F. (2003). Predicting job performance using FFM and non-FFM personality measures. *Journal of Occupational and Organizational Psychology, 76*, 323–346.

Salgado, J. F. (2004a). *La hipótesis de especificidad situacional, la hipótesis de la generalización de la validez y la predicción del desempeño ocupacional: influencia de la personalidad.* [Situational specificity hypothesis, validity generalization hypothesis and the prediction of job performance: The influence of personality]. Unpublished manuscript, Department of Social Psychology, University of Santiago de Compostela, Spain.

Salgado, J. F. (2004b). *Moderator effects of job complexity on the Big Five validity.* Poster presented at the Conference of the Society for Industrial and Organizational Psychology, Chicago, Illinois.

Salgado, J. F., Anderson, N., Moscoso, S., Bertua, C., De Fruyt, F., & Rolland, J. P. (2003). A meta-analytic study of GMA validity for different occupations in the European Community. *Journal of Applied Psychology, 88*, 1068–1081.

Salgado, J. F., & Moscoso, S. (2000). Autoeficacia y criterios organizacionales de desempeño [Self-efficacy and organizational performance criteria]. *Apuntes de Psicología, 18*, 179–191.

Salgado, J. F., Moscoso, S., & Lado, M. (2003a). Evidence of cross-cultural invariants of the Big Five personality dimensions in Cork settings. *European Journal of Personality, 17*, 67–76.

Salgado, J. F., Moscoso, S., & Lado, M. (2003b, May). Maladaptive personality styles and job performance. In D. Bartram & J. F. Salgado (Chairs), *Personality at work across the European Community.* Symposium conducted at the 11th European Congress of Work and Organizational Psychology, Lisbon, Portugal.

Schmitt, N., Gooding, R. Z., Noe, R. A., & Kirsch, M. (1984). Metaanlyses of validity studies published between 1964 and 1982 and the investigation of study characteristics. *Personnel Psychology, 37*, 407–422.

Schulte, M. J., Ree, M. J., & Carretta, T. R. (in press). Emotional intelligence: Not much more than *g* and personality. *Personality and Individual Differences.*

SHL (1999). *OPQ32 manual and user's guide.* Surrey, UK: SHL.

Spriegel, W. R., & Dale, A. G. (1953). Trends in personnel selection and induction. *Personnel, 30*, 169–175.

Stogdill, R. M. (1974). *Handbook of leadership.* New York: Free Press.

Tett, R. P., Rothstein, M. G., & Jackson, D. J. (1991). Personality measures as predictors of job performance: A meta-analytic review. *Personnel Psychology, 44*, 703–742.

Van Rooy, D. L., & Viswesvaran, C. (in press). Emotional intelligence: A meta-analytic investigation of predictive validity and nomological net. *Journal of Vocational Behavior.*

Watson, D., Clark, L. A., & Tellegen, A. (1998). Development and validation of brief measures of positive and negative affect – The PANAS scales. *Journal of Personality and Social Psychology, 54*, 1063–1070.

Witt, L. A., Burke, L. A., Barrick, M. R., & Mount, M. K. (2002). The interactive effects of conscientiousness and agreeableness on job performance. *Journal of Applied Psychology, 87*, 164–169.

第八章

Ambady, N., & Gray, H. M. (2002). On being sad and mistaken: Mood effects on the accuracy of thin-slice judgements. *Journal of Personality and Social Psychology, 83*, 947–961.

Anderson, C., Keltner, D., & John, O. P. (2003). Emotional convergence between people over time. *Journal of Personality and Social Psychology, 84*, 1054–1068.

Bartholomew, K., & Horowitz, L. M. (1991). Attachment styles among young adults: A test of a four-category model. *Journal of Personality and Social Psychology, 61*, 226–244.

Benson, E. (2003). Breaking new ground. *Monitor in Psychology, 34*, 52–54.

Bowlby, J. (1973). *Attachment and loss: Vol. 2. Separation: Anxiety and anger.* New York: Basic Books.

Brotheridge, C. M., & Lee, R. T. (2003). Development and validation of the Emotional Labour Scale. *Journal of Occupational and Organizational Psychology, 76*, 365–379.

Eisenberg, N., Fabes, R. A., Guthrie, I. K., & Reiser, M. (2000). Dispositional emotionality and regulation: Their role in predicting quality of social functioning. *Journal of Personality and Social Psychology, 78*, 136–157.

Ekman, P., Friesen, W. J., O'Sullivan, M., Chan, A., Diacoyanni-Tariatzis, I., Heider, K., et al. (1987). Universals and cultural differences in the judgments of facial expressions of emotion. *Journal of Personality and Social Psychology, 53*, 712–717.

Elliot, A. J., & Reis, H. T. (2003). Attachment and exploration in adulthood. *Journal of Personality and Social Psychology, 85*, 317–331.

Feeney, J. A., & Noller, P. (1996). *Adult attachment.* Thousand Oaks, CA: Sage.

Frank, M. G., & Stennett, J. (2001). The forced-choice paradigm and the perception of facial expressions of emotion. *Journal of Personality and Social Psychology, 80*, 75–85.

Fredrickson, B. L., Tugade, M. M., Waugh, C. E., & Larkin, G. R. (2003). What good are positive emotions in crises? A prospective study on resilience and emotions following the terrorist attacks on the United States on September 11th 2001. *Journal of Personality and Social Psychology, 84*, 365–376.

Gohm, C. L. (2003). Mood regulation and emotional intelligence: Individual differences. *Journal of Personality and Social Psychology, 84*, 594–607.

Goleman, D. (1998). *Working with emotional intelligence.* London: Bloomsbury.

Goleman, D., Boyatzis, R., & McKee, A. (2002). *Primal leadership: Realizing the power of emotional intelligence.* Boston: Harvard Business School Press.

Gross, J. J. (2001). Emotion regulation in adulthood: timing is everything. *Current Directions in Psychological Science, 10*, 214–219.

Gross, J. J., & John, O. P. (2003). Individual differences in two emotion regulation processes: Implications for affect, relationships, and well-being. *Journal of Personality and Social Psychology, 85*, 348–362.

Harker, L.-A., & Keltner, D. (2001). Expressions of positive emotion in women's college yearbook pictures and their relationship to personality and life outcomes across adulthood. *Journal of Personality and Social Psychology, 80*, 112–124.

Higgins, E. T. (1998). Promotion and prevention: Regulatory focus as a motivational principle. In M. P. Zanna (Ed.), *Advances in experimental social psychology* (Vol. 30, pp. 1–46). New York: Academic Press.

Ilies, R., & Judge, T. A. (2003). On the heritability of job satisfaction: The mediating role of personality. *Journal of Applied Psychology, 88*, 750–759.

Johnston, M. A. (2000). Delegation and organizational structure in small businesses: Influences of manager's attachment patterns. *Group and Organization Management, 25*, 4–21.

Kiefer, T. (2002). Analysing emotions for a better understanding of organizational change: Fear, joy, and anger during a merger. In N. M. Ashkanasy, W. J. Zerbe, & C. E. J. Härtel (Eds.), *Managing emotions in the workplace* (pp. 45–69). New York: M E Sharpe.

Kiefer, T., & Briner, R. (2003). Handle with care. *People Management, 23*, 48–50.

Killcross, S. (2000). The amygdala, emotion and learning. *The Psychologist, 13*, 502–507.

Lowe, R., & Bennett, P. (2003). Exploring coping reactions to work-stress: Application of an appraisal theory. *Journal of Occupational and Organizational Psychology, 76*, 393–400.

Lubinski, D. (2004). Introduction to the special section on cognitive abilities: 100 years after Spearman's (1904) "'General Intelligence,' objectively determined and measured." *Journal of Personality and Social Psychology, 86*, 96–111.

Lyons, W. (1999). *Attachment styles and the psychological contract.* Unpublished MSc dissertation, University of Surrey, UK.

McCrae, R. R., Costa, P. T., Jr., Ostendorf, F., Angleitner, A., Hřebíčková, M., Avia, M.D., et al.

(2000). Nature over nurture: Temperament, personality, and life span development. *Journal of Personality and Social Psychology, 78,* 173–186.

Matthews, G., Zeidner, M., & Roberts, R. D. (2002). *Emotional intelligence: Science and myth.* Cambridge, MA: MIT Press.

Mendes, W. B., Reis, H. T., Seery, M. D., & Blascovich, J. (2003). Cardiovascular correlates of emotional expression and suppression: Do content and gender context matter? *Journal of Personality and Social Psychology, 84,* 771–792.

Mischel, W. (1968). *Personality and assessment.* New York: Wiley.

Oreg, S. (2003). Resistance to change: Developing an individual difference measure. *Journal of Applied Psychology, 88,* 680–693.

Paterson, J. M., & Härtel, C. E. J. (2002). An integrated affective and cognitive model to explain employees' responses to downsizing. In N. M. Ashkanasy, W. J. Zerbe, & C. E. J. Härtel (Eds.), *Managing emotions in the workplace* (pp. 25–44). New York: M E Sharpe.

Rafaeli, A. (2002). Foreword to N. M. Ashkanasy, W. J. Zerbe, & C. E. J. Härtel (Eds.), *Managing emotions in the workplace* (pp. xi–xiii). New York: M E Sharpe.

Rothbart, M. K., Ahadi, S. A., & Evans, D. E. (2000). Temperament and personality: Origins and outcomes. *Journal of Personality and Social Psychology, 78,* 122–135.

Schmidt, F. L., & Hunter, J. (2004). General mental ability in the world of work: Occupational attainment and job performance. *Journal of Personality and Social Psychology, 86,* 162–173.

Smith, E. R., Murphy, J., & Coats, S. (1999). Attachment to groups: Theory and measurement. *Journal of Personality and Social Psychology, 77,* 94–110.

Snyder, M. (1974). Self-monitoring of expressive behavior. *Journal of Personality and Social Psychology, 30,* 526–537.

Taylor, S. E., Lerner, J. S., Sherman, D. K., Sage, R. M., & McDowell, N. K. (2003). Are self-enhancing cognition's associated with healthy or unhealthy biological profiles? *Journal of Personality and Social Psychology, 85,* 605–615.

Trierweiler, L. I., Eid, M., & Lischetzke, T. (2002). The structure of emotional expressivity: Each emotion counts. *Journal of Personality and Social Psychology, 82,* 1023–1040.

Van den Boom, D. C. (1989). Neonatal irritability and the development of attachment. In G. A. Kohnstamn, J. E. Bates, & M. K. Rothbart (Eds.), *Temperament in childhood* (pp. 299–318). Chichester, UK: John Wiley.

Van den Boom, D. C. (1994). The influence of temperament and mothering on attachment and exploration: An experimental manipulation of sensitive responsiveness among lower-class mothers with irritable infants. *Child Development, 65,* 1457–1477.

Vorauer, J. D., Cameron, J. J., Holmes, J. G., & Pearce, D. G. (2003). Invisible overtures: Fears of rejection and the signal amplification bias. *Journal of Personality and Social Psychology, 84,* 793–812.

Weiss, H. M., & Cropanzano, R. (1996). Affective events theory: A theoretical discussion of the structure, causes and consequences of affective experiences at work. *Research in Organizational Behavior, 18,* 1–74.

Woodruffe, C. W. E. (1999). *Winning the talent war: A strategic approach top attracting developing and retaining the best people.* Chichester, UK: Wiley.

Woodruffe, C. (2000). Emotional intelligence: Time for a time-out. *Selection and Development Review, 16,* 3–9.

Woodruffe, C. (2001). Promotional intelligence. *People Management, 11,* 26–29.

第九章

Borman, W. C., & Motowidlo, S. J. (1997). Task performance and contextual performance: The meaning for personnel selection research. *Human Performance, 10*, 99–109.

Borman, W. C., Hanson, M. A., Oppler, S. H., Pulakos, E. D., & White, L. A. (1993). Role of early supervisory experience in supervisor performance. *Journal of Applied Psychology, 78*, 443–449.

Borman, W. C., White, L. A., Pulakos, E. D., & Oppler, S. H. (1991). Models of supervisory job performance ratings. *Journal of Applied Psychology, 76*, 863–872.

Bruce, M. M., & Learner, D. B. (1958). A supervisory practices test. *Personnel Psychology, 11*, 207–216.

Chan, D. (1996). Criterion and construct validation of an assessment center. *Journal of Occupational and Organizational Psychology, 69*, 167–181.

Chan, D. (1998a). The conceptualization of change over time: An integrative approach incorporating longitudinal means and covariance structures analysis (LMACS) and multiple indicator latent growth modeling (MLGM). *Organizational Research Methods, 1*, 421–483.

Chan, D. (1998b). Functional relations among constructs in the same content domain at different levels of analysis: A typology of composition models. *Journal of Applied Psychology, 83*, 234–246.

Chan, D. (2000a). Understanding adaptation to changes in the work environment: Integrating individual difference and learning perspectives. *Research in Personnel and Human Resources Management, 18*, 1–42.

Chan, D. (2000b). Conceptual and empirical gaps in research on individual adaptation at work. *International Review of Industrial and Organizational Psychology, 15*, 143–164.

Chan, D. (2001). Modeling method effects of positive affectivity, negative affectivity, and impression management in self reports of work attitudes. *Human Performance, 14*, 77–96.

Chan, D. (in press). Multilevel research. In F. T. L. Leong & J. T. Austin (Eds.), *The psychology research handbook* (2nd ed.). Thousand Oaks, CA: Sage.

Chan, D., & Schmitt, N. (1997). Video-based versus paper-and-pencil method of assessment in situational judgment tests. *Journal of Applied Psychology, 82*, 143–159.

Chan, D., & Schmitt, N. (2002). Situational judgment and job performance. *Human Performance, 15*, 233–254.

Clevenger, J., Pereira, G. M., Wiechmann, D., Schmitt, N., & Schmidt Harvey, V. (2001). Incremental validity of situational judgment tests. *Journal of Applied Psychology, 86*, 410–417.

File, Q. W. (1945). The measurement of supervisory quality in industry. *Journal of Applied Psychology, 29*, 381–387.

Gick, M. L., & Holyoak, K. J. (1987). The cognitive basis of knowledge transfer. In S. M. Cormier & J. D. Hagman (Eds.), *Transfer of training: Contemporary research and applications* (pp. 9–46). New York: Academic Press.

Gillespie, M. A., Oswald, F. L., Schmitt, N., Manheim, L., & Kim, B. H. (2002). *Construct validation of a situational judgment test of college student success.* Paper presented at the 17th annual convention of the Society for Industrial and Organizational Psychology, Toronto, Canada.

Greenwald, A. G., Draine, S. C., & Abrams, R. L. (1996). Three cognitive markers of unconscious semantic activation. *Science, 273*, 1699–1702.

Hatano, G., & Inagaki, K. (1986). Two course of expertise. In H. Stevenson, H. Azuma, & K. Hakuta (Eds.), *Child development and education in Japan* (pp. 262–272). San Francisco: Freeman.

Hedlund, J., & Sternberg, R. J. (2000). Practical intelligence: Implications for human resources research. *Research in Personnel and Human Resources Management, 19*, 1–52.

Holyoak, K. J. (1991). Symbolic connectionism: Toward third-generation theories of expertise. In K. A. Ericsson & J. Smith (Eds.), *Toward a general theory of expertise* (pp. 301–336). Cambridge: Cambridge University Press.

Hough, L. M. (1998). Effects of intentional distortion in personality measurement and evaluation of suggested palliatives. *Human Performance, 11*, 209–244.

Hough, L. M., & Ones, D. S. (2001). The structure, measurement, validity, and use of personality variables in industrial, work, and organizational psychology. In N. Anderson, D. S. Ones, H. K. Sinangil, & C. Viswesvaran (Eds.), *Handbook of industrial, work, and organizational psychology* (Vol.1, pp. 233–277). Thousand Oaks, CA: Sage.

Kim, B. H., Schmitt, N., Oswald, F. L., Gillespie, M. A., & Ramsay, L. J. (2003). *Job knowledge tests on the path to successful performance*. Paper presented at the 18th Annual Conference of the Society for Industrial and Organizational Psychology, Orlando, FL.

Klein, K. J., & Kozlowski, S. W. J. (2000). *Multilevel theory, research, and methods in organizations: Foundations, extensions, and new directions*. San Francisco: Jossey-Bass.

Kraiger, K., Ford, J. K., & Salas, E. (1993). Application of cognitive, skill-based, and affective theories of learning outcomes to new methods of training evaluation. *Journal of Applied Psychology, 78,* 311–328.

Lievens, F., & Coetsier, P. (2002). Situational tests in student selection: An examination of predictive validity, adverse impact, and construct validity. *International Journal of Selection and Assessment, 10,* 245–257.

McDaniel, M. A., Hartman, N. S., & Grubb, W. L., III. (2003). *Situational judgment tests, knowledge, behavioral tendency, and validity: A meta-analysis*. Paper presented at the 18th Annual Conference of the Society for Industrial and Organizational Psychology, Orlando, FL.

McDaniel, M. A., Morgeson, F. P., Finnegan, E. B., Campion, M. A., & Braverman, E. P. (2001). Use of situational judgment tests to predict job performance: A clarification of the literature. *Journal of Applied Psychology, 80,* 730–740.

McDaniel, M. A., & Nguyen, N. T. (2001). Situational judgment tests: A review of practice and constructs assessed. *International Journal of Selection and Assessment, 9,* 103–113.

Morgeson, F. P., Bauer, T. N., Truxillo, D. M., & Campion, M. A. (2003). *Assessing situational judgment with a structured interview: Construct validity and adverse impact*. Paper presented at the 18th Annual Conference of the Society for Industrial and Organizational Psychology, Orlando, FL.

Motowidlo, S. J. (1999a). *Comments regarding symposium titled "Construct validity of the situational judgment inventory"*. Presented at the 14th Annual Conference of the Society for Industrial and Organizational Psychology, Atlanta, GA.

Motowidlo, S. J. (1999b). Asking about past behavior versus hypothetical behavior. In R. W. Eder & M. M. Harris (Eds.), *Employment interview handbook* (pp. 179–190). Thousand Oaks, CA: Sage.

Motowidlo, S. J., Dunnette, M. D., & Carter, G. W. (1990). An alternative selection procedure: The low-fidelity simulation. *Journal of Applied Psychology, 75,* 640–647.

Motowidlo, S. J., Hanson, M. A., & Crafts, J. L. (1997). Low-fidelity simulations. In D. L. Whetzel & G. R. Wheaton (Eds.), *Applied measurement methods in industrial psychology* (pp. 241–260). Palo Alto, CA: Davies-Black Publishing.

Motowidlo, S. J., & Tippins, N. (1993). Further studies of the low-fidelity simulation in the form of a situational inventory. *Journal of Occupational and Organizational Psychology, 66,* 337–344.

Oswald, F. L., Schmitt, N., Kim, B. H., Gillespie, M. A., & Ramsay, L. J. (in press). Developing a biodata measure and situational judgment inventory as predictors of college student performance. *Journal of Applied Psychology*.

Paulhus, D. L. (1986). Self-deception and impression management in test responses. In A. Angleitner & J. S. Wiggens (Eds.), *Personality measurement via questionnaires: Current issues in theory and measurement* (pp. 143–165). Berlin: Springer-Verlag.

Paulhus, D. L. (1988). *Assessing self-deception and impression management in self-reports: The Balanced Inventory of Desirable Responding*. Unpublished manual, University of British Columbia, Vancouver, Canada.

Percira, G. M., & Harvey, V. S. (1999). *Situational judgment tests: Do they measure ability, personality, or both?* Paper presented at the 14th Annual Convention of the Society for Industrial and Organizational

Psychology, Atlanta, GA.

Phillips, J. F. (1992). Predicting sales skills. *Journal of Business and Psychology, 7*, 151–160.

Ployhart, R. E., & Ehrhart, M. G. (2003). Be careful what you ask for: Effects of response instructions on the construct validity and reliability of situational judgment tests. *International Journal of Selection and Assessment, 11*, 1–16.

Pulakos, E. D., Arad, S., Donovan, M. A., & Plamondon, K. E. (2000). Adaptability in the workplace: Development of a taxonomy of adaptive performance. *Journal of Applied Psychology, 85*, 612–624.

Pulakos, E. D., & Schmitt, N. (1996). An evaluation of two strategies for reducing adverse impact and their effects on criterion-related validity. *Human Performance, 9*, 241–258.

Quinones, M. A., Ford, J. K., & Teachout, M. S. (1995). The relationship between work experience and job performance: A conceptual and meta-analytic review. *Personnel Psychology, 48*, 887–910.

Richardson, Bellows, & Henry Co., Inc. (1949). *Test of Supervisory Judgment: Form S.* Washington, DC: Richardson, Bellows, and Henry.

Sackett, P. R., Zedeck, S., & Fogli, L. (1988). Relations between measures of typical and maximum job performance. *Journal of Applied Psychology, 73*, 482–486.

Schmitt, N., & Chan, D. (1998). *Personnel selection: A theoretical approach.* Thousand Oaks, CA: Sage.

Schmitt, N., Pulakos, E. D., Nason, E., & Whitney, D. J. (1996). Likeability and similarity as potential sources of predictor-related criterion bias in validation research. *Organizational Behavior and Human Decision Processes, 68*, 272–286.

Schvaneveldt, R. W., Durso, F. T., & Dearholt, D. W. (1989). Network structures in proximity data. In G. G. Bower (Ed.), *The psychology of learning and motivation* (Vol. 24, pp. 249–284). New York: Academic Press.

Sternberg, R. J., Forsythe, G. B., Hedlund, J., Horvath, J. A., Wagner, R. K., Williams, W. M., et al. (2000). *Practical intelligence in everyday life.* Cambridge, UK: Cambridge University Press.

Thorndike, R. L., & Stein, S. (1937). An evaluation of the attempts to measure social intelligence. *Psychological Bulletin, 34*, 275–285.

Wagner, R. K. (1987). Tacit knowledge in everyday intelligent behavior. *Journal of Personality and Social Psychology, 32*, 1236–1247.

Wagner, R. K., & Sternberg, R. J. (1991). *Tacit Knowledge Inventory for Managers.* Unpublished research instrument available from authors.

Weekley, J. A., & Jones, C. (1997). Video-based situational testing. *Personnel Psychology, 50*, 25–49.

Weekley, J. A., & Jones, C. (1999). Further studies of situational tests. *Personnel Psychology, 52*, 679–700.

Williams, L. J., & Anderson, S. E. (1994). An alternative approach to method effects by using latent-variable models: Applications in organizational behavior research. *Journal of Applied Psychology, 79*, 323–331.

第十章

Adler, S. (1995, May). *Using assessment for strategic organization change.* Paper presented at the 23rd International Congress on the Assessment Center Method, Kansas City, MO.

Arnold, J. (2002). Tensions between assessment, grading and development in development centres: A case study. *International Journal of Human Resource Management, 13*, 975–991.

Arthur, W. A., Jr., Woehr, D. J., & Maldegen, R. (2000). Convergent and discriminant validity of assessment center dimensions: A conceptual and empirical re-examination of the assessment center construct-related validity paradox. *Journal of Management, 26*, 813–835.

Arthur, W., Jr., Day, E. A., McNelly, T. L., & Edens, P. S. (2003). A meta-analysis of the criterion-related validity of assessment center dimensions. *Personnel Psychology, 56*, 125–154.

Atkins, P. W. B., & Wood, R. E. (2002). Self- versus others' ratings as predictors of assessment center ratings: Validation evidence for 360-degree feedback programs. *Personnel Psychology, 55,* 871–904.

Ballantyne, I., & Povah, N. (1995). *Assessment and development centres.* Aldershot: Gower.

Barlay, L. A., & York, K. M. (2002, October). *Assessment centers for program evaluation: Assessing student academic achievement.* Paper presented at the 30th International Congress on Assessment Center Methods, Pittsburgh, PA.

Bartels, L. K., Bommer, W. H., & Rubin, R. S. (2000). Student performance: Assessment centers versus traditional classroom evaluation techniques. *Journal of Education for Business, 75,* 198–201.

Bernthal, P., Cook, K., & Smith, A. (2001). Needs and outcomes in an executive development program. *Journal of Applied Behavioral Science, 37,* 488–512.

Bobrow, W., & Schulz, M. (2002, October). *Applying technical advances in assessment centers.* Paper presented at the 30th International Congress on Assessment Center Methods, Pittsburgh, PA.

Bray, D. W., & Grant, D. L. (1966). The assessment center in the measurement of potential for business management. *Psychological Monographs, 80* (17, Whole No. 625), 1–27.

Briscoe, D. R. (1997). Assessment centers: Cross-cultural and cross-national issues. *Journal of Social Behavior and Personality, 12,* 261–270.

Bycio, P., & Zoogah, B. (2002). Exercise order and assessment centre performance. *Journal of Occupational and Organizational Psychology, 75,* 109–114.

Byham, T. (2003). *AC follow up.* Paper presented at the meeting of the Society for Industrial and Organizational Psychology, Orlando, FL.

Byham, W. C. (2001, October). *What's happening in assessment centers around the world.* Paper presented at the 29th International Congress on Assessment Center Methods, Frankfurt, Germany.

Byham, W. C. (2002, October). *Growing leaders: We must do better.* Paper presented at the 30th International Congress on Assessment Center Methods, Pittsburgh, PA.

Byham, W. C., Smith, A., & Paese, M. J. (2001). *Grow your own leaders.* Pittsburgh, PA: DDI Press.

Caldwell, C., Thornton, G. C., III, & Gruys, M. L. (2003). Ten classic assessment center errors: Challenges to selection validity. *Public Personnel Management, 32,* 73–88.

Chawla, A., & Cronshaw, S. (2002, October). *Top-down vs bottom-up leadership assessment: Practical implications for validation in assessment centers.* Paper presented at the 30th International Congress on Assessment Center Methods, Pittsburgh, PA.

Collins, J. M., Schmidt, F. L., Sanchez-Ku, M., Thomas, M. A., McDaniel, M. A., & Le, H. (2003). Can basic individual differences shed light on the construct meaning of assessment center evaluations? *International Journal of Selection and Assessment, 11,* 17–29.

Craik, K. H., Ware, A. P., Kamp, J., O'Reilly, C., III, Staw, B., & Zedeck, S. (2002). Explorations of construct validity in a combined managerial and personality assessment programme. *Journal of Occupational and Organizational Psychology, 75,* 171–193.

Dailey, L., Cohen, B. M., & Lockwood, W. (1999, June). *Using assessment centers as a change strategy in a global company.* Paper presented at the 27th International Congress on Assessment Center Methods, Orlando, FL.

Damitz, M., Manzey, D., Kleinmann, M., & Severin, K. (2003). Assessment center for pilot selection: Construct and criterion validity and the impact of assessor type. *Applied Psychology, An International Review, 52,* 193–212.

Dayan, K., Kasten, R., & Fox, S. (2002). Entry-level police candidate assessment center: An efficient tool or a hammer to kill a fly? *Personnel Psychology, 55,* 827–849.

Dowell, B. E., & Elder, E. D. (2002, October). *Accelerating the development of tomorrow's leaders.* Paper presented at the 30th International Congress on Assessment Center Methods, Pittsburgh, PA.

Eckhardt, T. (2001, October). *Implementing integrated human resource development globally.* Paper presented at the 29th International Congress on Assessment Center Methods, Frankfurt, Germany.

Fleisch, J. M. (1995, May). *The human side of reengineering.* Paper presented at the 23rd International Congress on the Assessment Center Method, Kansas City, MO.

Fleisch, J. M., & Cohen, B. M. (1995, May). *Organizational change: You want it? You got it!* Paper presented at the 23rd International Congress on the Assessment Center Method, Kansas City, MO.

Ford, J. (2001, October). *Automating the collection and scoring of written (non-multiple choice) assessment center data.* Paper presented at the 29th International Congress on Assessment Center Methods, Frankfurt, Germany.

Gaugler, B. B., Rosenthal, D. B., Thornton, G. C., III, & Bentson, C. (1987). Meta-analysis of assessment center validity. *Journal of Applied Psychology, 40,* 243–259.

Gebelein, S., Warrenfeltz, W., & Guinn, S. (1995, May). *Change in organizations – assessment tools as solutions.* Paper presented at the 23rd International Congress on the Assessment Center Method, Kansas City, MO.

Goldstein, H. W., Yusko, K. P., Braverman, E. P., Smith, D. B., & Chung, B. (1998). The role of cognitive ability in the subgroup differences and incremental validity of assessment center exercises. *Personnel Psychology, 51,* 357–374.

Goldstein, H. W., Yusko, K. P., & Nicolopoulos, V. (2001). Exploring Black–White subgroup differences of managerial competencies. *Personnel Psychology, 54,* 783–807.

Goldstein, H. W., Zedeck, S., & Goldstein, I. L. (2002). *g:* Is this your final answer. *Human Performance, 15,* 123–142.

Goodstone, M. S., & Lopez, F. E. (2001). The frame of reference approach as a solution to an assessment center dilemma. *Consulting Psychology Journal: Practice and Research, 53,* 96–107.

Gowing, M. (1999, June). *Defining assessment center dimensions: A national framework for global use.* Paper presented at the 27th International Congress on Assessment Center Methods, Orlando, FL.

Haaland, S., & Christiansen, N. D. (2002). Implications of trait-activation theory for evaluating the construct validity of assessment center ratings. *Personnel Psychology, 55,* 137–163.

Hale, B., Jaffee, C., & Chapman, J. (1999, June). *How technology has changed assessment centers.* Paper presented at the 27th International Congress on Assessment Center Methods, Orlando, FL.

Hardison, C. M., & Sackett, P. R. (2004, April). *Assessment center criterion related validity: A meta-analytic update.* Paper presented at the 18th Annual Conference of the Society for Industrial and Organizational Psychology, Chicago.

Harel, G. H., Arditi, V. A., & Janz, T. (2003). Comparing the validity and utility of behavior description interview versus assessment center ratings. *Journal of Managerial Psychology, 18,* 94–104.

Hennessy, J., Mabey, B., & Warr, P. (1998). Assessment centre observation procedures: An experimental comparison of traditional, checklist and coding methods, *International Journal of Selection and Assessment, 6,* 222–231.

Henry, S. E. (1988). *Nontraditional applications of assessment centers: Assessment in staffing plant start ups.* Paper presented at the meeting of the American Psychological Association, Atlanta, GA.

Hiatt, J. (2000, May). *Selection for positions in a manufacturing startup.* Paper presented at the 28th International Congress on Assessment Center Methods, San Francisco.

Hoeft, S., & Schuler, H. (2001). The conceptual basis of assessment centre ratings. *International Journal of Selection and Assessment, 9,* 114–123.

Howard, A. (1997). A reassessment of assessment centers: Challenges for the 21st century. *Journal of Social Behavior and Personality, 12,* 13–52.

Howard, A., & Metzger, J. (2002, October). *Assessment of complex, consultative sales performance.* Paper presented at the 30th International Congress on Assessment Center Methods, Pittsburgh, PA.

Howard, L., & McNelly, T. (2000). *Assessment center for team member level and supervisory development.* Paper presented at the 28th International Congress on Assessment Center Methods, San Francisco.

International Task Force on Assessment Center Guidelines. (2000). Guidelines and ethical considerations for assessment center operations. *Public Personnel Management, 29,* 315–331.

Jacobson, L. (2000, May). *Portfolio assessment: Off the drawing board into the fire.* Paper presented at the

28th International Congress on Assessment Center Methods, San Francisco.

Jansen, P. G. W., & Stoop, B. A. M. (2001). The dynamics of assessment center validity, Results of a 7-year study. *Journal of Applied Psychology*, *86*, 741–753.

Jones, R. G., & Whitmore, M. D. (1995). Evaluating developmental assessment centers as interventions. *Personnel Psychology*, *48*, 377–388.

Kelbetz, G., & Schuler, H. (2002). Verbessert Vorerfahrung die Leistung im Assessment Center? [Does practice improve assessment center performance?]. *Zeitschrift für Personalpsychologie*, *1*, 4–18.

Kolk, N. J., Born, M. P., & Van der Flier, H. (2002). Impact of common rater variance on construct validity of assessment center dimension judgments. *Human Performance*, *15*, 325–338.

Kolk, N. J., Born, M. Ph., Van Der Flier, H., & Olman, J. M. (2002). Assessment center procedures: Cognitive load during the observation phase. *International Journal of Selection and Assessment*, *10*, 271–278.

Kozloff, B. (2003, October). *Expatriate selection*. Paper presented at the 31st International Congress on Assessment Center Methods, Atlanta, GA.

Kudisch, J. D., Avis, J. M., Fallon, J. D., Thibodeaux, H. F., Roberts, R. E., Rollier, T. J., et al. (2001). *A survey of assessment center practices in organizations worldwide: Maximizing innovation or business as usual?* Paper presented at the 16th Annual Conference of the Society for Industrial and Organizational Psychology, San Diego, CA.

Kudisch, J. D., Lundquist, C., & Smith, A. F. R. (2002, October). *Reactions to "dual purpose" assessment center feedback*. Paper presented at the 30th International Congress on Assessment Center Methods, Pittsburgh, PA.

Kuptsch, C., Kleinmann, M., & Köller, O. (1998). The chameleon effect in assessment centers: The influence of cross-situational behavioral consistency on the convergent validity of assessment centers. *Journal of Social Behavior and Personality*, *13*, 102–116.

Lance, C. E., Newbolt, W. H., Gatewood, R. D., Foster, M. R., French, N., & Smith, D. E. (2000). Assessment center exercise factors represent cross-situational specificity, not method bias. *Human Performance*, *13*, 323–353.

Lievens, F. (1998). Factors which improve the construct validity of assessment centers: A review. *International Journal of Selection and Assessment*, *6*, 141–152.

Lievens, F. (2001a). Assessor training strategies and their effects on accuracy, inter-rater reliability, and discriminant validity. *Journal of Applied Psychology*, *86*, 255–264.

Lievens, F. (2001b). Assessors and use of assessment center dimensions: A fresh look at a troubling issue. *Journal of Organizational Behavior*, *65*, 1–19.

Lievens, F. (2002). Trying to understand the different pieces of the construct validity puzzle of assessment centers: An examination of assessor and assessee effects. *Journal of Applied Psychology*, *87*, 675–686.

Lievens, F., & Conway, J. M. (2001). Dimension and exercise variance in assessment center scores: A large-scale evaluation of multitrait-multimethod studies. *Journal of Applied Psychology*, *86*, 1202–1222.

Lievens, F., De Fruyt, F., & Van Dam K. (2001). Assessors' use of personality traits in descriptions of assessment centre candidates: A five-factor model perspective. *Journal of Occupational and Organizational Psychology*, *74*, 623–636.

Lievens, F., Harris, M. M., Van Keer, E., & Bisqueret, C. (2003). Predicting cross-cultural training performance: The validity of personality, cognitive ability, and dimensions measured by an assessment center and a behavior description interview. *Journal of Applied Psychology*, *88*, 476–489.

Lievens, F., & Klimoski, R. J. (2001). Understanding the assessment centre process: Where are we now? *International Review of Industrial and Organizational Psychology*, *16*, 246–286.

Lovler, R., & Goldsmith, R. F. (2002, October). *Cutting edge developments in assessment center technology*. Paper presented at the 30th International Congress on Assessment Center Methods, Pittsburgh,

PA.

Mahoney-Phillips, J. (2002, October). *Role profiling and assessment as an organizational management tool.* Paper presented at the 30th International Congress on Assessment Center Methods, Pittsburgh, PA.

Maurer, T. J., Eidson, C. E., Jr., Atchley, K., Kudisch, J. D., Poteet, M., Byham, T., et al. (2003). *Where do we go from here? Accepting and applying assessment center feedback.* Paper presented at the 31st International Congress on Assessment Center Methods, Atlanta, GA.

McCall, M. W., Jr. (2002, October). *Good news and bad news about developing global executives.* Paper presented at the 30th International Congress on Assessment Center Methods, Pittsburgh, PA.

McFarland, L. A., Ryan, A. M., & Kriska, S. D. (2003). Impression management use and effectiveness across assessment methods. *Journal of Management, 29,* 641–661.

Moser, K., Schuler, H., & Funke, U. (1999). The moderating effect of raters' opportunities to observe ratees' job performance on the validity of an assessment centre. *International Journal of Selection and Assessment, 7,* 133–141.

O'Connell, M. S., Hattrup, K., Doverspike, D., & Cober, A. (2002). The validity of "mini" simulations for Mexican retail salespeople. *Journal of Business and Psychology, 16,* 593–599.

Pendit, V., & Thornton, G. C., III. (2001, October). *Development of a code of conduct for personnel assessment in Indonesia.* Paper presented at the 29th International Congress on Assessment Center Methods, Frankfurt, Germany.

Reynolds, D. (2003, October). *Assessing executives and leaders through a technology-based assessment center.* Paper presented at the 31st International Congress on Assessment Center Methods, Atlanta, GA.

Richards, W. (2002, October). *A digital portfolio to support learning and development.* Paper presented at the 30th International Congress on Assessment Center Methods, Pittsburgh, PA.

Riggio, R. E., Mayes, B. T., & Schleicher, D. J. (2003). Using assessment center methods for measuring undergraduate business outcomes. *Journal of Management Inquiry, 12,* 68–78.

Robie, C., Adams, K. A., Osburn, H. G., Morris, M. A., & Etchegaray, J. M. (2000). Effects of the rating process on the construct validity of assessment center dimension evaluations. *Human Performance, 13,* 355–370.

Roth, E., & Smith, A. (2000, May). *The United States Postal Service: Reinventing executive succession planning.* Paper presented at the 28th International Congress on Assessment Center Methods, San Francisco.

Rupp, D. E., & Thornton, G. C., III. (2003). *Development of simulations for certification of competence of IT consultants.* Paper presented at the 18th Annual Conference of the Society for Industrial and Organizational Psychology, Orlando, FL.

Sackett, P. R. (1998). Performance assessment in education and professional certification: Lessons for personnel selection? In M. D. Hakel (Ed.), *Beyond multiple choice tests* (pp. 113–129). Mahwah, NJ: Lawrence Erlbaum.

Sackett, P. R., & Tuzinski, K. (2001). The role of dimensions and exercises in assessment center judgments. In M. London (Ed.), *How people evaluate others in organizations* (pp. 111–129). Mahwah, NJ: Lawrence Erlbaum.

Sarges, W. (2001, October). *The state of assessment centers in German speaking countries.* Paper presented at the 29th International Congress on Assessment Center Methods. Frankfurt, Germany.

Schippmann, J. S., Ash, R. A., Battista, M., Carr, L., Eyde, L. D., Hesketh, B., et al. (2000). The practice of competency modeling. *Personnel Psychology, 53,* 703–740.

Schleicher, D. J., Day, D. V., Mayes, B. T., & Riggio, R. E. (2002). A new frame for frame-of-reference training: Enhancing the construct validity of assessment centers. *Journal of Applied Psychology, 87,* 735–746.

Schmidt, F. L., & Hunter, J. E. (1998). The validity and utility of selection methods in personnel psychology: Practical and theoretical implications of 85 years of research findings. *Psychological Bulletin, 124,* 262–274.

Schneider, B., & Konz, A. M. (1989). Strategic job analysis. *Human Resource Management, 28*, 51-63.

Seegers, J., & Huck, J. (2001, October). *European review of new assessment center guidelines.* Paper presented at the 29th International Congress on Assessment Center Methods, Frankfurt, Germany.

Smith, A., & Reynolds, D. (2002, October). *Automating the assessment experience: The latest chapter.* Paper presented at the 30th International Congress on Assessment Center Methods, Pittsburgh, PA.

Spector, P. E., Schneider, J. R., Vance, C. A., & Hezlett, S. A. (2000). The relation of cognitive ability and personality traits to assessment center performance. *Journal of Social Psychology, 30*, 1474-1491.

Spychalski, A. C., Quinones, M. A., Gaugler, B. B., & Pohley, K. (1997). A survey of assessment center practices in organizations in the United States. *Personnel Psychology, 50*, 71-90.

Stahl, G. K. (2000). Using assessment centers as tools for international management development: An exploratory study. In T. Kuehlmann, M. Mendenhall, & G. Stahl (Eds.), *Developing global leaders: Policies, processes, and innovations* (pp. 197–210). Westport, CT: Quorum Books.

Tett, R. P., & Burnett, D. D. (2003). A personality trait-based interactionist model of job performance. *Journal of Applied Psychology, 88*, 500-517.

Tett, R. P., & Guterman, H. A. (2000). Situation trait relevance, trait expression, and cross-situational consistency: Testing a principle of trait activation. *Journal of Research in Personality, 34*, 397-423.

Thomas, J. L., Dickson, M. W., & Bliese, P. D. (2001). Values predicting leader performance in the US Army Reserve Officer Training Corps assessment center: Evidence for a personality-mediated model. *Leadership Quarterly, 12*, 181–196.

Thoreson, J. (2002, October). *Do we need dimensions? Dimensions limited unlimited.* Paper presented at the 30th International Congress on Assessment Center Methods, Pittsburgh, PA.

Thornton, G. C., III. (1992). *Assessment centers and human resource management.* Reading, MA: Addison-Wesley.

Thornton, G. C., III, & Byham, W. C. (1982). *Assessment centers and managerial performance.* New York: Academic Press.

Thornton, G. C., III, & Cleveland, J. N. (1990). Developing managerial talent through simulation. *American Psychologist, 45*, 190-199.

Thornton, G. C., III, & Mueller-Hanson, R. A. (2004). *Developing organizational simulations: A guide for practitioners and students.* Mahwah, NJ: Erlbaum.

Thornton, G. C., III, & Rupp, D. E. (2004). Simulations and assessment centers. In M. Hersen (Series Ed.) & J. C. Thomas (Vol. Ed.), *Comprehensive handbook of psychological assessment: Vol. 4. Industrial and organizational assessment* (pp. 319–344). Hoboken, NJ: Wiley.

Tillema, H. H. (1998). Assessment of potential, from assessment centers to development centers. *International Journal of Selection and Assessment, 6*, 185–191.

Viswesvaran, C., Ones, D. S., & Schmidt, F. L. (1996). Comparative analysis of the reliability of job performance ratings. *Journal of Applied Psychology, 81*, 557–574.

Wilson, L., & Pilgram, M. (2000, May). *Diagnose . . . then prescribe.* Paper presented at the 28th International Congress on Assessment Center Methods, San Francisco.

Woehr, D. J., & Arthur, W., Jr. (2003). The construct-related validity of assessment center ratings: A review and meta-analysis of the role of methodological factors. *Journal of Management, 29*, 231–258.

第十一章

Anderson, N., Born, M. Ph., & Cunningham-Snell, N. (2001). Recruitment and selection: Applicant perspectives and outcomes. In N. Anderson, D. S. Ones, H. K. Senangil, & C. Viswesvaran (Eds.), *Handbook of industrial, work and organizational psychology: Vol. 1. Personnel psychology* (pp. 200–218). London: Sage.

Bamber, G. J., Park, F., Lee, C., Ross, P. K., & Broadbent, K. (Eds.). (2000). *Employment relations in the Asia Pacific: Changing approaches.* Sydney: Allen & Unwin/London: Thomson Learning.

Baron, R. A. (1987). Interviewer's mood and reaction to job applicants: The influence of affective states on applied social judgments. *Journal of Applied Social Psychology, 17,* 911–926.

Berger, P. L., & Luckmann, T. (1967). *The social construction of reality.* Harmondsworth, UK: Allan Lane.

Born, M. P., & Jansen P. G. W. (1997). Selection and assessment during organizational turnaround. In N. Anderson & P. Herriot (Eds.), *International handbook of selection and assessment* (pp. 247–265). Chichester, UK: Wiley.

Boudreau, J. W. (1991). Utility analysis for decision in human resource management. In M. D. Dunnette & L. M. Hough (Eds.), *Handbook of industrial and organizational psychology* (2nd ed., Vol. 2, pp. 621–745). Palo Alto, CA: Consulting Psychologists Press.

Boudreau, J. W., & Ramstad, P. M. (2003). Strategic I/O psychology and the role of utility analysis models. In W. C. Borman, D. R. Ilgen, & R. J. Klimoski (Eds.), *Handbook of psychology: Vol. 12, Industrial and organizational psychology* (pp. 193–221). New York: Wiley.

Boudreau, J. W., Sturman, M. C., & Judge, T. A. (1994). Utility analysis: What are the black boxes and do they affect decisions? In N. Anderson & P. Herriot (Eds.), *Assessment and selection in organizations: Methods and practice for recruitment and appraisal* (pp. 77–96). New York: Wiley.

Brogden, H. E. (1949). When testing pays off. *Personnel Psychology, 2,* 171–183.

Brogden, H. E. (1955). Least squares estimates and optimal classification. *Psychometrika, 20,* 249–252.

Brown, B. K., & Campion, M. A. (1994). Biodata phenomenology: Recruiters' perceptions and use of biographical information in resume screening. *Journal of Applied Psychology, 79,* 897–908.

Cabrera, E. F., & Raju, N. S. (2001). Utility analysis: Current trends and future directions. *International Journal of Selection and Assessment, 9,* 1–11.

Campbell, J. P. (2001). Matching people and jobs: An introduction to twelve years of R & D. In J. P. Campbell & D. J. Knapp (Eds.), *Exploring the limits in personnel selection and classification* (pp. 3–20). Mahwah, NJ: Lawrence Erlbaum.

Campbell, J. P., & Knapp, D. J. (Eds.). (2001). *Exploring the limits in personnel selection and classification.* Mahwah, NJ: Lawrence Erlbaum.

Carlson, K. D., & Connerley, M. L. (2003). The staffing cycles framework: Viewing staffing as a system of decision events. *Journal of Management, 29,* 51–78.

Cascio, W. F. (1998). *Applied psychology in human resource management* (5th ed.). Upper Saddle River, NJ: Prentice Hall.

Cochrane, R. E., Tett, R. P., & Vandecreek, L. (2003). Psychological testing and the selection of police officers: A national survey. *Criminal Justice and Behavior, 30,* 511–537.

Cohen, Y., & Pfeffer, J. (1986). Organizational hiring standards. *Administrative Science Quarterly, 31,* 1–24.

Cooper, D., Robertson, I. T., & Tinline, G. (2003). *Recruitment and selection. A framework for success.* London: Thomson Learning.

Cronbach, L. J., & Gleser, G. C. (1965). *Psychological tests and personnel decisions* (2nd ed.). Urbana, IL: University of Illinois Press.

Dachler, H. P. (1989). Selection and the organizational context. In P. Herriot (Ed.), *Assessment and selection in organizations: Methods and practice for recruitment and appraisal* (pp. 45–70). London: John Wiley.

Dachler, H. P., & Hosking, D. (1995). The primacy of relations in socially constructing organizational realities. In D. M. Hosking, H. P. Dachler, & K. J. Gergen (Eds.), *Management and organization: Relational alternatives to individualism* (pp. 1–28). London: John Wiley.

Daft, R. L., & Weick, K. E. (1984). Toward a model of organizations as interpretation systems. *Academy of Management Review, 9,* 284–295.

De Corte, W. (1994). Utility analysis for the one-cohort selection-retention decision with a probationary period. *Journal of Applied Psychology, 79,* 402–411.

De Corte, W. (1999). A note on the success ratio and the utility of fixed hiring rate personnel selection decisions. *Journal of Applied Psychology, 84*, 952–958.

De Corte, W. (2000). Estimating the classification efficiency of a test battery. *Educational and Psychological Measurement, 60*, 73–85.

De Corte, W. (2002). Sampling variability of the success ratio in predictor-based selection. *British Journal of Mathematical and Statistical Psychology, 55*, 93–107.

De Corte, W., & Lievens, F. A. (2003). A practical procedure to estimate the quality and the adverse impact of single stage selection decisions. *International Journal of Selection and Assessment, 11*, 89–97.

Delery, J. E., & Doty, D. H. (1996). Modes of theorizing in strategic human resource management: Tests of universalistic, contingency, and configurational performance predictions. *Academy of Management Journal, 39*, 802–835.

Dose, J. J. (2003). Information exchange in personnel selection decisions. *Applied Psychology: An International Review, 52*, 237–252.

Garb, H. N. (1989). Clinical judgment, clinical training, and professional experience. *Psychological Bulletin, 105*, 387–396.

Grant, R. M. (1991). The resource-based theory of competitive advantage: Implications for strategy formulation. *California Management Review, 33*, 112–135.

Grove, W. M., Zald, D. H., Lebow, B. S., Snitz, B. E., & Nelson, C. (2000). Clinical versus mechanical prediction: A meta-analysis. *Psychological Assessment, 12*, 19–30.

Guest, D. (1990). Human resource management and the American dream. *Journal of Management Studies, 27*, 377–397.

Guion, R. M. (1998). *Assessment, measurement, and prediction for personnel decisions.* Mahwah, NJ: Lawrence Erlbaum.

Hantula, D. A., & DeNicolis Bragger, J. L. (1999). The effects of equivocality on escalation of commitment: An empirical investigation of decision dilemma theory. *Journal of Applied Social Psychology, 29*, 424–444.

Herriot, P. (1989). Selection as a social process. In M. Smith & I. T. Robertson (Eds.), *Advances in selection and assessment* (pp. 171–178). Chichester, UK: Wiley.

Highhouse, S. (2002). Assessing the candidate as a whole: A historical and critical analysis of individual psychological assessment for personnel decision making. *Personnel Psychology, 55*, 363–396.

Hodgkinson, G. P., & Payne, R. L. (1998). Graduate selection in three European countries. *Journal of Occupational and Organizational Psychology, 71*, 359–365.

Hollway, W. (1991). *Work psychology and organisational behaviour.* London: Sage.

Horst, P. (1954). A technique for the development of a differential predictor battery. *Psychometrika, 68*, Whole No. 380.

Hutchinson, K. I., & Brefka, D. S. (1997). Personnel administrators' preferences for resume content: Ten years after. *Business Communication Quarterly, 60*, 67–75.

Iles, P. (1999). *Managing staff assessment and selection.* Buckingham, UK: Open University Press.

Iles, P., & Salaman, G. (1995). Recruitment, selection and assessment. In J. Storey (Ed.), *Human resource management. A critical text* (pp. 203–234). London: Routledge.

Ilgen, D. R. (1994). Jobs and roles: Accepting and coping with the changing structure of organizations. In M. G. Rumsey, C. B. Walker, & J. H. Harris (Eds.), *Personnel selection and classification: New directions* (pp. 13–22). Hillsdale, NJ: Erlbaum.

IRS Management Review. (July 1998). *The evolving HR function.* Issue 10.

Jackson, S. E., Schuler, R. S., & Rivero, J. C. (1989). Organizational characteristics as predictors of personnel practices. *Personnel Psychology, 42*, 727–786.

Jayne, M. E. A., & Rauschenberger, J. M. (2000). Demonstrating the value of selection in organizations. In J. F. Kehoe (Ed.), *Managing selection in changing organizations* (pp. 123–157). San Francisco: Jossey-Bass.

Jewson, N., & Mason, D. (1986). Modes of discrimination in the recruitment process: Formalisation, fairness and efficiency. *Sociology, 20*, 43-63.

Johns, G. (1993). Constraints on the adoption of psychology-based personnel practices: Lessons from organizational innovation. *Personnel Psychology, 46*, 569-592.

Judge, T. A., & Ferris, G. R. (1992). The elusive criterion of fit in human staffing decisions. *Human Resource Planning, 15*, 47-68.

Kahneman, D., & Tversky, A. (1982). Variants of uncertainty. In D. Kahneman, P. Slovic, & A. Tversky (Eds.), *Judgments under uncertainty: Heuristics and biases* (pp. 414-421). New York: Cambridge University Press.

Kolk, N. J., Born, M. Ph., & Van der Flier, H. (2002). Assessment center rating procedures: Cognitive load during the observation phase. *International Journal of Selection and Assessment, 10*, 271-278.

Kunda, Z. (1999). *Social cognition: Making sense of people.* Cambridge, MA: The MIT Press.

Lowry, P. E. (1996). A survey of the assessment center process in the public sector. *Public Personnel Management, 25*, 307-321.

Luthans, F. (2005). *Organizational behavior* (10th ed.). New York: McGraw-Hill/Irwin.

McKinney, A. P., Carlson, K. D., Mecham, R. L., III, D'Angelo, N. C., & Connerley, M. L. (2003). Recruiters' use of GPA in initial screening decisions: Higher GPAs don't always make the cut. *Personnel Psychology, 56*, 823-845.

Meehl, P. E. (1954). *Clinical vs. statistical prediction: A theoretical analysis and a review of the evidence.* Minneapolis, MN: University of Minnesota Press.

Miles, R. E., & Snow, C. C. (1984). Designing strategic human resources systems. *Organizational Dynamics, 16*, 36-52.

Motowidlo, S. J., & Van Scotter, J. R. (1994). Evidence that task performance should be distinguished from contextual performance. *Journal of Applied Psychology, 79*, 475-480.

Murphy, K. R. (1994). Toward a broader conception of jobs and job performance: Impact of changes in the military environment on the structure, assessment and prediction of job performance. In M. G. Rumsey, C. B. Walker, & J. H. Harris (Eds.), *Personnel selection and classification: New directions* (pp. 85-102). Hillsdale, NJ: Erlbaum.

Murphy, K. R. (1996). Individual differences and behavior in organizations: Much more than *g*. In K. R. Murphy (Eds.), *Individual differences and behavior in organizations* (pp. 3-30). San Francisco: Jossey-Bass.

Murphy, K. R., & Davidshofer, C. O. (2001). *Psychological testing: Principles and applications* (5th ed.). Upper Saddle River, NJ: Prentice Hall.

Myors, B., Carstairs, J. R., & Todorov, N. (2002). Accuracy of percentile judgments used in the utility analysis of personnel selection procedures. *Australian Journal of Psychology, 54*, 1-7.

Naylor, J. C., & Shine, L. C. (1965). A table for determining the increase in mean criterion score obtained by using a selection device. *Journal of Industrial Psychology, 3*, 33-42.

Olian, J. D., & Rynes, S. L. (1984). Organizational staffing: Integrating practice and strategy. *Industrial Relations, 23*, 170-118.

Payne, J. W., Bettman, J. R., & Johnson, E. J. (1993). *The adaptive decision maker.* Cambridge, UK: Cambridge University Press.

Pearlman, K., & Barney, M. F. (2000). Selection for a changing workplace. In J. Kehoe (Ed.), *Managing selection in changing organizations* (pp. 3-72). San Francisco: Jossey-Bass.

Pearn, M. (1993). Fairness in selection and assessment: A European perspective. In H. Schuler, J. L. Farr, & M. Smith (Eds.), *Personnel selection and assessment: Individual and organisational perspectives* (pp. 205-220). Hillsdale, NJ: Erlbaum.

Pfeffer, J. (1994). *Competitive advantage through people.* Harvard, MA: Harvard Business School.

Ployhart, R. E., & Schneider, B. (2002). A multilevel perspective on personnel selection: Implications for selection system design, assessment, and construct validation. In F. J. Yammarino, & F. Dansereau (Eds.), *Research in multi-level issues. The many faces of multi-level issues* (Vol. 1, pp. 95-140).

Oxford, UK: Elsevier Science.

Porter, M. E. (1980). *Competitive strategy*. New York: Free Press.

Ramsay, H., & Scholarios, D. (1999). Selective decisions: Challenging orthodox analyses of the hiring process. *International Journal of Management Reviews, 1*, 63–89.

Ree, M. J., Earles, J. A., & Teachout, M. S. (1994). Predicting job performance: Not much more than g. *Journal of Applied Psychology, 79*, 518–524.

Robertson, I. T., & Smith, M. (2001). Personnel selection. *Journal of Occupational and Organizational Psychology, 74*, 441–472.

Roe, R. A., & van den Berg, P. T. (2003). Selection in Europe: Contexts, developments and research agenda. *European Journal of Work and Organizational Psychology, 12*, 257–287.

Rousseau, D. M., & Tinsley, C. (1997). Human resources are local. In N. Anderson & P. Herriot (Eds.), *International handbook of selection and assessment* (pp. 39–61). Chichester, UK: Wiley.

Ruderman, M. N., & Ohlott, P. J. (1990). *Traps and pitfalls in the judgment of executive potential* (Rep. No. 141). Greensboro, NC: Center for Creative Leadership.

Rumsey, M. G., Walker, C. B., & Harris, J. H. (Eds.). (1994). *Personnel selection and classification*. Hillsdale, NJ: Lawrence Erlbaum.

Ryan, A. M., McFarland, L., Baron, H., & Page, R. (1999). An international look at selection practices: Nation and culture as explanations for variability in practice. *Personnel Psychology, 52*, 359–391.

Rynes, S., Orlitzky, M. O., & Bretz, R. D., Jr. (1997). Experienced hiring versus college recruiting: Practices and emerging trends. *Personnel Psychology, 50*, 707–721.

Sackett, P. R., & Ellingson, J. E. (1997). The effects of forming multi-predictor composites on group differences and adverse impact. *Personnel Psychology, 50*, 707–721.

Salgado, J. F., Viswesvaran, C., & Ones, D. S. (2001). Predictors used for personnel selection: An overview of constructs, methods and techniques. In N. Anderson, D. S. Ones, H. K. Sinangil, & C. Viswesvaran (Eds.), *Handbook of industrial, work and organizational psychology: Vol. 1. Personnel psychology* (pp. 165–199). London: Sage.

Schmidt, F. L., & Hunter, J. E. (1998). The validity and utility of selection methods in personnel psychology: Practical and theoretical implications of 85 years of research findings. *Psychological Bulletin, 124*, 262–274.

Schmidt, F. L., Hunter, J. E., McKenzie, R. C., & Muldrow, T. W. (1979). Impact of valid selection procedures on work-force productivity. *Journal of Applied Psychology, 64*, 609–626.

Schmitt, N., & Borman, W. (Eds.). (1993). *Personnel selection in organizations*. San Francisco: Jossey-Bass.

Schmitt, N., Clause, C. S., & Pulakos, E. D. (1996). Subgroup differences associated with different measures of some common job relevant constructs. In C. L. Cooper & I. T. Robertson (Eds.), *International review of industrial and organizational psychology* (pp. 115–140). New York: Wiley.

Schneider, B., Kristof-Brown, A. L., Goldstein, H. W., & Smith, D. B. (1997). What is this thing called fit? In N. Anderson & P. Herriot, (Eds.), *International handbook of selection and assessment* (pp. 393–412). Chichester, UK: Wiley.

Scholarios, D., Johnson, C. D., & Zeidner, J. (1994). Selecting predictors for maximizing the classification efficiency of a battery. *Journal of Applied Psychology, 79*, 412–424.

Sessa, V. I. (2001). Executive promotion and selection. In M. London (Ed.), *How people evaluate others in organizations* (pp. 91–110). Mahwah, NJ: Lawrence Erlbaum.

Shafir, E. (1993). Choosing versus rejecting: Why some options are both better and worse than others. *Memory and Cognition, 21*, 546–556.

Shields, J., Hanser, L. M., & Campbell, J. P. (2001). A paradigm shift. In J. P. Campbell & D. J. Knapp (Eds.), *Exploring the limits in personnel selection and classification* (pp. 21–30). Mahwah, NJ: Lawrence Erlbaum.

Simon, H. A. (1957). *Administrative Behavior* (2nd ed.). New York: Macmillan.

Snow, C. C., & Snell, S. A. (1993). Staffing as strategy. In N. Schmitt & W. C. Borman (Eds.), *Per-

sonnel selection in organizations (pp. 448–478). San Francisco: Jossey-Bass.

Sonnenfeld, J. A., & Peiperl, M. A. (1988). Staffing policy as a strategic response: A typology of career systems. *Academy of Management Review, 13*, 588–600.

Sparrow, P., & Hilltrop, J. (1994). *European human resource management in transition*. Hemel Hempstead, UK: Prentice Hall.

Sparrow, P. R. (1994). The psychology of strategic management: Emerging themes of diversity and cognition. In C. L. Cooper & I. T. Robertson (Eds.), *International review of industrial and orgnanizational psychology* (pp. 147–181). Chichester, UK: John Wiley.

Sparrow, P. R. (1997). organizational competencies. Creating a strategic behavioural framework for selection and assessment. In N. Anderson & P. Herriot (Eds.), *International handbook of selection and assessment* (pp. 343–368). Chichester, UK: John Wiley.

Spender, J. C. (1989). *Industry recipes: The nature and sources of managerial judgement*. Oxford, UK: Basil Blackwell.

Staw, B. M., & Ross, J. (1989). Understanding behavior in escalation situations. *Science, 200*, 216–220.

Stevenson, M. K., Busemeyer, J. R., & Naylor, J. C. (1990). Judgment and decision-making theory. In M. D. Dunnette & L. M. Hough (Eds.), *Handbook of industrial and organizational psychology* (2nd ed., Vol. 1, pp. 283–374). Palo Alto, CA: Consulting Psychologists.

Storey, J. (1992). *Developments in the management of human resources*. Oxford, UK: Blackwell.

Storey, J. (1995). Human resource management: Still marching on, or marching out? In J. Storey (Ed.), *Human resource management. A critical text* (pp. 3–32). London: Routledge.

Taylor, H. C., & Russell, J. T. (1939). The relationship of validity coefficients to the practical effectiveness of tests in selection. *Journal of Applied Psychology, 23*, 565–578.

Terpstra, D. E. & Rozell, E. J. (1993). The relationship of staffing practices to organizational level measures of performance. *Personnel Psychology, 46*, 27–48.

Terpstra, D. E., & Rozell, E. J. (1997). Why some potentially effective staffing practices are seldom used. *Public Personnel Management, 26*, 483–495.

Tetlock, P. E. (1985). Accountability: The neglected social context of judgment and choice. In L. L. Cummings & B. M. Staw (Eds.), *Research in organizational behavior, 7* (pp. 297–332). Greenwich, CT: JAI Press.

Tetlock, P. E., & Boettger, R. (1989). Accountability: A social magnifier of the dilution effect. *Journal of Personality and Social Psychology, 57*, 388–398.

Tetlock, P. E., & Kim, J. I. (1987). Accountability and judgment processes in a personality prediction task. *Journal of Personality and Social Psychology, 52*, 700–709.

Thompson, J. D. (1967). *Organizations in action: Social science bases of administrative theory*. New York: McGraw-Hill.

Thoms, P., McMasters, R., Roberts, M. R., & Dombkowski, D. A. (1999). Resume characteristics as predictors of an invitation to interview. *Journal of Business and Psychology, 13*, 339–356.

Torrington, D. (1994). *International human resource management: Think globally, act locally*. Hemel Hempstead, UK: Prentice Hall International.

Tversky, A., & Kahneman, D. (1974). Judgment under uncertainty: Heuristics and biases. *Science, 185*, 1124–1131.

Van Dam, K. (2003). Trait perception in the employment interview: A five factor model perspective. *International Journal of Selection and Assessment, 11*, 43–55.

Whetzel, D. L., & Wheaton, G. R. (1997). *Applied measurement methods in industrial psychology*. Palo Alto, CA: Davies-Black.

Williams, A. P. O., & Dobson, P. (1997). Personnel selection and corporate strategy. In N. Anderson & P. Herriot (Eds.), *International handbook of selection and assessment* (pp. 219–245). Chichester, UK: John Wiley.

Zeidner, J., Johnson, C., & Scholarios, D. (2001). Matching people to jobs: New classification techniques for improving decision making. *Kybernetes, 30*, 984–1005.

第十二章

Anderson, N. (2003). Applicant and recruiter reactions to new technology in selection: A critical review and agenda for future research. *International Journal of Selection and Assessment, 11*, 121–136.

Anderson, N. (2004). The dark side of the moon: Applicant perspectives, negative psychological effects (NPEs), and candidate decision making in selection. *International Journal of Selection and Assessment, 12*, 1–8.

Arvey, R. D., Strickland, W., Drauden, G., & Martin, C. (1990). Motivational components of test-taking. *Personnel Psychology, 43*, 695–716.

Bauer, T. N., Maertz, C. P., Jr., Dolen, M. R., & Campion, M. A. (1998). Longitudinal assessment of applicant reactions to employment testing and test outcome feedback. *Journal of Applied Psychology, 83*, 892–903.

Bauer, T. N., Truxillo, D. M., Paronto, M. E., Campion, M. A., & Weekley, J. A. (2004). Applicant reactions to different selection technology: Face-to-face, interactive voice response, and computer-assisted telephone screening interviews. *International Journal of Selection and Assessment, 12*, 135–147.

Bauer, T. N., Truxillo, D. M., Sanchez, R. J., Craig, J., Ferrara, P., & Campion, M. A. (2001). Applicant reactions to selection: Development of the Selection Procedural Justice Scale (SPJS). *Personnel Psychology, 54*, 387–419.

Bell, B. S., Ryan, A. M., & Wiechmann, D. (2004). Justice expectations and applicant perceptions. *International Journal of Selection and Assessment, 12*, 24–38.

Brutus, S. (1996). The perception of selection tests: An expanded model of perceived job relatedness (Doctoral dissertation, Bowling Green University, 1996). *Dissertation Abstracts International, 57*, 741.

Chambers, B. A. (2002). Applicant reactions and their consequences: Review, advice, and recommendations for future research. *International Journal of Management Reviews, 4*, 317–333.

Chan, D. (1997). Racial subgroup differences in predictive validity perceptions on personality and cognitive ability tests. *Journal of Applied Psychology, 82*, 311–320.

Chan, D., & Schmitt, N. (2004). An agenda for future research on applicant reactions to selection procedures: A construct-oriented approach. *International Journal of Selection and Assessment, 12*, 9–23.

Chan, D., Schmitt, N., DeShon, R. P., Clause, C. S., & Delbridge, K. (1997). Reactions to cognitive ability tests: The relationships between race, test performance, face validity perceptions, and test-taking motivation. *Journal of Applied Psychology, 82*, 300–310.

Chan, D., Schmitt, N., Sacco, J. M., & DeShon, R. P. (1998). Understanding pretest and posttest reactions to cognitive ability and personality tests. *Journal of Applied Psychology, 98*, 471–485.

Chapman, D. S., Uggerslev, K. L., & Webster, J. (in press). Applicant reactions to face-to-face and technology-mediated interviews: A field investigation. *Journal of Applied Psychology.*

Colquitt, J. A. (2001). On the dimensionality of organizational justice: A construct validation of a measure. *Journal of Applied Psychology, 86*, 386–400.

Derous, E., Born, M. P., & DeWitte, K. (2004). How applicants want and expect to be treated: Applicants' selection treatment beliefs and the development of the social process questionnaire on selection. *International Journal of Selection and Assessment, 12*, 99–119.

Ergene, T. (2003). Effective interventions on test anxiety reduction: A meta-analysis. *School Psychology International, 24*, 313–328.

Gilliland, S. W. (1993). The perceived fairness of selection systems: An organizational justice perspective. *Academy of Management Review, 18*, 694–734.

Gilliland, S. W. (1994). Effects of procedural and distributive justice on reactions to a selection system. *Journal of Applied Psychology, 79*, 691–701.

Gilliland, S. W., & Cherry, B. (2000). Managing "customers" of selection processes. In J. F. Kehoe (Ed.), *Managing selection in changing organizations* (pp. 158–196). San Francisco: Jossey-Bass.

Hausknecht, J. P., Day, D. V., & Thomas, S. C. (in press). Applicant reactions to selection procedures:

An updated model and meta-analysis. *Personnel Psychology.*

Heilman, M. E., & Alcott, V. B. (2001). What I think you think of me: Women's reactions to being viewed as beneficiaries of preferential selection. *Journal of Applied Psychology, 86,* 574–582.

Heilman, M. E., Kaplow, S. R., Amato, M. A., & Stathatos, P. (1993). When similarity is a liability: Effects of sex-based preferential selection on reactions to like-sex and different-sex others. *Journal of Applied Psychology, 78,* 917–927.

Heilman, M. E., McCullough, W. F., & Gilbert, D. (1996). The other side of affirmative action: Reactions of nonbeneficiaries to sex-based preferential selection. *Journal of Applied Psychology, 81,* 346–357.

Hembree, R. (1988). Correlates, causes, effects, and treatment of test anxiety. *Review of Educational Research, 58,* 47–77.

Herriot, P. (2004). Social identities and applicant reactions. *International Journal of Selection and Assessment, 12,* 75–83.

Horvath, M., Ryan, A. M., & Stierwalt, S. L. (2000). The influence of explanations for selection test use, outcome favorability, and self-efficacy on test-taker perceptions. *Organizational Behavior and Human Decision Processes, 83,* 310–330.

Juhasz, K., & Mishken, M. A. (2004). *Personality differences in accepting selection procedure decisions.* Poster presented at the meeting of the Society for Industrial and Organizational Psychology, Chicago, IL.

Lam, H., & Reeve, C. L. (2004). *A closer look at the relation between test perceptions, test-taking motivation, and ability-test performance: Do non-ability factors really matter?* Paper presented at the meeting of the Society for Industrial and Organizational Psychology, Chicago, IL.

Li, A. (2004). *Are reactions to justice cross-culturally invariant? A meta-analytic review.* Paper presented at the meeting of the Society for Industrial and Organizational Psychology, Chicago, IL.

Lievens, F., De Corte, W., & Brysse, K. (2003). Applicant perceptions of selection procedures: The role of selection information, belief in tests, and comparative anxiety. *International Journal of Selection and Assessment, 11,* 65–75.

Mosier, C. I. (1947). A critical examination of the concept of face validity. *Educational and Psychological Measurement, 7,* 191–206.

Murphy, K. R., & Tam, A. P. (2004). The decisions job applicants must make: Insights from a Bayesian perspective. *International Journal of Selection and Assessment, 12,* 66–74.

Nevo, B. (1995). Examinee feedback questionnaire: Reliability and validity measures. *Educational and Psychological Measurement, 55,* 499–504.

Ployhart, R. E., & Harold, C. M. (2004). The applicant attribution-reaction theory (AART): An integrative theory of applicant attributional processing. *International Journal of Selection and Assessment, 12,* 84–98.

Ployhart, R. E., & Ryan, A. M. (1998). Applicants' reactions to the fairness of selection procedures: The effects of positive rule violations and time of measurement. *Journal of Applied Psychology 83,* 3–16.

Ployhart, R. E., Ryan, A. M., & Bennett, M. (1999). Explanations for selection decisions: Applicants' reactions to informational and sensitivity features of explanations. *Journal of Applied Psychology, 84,* 87–106.

Podsakoff, P. M., MacKenzie, S. B., Lee, J. Y., & Podsakoff, N. P. (2003). Common method biases in behavioral research: A critical review of the literature and recommended remedies. *Journal of Applied Psychology, 88,* 879–903.

Ryan, A. M., & Ployhart, R. E. (2000). Applicants' perceptions of selection procedures and decisions: A critical review and agenda for the future. *Journal of Management, 26,* 565–606.

Ryan, A. M., Ployhart, R. E., Greguras, G. J., & Schmit, M. J. (1998). Test preparation programs in selection contests: Self-selection and program effectiveness. *Personnel Psychology, 51,* 599–622.

Rynes, S. L. (1991). Recruitment, job choice, and post-hire consequences: A call for new research directions. In M. D. Dunnette & L. M. Hough (Eds.), *Handbook of Industrial and Organizational Psy-*

chology (2nd ed., Vol. 2, pp. 399–444). Palo Alto, CA: Consulting Psychologists Press.

Rynes, S. L. (1993). Who's selecting whom? Effects of selection practices on applicant attitudes and behavior. In N. Schmitt & W. C. Borman (Eds.), *Personnel selection in organizations* (pp. 240–274). San Francisco: Jossey-Bass.

Saks, S. M., Leck, J. D., & Saunders, D. M. (1995). Effects of application blanks and employment equity on applicant reactions and job pursuit intentions. *Journal of Organizational Behavior, 16,* 415–430.

Sanchez, R. J., Truxillo, D. M., & Bauer, T. N. (2000). Development and examination of an expectancy-based measure of test-taking motivation. *Journal of Applied Psychology, 85,* 739–750.

Schinkel, S., Van Dierendonck, D., & Anderson, N. (2004). The impact of selection encounters on applicants: An experimental study into feedback effects after a negative selection decision. *International Journal of Selection and Assessment, 12,* 197–205.

Schmitt, N., & Chan, D. (1999). The status of research on applicant reactions to selection tests and its implications for managers. *International Journal of Management Reviews, 1,* 45–62.

Schuler, H. (1993). Social validity of selection situations: A concept and some empirical results. In H. Schuler, J. L. Farr, & M. Smith (Eds.), *Personnel selection and assessment: Individual and organizational perspectives* (pp. 11–26). Hillsdale, NJ: Erlbaum.

Seipp, B. (1991). Anxiety and academic performance: A meta-analysis of findings. *Anxiety Research, 4,* 27–41.

Shaw, J. C., Wild, E., & Colquitt, J. A. (2003). To justify or excuse? A meta-analytic review of the effects of explanations. *Journal of Applied Psychology, 88,* 444–458.

Smither, J. W., Reilly, R. R., Millsap, R. E., Pearlman, K., & Stoffey, R. W. (1993). Applicant reactions to selection procedures. *Personnel Psychology, 46,* 49–76.

Steiner, D. D., & Gilliland, S. W. (1996). Fairness reactions to personnel selection techniques in France and the United States. *Journal of Applied Psychology, 81,* 134–141.

Steiner, D. D., & Gilliland, S. W. (2001). Procedural justice in personnel selection: International and cross-cultural perspectives. *International Journal of Selection and Assessment, 9,* 1–14.

Truxillo, D. M., Bauer, T. N., Campion, M. A., & Paronto, M. E. (2002). Multiple dimensions of procedural justice: Longitudinal effects on selection system fairness and test-taking self-efficacy. *International Journal of Selection and Assessment, 9,* 336–349.

Truxillo, D. M., Steiner, D. D., & Gilliland, S. W. (2004). The importance of organizational justice in personnel selection: Defining when selection fairness really matters. *International Journal of Selection and Assessment, 12,* 39–53.

Van Vianen, A. E., Taris, R., Scholten, E., & Schinkel, S. (2004). Perceived fairness in personnel selection: Determinants and outcomes in different stages of the assessment procedure. *International Journal of Selection and Assessment, 12,* 149–159.

第十三章

American Educational Research Association, American Psychological Association, & National Council of Measurement in Education. (1999). *Standards for educational and psychological testing.* Washington, DC: American Psychological Association.

Barrick, M. R., & Mount, M. K. (1991). The Big Five personality dimensions and job performance: A meta analysis. *Personnel Psychology, 44,* 1–26.

Barrick, M. R., Mount, M. K., & Judge, T. A. (2001). Personality and performance at the beginning of the new millennium: What do we know and where do we go next. *International Journal of Selection and Assessment, 9,* 9–29.

Bartlett, C. J., & O'Leary, B. S. (1969). A differential prediction model to moderate the effects of heterogeneous groups in personnel selection and classification. *Personnel Psychology, 22,* 1–17.

Black, H. (1962). *They shall not pass.* New York: Random House.

Bobko, P., Roth, P. L., & Potosky, D. (1999). Derivation and implication of a meta-analytic matrix incorporating cognitive ability, alternative predictors, and job performance. *Personnel Psychology, 52,* 561–590.

Callinan, M., & Robertson, I. T. (2000). Work sample testing. *International Journal of Selection and Assessment, 8,* 248–260.

Cleary, T. A. (1968). Test bias: Prediction of grades of negro and white students in integrated colleges. *Journal of Educational Measurement, 5,* 115–124.

Cortina, J. M., Goldstein, N. B., Payne, S. C., Davison, H. K., & Gilliland, S. W. (2000). The incremental validity of interview scores over and above cognitive ability and conscientiousness scores. *Personnel Psychology, 53,* 326–351.

De Corte, W. (1999). Weighing job performance predictors to both maximize the quality of the selected workforce and control the level of adverse impact. *Journal of Applied Psychology, 84,* 695–702.

Dewberry, C. (2001). Performance disparities between whites and ethnic minorities: Real differences or assessment bias? *Journal of Occupational and Organizational Psychology, 74,* 659–673.

Dorans, N. J., Schmitt, A. P., & Bleistein, C. A. (1992). The standardization approach to assessing comprehensive differential item functioning. *Journal of Educational Measurement, 29,* 309–319.

Dubin, J. A., Osburn, H., & Winick, D. M. (1969). Speed and practice: Effects on Negro and white test performances. *Journal of Applied Psychology, 15,* 19–23.

DuBois, C. L. Z., Sackett, P. R., Zedeck, S., & Fogli, L. (1993). Further exploration of typical and maximum performance criteria: Definitional issues, prediction, and white–black differences. *Journal of Applied Psychology, 78,* 205–211.

Durán, R. P. (1983). *Hispanics' education and background: Predictors of college achievement.* New York: College Entrance Examination Board.

Eitelberg, M. J., Laurence, J. H., Waters, B. K., & Perelman, L. S. (1984). *Screening for service: Aptitude and education criteria for military entry.* Alexandria, VA: Human Resources Research Organization.

Evans, F. R., & Reilly, R. R. (1973). A study of test speededness as a potential source of bias in the quantitative score of the Admissions Test for Graduate Study in Business. *Research in Higher Education, 1,* 173–183.

Eysenck, H. J. (1959). *Manual for the Maudsley Personality Inventory.* London: University of London Press.

Ford, J. K., Kraiger, K., & Schechtman, S. (1986). Study of race effects in objective indices and subjective evaluations of performance: A meta-analysis of performance criteria. *Psychological Bulletin, 99,* 330–337.

Galton, F. (1892). *Hereditary genius.* London: MacMillan.

Goldberg, L. R., Sweeney, D., Merenda, P. F., & Hughes, J. E., Jr. (1998). Demographic variables and personality: The effects of gender, age, education, and ethnic/racial status on self-descriptions of personality attributes. *Personality and Individual Differences, 24,* 393–403.

Gottfredson, L. S. (1988). Reconsidering fairness: A matter of social and ethical priorities. *Journal of Vocational Behavior, 33,* 293–319.

Gottfredson, L. S. (2002). Where and why *g* matters: Not a mystery. *Human Performance, 15,* 25–46.

Gross, M. L. (1962). *The brain watcher.* New York: Random House.

Guion, R. M. (1965). *Personnel testing.* New York: McGraw-Hill.

Guion, R. M. (1998). *Assessment, measurement, and prediction for personnel decisions.* Mahwah, NJ: Lawrence Erlbaum.

Hartigan, J. A., & Wigdor, A. K. (Eds.). (1989). *Fairness in employment testing: Validity generalization, minority issues, and the General Aptitude Test Battery.* Washington, DC: National Academy Press.

Harville, D. L. (1996). Ability test equity in predicting job performance work samples. *Educational and Psychological Measurement, 56,* 344–348.

Herrnstein, R. J., & Murray, C. (1994). *The bell curve: Intelligence and class structure in American life.* New York: Free Press.

Hough, L. M. (1992). The "big five" personality variables – construct confusion: Description versus prediction. *Human Performance, 5*, 139–155.

Hough, L. M. (1997). The millennium for personality psychology: New horizons or good old daze. *Applied Psychology: An International Review, 47*, 233–261.

Hough, L. M. (1998). Personality at work: Issues and evidence. In M. Hakel (Ed.), *Beyond multiple choice: Evaluating alternatives to traditional tests for selection* (pp. 131–159). Hillsdale, NJ: Erlbaum.

Hough, L. M., Oswald, F. L., & Ployhart, R. E. (2001). Determinants, detection, and amelioration of adverse impact in personnel selection procedures: Issues, evidence and lessons learned. *International Journal of Selection and Assessment, 9*, 152–194.

Houston, W. M., & Novick, M. R. (1987). Race-based differential prediction in air force technical training programs. *Journal of Educational Measurement, 24*, 309–320.

Huffcutt, A. I., & Arthur, W., Jr. (1994). Hunter and Hunter (1984) revisited: Interview validity for entry-level jobs. *Journal of Applied Psychology, 79*, 184–190.

Huffcutt, A. I., & Roth, P. L. (1998). Racial group differences in employment interview evaluations. *Journal of Applied Psychology, 83*, 179–189.

Huffcutt, A. I., Roth, P. L., & McDaniel, M. A. (1996). A meta-analytic investigation of cognitive ability in employment interview evaluations: Moderating characteristics and implications for incremental validity. *Journal of Applied Psychology, 81*, 459–473.

Hunter, J. E. (1983). *Fairness of the General Aptitude Test Battery: Ability differences and their impact on minority hiring rates* (USES Test Research Report No. 46). Washington, DC: US Employment Service, US Department of Labor.

Hunter, J. E., & Hunter, R. F. (1984). Validity and utility of alternative predictors of job performance. *Psychological Bulletin, 96*, 72–98.

Hunter, J. E., Schmidt, F. L., & Hunter, R. F. (1979). Differential validity of employment tests by race: A comprehensive review and analysis. *Psychological Bulletin, 87*, 721–735.

Hunter, J. E., Schmidt, F. L., & Judiesch, M. K. (1990). Individual differences in output variability as a function of job complexity. *Journal of Applied Psychology, 75*, 28–42.

Jensen, A. R. (1974). The effect of race of examiner on the mental test scores of white and black pupils. *Journal of Educational Measurement, 11*, 1–14.

Jensen, A. R. (1980). *Bias in mental testing*. London: Methuen.

Jensen, A. R. (1998). *The g factor: The science of mental ability*. London: Praeger.

Jones, P. R., & Stangor, C. (2004). *The effects of activated stereotypes on stigmatized and non-stigmatized individuals: A meta-analysis of the stereotype threat literature*. Unpublished manuscript.

Kehoe, J. F. (2002). General mental ability and selection in private sector organizations: A commentary. *Human Performance, 15*, 97–106.

Knapp, R. R. (1960). The effects of time limits on the intelligence test performance of Mexican and American subjects. *Journal of Educational Psychology, 51*, 14–20.

Kraiger, K., & Ford, J. K. (1990). The relation of job knowledge, job performance, and supervisory ratings as a function of ratee race. *Human Performance, 3*, 269–279.

Landy, F. J., Shankster, L. J., & Kohler, S. S. (1994). Personnel selection and placement. *Annual Review of Psychology, 45*, 261–296.

Linn, R. L. (1982). Ability testing: Individual differences, prediction, and differential prediction. In A. K. Wigdor & W. R. Gardner (Eds.), *Ability testing: Uses, consequences, and controversies* (pp. 335–388). Washington, DC: National Academy Press.

Llabre, M. M., & Froman, T. W. (1987). Allocation of time to test items: A study of ethnic differences. *Journal of Experimental Education, 55*, 137–140.

Llabre, M. M., & Froman, T. W. (1988). *Allocation of time and item performance in Hispanic and Anglo examinees* (Final report). Institute for Student Assessment and Evaluation, University of Florida.

Mayer, D. M., & Hanges, P. J. (2003). Understanding the stereotype threat effect with "culture-free" tests: An examination of its mediators and measurement. *Human Performance, 16*, 207–230.

McDaniel, M. A., Whetzel, D. L., Schmidt, F. L., & Maurer, S. D. (1994). The validity of employment interviews: A comprehensive review and meta-analysis. *Journal of Applied Psychology*, *79*, 599–616.

McFarland, L. A., Lev-Arey, D. M., & Ziegert, J. C. (2003). An examination of stereotype threat in a motivational context. *Human Performance*, *16*, 181–205.

Motowidlo, S. J., Dunnette, M. D., & Carter, G. W. (1990). An alternative selection procedure: The low-fidelity simulation. *Journal of Applied Psychology*, *75*, 640–647.

Neisser, U., Boodoo, G., Bouchard, T. J., Jr., Boykin, A. W., Brody, N., Ceci, S. J., et al. (1996). Intelligence: Knowns and unknowns. *American Psychologist*, *51*, 77–101.

Nguyen, H.-H. D., O'Neal, A., & Ryan, A. M. (2003). Relating test-taking attitudes and skills and stereotype threat effects to the racial gap in cognitive ability test performance. *Human Performance*, *16*, 261–293.

O'Brien, L. T., & Crandall, C. S. (2003). Stereotype threat and arousal: Effects on women's math performance. *Personality and Social Psychology Bulletin*, *29*, 782–789.

Ones, D. S., & Anderson, N. (2002). Gender and ethnic group differences on personality scales in selection: Some British data. *Journal of Occupational and Organizational Psychology*, *75*, 255–276.

Ones, D. S., & Viswesvaran, C. (1998). Gender, age and race differences on overt integrity tests: Analyses across four large-scale applicant data sets. *Journal of Applied Psychology*, *83*, 35–42.

Ones, D. S., Viswesvaran, C., & Schmidt, F. L. (1993). Comprehensive meta-analysis of integrity test validities: Findings and implications for personnel selection and theories of job performance. *Journal of Applied Psychology*, *78*, 679–703.

Pearson, B. Z. (1993). Predictive validity of the Scholastic Aptitude Test (SAT) for Hispanic bilingual students. *Hispanic Journal of Behavioral Sciences*, *15*, 342–356.

Pennock-Román, M. (1992). Interpreting test performance in selective admissions for Hispanic students. In K. F. Geisinger (Ed.), *Psychological testing of Hispanics*. Washington, DC: APA.

Peterson, N. G., Hough, L. M., Dunnette, M. D., Rosse, R. L., Houston, J. S., Toquam, J. L., et al. (1990). Project A: Specification of the predictor domain and development of new selection/classification tests. *Personnel Psychology*, *43*, 247–276.

Phillips, L. H., & Rabbitt, P. M. A. (1995). Impulsivity and speed–accuracy strategies in intelligence test performance. *Intelligence*, *21*, 13–29.

Ployhart, R. E., Ziegert, J. C., & McFarland, L. A. (2003). Understanding racial differences on cognitive ability tests in selection contexts: An integration of stereotype threat and applicant reactions research. *Human Performance*, *16*, 231–259.

Pulakos, E. D., & Schmitt, N. (1996). An evaluation of two strategies for reducing adverse impact and their effects on criterion-related validity. *Human Performance*, *9*, 241–258.

Ramos, R. A. (1981). Employment battery performance of Hispanic applicants as a function of English or Spanish test instructions. *Journal of Applied Psychology*, *66*, 291–295.

Reynolds, C. R., & Kaiser, S. M. (1990). Bias in assessment of aptitude. In C. R. Reynolds & R. W. Kamphaus (Eds.), *Handbook of psychological and educational assessment of children: Intelligence and achievement* (pp. 611–653). New York: Guilford.

Robertson, I. T., & Kandola, R. S. (1982). Work sample tests: Validity, adverse impact and applicant reaction. *Journal of Occupational Psychology*, *55*, 171–183.

Roth, P. L., Bevier, C. A., Bobko, P., Switzer, F. S., III, & Tyler, P. (2001). Ethnic group differences in cognitive ability in employment and educational settings: A meta-analysis. *Personnel Psychology*, *54*, 297–330.

Roth, P. L., Huffcutt, A. I., & Bobko, P. (2003). Ethnic group differences in measures of group performance: A new meta-analysis. *Journal of Applied Psychology*, *88*, 694–706.

Ryan, A. M., Ployhart, R. E., & Friedel, L. A. (1998). Using personality testing to reduce adverse impact: A cautionary note. *Journal of Applied Psychology*, *83*, 298–307.

Saad, S., & Sackett, P. R. (2002). Investigating differential prediction by gender in employment-oriented personality measures. *Journal of Applied Psychology, 87*, 667–674.

Sackett, P. R. (2003). Stereotype threat in applied selection settings: A commentary. *Human Performance, 16*, 295–309.

Sackett, P. R., & DuBois, C. L. Z. (1991). Rater–ratee race effects on performance evaluation: Challenging meta-analytic conclusions. *Journal of Applied Psychology, 76*, 873–877.

Sackett, P. R., & Ellingson, J. E. (1997). The effects of forming multi-predictor composites on group differences and adverse impact. *Personnel Psychology, 50*, 707–721.

Sackett, P. R., Hardison, C. M., & Cullen, M. J. (in press). On interpreting stereotype threat as accounting for Black–White differences on cognitive tests. *Journal of Applied Psychology.*

Sackett, P. R., Laczo, R. M., & Lippe, Z. P. (2003). Differential prediction and the use of multiple predictors: The omitted variables problem. *Journal of Applied Psychology, 88*, 1046–1056.

Sackett, P. R., Schmitt, N., Ellingson, J. E., & Kabin, M. B. (2001). High-stakes testing in employment, credentialing, and higher education. *American Psychologist, 56*, 302–318.

Salgado, J. F. (1997). The Five Factor Model of Personality and Job Performance in the European Community. *Journal of Applied Psychology, 82*, 30–43.

Salgado, J. F., & Anderson, N. (2003). Validity generalization of GMA tests across countries in the European Community. *European Journal of Work and Organizational Psychology, 12*, 1–17.

Salgado, J. F., Anderson, N., Moscoso, S., Bertua, C., & De Fruyt, F. (2003). International validity generalization of GMA and cognitive abilities as predictors of work behaviours: A European contribution and comparison with American findings. *Personnel Psychology, 56*, 573–605.

Salgado, J. F., & Moscoso, S. (2002). Comprehensive meta-analysis of the construct validity of the selection interview. *European Journal of Work and Organizational Psychology, 11*, 299–324.

Schmidt, F. L. (1988). The problem of group differences in ability test scores in employment selection. *Journal of Vocational Behavior, 33*, 272–292.

Schmidt, F. L. (1992). What do data really mean? Research findings, meta-analysis, and cumulative knowledge in psychology. *American Psychologist, 47*, 1173–1181.

Schmidt, F. L. (2002). The role of general cognitive ability and job performance: Why there cannot be a debate. *Human Performance, 15*, 187–210.

Schmidt, F. L., & Hunter, J. E. (1998). The validity and utility of selection methods in personnel psychology: Practical and theoretical implications of 85 years of research findings. *Psychological Bulletin, 124*, 262–274.

Schmidt, F. L., & Hunter, J. E. (2004). General mental ability in the world of work: Occupational attainment and job performance. *Journal of Personality and Social Psychology, 86*, 162–173.

Schmidt, F. L., Pearlman, K., & Hunter, J. E. (1980). The validity and fairness of employment and educational tests for Hispanic Americans: A review and analysis. *Personnel Psychology, 33*, 705–724.

Schmitt, A. P., & Dorans, N. J. (1990). Differential Item Functioning for minority examinees on the SAT. *Journal of Educational Measurement, 27*, 67–81.

Schmitt, N., Clause, C. S., & Pulakos, E. D. (1996). Subgroup differences associated with different measures of some common job-relevant constructs. *International Review of Industrial and Organizational Psychology, 11*, 115–139.

Schmitt, N., Rogers, W., Chan, D., Sheppard, L., & Jennings, D. (1997). Adverse impact and predictive efficiency of various predictor combinations. *Journal of Applied Psychology, 82*, 719–730.

Scott, N., & Anderson, N. (2003, May). *Ethnic and gender differences in GMA test scores: Findings from the UK.* Paper presented at the EAWOP Conference, Lisbon.

Society for Industrial and Organizational Psychology. (1987). *Principles for the validation and use of personnel selection procedures.* College Park, MD: SIOP.

Steele, C. M. (1997). A threat in the air: How stereotypes shape intellectual identity and performance. *American Psychologist, 52*, 613–629.

Steele, C. M., & Aronson, J. (1995). Stereotype threat and the intellectual test performance of African

Americans. *Journal of Personality and Social Psychology, 69*, 797–811.

Steele, C. M., Spencer, S. J., & Aronson, J. (2002). Contending with group image: The psychology of stereotype and social identity threat. *Advances in Experimental Social Psychology, 34*, 379–440.

Stricker, L. J. (1998). *Inquiring about examinees' ethnicity and sex: Effects on AP Calculus AB Examination performance* (College Board Rep. No. 98-1; ETS Research Rep. No. 98-5). New York: College Entrance Examination Board.

Stricker, L. J., & Ward, W. C. (1998). *Inquiring about examinees' ethnicity and sex: Effects on Computerized Placement Tests Performance* (College Board Rep. No. 98-2; ETS Research Rep. No. 98-9). New York: College Entrance Examination Board.

Tellegen, B. (1968). *Over rigiditeit* [On rigidity]. Zaltbommel, The Netherlands: Avanti.

te Nijenhuis, J., de Jong, M.-J., Evers, A., & van der Flier, H. (2004). Are cognitive differences between immigrant and majority groups diminishing? *European Journal of Personality, 18*, 405–434.

te Nijenhuis, J., Evers, A., & Mur, J. P. (2000). Validity of the Differential Aptitude Test for immigrant children. *Educational Psychology, 20*, 99–115.

te Nijenhuis, J., & van der Flier, H. (1999). Bias research in The Netherlands: Review and implications. *European Journal of Psychological Assessment, 15*, 165–175.

te Nijenhuis, J., & van der Flier, H. (2000). Differential prediction of immigrant versus majority group training performance using cognitive ability and personality measures? *International Journal of Selection and Assessment, 8*, 54–60.

te Nijenhuis, J., & van der Flier, H. (2003). Immigrant–majority group differences in cognitive performance: Jensen effects, cultural effects, or both. *Intelligence, 31*, 443–459.

te Nijenhuis, J., van der Flier, H., & van Leeuwen, L. (1997). Comparability of personality test scores for immigrants and majority group members: Some Dutch findings. *Personality and Individual Differences, 23*, 849–859.

te Nijenhuis, J., van der Flier, H., & van Leeuwen, L. (2003). The use of a test for neuroticism, extraversion, and rigidity for Dutch immigrant job-applicants. *Applied Psychology: An International Review, 52*, 630–647.

van den Berg, R. H. (2001). *Psychologisch onderzoek in een multiculturele samenleving: Psychologische tests, interview- en functioneringsbeoordelingen* [Psychological research in a multicultural society: Psychological tests, interview ratings and job proficiency assessment]. Amsterdam: NOA.

van der Flier, H., & Drenth, P. J. D. (1980). Fair selection and comparability of test scores. In L. J. Th. van der Kamp, W. F. Langerak & D. N. M. de Gruijter (Eds.), *Psychometrics for educational debates* (pp. 85–101). Chichester, UK: John Wiley & Sons.

van Leest, P. F. (1997). *Persoonlijkheidsmeting bij allochtonen* [Assessment of personality for ethnic minorities]. Lisse, The Netherlands: Swets & Zeitlinger.

Waldman, D. A., & Avolio, B. J. (1991). Race effects in performance evaluations: Controlling for ability, education, and experience. *Journal of Applied Psychology, 76*, 897–901.

Wiesner, W. H., & Cronshaw, S. F. (1988). A meta-analytic investigation of the impact of interview format and degree of structure on the validity of the employment interview. *Journal of Occupational Psychology, 61*, 275–290.

Wigdor, A. K., & Garner, W. R. (Eds.). (1982). *Ability testing: Uses, consequences, and controversies.* Washington, DC: National Academy Press.

Wild, C. L., Durso, R., & Rubin, D. B. (1982). Effect of increased test-taking time on test scores by ethnic group, years out of school, and sex. *Journal of Educational Measurement, 19*, 19–28.

Wilson, K. M. (1990). *Population differences in speed versus level of GRE reading comprehension: An exploratory study* (GRE Report No. 84-09). Princeton, NJ: Educational Testing Service.

Young, J. W. (1994). Differential prediction of college grades by gender and ethnicity: A replication study. *Educational and Psychological Measurement, 54*, 1022–1029.

第十四章

Ackerman, P. L., & Heggestad, E. D. (1997). Intelligence, personality, and interests: Evidence for overlapping traits. *Psychological Bulletin, 121,* 219–245.

Ackerman, P. L., & Humphreys, L. G. (1990). Individual differences theory in industrial and organizational psychology. In M. D. Dunnette & L. M. Hough (Eds.), *Handbook of industrial and organizational psychology* (2nd ed., Vol. 1, pp. 223–282). Palo Alto, CA: Consulting Psychologists Press.

Alden, L. (1986). Self-efficacy and causal attributions for social feedback. *Journal of Research in Personality, 20,* 460–473.

Alden, L., Teschuk, M., & Tee, K. (1992). Public self-awareness and withdrawal from social interactions. *Cognitive Therapy and Research, 16,* 249–267.

Amabile, T. M. (1983). *The social psychology of creativity.* New York: Springer-Verlag.

Amabile, T. M. (1996). *Creativity in context: Update to the social psychology of creativity.* Boulder, CO: Westview.

Anderson, N. (1992). Eight decades of employment interview research: A retrospective meta-review and prospective commentary. *The European Work and Organizational Psychologist, 2,* 1–32.

Anderson, N. (2003). Applicant and recruiter reactions to new technology in selection: A critical review and agenda for future research. *International Journal of Selection and Assessment, 11,* 121–136.

Anderson, N., DeDreu, C. K. W., & Nijstad, B. A. (2004). The routinization of innovation research: A constructively critical review of the state-of-the-science. *Journal of Organizational Behavior,* in press.

Anderson, N., Herriot, P., & Hodgkinson, G. P. (2001). The practitioner-researcher divide in industrial, work and organizational (IWO) psychology: Where we are and where do we go from here. *Journal of Occupational and Organizational Psychology, 74,* 391–411.

Arvey, R. D., & Murphy, K. R. (1998). Performance evaluation in work settings. *Annual Review of Psychology, 49,* 141–168.

Bandura, A. (1997). Self efficacy: The exercise of control. New York: Freeman.

Bartis, S., Szmanski, K., & Harkins, S. G. (1988). Evaluation and performance: A two-edged knife. *Personality and Social Psychology Bulletin, 14,* 242–251.

Baumeister, R. F. (1984). Choking under pressure: Self-consciousness and paradoxical effects of incentives on skillful performance. *Journal of Personality and Social Psychology, 46,* 610–620.

Beilock, S. L., & Carr, T. H. (2001). On the fragility of skilled performance: What governs choking under pressure? *Journal of Experimental Psychology: General, 130,* 701–725.

Bond, C. F. (1982). Social facilitation: A self-presentational view. *Journal of Personality and Social Psychology, 42,* 1042–1050.

Borman, W. C. (1991). Job behavior, performance, and effectiveness. In M. D. Dunnette & L. M. Hough (Eds.), *Handbook of industrial and organizational psychology* (2nd ed., Vol. 2, pp. 271–326). Palo Alto, CA: Consulting Psychologists Press.

Boudreau, J. W. (1991). Utility analysis for decisions in human resource management. In M. D. Dunnette & L. M. Hough (Eds.), *Handbook of industrial and organizational psychology* (2nd ed., Vol. 2, pp. 621–745). Palo Alto, CA: Consulting Psychologists Press.

Campbell, J. P. (1990). Modeling the performance prediction problem in industrial and organizational psychology. In M. D. Dunnette & L. M. Hough (Eds.), *Handbook of industrial and organizational psychology* (2nd ed., Vol. 1, pp. 687–732). Palo Alto, CA: Consulting Psychologists Press.

Campion, M. A., Campion, J. E., & Hudson, J. P., Jr. (1994). Structured interviewing: A note on incremental validity and alternative question types. *Journal of Applied Psychology, 79,* 998–1002.

Chernyshenko, O. S., Stark, S., Chan, K. Y., Drasgow, F., & Williams, B. (2001). Fitting item response theory models to two personality inventories: Issues and insights. *Multivariate Behavioral Research, 36,* 523–562.

Conway, J. M., & Peneno, G. M. (1999). Comparing structured interview question types: Construct validity and applicant reactions. *Journal of Business and Psychology, 13,* 485–506.

Cronbach, L. J. (1960). *Essentials of psychological testing* (2nd ed.). New York: Harper & Row.

Dennis, M. J., Sternberg, R. J., & Beatty, P. (2000). The construction of "user-friendly" tests of cognitive functioning: A synthesis of maximal- and typical-performance measurement philosophies. *Intelligence, 28*, 193–211.

Dewberry, C. (2001). Performance disparities between whites and ethnic minorities: Real differences or assessment bias? *Journal of Occupational and Organizational Psychology, 74*, 659–673.

DuBois, C. L. Z., Sackett, P. R., Zedeck, S., & Fogli, L. (1993). Further exploration of typical and maximum performance criteria: Definitional issues, prediction, and White–Black differences. *Journal of Applied Psychology, 78*, 205–211.

Ellis, A. P. J., West, B. J., Ryan, A. M., & DeShon, R. P. (2002). The use of impression management tactics in structured interviews: A function of question type? *Journal of Applied Psychology, 87*, 1200–1208.

Eysenck, M. W. (1979). Anxiety learning and memory: A reconceptualization. *Journal or Research in Personality, 13*, 363–385.

Fishbein, M., & Ajzen, I. (1975). *Belief, attitude, intention and behavior: An introduction to theory and research.* Reading, MA: Addison-Wesley.

Fiske, D. W., & Butler, J. M. (1963). The experimental conditions for measuring individual differences. *Educational and Psychological Measurement, 23*, 249–266.

Guion, R. M. (1991). Personnel assessment, selection, and placement. In M. D. Dunnette & L. M. Hough (Eds.), *Handbook of industrial and organizational psychology* (2nd ed., Vol. 2, (pp. 327–397). Palo Alto, CA: Consulting Psychologists Press.

Guion, R. M. (1998). *Assessment, measurement, and prediction of personnel decisions.* Mahwah, NJ: Lawrence Erlbaum.

Herriot, P., & Anderson, N. (1997). Selecting for change: How will personnel and selection psychology survive? In N. Anderson & P. Herriot (Eds.), *International handbook of selection and assessment* (pp. 1–38), Chichester, UK: John Wiley & Sons.

Hesketh, B., & Bochner, S. (1994). Technological change in a multicultural context: Implications for training and career planning. In H. C. Triandis & M. D. Dunnette (Eds.), *Handbook of industrial and organizational psychology* (2nd ed., Vol. 4, pp. 191–240). Palo Alto, CA: Consulting Psychologists Press.

Hough, L. M. (1992). The "big five" personality variables – construct confusion: Description versus prediction. *Human Performance, 5*, 139–155.

Hunter, J. E., & Hunter, R. F. (1984). Validity and utility of alternative predictors of job performance. *Psychological Bulletin, 96*, 72–98.

Janz, T. (1989). The patterned behaviour description interview: The best prophet of the future is the past. In R. W. Eder & G. R. Ferris (Eds.), *The employment interview: Theory, research, and practice* (pp. 158–168). Newbury Park, CA: Sage.

Judge, T. A., & Bono, J. E. (2000). Five factor model of personality and transformational leadership. *Journal of Applied Psychology, 85*, 751–765.

Karau, S. J., & Williams, K. D. (1993). Social loafing: A meta-analytic review and theoretical integration. *Journal of Personality and Social Psychology, 65*, 681–706.

Kirk, A. K., & Brown, D. F. (2003). Latent constructs of proximal and distal motivation predicting performance under maximum test conditions. *Journal of Applied Psychology, 88*, 40–49.

Klehe, U. C., & Anderson, N. (2004a). *Working hard and smart during typical and maximum performance.* Paper presented at the 19th annual meeting of the Society of Industrial and Organizational Psychology, Chicago.

Klehe, U. C., & Anderson, N. (2004b). *TMPS: Typical and Maximum Performance Scale.* Paper presented at the 19th annual meeting of the Society of Industrial and Organizational Psychology, Chicago.

Klehe, U. C., Hoefnagels, E. A., & Anderson, N. (under review). *The effect of self-efficacy on maximum versus typical performance.* Paper submitted to the annual meeting of the Academy of Management,

New Orleans, 2004.

Klehe, U. C., & Latham, G. P. (2003, April). *Towards an understanding of the constructs underlying the situational and patterned behavior description interview in predicting typical versus maximum performance.* Paper presented at the 18th annual meeting of the Society of Industrial and Organizational Psychology, Orlando, FL.

Kluger, A. N., & DeNisi, A. (1996). Effects of feedback intervention on performance: A historical review, a meta-analysis, and a preliminary feedback intervention theory. *Psychological Bulletin, 119,* 254-284.

Krampen, G. (1988). Competence and control orientations as predictors of test anxiety in students: Longitudinal results. *Anxiety Research, 1,* 185-197.

Kruger, N. F., Jr., & Dickson, P. R. (1994). How believing in ourselves increases risk taking: Perceived self-efficacy and opportunity recognition. *Decision Sciences, 25,* 385-400.

Latané, B., Williams, K., & Harkins, S. (1979). Many hands make light the work: The causes and consequences of social loafing. *Journal of Personality and Social Psychology, 37,* 822-832.

Latham, G. P. (1989). The reliability, validity, and practicality of the situational interview. In G. Ferris & R. Eder (Eds.), *The employment interview: Theory, research and practice.* Newbury Park, CA: Sage.

Leland, E. I. (1983). *Self-efficacy and other variables as they relate to precompetitive anxiety among male interscholastic basketball players.* Ph.D. diss., Stanford University. *Dissertation Abstracts International, 44,* 1376A.

Locke, E. A., & Latham, G. P. (1990). *A theory of goal setting and task performance.* Englewood Cliffs, NY: Prentice Hall.

Locke, E. A., Mento, A. J., & Katcher, B. L. (1978). The interaction of ability and motivation in performance: An exploration of the meaning of moderators. *Personnel Psychology, 31,* 269-280.

Masters, R. S. (1992). Knowledge, knerves, and know-how: The role of explicit versus implicit knowledge in the breakdown of a complex motor skill under pressure. *British Journal of Psychology, 83,* 343-358.

Motowidlo, S. J. (1999). Asking about past behaviour versus hypothetical behaviour. In R. W. Eder & M. H. Harris (Eds.), *The employment interview handbook* (pp. 179-190). Newbury Park, CA: Sage.

Ones, D. S., & Viswesvaran, C. (1998). The effects of social desirability and faking on personality and integrity assessment for personnel selection. *Human Performance, 11,* 245-269.

Ployhart, R. E., Lim, B.C., & Chan, K. Y. (2001). Exploring relations between typical and maximum performance ratings and the five factor model of personality. *Personnel Psychology, 54,* 809-843.

Sackett, P. R., & Larson, J. R. (1990). Research strategies and tactics in industrial and organizational psychology. In M. D. Dunnette & L. M. Hough (Eds.), *Handbook of industrial and organizational psychology* (2nd ed., Vol. 1, pp. 419-490). Palo Alto, CA: Consulting Psychologists Press.

Sackett, P. R., Zedeck, S., & Fogli, L. (1988). Relations between measures of typical and maximum job performance. *Journal of Applied Psychology, 73,* 482-486.

Salgado, J. F., & Anderson, N. (2002). Cognitive and GMA testing in the European Community: Issues and evidence. *Human Performance, 15,* 75-96.

Salgado, J. F., & Anderson, N. (2003). Validity generalization of GMA tests across countries in the European Community. *European Journal of Work and Organizational Psychology, 12,* 1-17.

Salgado, J. F., Anderson, N., Moscoso, S., Bertua, C., de Fruyt, F., & Rolland, J. P. (2003). A meta-analytic study of general mental ability validity for different occupations in the European Community. *Journal of Applied Psychology, 88,* 1068-1081.

Sanna, L. (1992). Self-efficacy theory: Implications for social facilitation and social loafing. *Journal of Personality and Social Psychology, 62,* 774-786.

Sanna, L., & Shotland, R. L. (1990). Valence of anticipated evaluation and social facilitation. *Journal of Experimental Social Psychology, 26,* 82-92.

Schmidt, F. L. (1988). The problem of group differences in ability test scores in employment selection. *Journal of Vocational Behavior, 33*, 272–292.

Schmidt, F.L., & Hunter, J. E. (1998). The validity and utility of selection methods in personnel psychology: Practical and theoretical implications of 85 years of research findings. *Psychological Bulletin, 124*, 262–274.

Schuler, H., & Moser, K. (1995). Die Validität des Multimodalen Interviews [The validity of the multimodal interview]. *Zeitschrift für Arbeits- und Organisationspsychologie, 39*, 2–12.

Smith-Jentsch, K. A., Jentsch, F. G., Payne, S. C., & Salas, E. (1996). Can pretraining experiences explain individual differences in learning? *Journal of Applied Psychology, 81*, 110–116.

Smith-Jentsch, K. A., Salas, E., & Brannick, M. T. (2001). To transfer or not to transfer? Investigating the combined effects of trainee characteristics, team leader support, and team climate. *Journal of Applied Psychology, 86*, 279–292.

Sternberg, R. J. (1999). Intelligence as developing expertise. *Contemporary Educational Psychology, 24*, 359–375.

Stevens, C. K., & Kristof, A. L. (1995). Making the right impression: A field study of applicant impression management during job interviews. *Journal of Applied Psychology, 80*, 587–606.

Stevens, M. J., & Campion, M. A. (1999). Staffing work teams: Development and validation of a selection test for teamwork settings. *Journal of Management, 25*, 207–228.

Taylor, P. J., & Small, B. (2002). Asking applicants what they would do versus what they did do: A meta-analytic comparison of situational and past behaviour employment interview questions. *Journal of Occupational and Organizational Psychology, 75*, 277–294.

Thornton, G. C., III, & Byham, W. C. (1982). *Assessment centers and managerial performance.* New York: Academic Press.

Thorsteinson, T. J., & Balzer, W. K. (1999). Effects of coworker information on perceptions and ratings of performance. *Journal of Organizational Behavior, 20*, 1157–1173.

Viswesvaran, C., Ones, D. S., & Schmidt, F. L. (1996). Comparative analysis of the reliability of job performance ratings. *Journal of Applied Psychology, 81*, 557–574.

Viswesvaran, C., Sinangil, H.K., Ones, D. S., & Anderson, N. (2001). Where we have been, where we are, (and where we could be). In N. Anderson, D. S. Ones, H. K. Sinangil, & C. Viswesvaran (Eds.), *Handbook of industrial, work and organizational psychology* (Vol. 1, pp. 1–9). London: Sage.

Vroom, V. H. (1964). *Work and motivation.* Oxford, UK: Wiley.

West, M. A., & Anderson, N. (1996). Innovation in top management teams. *Journal of Applied Psychology, 81*, 680–693.

Wine, J. (1971). Test anxiety and direction of attention. *Psychological Bulletin, 76*, 92–104.

第十五章

Albrecht, P. A., Glaser, E. M., & Marks, J. (1964). Validation of a multiple-assessment procedure for managerial personnel. *Journal of Applied Psychology, 48*, 351–360.

Alonso, A. (2001). *The relationship between cognitive ability, big five, task and contextual performance: A meta-analysis.* Unpublished Master's Thesis, Florida International University, Miami, FL.

Alonso, A., Viswesvaran, C., & Sanchez, J. I. (2001, April). *Mediating roles of task and contextual performance on predictor validity: A meta-analysis.* Poster presented at the 16th annual meeting of the Society for Industrial and Organizational Psychology, San Diego, CA.

Anderson, N., Herriot, P., & Hodgkinson, G. P. (2001). The practitioner-researcher divide in Industrial, Work and Organizational (IWO) psychology: Where are we now, and where do we go from here? *Journal of Occupational and Organizational Psychology, 74*, 391–411.

Austin, J. T., & Villanova, P. (1992). The criterion problem: 1917–1992. *Journal of Applied Psychology, 77*, 836–874.

Baier, D. E., & Dugan, R. D. (1957). Factors in sales success. *Journal of Applied Psychology, 41*, 37–40.

Barber, A. E. (1998). *Recruiting employees: Individual and organizational perspectives.* Thousand Oaks, CA: Sage.

Barrett, G. V., Caldwell, M. S., & Alexander, R. A. (1989). The predictive stability of ability requirements for task performance: A critical reanalysis. *Human Performance, 2*, 167–181.

Bernardin, H. J., & Beatty, R. (1984). *Performance appraisal: Assessing human behavior at work.* Boston: Kent-PWS.

Bernardin, H. J., & Pence, E. C. (1980). Effects of rater training: Creating new response sets and decreasing accuracy. *Journal of Applied Psychology, 65*, 60–66.

Blanz, F., & Ghiselli, E. E. (1972). The mixed standard scale: A new rating system. *Personnel Psychology, 25*, 185–199.

Blum, M. L., & Naylor, J. C. (1968). *Industrial psychology: Its theoretical and social foundations.* New York: Harper & Row.

Borman, W. C. (1974). The rating of individuals in organizations: An alternate approach. *Organizational Behavior and Human Performance, 12*, 105–124.

Borman, W. C., & Motowidlo, S. J. (1993). Expanding the criterion domain to include elements of contextual performance. In N. Schmitt & W. C. Borman (Eds.), *Personnel selection in organizations* (pp. 71–98). San Francisco, CA: Jossey Bass.

Brogden, H. E. (1946). An approach to the problem of differential prediction. *Psychometrika, 11*, 139–154.

Caligiuri, P. M. (2000). The Big Five personality characteristics as predictors of expatriate desire to terminate the assignment and supervisor-rated performance. *Personnel Psychology, 53*, 67–88.

Campbell, J. P. (1990). Modeling the performance prediction problem in industrial and organizational psychology. In M. Dunnette & L. M. Hough (Eds.), *Handbook of industrial and organizational psychology* (Vol. 1, 2nd ed., pp. 687–731). Palo Alto, CA: Consulting Psychologists Press.

Campbell, J. P., McCloy, R. A., Oppler, S. H., & Sager, C. E. (1993). A theory of performance. In N. Schmitt & W. C. Borman (Eds.), *Personnel selection in organizations* (pp. 35–70). San Francisco: Jossey-Bass.

Campbell, J. P., McHenry, J. J., & Wise, L. L. (1990). Modeling job performance in a population of jobs. *Personnel Psychology, 43*, 313–333.

Church, A. H., & Bracken, D. W. (1997). Advancing the state of the art of 360 degree feedback. *Group and Organization Management, 22*, 149–161.

Cleveland, J. N., Murphy, K. R., & Williams, R. E. (1989). Multiple uses of performance appraisal: Prevalence and correlates. *Journal of Applied Psychology, 74*, 130–135.

Conner, J. (2000). Developing the global leaders of tomorrow. *Human Resource Management, 39* (2 & 3), 147–158.

Conway, J. M., & Huffcut, A. I. (1997). Psychometric properties of multisource performance ratings: A meta-analysis of subordinate, supervisor, peer, and self-ratings. *Human Performance, 10*, 331–360.

Cortina, J. M. (1993). What is coefficient alpha? An examination of theory and applications. *Journal of Applied Psychology, 78*, 98–104.

DeShon, R. (2002). Generalizability theory. In F. Drasgow & N. Schmitt (Eds.), *Measuring and analyzing behavior in organizations* (pp. 189–220). San Francisco: Jossey-Bass.

Deshpande, S. P., & Viswesvaran, C. (1992). Is cross-cultural training of expatriate managers effective? A meta-analysis. *International Journal of Intercultural Relations, 16*, 295–310.

DeVries, D. L., Morrison, A. M., Shullman, S. L., & Gerlach, M. L. (1986). *Performance appraisal on the line.* Greensboro, NC: Center for Creative Leadership.

DuBois, C. L. Z., Sackett, P. R., Zedeck, S., & Fogli, L. (1993). Further exploration of typical and maximum performance criteria: Definitional issues, prediction, and white–black differences. *Journal of Applied Psychology, 78*, 205–211.

Facteau, J. D., & Craig, S. B. (2001). Are performance appraisal ratings from different rating sources comparable? *Journal of Applied Psychology, 86*, 215–227.

Goldberg, L. R. (1995). What the hell took so long? Donald Fiske and the big-five factor structure. In P. E. Shrout & S. T. Fiske (Eds.), *Advances in personality research, methods, and theory: A festschrift honoring Donald W. Fiske.* New York: Erlbaum.

Gruys, M. L., & Sackett, P. L. (2003). Investigating the dimensionality of counterproductive work behavior. *International Journal of Selection and Assessment, 11*, 30–42.

Guion, R. M. (1998). *Assessment, measurement, and prediction for personnel selection.* Mahwah, NJ: Lawrence Erlbaum.

Gunderson, E. K. E., & Ryman, D. H. (1971). Convergent and discriminant validities of performance evaluations in extremely isolated groups. *Personnel Psychology, 24*, 715–724.

Harris, M. M., & Schaubroeck, J. (1988). A meta-analysis of self–supervisor, self–peer, and peer–supervisor ratings. *Personnel Psychology, 41*, 43–62.

Helme, W. E., Gibson, N. A., & Brogden, H. E. (1957). *An empirical test of shrinkage problems in personnel classification research.* Personnel Board, Technical Research Note 84.

Hunt, S. T. (1996). Generic work behavior: An investigation into the dimensions of entry-level, hourly job performance. *Personnel Psychology, 49*, 51–83.

Hunter, J. E., Crosson, J. J., & Friedman, D. H. (1985). *The validity of ASVAB for civilian and military job performance.* Technical Report.

Hunter, J. E., & Schmidt, F. L. (1990). *Methods of meta-analysis: Correcting for error and bias in research findings.* Newbury Park, CA: Sage.

Kanter, R. M. (1995). *World class: Thinking locally in a global economy.* New York: Simon & Schuster.

Klimoski, R. J., & London, M. (1974). Role of the rater in performance appraisal. *Journal of Applied Psychology, 59*, 445–451.

Landy, F. J., & Farr, J. L. (1980). Performance rating. *Psychological Bulletin, 87*, 72–107.

Lent, R. H., Aurbach, H. A., & Levin, L. S. (1971). Predictors, criteria, and significant results. *Personnel Psychology, 24*, 519–533.

Mace, C. A. (1935). *Incentives: Some experimental studies.* (Report 72). London: Industrial Health Research Board.

Malos, S. B. (1998). Current legal issues in performance appraisal. In J. W. Smither (Ed.), *Performance appraisal: State of the art in practice* (pp. 49–94). San Francisco: Jossey-Bass.

Morris, S. B., & Lobsenz, R. (2003). Evaluating personnel selection systems. In J. E. Edwards, J. C. Scott, & N. S. Raju (Eds.), *The human resources program-evaluation handbook* (pp. 109–129). Thousand Oaks, CA: Sage.

Mount, M. K., Judge, T. A., Scullen, S. E., Sytsma, M. R., & Hezlett, S. A. (1998). Trait, rater, and level effects in 360-degree performance ratings. *Personnel Psychology, 51*, 557–576.

Murphy, K. R. (1989). Dimensions of job performance. In R. Dillon & J. Pelligrino (Eds.), *Testing: Applied and theoretical perspectives* (pp. 218–247). New York: Praeger.

Murphy, K. R. (Ed.). (2003). *Validity generalization: A critical review.* Mahwah, NJ: Erlbaum.

Murphy, K. R., & DeShon, R. (2000). Inter-rater correlations do not estimate the reliability of job performance ratings. *Personnel Psychology, 53*, 873–900.

Nathan, B. R., & Alexander, R. A. (1988). A comparison of criteria for test validation: A meta-analytical investigation. *Personnel Psychology, 41*, 517–535.

Norman, C. A., & Zawacki, R. A. (1991, December). Team appraisals — team approach. *Quality Digest, 11*, 68–75.

Nunnally, J. C., & Bernstein, I. H. (1994). *Psychometric theory* (3rd ed.). New York: McGraw-Hill.

Ones, D. S., & Viswesvaran, G. (2001). Integrity tests and other Criterion-focused Occupational Personality Scales (COPS) used in personnel selection. *International Journal of Selection and Assessment, 9*, 31–39.

Oppler, S. H., Sager, C. E., McCloy, R. A., & Rosse, R. L. (1993, May). The role of performance determinants in the development of prediction equations. In F. L. Schmidt (Chair), *Job perform-*

ance: Theories of determinants and factor structure. Symposium conducted at the eighth annual meeting of the Society of Industrial and Organizational Psychologists, San Francisco.

Outtz, J. L. (2002). The role of cognitive ability tests in employment selection. *Human Performance, 15,* 161–171.

Prien, E. P., & Kult, M. (1968). Analysis of performance criteria and comparison of a priori and empirically-derived keys for a forced-choice scoring. *Personnel Psychology, 21,* 505–513.

Reilly, R. R., & McGourty, J. (1998). Performance appraisal in team settings. In J. W. Smither (Ed.), *Performance appraisal: State of the art in practice* (pp. 244–277). San Francisco: Jossey-Bass.

Roach, D. E., & Wherry, R. J. (1970). Performance dimensions of multi-line insurance agents. *Personnel Psychology, 23,* 239–250.

Ronan, W. W. (1963). A factor analysis of eleven job performance measures. *Personnel Psychology, 16,* 255–267.

Rothstein, H. R. (1990). Interrater reliability of job performance ratings: Growth to asymptote level with increasing opportunity to observe. *Journal of Applied Psychology, 75,* 322–327.

Rush, C. H. (1953). A factorial study of sales criteria. *Personnel Psychology, 6,* 9–24.

Sackett, P. R., Schmitt, N., Tenopyr, M. L., & Kehoe, J. (1985). Commentary on forty questions about validity generalization and meta-analysis. *Personnel Psychology, 38,* 697–798.

Sackett, P. R., Zedeck, S., & Fogli, L. (1988). Relations between measures of typical and maximum job performance. *Journal of Applied Psychology, 73,* 482–486.

Salas, E., Dickinson, T. L., Converse, S. A., & Tannenbaum, S. I. (1992). Towards an understanding of team performance and training. In R. W. Swezey & E. Salas (Eds.), *Teams: Their training and performance* (pp. 3–29). Norwood, NJ: Ablex.

Salgado, J. F., & Moscoso, S. (1996). Meta-analysis of interrater reliability of job performance ratings in validity studies of personnel selection. *Perceptual and Motor Skills, 83,* 1195–1201.

Schmidt, F. L. (1980). *The measurement of job performance.* Unpublished manuscript.

Schmidt, F. L., & Hunter, J. E. (1992). Causal modeling of processes determining job performance. *Current Directions in Psychological Science, 1,* 89–92.

Schmidt, F. L., & Hunter, J. E. (1996). Measurement error in psychological research: Lessons from 26 research scenarios. *Psychological Methods, 1,* 199–223.

Schmidt, F. L., Hunter, J. E., Pearlman, K., & Rothstein, H. R. (1985). Forty questions about validity generalization and meta-analysis. *Personnel Psychology, 38,* 697–798.

Schmidt, F. L., Viswesvaran, C., & Ones, D. S. (2000). Reliability is not validity and validity is not reliability. *Personnel Psychology, 53,* 901–912.

Seashore, S. E., Indik, B. P., & Georgopoulos, B. S. (1960). Relationships among criteria of job performance. *Journal of Applied Psychology, 44,* 195–202.

Sinangil, H. K., & Ones, D. S. (2001). Expatriate management. In N. Anderson, D. Ones, H. Sinangil, & C. Viswesvaran (Eds.), *Handbook of industrial, work, & organizational psychology: Vol. 1, Personnel psychology* (pp. 424–443). London: Sage.

Smith, C. A., Organ, D. W., & Near, J. P. (1983). Organizational citizenship behavior: Its nature and antecedents. *Journal of Applied Psychology, 68,* 655–663.

Smith, P. C. (1976). Behavior, results, and organizational effectiveness: The problem of criteria. In M. D. Dunnette (Ed.), *Handbook of industrial and organizational psychology* (pp. 745–775). Chicago: Rand McNally.

Stevens, M. J., & Campion, M. A. (1994). The knowledge, skill, and ability requirements for teamwork: Implications for human resource management. *Journal of Management, 20,* 503–530.

Sundstrom, E., DeMeuse, K. P., & Futrell, D. (1990). Work teams: Applications and effectiveness. *American Psychologist, 45,* 120–133.

Swezey, R. W., & Salas, E. (Eds.). (1992). *Teams: Their training and performance.* Norwood, NJ: Ablex.

Thorndike, R. L. (1949). *Personnel selection: Test and measurement techniques.* New York: Wiley.

Viswesvaran, C. (1993). *Modeling job performance: Is there a general factor?* Unpublished doctoral dissertation, University of Iowa, Iowa City, IA.

Viswesvaran, C. (2003). [Review of *Measuring and analyzing behavior in organizations*. San Francisco: Jossey-Bass, 2002, 591 pages.]. *Personnel Psychology, 56*, 283–286.

Viswesvaran, C., & Ones, D. S. (1995). Theory testing: Combining psychometric meta-analysis and structural equations modeling. *Personnel Psychology, 48*, 865–885.

Viswesvaran, C., & Ones, D. S. (2000). Perspectives on models of job performance. *International Journal of Selection and Assessment, 8*, 216–227.

Viswesvaran, C., Ones, D. S., & Schmidt, F. L. (1996). Comparative analysis of the reliability of job performance ratings. *Journal of Applied Psychology, 81*, 557–574.

Viswesvaran, C., Schmidt, F. L., & Ones, D. S. (2002). The moderating influence of job performance dimensions on convergence of supervisory and peer ratings of job performance: Unconfounding construct-level convergence and rating difficulty. *Journal of Applied Psychology, 87*, 345–354.

Viswesvaran, C., Schmidt, F. L., & Ones, D. S. (in press). Is there a general factor in job performance ratings? A meta-analytic framework for disentangling substantive and error influences. *Journal of Applied Psychology*.

Welbourne, T. M., Johnson, D. E., & Erez, A. (1998). The role-based performance scale: Validity analysis of a theory-based measure. *Academy of Management Journal, 41*, 540–555.

Whisler, T. L., & Harper, S. F. (Eds.). (1962). *Performance appraisal: Research and practice*. New York: Holt.

第十六章

Adams, J. S. (1965). Inequity in social exchange. In L. Berkowitz (Ed.), *Advances in experimental social psychology* (Vol. 2, pp. 267–299). New York: Academic Press.

Barnard, C. I. (1938). *The functions of the executive*. Cambridge, MA: Harvard University Press.

Beaty, J. C., Jr., Cleveland, J. N., & Murphy, K. R. (2001). The relation between personality and contextual performance in "strong" versus "weak" situations. *Human Performance, 14*, 125–148.

Bies, R. J., & Moag, J. S. (1986). Interactional justice: Communication criteria of fairness. *Research on Negotiation in Organizations, 1*, 43–55.

Blau, P. (1964). *Exchange and power in social life*. New York: Wiley.

Bolino, M. C. (1999). Citizenship and impression management: Good soldiers or good actors? *Academy of Management Review, 24*, 82–98.

Borman, W. C., & Motowidlo, S. J. (1993). Expanding the criterion domain to include elements of contextual performance. In N. Schmitt & W. C. Borman (Eds.), *Personnel selection in organizations* (pp. 71–98). San Francisco: Jossey-Bass.

Borman, W. C., & Motowidlo, S. J. (1997). Task performance and contextual performance: The meaning for personnel selection research. *Human Performance, 10*, 99–109.

Borman, W. C., Motowidlo, S. J., & Hanser, L. M. (1983, August). A model of individual performance effectiveness: Thoughts about expanding the criterion space. In *Integrated criterion measurement for large scale computerized selection and classification*, Symposium presented at the 91st Annual Convention of the American Psychological Association, Washington, DC.

Borman, W. C., & Penner, L. A. (2001). Citizenship performance: Its nature, antecedents, and motives. In B. W. Roberts & R. Hogan (Eds.), *Personality psychology in the workplace* (pp. 45–61). Washington, DC: American Psychological Association.

Borman, W. C., Penner, L. A., Allen, T. D., & Motowidlo, S. J. (2001). Personality predictors of citizenship performance. *International Journal of Selection and Assessment, 9*, 52–69.

Borman, W. C., White, L. A., & Dorsey, D. W. (1995). Effects of ratee task performance and interpersonal factors on supervisor and peer performance ratings. *Journal of Applied Psychology, 80*, 168–177.

Brief, A. P., & Motowidlo, S. J. (1986). Prosocial organizational behaviors. *Academy of Management*

Review, 11, 710–725.

Coleman, V. I., & Borman, W. C. (2000). Investigating the underlying structure of the citizenship performance domain. *Human Resource Management Review, 10*, 25–44.

Connell, P. W. (2003). *The antecedents of OCB: Motives as mediators.* Unpublished master's thesis, University of South Florida, Tampa, FL.

Dansereau, F., Graen, G. B., & Haga, W. J. (1975). A vertical dyad linkage approach to leadership with formal organizations. *Organizational Behavior and Human Performance, 13*, 46–78.

Eastman, K. K. (1994). In the eyes of the beholder: An attributional approach to ingratiation and organizational citizenship behavior. *Academy of Management Journal, 37*, 1379–1391.

Ferris, G. R., Judge, T. A., Rowland, K. M., & Fitzgibbons, D. E. (1994). Subordinate influence and the performance evaluation process: Test of the model. *Organizational Behavior and the Human Decision Processes, 58*, 101–135.

Gellatly, I. R., & Irving, P. G. (2001). Personality, autonomy, and contextual performance of managers. *Human Performance, 14*, 231–245.

George, J. M., & Brief, A. P. (1992). Feeling good – doing good: A conceptual analysis of the mood at work–organizational spontaneity relationship. *Psychological Bulletin, 112*, 310–329.

George, J. M., & Jones, G. R. (1997). Organizational spontaneity in context. *Human Performance, 10*, 153–170.

Hackman, J. R., & Oldham, G. R. (1980). *Work redesign.* Reading, MA: Addison-Wesley.

Hogan, J., Rybicki, S. L., Motowidlo, S. J., & Borman, W. C. (1998). Relations between contextual performance, personality, and occupational advancement. *Human Performance, 11*, 189–207.

Johnson, J. W. (2001). The relative importance of task and contextual performance dimensions to supervisor judgments of overall performance. *Journal of Applied Psychology, 86*, 984–996.

Katz, D. (1964). The motivational basis of organizational behavior. *Behavioral Science, 9*, 131–143.

Katz, D., & Kahn, R. L. (1966). *The social psychology of organizations.* New York: Wiley.

Kidwell, R. E., Mossholder, K. W., & Bennett, N. (1997). Cohesiveness and organizational citizenship behavior: A multilevel analysis using work groups and individuals. *Journal of Management, 23*, 775–793.

Konovsky, M. A., & Organ, D. W. (1996). Dispositional and contextual determinants of organizational citizenship behavior. *Journal of Organizational Behavior, 17*, 253–266.

Lam, S. S. K., Hui, C., & Law, K. S. (1999). Organizational citizenship behavior: Comparing perspectives of supervisors and subordinates across four international samples. *Journal of Applied Psychology, 84*, 594–601.

Lee, K., & Allen, N. J. (2002). Organizational citizenship behavior and workplace deviance: The role of affect and cognitions. *Journal of Applied Psychology, 87*, 131–142.

LePine, J. A., Erez, A., & Johnson, D. E. (2002). The nature and dimensionality of organizational citizenship behavior: A critical review and meta-analysis. *Journal of Applied Psychology, 87*, 52–65.

Loher, B. T., Noe, R. A., Moeller, N. L., & Fitzgerald, M. P. (1985). A meta-analysis of the relation of job characteristics to job satisfaction. *Journal of Applied Psychology, 70*, 280–289.

MacKenzie, S. B., Podsakoff, P. M., & Ahearne, M. (1996). Unpublished data analysis. Indiana University, Bloomington.

McNeely, B. L., & Meglino, B. M. (1994). The role of dispositional and situational antecedents in prosocial organizational behavior: An examination of the intended beneficiaries of prosocial behavior. *Journal of Applied Psychology, 79*, 836–844.

Meyer, J. P., Allen, N. J., & Smith, C. A. (1993). Commitment to organizations and occupations: Extension and test of a three-component conceptualization. *Journal of Applied Psychology, 78*, 538–551.

Midili, A. R., & Penner, L. A. (1995, August). *Dispositional and environmental influences on Organizational Citizenship Behavior.* Annual meeting of the American Psychological Association, New York.

Miller, R. L., Griffin, M. A., & Hart, P. M. (1999). Personality and organizational health: The role of conscientiousness. *Work and Stress, 13*, 7–19.

Mischel, W. (1977). On the future of personality measurement. *American Psychologist, 32*, 246–254.

Moorman, R. H. (1991). Relationship between organizational justice and organizational citizenship behaviors: Do fairness perceptions influence employee citizenship? *Journal of Applied Psychology, 76*, 845–855.

Moorman, R. H., Niehoff, B. P., & Organ, D. W. (1993). Treating employees fairly and organizational citizenship behavior: Sorting the effects of job satisfaction, organizational commitment, and procedural justice. *Employee Responsibilities and Rights Journal, 6*, 209–225.

Morrison, E. W. (1994). Role definitions and organizational citizenship behavior: The importance of employee's perspective. *Academy of Management Journal, 37*, 1543–1567.

Motowidlo, S. J., Borman, W. C., & Schmit, M. J. (1997). A theory of individual differences in task and contextual performance. *Human Performance, 10*, 71–83.

Netemeyer, R. G., Boles, J. S., McKee, D. O., & McMurrian, R. (1997). An investigation into the antecedents of organizational citizenship behaviors in a personal selling context. *Journal of Marketing, 61*, 85–98.

Ones, D. S., Viswesvaran, C., & Schmidt, F. L. (1993). Comprehensive meta-analysis of integrity test validities: Findings and implications for personnel selection and theories of job performance. [Monograph]. *Journal of Applied Psychology, 78*, 679–703.

Organ, D. W. (1988). *Organizational citizenship behavior: The Good Soldier Syndrome.* Lexington, MA: Lexington.

Organ, D. W. (1997). Organizational citizenship behavior: It's construct clean-up time. *Human Performance, 10*, 85–97.

Organ, D. W., & Konovsky, M. A. (1989). Cognitive versus affective determinants of organizational citizenship behavior. *Journal of Applied Psychology, 74*, 157–164.

Organ, D. W., & Ryan, K. (1995). A meta-analytic review of attitudinal and dispositional predictors of organizational citizenship behavior. *Personnel Psychology, 48*, 775–802.

Penner, L. A., & Finkelstein, M. A. (1997). Dispositional and structural determinants of volunteerism. *Journal of Personality and Social Psychology, 74*, 525–537.

Penner, L. A., & Fritzsche, B. A. (1993). Magic Johnson and reactions to people with AIDS: A natural experiment. *Journal of Applied Social Psychology, 23*, 1035–1050.

Penner, L. A., Fritzsche, B. A., Craiger, J. P., & Freifeld, T. R. (1995). Measuring the prosocial personality. In J. Butcher & C. D. Spielberger (Eds.), *Advances in personality assessment* (Vol. 10, pp. 147–163). Hillsdale, NJ: LEA.

Penner, L. A., Midili, A. R., & Kegelmeyer, J. (1997). Beyond job attitudes: A personality and social psychology perspective on the causes of organizational citizenship behavior. *Human Performance, 10*, 111–131.

Podsakoff, P. M., Ahearne, M., & MacKenzie, S. B. (1997). Moderating effects of goal acceptance on the relationship between group cohesiveness and productivity. *Journal of Applied Psychology, 82*, 374–983.

Podsakoff, P. M., & MacKenzie, S. B. (1994). Organizational citizenship behavior and sales unit effectiveness. *Journal of Marketing Research, 31*, 351–363.

Podsakoff, P. M., & MacKenzie, S. B. (1997). Impact of organizational citizenship behavior: A review and suggestions for future research. *Human Performance, 10*, 133–151.

Podsakoff, P. M., MacKenzie, S. B., & Bommer, W. H. (1996). Meta-analysis of the relationships between Kerr and Jermier's substitutes for leadership and employee job attitudes, role perceptions, and performance. *Journal of Applied Psychology, 81*, 380–399.

Podsakoff, P. M., MacKenzie, S. B., Paine, J. B., & Bachrach, S. G. (2000). Organizational citizenship behaviors: A critical review of the theoretical and empirical literature and suggestions for future research. *Journal of Management, 26*, 513–563.

Rioux, S. M., & Penner, L. A. (2001). The causes of organizational citizenship behavior: A motivational analysis. *Journal of Applied Psychology, 86,* 1306–1314.

Schroeder, D. A., Penner, L. A., Dovidio, J. F., & Piliavin, J. A. (1995). *The psychology of helping and altruism.* New York: McGraw-Hill.

Skarlicki, D. P., Folger, R., & Tesluk, P. (1999). Personality as a moderator in the relationship between fairness and retaliation. *Academy of Management Journal, 42,* 100–108.

Skarlicki, D. P., & Latham, G. P. (1996). Increasing citizenship behavior within a labor union: A test of organizational justice theory. *Journal of Applied Psychology, 81,* 161–169.

Skarlicki, D. P., & Latham, G. P. (1997). Leadership training in organizational justice to increase citizenship behavior within a labor union: A replication. *Personnel Psychology, 50,* 617–633.

Smith, C. A., Organ, D. W., & Near, J. P. (1983). Organizational citizenship behavior: Its nature and antecedents. *Journal of Applied Psychology, 68,* 653–663.

Snyder, M. (1993). Basic research and practice problems: The promise of a "functional" personality and social psychology. *Personality and Social Psychology Bulletin, 19,* 251–264.

Tansky, J. W. (1993). Justice and organizational citizenship behavior: What is the relationship? *Employee Responsibilities and Rights, 6,* 195–207.

Tepper, B. J., & Taylor, E. C. (2003). Relationships among supervisors' and subordinates' procedural justice perceptions and organizational citizenship behaviors. *Academy of Management Journal, 46,* 97–105.

Thibaut, J., & Walker, L. (1975). *Procedural justice: A psychological analysis.* Hillsdale, NJ: Lawrence Erlbaum.

Tillman, P. (1998). *In search of moderators of the relationship between antecedents of organizational citizenship behavior and organizational citizenship behavior: The case of motives.* Unpublished master's thesis, University of South Florida, Tampa, FL.

Van Dyne, L., Cummings, L. L., & Parks, J. M. (1995). Extra role behaviors: In pursuit of construct and definitional clarity (a bridge over muddied waters). In L. L. Cummings & B. M. Shaw (Eds.), *Research in organizational behavior* (Vol. 17, pp. 215–285). Greenwich, CT: JAI Press.

Walz, S. M., & Niehoff, B. P. (1996). Organizational citizenship behaviors and their effect on organizational effectiveness in limited-menu restaurants. In J. B. Keys & L. N. Dosier (Eds.), *Academy of Management Best Papers Proceedings* (pp. 307–311). Briarcliff Manor, NY: Academy of Management.

Werner, J. M. (1994). Dimensions that make a difference: Examining the impact of in-role and extra-role behaviors on supervisory ratings. *Journal of Applied Psychology, 79,* 98–107.

Williams, L. J., & Anderson, S. E. (1991). Job satisfaction and organizational commitment as predictors of organizational citizenship and in-role behaviors. *Journal of Management, 17,* 601–617.

Witt, L. A., Kacmar, K. M., Carlson, D. S., & Zivnuska, S. (2002). Interactive effects of personality and organizational politics and contextual performance. *Journal of Organizational Behavior, 23,* 911–926.

第十七章

Anderson, N. (2003). Applicant and recruiter reactions to new technology in selection: A critical review and agenda for future research. *International Journal of Selection and Assessment, 11,* 121–136.

Arvey, R. D., Strickland, W., Drauden, G., & Martin, C. (1990). Motivational components of test taking. *Personnel Psychology, 43,* 695–716.

Baron, H., Miles, A., & Bartram D. (2001, April). *Using online testing to reduce time to hire.* Paper presented at the 16th annual conference of the Society for Industrial and Organizational Psychology, San Diego, CA.

Bartram, D. (1994). Computer based assessment. *International Review of Industrial and Organizational*

Psychology, 9, 31–69.

Bartram, D. (1995). The role of computer-based test interpretation (CBTI) in occupational assessment. *International Journal of Selection and Assessment, 3*, 178–185.

Bartram, D. (2000). Internet recruitment and selection: Kissing frogs to find princes. *International Journal of Selection and Assessment, 8*, 261–274.

Bartram, D. (2001). *The impact of the Internet on testing for recruitment, selection and development.* Keynote paper presented at the Fourth Australian Industrial and Organizational Psychology Conference, Sydney.

Bartram, D. (2002a). The Micropat pilot selection battery: Applications of generative techniques for item-based and task-based tests. In S. H. Irvine & P. Kyllonen (Eds.), *Item generation for test development* (pp. 317–338). Mahwah, NJ: Lawrence Erlbaum.

Bartram, D. (2002b). Power and efficiency: Expanding the scope of ability measures. *Proceedings of the BPS Occupational Psychology Conference, Blackpool, England*, pp. 116–121.

Bartram, D., & Bayliss, R. (1984). Automated testing: Past, present and future. *Journal of Occupational Psychology, 57*, 221–237.

Bartram, D., & Brown, A. (2003a). Online testing: Mode of administration and the stability of OPQ32i. *BPS Occupational Psychology Conference, Bournemouth, England, Compendium of Abstracts*, p. 63.

Bartram, D., & Brown, A. (2003b). Test-taker reactions to online completion of the OPQ32i. *SHL Group Research Report, 13 January 2003.* Thames Ditton, UK: SHL Group.

Bauer, T. N., Maertz, C. P., Jr., Dolen, M. R., & Campion, M. A. (1998). Longitudinal assessment of applicant reactions to employment testing and test outcome feedback. *Journal of Applied Psychology, 83*, 892–903.

Beaty, J. C., Jr., Fallon, J. D., & Shepard, W. (2002, April). Proctored versus unproctored web-based administration of a cognitive ability test. In F. L. Oswald & J. M. Stanton (Chairs), *Being virtually hired: Implications of web testing for personnel selection.* Symposium conducted at the 17th Annual Conference of the Society for Industrial and Organizational Psychology, Toronto, Canada.

Bock, D. (1997). A brief history of item response theory. *Educational Measurement: Issues and Practice, 16* (4), 21–32.

Borman, W. C., Buck, D. E., Hanson, M. A., Motowidlo, S. J., Stark, S., & Drasgow, F. (2001). An examination of the comparative reliability, validity, and accuracy of performance ratings made using computerized adaptive rating scales. *Journal of Applied Psychology, 86*, 965–973.

Brosnan, M. J. (1998). The impact of computer anxiety and self-efficacy upon performance. *Journal of Computer Assisted Learning, 14*, 223–234.

Burke, E. (1997). A short note on the persistence of retest effects on aptitude scores. *Journal of Occupational and Organizational Psychology, 70*, 295–302.

Dodd, B. G., Koch, W. R., & Ayala, R. (1989). Operational characteristics of adaptive testing procedures using graded response model. *Applied Psychological Measurement, 13*, 129–143.

Drasgow, F., & Mattern, K. (in press). New tests and new items: Opportunities and issues. In D. Bartram & R. Hambleton (Eds.), *Computer-based testing and the Internet: Issues and advances.* London: John Wiley & Sons.

Drasgow, F., Olson-Buchanan, J. B., & Moberg, P. J. (1999). Development of an interactive video assessment: Trials and tribulations. In F. Drasgow & J. B. Olson-Buchanan (Eds.), *Innovations in computerized assessment* (pp. 177–196). Mahwah, NJ: Lawrence Erlbaum.

Fekken, G. C., & Jackson, D. N. (1988). Predicting consistent psychological test item responses: A comparison of models. *Personality and Individual Differences, 9*, 381–387.

Frericks, L., Ehrhart, K. H., & O'Connell, M. S. (2003, April). *Computer anxiety and test performance: Comparing selection test formats.* Paper presented at the 18th annual conference of the Society for Industrial and Organizational Psychology, Orlando, FL.

George, M. S., & Skinner, H. A. (1990a). Using response latency to detect inaccurate responses in a computerized lifestyle assessment. *Computers in Human Behavior, 6*, 167–175.

George, M. S., & Skinner, H. A. (1990b). Innovative uses of microcomputers for measuring the accuracy of assessment questionnaires. In R. West, M. Christie, & J. Weinman (Eds.), *Microcomputers, psychology and medicine* (pp. 251–262). Chichester, UK: John Wiley & Sons.

Gibson, W. M., & Weiner, J. A. (1997, April). *Equivalence of computer-based and paper–pencil cognitive ability tests.* Paper presented at the 12th annual conference of the Society for Industrial and Organizational Psychology, St Louis.

Gilliland, S. W. (1994). Effects of procedural and distributive justice on reactions to a selection system. *Journal of Applied Psychology, 79,* 691–701.

Goeters, K.-M., & Lorenz, B. (2002). On the implementation of item-generation principles for the design of aptitude testing in aviation. In S. H. Irvine & P. Kyllonen (Eds.), *Item generation for test development* (pp. 339–360). Mahwah, NJ: Lawrence Erlbaum.

Hambleton, R. K., & Swaminathan, H. (1985). *Item response theory: Principles and applications.* Boston, MA: Kluwer-Nijhoff.

Hambleton, R. K., Swaminathan, H., & Rogers, H. J. (1991). *Fundamentals of item response theory.* Newbury Park, CA: Sage.

Hanson, M. A., Borman, W. C., Mogilka, H. J., Manning, C., & Hedge, J. W. (1999). Computerized assessment of skill for a highly technical job. In F. Drasgow & J. B. Olson-Buchanan (Eds.), *Innovations in computerized assessment* (pp. 197–220). Mahwah, NJ: Lawrence Erlbaum.

Holden, R. R., & Fekken, G. C. (1988). *Using reaction time to detect faking on a computerized inventory of psychopathology.* Paper presented at the Canadian Psychological Association Annual Convention, Montreal, Canada.

Irvine, S. H., & Kyllonen, P. C. (Eds.). (2002). *Item generation for test development.* Mahwah, NJ: Lawrence Erlbaum.

Kamakura, W. A., & Balasubramanian, S. K. (1989). Tailored interviewing: An application of item response theory for personality measurement. *Journal of Personality Assessment, 53,* 502–519.

King, W. C., & Miles, E. W. (1995). A quasi-experimental assessment of the effects of computerized non cognitive paper-and-pencil measurements: A test of measurement equivalence. *Journal of Applied Psychology, 80,* 643–651.

Koch, W. R., Dodd, B. G., & Fitzpatrick, S. J. (1990). Computerized adaptive measurements of attitudes. *Measurement and Evaluation in Counseling and Development, 23,* 20–30.

Kurz, R., & Evans, T. (2004). Three generations of on-screen aptitude tests: Equivalence of superiority? *BPS Occupational Psychology Conference, Bournemouth, Compendium of Abstracts,* p. 202.

Lievens, F., & Harris, M. M. (2003). Research on Internet recruitment and testing: Current status and future directions. In C. L. Cooper & I. T. Robertson (Eds.), *International Review of Industrial and Organizational Psychology* (Vol. 18, pp. 131–165). Chichester, UK: John Wiley & Sons.

Lord, F. M. (1980). *Application of item response theory to practical testing problems.* Hillsdale, NJ: Lawrence Erlbaum.

Luecht, R. (in press). Operational Issues in Computer-Based Testing. In D. Bartram & R. Hambleton (Eds.), *Computer-based testing and the Internet: Issues and advances.* London: John Wiley & Sons.

Mahar, D., Henderson, R., & Deane, F. (1997). The effects of computer anxiety, state anxiety, and computer experience on users' performance of computer based tasks. *Journal of Personality and Individual Differences, 22,* 683–692.

Mead, A. D. (2001, April). How well does web-based testing work? Results of a survey of users of NetAssess. In F. L. Oswald (Chair), *Computers = good? How test-user and test-taker perceptions affect technology-based employment testing.* Symposium presented at the 16th Annual Conference of the Society for Industrial and Organizational Psychology, San Diego, CA.

Mead, A. D., & Coussons-Read, M. (2002, April). The equivalence of paper- and web-based versions of the 16PF questionnaire. In F. L. Oswald & J. M. Stanton (Chairs), *Being virtually hired: Implications of web testing for personnel selection.* Symposium presented at the 17th Annual Conference of the Society for Industrial and Organizational Psychology, Toronto, Canada.

Mead, A. D., & Drasgow, F. (1993). Equivalence of computerized and paper-and-pencil cognitive ability tests: A meta-analysis. *Psychological Bulletin, 114*, 449–458.

Oswald, F. L., Carr, J. Z., & Schmidt, A. M. (2001, April). The medium and the message: Dual effects of supervision and web-testing on measurement equivalence for ability and personality measures. In F. L. Oswald (Chair), *Computers = good? How test-user and test-taker perceptions affect technology-based employment testing.* Symposium presented at the 16th Annual Conference of the Society for Industrial and Organizational Psychology, San Diego, CA.

Ployhart, R. E., & Ryan, A. M. (1997). Applicants' reactions to the fairness of selection procedures: The effects of positive rule violations and time of measurement. *Journal of Applied Psychology, 83*, 3–16.

Ployhart, R. E., Weekley, J. A., Holtz, B. C., & Kemp, C. (2003). Web-based and paper-and-pencil testing of applicants in a proctored setting: Are personality, biodata and situational judgement tests comparable? *Personnel Psychology, 56*, 733–752.

Preckel, F., & Thiemann, H. (2003). Online- versus paper–pencil version of a high potential intelligence test. *Swiss Journal of Psychology, 62*, 131–138.

Reynolds, D. H., Sinar, E. F., & McClough, A. C. (2000, April). Evaluation of Internet-based selection procedure. In N. J. Mondragon (Chair), *Beyond the demo: The empirical nature of technology-based assessments.* Symposium presented at the 15th annual conference of the Society for Industrial and Organizational Psychology, New Orleans, LA.

Richman, W. L., Kiesler, S., Weisband, S., & Drasgow, F. (1999). A meta-analytic study of social desirability distortion in computer-administered questionnaires, traditional questionnaires and interviews. *Journal of Applied Psychology, 84*, 754–775.

Salgado, J. F., & Moscoso, S. (2003). Paper-and-pencil and Internet-based personality testing: Equivalence of measures. *International Journal of Selection and Assessment, 11*, 194–295.

Samejima, F. (1972). A general model for free-response data. *Psychometrika Monograph Supplement*, No. 18.

Schneider, R. J., Goff, M., Anderson, S., & Borman, W. C. (2003). Computerized adaptive rating scales for measuring managerial performance. *International Journal of Selection and Assessment, 11*, 237–246.

Segall, D. O., & Moreno, K. E. (1999). Development of the computerized adaptive testing version of the Armed Services Vocational Aptitude Battery. In F. Drasgow & J. B. Olson-Buchanan (Eds.), *Innovations in computerized assessment* (pp. 34–66). Mahwah, NJ: Lawrence Erlbaum.

Sinar, E. F., & Reynolds, D. H. (2001, April). *Applicant reactions to Internet-based selection techniques.* Paper presented at the 16th annual conference of the Society for Industrial and Organizational Psychology, San Diego, CA.

Singh, J., Howell, R. D., & Rhoads, G. K. (1990). Adaptive design for Likert-type data: An approach for implementing market surveys. *Journal of Marketing Research, 27*, 304–321.

Stark, S., & Chernyshenko, O. S. (2003, April). *Using IRT methods to construct and score personality measures that are fake resistant.* Paper presented at the 18th annual conference of the Society for Industrial and Organizational Psychology, Orlando, FL.

Van der Linden, W., & Hambleton, R. K. (Eds.). (1997). *Handbook of modern item response theory.* New York: Springer.

Wainer, H., Dorans, N. J., Flaughter, R., Green, B., Mislevy, R., Steinberg, L., et al. (1990). *Computerized adaptive testing: A primer.* Hillsdale, NJ: Lawrence Erlbaum.

Waller, N. G., & Reise, S. P. (1989). Computerized adaptive personality assessment: An illustration with the absorption scale. *Journal of Personality and Social Psychology, 57*, 1051–1058.

Wiechmann, D., & Ryan, A. M. (2003). Reactions to computerized testing in selection contexts. *International Journal of Selection and Assessment, 11*, 215–229.

Wilkerson, J. M., Nagao, D. H., & Martin, C. L. (2002). Socially desirable responding in computerized questionnaires: When questionnaire purpose matters more than the mode. *Journal of Applied*

Social Psychology, 32, 544–559.

Zickar, M. J., Overton, R. C., Taylor, L. R., & Harms, H. J. (1999). The development of a computerized selection system for computer programmers in a financial services company. In F. Drasgow & J. B. Olson-Buchanan (Eds.), *Innovations in computerized assessment* (pp. 7–34). Mahwah, NJ: Lawrence Erlbaum.

第十八章

Adkins, C. L., Ravlin, E. C., & Meglino, B. M. (1996). Value congruence between co-workers and its relationship to work outcomes. *Group and Organization Management, 21*, 439–460.

Barrick, M. R., Stewart, G. L., Neubert, M. J., & Mount, M. K. (1998). Relating member ability and personality to work-team processes and team effectiveness. *Journal of Applied Psychology, 83*, 377–391.

Basu, R., & Green, S. G. (1995). Subordinate performance, leader–subordinate compatibility, and exchange quality in leader–member dyads: A field study. *Journal of Applied Social Psychology, 25*, 77–92.

Bauer, T. N., & Green, S. G. (1996). Development of leader–member exchange: A longitudinal test. *Academy of Management Journal, 39*, 1538-1567.

Borman, W. C., Hanson, M. A., & Hedge, J. W. (1997). Personnel selection. *Annual Review of Psychology, 48*, 299–337.

Boxx, W. R., Odom, R. Y., & Dunn, M. G. (1991). Organizational values and value congruency and their impact on satisfaction, commitment and cohesion. *Public Personnel Management, 20*, 195–205.

Bretz, R. D., Jr., & Judge, T. A. (1994). Person–organization fit and the Theory of Work Adjustment: Implications for satisfaction, tenure, and career success. *Journal of Vocational Behavior, 44*, 32–54.

Byrne, D. (1971). *The attraction paradigm.* New York: Academic Press.

Cable, D. M., & DeRue, D. S. (2002). The convergent and discriminant validity of subjective fit perceptions. *Journal of Applied Psychology, 87*, 875–884.

Cable, D. M., & Judge, T. A. (1996). Person–organization fit, job choice decisions, and organizational entry. *Organizational Behavior and Human Decision Processes, 67*, 294–311.

Cable, D. M., & Judge, T. A. (1997). Interviewers' perceptions of person–organization fit and organizational selection decisions. *Journal of Applied Psychology, 82*, 546–561.

Cable, D. M., & Parsons, C. K. (2001). Socialization tactics and person–organization fit. *Personnel Psychology, 54*, 1–23.

Caldwell, D. F., & O'Reilly, C. A., III. (1990). Measuring person–job fit with a profile comparison process. *Journal of Applied Psychology, 75*, 648–657.

Camacho, C. J., Higgins, E. T., & Luger, L. (2003). Moral value transfer from regulatory fit: What feels right is right and what feels wrong is wrong. *Journal of Personality and Social Psychology, 84*, 498–510.

Carr, J. Z., Schmidt, A. M., Ford, J. K., & DeShon, R. P. (2003). Climate perceptions matter: A meta analytic path analysis relating molar climate, cognitive and affective states, and individual level work outcomes. *Journal of Applied Psychology, 88*, 605–619.

Chan, D. (1996). Cognitive misfit of problem-solving style at work: A facet of person–organization fit. *Organizational Behavior and Human Decision Processes, 68*, 194–207.

Chatman, J. A. (1991). Matching people and organizations: Selection and socialization in public accounting firms. *Administrative Science Quarterly, 36*, 459–484.

Christiansen, N., Villanova, P., & Mikulay, S. (1997). Political influence compatibility: Fitting the person to the climate. *Journal of Organizational Behavior, 18*, 709–730.

Cooper-Thomas, H. D., Van Vianen, A. E. M., & Anderson, N. (in press). Changes in person-organization fit: The impact of socialization tactics on perceived and actual P–O fit. *European*

Journal of Work and Organizational Psychology.

Day, D. V., & Bedeian, A. G. (1991). Work climate and Type A status as predictors of job satisfaction: A test of the interactional perspective. *Journal of Vocational Behavior, 38*, 39–52.

Day, D. V., & Bedeian, A. G. (1995). Personality similarity and work-related outcomes among African-American nursing personnel: A test of the supplementary model of person–environment congruence. *Journal of Vocational Behavior, 46*, 55–70.

Edwards, J. R. (1993). Problems with the use of profile similarity indices in the study of congruence in organizational research. *Personnel Psychology, 46*, 641–665.

Edwards, J. R. (1994). The study of congruence in organizational behavior research: Critique and a proposed alternative. *Organizational Behavior and Human Decision Processes, 58*, 51–100.

Edwards, J. R. (1996). An examination of competing versions of the person–environment fit approach to stress. *Academy of Management Journal, 39*, 292–339.

Edwards, J. R., & Rothbard, N. P. (1999). Work and family stress and well-being: An examination of person–environment fit in the work and family domains. *Organizational Behavior and Human Decision Processes, 77*, 85–129.

Edwards, J. R., & Van Harrison, R. (1993). Demands and worker health: Three-dimensional reexamination of the relationship between person–environment fit and strain. *Journal of Applied Psychology, 78*, 628–648.

Endler, N. S., & Magnussen, D. (1976). *Interactional psychology and personality.* Washington, DC: Hemisphere.

Engle, E. M., & Lord, R. G. (1997). Implicit theories, self-schemas, and leader–member exchange. *Academy of Management Journal, 40*, 988–1010.

Ferris, G. R., & Judge, T. A. (1991). Personnel/Human Resources Management: A political influence perspective. *Journal of Management, 17*, 447–488.

Finegan, J. E. (2000). The impact of person and organizational values on organizational commitment. *Journal of Occupational and Organizational Psychology, 73*, 149–169.

George, J. M. (1990). Personality, affect, and behavior in groups. *Journal of Applied Psychology, 75*, 107–116.

Girodo, M. (1991). Personality, job stress, and mental health in undercover agents: A structural equation analysis. *Journal of Social Behavior and Personality, 6*, 375–390.

Goodman, S. A., & Svyantek, D. J. (1999). Person–organization fit and contextual performance: Do shared values matter. *Journal of Vocational Behavior, 55*, 254–275.

Greenberg, J. (2002). Time urgency and job performance: Field evidence of an interactionist perspective. *Journal of Applied Social Psychology, 32*, 1964–1973.

Guion, R. M. (1998). *Assessment, measurement, and prediction for personnel decisions.* Mahwah, NJ: Lawrence Erlbaum.

Gustafson, S. B., & Mumford, M. D. (1995). Personal style and person–environment fit: A pattern approach. *Journal of Vocational Behavior, 46*, 163–188.

Hackman, J. R., & Oldham, G. (1980). *Work re-design.* Reading, MA: Addison-Wesley.

Harrison, D. A., Price, K. H., & Bell, M. P. (1998). Beyond relational demography: Time and the effects of surface- and deep-level diversity on work group cohesion. *Academy of Management Journal, 41*, 96–107.

Hesketh, B., & Gardner, D. (1993). Person–environment fit models: A reconceptualization and empirical test. *Journal of Vocational Behavior, 55*, 315–332.

Holland, J. L. (1959). A theory of vocational choice. *Journal of Counseling Psychology, 6*, 34–45.

Hollenbeck, J. R., Ilgen, D. R., LePine, J. A., Colquitt, J. A., & Hedlund, J. (1998). Extending the multi-level theory of team decision making: Effects of feedback and experience in hierarchical teams. *Academy of Management Journal, 41*, 269–282.

Hollenbeck, J. R., Moon, H., Ellis, A. P. J., West, B. J., Ilgen, D. R., Sheppard, L., et al. (2002). Structural contingency theory and individual differences: Examination of external and internal person–team fit. *Journal of Applied Psychology, 87*, 599–606.

Hui, C. H., Cheng, K., & Gan, Y. (2003). Psychological collectivism as a moderator of the impact of supervisor–subordinate personality similarity on employees' service quality. *Applied Psychology: An International Review, 52*, 175–192.

Jehn, K. A. (1994). Enhancing effectiveness: An investigation of advantages and disadvantages of value-based intragroup conflict. *The International Journal of Conflict Management, 5*, 223–238.

Johnson, M. A. (1989). Variables associated with friendship in an adult population. *Journal of Social Psychology, 129*, 379–390.

Judge, T. A., & Ferris, G. R. (1993). Social context of performance evaluation decisions. *Academy of Management Journal, 36*, 80–105.

Judge, T. A., Higgins, C. A., & Cable, D. M. (2000). The employment interview: A review of recent research and recommendations for future research. *Human Resource Management Review, 10*, 383–406.

Judge, T. A., Locke, E. A., Durham, C. C., & Kluger, A. N. (1998). Dispositional effects on job and life satisfaction: The role of core evaluations. *Journal of Applied Psychology, 83*, 17–34.

Judge, T. A., Thorensen, C. J., Bono, J. E., & Patton, G. K. (2001). The job satisfaction–job performance relationship: A qualitative and quantitative review. *Psychological Bulletin, 127*, 376–407.

Kalliath, T. J., Bluedorn, A. C., & Strube, M. J. (1999). A test of value congruence effects. *Journal of Organizational Behavior, 20*, 1175–1198.

Karasek, R. A. (1979). Job demands, job decision latitude, and mental strain: Implications for job redesign. *Administrative Science Quarterly, 24*, 285–311.

Kristof, A. L. (1996). Person–organization fit: An integrative review of its conceptualizations, measurement, and implications. *Personnel Psychology, 49*, 1–49.

Kristof-Brown, A. L. (2000). Perceived applicant fit: Distinguishing between recruiters' perceptions of person–job and person–organization fit. *Personnel Psychology, 53*, 643–671.

Kristof-Brown, A. L., Barrick, M. R., & Franke, M. (2002). Applicant impression management: Dispositional influences and consequences for recruiter perceptions of fit and similarity. *Journal of Management, 28*, 27–46.

Kristof-Brown, A. L., Jansen, K. J., & Colbert, A. E. (2002). A policy-capturing study of the simultaneous effects of fit with jobs, groups, and organizations. *Journal of Applied Psychology, 87*, 985–993.

Kristof-Brown, A. L., & Stevens, C. K. (2001). Goal Congruence in project teams: Does the fit between members' personal mastery and performance goals matter? *Journal of Applied Psychology, 86*, 1083–1095.

Lauver, K. J., & Kristof-Brown, A. L. (2001). Distinguishing between employees' perceptions of person–job and person–organization fit. *Journal of Vocational Behavior, 59*, 454–470.

Lewin, K. (1935). *Dynamic theory of personality*. New York: McGraw-Hill.

Lindell, M. K., & Brandt, C. J. (2000). Climate quality and climate consensus as mediators of the relationship between organizational antecedents and outcomes. *Journal of Applied Psychology, 85*, 331–348.

Livingstone, L. P., Nelson, D. L., & Barr, S. H. (1997). Person–environment fit and creativity: An examination of supply-value and demand–ability versions of fit. *Journal of Management, 23*, 119–146.

Lovelace, K., & Rosen, B. (1996). Differences in achieving person–organization fit among diverse groups of managers. *Journal of Management, 22*, 703–722.

Maier, G. W., & Brunstein, J. C. (2001). The role of personal work goals in newcomers' job satisfaction and organizational commitment: A longitudinal analysis. *Journal of Applied Psychology, 86*, 1034–1042.

Medcof, J. W., & Hausdorf, P. A. (1995). Instruments to measure opportunities to satisfy needs, and degree of satisfaction of needs, in the workplace. *Journal of Occupational and Organizational Psychology, 68*, 193–208.

Meglino, B. M., & Ravlin, E. C. (1998). Individual values in organizations: Concepts, controversies, and research. *Journal of Management, 24*, 351–389.

Meglino, B. M., Ravlin, E. C., & Adkins, C. L. (1992). The measurement of work value congruence: A field study comparison. *Journal of Management, 18*, 33–43.

Moskowitz, D. S., & Coté, S. (1995). Do interpersonal traits predict affect? A comparison of three models. *Journal of Personality and Social Psychology, 69*, 915–924.

Netemeyer, R. G., Boles, J. S., McKee, D. O., & McMurrian, R. (1997). An investigation into the antecedents of organizational citizenship behaviors in a personal selling context. *Journal of Marketing, 61*, 85–98.

Nyambegera, S. M., Daniels, K., & Sparrow, P. (2001). Why fit doesn't always matter: The impact of HRM and cultural fit on job involvement of Kenyan employees. *Applied Psychology: An International Review, 50*, 109–140.

O'Reilly, C. A., III, Chatman, J., & Caldwell, D. F. (1991). People and organizational culture: A profile comparison approach to assessing person–organization fit. *Academy of Management Journal, 34*, 487–516.

Ostroff, C. (1993). Relationships between person–environment congruence and organizational effectiveness. *Group and Organization Management, 18*, 103–122.

Parkes, L. P., Bochner, S., & Schneider, S. K. (2001). Person–organization fit across cultures: An empirical investigation of individualism and collectivism. *Applied Psychology: An International Review, 50*, 81–108.

Parsons, C. K., Cable, D., & Wilkerson, J. M. (1999). Assessment of applicant work values through interviews: The impact of focus and functional relevance. *Journal of Occupational and Organizational Psychology, 72*, 561–566.

Philips, A. S., & Bedeian, A. G. (1994). Leader–follower exchange quality: The role of personal and interpersonal attributes. *Academy of Management Journal, 37*, 990–1001.

Posner, B. Z. (1992). Person–organization value congruence: No support for individual differences as a moderating influence. *Human Relations, 45*, 351–361.

Quick, J. C., Nelson, D. L., Quick, J. D., & Orman, D. K. (2001). An isomorphic theory of stress: The dynamics of person–environment fit. *Stress and Health, 17*, 147–157.

Riordan, C. M., Weatherly, E. W., Vandenberg, R. J., & Self, R. M. (2001). The effects of pre-entry experiences and socialization tactics on newcomer attitudes and turnover. *Journal of Managerial Issues, 13*, 159–177.

Robert, C., & Wasti, S. A. (2002). Organizational individualism and collectivism: Theoretical development and an empirical test of a measure. *Journal of Management, 28*, 544–566.

Roberts, H. E., & Foti, R. J. (1998). Evaluating the interaction between self-leadership and work structure predicting job satisfaction. *Journal of Business and Psychology, 12*, 257–267.

Rounds, J. B. (1990). The comparative and combined utility of work value and interest data in career counseling with adults. *Journal of Vocational Behavior, 37*, 32–45.

Ryan, A. M., & Schmit, M. J. (1996). An assessment of organizational climate and P–E fit: A tool for organizational change. *International Journal of Organizational Analysis, 4*, 75–95.

Rynes, S. L., & Gerhart, B. (1990). Interviewer assessments of applicant "fit": An exploratory investigation. *Personnel Psychology, 43*, 13–35.

Saks, A. M., & Ashforth, B. E. (1997). A longitudinal investigation of the relationships between job information sources, applicant perceptions of fit, and work outcomes. *Personnel Psychology, 50*, 395–426.

Saks, A. M., & Ashforth, B. E. (2002). Is job search related to employment quality? It all depends on the fit. *Journal of Applied Psychology, 87*, 646–654.

Schneider, B. (2001). Fits about fit. *Applied Psychology: An International Review, 50*, 141–152.

Schneider, B., Goldstein, H. W., & Smith, D. B. (1995). The ASA framework: An update. *Personnel Psychology, 48*, 747–773.

Schneider, B., Smith, D. B., Taylor, S., & Fleenor, J. (1998). Personality and organizations: A test of the homogeneity of personality hypothesis. *Journal of Applied Psychology, 83*, 462–470.

Shaikh, T., & Kanekar, S. (1994). Attitudinal similarity and affiliation need as determinants of interpersonal attraction. *Journal of Social Psychology, 134*, 257–259.

Simmering, M. J., Colquitt, J. A., Noe, R. A., & Porter, C. O. L. H. (2003). Conscientiousness, autonomy fit, and development: A longitudinal study. *Journal of Applied Psychology, 88*, 954–963.

Smith, M. (1994). A theory of the validity of predictors in selection. *Journal of Occupational and Organizational Psychology, 67*, 13–31.

Spector, P. E., & Fox, S. (2003). Reducing subjectivity in the assessment of the job environment: Development of the Factual Autonomy Scale (FAS). *Journal of Organizational Behavior, 24*, 417–432.

Stevens, C. D., & Ash, R. A. (2001). Selecting employees for fit: Personality and preferred managerial style. *Journal of Managerial Issues, 8*, 500–517.

Tan, D. T. Y., & Singh, R. (1995). Attitudes and attraction: A developmental study of the similarity-attraction and dissimilarity-repulsion hypotheses. *Personality and Social Psychology Bulletin, 21*, 975–986.

Taris, R., & Feij, J. A. (2001). Longitudinal examination of the relationship between supplies-values fit and work outcomes. *Applied Psychology An International Review, 50*, 52–80.

Tett, R. P., & Murphy, P. J. (2002). Personality and situations in co-worker preference: Similarity and complementarity in worker compatibility. *Journal of Business and Psychology, 17*, 223–243.

Tinsley, H. E. A. (2000). The congruence myth: An analysis of the efficacy of the person–environment fit model. *Journal of Vocational Behavior, 56*, 147–179.

Vancouver, J. B., & Schmitt, N. W. (1991). An exploratory examination of person–organization fit: Organizational goal congruence. *Personnel Psychology, 44*, 333–352.

Vandenberghe, C. (1999). Organizational culture, person–culture fit, and turnover: A replication in the health care industry. *Journal of Organizational Behavior, 20*, 175–184.

Van der Vegt, G. S. (2002). Effects of attitude dissimilarity and time on social integration: A longitudinal panel study. *Journal of Occupational and Organizational Psychology, 75*, 439–452.

Van Vianen, A. E. M. (2000). Person–organization fit: The match between newcomers' and recruiters' preferences for organizational cultures. *Personnel Psychology, 53*, 113–149.

Van Vianen, A. E. M, & DeDreu, C. K. W. (2001). Personality in teams: Its relationship to social cohesion, task cohesion, and team performance. *European Journal of Work and Organizational Psychology, 10*, 97–120.

Van Vianen, A. E. M., & Kmieciak, Y. E. (1998). The match between recruiters' perceptions of organizational climate and personality of the ideal applicant for a management position. *International Journal of Selection and Assessment, 6*, 153–163.

Vigoda, E. (2000). Internal politics in public administration systems. An empirical examination of its relationship with job congruence, organizational citizenship behavior, and in-role performance. *Public Personnel Management, 29*, 185–210.

Vigoda, E., & Cohen, A. (2002). Influence tactics and perceptions of organizational politics. A longitudinal study. *Journal of Business Research, 55*, 311–324.

Werbel, J. D., & Johnson, D. J. (2001). The use of person–group fit for employment selection: A missing link in person–environment fit. *Human Resource Management, 40*, 227–240.

Werbel, J. D., & Landau, J. (1996). The effectiveness of different recruitment sources: A mediating variable analysis. *Journal of Applied Social Psychology, 26*, 1337–1350.

West, M. A., & Anderson, N. R. (1996). Innovation in top management teams. *Journal of Applied Psychology, 81*, 680–693.

第十九章

Avolio, B. J., & Kahai, S. R. (2003). Adding the "E" to E-leadership: How it may impact your leadership. *Organizational Dynamics, 31*, 325–338.

Baldry, C., & Fletcher, C. (2002). The impact of multiple source feedback on management development: Findings from a longitudinal study. *Journal of Organizational Behaviour, 23*, 853–867.

Barrick, M. R., & Mount, M. K. (1991). The Big Five personality dimensions and job performance: A meta analysis. *Personnel Psychology, 44*, 1–26.

Bass, B. M. (1990). *Bass & Stogdill's handbook of leadership: Theory, research and managerial applications* (3rd ed.). New York: Free Press.

Bass, B. M. (1996). *A new paradigm of leadership: An inquiry into transformational leadership.* VA: US Army Research Institute for the Behavioral and Social Sciences.

Bauer, T. N., & Green, S. G. (1996). Development of leader–member exchange: A longitudinal test. *Academy of Management Journal, 39*, 1538–1567.

Bauer, T. N., Truxillo, D. M., Sanchez, R. J., Craig, J., Ferrara, P., & Campion, M. A. (2001). Applicants' reactions to selection: Development of the Selection Procedural Justice Scale (SPJS). *Personnel Psychology, 54*, 387–419.

Bennis, W. G., & Nanus, B. (1985). *Leaders: The strategies for taking charge.* New York: Harper & Row.

Brodbeck, F. C., Frese, M., Akerblom, S., Audia, G., Bakacsi, G., Bendova, H., et al. (2000). Cultural variation of leadership prototypes across 22 European Countries. *Journal of Occupational and Organizational Psychology, 71*, 1–29.

Campbell, J. P. (1990). Modeling the performance prediction problem in Industrial and Organizational Psychology. In M. D. Dunnette & L. M. Hough (Eds.), *Handbook of industrial and organizational psychology* (2nd ed., Vol. 1, pp. 687–732). Palo Alto, CA: Consulting Psychologists Press.

Campbell, J. P., Gasser, M. B., & Oswald, F. L. (1996). The substantive nature of job performance variability. In K. R. Murphy (Ed.), *Individual differences and behavior in organizations* (pp. 258–299). San Francisco: Jossey-Bass.

Carroll, S. J., Jr., & Gillen, D. J. (1987). Are the classical management functions useful in describing managerial work? *Academy of Management Review, 12*, 38–51.

Chan, D. (1997). Racial subgroup differences in predictive validity perceptions on personality and cognitive ability tests. *Journal of Applied Psychology, 82*, 311–320.

Chan, D., & Schmitt, N. (1997). Video-based versus paper-and-pencil method of assessment in situational judgement tests: Subgroup differences in test performance and face validity perceptions. *Journal of Applied Psychology, 82*, 143–159.

Clark, S. (2004). Leading by feel. *Harvard Business Review*, January, pp. 27–37.

Conger, J. A., & Kanungo, R. N. (1987). Toward a behavioral theory of charismatic leadership in organizational settings. *Academy of Management Review, 12*, 637–647.

Connelly, M. S., Gilbert, J. A., Zaccaro, S. J., Threlfall, K. V., Marks, M. A., & Mumford, M. D. (2000). Exploring the relationship of leadership skills and knowledge to leader performance. *Leadership Quarterly, 11*, 65–86.

Cunningham-Snell, N. (1999). *Alternative perspectives on selection: Social impact and validation of graduate selection within a multinational oil company.* Unpublished PhD thesis, University of London, UK.

Deluga, R. J. (1994). Supervision trust building, leader–member exchange and organizational citizenship behavior. *Journal of Occupational and Organizational Psychology, 67*, 315–326.

Den Hartog, D., House, R. J., Hanges, P. J., Ruiz-Quintanilla, S. A., Dorfman, P. W., Abdalla, I. A., et al. (1999). Culture specific and cross culturally generalizable implicit leadership theories: Are attributes of charismatic/transformational leadership universally endorsed? *Leadership Quarterly, 10*, 219–256.

Dulewicz, V. (1989). Assessment centres as the route to competence. *Personnel Management, 21* (11), 56–59.

Fiedler, F. E., & Garcia, J. E. (1987). *New approaches to effective leadership: Cognitive resources and organizational performance.* New York: John Wiley & Sons.

Fleishman, E. A. (1953). The description of supervisory behavior. *Personnel Psychology, 37,* 1–6.

Gilliland, S. W. (1993). The perceived fairness of selection systems: An organizational justice perspective. *Academy of Management Review, 18,* 696–734.

Gilliland, S. W. (1994). Effects of procedural and distributive justice on reactions to a selection system. *Journal of Applied Psychology, 79,* 691–701.

Gilliland, S. W. (1995). Fairness from the applicant's perspective: Reactions to employee selection procedures. *International Journal of Selection and Assessment, 3,* 11–19.

Goleman, D. (1998). *Working with emotional intelligence.* London: Bloomsbury.

Graen, G. B., & Scandura, T. A. (1987). Toward a psychology of dyadic organizing. In L. L. Cummings & B. M. Staw (Eds.), *Research in Organizational Behavior* (Vol. 9, pp. 175–208). Greenwich, CT: JAI Press.

Graen, G. B., & Uhl-Bien, M. (1995). Development of LMX theory of leadership over 25 years: Applying a multi-level-multi-domain perspective. *Leadership Quarterly, 6,* 210–247.

Hazucha, J. F., Hezlett, S. A., & Schneider, R. J. (1993). The impact of 360-degree feedback on management skills development. *Human Resource Management, 32,* 325–351.

Hersey, P., & Blanchard, K. H. (1982). *Management of organizational behavior: Utilizing human resources.* Englewood Cliffs, NJ: Prentice-Hall.

Hofstede, G. (1980). *Culture's consequences: International differences in work-related values.* Beverly Hills, CA: Sage.

Hofstede, G. (1994). Management scientists are human. *Management Science, 40,* 4–13.

House, R. J. (1977). A 1976 theory of charismatic leadership. In J. G. Hunt & L. L. Larson (Eds.), *Leadership: The cutting edge* (pp. 189–207). Carbondale, IL: Southern Illinois University Press.

House, R. J., & Mitchell, T. R. (1974). Path–goal theory of leadership. *Journal of Contemporary Business, 3,* 81–97.

Kanter, R. M. (1983). *The change masters.* New York: Simon & Schuster.

Kim, H., & Yukl, G. (1995). Relationships of managerial effectiveness and advancement to self-reported and subordinate-reported leadership behaviors from the multiple-linkage model. *Leadership Quarterly, 6,* 361–377.

Krause, D. E., & Gebert, D. (2003). A comparison of assessment centre practices in organizations in German-speaking regions and the United States. *International Journal of Selection and Assessment, 11,* 297–312.

Kreitner, R., Kinicki, A., & Buelens, M. (2002). *Organizational behavior* (2nd European ed.). New York: McGraw-Hill.

Komaki, J. L. (1986). Toward effective supervision: An operant analysis and comparison of managers at work. *Journal of Applied Psychology, 71,* 270–279.

Komaki, J. L., Desselles, M. L., & Bowman, E. D. (1989). Definitely not a breeze: Extending an operant model of effective supervision to teams. *Journal of Applied Psychology, 74,* 522–529.

Kouzes, J. M., & Posner, B. Z. (1987). *The leadership challenge: How to get things done in organizations.* San Francisco: Jossey-Bass.

Lévy-Leboyer, C. (1994). Selection and assessment in Europe. In H. C. Triandis, M. D. Dunnette, & L. M. Hough (Eds.), *Handbook of industrial and organizational psychology* (2nd ed., Vol. 4, pp. 173–190). Palo Alto, CA: Consulting Psychologists Press.

London, M., & Wohlers, A. J. (1991). Agreement between subordinate and self-ratings in upward feedback. *Personnel Psychology, 44,* 375–390.

Lowe, K. B., Kroeck, K. G., & Sivasubramaniam, N. (1996). Effectiveness correlates of transformational and transactional leadership: A meta-analytic review of the MLQ literature. *Leadership*

Quarterly, 7, 385-425.

Matthewman, J. (1999). The sixth HR-BC/IRS annual competency survey. *Competency: The Annual Benchmarking Survey, 1998/99,* 2-11.

Mayer, J. D., & Salovey, P. (1997). What is emotional intelligence? In P. Salovey & D. J. Sluyter (Eds.), *Emotional development and emotional intelligence: Educational implications* (pp. 3-31). New York: Basic Books.

McCall, M. W., Jr. (1998). *High flyers: Developing the next generation of leaders.* Boston: Harvard Business School Press.

McCall, M. W., Jr., & Hollenbeck, G. P. (2002). *Developing global executives: The lessons of international experience.* Boston: Harvard Business School Press.

McDaniel, M. A., Finnegan, E. B., Morgeson, F. P., Campion, M. A., & Braverman, E. P. (2001). Use of situational judgement tests to predict job perforce: A clarification of the literature. *Journal of Applied Psychology, 86,* 730-740.

Mintzberg, H. (1973). *The nature of managerial work.* New York: Harper & Row.

Morse, J. J., & Wagner, F. R. (1978). Measuring the process of managerial effectiveness. *Academy of Management Journal, 21,* 23-35.

Peters, T. J., & Austin, N. (1985). *A passion for excellence: The leadership difference.* New York: Random House.

Phillips, J. M., & Gully, S. M. (2002). Fairness reactions to personnel selection techniques in Singapore and the United States. *International Journal of Human Resource Management, 13,* 1186-1205.

Ployhart, R. E., & Ryan, A. M. (1997). Toward an explanation of applicant reactions: An examination of organizational justice and attribution frameworks. *Organizational Behavior and Human Decision Processes, 72,* 308-335.

Ployhart, R. E., & Ryan, A. M. (1998). Applicants' reactions to the fairness of selection procedures: The effects of positive rule violation and time of measurement. *Journal of Applied Psychology, 83,* 3-16.

Podsakoff, P. M., Todor, W. D., Grover, R. A., & Huber, V. L. (1984). Situational moderators of leader reward and punishment behavior: Fact of fiction? *Organizational Behavior and Human Performance, 34,* 21-63.

Rajan, A., & Van Eupen, P. (1997). Take it from the top. *People Management, 23,* October, 26-32.

Robie, C., Johnson, K. M., Nilsen, D., & Fisher Hazucha, J. (2001). The right stuff: Understanding cultural differences in leadership performance. *Journal of Management Development, 20,* 639-649.

Ryan, A. M., McFarland, L., Baron, H., & Page, R. (1999). An international look at selection practices: Nation and culture as explanations for variability in practice. *Personnel Psychology, 52,* 359-391.

Salgado, J. F., & Anderson, N. R. (2002). Cognitive and GMA testing in the European Community: Issues and evidence. *Human Performance, 15,* 75-96.

Salgado, J. F., Anderson, N., Moscoso, S., Bertua, C., & De Fruyt, F. (2003). International validity generalization of GMA & cognitive abilities: A European Community meta-analysis. *Personnel Psychology, 56,* 573-605.

Schmidt, F. L., & Hunter, J. E. (1998). The validity and utility of selection methods in personnel psychology: Practical and theoretical implications of 85 years of research findings. *Psychological Bulletin, 124,* 262-274.

Schmit, M. J., & Ryan, A. M. (1997). Applicant withdrawal. The role of test-taking attitudes and racial differences. *Personnel Psychology, 50,* 855-876.

Schwartz, S. H. (1994). Beyond individualism-collectivism: New cultural dimensions of values. In U. Kim, H. C. Triandis, C. Kagitcibasi, S. C. Choi, & G. Yoon (Eds.), *Individualism and collectivism: Theory, method and applications* (pp. 85-119). Newbury Park, CA: Sage.

Shackleton, V. J., & Newell, S. (1994). European management selection methods: A comparison of 5 countries. *International Journal of Selection and Assessment, 2,* 91-102.

Sinangil, H. K., & Ones, D. S. (2001). Expatriate management. In N. Anderson, D. S. Ones, H. K.

Sinangil, & C. Viswesvaran (Eds.), *Handbook of industrial, work and organizational psychology* (Vol. 1, pp. 424–465). London: Sage.

Smith, P. B. (1997). Leadership in Europe: Euro-management or the footprint of history? *European Journal of Work and Organizational Psychology, 6,* 375–386.

Smith, P. B., Dugan, S., & Trompenaars, F. (1996). National culture and the values of organizational employees. *Journal of Cross-Cultural Psychology, 27,* 231–264.

Smith, P. B., Misumi, J., Tayeb, M., Peterson, M., & Bond, M. (1989). On the generality of leadership style measures across cultures. *Journal of Occupational Psychology, 62,* 97–109.

Smith, P. B., & Peterson, M. (1988). *Leadership, organizations and culture: An event management model.* London: Sage Publications.

Smith, P. B., Peterson, M. F., Schwartz, S. H., Ahmad, A. H., Akande, D., Anderson, J. A., et al. (2002). Cultural values, sources of guidance, and their relevance to managerial behavior: A 47 nation study. *Journal of Cross-Cultural Psychology, 33,* 188–208.

Steiner, D. D. (1997). Attributions of leader–member exchanges: Implications for practice. *European Journal of Work and Organizational Psychology, 6,* 59–71.

Steiner, D. D., & Gilliland, S. W. (1996). Fairness reactions to personnel selection techniques in France and the United States. *Journal of Applied Psychology, 81,* 134–141.

Steiner, D. D., & Gilliland, S. W. (2001). Procedural justice in personnel selection: International and cross-cultural perspectives. *International Journal of Selection and Assessment, 9,* 124–137.

Tampoe, M. (1998). *Liberating leadership: Releasing leadership potential throughout the organization.* London: Industrial Society.

Trompenaars, F., & Hampden-Turner, C. (1998). *Riding the waves of culture: Understanding diversity in global* business (2nd ed.). New York: McGraw Hill.

Tsui, A. S., & Ashford, S. J. (1994). Adaptive self-regulation: A process view of managerial effectiveness. *Journal of Management, 20,* 93–121.

Viswesvaran, C., & Ones, D. S. (2000). Perspectives on models of job performance. *International Journal of Selection and Assessment, 8,* 216–226.

Viswesvaran, C., Ones, D. S., & Schmidt, F. L. (1996). A comparative analysis of the reliability of job performance ratings. *Journal of Applied Psychology, 81,* 557–594.

West, M. A. (2003). *Effective teamwork: Practical lessons from organizational research* (2nd ed.). Oxford, UK: Blackwell.

Yukl, G. (1999). An evaluative essay on current conceptions of effective leadership. *European Journal of Work and Organizational Psychology, 8,* 33–48.

Yukl, G. (2002). *Leadership in organizations* (5th ed.). Upper Saddle River, NJ: Prentice-Hall.

Yukl, G., Wall, S., & Lepsinger, R. (1990). Preliminary report on validation of the Managerial Practices Survey. In K. E. Clark & M. B. Clark (Eds.), *Measures of leadership* (pp. 223–238). West Orange, NJ: Leadership Library of America.

Zaccaro, S. J., Gilbert, J. A., Thor, K. K., & Mumford, M. D. (1991). Leadership and social intelligence: Linking social perspectiveness and behavioral flexibility to leader effectiveness. *Leadership Quarterly, 2,* 317–342.

Zigurs, I. (2003). Leadership in virtual teams: Oxymoron or opportunity? *Organizational Dynamics, 31,* 328–338.

Zimmerman, P. (2004). *Desired leadership behaviors in global virtual organizations: Positioning, scoping and justification of the research project.* Unpublished paper, University of Strathclyde, Glasgow, Scotland.

第二十章

Allianz Worldwide Care. (2004). Retrieved February 10, 2004, from http://company.monster.ie/allianzie/.

Andersen, J. A. (2000). Intuition in managers. Are intuitive managers more effective? *Journal of Managerial Psychology, 15,* 46–67.

Arthur, W., Jr., & Bennet, W. (1995). The international assignee: The relative importance of factors perceived to contribute to success. *Personnel Psychology, 48,* 99–114.

Aryee, S. (1997). Selection and training of expatriate employees. In N. Anderson & P. Herriot (Eds.), *International handbook of selection and assessment* (pp. 147–160). Chichester, UK: Wiley.

Aycan, Z. (1997a). Acculturation of expatriate managers: A process model of adjustment and performance. In D. M. Saunders (Series Ed.) & Z. Aycan (Vol. Ed.), *New approaches to employee management: Vol. 4. Expatriate management: Theory and research* (pp. 1–40). Greenwich, CT: JAI Press.

Aycan, Z. (1997b). Expatriate adjustment as a multifaceted phenomenon: Individual and organizational level predictors. *International Journal of Human Resource Management, 8,* 434–456.

Aycan, Z., & Kanungo, R. N. (1997). Current issues and future challenges in expatriation research. In D. M. Saunders (Series Ed.) & Z. Aycan (Vol. Ed.), *New approaches to employee management: Vol. 4. Expatriate management: Theory and research* (pp. 245–260). Greenwich, CT: JAI Press.

Barrick, M. R., & Mount, M. K. (1991). The Big Five personality dimensions and job performance. *Personnel Psychology, 44,* 1–26.

Berry, J. W. (1997). Immigration, acculturation, and adaptation. *Applied Psychology: An International Review, 46,* 5–68.

Birdseye, M. G., & Hill, J. S. (1995). Individual, organizational/work and environmental influences on expatriate turnover tendencies: An empirical study. *Journal of International Business Studies, 26,* 787–813.

Black, J. S. (1988). Work role transitions: A study of American expatriate managers in Japan. *Journal of International Business Studies, 19,* 277–294.

Black, J. S. (1990). The relationship of personal characteristics with adjustment of Japanese expatriate managers. *Management International Review, 30,* 119–134.

Black, J. S., & Gregersen, H. B. (1991). Antecedents to cross-cultural adjustment for expatriates in Pacific Rim assignments. *Human Relations, 44,* 497–515.

Buss, D. M. (1991). Evolutionary personality psychology. In M. R. Rosenzweig & L. W. Porter (Eds.), *Annual Review of Psychology* (Vol. 42, pp. 459–492). Palo Alto, CA: Annual Reviews Inc.

Caligiuri, P. M. (1996). *Technical manual: Reliability and validity of The SAGE.* New Brunswick, NJ: Caligiuri & Associates.

Caligiuri, P. M. (1997). Assessing expatriate success: Beyond just "being there." In D. M. Saunders (Series Ed.) & Z. Aycan (Vol. Ed.), *New approaches to employee management: Vol. 4. Expatriate management: Theory and research* (pp. 117–140). Greenwich, CT: JAI Press.

Caligiuri, P. M. (2000a). The Big Five personality characteristics as predictors of expatriate success. *Personnel Psychology, 53,* 67–88.

Caligiuri, P. M. (2000b). Selecting expatriates for personality characteristics: A moderating effect of personality on the relationship between host national contact and cross-cultural adjustment. *Management International Review, 40,* 61–80.

Caligiuri, P. M., & Day, D. V. (2000). Effects of self-monitoring on technical, contextual, and assignment-specific performance: A study of cross-national work performance ratings. *Group and Organization Management, 25,* 154–175.

Caligiuri, P. M., Hyland, M., Joshi, A., & Bross, A. (1998). A theoretical framework for examining the relationship between family adjustment and expatriate adjustment to working in the host country. *Journal of Applied Psychology, 83,* 598–614.

Caligiuri, P. M., Jacobs, R. J., & Farr, J. L. (2000). The attitudinal and behavioral openness scale: Scale development and construct validation. *International Journal of Intercultural Relations, 24*, 27–46.

Caligiuri, P. M., & Lazarova, M. (2001). Strategic repatriation policies to enhance global leadership development. In M. Mendenhall, T. Kuehlmann, & G. Stahl (Eds.), *Developing global business leaders: Policies, processes, and innovations* (pp. 243–256). Westport, CT: Quorum Books.

Caligiuri, P., & Phillips, J. (2003). An application of self-assessment realistic job previews to expatriate assignments. *International Journal of Human Resource Management, 14*, 1102–1116.

Caligiuri, P. M., Phillips, J., Lazarova, M., Tarique, I., & Bürgi, P. (2001). The theory of met expectations applied to expatriate adjustment: The role of cross-cultural training. *International Journal of Human Resource Management, 12*, 357–372.

Carpenter, M. A., Sanders, W. G., & Gregersen, H. B. (2000). International assignment experience at the top can make a bottom-line difference. *Human Resource Management, 39*, 277–285.

Copeland, L., & Griggs, L. (1985). *Going international.* New York: Random House.

Costa, P. T., Jr., & McCrae, R. R. (1992). Four ways five factors are basic. *Personality and Individual Differences, 13*, 653–665.

Cui, G., & Van den Berg, S. (1991). Testing the construct validity of intercultural effectiveness. *International Journal of Intercultural Relations, 15*, 227–241.

Day, D. V., & Silverman, S. B. (1989). Personality and job performance: Evidence of incremental validity. *Personnel Psychology, 42*, 25–36.

Den Hartog, D. N., House, R. J., Hanges, P. J., Ruiz-Quintanilla, S. A., Dorfman, P. W., Abdalla, I. A., et al. (1999). Culture specific and cross-culturally generalizable implicit leadership theories: Are attributes of charismatic/transformational leadership universally endorsed? *Leadership Quarterly, 10*, 219–256.

Digman, J. M. (1990). Personality structure: The emergence of the five factor model. *Annual Review of Psychology, 41*, 417–440.

Dinges, N. (1983). Intercultural competence. In D. Landis & R. W. Brislin (Eds.), *Handbook of intercultural training: Issues in theory and design* (Vol. 1, pp. 176–202). New York: Pergamon Press.

Elliot, A. J., & McGregor, H. A. (2001). A 2 × 2 achievement goal framework. *Journal of Personality and Social Psychology, 80*, 501–519.

Endler, N. S., & Parker, J. D. A. (1990). Multidimensional assessment of coping. *Journal of Personality and Social Psychology, 58*, 844–854.

Finney, M., & Von Glinow, M. A. (1988). Integrating academic and organizational approaches to developing the international manager. *Journal of Management Development, 7*, 16–27.

Folkman, S., & Lazarus, R. S. (1985). If it changes it must be a process: A study of emotion and coping during three stages of a college examination. *Journal of Personality and Social Psychology, 48*, 150–170.

Forster, N. (1997). 'The persistent myth of high expatriate failure rates': A reappraisal. *International Journal of Human Resource Management, 8*, 414–433.

GMAC Global Relocation Services. (2003, March). *Global relocation trends 2002 survey report.* Retrieved February 11, 2004, from http://www.gmacglobalrelocation.com/Surveys.html

Goldberg, L. R. (1992). The development of markers for the Big-Five factor structure. *Psychological Assessment, 4*, 26–42.

Gregersen, H. B., Morrison, A. J., & Black, J. S. (1998). Developing leaders for the global frontier. *Sloan Management Review, 40*, 21–32.

Gudykunst, W. B. (1988). Uncertainty and anxiety. In Y. Kim & W. B. Gudykunst (Eds.), *Theories in intercultural communication* (pp. 123–156). Newbury Park, CA: Sage.

Gupta, A. K., & Govindarajan, V. (2000). Managing global expansion: A conceptual framework. *Business Horizons, 43*, 45–54.

Hall, J. A., & Carter, J. D. (1999). Gender-stereotype accuracy as an individual difference. *Personality Processes and Individual Differences, 77*, 350–359.

Hammer, M. R., Gudykunst, W. B., & Wiseman, R. L. (1978). Dimensions of intercultural effectiveness: An exploratory study. *International Journal of Intercultural Relations, 2,* 382–393.

Harrison, J. K., Chadwick, M., & Scales, M. (1996). The relationship between cross-cultural adjustment and the personality variables of self-efficacy and self-monitoring. *International Journal of Intercultural Relationships, 20,* 167–188.

Harvey, M., & Novicevic, M. M. (2002). The hypercompetitive global marketplace: The importance of intuition and creativity in expatriate managers. *Journal of World Business, 37,* 127–138.

Harzing, A. W. (1995). The persistence myth of high expatriate failure rates. *International Journal of Human Resource Management, 6,* 457–474.

Hechanova, R., Beehr, T. A., & Christiansen, N. D. (2003). Antecedents and consequences of employees' adjustment to overseas assignment: A meta-analytic review. *Applied Psychology: An International Review, 52,* 213–236.

Huo, Y. P., Huang, H. J., & Napier, N. K. (2002). Divergence or convergence: A cross-national comparison of personnel selection practices. *Human Resource Management, 41,* 31–44.

Johnson, E. C., Kristof-Brown, A. L., Van Vianen, A. E. M., De Pater, I. E., & Klein, M. R. (2003). Expatriate social ties: Personality antecedents and consequences for adjustment. *International Journal of Selection and Assessment, 11,* 277–288.

Judge, T. A., Van Vianen, A. E. M., & De Pater, I. E. (in press). Emotional stability, core self-evaluations, and job outcomes: A review of the evidence and an agenda for future research. *Human Performance.*

Leong, C. H., & Ward, C. (2000). Identity conflict in sojourners. *International Journal of Intercultural Relations, 24,* 763–776.

Lievens, F., Harris, M. M., Van Keer, E., & Bisqueret, C. (2003). Predicting cross-cultural training performance: The validity of personality, cognitive ability, and dimensions measured by an assessment center and a behavior description interview. *Journal of Applied Psychology, 88,* 476–489.

McCrae, R. R., & John, O. P. (1992). An introduction to the five factor model and its applications. *Journal of Personality, 60,* 175–216.

Mendenhall, M., & Oddou, G. (1985). The dimensions of expatriate acculturation: A review. *Academy of Management Review, 10,* 39–48.

Mervosh, E. M., & McClenahen, J. S. (1997). The care and feeding of expats. *Industry Week, 246,* 68–72.

Moskowitz, G. B. (1993). Individual differences in social categorization: The influence of personal need for structure on spontaneous trait inferences. *Journal of Personality and Social Psychology, 65,* 132–142.

Naumann, E. (1992). A conceptual model of expatriate turnover. *Journal of International Business Studies, 23,* 499–531.

Naumann, E. (1993). Antecedents and consequences of satisfaction and commitment among expatriate managers. *Group and Organization Management, 18,* 153–187.

Oddou, G., Derr, C. B., & Black, J. S. (1995). Internationalizing managers: Expatriation and other strategies. In J. Selmer (Ed.), *Expatriate management: New ideas for international business* (pp. 3–16). Westport, CT: Quorum Books.

Olsen, E. (2004, February 2). U.S. try a census of expatriates. *International Herald Tribune.* Retrieved February 9, 2004, from http://www.iht.com/articles/127547.html.

Ones, D. S., & Viswesvaran, C. (1997). Personality determinants in the prediction of aspects of expatriate job success. In D. M. Saunders (Series Ed.) & Z. Aycan (Vol. Ed.), *New approaches to employee management: Vol. 4. Expatriate management: Theory and research* (pp. 63–92). Greenwich, CT: JAI Press.

Ones, D. S., & Viswesvaran, C. (1999), Relative importance of personality dimensions for expatriate selection: A policy capturing study. *Human Performance, 12,* 275–294.

Richards, D. (1996). Strangers in a strange land: Expatriate paranoia and the dynamics of exclusion. *International Journal of Human Resource Management, 7,* 553–571.

Roccas, S., Sagiv, L., & Knafo, A. (2002). The Big Five personality factors and personal values. *Personality and Social Psychology Bulletin, 28,* 789–801.

Ryan, A. M., McFarland, L., Baron, H., & Page, R. (1999). An international look at selection practices: Nation and culture as explanations for variability in practice. *Personnel Psychology, 52,* 359–391.

Salgado, J. F., Moscoso, S, & Lado, M. (2003). Evidence of cross-cultural invariance of the Big Five personality dimensions in work settings. *European Journal of Personality, 17,* S67–S76.

Salgado, J. F., Anderson, N., Moscoso, S., Bertua, C., & De Fruyt, F. (2003). International validity generalization of GMA and cognitive abilities: A European community meta-analysis. *Personnel Psychology, 56,* 573–605.

Schwartz, S. H. (1999). A theory of cultural values and some implications for work. *Applied Psychology: An International Review, 48,* 23–47.

Searle, W., & Ward, C. (1990). The prediction of psychological and sociocultural adjustment during cross-cultural transitions. *International Journal of Intercultural Relations, 14,* 449–464.

Selmer, J. (2001a). Psychological barriers to adjustment and how they affect coping strategies: Western business expatriates in China. *International Journal of Human Resource Management, 12,* 151–165.

Selmer, J. (2001b). Expatriate selection: Back to basics? *International Journal of Human Resource Management, 12,* 1219–1233.

Shaffer, M. A., & Harrison, D. A. (1998). Expatiates' psychological withdrawal from international assignments: Work, nonwork, and family influences. *Personnel Psychology, 51,* 87–117.

Shaffer, M. A., Harrison, D. A., & Gilley, K. M. (1999). Dimensions, determinants, and differences in the expatriate adjustment process. *Journal of International Business Studies, 30,* 557–582.

Smith, P. B., Peterson, M. F., Schwartz, S. H., Ahmad, A. H., Akande, D., Anderson, J. A., et al. (2002). Cultural values, sources of guidance, and their relevance to managerial behavior. A 47-nation study. *Journal of Cross-Cultural Psychology, 33,* 188–208.

Spreitzer, G. M., McCall, M. W., Jr., & Mahony, J. D. (1997). Early identification of international executive potential. *Journal of Applied Psychology, 82,* 6–29.

Takeuchi, R., Yun, S., & Russell, J. E. A. (2002). Antecedents and consequences of the perceived adjustment of Japanese expatriates in the USA. *International Journal of Human Resource Management, 13,* 1224–1244.

Takeuchi, R., Yun, S., & Tesluk, P. E. (2002). An examination of crossover and spillover effects of spousal and expatriate cross-cultural adjustment on expatriate outcomes. *Journal of Applied Psychology, 87,* 655–666.

Tung, R. L. (1981). Selection and training of personnel for overseas assignments. *Columbia Journal of World Business, 16,* 21–25.

Van Oudenhoven, J. P., & Van der Zee, K. I. (2002a). Predicting multicultural effectiveness of international students: The Multicultural Personality Questionnaire. *International Journal of Intercultural Relations, 26,* 679–694.

Van Oudenhoven, J. P., & Van der Zee, K. I. (2002b). Successful international cooperation: The influence of cultural similarity, strategic differences, and international experience. *Applied Psychology: An International Review, 51,* 633–653.

Van Vianen, A. E. M., De Pater, I. E., Kristof-Brown, A. L., & Johnson, E. C. (in press). Fitting in: Surface- and deep-level cultural differences and expatriates' adjustment. *Academy of Management Journal.*

Yukl, G., Fu, P. P., & McDonald, R. (2003). Cross-cultural differences in perceived effectiveness of influence tactics for initiating or resisting change. *Applied Psychology: An International Review, 52,* 68–82.

第二十一章

Allen, N. J. (1996). Affective reactions to the group and the organization. In M. A. West (Ed.), *Handbook of work group psychology* (pp. 371–396). Chichester, UK: John Wiley & Sons.

Allen, N. J., & Hecht, T. D. (in press). The "romance of teams": Toward an understanding of its psychological underpinnings and implications. *Journal of Occupational and Organizational Psychology.*

Ancona, D. G. (1990). Outward bound: Strategies for team survival in an organization. *Academy of Management Journal, 33,* 334–365.

Anderson, N. R., & Sleap, S. (in press). An evaluation of gender differences on the Belbin team role self-perception inventory. *Journal of Organizational Behavior.*

Anderson, N. R., & Thomas, H. D. C. (1996). Work group socialization. In M. A. West (Ed.). *The handbook of work group psychology* (pp. 423–450). Chichester, UK: John Wiley & Sons.

Applebaum, E., & Batt, R. (1994). *The new American workplace.* Ithaca, NY: ILR Press.

Bantel, K. A. (1993). Strategic clarity in banking: Role of top management team demography. *Psychological Reports, 73,* 1187–1201.

Bantel, K. A., & Jackson, S. E. (1989). Top management and innovations in banking: Does the composition of the top team make a difference? *Strategic Management Journal, 10,* 107–124.

Barrick, M. R., Stewart, G. L., Neubert, M. J., & Mount, M. K. (1998). Relating member ability and personality to work-team processes and team effectiveness. *Journal of Applied Psychology, 83,* 377–391.

Barry, B., & Stewart, G. L. (1997). Composition, process, and performance in self-managed groups: The role of personality. *Journal of Applied Psychology, 82,* 62–78.

Belbin, R. M. (1981). *Management teams: Why they succeed or fail.* London: Heinemann.

Belbin, R. M. (1993). *Team roles at work: A strategy for human resource management.* Oxford, UK: Butterworth, Heinemann.

Borrill, C., West, M. A., Shapiro, D., & Rees, A. (2000). Team working and effectiveness in health care. *British Journal of Health Care, 6,* 364–371.

Bowers, C. A., Pharmer, J. A., & Salas, E. (2000). When member homogeneity is needed in work groups: A meta-analysis. *Small Group Research, 31,* 305–327.

Broucek, W. G., & Randell, G. (1996). An assessment of the construct validity of the Belbin Self-Perception Inventory and Observer's Assessment from the perspective of the five-factor model. *Journal of Occupational and Organizational Psychology, 69,* 389–405.

Campion, M. A., Medsker, G. J., & Higgs, A. C. (1993). Relations between work group characteristics and effectiveness: Implications for designing effective work groups. *Personnel Psychology, 46,* 823–850.

Cannon-Bowers, J. A., Tannenbaum, S. I., Salas, E., & Volpe, C. E. (1995). Defining competencies and establishing team training requirements. In R. Guzzo & E. Salas (Eds.), *Team effectiveness and decision-making in organizations* (pp. 333–380). San Francisco: Jossey-Bass.

Chen, G., Donahue, L. M., & Klimoski, R. J. (2004). Training undergraduates to work in organizational teams. *Academy of Management: Learning and Education, 3,* 27–40.

Davis, J. H. (1969). Individual-group problem solving, subject preference, and problem type. *Journal of Personality and Social Psychology, 13,* 362–374.

Devine, D. J., & Philips, J. L. (2001). Do smarter teams do better?: A meta-analysis of cognitive ability and team performance. *Small Group Research, 32,* 507–532.

Dunbar, K. (1997). How scientists think: On-line creativity and conceptual change in science. In T. B. Ward, S. M. Smith, & J. Vaid (Eds.), *Creative thought: An investigation of conceptual structures and processes* (pp. 461–493). Washington, DC: American Psychological Association.

Furnham, A., Steele, H., & Pendleton, D. (1993). A psychometric assessment of the Belbin Team-Role Self-Perception Inventory. *Journal of Occupational and Organizational Psychology, 66,* 245–257.

Gersick, C. J., & Hackman, J. R. (1990). Habitual routines in task-performing groups. *Organizational Behavior and Human Decision Processes, 47*, 65–97.

Guzzo, R. A. (1996). Fundamental considerations about work groups. In M. A. West (Ed.), *The handbook of work group psychology* (pp. 3–23). Chichester, UK: John Wiley & Sons.

Guzzo, R. A., & Shea, G. P. (1992). Group performance and inter group relations in organizations. In M. D. Dunnette & L. M. Hough (Eds.), *Handbook of industrial and organizational psychology* (Vol. 3, pp. 269–313). Palo Alto, CA: Consulting Psychologists Press.

Hackman, J. R. (1987). The design of work teams. In J. Lorsch (Ed.), *Handbook of organizational behavior* (pp. 315–342). Englewood Cliffs, NJ: Prentice-Hall.

Hackman, J. R. (Ed.). (1990). *Groups that work (and those that don't): Creating conditions for effective teamwork.* San Francisco: Jossey-Bass.

Hough, L. M., & Oswald, F. L. (2000). Personnel selection: Looking toward the future – remembering the past. *Annual Review of Psychology, 51*, 631–664.

Hurley, J. R. (1989). Dubious support for FIRO-B's validity. *Psychological Reports, 65*, 929–930.

Hurley, J. R. (1990). Does FIRO-B relate better to interpersonal or intrapersonal behavior? *Journal of Clinical Psychology, 46*, 454–460.

Hurley, J. R. (1991). FIRO-B's dissociation from two central dimensions of interpersonal behavior. *Psychological Reports, 68*, 243–254.

Hurley, J. R. (1992). Further evidence against the construct validity of the FIRO-B scales. *Psychological Reports, 70*, 639–640.

Kelly, E. C., & Allen, N. J. (2002, May). *Choosing group versus individual work.* Paper presented at the meeting of the Canadian Psychological Association, Vancouver, BC.

Klimoski, R., & Jones, R. G. (1995). Staffing for effective group decision making: Key issues in matching people and teams. In R. A. Guzzo & E. Salas (Eds.), *Team effectiveness and decision making in organizations* (pp. 291–332). San Francisco: Jossey-Bass.

Kline, T. J. B. (1999a). The Team Player Inventory: Reliability and validity of a measure of predisposition towards organizational team working environments. *Journal for Specialists in Group Work, 24*, 102–112.

Kline, T. J. B. (1999b). *Remaking teams: The revolutionary research-based guide that puts theory into practice.* San Francisco: Jossey-Bass/Pfeiffer.

LePine, J. A. (2003). Team member adaptation and postchange performance: Effects of team composition in terms of members' cognitive ability and personality. *Journal of Applied Psychology, 88*, 27–39.

LePine, J. A., Colquitt, J. A., & Erez, A. (2000). Adaptability to changing task contexts: Effects of general cognitive ability, conscientiousness, and openness to experience. *Personnel Psychology, 53*, 563–593.

LePine, J. A., Hollenbeck, J. R., Ilgen, D. R., & Hedlund, J. (1997). Effects of individual differences on the performance of hierarchical decision-making teams: Much more than g. *Journal of Applied Psychology, 82*, 803–811.

Macy, B. A., & Izumi, H. (1993). Organizational change, design, and work innovation: A meta-analysis of 131 North American field studies – 1961–1991. *Research in Organizational Change and Development, 7*, 235–313.

McClough, A. C., & Rogelberg, S. G. (2003). Selection in teams: An exploration of the Teamwork Knowledge, Skills, and Ability Test. *International Journal of Selection and Assessment, 11*, 53–64.

Miller, D. L. (2001). Reexamining teamwork KSAs and team performance. *Small Group Research, 32*, 745–766.

Mohrman, S. A., Cohen, S. G., & Mohrman, A. M. (1995). *Designing team-based organizations: New forms for knowledge work.* San Francisco: Jossey-Bass.

Moos, R. H., & Speisman, J. C. (1962). Group compatibility and productivity. *Journal of Abnormal and Social Psychology, 65*, 190–196.

NHSME. (1992). *The nursing skill mix in district nursing.* London: HMSO.

Neuman, G. A., Wagner, S. H., & Christiansen, N. D. (1999). The relationship between work-team personality composition and the job performance of teams. *Group and Organization Management, 24,* 28–45.

Neuman, G. A., & Wright, J. (1999). Team effectiveness: Beyond skills and cognitive ability. *Journal of Applied Psychology, 84,* 376–389.

Orsburn, J. D., & Moran, L. (2000). *The new self-directed work teams: Mastering the challenge* (2nd ed.). New York: McGraw Hill.

Osterman, P. (1994). How common is workplace transformation and who adopts it? *Industrial and Labor Relations Review, 47,* 173–188.

Osterman, P. (2000). Work reorganization in an era of restructuring: Trends in diffusion and effects on employee welfare. *Industrial and Labor Relations Review, 53,* 179–196.

Ostroff, C. (2002). Levelling the selection field. In F. J. Yammarino & F. Dansereau (Eds.), *The many faces of multi-level issues* (pp. 141–154). New York: Elsevier Science/JAI Press.

Paris, C. R., Salas, E., & Cannon-Bowers, J. A. (2000). Teamwork in multi-systems: A review and analysis. *Ergonomics, 43,* 1052–1075.

Payne, R. L. (1990). The effectiveness of research teams: A review. In M. A. West & J. L. Farr (Eds.), *Innovation and creativity at work: Psychological and organizational strategies* (pp. 101–122). Chichester, UK: John Wiley & Sons.

Ployhart, R. E., & Schneider, B. (2002a). A multi-level perspective on personnel selection research and practice: Implications for selection system design, assessment, and construct validation. In F. J. Yammarino & F. Dansereau (Eds.), *The many faces of multi-level issues* (pp. 95–140). New York: Elsevier Science/JAI Press.

Ployhart, R. E., & Schneider, B. (2002b). A multi-level perspective on personnel selection: When will practice catch up? In F. J. Yammarino & F. Dansereau (Eds.), *The many faces of multi-level issues* (pp. 165–175). New York: Elsevier Science/JAI Press.

Reddy, W. B., & Byrnes, A. (1972). Effects of interpersonal group composition in the problem-solving behavior of middle managers. *Journal of Applied Psychology, 56,* 516–517.

Salminen, S. (1988). Two psychometric problems of the FIRO-B questionnaire. *Psychological Reports, 63,* 423–426.

Salminen, S. (1991). Convergent and discriminant validity of the FIRO-B questionnaire. *Psychological Reports, 69,* 787–790.

Schmitt, N. (2002). A multi-level perspective on personnel selection: Are we ready? In F. J. Yammarino & F. Dansereau (Eds.), *The many faces of multi-level issues* (pp. 155–164). New York: Elsevier Science/JAI Press.

Schutz, W. C. (1955). What makes groups productive? *Human Relations, 8,* 429–465.

Schutz, W. C. (1958). *FIRO: A three dimensional theory of interpersonal behavior.* New York: Holt Rinehart.

Schutz, W. C. (1967). *JOY: Expanding human awareness.* New York: Grove Press.

Schutz, W. C. (1992). Beyond FIRO-B – Three new theory-derived measures – Element B: Behavior, Element F: Feelings, Element S: Self. *Psychological Reports, 70,* 915–937.

Shaw, J. D., Duffy, M. K., & Stark, E. M. (2000). Interdependence and preference for group work: Main and congruence effects on the satisfaction and performance of group members. *Journal of Management, 26,* 259–279.

Shaw, M. E., & Webb, J. N. (1982). When compatibility interferes with group effectiveness. *Small Group Behavior, 13,* 555–564.

Staw, B. M., & Epstein, L. D. (2000). What bandwagons bring: Effects of popular management techniques on corporate performance, reputation, and CEO pay. *Administrative Science Quarterly, 4,* 523–559.

Stevens, M. J., & Campion, M. A. (1994). The knowledge, skill, and ability requirements for teamwork: Implications for human resource management. *Journal of Management, 20,* 503–530.

Stevens, M. J., & Campion, M. A. (1999). Staffing teams: Development and validation of a selection test for teamwork settings. *Journal of Management, 25,* 207–228.

Swailes, S., & McIntyre-Bhatty, T. (2002). The "Belbin" team role inventory: Reinterpreting reliability estimates. *Journal of Managerial Psychology, 17,* 529–536.

West, M. A. (Ed.). (1996). *The handbook of work group psychology.* Chichester, UK: John Wiley & Sons.

West, M. A. (2003). *Effective teamwork. Practical lessons from organizational research* (2nd ed.). Oxford, UK: Blackwell Publishing.

West, M. A. (2004). *The secrets of successful team management. How to lead a team to innovation, creativity and success.* London: Duncan Baird Publishers.

West, M. A., & Anderson, N. (1996). Innovation in top management teams. *Journal of Applied Psychology, 81,* 680–693.

West, M. A., & Markiewicz, L. (2003). *Building team-based working: A practical guide to organizational transformation.* Oxford: Blackwell Publishing Inc.

West, M. A., Tjosvold, D., & Smith, K. G. (Eds.). (2003). *International handbook of organizational teamwork and cooperative working.* Chichester, UK: John Wiley & Sons.

Wiersema, M. F., & Bantel, K. A. (1992). Top management team demography and corporate strategic change. *Academy of Management Journal, 35,* 91–121.

Williams, K. Y., & O'Reilly, C. A. (1998). Demography and diversity in organizations: A review of 40 years of research. *Research in Organizational Behavior, 20,* 77–140.

第二十二章

Anderson, N. (2003). *The future of selection and assessment: Toward a globalized science and practice.* Keynote Address to the 5th Australian Industrial and Organizational Psychology Conference, Melbourne Australia.

Barrick, M. R., Mount, M. K., & Judge, T. A. (2001). Personality and performance at the beginning of the new millennium: What do we know and where do we go next? *International Journal of Selection and Assessment, 9,* 9–30.

Barrick, M. R., Stewart, G. L., Neubert, M. J., & Mount, M. K. (1998). Relating member ability and personality to work-team processes and team effectiveness. *Journal of Applied Psychology, 83,* 377–391.

Binning, J. F., & Barrett, G. V. (1989). Validity of personnel decisions: A conceptual analysis of the inferential and evidential bases. *Journal of Applied Psychology, 74,* 478–494.

Blau, P. (1977). *Inequality and heterogeneity.* New York: Free Press.

Bliese, P. D. (1998). Group size, ICC values, and group-level correlations: A simulation. *Organizational Research Methods, 1,* 355–373.

Bliese, P. D. (2000). Within-group agreement, non-independence, and reliability: Implications for data aggregation and analysis. In K. Klein & S. W. J. Kozlowski (Eds.), *Multilevel theory, research, and methods in organizations: Foundations, extensions, and new directions* (pp. 349–381). San Francisco: Jossey-Bass.

Bliese, P. D. (2002). Multilevel random coefficient modeling in organizational research: Examples using SAS and S-PLUS. In F. Drasgow & N. Schmitt (Eds.), *Measuring and analyzing behavior in organizations: Advances in measurement and data analysis* (pp. 401–445). San Francisco: Jossey-Bass.

Bliese, P. D., & Halverson, R. R. (1998). Group consensus and psychological well-being: A large field study. *Journal of Applied Social Psychology, 28,* 563–580.

Bliese, P. D., & Ployhart, R. E. (2002). Growth modeling using random coefficient models: Model building, testing, and illustration. *Organizational Research Methods, 5,* 362–387.

Bryk, A. S., & Raudenbush, S. W. (1992). *Hierarchical linear models: Applications and data analysis methods.* Newbury Park, CA: Sage.

Burke, M. J., & Dunlap, W. P. (2002). Estimating interrater agreement with the average deviation index: A user's guide. *Organizational Research Methods, 5*, 159–172.

Campbell, J. P. (1990). Modeling the performance prediction problem in industrial and organizational psychology. In M. Dunnette & L. M. Hough (Eds.), *Handbook of industrial and organizational psychology* (2nd ed., Vol. 1, pp. 687–732). Palo Alto, CA: Consulting Psychologists Press.

Chan, D. (1998). Functional relations among constructs in the same content domain at different levels of analysis: A typology of composition models. *Journal of Applied Psychology, 83*, 234–246.

Chen, G., & Bliese, P. D. (2002). The role of different levels of leadership in predicting self- and collective efficacy: Evidence for discontinuity. *Journal of Applied Psychology, 87*, 549–556.

Chen, G., Bliese, P. D., & Mathieu, J. E. (2003). *Conceptual framework and statistical procedures for delineating and testing multilevel theories of homology.* Paper presented at the Academy of Management, Seattle, WA.

Chen, G., Mathieu, J. E., & Bliese, P. D. (in press). A framework for conducting multilevel construct validation. In F. Dansereau & F. J. Yammarino (Eds.), *Research in multi-level issues: The many faces of multi-level issues* (Vol. 3). Oxford, UK: Elsevier Science.

Chen, G., Webber, S. S., Bliese, P. D., Mathieu, J. E., Payne, S. C., Born, D. H., et al. (2002). Simultaneous examination of the antecedents and consequences of efficacy beliefs at multiple levels of analysis. *Human Performance, 15*, 381–410.

Edwards, J. R. (2002). Alternatives to difference scores: Polynomial regression analysis and response surface methodology. In F. Drasgow & N. Schmitt (Eds.), *Measuring and analyzing behavior in organizations: Advances in measurement and data analysis* (pp. 350–400). San Francisco: Jossey-Bass.

George, J. M. (1992). The role of personality in organizational life: Issues and evidence. *Journal of Management, 18*, 185–213.

Gerhart, B., Wright, P. M., McMahan, G. C., & Snell, S. A. (2000). Measurement error in research on human resources and firm performance: How much error is there and how does it influence effect size estimates? *Personnel Psychology, 53*, 803–834.

Goodman, P. S. (2000). *Missing organizational linkages: Tools for cross-level research.* Thousand Oaks, CA: Sage.

Herriot, P., & Anderson, N. (1997). Selecting for change: How will personnel and selection psychology survive? In N. R. Anderson & P. Herriot (Eds.), *International handbook of selection and assessment.* London: Wiley.

Holland, J. L. (1997). *Making vocational choices: A theory of vocational personalities and work environments* (3rd ed.). Odessa, FL: PAR.

Huselid, M. A. (1995). The impact of human resource management practices on turnover, productivity, and corporate financial performance. *Academy of Management Journal, 38*, 635–672.

James, L. R., Demaree, R. J., & Wolf, G. (1984). Estimating within-group interrater reliability with and without response bias. *Journal of Applied Psychology, 69*, 85–98.

Klein, K. J., Bliese, P. D., Kozlowski, S. W. J., Dansereau, F., Gavin, M. B., Griffin, M. A., et al. (2000). Multilevel analytical techniques: Commonalities, differences, and continuing questions. In K. J. Klein & S. W. J. Kozlowski (Eds.), *Multilevel theory, research, and methods in organizations: Foundations, extensions, and new directions* (pp. 512–553). San Francisco: Jossey-Bass.

Klein, K. J., Conn, A. B., Smith, D. B., Sorra, J. S. (2001). Is everyone in agreement? An exploration of within-group agreement in survey responses. *Journal of Applied Psychology, 86*, 3–16.

Klein, K. J., & Kozlowski, S.W.J. (2000). *Multilevel theory, research, and methods in organizations: Foundations, extensions, and new directions.* San Francisco: Jossey-Bass.

Klimoski, R. J., & Jones, R. G. (1995). Staffing for effective group decision making: Key issues in matching people to teams. In R. Guzzo, E. Salas, & Associates (Eds.), *Team effectiveness and decision making in organizations* (pp. 291–332). San Francisco: Jossey-Bass.

Kozlowski, S. W. J., & Hults, B. M. (1987). An exploration of climates for technical updating and performance. *Personnel Psychology, 40*, 539–569.

Kozlowski, S. W. J., & Klein, K. J. (2000). A multilevel approach to theory and research in organizations: Contextual, temporal, and emergent processes. In K. J. Klein & S. W. J. Kozlowski (Eds.), *Multilevel theory, research, and methods in organizations: Foundations, extensions, and new directions* (pp. 3–90). San Francisco: Jossey-Bass.

LePine, J. A. (2003). Team adaptation and postchange performance: Effects of team composition in terms of members' cognitive ability and personality. *Journal of Applied Psychology, 88,* 27–39.

LePine, J. A., Hanson, M. A., Borman, W. C., & Motowidlo, S. J. (2000). Contextual performance and teamwork: Implications for staffing. In G. Ferris (Ed.), *Research in Personnel and Human Resources Management* (Vol. 19, pp. 53–90). Oxford, UK: Elsevier.

Lindell, M. K., & Brandt, C. J. (1997). Measuring interrater agreement for ratings of a single target. *Applied Psychological Measurement, 21,* 271–278.

Lindell, M. K., Brandt, C. J., & Whitney, D. J. (1999). A revised index of interrater agreement for multi-item ratings of a single target. *Applied Psychological Measurement, 23,* 127–135.

March, J. G., & Sutton, R. I. (1997). Organizational performance as a dependent variable. *Organization Science, 8,* 698–706.

Marks, M. A., Mathieu, J. E., & Zaccaro, S. J. (2001). A temporally based framework and taxonomy of team processes. *Academy of Management Review, 26,* 356–376.

Motowidlo, S. J., Borman, W. C., & Schmit, M. J. (1997). A theory of individual differences in task and contextual performance. *Human Performance, 10,* 71–83.

Neuman, G. A., & Wright, J. (1999). Team effectiveness: Beyond skills and cognitive ability. *Journal of Applied Psychology, 84,* 376–389.

Ployhart, R. E. (in press). Organizational staffing: A multilevel review, synthesis, and model. In G. R. Ferris & J. Martocchio (Eds.), *Research in personnel and human resource management* (Vol. 23). Oxford, UK: Elsevier.

Ployhart, R. E., Holtz, B. C., & Bliese, P. D. (2002). Longitudinal data analysis: Applications of random coefficient modeling to leadership research. *Leadership Quarterly, 13,* 455–486.

Ployhart, R. E., & Schneider, B. (2002). A multi-level perspective on personnel selection research and practice: Implications for selection system design, assessment, and construct validation. In F. J. Yammarino & F. Dansereau (Eds.), *The many faces of multi-level issues: Research in multi-level issues* (Vol. 1, pp. 95–140). Oxford, UK: Elsevier.

Rousseau, D. M. (1985). Issues of level in organizational research: Multi-level and cross-level perspectives. In L. L. Cummings & B. Staw (Eds.), *Research in organizational behavior* (Vol. 7, pp. 1–37). Greenwich, CT: JAI Press.

Ryan, A. M., McFarland, L., Baron, H., & Page, R. (1999). An international look at selection practices: Nation and culture as explanations for variability in practice. *Personnel Psychology, 52,* 359–391.

Sacco, J. M. (2003). *Validating personality and ability tests in customer service jobs at the business unit level.* Unpublished manuscript.

Sacco, J. M., Scheu, C. R., Ryan, A. M., & Schmitt, N. (2003). An investigation of race and sex similarity effects in interviews: A multilevel approach to relational demography. *Journal of Applied Psychology, 88,* 852–865.

Sacco, J. M., & Schmitt, N. (2003). *The relationship between demographic diversity and profitability: A longitudinal study.* Paper presented at the 18th annual conference of the Society for Industrial and Organizational Psychology, Orlando, FL.

Schmitt, N., Cortina, J. M., Ingerick, M. J., & Wiechmann, D. (2003). Personnel selection and employee performance. In W. C. Borman, D. R. Ilgen, & R. J. Klimoski (Eds.), *Handbook of psychology: Industrial and organizational psychology* (Vol. 12, pp. 77–105). New York: John Wiley & Sons.

Schneider, B. (1987). The people make the place. *Personnel Psychology, 40,* 437–453.

Schneider, B., Hanges, P. J., Smith, D.B., & Salvaggio, A. N. (2003). Which comes first: Employee attitudes or organizational financial and market performance? *Journal of Applied Psychology, 88,*

836–851.

Schneider, B., Salvaggio, A. N., & Subirats, M. (2002). Climate strength: A new direction for climate research. *Journal of Applied Psychology*, *87*, 220–229.

Schneider, B., Smith, D.B., & Sipe, W. P. (2000). Personnel selection psychology: Multilevel considerations. In K. J. Klein & S. W. J. Kozlowski (Eds.), *Multilevel theory, research, and methods in organizations: Foundations, extensions, and new directions* (pp. 3–90). San Francisco: Jossey-Bass.

Schneider, B., Smith, D.B., Taylor, S., & Fleenor, J. (1998). Personality and organizations: A test of the homogeneity of personality hypothesis. *Journal of Applied Psychology*, *83*, 462–470.

Terpstra, D. E., & Rozell, E. J. (1993). The relationship of staffing practices to organizational level measures of performance. *Personnel Psychology*, 46, 27–48.

Viteles, M. S. (1932). *Industrial psychology.* New York: Norton.

Wilk, S. L., & Capelli, P. (2003). Understanding the determinants of employer use of selection methods. *Personnel Psychology*, *56*, 103–1242.

Wright, P. M., Dunford, B. B., & Snell, S. A. (2001). Human resources and the resource based view of the firm. *Journal of Management*, *27*, 701–721.